Microsoft Windows CE 5.0

PXA270을 이용한

Windows CE 5.0 설계 및 응용

남상엽 · 홍원기 · 이용규 공저
하이버스(주) 감수

CD-ROM
Included

도서출판 상학당

머 리 말

21세기로 접어든 지금, 세계 IT 산업은 디지털 기술과 인터넷의 확산으로 디지털, 가전, 컴퓨터, 방송 등 다양한 산업분야가 융합되어, 새로운 부가가치를 창출하는 디지털 컨버전스와 사람, 사물, 기계 등 무엇이든지 서로 접속하여 실시간으로 어떠한 정보든지 주고받을 수 있는 환경으로 빠르게 진화하고 있다. 유비쿼터스 컴퓨팅 패러다임은 인간 생활을 둘러싼 모든 환경과 사물 속에 특정 용도와 기능 중심의 컴퓨터를 센서, 칩, 배지 등과 같은 포스트 PC 형태로 내장하고 이들을 유무선 네트워크로 연결함으로써 보이지 않는 컴퓨터를 통해 사람, 장소, 사물의 시시각각 변하는 상황정보를 활용할 수 있는 미래 정보화의 핵심으로 떠오르고 있다. 이러한 포스트 PC의 시대에 맞추어서 적용되어질 기술적 요소의 무언가가 필요하게 되었고, 그에 따라 등장한 것이 이 '임베디드(Embedded) 시스템'이다.

임베디드 시스템용 운영체제로서 Windows CE는 마이크로소프트사에서 개발한 운영체제로서 확장성이 뛰어난 개방형 32비트 운영체제이다.

응용 분야는 산업용 컨트롤러와 통신허브, POS 터미널과 같은 엔터프라이즈 도구에서부터 카메라와 전화, 가정용 오락기기와 같은 소비자 제품에 이르기까지 다양하게 응용되고 최근에는 기존의 윈도우즈 인터페이스에 모바일 네트워크 기능을 강화해 가전제품, PDA, 셋톱박스 등에 주로 사용되고 있다.

Windows CE는 적외선 통신, 웹 브라우징 기능 이외에도 편리한 개발환경을 가지고 있으며 UI가 기존의 윈도우즈와 매우 유사하게 제작되어 있어 별도의 학습 없이도 바로 사용할 수 있다. 또한, 윈도우즈 CE 계열의 PDA는 흑백 및 컬러 디스플레이가 가능하며 동영상, WAV, MP3 등 멀티미디어 파일의 재생이 가능하여 PDA의 엔터테인먼트 기기화를 가져왔다. PC용의 윈도우즈 OS나 각종 오피스 프로그램들과 완벽한 호환이 가능해 기존의 데스크톱이나 노트북에서 가능하던 각종 애플리케이션들을 PDA에서도 그대로 사용할 수 있는 장점이 있다. 포켓 PC의 등장으로 기존 윈도우즈 CE에서 보여주었던 수행속도의 저하와 비효율적인 하드웨어의 활용 등의 문제점들이 보완됐다. 포켓 PC는 사운드와 동영상 재생 및 컬러 디스플레이 구현 등 다양한 멀티미디어 기능을 기본적으로 제공하며, PC와의 호환성이 뛰어났으며, 또한 포켓 인터넷 익스플로러를 기본으로 내장해 모바일 인터넷을 실현했으며, 게다가 데스크톱과 거의 흡사한 UI를 갖춤으로써 윈도우즈에 익숙한 사용자들을 쉽게 끌어들이고 있다.

본서 타깃 시스템(X-Hyper270-TKU)의 OS는 커널과 커널을 보조하는 시스템 프로세서, 디바이스 드라이버, API, 데이터 파일, 응용프로그램으로 구성된 Windows CE 5.0 기반으로 실습하도록 구성되어 있다. X-Hyper270-TKU에서 Windows CE 운영체제가 구동될 수 있도록 하는 부트로더의 다운로드, X-Hyper270-TKU가 구동될 때 출력되는 디버깅 메시지, 통신 메시지, Windows CE 이미지 파일의 다운로드를 위해서 통신 케이블을 연결하여 개발환경을 구축한다. Windows CE 운영체제를 개발하고 타깃보드에 다운로드 및 디버깅을 하기 위해서는 Platform Builder 5.0, Microsoft eMbedded Visual C++ 4.0, 하이퍼터미널, JFlashMM, ActiveSync 소프트웨어들이 호스트 컴퓨터에 설치가 되어 있어야 한다.

이 책은 32bit 프로세서인 PXA270(ARM9)을 기반으로 한 X-Hyper270-TKU 보드를 이용하여 컴퓨터・전자・통신 분야 관련 학생 및 초보개발자를 대상으로 한 임베디드 시스템 프로그램에 대한 기본학습 및 실습을 위한 교재로서, 처음 Windows CE 5.0을 접하는 학생 및 개발자에게 쉽고 빠르게 접근할 수 있도록 하는 데 초점을 맞추어 편찬되었다.

이 책의 주요 구성은 다음과 같다.

1장은 임베디드 시스템의 기초부분으로서 임베디드 시스템의 개요, 임베디드 시스템의 활용, 임베디드 시스템의 향후 전망과 개요를 설명하였고, 2장은 임베디드 소프트웨어인 운영체제(OS)의 개요, 기능, 개발환경, 임베디드 운영체제의 종류 및 특징을 설명하였고, 특히 Windows CE에 관한 전반적인 특징에 대하여 서술하였다. 3장에서는 임베디드 타깃 시스템인 X-Hyper270-TKU의 구성 및 성능에 대한 내용으로 구성하였으며 특히 PXA270 프로세서에 대한 개괄적인 특징을 설명하였다.

4장은 Windows CE 개발환경 구축을 위해 필요한 소프트웨어에 대한 설명과 설치방법에 대하여 서술하였다. 5장에서는 EBOOT 환경 구축, 6장에서는 Tiny Kernel 환경 구축, 7장에서는 Mobile Handheld Device 플랫폼 생성, 8장에서는 Windows CE 디바이스 드라이버의 구조와 간단한 디바이스 드라이버 제작, 그리고 IEB 보드 디바이스 드라이버 제작에 대해 설명하였다. 9장에서는 Windows CE 어플리케이션 제작, 설치 및 확인, eMbedded Visual C++ 개발, 플랫폼 빌더 어플리케이션과 타깃 시스템에서 프로젝트 생성에 대하여 서술하였다. 그리고 각 장에서는 소스를 장비에 적용함으로써 X-Hyper270-TKU 교육장비의 실질적인 실험실습을 통해 다양한 기능과 특징을 확인해 봄으로써 임베디드 Windows CE 5.0 시스템에 대한 쉽고 빠른 이해를 얻을 수 있을 것이다.

끝으로 이 교재를 집필하는 데 많은 도움을 주신 하이버스(주)의 김태형 사장님과 임직원 관계자 여러분께 감사의 말씀을 전하고, 도서출판 상학당의 관계자 여러분에게도 감사의 마음을 전한다. 그리고 어려운 환경 속에서 이 책을 집필하는 데 많은 도움을 준 서정호 군에게 감사의 말을 전한다.

2007년 4월

저자 씀

차 례

제1장 ◦ 임베디드 시스템

제2장 ◦ 임베디드 시스템 소프트웨어

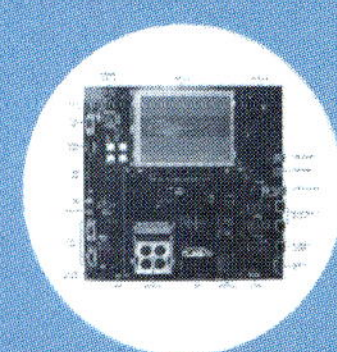

제3장 • X-Hyper270-TKU 임베디드 시스템 구성 및 성능

제4장 • Windows CE 개발환경 구축

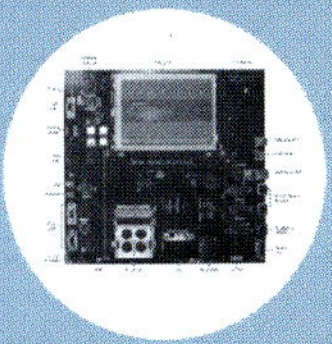

제8장 Device Driver 구성

제9장 Application 구성

부 록

제1장
임베디드 시스템

1.1 임베디드 시스템의 개요
1.2 임베디드 시스템의 활용
1.3 임베디드 시스템의 향후 전망
1.4 임베디드 시스템 프로세서의 종류 및 특징
1.5 인텔 벌버디 PXA270
1.6 Bulverde PXA270과 XScale PXA255 비교
1.7 X-Hyper270-TKU과 X-Hyper255-TKU 사양 비교

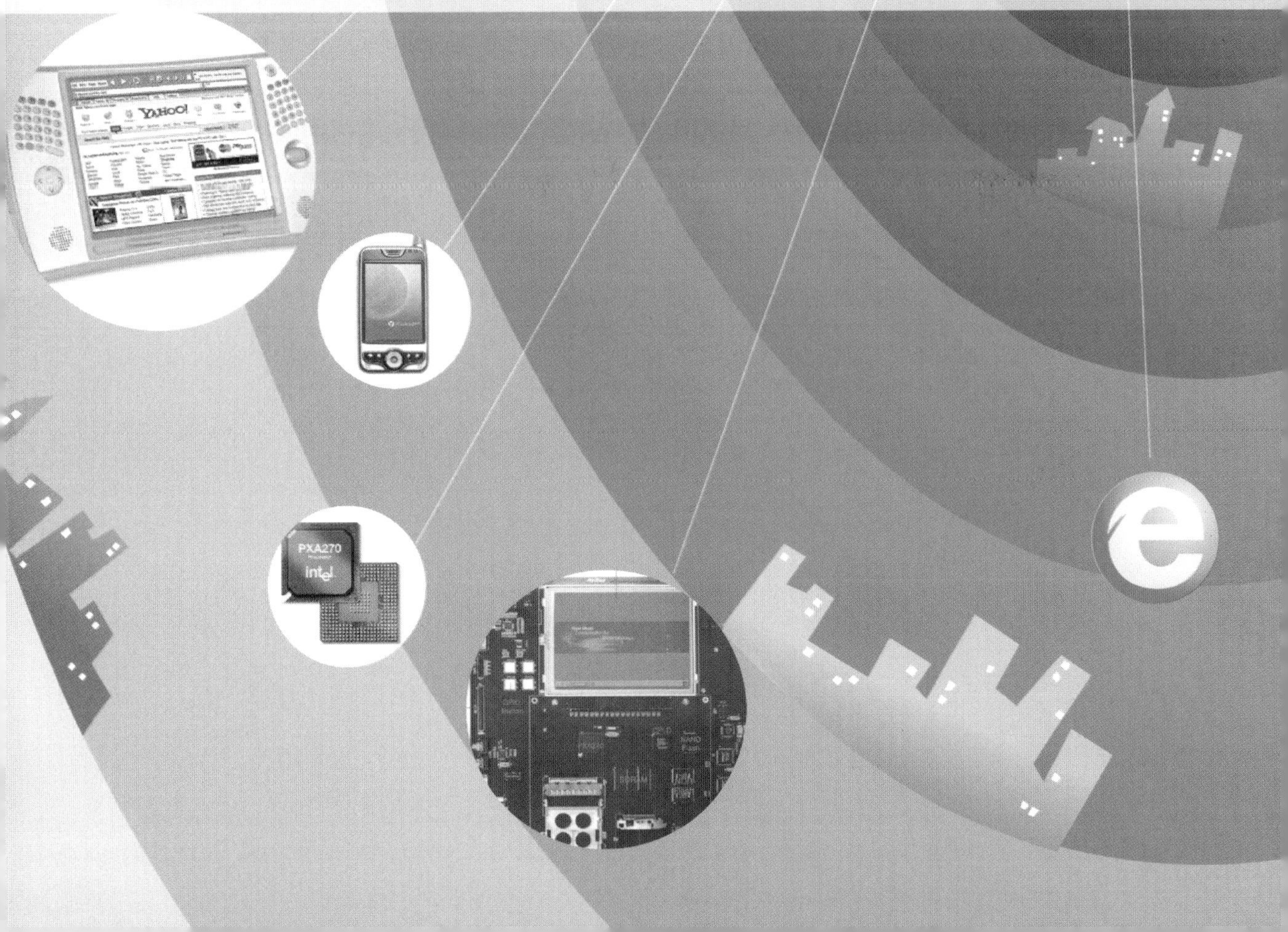

1.1 임베디드 시스템의 개요

임베디드 시스템(embedded system)이란 어떤 시스템에 내장되어 특정한 목적만을 수행하는 컴퓨터의 하드웨어와 소프트웨어가 결합한 고기능의 전자 제어 시스템을 말한다. 임베디드 시스템의 일반적인 의미는 마이크로프로세서/마이크로컨트롤러를 내장(Embedded)하여 원래 제작자가 의도한 특정한 기능만을 수행하는 장치이다.

임베디드 시스템의 구성을 살펴보면, 임베디드 하드웨어는 임베디드 프로세서/임베디드 컨트롤러, 메모리, I/O 장치, 네트워크 장치, 센서, 구동기 등으로 구성되어 있고, 임베디드 소프트웨어는 운영체제, 시스템 소프트웨어 및 응용 소프트웨어로 구성되어 있다.

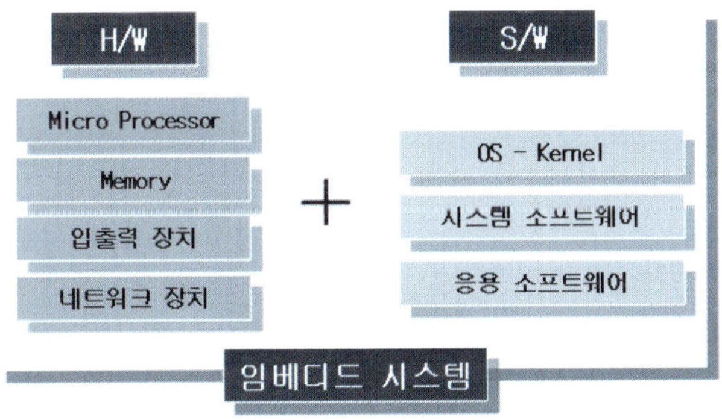

[그림 1-1] 임베디드 시스템의 구성

임베디드 시스템의 특징은 특정한 기능에 맞는 최적화(Application-Specific Functionality), 소형, 경량화, 저전력화, 고신뢰성이면서 네트워크를 지원하고 멀티미디어를 지원하는 시스템으로 실시간 운영이 되는 열악한 환경 하에서도 데드라인(Deadline) 이내, 즉 반응에 요구되는 시간의 한계 값에 논리적으로도 결과 산출에 걸리는 시간에서도 적시성(Timeliness)을 가지며, 외부 자극에도 예측 가능한(Predictable) 방식으로 반응하는 시스템으로서 가격에 민감하고 안전하게 동작할 수 있는 시스템의 특징을 가지고 있다.

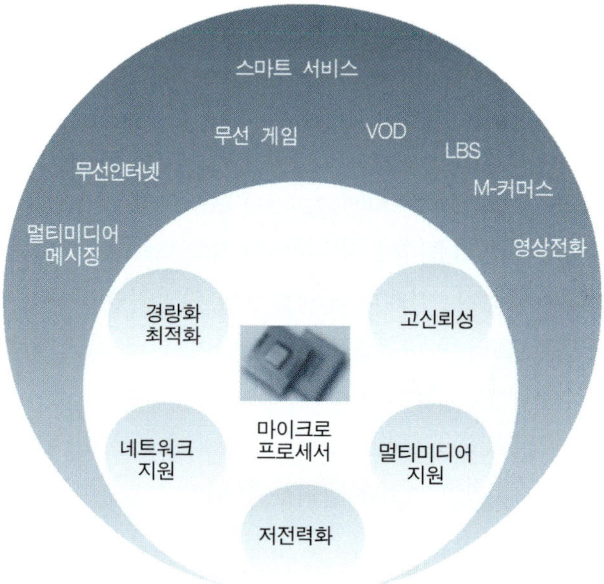

[그림 1-2]
임베디드 시스템의 특징

실시간 시스템(Real Time System)의 정의는 정해진 시간 내에 시스템이 결과를 출력하는 시스템을 말하며, 이는 주어진 작업을 빨리 처리하는 것이 아니고 정해진 시간을 넘어서는 안 된다는 의미이다.

실시간 시스템의 분류는 하드웨어 실시간 시스템(Hardware Real-Time System)과 소프트웨어 실시간 시스템(Software Real-Time System)으로 분류된다.

① **하드웨어 실시간 시스템**은 정해진 시간(Deadline) 내에, 즉 주어진 시간 내에 처리하지 않으면 치명적인 결과를 가져오는 경우에 작업의 결과가 절대적으로 출력되어야 하는 시스템으로 주로 전투기의 비행제어 시스템, 핵발전소의 제어 시스템, 인공위성의 제어 시스템 등이 이에 해당한다.

② **소프트웨어 실시간 시스템**은 정해진 범위를 넘는 시간(Deadline)지연이 발생하더라도 그것이 시스템의 에러가 되지 않는 시스템으로 주로 컴퓨터, 정보기기, 네트워크 관련기기 등이 이에 해당한다.

임베디드 시스템은 대부분 실시간적인 요소가 내포되어 있고 실시간 시스템이 포함되어 있어야 한다.

1.2 임베디드 시스템의 활용

- 정보가전 : 세탁기, 오디오, 인터넷 냉장고, HDTV 등
- 제어분야 : 공장자동화, 가정자동화, 로봇제어, 공정제어 등
- 정보기기 : 핸드폰, PDA, 스마트 폰, LBS 등
- 네트워크기기 : 교환기, Router, 공유기, 홈 게이트웨이 등
- 게임기기 : 가정용 게임기(PS2, Xbox, PSP), 지능형 장난감 등
- 항공/군용 : 비행기, 우주선, 로켓, 야전 이동단말(GPS, GIS)
- 물류/금융 : ATM, RFID, 물류단말, 영업단말 등
- 차량/교통 : 자동차, ITS 등
- 사무, 의료 : 전화기, 프린터, Heart pacer, 수술로봇, 증강현실장비

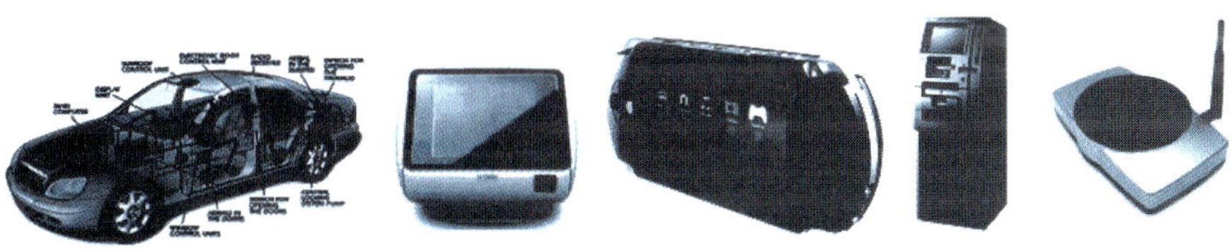

[그림 1-3]
임베디드 시스템의 응용

1.3 임베디드 시스템의 향후 전망

■ 프로세서

- 대부분 프로세서가 임베디드 시스템용으로 사용한다.
- 데이터 처리용량 증가로 말미암아 32비트 코어에서 64비트 코어로 발전한다.
- 고성능의 파이프라인, DSP, 자바 처리 전용 H/W 추가한다.
- 많은 종류의 마이크로프로세서/컨트롤러 중에서 응용에 최적인 제품을 찾아내는 것이 설계에서 매우 어렵고 중요한 작업이다.

■ SOC(System-On-a-Chip)

- CPU, 메모리, DSP, I/O 등을 하나의 칩으로 만드는 기술로써 CPU칩, 메모리 칩, 주변장치 칩들을 따로 사용하여 설계한다.
- 각 칩에 해당하는 회로를 각각의 IP(Intellectual Property 또는 지적재산권)로 확보해서 한 개의 칩으로 설계한다.
- 수백만 게이트 급의 칩으로 제작된다.

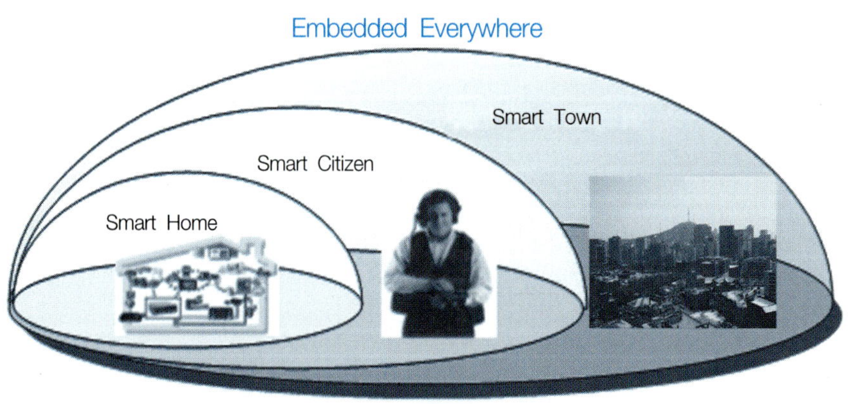

서 버	홈서버	퍼스널 서버	웹서비스 서버
클라이언트	정보가전	웨어러블 단말	임베디드 시스템
통신망	홈네트워크	Personal Area Network	Ubiquitous Network
서비스유형	홈서비스	모바일 서비스	유비쿼터스 서비스

[그림 1-4] 임베디드 시스템의 향후 전망

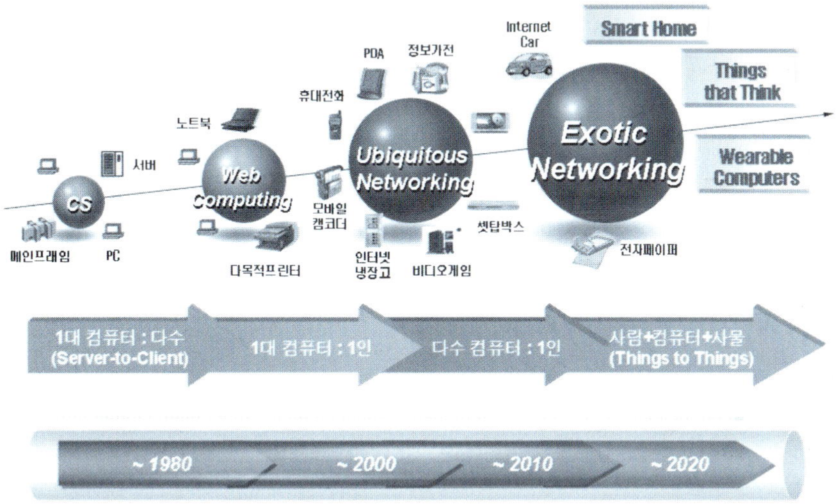

[그림 1-5]
새로운 시대의 가능성

1.4 임베디드 시스템 프로세서의 종류 및 특징

임베디드 프로세서는 8비트에서 64비트까지 다양한 종류와 특징을 가지고 있다.

특히 〈표 1-1〉에서 보는 바와 같이 프로세서의 CISC와 RISC별, 제조사별 다양한 종류가 생산되고 있다.

〈표 1-1〉 임베디드 프로세서의 종류

프로세서	제 조 사	종 류
8051계열	Atmel, Cirrus, intel, TI 등	8051
PowerPC계열	모토로라(현재 ; Freescale)	MPC860, 850, 8260
ARM계열	ARM	ARM7, ARM9, ARM10, ARM11
INTEL계열	Intel	strongARM, Xscale(PXA255), Bulverde(PXA270)
삼성계열	삼성 Korea	S3C2410, S3C2440 등
MIPS계열	MIPS	MIPS32, MIPS63 등
X86계열	AMD, Intel 등	I386, I686 등

1.4.1 ARM7과 ARM9의 특징

- ARM7은 휴대전화에서 많이 사용한다.
- ARM7 프로세서는 요즘 등장하는 카메라, 동영상 처리, 압축 보안 등의 처리요구에 코어의 성능이 모자라는 문제 때문에 ARM9이 나왔다.
- ARM9의 종류 중 ARM9TDMI, ARM940T, ARM920T가 가장 많이 사용된다.
- ARM920T는 ARM9T코어에 MPU가 부가된 형태의 프로세서이다.
- ARM940T는 ARM9코어에 MMU가 포함되어 있다
- MPU는 가상 메모리를 지원하지 않고 물리주소를 직접 사용하는 임베디드 시스템에 활용할 수 있다.
- MMU는 리눅스처럼 가상 메모리를 사용하는 운영체제들을 지원하고자 사용한다.

- ARM9과 ARM7 프로세서는 V4T에 속하지만 구조적으로 성능향상을 위해 많이 수정되었다. ARM7코어에서는 3단계 파이프라인을 사용하고 ARM9 코어에서는 5단계 파이프라인을 사용한다. 5단계의 파이프라인에서 한 명령어의 처리과정은 Fetch, Decode, Execute, Memory(Access), Register (Update)이다.

1.4.2 인텔 계열의 특징

1. StrongARM(SA-1110 & SA-1111)

- SA-1110은 16K 바이트 명령어 캐시 메모리와 8K바이트 데이터 캐시, MMU, 쓰기버퍼, 읽기버퍼 유닛과 32비트 ARM 프로세서 코어로 구성되어 있다.
- SA-1110은 ARM7 프로세서 코어와 같은 V4 버전의 프로세서 코어를 포함하여 ARM의 장점을 모두 포함하면서 각종 주변장치들도 하나의 칩으로 지원하게 설계되어 PDA 등의 임베디드 시스템에서 자주 사용되던 칩이다.
- SA-1111 칩은 SA-1110을 보완하는 칩으로서 더욱더 다양한 종류의 주변장치들을 최소한의 주변회로를 사용하여 구현할 수 있게 만들어 준다.
- 사용 가능한 주변 장치는 USB, PCMCIA, CF, 두 개의 PS/2포트, 두 개의 직렬포트 등과 외부메모리의 효율적 이용을 위한 공급 DMA 등의 기능이 추가되었다.

2. XScale의 구조 및 특징

- XScale은 StrongARM과 같이 무선 통신환경의 휴대 단말기를 목표로 설계된 32비트 RISC 프로세서 코어이다.
- 고성능과 저전력 소모를 목표로 설계되었다.
- StrongARM은 ARMV4기반이고, XScale은 ARMV5TE을 기반으로 발전이 되었다. 그의 차이점은 1K 바이트 크기의 Tiny Page 처리 기능, CLZ (Count the Leading Zeros)명령어의 추가, 그리고 ARM-Thumb 모드 이동을 위한 BLX, BRK 등의 명령어가 추가되었다.

- XScale은 2000년에 ARM사의 ARMV5 기술에 기반을 두고 인텔의 독자적인 파이프라인 및 캐시 기술을 접목시킨 것이다.
- 기존 StrongARM보다 적은 전력을 소비하면서도 더욱 높은 성능을 얻을 수 있다.
- PXA210은 휴대전화용, PXA250/255는 PDA용으로 발표하였다.
- 디스플레이 컨트롤러는 공통으로 최대 800 × 600의 16비트까지 지원된다.
- 시스템 버스가 200MHz이다.
- 오디오/비디오 디코딩 성능을 향상시켰다.

3. 벌버디(Bulverde)의 특징

- 휴대전화와 개인휴대단말기(PDA)를 위한 제품 프로세서로 PXA270을 제시하였다.
- 고화질의 화상회의를 구현하고 PDA에서 DVD급 화질의 비디오를 재생하기에 충분한 수준의 연산능력을 지니고 있다.
- 저전력 무선통신용 멀티미디어 처리기술 무선 MMX가 공급된 PXA270은 전압과 동작속도를 지능적으로 관리해 전력 소모량을 현격히 줄여 IMT-2000, 무선랜, 와이맥스 등 각종 무선통신 기능을 이용하는 데 적합하다.
- 멀티미디어 기능이 더욱 강화된 PXA270은 3차원 그래픽 게임과 고화질 비디오를 무리 없이 소화할 수 있고, 400만 화소급 이상의 디지털 카메라를 지원한다.

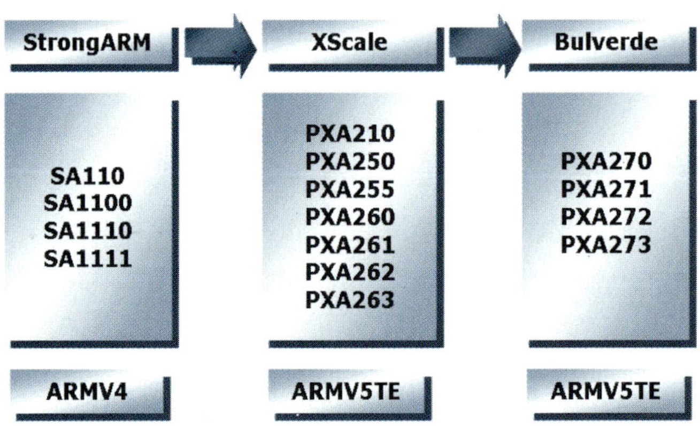

[그림 1-6]
인텔계열의 임베디드 프로세서의 진화단계

- 모든 운영체제를 지원하며, 보안기술도 통합 탑재되어 있어 신뢰성 있는 부팅, 개인정보와 암호의 보안 저장, 널리 사용되는 보안 프로토콜 기본 지원 등이 가능하다.
- 2700G라는 멀티미디어 가속기와 함께 사용할 수 있다. 이 제품은 1280 × 1024까지의 해상도를 화면 2개를 함께 구동할 수 있으며, 640 × 480 해상도를 화면으로 DVD급 화질의 비디오를 재생할 수 있으며, MPEG-2, MPEG-4, 마이크로소프트 윈도 미디어 비디오9 등 다양한 비디오 형식을 지원한다.

1.5 인텔 벌버디 PXA270

코드네임이 'Bulverde'인 PXA270은 차세대 XScale PXA255에, 3가지 핵심 기능을 추가했으며, 무선 MMX, 무선 Speed Step을 지원하며, 카메라 접속을 쉽게 하는 퀵 Capther-인터페이스를 갖추었다.

PXA270은 무선 단말기 전용의 차세대 응용 프로세서로서, 「Bulverde」는 차세대의 XScale 프로세서 기술을 기반으로 한 고급 지향 휴대폰, PDA전용 CPU로 2006년 이후 휴대폰/DMB/PDA 트렌드를 결정할 프로세서이다.

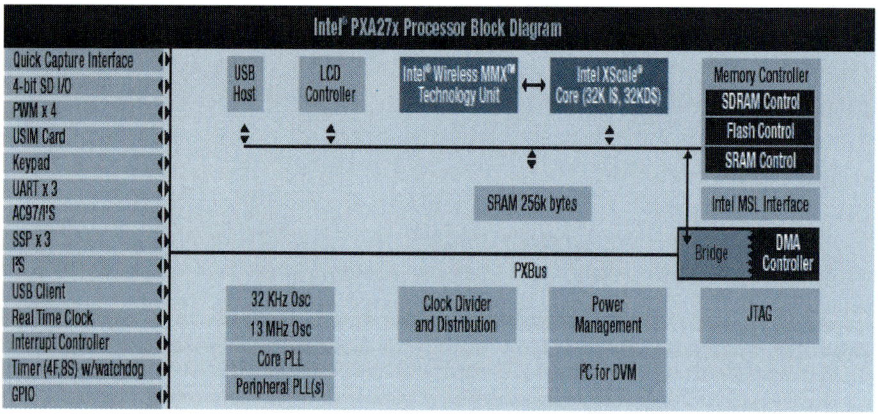

[그림 1-7] 인텔 PXA270프로세서의 구성도

1.5.1 PXA270 개요

1. 프로세서 코어

PXA27x 프로세서는 휴대용 핸드헬드 및 범용 기기에 사용하기에 적합한 소형의 저전력, 고성능의 프로세서이며, 다양한 주변기기가 통합된 Intel® Xscale™ 마이크로 아키텍처(Architecture)의 SoC(System On-Chip) 마이크로프로세서이다.

PXA27x 프로세서의 패밀리는 〈표 1-2〉처럼 StrataFlash와 저전력 SDRAM 및 클록에 따라 구분된다.

〈표 1-2〉 PXA27x패밀리의 종류

종 류	StrataFlash	LowPowerSDRAM	최대클록
PXA270	–	–	624MHz
PXA271	32MB	32MB	416MHz
PXA272	64MB	–	520MHz
PXA273	32MB		416MHz

[그림 1-8]의 PXA27x RISC프로세서는 32비트 메모리 데이터 버스와 주변기기들이 통합된 23 × 23mm 크기의 256핀 PBGA 패키지로 되어 있다. 프로세서의 메모리 인터페이스는 다양한 형태의 메모리를 지원하며 800 × 600 픽셀의 1, 2, 4, 8비트 그레이스케일과 8, 16, 18비트의 컬러 픽셀 디스플레이를 지원한다.

[그림 1-8] 인텔 PXA27x 프로세서 패키지

인텔 XScale 마이크로 아키텍처는 타깃에 맞는 다양한 주변기기들을 지원한다. 예를 들어 RISC 코어는 소형의 저전력, 멀티미디어 응용 성능의 향상을 위해 LCD 제어기, 멀티미디어 제어기, 외부 메모리 인터페이스 등과 통합 가능하다.

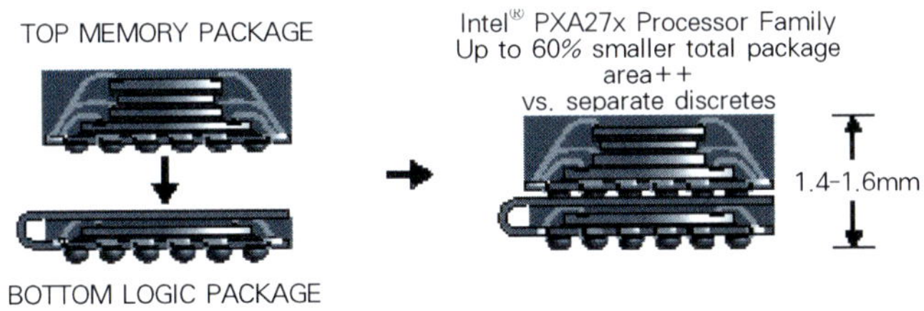

[그림 1-9] 패키지의 통합

인텔의 XScale은 인텔이 ARM으로부터 라이선스한 ARMv5TE 아키텍처를 기반으로 하고 있다. 〈표 1-3〉은 ARM 아키텍처의 특징을 비교하였다.

〈표 1-3〉 ARM 아키텍처의 특징 비교

Feature	ARM9E™	ARM10E™	Intel® XScale™	ARM11™
구조 파이프라인 길이	ARMv5TE(J) 5	ARMv5TE(J) 6	ARMv5TE	ARMv6 8
Java Decode	(ARM926EJ)	(ARM1026EJ)	No	Yes
V6 SIMD 명령어	No	No	No	Yes
MIA 명령어	No	No	Yes	Available as coprocessor
Branch Prediction	No	Static	Dynamic	Dynamic
Independent Load-Store Unit	No	Yes	Yes	Yes
명령어 이슈	Scalar, in-order	Scalar, in-order	Scalar, in-order	Scalar, in-order
Concurrency	None	ALU/MAC, LSU	ALU, MAC, LSU	ALU/MAC, LSU
Cut-of-order completion	No	Yes	Yes	Yes
Target Implementation	Synthesizable	Synthesizable	Custom chip	Synthesizable and Hard macro
Performance 범위	Up to 250MHz	Up to 325MHz	200MHz->1GHz	350MHz->1GHz

2. 메모리 제어

메모리 제어기는 다양한 형태의 메모리 구성을 지원한다. 메모리 제어기는 4개의 SDRAM 분리와 SRAM, SSRAM, Flash, ROM, SROM 등을 위해 6개의 직접 칩 선택(Static Chip Select)을 가지고 있으며, 2개의 PCMCIA혹은 Compact flash slot을 지원한다.

3. 클록 및 전력 제어

프로세서는 13MHz와 32.768KHz 크리스털의 클록으로 구동된다. 그 중 13MHz 크리스털은 코어 PLL(Phase Locked Loop)와 Peripheral PLL을 구동시키며, PLL들은 특정 기능 블록들을 구동하도록 선택된 주파수의 클록을 생성한다. 32.768KHz 크리스털은 RTC(Real Time Clock), 전력관리 제어기 그리고 인터럽트 제어기를 구동시킨다. 32.768KHz 크리스털은 프로세서가 슬립(Sleep)모드 동안 클록을 공급하고자 분리된 POWER를 사용한다.

전력관리 제어기는 turn/run, idle, sleep 모드를 컨트롤 한다.

4. USB(Universal Serial Bus) 클라이언트

USB 클라이언트 모듈은 USB(Universal Serial Bus) 버전 1.1을 지원한다.

최대 16개의 Endpoint를 지원하며, CPU 내부에서 48MHz의 클록을 생성한다. USB 디바이스 제어기는 DMA에서 메모리로 혹은 메모리에서 DMA로 액세스하는 FIFO를 제공한다.

5. DMA 제어기(DMAC)

DMAC는 내부 주변기기들로부터 서비스 전송요청을 위한 16개의 우선순위를 가지는 채널을 지원하며, 외부의 칩으로부터 최대 2개의 데이터 요청을 지원한다. DMAC는 주변기기들과 워드, 하프-워드, 바이트 크기의 데이터의 전송을 지원한다.

1.5.2 PXA270의 주요기술

1. 무선 MMX

멀티미디어 처리를 고속화하는 SIMD 연산을 하는 명령 세트로, IA-32 프로세서에 내장되고 있는 'MMX'와 호환성으로 'PC로부터 무선 단말의 접속을 간단히 한다.'라는 장점이 있다. 또한, 동영상의 디코더에서 최대 50%의 성능이 업그레이드 됐으며, 엔코더에서는 XScale과 비교해 2~3배 퍼포먼스가 높아졌다(인텔 발표자료). 또한, 저전력화로 QCIF 사이즈 화상전화 동영상, 음성을 처리하는데, 필요한 CPU 코어의 소비 전력이 초간 15fps에 78MW, 30fps에 120MW이다(208 MHz 동작시).

2. 무선 SpeedStep

주파수와 전압 양쪽 모두를 동적으로 변화시켜 소비 전력을 줄이는 구조로서, 종래 XScale 프로세서에서는 주파수만을 바꿀 수 있었지만, PXA270은 전압도 동적으로 변화시켜 한층 더 소비 전력을 줄일 수 있다. 총 5가지 모드가 있어 소비 전력을 중시하는 경우와 응답 시간을 중시하는 경우로 유연하게 구분하여 사용할 수 있다.

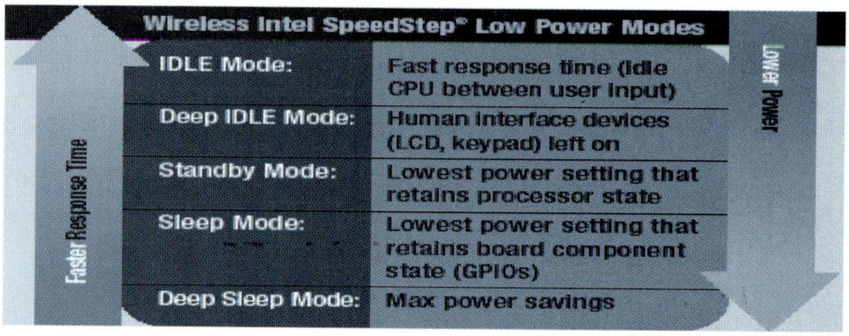

[그림 1-10] 무선 SpeedStep의 5가지 모드

3. 퀵 Capther-인터페이스

전 세계적으로 급격한 성장세를 지속하고 있는 디지털 카메라에 대응하여 카메라와의 접속을 쉽게 하기 위한 구조로 통상 카메라 모듈은 영상처리용 DSP를 갖추고 있지만, 버벌디(Bulverde)는 이 카메라용의 DSP를 내장함으로써, 카메라의 비용 삭감을 가능하게 한다. 4M 픽셀(2048 × 2048 픽셀)까지의 CMOS/CCD 센서를 접속할 수 있어 무선 MMX와 내장 DSP를 사용해 컬러 조화(color-balance)나 노이즈 제거, 화이트 밸런스, 감마 수정 등을 행할 수 있다. 또 CPU를 배제한 촬영된 이미지를 고속으로 프리뷰해 주는 기능을 지원하며, QVGA로 초간 30프레임, VGA로 초간 15프레임의 동영상 촬영도 지원 가능하다. 이는 CPU를 사용하지 않기 때문에 전력 소비를 현격히 줄일 수 있다.

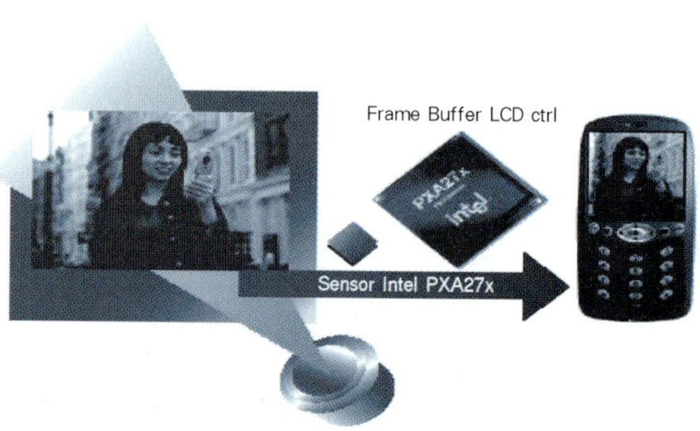

[그림 1-11] PXA270의 영상처리 시스템

1.5.3 PXA27x의 응용제품

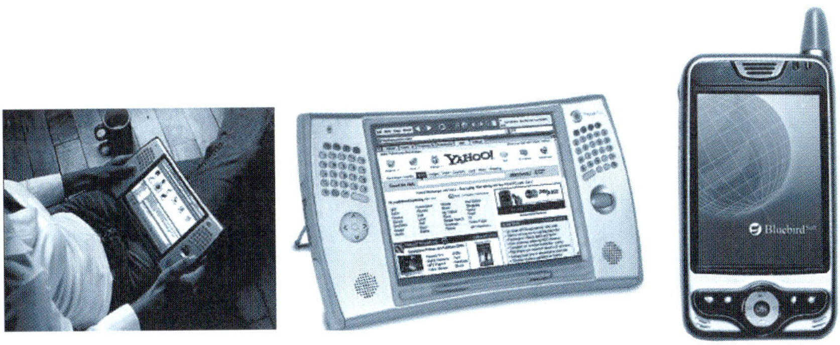

[그림 1-12]
PXA27x의 응용제품

1.6 Bulverde PXA270과 XScale PXA255 비교

〈표 1-4〉에서 PXA270 Bulverde와 PXA255 XScale의 CPU 클록, Incredible, 고성능 카메라 인터페이스, 고성능 LCD 제어기, 무선데이터 액세스 및 다량의 주변기기 세트를 비교하였다.

〈표 1-4〉
PXA270과 PXA255 비교

	Bulverde PXA27x	XScale PXA255
CPU 클록	최대클록주파수; 520, 624MHz ARM구조 ; v.5TE Compliant 23 x 23mm(1.0mm 볼 피치간격) 13 x 13mm(0.5mm 볼 피치간격) 패키지 ; PBGA	200, 300, 400MHz ARM구조 v.5TE compliant 17x17 mm 256-pin PBGA
Incredible	무선 MMXTM기술 명령은 3D게임과 고성능 비디오를 위해 설계되었다.	
고성능 카메라 인터페이스	IQuick Capture 기술은 디지털 이미지 캡쳐와 저전력, 실시간 previews를 위해 4M 픽셀을 제공한다.	
고성능 LCD Controller	18비트 컬러를 가진 Dual-panel LCD. 하드웨어 컬러 공간은 고속 비디오를 위해 256KB 온칩 SRAM를 변환한다. 2개의 오버레이는 LCD대역폭을 감소한다. Quick Capture 기술을 집적하였다.	Integrated LCD controller with unique 고속 color screen 제공하기 위해 DMA 를 사용
무선데이터 고속 액세스	Mobile Scalable Link는 통신과 응용프로세서간의 416 Mbps link를 제공한다.	
다량의 주변기기 셋트	USB Host/Client USB OTG 4-bit SD I/O MMC/SD Card Memory Stick USIM card interface Keypad controller PCMCIA/CF ICP	MMC/SD PCMCIA/CF USB Client 290 Kbps Bluetooth interface 1.84 MHz cellular baseband interface

1.7 X-Hyper270-TKU과 X-Hyper255-TKU 사양 비교

X-Hyper270의 타깃 임베디드 시스템의 개발 탓에 종래 타깃시스템과 X-Hyper255와 성능비교를 다양한 항목별로 <표 1-5>에 요약 서술하였다.

<표 1-5> X-Hyper270과 255사양비교(요약)

항목	X-Hyper270 TKU 임베디드 시스템	X-Hyper255TKU 임베디드 시스템
CPU	PXA270	PXA255
CPU클록	520MHz	400MHz
SDRAM	K4s561632 4EA(128MB)	K4s561632 2EA(64MB)
플래시 ROM	TE28F128 2EA(32MB)	TE28F128 2EA(32MB)
NAND 플래시	K9K12088U0M-YCB0(64MB)	
오디오	AC'97 CODEC Chip(CS4299)	AC'97 CODEC Chip(CS4299)
이더넷	10Base-T 1Port(CS8900)	10Base-T 1Port(CS8900)
	10/100Base-T 2Port(LAN91C111)	
디스플레이	6.4 inches TFT LCD Interface	6.4 inches TFT LCD Interface
VGA	VGA Controller(THS8135)	
터치 스크린	ADS7843	MK712RI
USB HOST	USB 1.1 Host 1Port(PXA270 Internal)	USB 1.1 Host 1Port(SL811)
	USB 2.0 Host 2Port(TD242LP)	
USB Slave	USB 1.1 Slave 1Port(PXA270 Internal)	USB 1.1 Slave 1Port(PXA255 Internal)
CPLD/FPGA	CPLD EPM3604_TQFP100/FPGA ALTERA 10만 gate	FPGA ALTERA 10만 gate
IRDA	IRDA Module(HSDL3201)	IRDA Module(HSDL3201)
카메라 I/F	CMOS(PXA270 Internal)	
UART	UART 1Port(PXA270 Internal)	UART 2Port(PXA255 Internal)
UART Externd	Full Function UART 4 Port(TL16C554APN)	
7'Segment	8EA	8EA
Dot Matrix	7 × 5(1EA)	8EA
KEY	GPIO Key 4EA	GPIO Key 2EA
	4 × 4 Key Matrix	4 × 4 Key Matrix
Charicter LCD	16 × 2 Line(1EA)	16 × 2 Line(1EA)
LED	LED 8EA	LED 8EA
A/D	A/D Converter(ADC0804)	A/D Converter(ADC0804)
D/A	D/A Converter(DAC0800)	D/A Converter(DAC0800)
Motor driver	DC Moter Controller 2Port(L298)	
	Step Moter Controller 1Port(L297)	Step Moter Controller 1Port(L297)
MMC	PXA270 Internal Controller	PXA255 Internal Controller
PCMCIA Slot	PXA270 Internal Controller	PXA255 Internal Controller
CF Slot	PXA270 Internal Controller	PXA255 Internal Controller

제2장
임베디드 시스템 소프트웨어

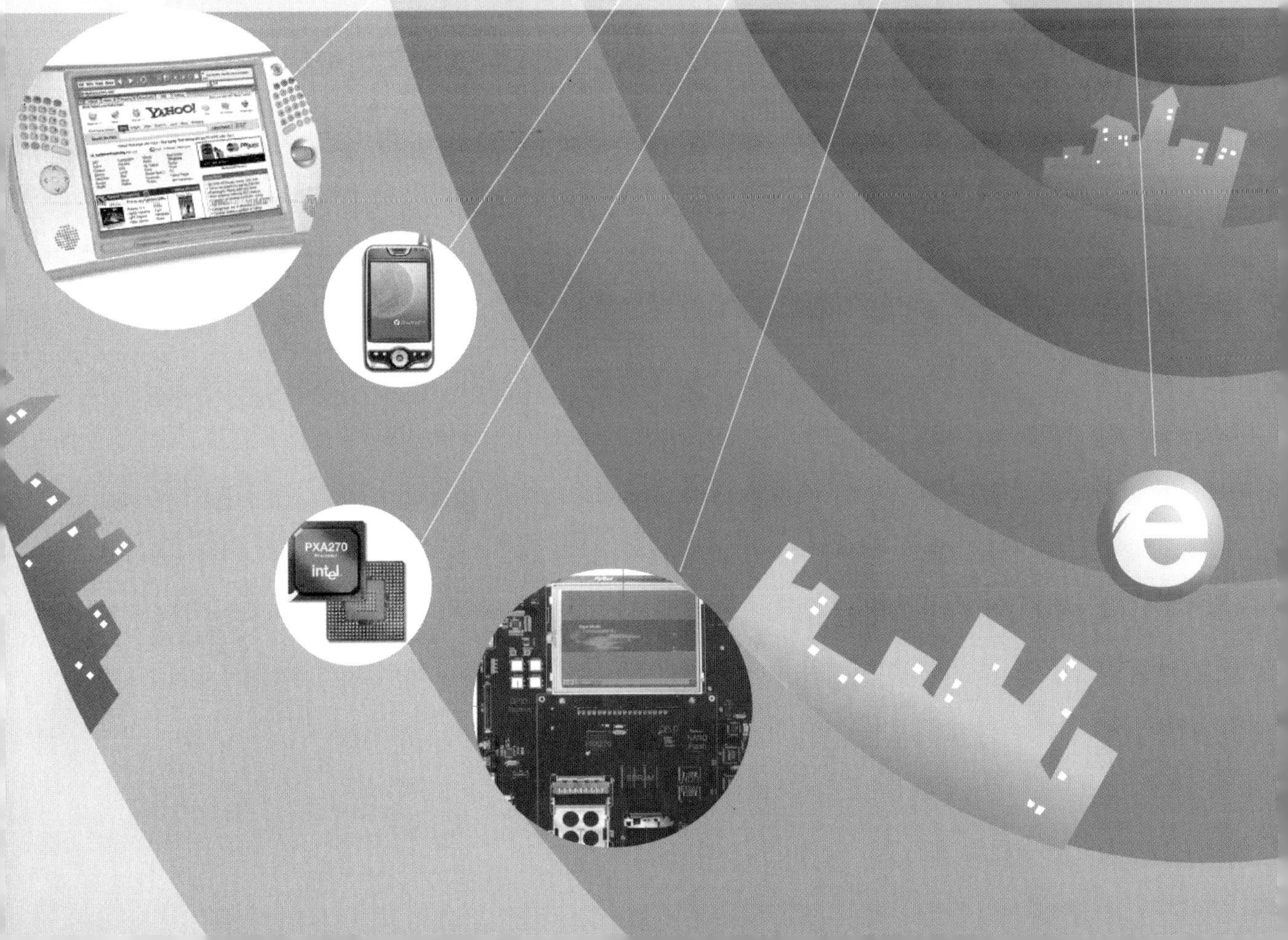

2.1 임베디드 소프트웨어의 개요

임베디드 소프트웨어란 임베디드 시스템에 탑재되는 소프트웨어를 말한다. 임베디드 시스템의 응용분야가 다양해지면서, 예전에는 단순했던 임베디드 소프트웨어가 점점 더 복잡하고 다양한 기능을 처리하게 되었다.

임베디드 OS를 사용하는 이유는 인공위성이나 미사일 제어 등과 같이 오류에 견고한 시스템이나 실시간 시스템을 위해 최적화된 운영체제가 필요할 경우이다. 이러한 경우에는 다양한 목적의 범용적인 운영체제보다는 RTOS(Real Time Operating System)와 같은 임베디드 OS를 사용한다.

RTOS는 표준 하드웨어 환경이 정해져 있지 않다는 점이 윈도우즈나 유닉스 등 범용 운영체제와 커다란 차이이며, 이는 곧 응용프로그램뿐 아니라 운영체제 자체에 대해서도 사용자가 환경을 설정해야 하고 때에 따라서는 포팅 노력이 요구된다는 뜻이다. 그리고 시스템의 하드웨어 자원, 특히 메모리 사용에 대해서 많은 제약이 따른다.

예를 들어 일반 OS에서 작동하는 응용프로그램이 몇백 KB 메모리를 더 사용한다고 해서 무슨 큰 문제가 되는 것은 아니다. 그러나 임베디드 시스템에서는 메모리를 더 사용하면 그만큼 제품 단가가 올라가고, 특히 이동 환경에서는 제품의 크기와 전지의 사용시간에도 직접적인 영향을 주게 된다.

RTOS는 실시간 처리에 대한 강력한 지원과 통합개발 및 디버깅 환경을 지원한다. RTOS의 종류는 대단히 많다. 대표적으로 화성 착륙선인 패스파인더(PathFinder)와 혼다에서 만든 로봇인 아시모(ASIMO)의 운영체제로 쓰인 윈드리버(WindRiver)의 VxWorks, ISI에서 개발해서 지금은 윈드리버에 통합된 pSOS, Mentor Graphics의 VRTX, 윈도우즈 CE, 윈도우즈 XP 임베디드, 임베디드 리눅스 등이 있으며, 교육용으로 만들어진 uC/OS-II가 있다.

2.2 임베디드 시스템의 운영체제

임베디드 시스템(Embedded System)이라는 것은 통상적으로 일반적인 시스템과는 달리 특정한 작업만을 수행하도록 설계되며, 초기의 임베디드 시스템은 비교적 아주 단순해서 특별한 운영체제가 필요 없이 사람이 순차적인 프로그램을 작성해서 실행하게 되어있고, 중간에 인터럽트가 발생하는 경우에만 그 순차적인 프로그램에서 잠시 벗어나는 정도였다. 이전의 임베디드 시스템들은 주로 간단하고 단순한 순차적인 작업에 관련되었기 때문에 굳이 운영체제(OS : Operation System)를 사용한다는 것은 낭비가 되었고 그럴 필요조차 없었다.

최근의 임베디드 시스템 분야에서는 그 시스템 자체가 상당히 커지게 되고, 네트워크나 멀티미디어가 시스템에 기본으로 포함되면서 임베디드 시스템이 해야 할 일들도 많아지고 복잡해졌기 때문에 순차적인 프로그램을 작성하기가 매우 어려워졌다.

따라서 임베디드 시스템에서는 운영체제의 개념이 필요해졌고 임베디드 시스템의 특성상 실시간(Real Time)이라는 요소를 만족해야 하였으므로 실시간 운영체제가 임베디드 시스템에 도입되게 되었으며, 지금도 실시간 RTOS를 채택하여 개발되는 제품들이 점점 늘어나는 추세이며, 이제는 수많은 임베디드 시스템에서 그 목적에 맞게 실시간 운영체제와 함께 적절하게 사용되고 있다.

그리고 임베디드 운영체제(Embedded Operation Software)는 크게 아래와 같이 RTOS(Real Time OS)와 GPOS(General Purpose OS)로 분류할 수 있다.

2.2.1 실시간 운영체제(Real Time OS)

RTOS는 정해진 시간 내에 타깃 시스템이 결과를 출력하는 실시간 시스템을 말한다. 이는 주어진 작업을 빨리 처리하는 개념이 아니고 정해진 시간을 넘겨서는 안 된다는 개념이다. 또한, RTOS에 사용되며, 실시간 임베디드 시스템 응용에 적합할 수 있도록 시스템 응답 속도(Response Speed), 인터럽트(Interrupt), Efficiency, Scalability, Portability 등에서 우수한 성능을 가지도록 설계된 운영체제를 말한다. RTOS는 실시간적 요소를 충족시키고자 모듈화, 선점형 멀티태스킹, 스케줄링, 통합 개발환경 지원 등을 고려해야 한다.

실시간 시스템도 하드웨어 실시간 시스템(Hard Real-Time System)과 소프트웨어 실시간 시스템(Soft Real-Time System)으로 나눌 수 있다.

1. 하드웨어 실시간 시스템

하드웨어 실시간 시스템은 정해진 시간 내에 작업한 결과가 절대적으로 출력되어야 하는 시스템을 말하며, 이런 시스템의 예로는 전투기의 비행 제어 시스템이라든지 핵발전소의 제어 시스템, 인공위성의 제어 시스템 등 작업의 결과가 미리 정해진 시간 내에 도출되지 않으면 막대한 손실을 발생할 수 있는 치명적인 결과가 나오게 되는 경우이다.

2. 소프트웨어 실시간 시스템

소프트웨어 실시간 시스템은 정해진 시간 내에 작업의 결과가 나오지 않더라도 하드웨어 실시간 시스템처럼 치명적인 결과를 양산하는 그런 시스템이 아닌 경우이다. 소프트웨어 실시간 시스템은 정해진 범위를 넘는 시간 지연이 발생하더라도 그것이 시스템 에러(System Error)가 되지는 않는다.

2.2.2 GPOS(General Purpose OS)

일반 OS는 현재 사용하고 있는 Window NT, Window 95/98/2000/XP, DOS, UNIX, Macintosh OS, OS/2 등으로 일반적인 응용 소프트웨어를 운영하고자 설계된 운영체제를 말한다. 따라서 대용량의 메모리와 ROM영역을 필요로 하며, Local File System, Paged Virtual Memory를 관리할 수 있는 MMU(Memory Management Unit) 등이 필요하다. 실시간을 구현하는 데 있어서 응답속도(Response Speed), 인터럽트 핸들링(Interrupt Handling) 등에서 RTOS보다 우수하지 못하다.

그리고 대부분의 임베디드 시스템들은 그 자체에 맞게 포팅(porting)된 운영체제가 있으며, 이런 운영체제 시장은 하나의 운영체제가 거의 독점하고 있다시피 한 PC용 운영체제 시장과는 달리 여러 종류의 독특한 특성이 있는 운영체제가 공존하고 있다. Xinu, uC/OS와 같이 개인이나 학계 등에서 공개한 교육용 또는 평가용 운영체제를 채용하고 있는 몇몇 디바이스를 제외하곤 대부분 pSOS, VxWORKs와 같은 상용 운영체제를 구입해 내장하고 있으며, Cisco와 같은 일부 대형 통신장비 업체에서는 IOS와 같이 자신들이 직접 개발한 운영체제를 사용하고 있다. 이렇게 다양한 운영체제들이 존재하지만 이를 채택하여 개발할 때에는 많은 문제점이 있다. 우선 교육용 운영체제를 채택하는 것은 무료로 공개되어 있는 경우가 대부분으로 가격적인 면에서 부담이 없고 구조가 간단하여 자체적으로 애플리케이션을 개발하기가 쉽다. 하지만, 사용자층이 적거나 혹은 그 운영체제를 이용해 애플리케이션을 개발하는 데 어떤 대가도 지급하지 않았으므로 문제가 발생할 경우, 구체적으로 도움을 받거나 책임요소를 분명히 밝힐 수가 없다.

즉, 운영체제 자체를 사용하는 데 있어 위험성이나 불안요소를 안고 갈 수밖에 없으며, 이런 특성은 특히 제품의 성능과 안정성이 금전적인 손익과 직결되는 산업계에서 크게 환영받지 못하는 요인이 되고 있다.

따라서 제품화되고 있는 대부분의 임베디드 시스템에는 상용 운영체제를 사용하고 있는데, 이런 운영체제들은 구입과 동시에 개발하는 해당 아키텍처에 대한 초기화 코드, 운영체제의 소스 코드와 개발툴들이 함께 제공됨으로 쉽게 애플리케이션 개발에 착수할 수 있다는 장점이 있다.

그리고 운영체제에 대한 지원체계가 확실함으로 문제가 발생할 경우 체계적인 지원을 신속하게 받을 수 있으며 또한 운영체제 자체의 성능이 보장되어 있음으로 안심하고 사용할 수 있다는 장점이 있다.

이런 많은 장점에도 상용 운영체제는 가격적인 면과 확장성 면에서 상당한 제약을 한다. 대부분의 상용 운영체제는 운영체제 자체만으로도 수천 불 혹은 수만 불에 달하는 가격을 가지며 게다가 개발툴을 합치면 개인이나 학계, 중소업체에서 감당하기 어려운 금액이 소요된다. 그뿐만 아니라 네트워크 기능을 위해 TCP/IP 스택, 특정 디바이스 드라이버, 특정 애플리케이션 등이 구입옵션으로 제공되기 때문에 어떤 애플리케이션을 위한 네트워킹 디바이스를 만들려면 수만 불 이상의 엄청난 자금이 필요하다.

그 운영체제를 사용한 응용제품이 시장에 출시되어 이윤이 발생할 경우 일반적으로 제품 한 대당 일정한 규모 정도의 운영체제에 대한 라이선스(License)비가 책정되어 개발자의 부담은 가중된다. 또한, 상용 운영체제의 개발툴 자체는 그 가격만큼이나 잘 정비되어 있고 개발자에게 뛰어난 기능들을 제공하지만 그 자체를 돌릴 수 있는 곳, 즉 개발을 위한 머신(Machine)이 제한적이다.

대부분 특정 유닉스나 윈도우즈 기반의 운영체제를 위한 개발툴을 필요조건으로 요구하고 있으며, 이는 개발자에게 또 다른 하나의 장벽이 될 수 있다.

그리고 이런 상용 운영체제 위에서 돌아가는 애플리케이션 코드를 만드는 경우 한 운영체제를 위해 개발된 코드는 쉽게 다른 운영체제를 위해 포팅될 수 없다. 결국, 상용 운영체제는 상용인 만큼 성능과 개발을 위한 환경이 보장되지만 상당한 규모의 대가를 요구하고 그 확장성, 호환성에서 미약한 면을 보이고 있으며 또한 개발에 익숙하려면 많은 노력이 필요하다.

이러한 환경에서 임베디드 리눅스의 등장은 수많은 문제점의 해결과 더불어 많은 이익을 개발자에게 가져다주었다. 여기서 사용되는 임베디드 리눅스란 일반적으로 PC의 운영체제로서 사용되는 GNU/Linux 시스템의 일반적인 명칭인 리눅스와는 차이가 있다.

PC에서의 리눅스는 운영체제의 기본 하부구조로서, 리눅스 커널과 더불어 그 상위에서 유닉스 운영체제와 유사한 구조를 이루는 Glibc C 라이브러리 시스템과 이를 기반으로 한 수많은 조그만 유틸리티로 이루어져 있으며, 이를 총괄적으로 통합해 리눅스 운영체제라 부른다. 하지만, 임베디드 리눅스는 기본적으로 특정 임베디드 애플리케이션에 맞도록 리눅스 커널의 크기와 성능을 최소, 최적화시켜 만들어낸 커널을 의미하며, 여기에 C 라이브러리나 유틸리티 등은 필요에 따라 추가되거나 교체되어 하나의 시스템을 만드는 형태가 된다. 이런 커널의 최소화, 최적화에는 커널의 내부구조 변화도 가능하며, 이를 극단화시키면 일반적인 상용 운영체제의 성능을 뛰어넘는 것도 가능하다. 결국, 임베디드 리눅스는 개발자에게 시스템 개발에서 금전적인 제약과 개발환경에 적응 시간, 그리고 제품의 신뢰성에 대한 장벽을 넘을 수 있게 해주는 운영체제라 할 수 있다.

2.3 임베디드 운영체제의 기능

임베디드 운영체제는 임베디드 시스템이 가지는 특성 때문에 일반 운영체제와 구조는 다르지만 멀티태스킹, 태스크 스케줄링, 태스크 간의 통신, 메모리 관리, I/O, 인터럽트 및 TCP/IP와 같은 통신 프로토콜까지 대부분 기능을 지원하고 있으며, 일반 운영체제와의 차이점은 시간제약에 차이, 신뢰성, 범용성과 특수성에 있다 할 것이다. 따라서 임베디드 운영체제는 구조적으로 일반 운영체제와는 구별되는 다음과 같은 특수한 기능을 제공하고 있다.

■ RAM 및 플래시 메모리 기반 파일 시스템

임베디드 시스템은 일반적으로 하드디스크를 사용하지 않는 시스템이 대부분이므로 RAM이나 플래시 메모리가 프로그램과 데이터 메모리로 사용된다. 따라서 이러한 반도체 메모리는 하드디스크보다 저장용량이 현저히 부족하므로 파일의 저장, 관리, 삭제 및 부팅 등의 파일 시스템 기능은 일반 운영체제보다 축약된 파일관리를 위한 기능을 제공해야 하는 것이 특징이다.

■ 저전력 기능

임베디드 시스템은 이동용 기기가 대부분이므로, 건전지를 전력원으로 사용하는 것이 일반적이다. 따라서 기기의 사용시간을 늘리고자 시스템의 전력소모를 최소로 관리하는 것이 필수적이므로 운영체제가 이러한 기능을 가지는 것이 당연하다. 따라서 임베디드 시스템에서 전력소모가 큰 장치로 LCD 및 LED 등의 디스플레이 장치들이 주 관심대상이 될 것이다.

■ 빠른 부팅 기능

일반적인 PC의 운영체제는 각종 하드웨어 진단 프로그램이 수행된 후에 부팅이 되므로 시스템 초기화에 상당한 시간이 소요된다. 그러나 임베디드 시스템의 경우는 부팅이 느리면 사용자의 불편이 증대되므로 꼭 필요한 기능만을 수행하는 것으로 부팅 기능이 축소되어 있다.

■ 유무선 통신 기능

임베디드 시스템은 정보 가전기기의 비율이 급속도로 증가하고 있으므로, 유무선 통신 기능에다 TCP/IP 등 인터넷 기능들이 필수적으로 장착되고 있다. 무선 LAN, 블루투스, GPS, 적외선 통신 모듈, RF, CDMA 등의 통신들이 제공된다.

■ XIP(eXecute in Place)

임베디드 시스템의 경우 일반적으로 메모리 용량이 작으므로 플래시 메모리에 있는 응용프로그램을 주기억장치로 불러들여서 실행하는 것이 시스템에 부담이 되는 경우가 많다. 따라서 응용프로그램을 저장된 플래시 메모리에서 바로 실행할 수 있는 기능을 제공하는 기능이 XIP이다. 이 기능은 플래시 메모리에서 프로그램이 바로 실행되는 편리성이 있으나, 수행속도가 느리고, 플래시 메모리의 수명단축에 대한 단점이 있다.

■ 컴포넌트 기반 운영체제

임베디드 운영체제는 각종 타깃 디바이스에 따라서 메모리 사용을 최소화하고자 운영체제의 커널의 구성에서 필요한 부분만을 발췌하여 구성할 수 있는 기능을 제공한다. 이러한 기능을 제공하려면, 커널을 기능별로 모듈화가 되어 있어야 한다.

■ 다양한 입출력 장치 드라이버

임베디드 운영체제는 PC에서처럼 표준화된 규격의 하드웨어나 장치에 대해서 운용을 지원하는 것이 아니라, 그 응용분야가 다양하므로 다양한 입출력 장치 드라이버를 제공하고 있다. GPS, LCD, CDMA, 블루투스, 무선LAN 등에 대한 장치 드라이버는 표준화하여 제공하고 있으며, 각 하드웨어의 응용에 따라서 필요할 경우 PC의 운영체제와 마찬가지로 제조사에서 하드웨어를 구동해 줄 수 있는 장치 드라이버를 만들어서 제공해야 한다.

2.4 임베디드 소프트웨어 개발환경

Time-to-Market이 생명인 임베디드 시스템 제조업자들은 임베디드 소프트웨어를 빨리 개발하여 프로젝트 기간을 단축하는데 반드시 필요한 임베디드 소프트웨어 개발환경을 강력히 원하고 있다.

임베디드 시스템은 대개 한정된 자원을 가지고 있기 때문에 임베디드 소프트웨어 개발환경은 대개 호스트와 타깃으로 구성된다.

타깃에는 최소한의 개발도구만 있고, 대부분 도구는 자원이 풍부한 호스트에 존재한다. 임베디드 소프트웨어 개발환경은 자원이 한정된 타깃에서 실행될 프로그램을 편리하고 빨리 개발할 수 있게 해야 한다.

임베디드 소프트웨어 개발환경은 크게 타깃 이미지 생성 도구, 소프트웨어 개발도구, 설계 자동화 도구, 테스트 자동화 도구의 네 분야로 구분된다.

1. 타깃 이미지 생성 도구

타깃 이미지 생성 도구는 임베디드 시스템이 동작하는 데 필요한 커널, 라이브러리, 유틸리티, 응용프로그램 중에서 개발자가 필요한 부분만 선택하면 최적화된 타깃 이미지를 생성해주는 도구이다. 이 도구의 예로는 MS의 플랫폼 빌더와 WinXPe 스튜디오, QNX의 시스템 빌더, Lineo의 타깃 위저드, 그리고 한국전자통신연구원에서 개발한 타깃빌더가 있다.

타깃 이미지 생성 도구는 각 컴포넌트 간의 의존성을 관리하므로, 개발자가 어떤 컴포넌트를 선택하면 그 컴포넌트의 실행에 필요한 컴포넌트들이 같이 선택된다. 예전에는 커널 컴포넌트 간의 의존성과 응용프로그램 간의 의존성이 따로 관리되었으나 근래에는 타깃 이미지를 구성하는 모든 컴포넌트들의 의존성이 통합적으로 관리된다. 타깃 이미지 생성 도구는 다양한 타깃 보드에 대한 BSP(Board Support Package)를 제공하여 개발자가 신속하게 타깃 이미지를 생성할 수 있도록 해준다. 근래에는 BSP보다 더 상위 수준인 임베디드 시스템의 응용 분야를 선택할 수 있다. 예를 들면, 개발자가 자동차 분야를 선택하면 이 분야의 임베디드 시스템이 공통으로 요구하는 라이브러리와 유틸리티(예를 들면, CAN 지원 기능)를 포함한 타깃 이미지를 생성한다.

2. 소프트웨어 개발도구

소프트웨어 개발도구란 타깃에 내장되어 실행될 프로그램을 개발하는 데 필요한 도구이다. 가장 기본적인 것으로서 크로스 컴파일 툴체인과 디버거가 있다. 그리고 타깃 모니터링 및 프로파일링 도구, 디바이스 드라이버 개발툴킷, GUI 빌더도 중요한 소프트웨어 개발도구이다. 더욱 편리한 개발을 위해서 위에서 언급한 개발도구들이 통합개발환경(Integrated Development Environment)으로 제공된다.

3. 설계 자동화 도구

설계 자동화 도구란 임베디드 소프트웨어를 개발할 때 시스템을 분석 설계하고 코드를 자동 생성한 후에 최종 시스템을 구축할 수 있도록 지원해 주는 기술로서, 임베디드 소프트웨어 개발 프로세스 기술, 시스템 분석 및 모델링 기술, 소프트웨어 아키텍처를 기반으로 하는 임베디드 소프트웨어 개발 기술 등이 있다.

4. 테스트 자동화 도구

테스트 자동화 도구에는 화이트 박스, 블랙 박스, 회귀(regression), 유닛, 통합, 코드 범위, 오류 방지 테스트 등이 있다.

앞으로 임베디드 시스템의 응용 분야는 더욱 다양해지고 그 수요도 지속적으로 증가할 것이다. 이에 따라 임베디드 시스템을 적시에 개발하고자 더욱 편리하고 기능이 풍부한 임베디드 소프트웨어용 개발도구의 중요성이 대두하고 있다. 특히, 임베디드 리눅스는 앞으로 가장 널리 쓰이게 될 임베디드 운영체제임에도 만족할 만한 개발도구가 부족해서 개발도구의 개발이 시급한 분야이다.

국내에서는 2002년도에 한국전자통신연구원에서 임베디드 리눅스인 Qplus-P용 통합개발환경으로 Esto를 개발하여 발표하였다. 2004년에는 기능이 더욱 강화된 이클립스 기반의 Esto가 이클립스 컨퍼런스에서 발표하였다. Esto는 임베디드 리눅스뿐만 아니라 마이크로 운영체제와 나노 운영체제도 지원한다. 마이크로 운영체제는 Wind River의 VxWorks처럼 유저 모드와 커널 모드의 구분 없이 단일한 주소공간을 제공하고 경성 실시간 시스템을 지원한다.

나노 운영체제는 UC Berkeley의 TinyOS처럼 작은 센서에도 사용될 수 있는 초소형 운영체제이다.

임베디드 소프트웨어는 크기도 작아야 하지만, 전력 소모도 적어야 한다. 이를 위하여 개발 중인 임베디드 소프트웨어가 소모하는 전력을 측정해 주는 도구가 Esto에 포함되어 있다. 실시간 프로그램은 기존 디버거에서 하듯이 정지점에서 멈추게 되면 제대로 디버깅을 하기 어렵다. 이를 위하여 비정시 디버깅(non-stop debugging 또는 tracepoint debugging)을 지원하는 디버거도 Esto에 포함되어 있다. 이 외에도 앞으로 경성 실시간 시스템의 개발에 필요한 도구나 유비쿼터스 환경의 임베디드 소프트웨어의 개발을 도와주는 도구들을 추가 개발해 나가야 할 것이다.

2.5 임베디드 시스템 개발환경

2.5.1 임베디드 시스템 개발환경의 개요

임베디드 시스템 개발 시 전체 시스템의 가격이나 소비되는 전력을 낮추고자 하드웨어 및 소프트웨어의 많은 제한을 가하게 된다. 따라서 임베디드 시스템에 사용하는 OS는 일반적인 일반 OS보다는 시스템에 특화된 운영체제를 사용한다.

임베디드 시스템을 개발하려면 기본적으로 다음과 같은 요소들이 갖춰져 있어야 한다. '호스트PC'는 임베디드 시스템 개발을 위한 컴퓨터를 말하며, '타깃 PC(Target PC)'은 실제 임베디드 시스템이 설치된 개발하고자 하는 하드웨어를 말한다. 호스트에는 개발을 위한 개발툴, 개발된 응용프로그램을 임시로 수행해 볼 수 있는 타깃 시뮬레이터, 타깃과 연결되어 타깃에 개발된 이미지를 업로드 하거나 타깃에 반응하는 디버그 에이전트를 통해 원격 디버깅을 할 수 있게 하는 타깃 서버가 설치돼 있다. 또한, 타깃에는 호스트에서 만들어져서 설치된 여러 컴포넌트가 존재하는데 타깃을 부팅하기 위한 부트로더와 커널, 그리고 임베디드 응용프로그램이 존재하게 된다. 호스트에 설치된 개발툴에는 타깃에서 수행될 수 있는 바이너리를 생성하는 크로스 컴파일러가 존재하며 그 밖에 오류를 검색해 주는 디버거 등으로 이루어져 있다.

2.5.2 임베디드 시스템 개발 과정

임베디드 시스템 개발 과정은 대략 부트로더 개발, 커널 및 파일 시스템 개발, 응용프로그램 개발의 세 단계로 볼 수 있다.

1. 부트로더 개발

부트로더는 타깃 보드에 전원이 인가되면 부트 롬으로부터 가장 먼저 수행되는 프로그램이다. 보통 부트로더는 OS의 커널을 로드하는 순수 로더로서의 기능뿐만이 아니라 현재 레지스터나 메모리 값, 버스 상태 등을 살펴볼 수 있는 모니터 기능, 기초적인 네트워크 모듈을 내장해 네트워크를 통한 커널을 다운받아서 커널을 로드할 수 있는 기능을 포괄하고 있다. 부트로더는 보통 부트 롬에 내장되어 있으며, 부트로더를 새로 작성하여 타깃에 설치하려면 호스트와 JTAG 인터페이스 혹은 기타 인터페이스를 통하여 설치할 수 있으며, 이외의 방법으로 롬 라이터를 이용하여 롬에 구워서 설치할 수 있다.

대부분 상용 임베디드 OS에서는 부트 롬 부분을 앞서 잠깐 언급한 BSP라 불리는 패키지 일부분으로 구성하고 있다. 반면 임베디드 리눅스는 규격화된 BSP가 존재하지 않으므로 하드웨어 벤더가 리눅스용 BSP를 제공하지 않을 경우 부트 롬 부분을 각 하드웨어 플랫폼에 맞게 작성해야 한다.

2. 커널 및 디바이스 드라이버 및 파일 시스템 개발

커널 및 디바이스 드라이버의 개발은 호스트의 임베디드 시스템 개발툴에서 이뤄진다. 개발을 위해서는 개발자가 먼저 시스템에 대한 하드웨어 사양을 숙지해야 하며 이를 바탕으로 커널 및 디바이스 드라이버를 설정하게 된다. 이렇게 생성된 커널 및 디바이스 드라이버들은 부트 롬과 같이 하나의 이미지 파일 형태로 되어 부트 롬에 저장되거나 별도의 저장 장치에 파일 시스템을 통한 파일 형태로 구현된다. 만일 부트 롬의 용량이 작거나 기타 저장장치가 없는 경우 부트로더에서 네트워크 모듈을 통해 별도의 서버로부터 커널을 다운받아 부팅이 진행될 수도 있다. 특히 부트 롬이나 저장장치의 용량이 제한적일 경우는 커널 이미지 자체를 압축해 저장되는 것이 일반적이다.

3. 임베디드 응용프로그램

임베디드 응용프로그램은 앞에서 구현된 커널과 파일 시스템을 바탕으로 수행된다. 응용프로그램의 개발은 커널과 마찬가지 방법으로 호스트에서 생성할 수 있으며, 호스트에 설치된 개발툴의 크로스 컴파일러에 의해 타깃 보드에 맞는 바이너리가 생성되게 된다. 생성된 응용프로그램의 실행은 임베디드 OS 개발툴 내의 타깃 에뮬레이터나 실제로 타깃 보드에 옮겨서 실행할 수 있다. 또한, 응용프로그램은 네트워크를 이용한 원거리 디버깅을 이용하거나, JTAG 인터페이스를 이용한 디버깅을 통하여 에러를 확인해 볼 수 있다.

2.5.3 임베디드 OS의 주요 개념

임베디드 시스템의 성능이 커지면서 기존에 간단한 펌웨어 형식으로 구현되었던 임베디드 프로그램이 점차 해야 할 일이 많아지고 복잡해졌다. 이는 순차적인 프로그램으로는 해결하기 어려운 단계로 발전하고 결국 임베디드 시스템에도 운영체제의 개념이 필요해진다. 임베디드 시스템의 대부분 특성상 실시간이라는 요소를 만족해야 하는 점 때문에 많은 임베디드 OS는 RTOS의 속성을 가진다. 다음에 설명하는 주요 개념들은 여러분이 임베디드 OS를 이용해 임베디드 시스템의 개발을 위해 반드시 알아두어야 할 여러 개념 중 중요한 개념들을 선정하여 설명한 것이다.

1. 임베디드 환경의 파일 시스템

파일 시스템이란 저장장치에 파일을 관리하는 시스템을 말한다. 임베디드 시스템에서 주로 사용하는 저장장치는 보통 네트워크를 통한 외부 서버의 저장장치, 타깃 내의 일반 메모리 및 플래시 메모리 등을 말하며, 각각 장치의 특성상 다른 파일 시스템이 올라가게 된다. 외부 서버로부터는 저장 장치에 대한 파일 시스템으로는 NFS(Network File System)라는 것이 있는데, 이는 네트워크를 통해 마치 외부 서버의 파일 시스템을 로컬의 파일 시스템처럼 사용할 수 있게 해주는 파일 시스템이다.

일반 메모리에 대한 파일 시스템은 RAMFS(RAM File System)이라 하여 보통 부트 롬 내에 파일 시스템 이미지를 저장해두고 시스템이 부팅 시 일반 메모리에 그 파일들을 모두 복사한 다음 RAMFS를 통하여 파일을 유지 관리하는 파일 시스템이다. 단 일반 메모리에 구현돼 있으므로 타깃의 전원이 없어지면 그 내용이 소실된다.

플래시 메모리는 일반 메모리와는 다르게 전원이 나가도 그 내용이 보전되는 특성이 있으므로 한번 파일 시스템이 구현되면 그 내용이 보존되는 특징이 있다. 하지만, 플래시 메모리의 특성상 기록 및 삭제의 횟수 제한이 있으므로 파일 시스템 내에서 이를 효율적으로 관리해 주는 부분이 고려되어야 한다.

2. 스케줄러

임베디드 OS는 보통 태스크(Task)라 불리는 프로그램 수행 단위를 가지게 된다. 보통 임베디드 시스템에서는 복수 개의 태스크가 동시에 수행되는 환경을 가지게 되며, 이때 OS 내부의 스케줄러에 의해서 다음번에 수행되어야 할 태스크를 선택하게 된다. 이때 사용되는 임베디드 OS의 스케줄링 알고리즘으로는 다양한 알고리즘이 나와 있지만 구현상의 문제 등으로 말미암아 실제 대부분의 임베디드 OS에서는 우선순위에 기반을 둔 스케줄링 알고리즘을 사용한다.

대표적인 우선순위 알고리즘으로 FIFO(First In First Out)와 라운드로빈 방식이 있다. FIFO의 알고리즘은 같은 우선순위를 가진 태스크들이 존재 시 먼저 시작한 태스크가 종료될 때까지 다음번 수행된 태스크가 스케줄링을 받지 못하는 스케줄링 알고리즘이며, 라운드로빈 방식은 같은 우선순위를 가진 태스크들이 존재할 경우 각각 미리 정해진 타임 슬라이스(Time-Slice)만큼씩 차례로 스케줄링이 되는 알고리즘이다.

3. 프리엠티브 커널

프리엠티브 커널(Preemptive Kernel, 선점형 커널)은 어떤 태스크가 수행되고 있을 때 커널이 강제로 그 태스크의 수행을 중지시키고 다른 태스크의 기능을 수행시킬 수 있는 능력을 지닌 커널을 말한다. 논 프리엠티브(Non-preemptive) 커널보다 인터럽트 잠복기(Interrupt Latency)가 조금 길어지는 단점이 있긴 하지만 대부분의 임베디드 OS에서 프리엠티브 커널을 채택하는 이유는 우선순위가 높은 태스크가 먼저 수행될 수 있다는 점 때문이다. 이는 결국 커널의 안정성을 높게 유지한다는 점에서 좋은 점이 될 수 있다.

4. 상호 배제

하나의 태스크가 한 자원을 점유하여 사용 중에 또 다른 태스크가 접근하여 사용 중인 자원에 무단으로 접근 시도 변경을 가한다면 곧 그 자원은 예측불허의 상황으로 치달을 수밖에 없다. 이런 부분을 임계 지역(Critical Section)이라 명하며, 한 자원이 점유 중일 경우 나머지 자원들은 점유하고 있던 태스크가 자원을 모두 사용하고 사용권을 반환하기 전까지 모두 접근이 지연돼야 하는 지역을 말한다. 따라서 임계 지역은 상호 배제(Mutual Exclusion)로써 보호해야 하며 임베디드 OS는 상호 배제를 위해 인터럽트 활성화/비활성화(Enable/Disable)이나 세마포어의 기능으로 임계 지역을 보호할 수 있다.

5. 세마포어

세마포어(Semaphore)는 60년대 중반 Dijkstra가 고안한 메커니즘이다. 이는 태스크 간에 상호 공유하는 변수이며, 임계 지역을 세마포어로 보호하면 태스크 간 상호배제를 구현할 수 있다. 기본적인 알고리즘은 먼저 세마포어 변수를 선언한 후 임계 지역에 들어가기 전에 세마포어를 얻기를 시도한다. 만일 아무도 세마포어 얻기를 시도하지 않았으면 바로 임계 지역에 들어갈 수 있으나 다른 태스크가 세마포어를 얻어서 임계 지역에 있으면 나중에 시도한 태스크는 세마포어를 풀어줄 때까지 블록상태로 되게 된다. 이후 세마포어가 풀리면 블록된 태스크는 세마포어를 얻어 임계 지역에 진입할 수 있게 된다.

세마포어는 초기화 시 동시에 진입할 수 있는 개수를 명시할 수 있는데 그 개수가 하나인 세마포어에 대하여 바이너리 세마포어(Binary Semaphore)라 하며 그 이상의 값을 명시한 것을 카운팅 세마포어(Counting Semaphore)라 한다.

6. 태스크 커뮤니케이션

임베디드 OS에서의 태스크들은 종종 서로 데이터를 교환해야 할 경우가 생기게 된다. 이럴 경우 태스크 간 통신을 통하여 교환할 수 있으며, 이 기능은 OS에서 지원하는 여러 도구에 의해 수행이 된다. 대표적인 방법으로 시스템 전역의 변수를 선언하여 사용하는 방법이 있으나 이 경우에는 변수 자체가 임계 지역이 되므로 인터럽드 활성화 / 비활성화(Enable / Disable)이나 세마포어 등으로 상호 배제를 해야 한다. 그 밖의 방법으로는 큐, 파이프, 메일박스, 공유 메모리 등이 있으며 이들은 커널에 의해 자동으로 상호 배제가 이루어짐으로 임계 지역이 보호된다.

7. JTAG

JTAG(Joint Test Access Group)는 IEEE 표준 1149.1-1990 Test Access Port and Boundary-Scan Architecture에 근거한 규격으로 CPU에서 직접 지원하는 디버깅을 위한 인터페이스로 현재 CPU의 상태를 점검하거나 프로그램의 디버깅, 플래시 메모리에 새로운 자료를 저장할 때 주로 사용한다.

8. Priority Inversion

낮은 우선순위를 가진 태스크에 의해 높은 우선순위를 가진 태스크가 블록 되어 수행이 되지 않는 현상을 말한다. 이러한 우선순위 역전 현상은 시스템의 스케줄 능력과 예측을 떨어뜨려 결국 시스템을 불안정하게 만드는 원인이 되기도 한다. 일부 임베디드 OS에서는 OS 차원에서 우선순위 상속(priority inheritance)을 이용하여 해결하기도 하나, 가장 안전한 방법은 태스크들을 디자인할 경우 그러한 상황이 벌어지지 않도록 설계를 하는 것이다. 보통 이를 막도록 같은 세마포어를 쓰는 태스크들 사이에는 같은 우선순위를 주는 등의 방법을 사용한다.

9. Priority Inheritance

우선순위 역전현상을 피하는 방법으로 예를 들면 태스크 T2가 특정 리소스를 점유하고 있는 상태에서 우선순위가 높은 T1이 같은 리소스에 접근할 경우 우선순위 역전현상이 나타난다. 이때 이 리소스를 대기하고 있는 가장 큰 우선순위인 T2의 우선순위만큼 T1이 우선순위를 상속(Inheritance)받아서 그 우선순위의 값을 유지한 상태로 리소스를 점유하게 된다. 이후 해당 리소스를 모두 사용한 후에는 다시 원래의 T1의 우선순위 값으로 환원된다.

2.6 임베디드 운영체제의 종류

2.6.1 무료 임베디드 시스템 OS

교육용의 목적으로 개발되어 소스가 무료이거나 특정 이유로 비영리 목적에는 무료이고 영리 목적일 경우에도 거의 대가 없이 소스 코드를 사용할 수 있는 운영체제들은 다음과 같다.

1. Embedded Linux

리눅스는 운영체제이다. 운영체제란 하드웨어와 응용프로그램, 혹은 사용자 사이에서 시스템을 제어하고 운영하는 프로그램이다. 엄밀한 의미로 말하면, 리눅스는 프로세스 스케줄링, 가상 메모리, 파일 관리, 장치 입출력이라는 기본적인 서비스를 제공하는 운영체제의 커널일 뿐이다.

초기의 리눅스는 핀란드 헬싱키 대학의 교수에 의해 개발된 유닉스 기반의 마이크로 커널 구조를 가지는 인텔 프로세스에서 동작하는 운영체제인 미닉스(Minix)를 이 대학 학생인 리누즈 토발즈(Linus Torvalds)가 수정하여 인터넷에 공개한 데서부터 출발한다. 그 이후 리눅스는 전 세계의 해커들에 의해서 지속적으로 수정 보완되면서 급속히 발전했다.

또한, 리처드 스톨만(Richard Stallman)에 의해 창시된 자유 소프트웨어 재단(FSF : Free Software Foundation)과 노선을 함께하여 GNU GPL(General Public License)하에 커널 소스를 공개하여 오늘에 이르고 있다. 이러한 소스 코드 공개에 기초한 자유 소프트웨어 정신에 따라 리눅스는 해커들에 의해 급속한 진전을 이루었으며, 비로소 1994년 5월에 커널 버전(리눅스 커널 버전이 홀수(odd)이면 개발버전, 짝수(even)이면 안정버전임을 의미한다.) 1.0.0이 발표되었고, 1996년 6월에는 커널 버전 2.0.0이 발표되었다. 그리고 2001년 1월에는 커널 버전 2.4.0이 발표되었다. 이제 리눅스는 저렴한 중소형 컴퓨터뿐만 아니라 서버급 컴퓨터에 널리 사용되고 있다. 또한, 최근에는 크기를 현격히 줄여 임베디드 시스템에 리눅스가 포팅되어 임베디드 운영체제로 각광받고 있다.

리눅스는 유닉스 시스템의 표준 인터페이스로 자리 잡은 POSIX 표준을 따르고 있으나, 진정한 자유 소프트웨어를 구현하고자 유닉스 소스 코드 사용을 배제하고, 모든 소스를 새로 작성하였다. 초기의 리눅스는 i386이상의 x86 CPU를 탑재한 PC에서 운영되는 것을 목표로 하였으나, 현재에는 Macintosh, SPARC, MIPS, Alpha f 머신 등에서 동작하는 최고의 이식성을 사랑하는 운영체제가 되었다.

리눅스는 진정한 개념의 멀티태스킹이 가능하며, 가상 메모리를 구현하며, 공유 라이브러리, 메모리 관리, TCP/IP 네트워킹과 유닉스 계열 시스템들이 가지는 특징들을 포함하는 공개 운영체제이다.

리눅스는 상용 임베디드 OS보다는 실시간적 요소를 충족하지 못하고 윈도우 CE보다는 개발환경이 좋지는 않지만, 오픈소스에 라이선스 비용이 없어서 커널 크기를 줄여 다양한 임베디드 시스템의 개발에 유리하다.

리눅스는 소스를 공개하는 오픈소스 정책을 따르는 관계로 관련 개발자가 세계 곳곳에서 현지의 응용프로그램을 개발할 수 있는 개발자층이 넓다는 것이 다른 OS들과 구별되는 큰 장점이다. 이에 따라 리눅스를 채용한 임베디드 시스템은 다른 제품보다 가격 경쟁력이 우수하고 다양한 응용프로그램의 개발이 가능할 것으로 기대된다.

임베디드 리눅스는 소스 공개와 아울러 안정성, 신뢰성 및 성능의 확보에 따라 활용도가 급격히 증대되고 있으며, 레드햇, 몬타비스타, 리니오 등이 임베디드 리눅스 개발 및 기술 지원 사업에 주력하고 있다.

임베디드 리눅스 운영체제는 특정 애플리케이션에 맞도록 리눅스 커널을 최적화한 것이다. 이는 라이선스비가 무료이며, 커널 소스 또한 공개되며 현재 전 세계의 수많은 개발자에 의해 지속적으로 업데이트되고 있다.

그러나 임베디드 리눅스는 열악한 개발환경에 따른 개발기간에 대한 부담과 라운드로빈 방식의 스케줄링을 하므로 실시간 시스템에는 적합하지 않다는 문제점을 가지고 있다. New Mexico Tech에서 기존 리눅스 커널에 실시간 기능을 추가한 RT-Linux를 개발했으며, 또한 오픈소스 진영에서는 임베디드 리눅스를 기반으로 한 표준화를 통해 시장 확대를 도모 중인데, 2000년에 애질런트, 알카텔, HP, IBM, 윈드리버, ARM, 모토롤라 등이 참여하는 세계 최대 규모의 임베디드 리눅스 컨소시엄(ELC : Embedded Linux Consortium)이 결성되어 임베디드 리눅스 및 실시간 운영체제 API 표준인 EL/IX(Embedded Linux based on POSIX)를 기반으로 플랫폼 표준화를 추진하고 있다.

임베디드 운영체제 시장은 전통적인 RTOS 중심에서 다기능 임베디드 OS 중심으로 발전하는 추세에 따라 VxWorks, pSOS 등의 RTOS의 시장 성장률이 둔화하고 있으며, 전용 실시간 임베디드 시스템에서 높은 시장 점유율을 보였던 VxWorks, pSOS, VRTX와 같은 전통적인 RTOS는 2001년을 기점으로 시장 점유율이 하락하고 있다.

2003년에는 임베디드 리눅스, 임베디드 윈도우즈 CE 및 팜 OS 등의 임베디드 OS 시장이 기존의 RTOS 시장을 능가할 것으로 예측된다. 전통적인 RTOS의 시장 점유 하락으로 임베디드 OS 시장에서는 MS와 임베디드 리눅스가 시장 선점을 위해 치열한 각축을 벌일 것으로 예상된다.

① 임베디드 리눅스의 장점

- 산학계에 걸친 수많은 사용자로부터 지난 수년간 직접 사용되면서 검증되었으며, 효율적이고 안정적이며 성숙한 내용을 가진다.
- 오픈 소스이기 때문에 소스 코드 자체가 공개되어 있고, 이의 공급에 따른 로열티 자체가 없어서 부담 없이 쉽게 자체 개발 아키텍처에 공급할 수 있다.
- 리눅스 커널 자체가 태생적으로 모듈 형식의 코드로 이루어져 있어 쉽게 최소, 최적화 가능하다.
- 네트워킹 애플리케이션에 필수적인 TCP/IP, PPP, X.25, HDLC, FDDI 등의 네트워크 코드를 가지며 그 종류에서도 다양하고 무료로 사용할 수 있어 개발에 쉽다.
- 네트워킹 디바이스에서 현존하는 대부분 프로세스에 포팅되어 있고, 대부분 컨트롤러를 위한 디바이스 드라이버가 제공되기 때문에 그 공급 영역 또한 방대하다
- 사용자뿐만 아니라 개발자 그룹의 크기도 오픈 소스이면서도 개발을 위한 자체 툴과 라이브러리를 가진 현대적인 운영체제라는 특성에 맞물려 전 세계적으로 거대한 수의 개발자들이 존재한다. 따라서 애플리케이션은 물론 자체 문서도 거의 모든 영역에 대해 상용 운영체제 못지않게 잘

이루어져 있다.

- 이미 PC 상에 리눅스 애플리케이션과 커널의 개발에 익숙한 사람들에게 있어 임베디드 리눅스는 자신에게 익숙한 환경을 제공하기 때문에 쉽게 임베디드 애플리케이션을 개발할 수 있게 해준다. 또한, 개발툴은 어떤 운영체제나 아키텍처 상에도 포팅이 되어 있으므로 한번 개발툴에 익숙해지면 개발환경에 제약이 없어진다는 장점이 있다.
- 실시간(Real Time)을 지원하여 지금까지 상용 OS에 열세였던 Real Time 성을 크게 확보하고 더욱 다양한 분야에 공급을 할 수 있다.

② 임베디드 리눅스의 단점

- 임베디드 리눅스(Embedded Linux)위에서 실행될 수 있는 애플리케이션이 상당히 부족한 실정이다. 따라서 임베디드 리눅스를 OS로 채택하고 이를 확산시키는 데 걸림돌이 되고 있다.
- 임베디드 리눅스(Embedded Linux)를 이용하여 장비개발 시 개발환경에 접근하는 데 상당히 어렵다. 커널을 비롯하여 마이크로 프로세스(Micro Process), 네트워크, 각종 툴(Tool) 등을 다루어야 하는 내용이 방대하므로 단시일 내에 전문적인 개발자 양성에 문제가 있다.

2. Xinu

Xinu는 Purdue 대학의 Douglas E. Comer가 교육용 목적으로 개발한 운영체제이다. 실제로 지금도 수많은 교육기관에서 이를 운영체제 학습을 위해 사용되고 있다. 최근 버전에서는 TCP/IP 스택도 구현되어 많은 교육 기관에서 데이터 통신이나 컴퓨터 네트워크 과정에서 활용하고 있다. Xinu는 병렬 프로세싱, 메시지 패싱, 세마포어(semaphore), 메모리 관리, 통일된 디바이스 I/O와 같은 세련된 운영체제적 특징을 가지고 있으면서 TCP/IP 스택도 가지고 있다. 또한, 교육용으로 제작된 것이라서 잘 정리된 레퍼런스 문서가 존재하며, Intel, Motorola, Sparc 등의 여러 CPU에 포팅되어 있다. 아주 간단하며 크기가 작으며, 무료이기 때문에 이를 네트워크 디바이스용 운영체제로 사용해 장비를 제작하는 회사들도 있다.

3. uC/OS와 uC/OS-II

Jean J. Labrosse가 만든 POSIX((1) POSIX, Portable Operating Systems based on Unix1) 표준 호환의 실시간 운영체제이며, uC/OS-II는 그다음 버전이다. 비영리 목적이라 소스 코드를 홈페이지에서 무료로 다운받을 수 있고, 라이선스 비용도 거의 무료에 가깝다. 상당히 저렴한 가격의 실시간 운영체제이기 때문에 많은 계측장비, 산업용 장비의 운영체제로 쓰이고 있다. uC/OS와 uC/OS-II는 4천 라인 정도의 C코드와 약간의 아키텍처에 의존적인 어셈블리 코드로 이루어져 있어 여러 CPU로의 포팅이 쉬우며 실제로 Intel, Motorola, ARM, Sparc, Hitachi SH 등의 32비트 CPU와 자이로그(Zilog)사의 Z80과 같은 8비트 CPU, 그리고 TI의 여러 DSP칩에도 포팅되어 있다. C 프리프로세스 매크로로 필요 없는 기능을 제거할 수 있는 스케일러빌러티를 제공하며, 완전한 선점형(Preemptive) 실시간 멀티태스킹을 할 수 있는 구조를 지니고 있다.

또한, 여러 메일 박스, 큐, 세마포어와 같은 시스템 서비스를 제공한다. 하지만, TCP/IP 스택을 가지고 있지 않기 때문에 네트워크 디바이스용의 운영체제로 사용하려면 uC/OS, uC/OS-II용 스택을 판매하는 회사의 제품을 구매해야 한다는 단점이 있다.

4. eCOS

eCOS는 지금 레드햇에 합병된 시그너스사에서 만든 오픈 소스 실시간 운영체제로서 로열티가 없고 제조사에서 잘 정리된 지원체제를 가지고 있다는 장점이 있다. 리눅스가 탑재되지 못할 만큼 극히 제한된 임베디드 디바이스를 위해 제작되었으며 모토로라의 Power PC, Sparc, ARM, Mips 계열의 CPU에 포팅되었으며, 커널 자체를 쉽게 특정 목적에 맞게 구성할 수 있는 GUI 툴이 제공된다. 애플리케이션 제작을 위한 자체 C 라이브러리와 리눅스 호환을 위한 EL/IX라는 리눅스 호환 API를 가지고 있어 EL/IX를 이용해 리눅스에서 프로그래밍한 애플리케이션을 수정 없이 eCOS에서 돌릴 수 있다. 이외에 ITRON 호환 실시간 라이브러리를 제공하며 TCP/IP 스택을 제공한다. 하지만, 지금까지 TCP/IP 스택 자체가 베타(Beta) 버전이기 때문에 네트워크 디바이스용 운영체제로서 안정성에 대한 검증이 이루어지지 않았다. 그리고 운영체제 자체는 오픈 소스지만 개발툴과 지원체제를 이용하려면 상용 운영체제만큼의 부담이 든다.

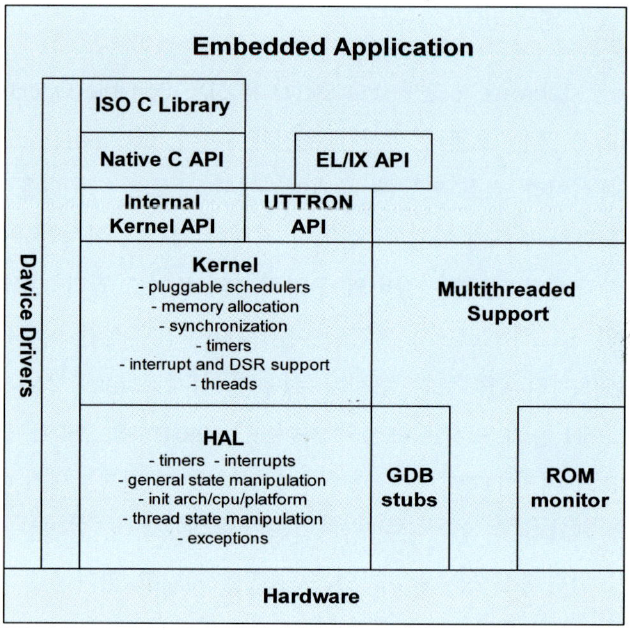

[그림 2-1] eCOS 구조

2.6.2 상용 임베디드 시스템 OS

상용 임베디드 운영체제의 수는 거의 100가지에 이르며 그 중에서 TCP/IP 스택을 자체적으로 가지거나 외부 회사를 통해 지원해 기본적인 네트워킹 기능을 보유한 운영체제만 해도 50가지가 넘는다. 하지만, 자체적으로 지원되는 아키텍처의 수가 적어 네트워크 디바이스에 많이 사용되는 Motorola, ARM, Mips 계열의 마이크로 프로세스에는 개발자가 직접 포팅해야 하는 운영체제들과 상업적으로 그다지 성공하지 못한 운영체제(OS)들을 제외하면 현재의 네트워크 디바이스에 많이 사용되고 있는 운영체제들로는 다음과 같이 6종류가 있다.

1. pSOS+

pSOS는 윈드리버(WindRiver)시스템즈로 합병된 미국의 인티그레이티드 시스템즈(Integrated Systems)에서 만든 임베디드 디바이스용 실시간 커널(Kernel)이다. 이를 이용한 운영체제를 pSOSystem이라 부른다. 이 커널은 기본적으로 클라이언트/서버의 구조로 소프트웨어 버스를 이용해 운영체제의 각 모듈(Module) 간 통신을 수행한다. 모든 스레드(Thread)들이 하나의 어드레스 스페이스를 공유하고 있으며, 따라서 컨텍스트 스위칭(Context Switching) 타임은 매우 적으나 서로 다른 스레드 간의 메모리 보호가 이루어지지 않기 때문에 프로그래밍 테크닉이 시스템의 안정성에 영향을 준다. 이를 피하고자 메모리 보호와 관리를 위한 라이브러리를 따로 구입해야 한다. 멀티프로세스를 지원하기 위한 버전인 pSOS+m도 존재하며, 이 경우 프로세스 간은 하나의 마스터와 다수의 슬레이브 관계를 요구하며, 공유 메모리, 메모리 기반의 소프트웨어 버스 등의 방법을 통해 프로세스 간의 통신을 하게 되어 있다. 하지만, pSOS+m 커널은 인텔의 x86 계열만을 지원하며, Master/Slave라는 구조 때문에 고장 방지 능력이 부족하다. pSOSystem은 멀티태스킹 RTOS로 각 태스크는 우선순위를 가지고 있어 우선순위가 높은 태스크들의 작업 수행이 먼저 이루어진다.

따라서 선점형 스케줄링 방식을 따른다고 볼 수 있다. 만일 각 태스크가 같은 우선순위를 가진다면 스케줄링 방식은 라운드로빈(Round-Robin)방식으로 바뀌게 된다. 태스크의 수는 총 256개이다. 우선순위 레벨(Priority)은 256단계이며, 스레드의 수는 메모리의 크기에 의해 제한된다. 그리고 태스크 관리, 세마포어(Semaphore), 메시지 큐, 시간 관리 및 타이머, 이벤트 및 비동기 시그널, 에러 처리, 동적인 메모리 저장관리, 다른 태스크들로부터의 코드나 데이터 보호 등의 서비스를 지원한다.

여러 개의 다른 실행 모드를 가진 CPU를 위해서 사용자 모드와 슈퍼바이저 모드를 제공하고 있다. 그리고 우선순위 FIFO와 우선순위 라운드 로빈(Round Robin)의 두 가지 스케줄링 메커니즘을 가진다. MMU지원은 메모리 보호와 함께 옵션 사항이며, 물리적 페이지 크기는 4KB이지만 가상 메모리를 지원하지 않는다. 외부 인터럽트 처리는 인터럽트된 스레드 내부 컨텍스트에 의해 처리됨으로 시스템 안정성을 위해서는 숙련된 프로그래밍 테크닉이 요구된다. 태스크 관리와 메모리 관리 기능이 부족하기 때문에 이를 위한 옵션 라이브러리들이 많이 제공된다. 네트워크 쪽으로는 TCP/IP를 비롯한 다양한 프로토콜 스택들이 유료로 선택 가능하며 FTP, Telnet, TFTP, NFS, HTTP 서버 등이 애플리케이션으로 존재한다. pSOSystem은 커널을 중심으로 해서 여러 개의 소프트웨어 컴포넌트들로 구성되어 있다. 이들 소프트웨어 컴포넌트들은 각각의 독립적인 모듈로 되어 있으며 통합개발환경툴로 pRISM+을 제공하고 있다. pSOSystem용 애플리케이션은 pRISM+라는 개발툴을 이용하여 개발 가능하며 이 툴은 여러 유닉스 시스템과 윈도우즈 95/98, NT 등에서 운용할 수 있다. pRISM+는 코바를 하부구조로 가지고 있어 개발툴 자체가 폭넓은 확장성을 가진다. 에디터로는 pROBE+라는 GUI디버거를 제공한다. pSOSystem은 실시간 멀티태스킹 커널을 중심으로 여러 개의 소프트웨어 컴포넌트와 라이브러리를 두고 있다.

이런 컴포넌트와 라이브러리는 선택적으로 사용될 수 있다. 하부구조에는 디바이스 드라이버와 각종 디바이스의 정보를 담고 있는 BSP(Board Support Package)가 있다. BSP를 따로 구별하는 이유는 만일 하드웨어가 변경될 경우 시스템 프로그램에 큰 변경 없이 BSP만 수정하여 쉽게 처리할 수 있기 때문이다. 따라서 전체적으로 정리해 보면 BSP와 디바이스 드라이버의 바탕 위에 커널과 기타 필요한 컴포넌트들을 링크하고, 다시 그 위에 사용할 각종 태스크와 응용 프로그램을 제작하여 사용하는 것이다. pRISM+는 pSOSystem 개발자가 좀 더 쉬운 개발을 위해 소스 코드 분석을 위한 툴과 컴파일러, 링커, 디버깅할 수 있는 툴을 제공하는 통합 개발환경이다. 삼성전자가 pSOS+ 개발에 참여해 라이선스를 갖고 있어 잘 알려졌다. 삼성전자의 휴대폰에 사용됐으며, 각종 통신장비와 네트워크 장비에서 사용되고 있다.

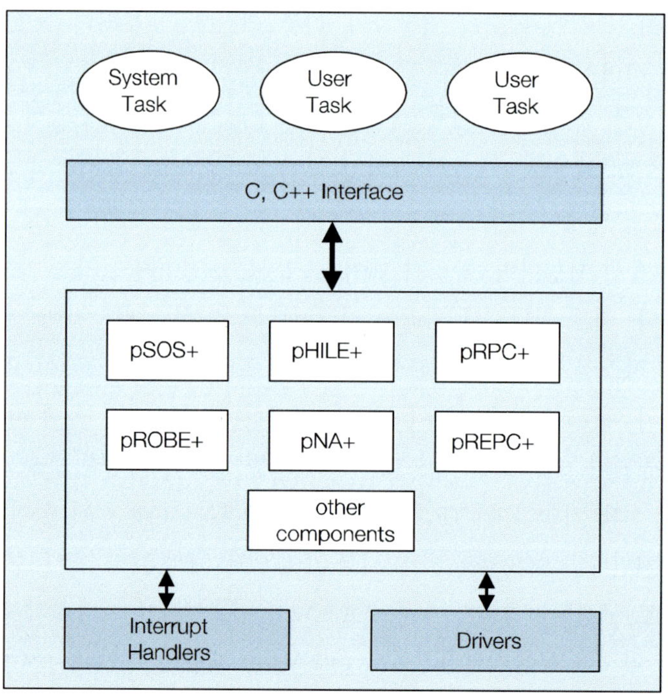

[그림 2-2]
pSOS의 구조

2. Nucleus PLUS

Nucleus는 Accelerated Technology 회사에서 개발한 실시간 운영 체제로서 그 중에서 네트워킹 디바이스 같이 복잡한 애플리케이션에 걸 맞는 커널이 Nucleus PLUS이다. 이 커널 내에는 네트워크 기능이 들어 있지 않음으로 Necleus NET라는 TCP/IP 스택을 따로 구입해야 네트워킹 디바이스에 사용 가능하다. Nucleus PLUS는 대부분 코드가 ANSI C로 작성돼 있기 때문에 포팅이 쉬우며, 태스크 간의 통신, 태스크 동기화, 메모리 관리, 타이머 관리 등의 기능과 다수의 디바이스 드라이버를 제공해 개발의 편이성을 제공하고 있다. Nucleus NET은 내부에 TCP/IP와 그 위의 수많은 프로토콜을 소스 레벨에서 제공하며 Telnet, FTP, WWW 등의 애플리케이션을 제공한다.

Nucleus NET의 TCP/IP 스택은 그 크기가 60KB 정도이며, 유닉스 소켓 인터페이스와 비슷한 인터페이스를 제공한다. Nucleus PLUS는 한 서비스 내에서 데이터끼리 각자의 메모리 영역을 침해하지 않도록 태스크마다 자신들이 가진 메모리 포인터들의 리스트를 관리함으로써 메모리 보호를 하게 된다. 하지만, 아키텍처 자체가 하나의 어드레스 공간에서 모든 프로세스가 CPU의 슈퍼바이저 모드에서 돌아감으로 안정성에 문제가 있다. 이 방법은 태스크 스위칭이나 함수 콜에 있어 오브헤드가 작아진다는 장점은 있다. Nucleus PLUS는 메일 박스, 큐, 파이프의 태스크 통신 메커니즘을 가지며 인터럽트 처리는 애플리케이션 컨텍스트에서 이루어진다. MMU는 아직 지원하지 못하므로 가상 메모리도 지원하지 못한다.

3. QNX

QNX는 QNX 소프트웨어 시스템에서 만든 운영체제로서 마이크로커널과 그 상위에서 시스템 서비스를 하는 여러 프로세스로 이루어진 클라이언트/서버 구조를 가진다. QNX의 마이크로 커널은 스케줄링, 디스패칭, 기본 인터럽트 핸들링, IPC 라우팅과 같은 핵심 서비스들만을 가지고 있으며 그 외의 서비스는 유저 모드 프로세스들이 담당하고 있다. 이 프로세스들은 파일 시스템 매니저, 프로세스 매니저, 디바이스 매니저, 네트워크 매니저 등의 서버로 구성되어 있으며 클라이언트 개념의 애플리케이션 프로세스로부터 서비스 요청을 받아들여 동작하게 된다. 그리고 마이크로 커널과 시스템 서비스 서버들, 애플리케이션 프로그램들은 서로 다른 CPU 모드에서 동작하게 되어 있어서 구조적으로 안정성이 보장된다.

QNX는 메시지 기반의 운영체제이며 IPC도 메시지를 통해 이루어지고 애플리케이션과 시스템 서비스 프로세스(Process) 간의 통신 역시 메시지(Message)를 통해 이루어진다. 이런 메시지 패싱 메커니즘은 네트워크 메시징으로 확장되며 이를 이용해 QNX는 완전한 고장 방지 능력과 분산운영 체제로 검증받고 있다. QNX는 실제 프로세스 개념을 가지고 있다. 모든 프로세스는 자신의 메모리 영역을 가지고 있으며 이 때문에 애플리케이션에 대해 운영체제의 안정성을 확보하고 있다. 하지만, 스레드의 개념은 가지고 있지 않다. QNX는 32개의 우선순위 레벨을 가지고 있으며 프로세스의 수는 2천개로 제한되어 있다.

그리고 우선순위 FIFO, 우선순위 라운드 로빈(Round Robin), Adaptive, 3종류의 스케줄링 정책을 가진다. QNX는 메모리 보호를 위해 반드시 MMU를 필요로 하며 4KB의 물리적 페이지 크기를 가지고 가상 메모리(Virtual Memory)를 지원한다. 인터럽트 처리는 인터럽트 핸들러를 인스톨하는 형태로 처리되지만 이를 인스톨한 프로세스의 컨텍스트에서 이루어진다. 인터럽트 핸들링과 타이머 관련 옵션 라이브러리가 많이 제공된다. 네트워킹은 기본적으로 TCP/IP 스택이 제공되며 프로토콜이 그리 다양하지 못하다.

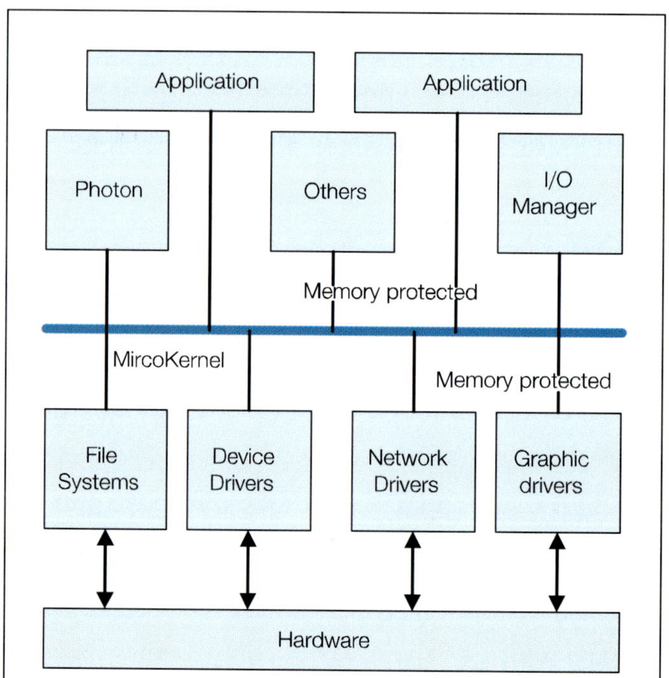

[그림 2-3]
QNX의 구조

4. VRTX

VRTX는 멘토 그래픽스(Mentor Graphics)사에서 만든 실시간 운영체제(RTOS)로 극히 제약된 리소스를 가진 간단한 시스템을 위한 VRTXoc(On-Chip)와 메모리 보호가 필요한 복잡한 시스템을 위한 VRTXsa(Scalable Architecture) 두 종류의 커널을 가진다. 커널 상의 시스템 서비스가 모듈화되어 있어 커널 크기를 필요에 맞게 줄일 수 있으며, 옵션으로 POSIX/ANSI 호환 라이브러리를 제공해 프로그램의 호환성을 높일 수 있고, MS-DOS 호환 파일 시스템을 제공한다.

기본적으로 TCP/IP 스택을 제공하며 유닉스와 비슷한 소켓 인터페이스를 가진다. SNMP와 TMN/CMIP 툴킷이 옵션으로 제공된다. 네트워킹, I/O, 파일 시스템은 스트림(Stream) 기반으로 통합되어 있으며, MMU를 제공하는 프로세스에 대해 MMU를 지원함으로써 시스템 안정성의 향상을 기대할 수 있다.

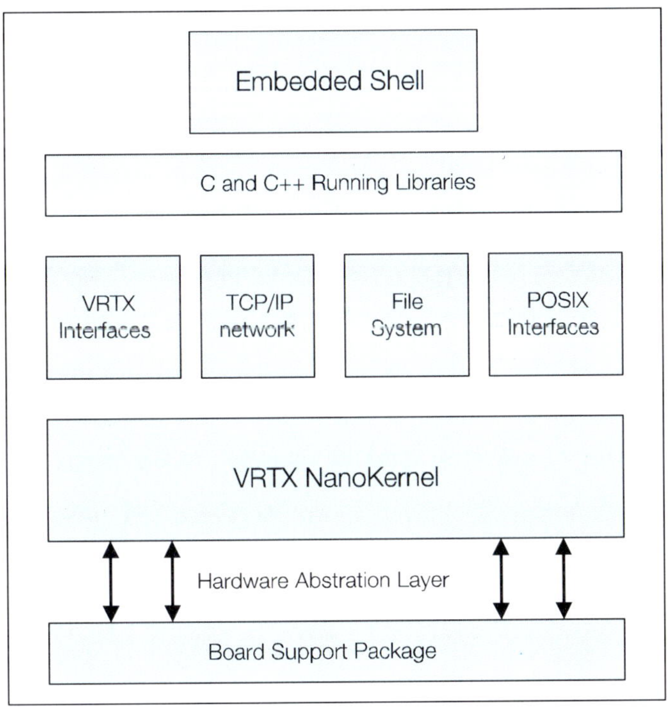

[그림 2-4] VRTX의 구조

그리고 멀티태스킹 디버깅을 지원하는 XRAY 디버거(Debugger)가 제공된다. XRAY는 다수의 스레드를 동시에 추적해 실행 상태를 디스플레이 할 수 있고 서로 다른 프로세스들에서 돌아가는 스레드들도 동시에 디버깅할 수 있다.

또한, 여러 스레드 간의 디버깅 명령을 동기화할 수 있어 통신이나 메시지 패싱과 같은 복잡한 문제에 대해 대응할 수 있고 결과적으로 멀티프로세스 시스템도 지원할 수 있다. [그림 2-4]는 VRTX의 구조를 보여준다.

5. VxWorks

VxWorks는 처음에 윈드리버 시스템즈에서 VRTX와 pSOSystem을 위한 개발환경과 네트워크 환경을 제공하고자 만들어졌다. 이런 시스템 밑에 윈드리버 시스템즈가 자신들의 마이크로 커널을 구현해 만든 것이다. 윈드리버의 RTOS인 VxWorks는 pSOSystem과 유사한 점이 많다. pSOSystem이 통합개발환경으로 pRISM+를 제공한다면 VxWorks는 토네이도를 제공한다. VxWorks도 마이크로 커널 기반의 클라이언트/서버 구조의 운영체제로서 VxWorks의 마이크로 커널은 Wind 마이크로 커널이라 불리는 것으로, 멀티태스킹, 스케줄링, 태스크 간 동기화/통신, 메모리 관리 기능이 포함된 실시간 커널이다. VxWorks의 커널인 마이크로커널은 선점형 멀티태스킹이며, 총 태스크의 단계는 256이고, 스케줄링 방식도 높은 우선순위를 가지는 태스크가 먼저 실행하는 방식을 지원한다.

만일 같은 우선순위를 가진다면 라운드로빈 방식의 스케줄링을 이용하는 것도 pSOSystem과 유사하다. 이외의 다른 기능들은 서비스 프로세스로 구현되어 있다. 모든 프로세스들은 커널과 같은 레벨의 특권을 가지고 모든 프로세스와 커널이 하나의 어드레스 영역을 공유함으로 시스템의 안정성이 약화될 수 있으나 옵션으로 VxVMI라는 보호 컴포넌트를 통해 커널과 사용자 프로세스 간의 메모리 보호를 할 수 있다. 우선순위 레벨은 256단계를 지원하며, 최대 태스크 수는 메모리 크기에 의해 제한된다. 스케줄링 정책은 POSIX와 Wind라는 우선순위 스케줄링 기법을 쓴다. MMU는 VxVMI 컴포넌트에 의해 지원되며 물리적 페이지 크기는 8KB이며, VxVMI 컴포넌트를 통해 가상 메모리를 지원한다. 인터럽트 핸들링은 해당 핸들러 컨텍스트에 의해 이루어진다. 옵션 라이브러리는 태스크 관리, 메모리 관리, 타이머 관련이 많이 존재한다. VxWorks는 네트워크 관련 각종 프로토콜과 JVM, 각종 서버들, 네트워크 하드웨어 디바이스 드라이버들, 웹 브라우저들과 시스템 개발환경을 함께 제공하는 토네이도(Tornado)라는 제품을 따로 가지고 있다. 이 패키지는 Tcl 기반으로 구현되어 있다.

이외에도 시스템을 시뮬레이션할 수 있는 유닉스 기반의 툴인 VxSim이 있다. VxWorks는 다중 프로세스를 지원하지만 멀티프로세스 간의 통신에서 하드웨어 구조의 영향을 많이 받는다. 또 하나 pSOSystem이 여러 개의 컴포넌트로 되어 있다고 하면 VxWorks는 200개가량의 모듈을 지원하는 형식으로 되어 있어 개발자는 이들 필요한 모듈만 사용해서 시스템에 맞는 운영체제를 구성할 수 있다. VxWorks는 현대의 RTOS들이 지원하는 거의 모든 서비스를 지원하고 있다. 태스크 간의 통신을 위해 세마포어와 메시지 큐, 공유 메모리, 소켓, 시그널 등을 제공하고, 표준 TCP/IP 네트워킹과 ROM이나 로컬 디스크, 네트워크로 부팅이 가능하다. 예를 들어 프로세스 간 메시지 전송은 공유된 메모리 영역이 있을 때만 가능하며, 이런 기능 또한 VxMP라는 추가구입 옵션 컴포넌트로서 존재한다.

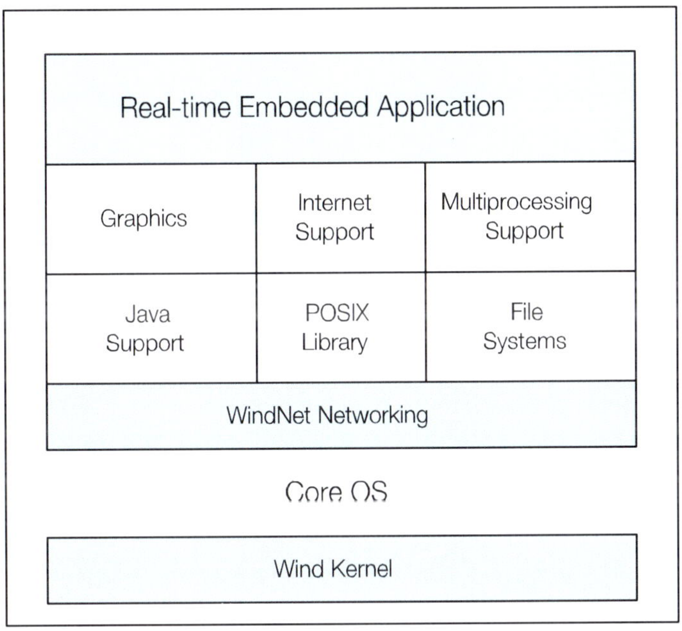

[그림 2-5] VxWorks의 구조

소켓 기반의 통신을 지원함으로써, 소켓을 통해 멀티프로세스 간 통신을 해도 되지만 소켓은 자료구조를 지원하지 못하는 등의 문제 때문에 메시지 패싱에 비해 단점이 많다. 또한, TCP/IP 스택을 거쳐야 하므로, 성능에 문제가 될 수도 있다. [그림 2-5]는 VxWorks의 구조를 보여준다.

VxWorks의 구조는 크게 하드웨어에 의존하는 BSP, 디바이스 드라이브 영역과 하드웨어에 의존하지 않는 커널과 그에 따른 모듈, 그리고 애플리케이션 프로그램으로 나뉜다. 이것은 pSOSystem과 매우 유사한 부분이다. VxWorks의 토네이도는 교차 개발환경을 지원하는 통합 개발환경이다.

2.7 Microsoft Windows CE

2.7.1 Windows CE 운영체제란?

Window CE는 마이크로소프트사에서 개발한 임베디드 시스템용 운영체제로서, 확장성이 뛰어난 개방형 32비트 운영체제이며, 산업용 컨트롤러와 통신허브, POS 터미널과 같은 엔터프라이즈 도구에서부터 카메라와 전화, 가정용 오락기기와 같은 소비자 제품에 이르기까지 지능적인 장치의 광범위한 요구를 충족시키고자 디자인되었다. 또한, 요즘에는 기존의 윈도우즈 인터페이스에 모바일 네트워크 기능을 강화해 가전제품, PDA, 셋톱박스 등에 주로 사용되고 있다. 적외선 통신, 웹 브라우징 기능 이외에도 편리한 개발환경을 가지고 있으며 UI가 기존의 윈도우즈와 매우 유사하게 제작돼 있어 대부분 사용자들은 별도의 학습 없이도 바로 사용할 수 있다. 또한, 윈도우즈 CE 계열의 PDA는 흑백 및 컬러 디스플레이가 가능하며 동영상, WAV, MP3 등 멀티미디어 파일의 재생이 가능하여 PDA의 엔터테인먼트 기기화를 가져왔다.

또한, PC용의 윈도우즈 OS나 각종 오피스 프로그램들과 완벽한 호환이 가능해 기존의 데스크톱이나 노트북에서 가능하던 각종 애플리케이션들을 PDA에서도 그대로 사용할 수 있다는 이점이 있다. 그러나 제한적인 하드웨어를 가진 임베디드 시스템에 너무 많은 기능을 구현하려 했기 때문에 느린 실행 속도와 불편한 UI를 초래했다.

이를 개선해 MS는 2000년 4월 윈도우즈 CE 3.0을 개발하고 기존의 윈도우즈 CE와는 전혀 다른 것이라는 것을 강조하려고 그것을 포켓 PC(PocketPC)라고 명명했다. 포켓PC의 등장으로 기존 윈도우즈 CE에서 보여주었던 수행속도의 저하와 비효율적인 하드웨어의 활용 등의 문제점들이 보완됐다. 포켓 PC는 사운드와 동영상 재생 및 컬러 디스플레이 구현 등 다양한 멀티미디어 기능을 기본적으로 제공하며, PC와의 호환성이 뛰어났다. 또한, 포켓 인터넷 익스플로러를 기본으로 내장해 모바일 인터넷을 실현했으며, 게다가 데스크톱과 거의 흡사한 UI를 갖춤으로써 윈도우즈에 익숙한 사용자들을 쉽게 끌어들이고 있다. 그럼에도, 불구하고 PDA 업계에서 윈도우즈 CE의 시장점유율은 팜 OS에 미치지 못했다. 하지만, 유명 PDA 업체들이 윈도우즈 CE 채용 제품들을 대거 출시함에 따라 점유

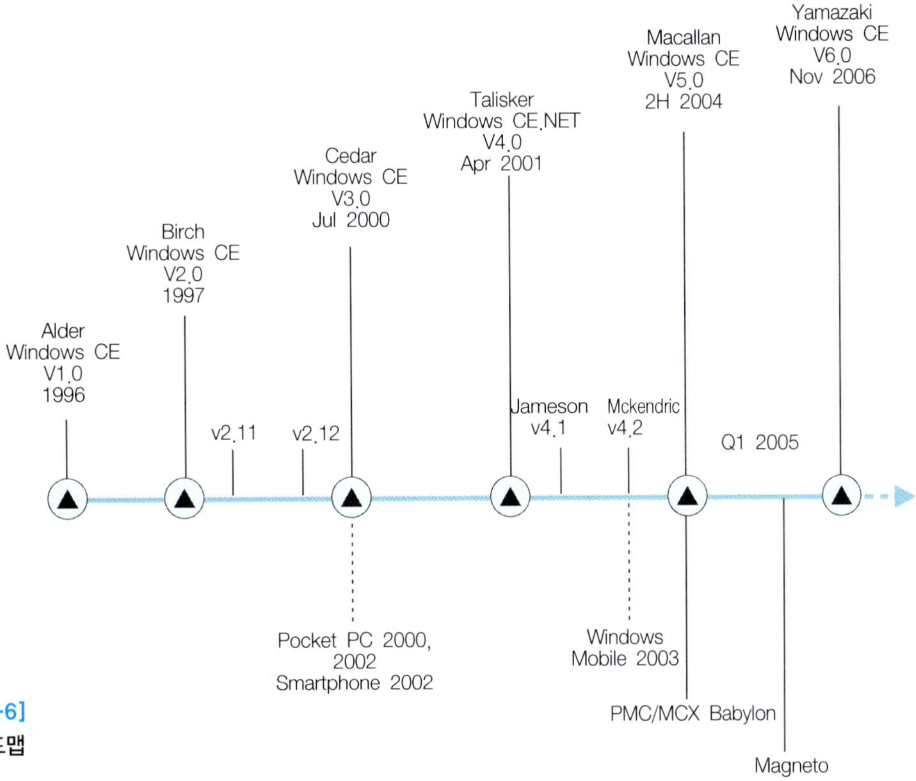

[그림 2-6]
Window CE 로드맵

율은 계속 증가 추세에 있다.

윈도우즈 CE의 시작은 앨더(Alder)라는 코드명을 가진 Windows CE v1.0을 발표한 1996년부터이다. 1997년에 버크(Birch)라는 코드명을 가진 Windows CE v2.0이 발표되었으며, 2000년에는 세더(Cedar)라는 코드명을 가진 Windows CE v3.0이 발표되었다. 2001년에는 태리스커(Talisker)라는 코드명을 가진 Windows CE .NET이 발표되었는데, 기존의 이름대로 v4.0이 아니라 .NET 컴팩트 프레임워크를 지원한다는 것을 강조하고자 .NET 이라는 이름을 붙였다. 2003년에는 매켄드릭(McKendric)라는 코드명을 가진 Windows CE .NET v4.2가 발표되었으며, 우리가 실습에 사용하는 매캘란(Macallan)라는 코드명은 가진 Windows CE v5.0은 2004년 8월에 발표되었다.

2.7.2 Windows CE 특징 및 기능

윈도우즈 CE는 성능이 상당히 우수하며, 특히 GUI 환경과 많은 애플리케이션을 가지고 있어서 현재 널리 사용되고 있다. 멀티태스킹 오퍼레이팅 시스템인 윈도우즈 CE는 32개에 달하는 동시 프로세스를 지원하고 각각의 프로세스는 애플리케이션의 단일 개체이다. 또한, 멀티스레딩 지원은 각각의 프로세스가 다중 실행 스레드를 생성할 수 있게 한다. 스레드(Thread)는 다른 부분들과 함께 실행되는 프로세스의 한 부분으로 스레드(Thread)들은 독립적으로 실행한다. 그러나 각각의 스레드는 특별한 프로세스에 속하고 같은 메모리 공간을 공유한다.

스레드들의 총수는 단지 사용 가능한 물리적인 메모리에 의해 제한된다. 윈도우즈 CE는 최소의 프로세서 자원에서 스레드 동기화를 실현한다. 그리고 다른 많은 오퍼레이팅 시스템과는 다르게 윈도우즈 CE는 스레드와 관련된 작업, 즉 스케줄링, 동기화, 자원관리 등을 다루는 것은 커널을 이용한다.

버전별로 윈도우즈 CE의 특징과 기능을 살펴보면 다음과 같다.

1. Windows CE v3.0

■ 커 널

하드웨어 보조 디버깅을 사용하여 OS커널이 실행되기 전에 OAL의 디버깅을 가능하게 하였고, 각 장치마다 고유한 일련번호를 두는 장치 I/O 컨트롤(IOCTL) 기능, 다중 XIP(Xecute-In-Place) 지역 제공, 이벤트 추적 기능, ROM과 개체 저장소에 대한 압축가능 여부를 지정하는 기능, 세마포어 지원 등 다양한 기능들을 지원하였다. 또한, 모든 스레드를 커널모드로 실행하고 성능 최적화를 사용할 수 있는 전체 커널모드를 지원했으며, v3.0에서는 새로운 보안모델을 사용함으로써 권한 없는 응용프로그램이 시스템 API를 액세스하지 못하도록 하여, 플랫폼을 손상하는 일이 없도록 하였다.

■ 실시간(Real Time) 지원

v3.0에서는 중첩된 인터럽트를 지원하여, 우선순위가 높은 인터럽트가 바로 처리될 수 있게 하였으며, 우선순위가 높은 인터럽트 서비스 스레드에 대한 대기시간을 계획하는 상한을 엄격하게 하여, 개발자가 스레드 전환이 언제 발생할 것인지 정확하게 알 수 있게 되어 새로운 내장형 응용프로그램의 개발이 쉬워졌다. 또한, 8개의 우선순위를 256개로 늘려 개발자가 시스템의 스케줄링을 제어하는데, 상당한 유연성을 제공하였으며, 시스템에서 스레드의 양을 제어하는 기능을 제공하여 스케줄러 전반에 걸쳐 제어권한을 강화시켰다.

■ 디바이스 드라이버

v3.0에서는 전화접속 부팅로더를 지원하여, 장소에 구애받지 않고 플랫폼 이미지를 업데이트할 수 있도록 하였으며, 이 기능은 보안과 인증서 인증을 지원하고, HTTP(Hypertext Transfer Protocol), SLIP(Serial Line Internet Protocol), PPP(Point-to-Point Protocol), FTP(File Transfer Protocol)등과 연결된다.

■ 통 신

TAPI를 사용하여 호출하고 PPP나 SLIP를 통해 데이터를 관리하는 RAS(원격 액세스 서버) 클라이언트, SNMPv2c(Simple Network Management Protocol) 확장 에이전트, 인바운드 데이터 모뎀 호출 기능, NDIS(Network Driver Interface Specification)로 중간 드라이버와 광역 네트워크 미디어 유형과 토큰링 네트워크, 인터넷 응용프로그램에서 HTTP 서비스와 FTP 서비스를 액세스하는데 사용하는 WinInet 구성요소, 웹 서버, DNS, WINS, DHCP(동적 호스트 구성 프로토콜) 클라이언트, 응용프로그램 개발자들이 TCP/IP에 대해 더 많은 제어권한을 갖도록 하는 IP Helper API, 적외선 통신을 위한 IrDA 프로토콜, 원격파일 시스템과 프린터의 액세스를 위한 CIFS 리디렉터 등과 같은 다양한 기능들을 지원하였다.

■ 보 안

권한 없는 응용프로그램이 실행되지 않도록 공용 키 서명을 사용하는 샘플 커널로서 인증프로그램을 지원하며, PS/SC 호환 스마트카드 시스템 개발을 위한 리소스 관리자 API와 128비트 암호화 알고리즘이 포함된 RSAENH(Microsoft Enhanced Cryptography Service), 스마트카드 하위시스템 등을 지원한다.

■ 개체 저장소

v3.0에서는 기존의 16MB의 개체 저장소 용량이 256MB로 늘어났으며, 개별파일은 최대 32MB의 크기를 가질 수 있으며, 데이터베이스는 최대 256MB의 크기를 가질 수 있게 되었다. 또한, 개체 저장소에 저장할 수 있는 개체의 수가 216(65,536)에서 222(4,194,304)로 늘어났다.

■ UHCI(Universal Host Controller Interface) 드라이버

샘플 USB 드라이버, 시리얼 스마트카드 드라이버, PCMCIA(Personal Computer Memory Card International) 드라이버, 직렬 인터페이스 성능을 개선한 새로운 시리얼 MDD 드라이버, 샘플 디스플레이 드라이버, CEPC 플랫폼용 플랫모드 디스플레이 드라이버, 직접입력 인터페이스가 포함된 USB HID(Human Interface Device) 드라이버, 샘플 USB 기능 컨트롤러 드라이버 등 다양한 드라이버들을 지원하였다.

■ 셸 서비스

오프라인 브라우징, GIF, JPEG, BMP 이미지 형식, 40비트 및 128비트 SSL(Secure Socket Layer), ActiveX 컨트롤, JScript(ECMAScript), HTML v4.0, DHTML, CSS 스타일 시트, Java 가상 시스템 등을 지원하는 브라우저 컨트롤을 포함하고 있으며, 해상도에 관계없는 컨트롤과 대화상자를 지원하였다.

■ 다국어 지원

유니코드를 기본으로 네덜란드, 프랑스, 독일, 이탈리아, 일본, 한국, 포르투갈, 스페인, 스웨덴 등 여러 지역 국가를 위한 다국어를 지원하였다.

2. Windows CE .NET

■ 윈도우 통합 기능

LAN, WAN, ISDN, DSL, VPN 등의 연결을 이용한 윈도우 기반 터미널 서버의 접속을 지원하도록 원격 데스크톱 프로토콜(RDP : Remote Desktop Protocol)을 지원하였다.

■ 향상된 사용자 인터페이스

다중 스크린, Microsoft Clear Type, 커스터마이징 가능한 UI 등을 지원하였다.

■ 표준통신 플랫폼

이더넷(802.3), IrDA, Token Ring(802.5) miniports 등을 지원하는 NDIS 5.1 API를 지원하였으며, 실시간 멀티미디어 통신과 같은 향상된 WinSock 2.0, 향상된 TCP/IP, WAN 네트워크를 통하여 윈도우즈 CE 디바이스를 RAS 서버로 사용할 수 있도록 해주는 RAS(Remote Access Service) 서버, 디렉터리 프로토콜인 LDAP v3.0 등을 지원하였다.

■ 실시간 IP 통신

IETF 표준인 SIP를 기반으로 구현되는 실시간 통신(RTC : Real-Time Communication)을 지원하여, 실시간 IP, 디바이스 간에 메시징, VoIP, 윈도우 메신저 등의 기능들을 제공하였다.

■ 모바일

무선랜 프로토콜인 802.11 네트워크상에서 편리한 구성관리와 부드러운 로딩을 위한 802.1x/Zero Configuration, 네트워크 상태를 응용프로그램에 통보하여 사용자에게 로밍기능을 제공해 주는 MediaSense 기술, 다양한 디바이스 간에서 데이터를 교환할 수 있는 이진 프로토콜인 객체 교환 프로토콜, 차세대 근거리 무선통신 프로토콜인 블루투스 등의 다양한 모바일 기능을 제공하였다.

■ 다양한 멀티미디어 지원

DirectX, Microsoft DirectMusic API, DVD 비디오 API, Microsoft Direct3D API 등 다양한 기능들을 제공하였다.

■ 인터넷 익스플로러 5.5

막강한 기능을 가진 인터넷 익스플로러 5.5 for CE를 제공하였다.

■ 기업용 응용프로그램

암호화를 통한 보안이 강화된 저장공간 API, Windows CE용 스마트카드 시스템에서 암호화 API를 통한 보안, 웹 서버용 SSL, 상호인증을 지원하는 커버로스(Kerberos) 보안 프로토콜 등의 다양한 기능들을 제공하였다.

■ 다국어 지원

동아시아권 폰트 압축/해제 기술인 Afga AC3 폰트 압축기술, 대한민국 운영체제 및 응용프로그램, 일본어 편집 컨트롤, 일본어 포켓 IME 2.0, 중국어 운영체제 등의 다양한 기능들을 제공하였다.

3. Windows CE v5.0

■ 커 널

시스템 인터럽트(System Interrupt)를 기존의 32개에서 64개로 늘렸으며, 쉐어드 힙 메모리(Shared heap memory)의 성능이 향상되었으며, 응용프로그램이 타이머를 설정할 수 있도록 워치독 타이머의 기능이 향상되었다.

■ 디바이스 드라이버

Direct3D 모바일 드라이버, USB 2.0 Host EHCI드라이버, Handling Race Conditions, 전원 관리자, I/O 리소스 관리자, 32비트 PC CARD, USB 프린터 클래스 드라이버, USB Function 컨트롤러 드라이버, 대용량 USB 저장장치 드라이버, SDIO(Secure Digital I/O) 소프트웨어 스택 등의 다양한 드라이버들을 제공하였을 뿐만 아니라 다수의 양질의 디바이스 드라이버를 제공하였다.

SDIO는 SDA(SD협회)에서 제정한 제어방식으로, 기본적으로 동기클록에 의해 동기화된 명령(CMD)을 내리고 그에 대한 데이터(DAT)를 보내거나 받는 동시에 응답(RSP)을 받아 분석을 한다. 명령과 응답은 CMD 라인을 통해 전송되며, 데이터는 DAT 라인들을 통해 전송되며, 데이터는 CRC를 이용해 그 데이터의 안정성을 보장한다. SD/MMC 카드가 바로 SDIO 제어방식을 따르는 대표적인 기기이다.

■ 통신 서비스와 네트워킹

Native Wi-Fi WLAN 액세스 포인트와 스테이션, 블루투스, 도메인 디스커버리, IPSec v4, ICS(Internet Connection Sharing), NDSI 패킷 캡처링, 원격 설정 프레임워크, 향상된 TCP/IP, 인터넷 프로토콜 버전 6(IPv6), PNRP(Peer Name Resolution Protocol), UPnP(Universal Plug and Play) 등의 다양한 기능들을 지원하였다.

■ 파일 시스템과 데이터 저장

캐시 관리자, 휘발성 레지스트리 키, CEDB(Windows CE Database)의 강화된 버전인 EDB(Embedded Database) 등의 다양한 기능들을 지원하였다.

■ 디버깅

Core Connectivity Infrastructure, Hardware-assisted Debugger, Windows CE Test Kit (CETK), 새로운 Breakpoints 등의 다양한 기능들을 지원하였다.

■ 멀티미디어

스틸사진 코덱을 지원하기 위한 이미징 API, COM기반의 3D 프로그래밍 모델을 설계할 수 있는 Direct3D Mobile, AlphaBlend and GradientFill, 다양한 디코더(WM Audio Lossless, WM Audio Pro, WM Video Advanced)들을 지원하는 Windows Media 9 Series 등의 다양한 기능들을 지원하였다.

■ 응용프로그램과 서비스 개발

The .NET Compact Framework, Microsoft Exchange Server 2003로부터 정보를 계획하고 접속하기 위한 Exchange Client, XML, RDP(Remote Desktop Protocol, 윈도우즈 메신저 for Windows CE 등의 다양한 기능들을 지원하였다.

■ Voice over IP Phone 서비스

Voice over IP(VoIP), PC Authentication, Phone IME, Real-time Communications(RTC) Client API, Telephony 유저 인터페이스(TUI), VoIP 애플리케이션 인터페이스 레이어(VAIL) 등의 다양한 기능들을 지원한다.

■ Windows CE Error Reporting

프로그램 에러와 프로그램 충돌에 관한 자세한 정보를 수집하기 위한 Windows CE Error Reporting 기능을 지원하였다.

■ 다양한 BSP(Board Support Package) 지원

〈표 2-1〉 ARM BSPs

BSP	Intel Mainstone II Development Platform	SMDK2410 Samsung MCU Development Kit
분 류	ARM	ARM
CPU	Intel PXA27x processor	Samsung S3C2410X01 RISC microprocessor based on the ARM920T core
사용된 커널	ARMV4I	ARMV4I
제조사	Intel Corp	AIJI
제품번호	NBMMNS3BVS	SMDK2410
부동 소수점 유닛	No	No
명령어 셋	v4, v5, v5T, v5E	v4
PB에서의 이름	Intel PXA27x Dev Platform: ARMV4I	Samsung SMDK2410: ARMV4I
BSP 디렉터리	%_WINCEROOT%\Platform\MainstoneII	%_WINCEROOT%\Platform\SMDK2410

〈표 2-2〉 MIPS BSPs

BSP	AMD DBAu1000 Development Board	AMD DBAu1100 Development Board
분류	MIPS	MIPS
CPU	AMD Alchemy Solutions Au1000	AMD Alchemy Solutions Au1100
사용된 커널	MIPSII	MIPSII
제조사	Advanced Micro Devices, Inc.	Advanced Micro Devices, Inc.
제품번호	DBAu1000-Eval-Kit	DBAu1100-Eval-Kit
부동 소수점 유닛	No	No
명령어 셋	MIPSII	MIPSII
PB에서의 이름	AMD DBAu1000: MIPSII	AMD DBAu1100: MIPSII
BSP 디렉터리	%_WINCEROOT%\Platform\DBAu1000	%_WINCEROOT%\Platform\DBAu1100

〈표 2-3〉 MIPS BSPs

BSP	AMD DBAu1500 Development Board	Broadcom VoIP Screen Phone
분 류	MIPS	MIPS
CPU	AMD Alchemy Solutions Au1500	Broadcom 1101
사용된 커널	MIPSII	MIPSII
제조사	Advanced Micro Devices, Inc.	Broadcom Corporation
제품번호	DBAu1500-Eval-Kit	1101
부동 소수점 유닛	No	No
명령어 셋	MIPSII	MIPSII
PB에서의 이름	AMD DBAu1500: MIPSII	Broadcom BCM91101: MIPSII
BSP 디렉터리	%_WINCEROOT%\Platform\DBAu1500	%_WINCEROOT%\Platform\BCM91101SP

〈표 2-4〉 MIPS BSPs

BSP	NEC Solution Gear 2-Vr4131 Development Kit	NEC Solution Gear 2-Vr5500 Development Kit
분 류	MIPS	MIPS
CPU	NEC Electronics Vr4131	NEC Electronics Vr5500
사용된 커널	MIPSII	MIPSII or MIPSII_FP MIPSIV or MIPSIV_FP
제조사	NEC Electronics Corporation	NEC Electronics Corporation
제품번호	SG-Mother-2 motherboard SG-30131-2, Vr4131 CPU board	SG-Mother-2 motherboard SG-30550-2, Vr5500 CPU board
부동 소수점 유닛	No	Yes
명령어 셋	MIPSII	MIPSII, MIPSIV
PB에서의 이름	NEC DDB-Vr4131: MIPSII	NEC DDB-Vr5500A: MIPSII NEC DDB-Vr5500A: MIPSII_FP NEC DDB-Vr5500A: MIPSIV NEC DDB-Vr5500A: MIPSIV_FP
BSP 디렉터리	%_WINCEROOT%\Platform\SG2_VR4131	%_WINCEROOT%\Platform\SG2_VR5500

〈표 2-5〉 SHx BSPs

BSP	Renesas US7750R HARP (Aspen) SDB
분 류	SHx
CPU	SH4
사용된 커널	SH4
제조사	Renesas Technology Corp.
제품번호	US7750R-HRP108
부동 소수점 유닛	Yes
명령어 셋	SH4
PB에서의 이름	Renesas US7750R HARP SDB: SH4
BSP 디렉터리	%_WINCEROOT%\Platform\Aspen

〈표 2-6〉 x86 BSPs

BSP	AMD Geode SP4SC30 Development Platform	Lanner EM-350 and EM-351 Embedded Single Board Computers
분류	x86	x86
CPU	AMD Geode GX Series	AMD Geode GX Series
사용된 커널	x86	x86
제조사	AMD	Lanner Electronics
제품번호	SP4SC30	EM-200A-3200
부동 소수점 유닛	Yes	Yes
명령어 셋	x86	x86
PB에서의 이름	AMD Geode: x86	AMD Geode: x86
BSP 디렉터리	%_WINCEROOT%\Platform\Geode	%_WINCEROOT%\Platform\Geode

〈표 2-7〉 x86 BSPs

BSP	Advantech PCM-5822 and PCM-5823 Biscuit PC	CEPC
분류	x86	x86
CPU	AMD Geode GX Series	P5, PII, PIII, Celeron, K6x, Athlon
사용된 커널	x86	x86
제조사	Advantech Co, Ltd.	Any desktop computer vendor
제품번호	PCM-5822-D0A1 PCM-5823-G0A1	Depends on vendor
부동 소수점 유닛	Yes	Yes
명령어 셋	x86	x86
PB에서의 이름	AMD Geode: x86	CEPC: x86
BSP 디렉터리	%_WINCEROOT%\Platform\Geode	%_WINCEROOT%\Platform\CEPC

〈표 2-8〉 x86 BSPs

BSP	Emulator
분류	P5, PII, PIII, Celeron, K6x, Athlon
CPU	x86
사용된 커널	Microsoft
제조사	Included with Platform Builder
제품번호	Included with Platform Builder
부동 소수점 유닛	Yes
명령어 셋	x86
PB에서의 이름	Emulator: x86
BSP 디렉터리	%_WINCEROOT%\Platform\Emulator

2.7.3 Windows CE v5.0 구조

Windows CE v5.0을 구성하는 핵심요소는 커널과 커널을 보조하는 시스템 프로세서, 디바이스 드라이브, API, 데이터 파일, 응용프로그램이다.

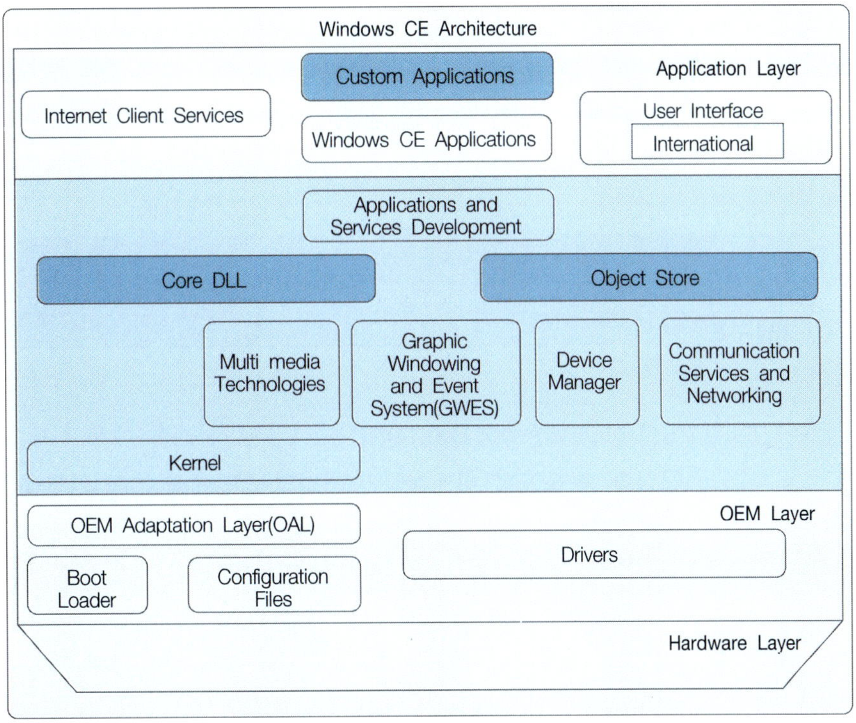

[그림 2-7] Windows CE의 구조

1. 커 널

윈도우즈 CE 운영체제의 커널은 "NK.EXE"라는 파일이며, New Kernel의 약자이다. 커널은 마이크로-커널(Micro-Kernel) 구조를 기반으로 PSL(Protected Server Library)를 이용하여 구현되며, 메모리 관리, 시스템 스케줄링, Win32 API 지원, 응용프로그램 실행 등의 역할을 수행한다. 윈도우즈 CE는 개발자가 커널의 포팅을 최소화하도록 주요 커널의 기능을 별도의 라이브러리에 담아 제공하고 있고, 개발자에게는 하드웨어와 CPU에 관련된 부분만 개발하도록 하고 있다.

앞에서 말한 주요 커널의 기능을 담고 있는 라이브러리는 "NK.lib"가 되며, 개발자가 개발하여야 하는 하드웨어와 CPU에 관련된 라이브러리는 "OAL.lib"가 된다.

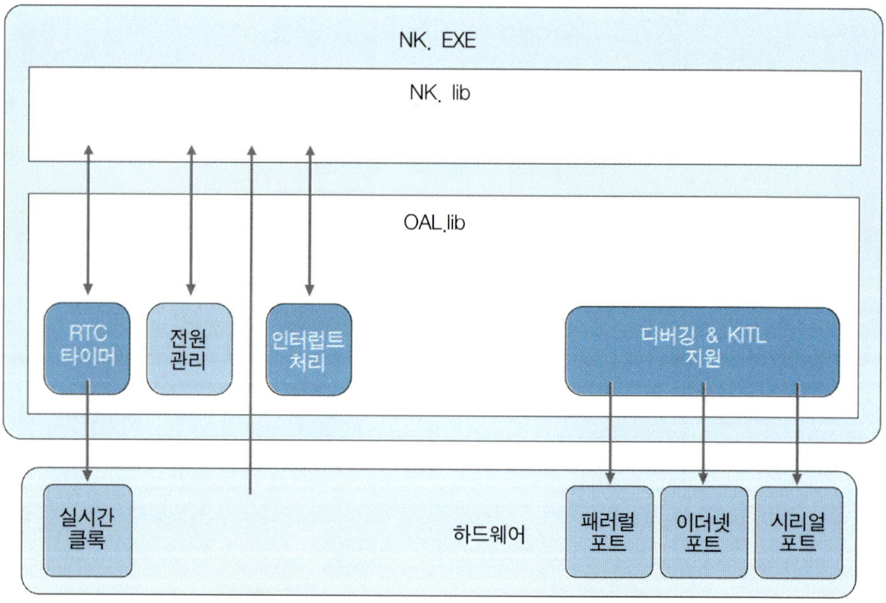

[그림 2-8]
커널 구조

OAL(OEM Adaptation Layer)는 다양한 하드웨어에서 윈도우즈 CE 운영체제가 동작할 수 있도록 하드웨어와 커널의 중간에서 가교 역할을 하며, 인터럽트 처리, 전원관리, RTC 타이머 제어, 디버깅 및 KITL 지원 등의 역할을 한다.

2. GWES(Graphic Windowing Event Sub-system)

GWES는 운영체제 시스템과 메시지처리, GDI(Graphic Device Interface) 관리, 응용프로그램의 이벤트 처리 등의 역할을 하며, 디스플레이, 키보드, 마우스, 터치패널 드라이버와 같은 네이티브 인터페이스(Native Interface) 드라이버들을 관리한다.

3. 파일 시스템 관리자

파일 시스템 관리자는 오브젝트 스토어와 ROM 파일 시스템, 기타 파일 시스템 등의 모든 파일 시스템을 관리한다.

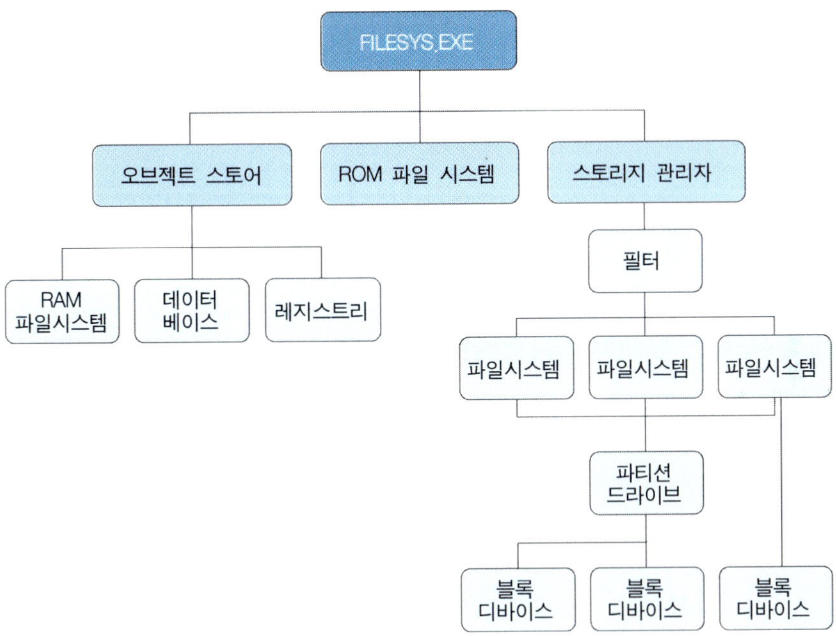

[그림 2-9]
파일 시스템 구조

오브젝트 스토어(Object Store)는 RAM 파일 시스템, 데이터베이스, 레지스트리로 구성되며, 저장공간으로 RAM을 사용하기 때문에 시스템의 전원이 차단되면 저장된 내용이 지워진다. 그리고 레지스트리(Registry)는 시스템과 응용프로그램의 설정정보를 저장하며, ROM 파일 시스템은 윈도우즈 CE 운영체제 이미지 파일인 "NK.bin"에 포함되어 있는 컴포넌트들을 다루기 위한 파일 시스템이고, 스토리지 관리자(Storage Manager)는 외부 저장장치를 다룬다.

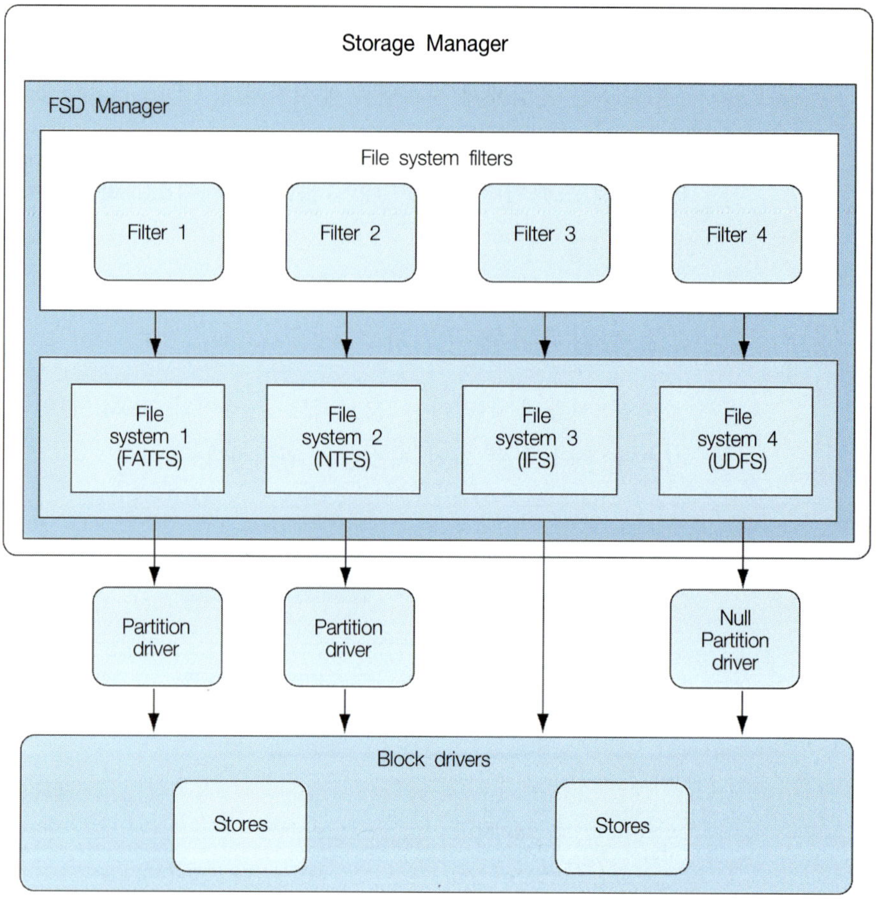

[그림 2-10]
스토리지 관리자

4. 서비스 관리자

서비스 관리자(SERVICE.exe)는 디바이스 드라이버 관리자(DEVICE.exe)를 보완해 주는 역할을 하며, FTP, HTTPD, TELNET, UPnP, SMB 등의 서비스들을 지원한다.

제3장
X-Hyper270-TKU 임베디드 시스템 구성 및 성능

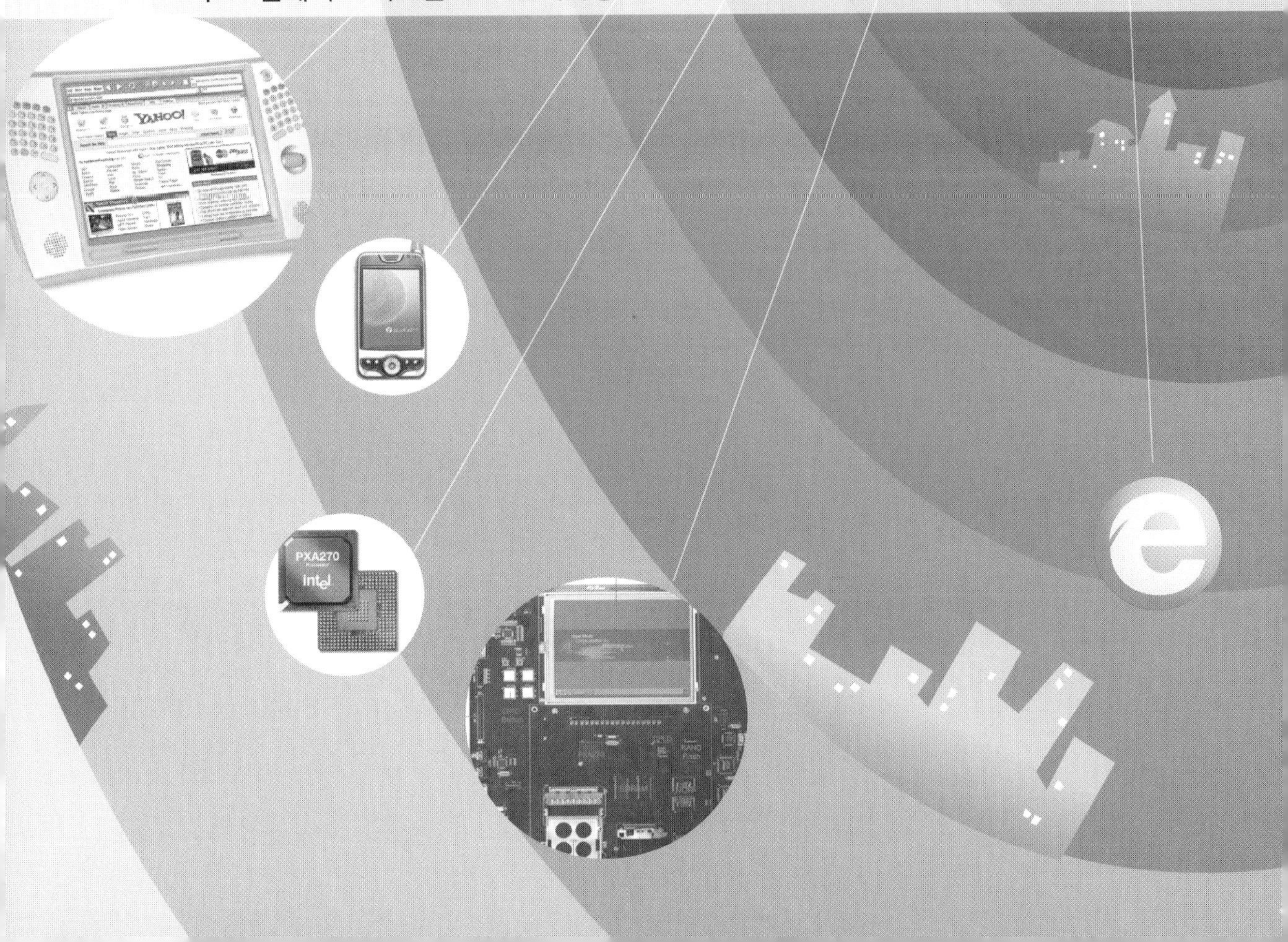

3.1 X-Hyper270-TKU 임베디드 시스템 개요

3.1.1 임베디드 시스템 특징

이 장은 인텔 벌버디(Bulverde) PXA270기반의 X-Hyper270-TKU 임베디드 시스템에 대한 주요특징 및 임베디드 시스템 사양에 대하여 서술하였다.

[그림 3-1] X-Hyper270-TKU 임베디드 시스템

Main Board IEB Board

1. 주요 특징

■ 안정적이며 고성능의 실험 실습 임베디드 시스템 장비

- 인텔 무선 MMX 기술이 통합된 최신 PXA270(520MHz 최대 속도 지원) 사용
- 풍부한 메모리 지원(SDRAM 128MB, NOR Flash 32MB, NAND Flash 64MB)
- CPLD 사용으로 데이터/어드레스 버스의 Over Shoot/Under Shoot를 줄임

- 안정적인 Core 전원설계 및 CPU 발열방지 기능 추가
- 데이터/어드레스 버스의 팬아웃 현상방지

■ **멀티미디어 실습에 적합**

- 6.4인치 TFT 컬러 LCD(디치 스크린 포함) 지원
- 아날로그 RGB(VGA 모니터 출력 가능) : 버튼을 이용한 화면 전환 가능
- CMOS카메라, 웹 카메라 지원으로 동영상 정보 수집 기능
- IDE인터페이스를 통해 노트북용 하드 디스크 연동 가능

■ **수준 높은 통신 실험 실습**

- 이더넷 3 포트 지원으로 라우터 등의 실험실습 가능
- 10BaseT 이더넷 1포트(CS8900), 10/100BaseT 이더넷 2포트(Smsc91c111-전송속도 월등히 개선)
- 무선 LAN 실습(PCMCIA, CF 형태 지원)
- 시리얼 5포트 지원(디버거용 1포트)
- UART 4포트(RS232C 형태 ; 2포트, TTL 형태 ; 2포트)
- IrDA를 통한 적외선 통신 실습

■ **GPS, 블루투스, 유비쿼터스 무선 센서네트워크(USN) 장비 연동 가능**

■ **IEB보드가 분리되어 독립적인 FPGA실험 실습 가능(12만 게이트 FPGA)**

■ **실무에서도 공급 가능한 수준 높은 소프트웨어 제공**

- Windows CE 5.0 제공
- 리눅스 커널 2.6.11 제공
- 제품 전 기능의 안정적인 디바이스 드라이버 제공
- 실습에 공급 가능한 응용 다수 제공
- GUI로서 ETRI Qplus에 공급된 Match Box 사용
- RTC4513을 커널 타임과 동기화시킴
- MMC/SD카드 감지 기능으로 PnP 가능

3.1.2 하드웨어 사양

1. 메인 보드

X-Hyper270-TKU 임베디드 시스템의 메인보드의 하드웨어 사양을 〈표 3-1〉에 CPU, 메모리, 내외부 주변기기 및 확장 커넥터 및 CPLD들을 설명하였으며, [그림 3-2]는 실제 X-Hyper270-TKU의 메인보드 실물이고 [그림 3-3]은 메인보드에 대한 부품배치도이다.

〈표 3-1〉 메인보드 사양

분 류	항 목	내 용
CPU	PXA270(520MHz)	BULVERDE(VF-BGA)
메모리	NOR Flash memory 32MByte	TE28F128J3C
	SDRAM 128MByte	K4S561632-TC75
내부 주변기기	Serial x 1Ports	RS-232 LEVEL
	Display	6.4" TFT LCD
	CMOS Camera I/F	
	USB Host 1.1 1Port	
	USB Slave 1Port	
	PCMCIA Slot	
	CF Slot	
	MMC/SD Slot	
외부 주변기기	Serial x 4Ports	Full Function UART 4 Port
	USB Host 2.0 2Port	TD242LP
	NAND Flash 64MByte	K9F1208U0M
	IDE I/F	mini IDE
	Analog RGB(VGA Monitor)	THS8135
	Ethernet(10)	CS8900A 1 Port
	Ethernet(10/100)	SMSC91C111 2Port
	Audio(CS4299)	SPEAKER 내장
	Touch Panel	
	RTC4513	BATTERY 내장
확장 커넥터	160 pin	2.54mm pitch
CPLD	256 pin CPLD	XC2C256-7FT256C(BGA)

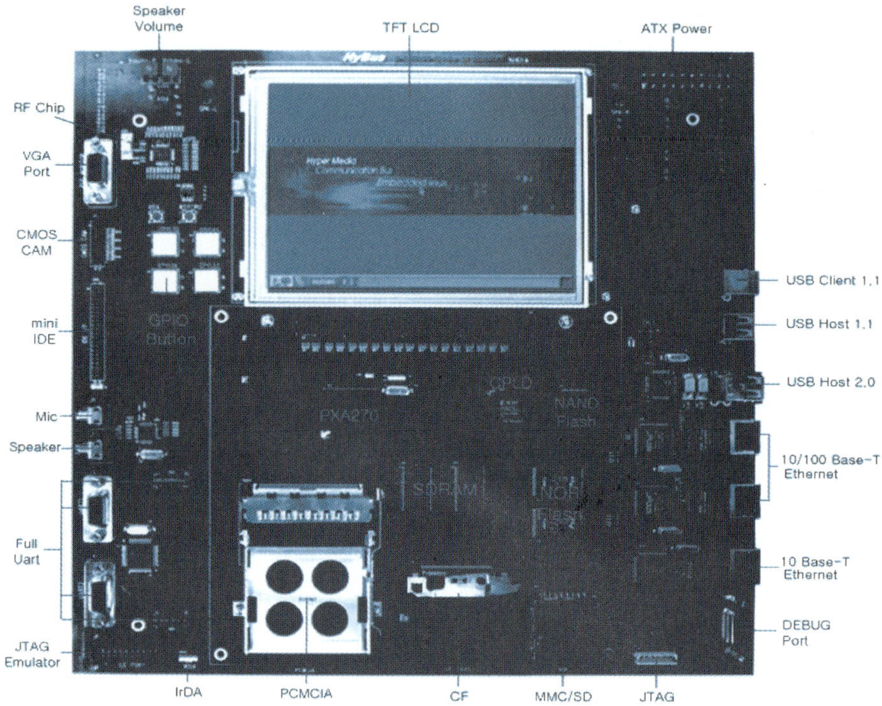

[그림 3-2] X-Hyper270-TKU 임베디드 시스템 (메인 보드)

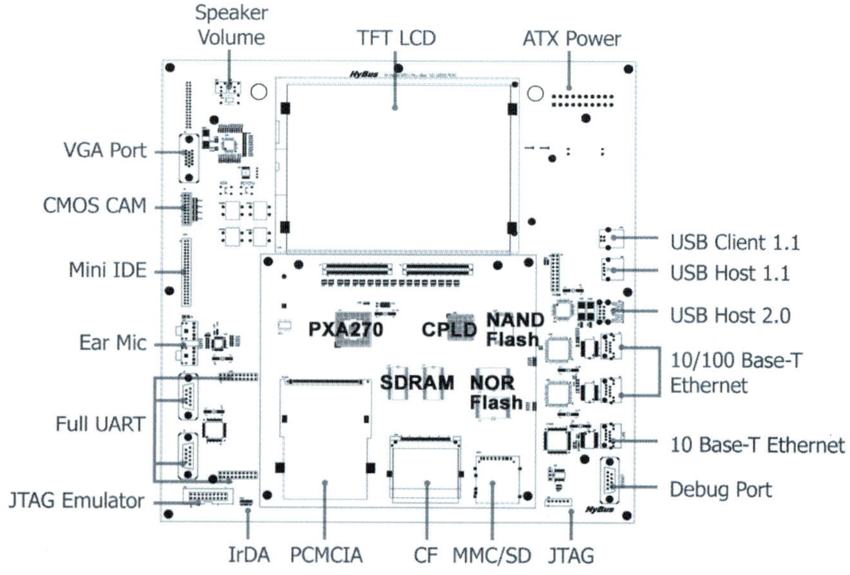

[그림 3-3] X-Hyper270-TKU 임베디드 시스템(메인 보드) 부품 배치도

2. IEB확장 보드

X-Hyper270-TKU 임베디드 시스템의 IEB확장보드의 사양은 〈표 3-2〉에 분류하였으며, [그림 3-4]는 IEB보드에 대한 실물 하드웨어이다.

〈표 3-2〉 IEB확장 보드의 하드웨어 사양

분류	항 목	내 용
FPGA	EP1C6240PQFP	Cyclone (PQFP-240)
Programming ROM	EPC2	EP2(PLCC/SOCKET)
RF 디바이스	CC2420	CC2420(QLP48)
DC 모터 제어	L298	DIP
Step모터 제어	L297	DIP
ADC	ADC0804	
DAC	DAC0800	
7-Segment	7-Segment * 8	
DOT Matrix	DOT Matrix	
글자 LCD	글자 LCD	

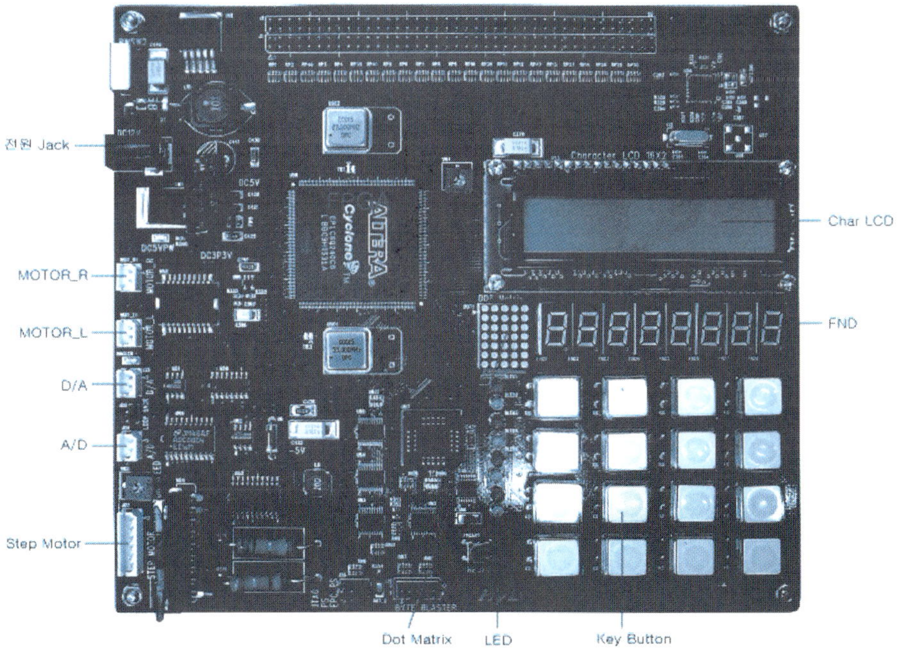

[그림 3-4] X-Hyper270-TKU 임베디드 시스템 (IEB확장 보드)

[그림 3-5]는 PXA270-TKU의 전체 블록도를 나타낸다.

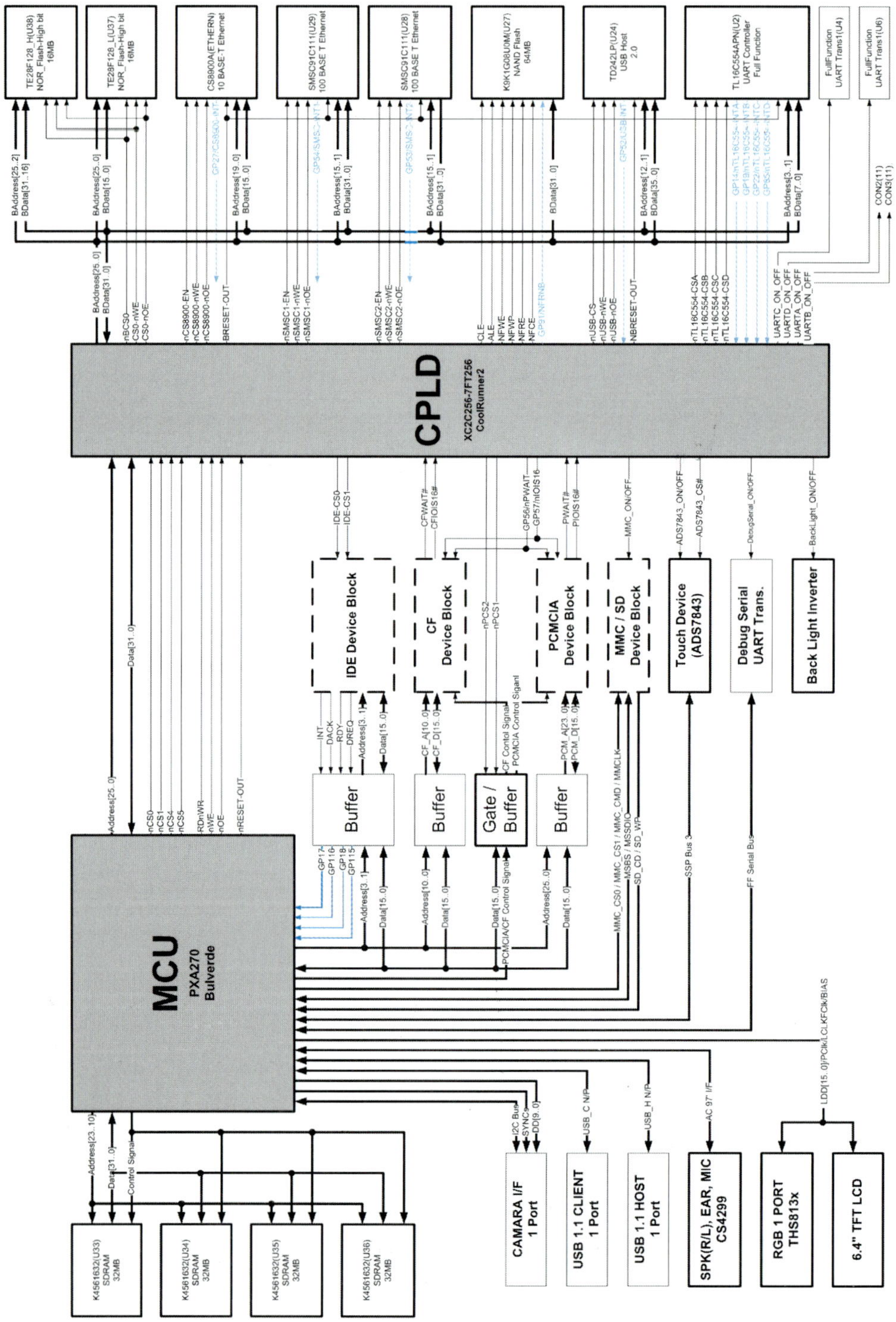

[그림 3-5] X-Hyper270-TKU 전체 블록도

3.1.3 소프트웨어 사양

■ 메인보드의 소프트웨어 사양

분 류	항 목	내 용
O/S	Windows CE	Windows CE 5.0
디바이스 드라이버	CS8900	10Base-T 1Port
	SMC91C111	10/100Base-T 2Port
	TFT LCD	6.4 inches TFT LCD Interface
	ADS7843	Touch Screen Controller
	16C554	Full Function UART 4 Port
	CS4299	AC'97 CODEC Chip
	MMC/SD/SDIO Controller	
	USB 1.1 Host(PXA Internal)	
	USB 1.1 Slave(PXA Internal)	
	TD242	USB 2.0 Host 2Port(TD242)
	PCMCIA/CF	
	IrDA	FIR Mode
	IDE	PIO Mode Driver

■ 확장보드의 소프트웨어 사양

분 류	항 목	내 용
디바이스 드라이버	DC Moter Control	L298
	Step Moter Control	L297
	ADC	ADC0804
	DAC	DAC0800
	7-Segment	8 ea
	DOT Matrix	5 * 7
	Character LCD	2 * 16
응 용	IEB Test Program	

3.2 전 원

270-TKU의 전원은 [그림 3-6]과 같은 블록도로 구성되어 있다.

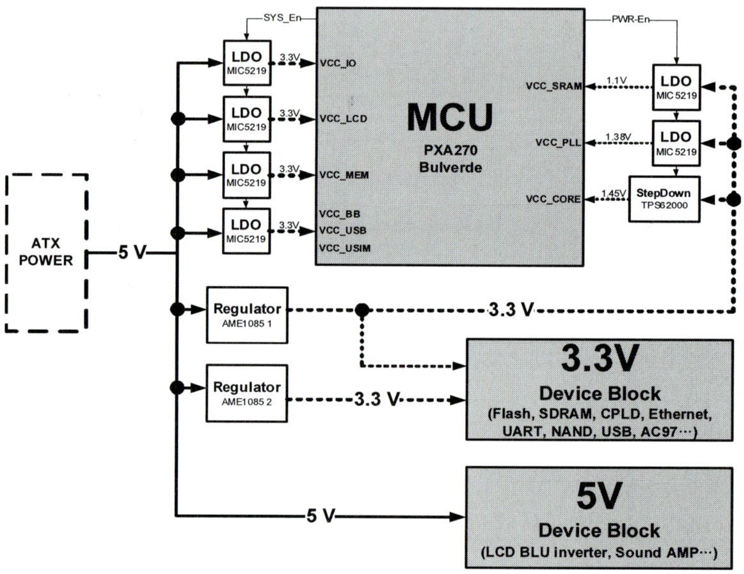

[그림 3-6]
전원 구성도

PXA270은 다양한 전압을 〈표 3-3〉과 같이 사용한다.

① VCC_CORE : CPU의 CORE 구동하기 위한 전압으로 1.45V를 사용하고 칩에서 사용할 속도에 따라 공급 전압이 조금씩 달라진다. 270-TKU 제품은 520MHz에 맞춰져 있다.

② VCC_SRAM : CPU 내부 SRAM 구동을 위한 전원으로 1.1V를 사용한다.

③ VCC_PLL : CPU 내부 PLL 구동을 위한 전원으로 1.3V를 사용한다.

④ VCC_MEM : 메모리/시스템 버스를 위한 전원으로 3.3V를 사용한다.

⑤ VCC_IO : GPIO나 주변 기기를 사용하기 위한 전원으로 3.3V를 사용한다.

⑥ VCC_USIM : 외부 USIM 카드 사용을 위한 전원으로 3.3V를 사용한다.

⑦ VCC_USB : CPU 내부에 있는 USB 컨트롤러를 사용하기 위한 전원으로 3.3V를 사용한다.

〈표 3-3〉
PXA-270의 전압

이름	Enable	Units	Default Voltage (V)	Allowed Levels (V)	오차범위 (%)
VCC_BATT	None	Sleep-active units, Oscillators	3.0	3.0	±25
VCC_IO	SYS_EN	Peripheral I/O	3.3	3.0,3.3	±10
VCC_LCD	SYS_EN	LCD I/O	3.3	1.8,2.5,3.0,3.3	±10
VCC_USB	SYS_EN	USB I/O	3.3	3.0,3.3	±10
VCC_MEM	SYS_EN	Memory Controller Interface	3.3	1.8,2.5,3.0,3.3	±10
VCC_BB	SYS_EN	Base band Interface	3.3	1.8,2.5,3.0,3.3	±10
VCC_USIM	SYS_EN	USIM Interface	3.3	1.8,3.0,3.3	±10
VCC_PLL	PWR_EN	Phase Locked Loops	1.3	1.3	±10
VCC_SRAM	PWR_EN	Internal SRAM units	1.1	1.1	±10
VCC_CORE	PWR_EN	All other internal units	Any	0.85 -1.55	±10

■ 전 압

〈표 3-4〉 PXA270 전압값의 성능 비교

심 볼	설 명	최소	정격	최대	단위
VCC_BATT 전압					
VVCC0	VCC_BATT @3.0V 공급 전압	2.25	3.00	3.75	V
VCC_PLL 전압					
VVCC1	VCC_PLL @1.3V 공급 전압	1.17	1.30	1.43	V
VCC_BB 전압					
VCC2a	VCC_BB @1.8V 공급 전압	1.71	1.80	2.16	V
VCC2b	VCC_BB @2.5V 공급 전압	2.25	2.50	2.75	V
VCC2c	VCC_BB @3.0V 공급 전압	2.70	3.0	3.30	V
VCC2d	VCC_BB @3.3V 공급 전압	2.97	3.3	3.63	V
VCC_LCD 전압					
VCC3a	VCC_LCD @1.8V 공급 전압	1.71	1.80	2.16	V
VCC3b	VCC_LCD @2.5V 공급 전압	2.25	2.50	2.75	V
VCC3c	VCC_LCD @3.0V 공급 전압	2.70	3.0	3.30	V
VCC3d	VCC_LCD @3.3V 공급 전압	2.97	3.3	3.63	V
VCC_IO 전압					
VCC4a	VCC_IO @3.0V 공급 전압	2.6917	3.0	3.30	V
VCC4b	VCC_IO @3.3V 공급 전압	2.97	3.3	3.63	V
VCC_USIM 전압					
VCC5a	VCC_USIM @1.8V 공급 전압	1.71	1.80	2.16	V
VCC5b	VCC_USIM @3.0V 공급 전압	2.70	3.0	3.30	V
VCC_SRAM 전압					
VCC6	VCC_SRAM @1.1V 공급 전압	0.99	1.10	1.21	V
VCC_USB 전압					
VCC7a	VCC_USB @3.0V 공급 전압	2.70	3.00	3.30	V
VCC7b	VCC_USB @3.3V 공급 전압	2.97	3.30	3.65	V

■ 메모리 전압과 주파수 영역의 전기적 사양

〈표 3-5〉
메모리 전압과 주파수 영역의 전기적 사양

심 볼	설 명	최소	정격	최대	단위
메모리 전압과 주파수 영역1					
VMEM1	VCC_MEM 공급 전압	1.71	1.80	2.16	V
fSM1A	외부 동기 주파수 SDCLK1, SDCLK2	13	–	104	MHz
fSM1B	외부 동기 주파수 SDCLK0	13	–	104	MHz
메모리 전압과 주파수 영역2					
VMEM2	VCC_MEM 공급 전원	2.25	2.50	2.75	V
fSM2A	외부 동기 메모리 주파수 SDCLK1, SDCLK2	13	–	104	MHz
fSM2B	외부 동기 메모리 주파수 SDCLK0	13	–	104	MHz
메모리 전압과 주파수 영역3					
VMEM3	VCC_MEM 공급 전원	2.70	3.0	3.3	V
fSM3A	외부 동기 메모리 주파수 SDCLK1, SDCLK2	13	–	104	MHz
fSM3B	외부 동기 메모리 주파수 SDCLK0	13	–	104	MHz
메모리 전압과 주파수 영역4					
VMEM4	VCC_MEM 공급 전원	2.97	3.30	3.63	V
fSM4A	외부 동기 메모리 주파수 SDCLK1, SDCLK2	13	–	104	MHz
fSM4B	외부 동기 메모리 주파수 SDCLK0	13	–	104	MHz

■ 코아 전압과 주파수의 전기적 사양

〈표 3-6〉 코아 전압과 주파수의 전기적 사양

심 볼	설 명	최소	정격	최대	단위
코아 전압 주파수 범위 1					
VVCCC1	VVCC_CORE 공급 전원	0.8075	0.85	1.705	V
fCORE1	코아 동작 주파수	13	–	13	MHz
코아 전원 주파수 영역 2					
VVCCC2	VCC_CORE 공급 전원	0.855	0.9	1.705	V
fCORE2	코아 동작 주파수	91	–	104	MHz
코아 전원 주파수 영역 3					
VVCCC3	VCC_CORE 공급 전원	0.95	1.00	1.705	V
fCORE3	코아 동작 주파수	–	156	–	MHz
코아 전원 주파수 영역 4					
VVCCC4	VCC_CORE 공급 전원	1.12	1.18	1.705	V
fCORE4	코아 동작 주파수	–	208	–	MHz
코아 전원 주파수 영역 4a					
VVCCC4a	VCC_CORE 공급 전원	0.9975	1.05	1.705	V
fCORE4a	코아 동작 주파수	–	208	–	MHz
코아 전원 주파수 영역 5					
VVCCC5	VCC_CORE 공급 전원	0.99	1.1	1.705	V
fCORE5	코아 동작 주파수	–	312	–	MHz
코아 전압 주파수 영역 6					
VVCCC6	VCC_CORE 공급 전원	1.2825	1.35	1.705	V
fCORE6	코아 동작 주파수	–	416	–	MHz
코아 전압 주파수 영역 7					
VVCCC7	VCC_CORE 공급 전압	1.3775	1.45	1.705	V
fCORE7	코아 동작 주파수	–	520	–	MHz
코아 전압 주파수 영역 8					
VVCCC8	VCC_CORE 공급 전압	1.4725	1.55	1.705	V
fCORE8	코아 동작 주파수	–	624	–	MHz

블록도를 단순하게 살펴보면, 5V 전압원은 디바이스들 중에 5V로 구동하는 칩들에 전압을 공급하기 위한 것이며, 3.3V 전압은 디바이스들 중에 3.3V로 구동하는 칩들에 전원을 공급하기 위한 것이다.

먼저 270-TKU의 전체 전원을 공급할 수 있도록 외부에서 전원을 인가하는데 [그림 3-6]에서 보듯이 PC용 ATX 전원을 사용한다. 이렇게 들어오는 전원을 두 개의 레귤레이터(AME1085)를 사용해서 3.3V로 전압을 강하시킨다. 다시 3.3V의 전압을 또 다른 LDO(MIC5219/MIC5238), StepDown Dc-Dc Converter(TPS62000)들을 사용하여 PXA270에 필요한 여러 가지 전압원을 만든다. 그리고 CS8900, ADS7843, CS4299는 LDO(AME1085)에서 출력되는 3.3V를 전압으로 사용하며 LCD의 전원과 LCD BLU의 인버터, Sound AMP는 ATX POWER에서 공급되는 5V 전원을 사용한다. 두 개의 레귤레이터 중 하나는 CPU와 SDRAM에 3.3V를 공급하며 나머지 하나의 레귤레이터가 그 외 모든 3.3V 전압원을 사용하는 디바이스들에게 전원을 공급하게 된다.

전원 부분을 이해하려면 해당 칩의 데이터 시트를 자세히 검토하기 바란다.

3.3 주변장치 인터페이스

이 절에서는 PXA270과 각 주변장치들의 인터페이스에 대해 기술한다.

다음은 대략적인 설명이므로 자세한 부분은 회로도와 PXA270 데이터 시트를 참조하기를 바란다.

메모리는 첫 번째로 주 메모리 역할을 하는 SDRAM(128MB), 두 번째로 OS 및 소프트웨어를 저장하기 위한 플래시 메모리(32MB)이다.

이 두 가지 메모리의 인터페이스 방식은 서로 다르며 이에 대한 것은 각각의 데이터시트와 회로도를 참조하기 바란다. [그림 3-7]에서 보다시피 SDRAM을 제외한 데이터/어드레스 버스로 연결된 모든 디바이스들은 버퍼 혹은 CPLD로 필터링되어 구성되어 있다. 또한 SDRAM을 제외한 모든 디바이스의 어드레스 디코딩은 CPLD에서 한다.

SDRAM만 데이터/어드레스 버스(Data/Address Bus)와 직접 연결된 것은 SDRAM 연결 버스를 가능한 수준까지 고속으로 동작시키기 위한 것과 연결되는 디바이스가 많기 때문이다.

그리고 버스선이 길어지는 것에 따른 팬 아웃(FanOut)과 노이즈 현상을 막기 위한 것이다. 각 디바이스들의 어드레스 맵(Address Map)은 다음 절에 나타냈다.

3.3.1 SDRAM(K4561632; 4EA)

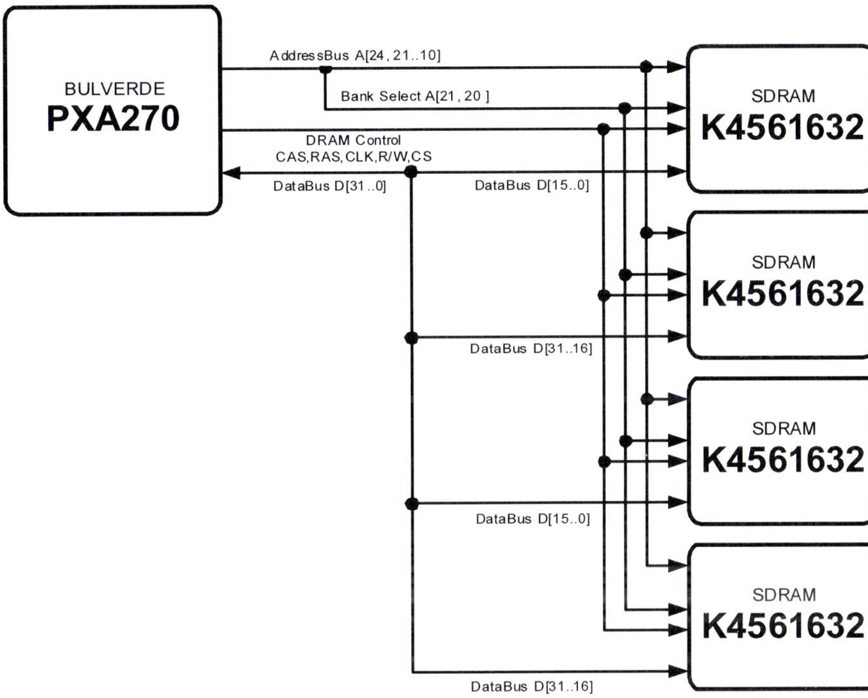

[그림 3-7]
SDRAM 인터페이스

[그림 3-7]은 PXA270과 SDRAM 간의 인터페이스이다.

PXA270A이나 PXA272A은 SDRAM 사용을 위한 인터페이스를 가지고 있다. 따라서 SDRAM을 사용하려면 정의된 핀들로 인터페이스를 하며 해당 레지스터를 설정함으로써 SDRAM의 속도형태 등을 지정할 수 있다. [그림 3-7]에서 SDRAM과 인터페이스할 수 있도록 CAS, RAS, CLK 등이 따로 구성되어 있으며, 초기 세팅 후 CLK, RAS, CAS 신호가 발생된다.

또 X-Hyper270-TKU에서는 16M 비트 × 4 뱅크 × 16 비트 SDRAM 4개를 데이터 버스에 총 128MB를 구성해서 사용했다.

3.3.2 플래시 메모리 : TE28F128 2EA

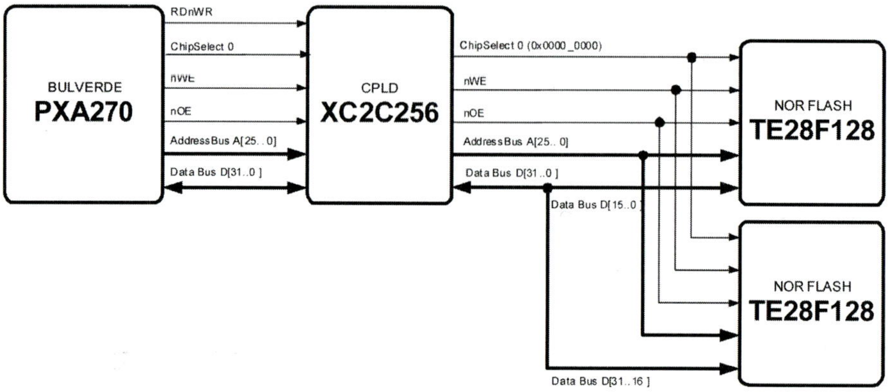

[그림 3-8]
플래시 메모리 인터페이스

플래시 메모리는 전체 어드레스 맵 중 0x0000_0000번지에 위치함으로써 Chip Select0을 사용한다. Data Bus, Address Bus, new, OE, CS 시그널들은 모두 CPLD를 통하여 연결된다.

시스템 부팅을 위해 0번지에 위치하는 것을 제외하면 SRAM영역에 연결되는 외부 디바이스들과 동일한 인터페이스로 연결된다.

3.3.3 10 Base-T 이더넷 : CS8900

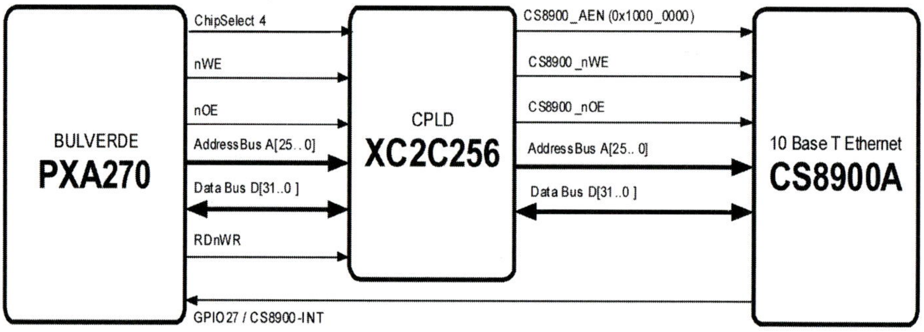

[그림 3-9]
10 Base-T 이더넷 제어기 인터페이스

이더넷 칩과의 연결은 데이터를 주고받는 어드레스/데이터 버스와 칩의 동작 시 상태를 알려주고 해당 동작을 하기 위한 인터럽트, Read, Write, Chip Select 신호가 있다.

특별한 것은 CS8900은 원래는 ISA 인터페이스 방식의 칩이다. 현재 X-Hyper270-TKU에서는 DMA를 사용하지 않기 때문에 DMA를 사용할 경우는 데이터 시트를 참조해서 해당 핀을 어떻게 처리해야 하는지를 고려해서 설계하기 바란다. 현재 PXA270은 DMA에 관한 제어핀과 레지스터가 있으므로 이것을 사용해서 제어할 수도 있다. 현재 X-Hyper270-TKU는 DMA를 사용하지 않도록 설계되었기 때문에 제어신호에 대한 변경이 필요하다.

3.3.4 10/100 Base-T 이더넷(LAN91C111 2EA)

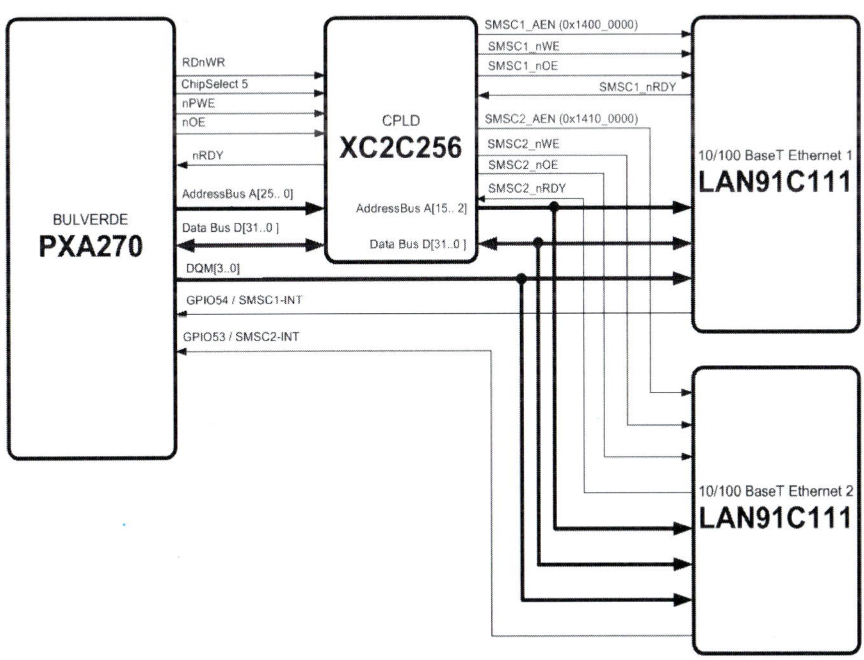

[그림 3-10] 10/100 Base-T 이더넷 제어기 인터페이스

SMSC의 LAN91C111 10/100 Base-T 이더넷 제어기는 10/100의 속도를 둘 다 지원하는 non-PCI 인터페이스를 가지고 있다.

각각의 기본 어드레스는 0x1400_0000, 0x1410_0000이며 이 주소의 디코딩은

CPLD에서 담당한다.

데이터 버스는 32비트이며 각각의 물리적인 어드레스 범위는 4KB이다. 각각의 인터럽트는 GPIO53, GPIO54를 사용하고 있다

3.3.5 64MB NAND 플래시 메모리(K9K1G08U0M)

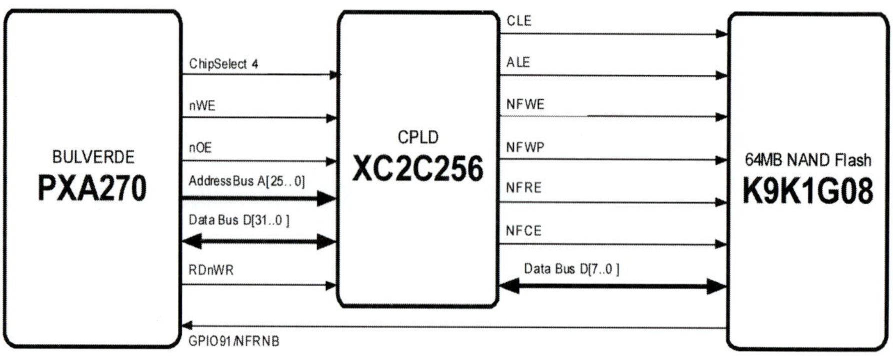

[그림 3-11]
NAND 플래시 메모리 인터페이스

270-TKU에 장착된 NAND 플래시 메모리는 64MB이며, CWE의 어드레스는 0x1030_0000이고, CS의 어드레스는 0x10F0_0000이다. 다른 디바이스들과 마찬가지로 어드레스의 디코딩은 CPLD에서 처리한다. 또한 NAND 플래시의 구동에 필요한 버퍼와 게이트 구성 역시 CPLD에서 담당하고 있으므로 데이터 버스에 의한 컨트롤이 가능하다.

NFCE, CLE, ALE, NFWP는 각각 데이터 버스의 0~3과 연결되어 있으며, NAND 플래시 자체의 데이터 버스는 8비트이다.

3.3.6 Mini IDE 인터페이스

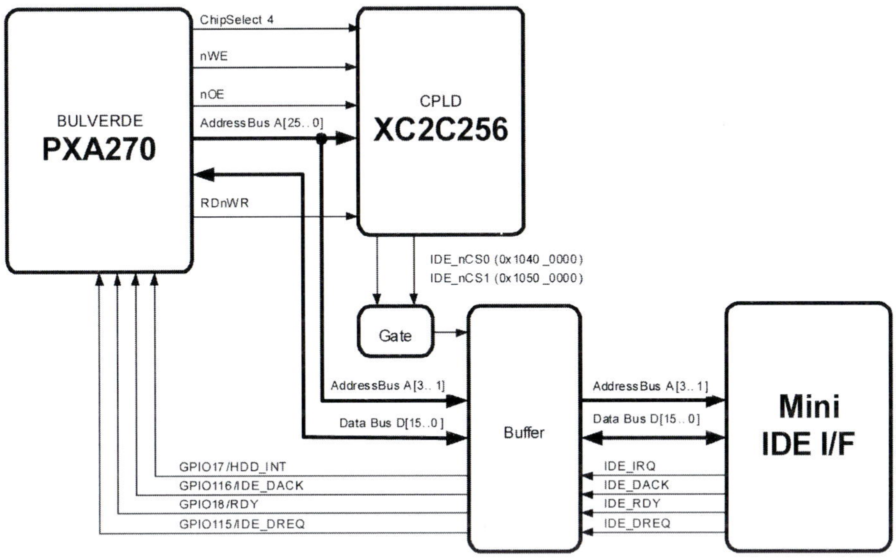

[그림 3-12]
Mini IDE 인터페이스

Mini IDE 인터페이스의 칩 선택들의 기본 어드레스는 각각 0x1040_0000과 0x1050_0000이다.

Mini IDE의 경우 부착되는 IO Vcc의 레벨이 5V 이므로 데이터, 어드레스, 제어신호 등을 CPLD나 CPU에 직접 붙일 수 없으므로 IO Vcc의 레벨을 조정하고자 5V Tolerant의 버퍼를 사용하여 인터페이스 한다.

3.3.7 USB 2.0HOST(TD242LP)

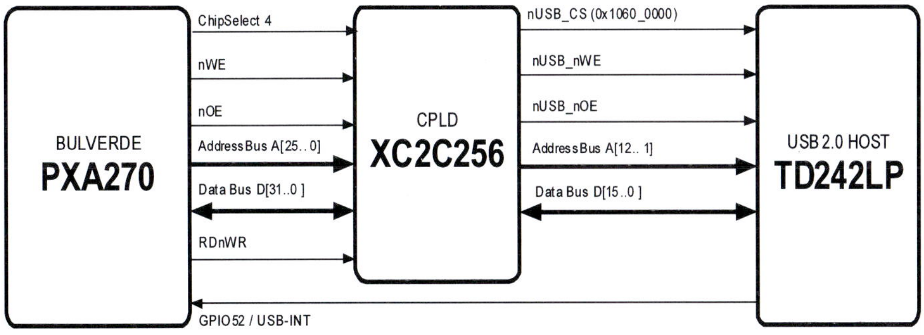

[그림 3-13]
USB 2.0 호스트 인터페이스

TD242LP USB 호스트 제어기는 모바일 장비에 적합한 저전력 소형의 USB 2.0 Host Controller이다. 12Mb/s의 최대속도와 1.5Mb/s의 최저속도를 지원하며 USB 장치에 대한 인식률이 뛰어나다. 기본 어드레스는 0x1060_0000이며, 16비트 데이터 버스로 연결되어 있으며, 인터럽트는 GPIO52번에 연결되어 있다.

3.3.8 4포트 UART 제어기(TL16C554)

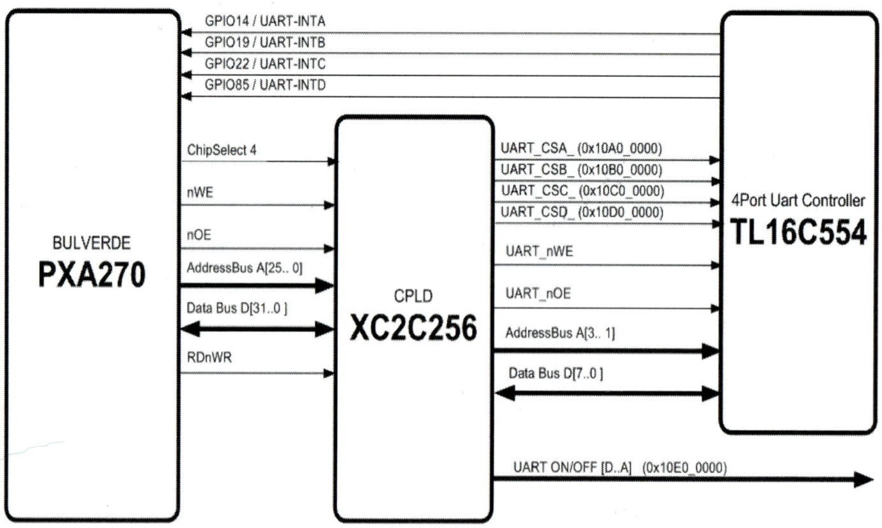

[그림 3-14]
4 포트 UART 제어기
(TL16C554)

TL16C554는 4포트의 UART를 지원한다. 4개의 포트는 각각 A : 0x10A0_0000, B : 0x10B0_0000, C : 0x10C0_0000, D : 0x10D0_0000을 기본 어드레스로 가지고 있으며, 포트 각각의 인터럽트는 A : GPIO14, B : GPIO19, C : GPIO22, D : GPIO85와 연결되어 있다.

A, B 포트는 CON2, CON3을 통해 TTL레벨로 통신하며 C, D 포트는 최대기능 RS232 드라이버를 통하여 DSUB-9핀 커넥터인 J8, J9로 RS232레벨로 통신한다.

3.4 플래시 메모리 맵

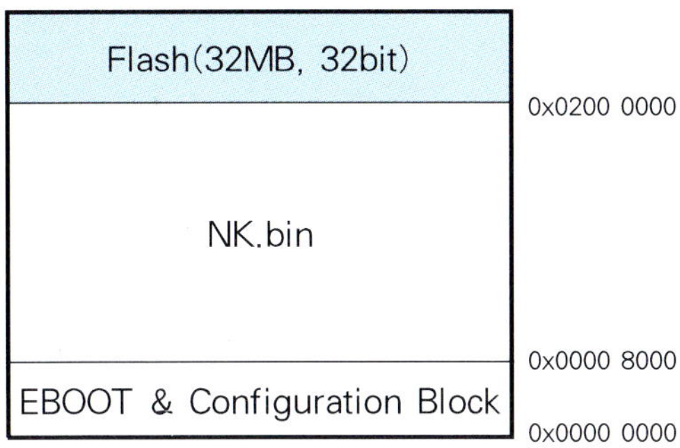

[그림 3-15] 플래시 메모리 맵

3.5 SDRAM 메모리 맵

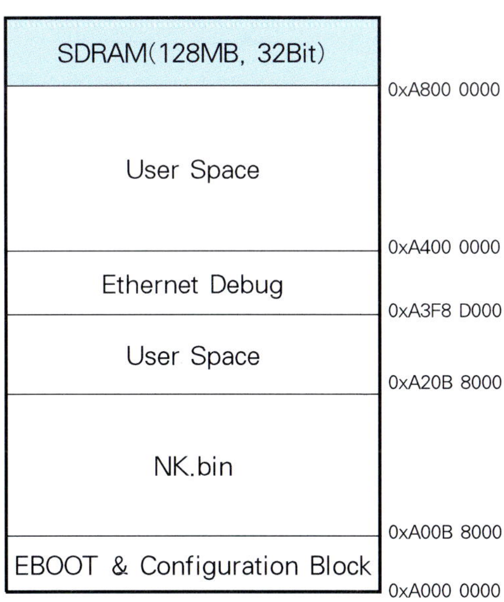

[그림 3-16] SDRAM 메모리 맵

3.6 Static 메모리 맵

■ 메인 보드

이 름	어드레스	범 위	설 명
Flash	0x00000000	0x2000000	Intel Strata Flash 16bit 16M * 2
CS8900	0x10000000	0x100000	10 Base-T Ethernet Controller
NAND CWE	0x10300000	0x100000	Nand Command CS
IDE CS 0	0x10400000	0x100000	ATA IDE CS 0
IDE CS 1	0x10500000	0x100000	ATA IDE CS 1
USB CS	0x10600000	0x100000	USB 2.0 Host TD242LP
DEVICE PWR	0x10700000	0x100000	Deivce Power ON/OFF
EXTEND PORT 0	0x10800000	0x100000	External GPIO Port 0
EXTEND PORT 1	0x10900000	0x100000	External GPIO Port 1
16C554 CS A	0x10A00000	0x100000	Serial Controller CS A
16C554 CS B	0x10B00000	0x100000	Serial Controller CS B
16C554 CS C	0x10C00000	0x100000	Serial Controller CS C
16C554 CS D	0x10D00000	0x100000	Serial Controller CS D
UART PWR	0x10E00000	0x100000	UART Power ON/OFF
NAND CS	0x10F00000	0x100000	Nand Data CS
LAN91C111 EN 1	0x14000000	0x100000	10/100 Base-T Ethernet Controller 1
LAN91C111 EN 2	0x14100000	0x100000	10/100 Base-T Ethernet Controller 2

■ IEB 확장보드

이 름	어드레스	범 위	설 명
FND1	0x11000000	0x100000	7-segment 1
FND2	0x11100000	0x100000	7-segment 2
FND3	0x11200000	0x100000	7-segment 3
FND4	0x11300000	0x100000	7-segment 4
FND5	0x11400000	0x100000	7-segment 5
FND6	0x11500000	0x100000	7-segment 6
FND7	0x11600000	0x100000	7-segment 7
FND8	0x11700000	0x100000	7-segment 8
DOT_1 Col	0x11800000	0x100000	Dot collumn 1
DOT_2 Col	0x11900000	0x100000	Dot collumn 2
DOT_3 Col	0x11A00000	0x100000	Dot collumn 3
DOT_4 Col	0x11B00000	0x100000	Dot collumn 4
DOT_5 Col	0x11C00000	0x100000	Dot collumn 5
KEY_W	0x11D00000	0x100000	Key Write
KEY_R	0x11E00000	0x100000	Key Read
DAC	0x11F00000	0x100000	Digital to Analog Convertor
ADC	0x12000000	0x100000	Analog to Digital Convertor
STEP Motor	0x12100000	0x100000	Step Motor controller
DC Motor	0x12200000	0x100000	DC Motor controller
Character LCD	0x12300000	0x100000	Character LCD Control
LED	0x12400000	0x100000	LED

3.7 GPIO 맵

■ Alternate value

- A : 해당 GPIO 핀(GPIO[x])는 일반 목적 I/O로 사용
- B : 해당 GPIO 핀(GPIO[x])는 alternate function 1(In)으로 사용
- C : 해당 GPIO 핀(GPIO[x])는 alternate function 2(In)으로 사용
- D : 해당 GPIO 핀(GPIO[x])는 alternate function 3(In)으로 사용
- E : 해당 GPIO 핀(GPIO[x])는 alternate function 1(Out)으로 사용
- F : 해당 GPIO 핀(GPIO[x])는 alternate function 2(Out)으로 사용
- G : 해당 GPIO 핀(GPIO[x])는 alternate function 3(Out)으로 사용

GPIO 핀	핀 이름	Alternate value	설 명
0	GPIO〈0〉	A	No Use.
1	GPIO〈1〉	A	No Use.
2	SYS_EN	A	Reversed.
3	GPIO〈3〉	A	No Use.
4	GPIO〈4〉	A	No Use.
5	PWR_CAP〈0〉	A	Reversed.
6	PWR_CAP〈1〉	A	Reversed.
7	PWR_CAP〈2〉	A	Reversed.
8	PWR_CAP〈3〉	A	Reversed.
9	GPIO〈9〉	A	PCMCIA_IREQ
10	GPIO〈10〉	A	ADS7843-IRQ
11	GPIO〈11〉	A	CF_IREQ
12	GPIO〈12〉	A	CF_CD
13	GPIO〈13〉	A	PCMCIA_CD
14	GPIO〈14〉	A	TL16C554_INTA
15	GPIO〈15〉	F	nCS〈1〉 (Active low chip select 1)
16	GPIO〈16〉	A	ADC_INT
17	GPIO〈17〉	A	BHDD_INT
18	GPIO〈18〉	B	RDY
19	GPIO〈19〉	A	TL16C554_INTB
20	GPIO〈20〉	E	nSDCS2
21	GPIO〈21〉	E	nSDCS3
22	GPIO〈22〉	A	TL16C554_INTC
23	GPIO〈23〉	E	CIF_MCLK
24	GPIO〈24〉	B	CIF_FV

GPIO 핀	핀 이름	Alternate value	설　명
25	GPIO⟨25⟩	B	CIF_LV
26	GPIO⟨26⟩	C	CIF_PCLK
27	GPIO⟨27⟩	A	CS8900-INT
28	GPIO⟨28⟩	B	AC97_BITCLK (CS4299 ABITCLK)
29	GPIO⟨29⟩	B	AC97_SDATA_IN_0 (CS4299 ASDOUT)
30	GPIO⟨30⟩	F	AC97_SDATA_OUT (CS4299 ASDIN)
31	GPIO⟨31⟩	F	AC97_SYNC (CS4299 ASUNC)
32	GPIO⟨32⟩	F	MMCLK
33	GPIO⟨33⟩	F	nCS⟨5⟩ (Active low chip select 5)
34	GPIO⟨34⟩	B	FFRXD (FFUART Receive Data)
35	GPIO⟨35⟩	B	FFCTS (FFUART Clear to send)
36	GPIO⟨36⟩	B	FFDCD (FFUART Data carrier detect)
37	GPIO⟨37⟩	B	FFDSR (FFUART Data set ready)
38	GPIO⟨38⟩	A	RADIO_SI/TX2
39	GPIO⟨39⟩	B	FFTXD (FFUART Transmit Data)
40	GPIO⟨40⟩	A	RADIO_SO/RX2
41	GPIO⟨41⟩	B	FFRTS (FFUART Request to send)
42	GPIO⟨42⟩	B	BTRXD (BTUART Receive Data)
43	GPIO⟨43⟩	B	BTTXD (BTUART Transmit Data)
44	GPIO⟨44⟩	B	BTCTS (BTUART clear to send)
45	GPIO⟨45⟩	A	BTRTS (BTUART Request to send)
46	GPIO⟨46⟩	C	STRXD (STUART Receive Data)
47	GPIO⟨47⟩	E	STTXD (STUART Transmit Data)
48	GPIO⟨48⟩	F	nPOE
49	GPIO⟨49⟩	F	nPWE
50	GPIO⟨50⟩	F	nPLOIR
51	GPIO⟨51⟩	F	nPLOIW
53	GPIO⟨53⟩	A	nSMSC_INT2
54	GPIO⟨54⟩	A	nSMSC_INT1
55	GPIO⟨55⟩	F	nPREG
56	GPIO⟨56⟩	B	nPWAIT
57	GPIO⟨57⟩	B	nIOIS16
58	GPIO⟨58⟩	F	LDD⟨0⟩ (LCD data pin 0)
59	GPIO⟨59⟩	F	LDD⟨1⟩ (LCD data pin 1)
60	GPIO⟨60⟩	F	LDD⟨2⟩ (LCD data pin 2)
61	GPIO⟨61⟩	F	LDD⟨3⟩ (LCD data pin 3)
63	GPIO⟨63⟩	F	LDD⟨5⟩ (LCD data pin 5)
64	GPIO⟨64⟩	F	LDD⟨6⟩ (LCD data pin 6)
65	GPIO⟨65⟩	F	LDD⟨7⟩ (LCD data pin 7)

제 3 장

GPIO 핀	핀 이름	Alternate value	설 명
66	GPIO〈66〉	F	LDD〈8〉 (LCD data pin 8)
67	GPIO〈67〉	F	LDD〈9〉 (LCD data pin 9)
68	GPIO〈68〉	F	LDD〈10〉 (LCD data pin 10)
69	GPIO〈69〉	F	LDD〈11〉 (LCD data pin 11)
70	GPIO〈70〉	F	LDD〈12〉 (LCD data pin 12)
71	GPIO〈71〉	F	LDD〈13〉 (LCD data pin 13)
72	GPIO〈72〉	F	LDD〈14〉 (LCD data pin 14)
73	GPIO〈73〉	F	LDD〈15〉 (LCD data pin 15)
74	GPIO〈74〉	F	L_FCLK_RD (LCD Frame clock)
75	GPIO〈75〉	F	L_LCLK_A0 (LCD line clock)
76	GPIO〈76〉	F	L_PCLK_WR (LCD Pixel clock)
77	GPIO〈77〉	F	L_BIAS (LCD AC Bias)
78	GPIO〈78〉	E	nPCE2
79	GPIO〈79〉	E	PSKTSEL
80	GPIO〈80〉		nCS〈4〉 (Active low chip select 4)
81	GPIO〈81〉	E	SSPTXD3
82	GPIO〈82〉	E	SSPRXD3
83	GPIO〈83〉	A	SSPSFRM3
84	GPIO〈84〉	A	SSPSCLK3
85	GPIO〈85〉	A	TL16C554_INTD
86	GPIO〈86〉	A	LDD〈16〉 (LCD data pin 16)
87	GPIO〈87〉	A	LDD〈17〉 (LCD data pin 17)
88	GPIO〈88〉	A	No Use.
89	GPIO〈89〉	A	ARDIO_PKT_INT
90	GPIO〈90〉	A	SD_WP
91	GPIO〈91〉	A	NFRNB
92	GPIO〈92〉	F	MSBS
93	GPIO〈93〉	B	CIF_DD6
94	GPIO〈94〉	B	CIF_DD5
95	GPIO〈95〉	B	CIF_DD4
96	GPIO〈96〉	A	RTC-SDA
97	GPIO〈97〉	A	SD_CD
98	GPIO〈98〉	B	CIF_DD0
99	GPIO〈99〉	A	RADIO_SFD
100	GPIO〈100〉	A	RADIO_SCLK
101	GPIO〈101〉	A	No Use.
102	GPIO〈102〉	E	nPCE1
103	GPIO〈103〉	B	CIF_DD3
104	GPIO〈104〉	B	CIF_DD2

GPIO 핀	핀 이름	Alternate value	설 명
105	GPIO<105>	B	CIF_DD1
106	GPIO<106>	B	CIF_DD9
107	GPIO<107>	B	CIF_DD8
108	GPIO<108>	B	CIF_DD7
109	GPIO<109>	F	MSSDIO
110	GPIO<110>	E	MMCCS0
111	GPIO<111>	E	MMCCS1
112	GPIO<112>	E	MMCMD
113	GPIO<113>	F	AC97_RESET_n (CS4299 ARST#)
114	GPIO<114>	A	USBC_INT
115	GPIO<115>	A	IDE_DREQ
116	GPIO<116>	A	IDE_DACK
117	GPIO<117>	E	SCL
118	GPIO<118>	B	SDA
119	GPIO<119>	A	USB Client Interrupt.
120	GPIO<120>	A	No Use.

3.8 X-Hyper270-TKU 커넥터

X-Hyper270-TKU의 메모리, TFT LCD 및 CPU 등의 소형 칩셋은 작은 충격에도 손상될 우려가 있기 때문에 항상 조심히 다루어야 하고 전원이 인가된 후에는 LCD 및 케이블 연결 등에 항상 유의하기 바란다.

X-Hyper270-TKU 연결 및 설치는 아래 순서대로 작업하면 된다.

① JTAG 케이블을 연결한다. X-Hyper270-TKU의 6핀짜리 커넥터와 호스트 PC의 패러럴 포트를 JTAG 케이블로 연결하면 된다.

[그림 3-17]
JTAG Cable 연결

② 시리얼 케이블을 연결한다. X-Hyper270-TKU에는 [그림 3-18]과 같이 시리얼 케이블로 보드의 DEBUG1이라고 쓰여 있는 시리얼 커넥터와 호스트 PC의 COM1(or COM2 선택가능)에 연결해주면 된다.

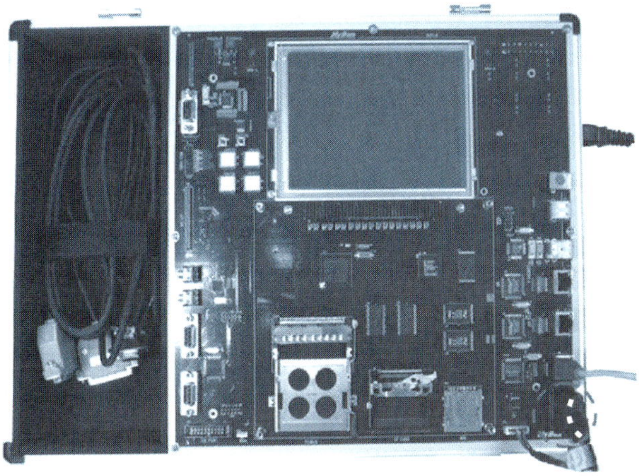

[그림 3-18]
시리얼 케이블 연결

③ 이더넷 크로스 케이블(Ethernet cross cable)을 연결한다. X-Hyper270-TKU의 이더넷 포트(Ethernet port) (LAN)와 Host PC의 RJ45(이더넷 카드)를 제공한 크로스(Cross) LAN 케이블로 연결한다(X- Hyper270-TKU를 이더넷 허브에 직접 연결하려면 일반 Direct LAN cable을 연결하면 된다).

[그림 3-19]
이더넷 크로스 케이블 연결

④ 전원선을 연결한다.

[그림 3-20]
전원선 연결

3.9 PXA27x 프로세서

3.9.1 PXA27x 프로세서 개요

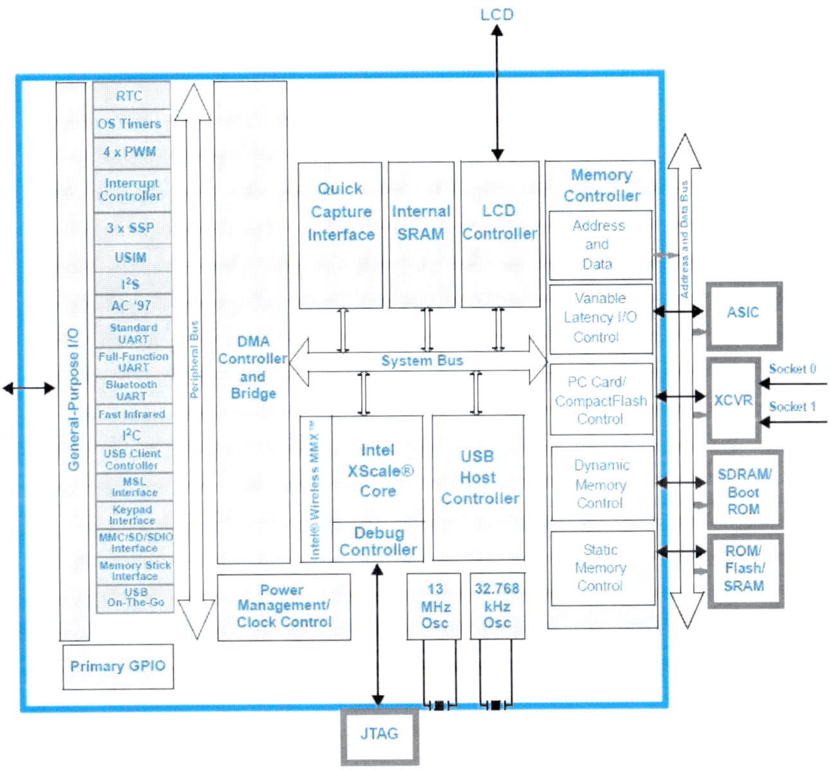

[그림 3-21]
PXA27x 블록도

PXA27x 프로세서는 휴대용 핸드헬드 및 범용 기기에 사용하기에 적합한 소형의 저전력, 고성능의 프로세서이며 다양한 주변기기가 통합된 Intel® XScale™ 마이크로 구조의 SoC(System on-Chip) 마이크로프로세서이다.

PXA27x 프로세서는 32비트 메모리 데이터 버스와 주변기기들이 통합된 23 × 23mm 크기의 256핀 PBGA 패키지로 되어있다.

프로세서의 메모리 인터페이스는 다양한 형태의 메모리를 지원하며 800 × 600 픽셀의 1, 2, 4, 8비트 그레이 스케일과 8, 16, 18비트의 컬러 픽셀 디스플레이를 지원한다.

[그림 3-22]
PXA270프로세서

3.9.2 인텔® XScale™ 마이크로 구조의 특징

- ARM* 구조 버전 5TE ISA 기반
- ARM* Thumb 명령어 제공
- ARM* DSP 향상된 명령어
- 저전력 고성능
- Intel® 무선 MMX™ 기술
- 고성능 멀티미디어, 3D 게임과 향상된 비디오를 위한 설계
- 인텔® 멀티미디어 처리 기술
- 확장 16비트 곱셈기
- 40비트 어큐뮬레이터
- 32KByte 명령어 캐시
- 32KByte 데이터 캐시
- 2KByte 미니 데이터 캐시
- 2KByte 미니 명령어 캐시
- 명령어와 데이터 메모리 관리기능(MMU)
- 브랜치 타깃버퍼(Branch Target Buffer)
- JTAG 포트를 통한 디버거 기능

인텔 XScale 마이크로 구조는 타깃에 맞는 다양한 주변기기들을 지원한다. 예를 들어 RISC 코어는 소형의 저전력, 멀티미디어 응용 성능의 향상을 위해 LCD 제어기, 멀티미디어 제어기, 외부 메모리 인터페이스 등과 통합 가능하다.

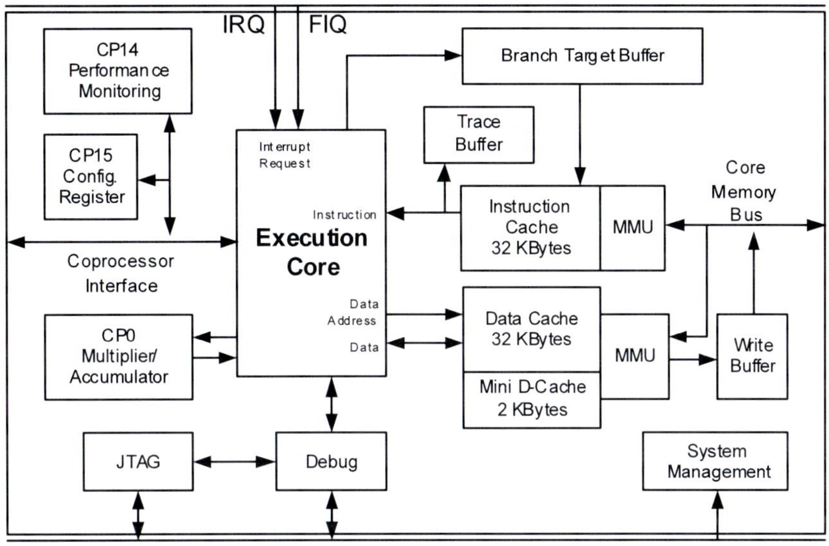

[그림 3-23]
XScale 마이크로 구조

3.9.3 PXA27x의 부분별 특징

1. 메모리 제어기

메모리 제어기(memory controller)는 다양한 타입의 메모리 구성을 지원한다. 메모리 제어기는 4개의 SDRAM 파티션과, SRAM, SSRAM, Flash, ROM, SROM 등을 위해 6개의 정적인 Chip Select를 가지고 있으며 2개의 PCMCIA 혹은 Compact Flash Slot을 지원한다.

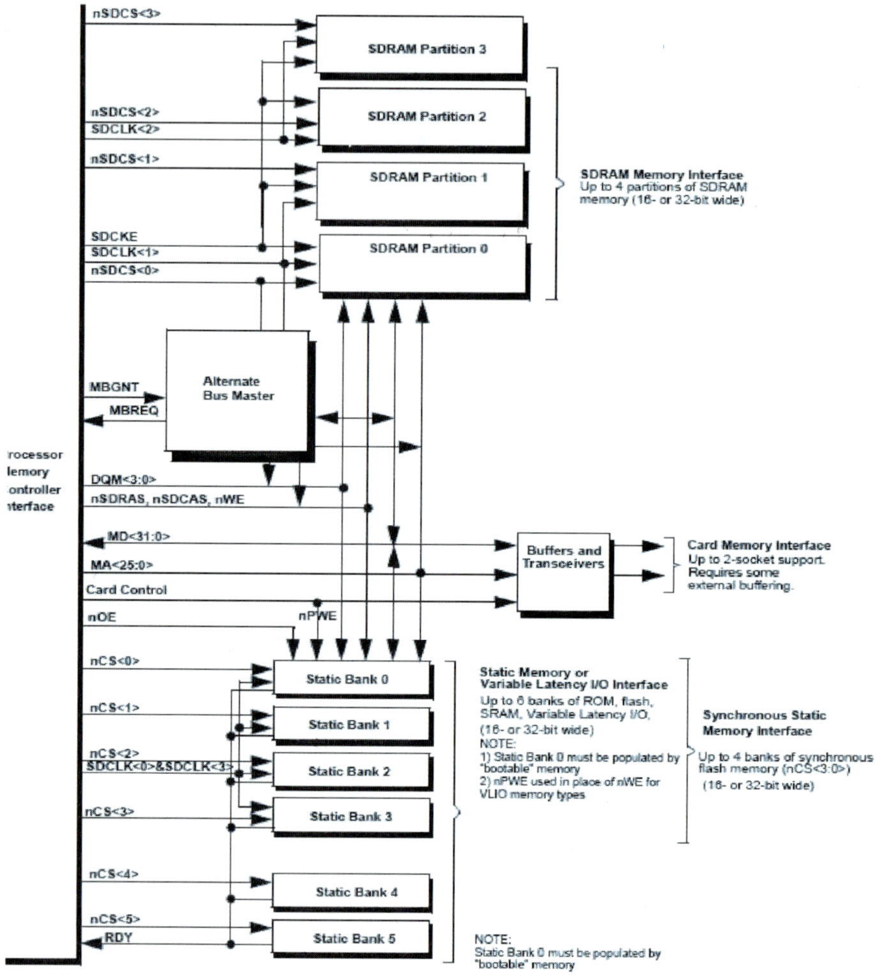

[그림 3-24]

일반적인 메모리 인터페이스 구조

2. 클록 전원 제어기

프로세서는 13MHz와 32.768KHz 크리스털의 클록으로 구동된다. 그 중 13MHz 크리스털은 Core PLL(Phase Locked Loop)와 주변기기 PLL을 구동시키며, PLL들은 특정 기능 블록들을 구동하기 위해 선택된 주파수의 클록을 생성한다. 32.768KHz 크리스털은 RTC(Real Time Clock), 전원관리 제거기 그리고 인터럽트 제어기를 구동시킨다.

32.768KHz 크리스털은 프로세서가 슬립모드 동안 클록을 공급하기 위해서 분리된 전원을 사용한다.

전원관리 제어기는 turn/run, idle, sleep 모드를 컨트롤한다.

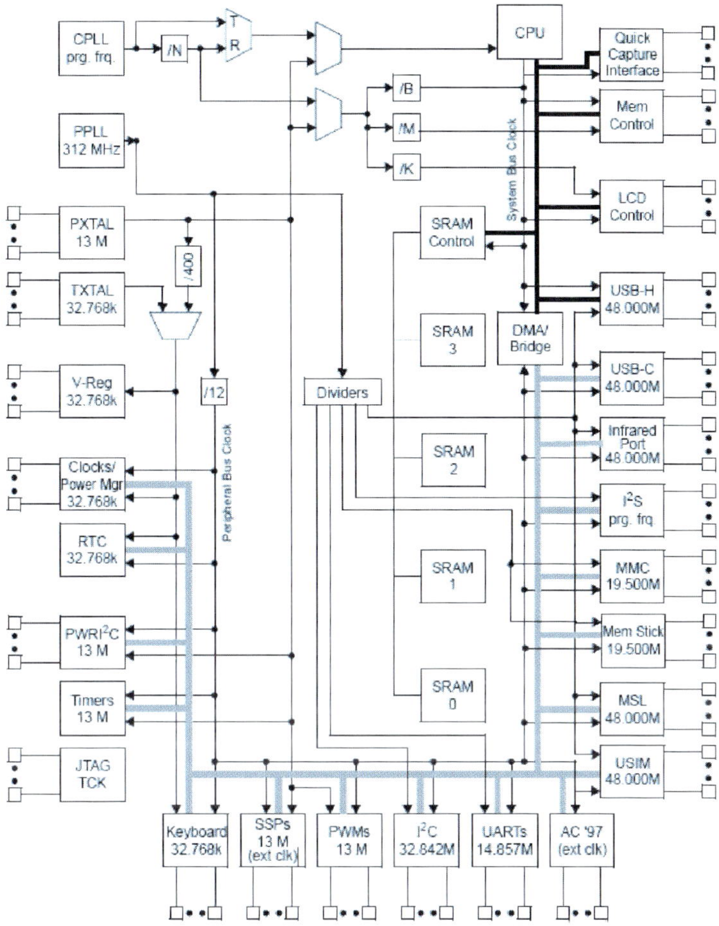

[그림 3-25]
클록 관리 블록도

3. USB 클라이언트

USB 클라이언트 모듈은 USB(Universal Serial Bus) 사양, 버전1.1을 지원한다. 최대 16개의 endpoint를 지원하며 CPU 내부에서 48MHz의 클록을 생성한다. USB 디바이스 제어기는 DMA에서 메모리로 혹은 메모리에서 DMA로 액세스하는 FIFO를 제공한다.

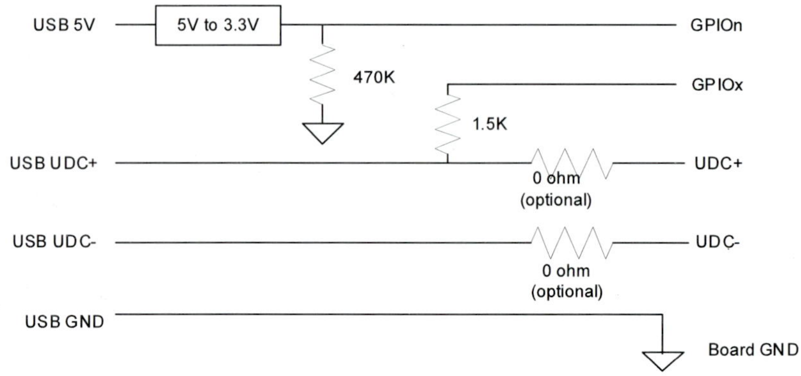

[그림 3-26]
자체 전원 디바이스

4. DMA 제어기(DMAC)

DMAC는 내부 주변기기들로부터 서비스 전송요청을 위한 16개의 우선순위를 가지는 채널을 지원하며, 외부의 칩으로부터 최대 2개의 데이터 전송요청을 지원한다. DMAC는 주변기기들과 워드, 하프-워드, 바이트 크기의 데이터의 전송을 지원한다.

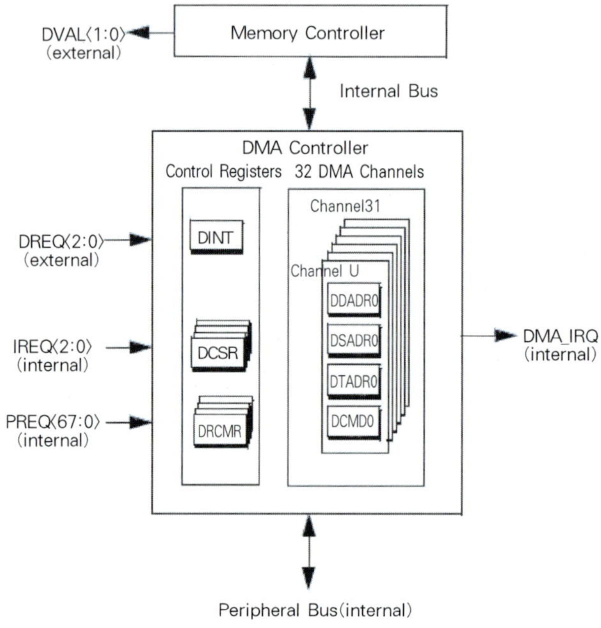

[그림 3-27]
DMA 제어기

5. LCD 제어기

- Display 모드
- 단일과 듀얼 스캔 디스플레이 모듈 제공
- 수동형 모노크롬 모드(monochrome mode)는 256 그레이-스케일 레벨(8비트) 제공
- 능동형 컬러모드는 16777216 컬러(24비트) 제공
- 수동형 컬러모드는 전체 16777216 컬러(24비트) 제공
- 내부 프레임 버퍼를 가진 LCD패널 제공
- 8비트(each) passive dual-scan color displays 제공
- 내부 프레임 버퍼 없이 18비트 당 pixel single-scan color displays 제공
- 내부 프레임 버퍼를 가진 24비트 당 pixel single-scan color displays 제공
- display sizes from 1 × 1 to 800 × 600pixels 제공
- 52.0MHz부터 25.4KHz까지 프로그램 픽셀 클록 제공
- RGB 포맷에서 2, 4, 8, 16, 18과 24비트 당 pixel(bpp)의 픽셀 깊이를 제공
- 오버레이는 RGBT 포맷에서 16, 19, 24과 25bpp 픽셀 깊이를 제공

6. AC97 제어기

AC97 제어기는 AC97Rev2.0 CODEC을 지원하며 CODEC은 48KHz의 샘플 비율로 동작할 수 있다. 제어기는 16채널의 스테레오 PCM In과 스테레오 PCM out, Modem In, Modem Out으로 독립적으로 동작한다. 각 채널은 메모리로 DMA 액세스를 지원하는 FIFO를 포함하고 있다.

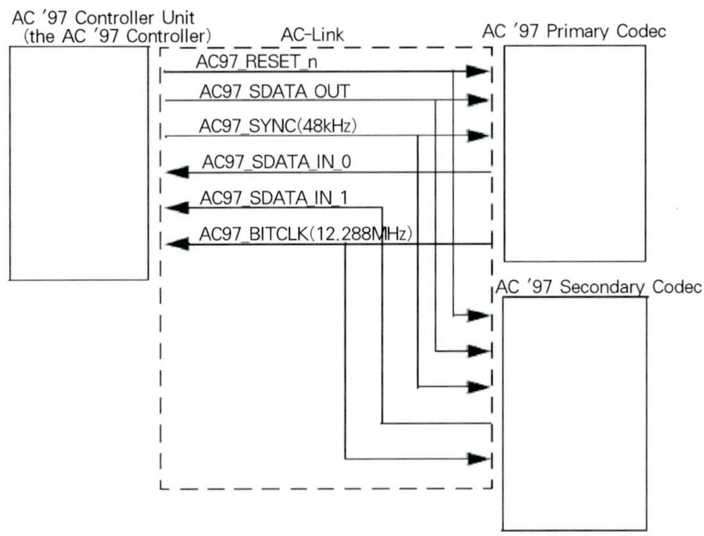

[그림 3-28]
AC97 연결구성도

7. I2S(Inter-IC Sound) 제어기

I2C 제어기는 디지털 스테레오 사운드를 위한 표준 I2C 코덱을 지원하며, 표준-I2C와 MSB-Justified I2C format을 지원하며, I2C CODEC과 연결을 위한 4개의 신호를 지원한다. I2C 제어 신호는 AC97 제어기 핀과 multiplex한다. 제어기는 메모리로부터 DMA 액세스를 지원하는 FIFO를 포함한다.

8. MMC(Multimedia Card)/SD/SDIO 제어기

MMC/SD/SDIO 제어기는 표준 메모리 카드와의 시리얼 인터페이스를 제공한다. 제어기는 MMC나 SPI 모드로 최대 2개의 카드를 지원하며, MMC 제어기는 메모리로부터 DMA 액세스를 지원하는 FIFO를 포함한다.

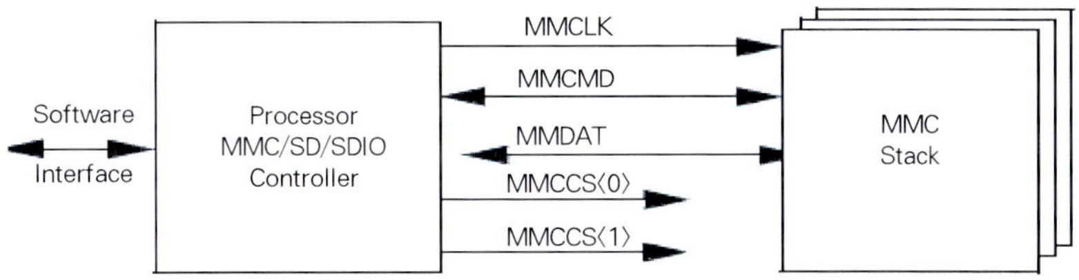

Notes:
MMCCS〈0〉 and MMCCS〈1〉 are used in SPI mode only
MMCCS〈0〉 and MMDAT〈2〉 are multiplexed.
MMCCS〈1〉 and MMDAT〈3〉 are multiplexed.

[그림 3-29]
MMC 시스템 연결

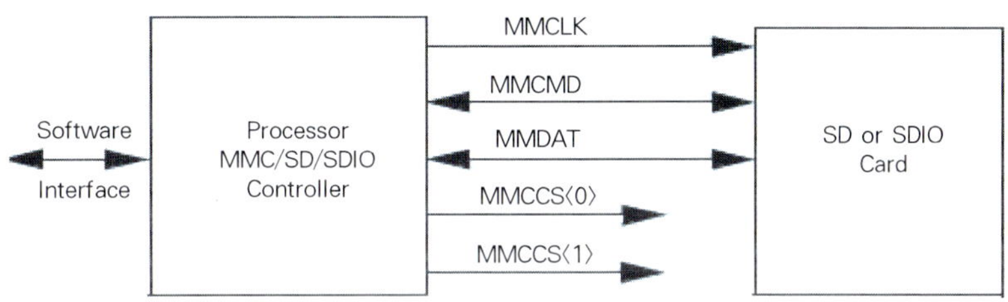

Notes:
MMCCS〈0〉 and MMCCS〈1〉 are used in SPI mode only
MMCCS〈0〉 and MMDAT〈2〉 are multiplexed.
MMCCS〈1〉 and MMDAT〈3〉 are multiplexed.

[그림 3-30]
SD/SDIO 시스템 연결

9. FIR(Fast Infrared) 통신 포트

FIR 통신 포트는 4Mbps의 IrDA(Infrared Data Association)스펙에 기반을 두며, 반이중(Half-duplex) 통신으로 동작하며, 메모리로부터 DMA 액세스를 지원하는 FIFO를 가지고 있다. FIR 포트는 STUART의 tx, rx핀을 사용하며 IRDA LED와 직접 연결된다.

10. SSPC(Synchronous Serial Protocol)

동기 시리얼 통신규약 제어기 포트는 7.2KHz에서 1.84MHz의 속도의 전이중 방식(full-duplex)의 동기 시리얼 인터페이스이다. SSPC는 메모리로부터 DMA 액세스를 지원하는 FIFO를 가지고 있다.

11. I^2C(Inter-Integrated Circuit) 버스 인터페이스 유닛

I^2C 버스 인터페이스는 범용의 2핀 시리얼 통신포트이다. 핀은 각각 어드레스/데이터 그리고 클록에 사용된다.

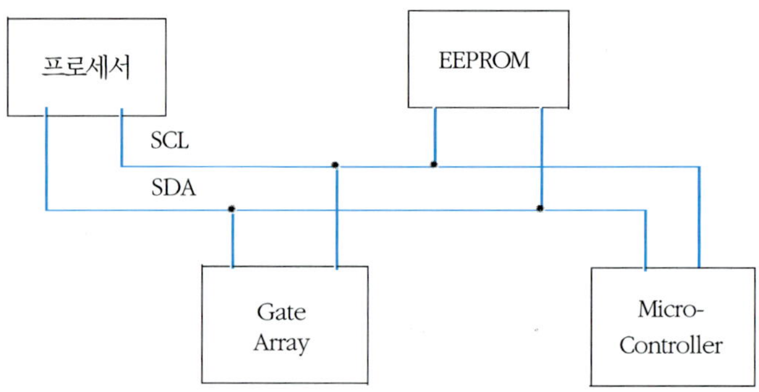

[그림 3-31]
I^2C 버스 구성예제

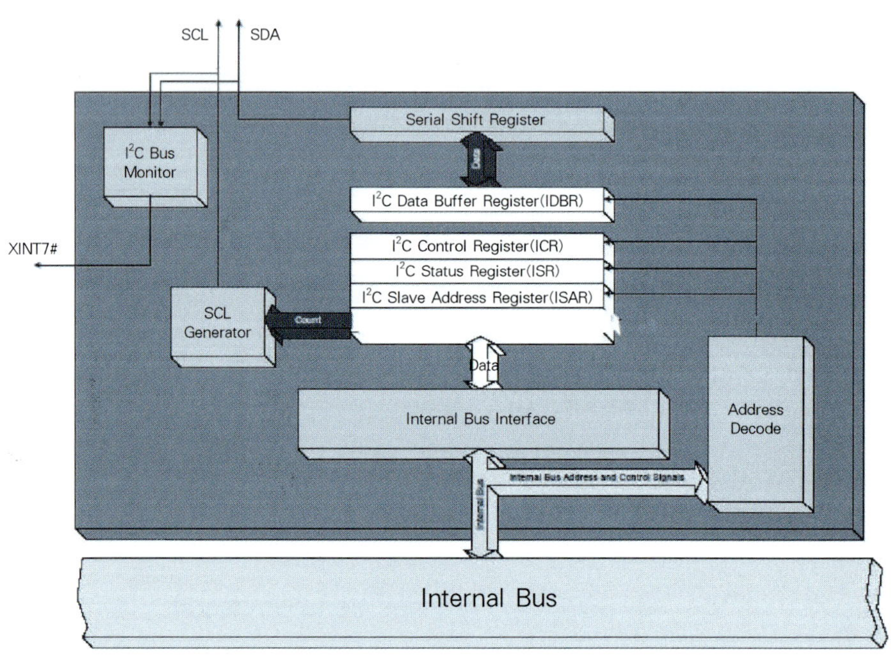

[그림 3-32]
I^2C 버스 인터페이스 유닛 블록도

12. GPIO

각 GPIO핀은 각각 출력핀 혹은 입력핀으로 선택될 수 있으며, 입력은 상승 에지 혹은 하강 에지의 인터럽트로 사용될 수 있다. 첫 번째 GPIO핀은 주변기기와 공유되지 않는 반면 두 번째 GPIO핀들은 주변기기들과 맵핑되는 교차기능을 가지고 있다.

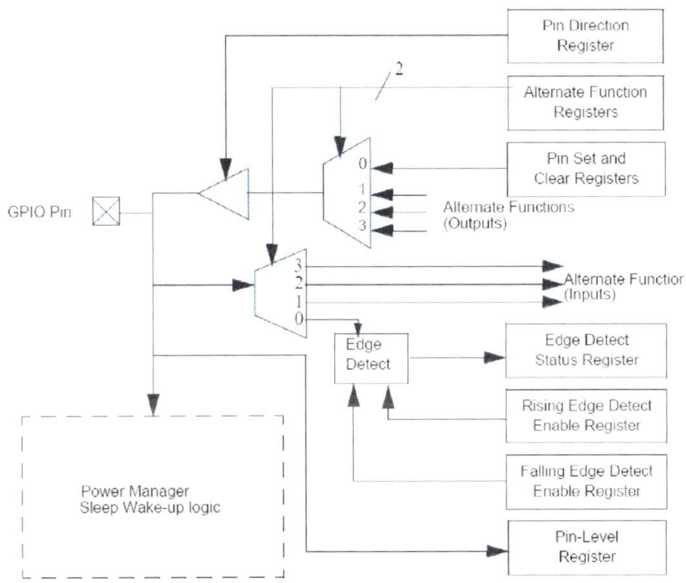

[그림 3-33] GPIO 블록도

13. UARTs

1) 최대기능(Full Function) UART(FFUART)

FFUART는 최대 230Kpbs의 Baud Rate를 지원하며, 완전한 모뎀 제어핀 : nCTS, nRTS, nDSR, nSTR, nRImnDCD를 제공한다. 메모리로 혹은 메모리에서 DMA로 액세스하는 FIFO를 가지고 있다.

2) 블루투스(Bluetooth) UART(BTUART)

BTUART는 최대 921Kbps의 Baud Rate를 지원하며 부분적인 모뎀 제어핀 : nCTS, nRTS을 제공한다. 다른 모뎀 제어핀들은 GPIO핀을 사용할 수 있다. 메모리로 혹은 메모리에서 DMA로의 액세스하는 FIFO를 가지고 있다.

3) 표준(Standard) UART(STUART)

STUART는 최대의 230Kbps의 Baud Rate를 지원하며, 모뎀 제어핀을 가지고 있지 않으며 GPIO핀을 사용한다. 메모리로 혹은 메모리에서 DMA로의 액세스하는 FIFO를 가지고 있으며, STUART의 전송과 수신핀은 IRDA 포트를 혼합(mux)하여 사용한다.

14. RTC(Real-Time Clock)

리얼 타임 클록은 크리스털로부터 클록을 공급받을 수 있다. 이것으로 시스템은 13MHz만 사용하는 시스템보다 슬립모드 동안 32.768KHz 크리스털을 사용하여 전력소비를 줄인다. 이 32.768KHz의 크리스털은 비용절감을 위해 제거가 가능하다. RTC는 Rrogrammable Alarm Register로 출력 설정되며, 이 Alarm Register는 프로세서를 슬립모드로부터 벗어나는데도 사용될 수 있다.

15. OS 타이머

OS 타이머는 4개의 Match Register로 3.25MHz 래퍼런스 카운터(Reference Counter)로 사용될 수 있다. 이들 레지스터는 래퍼런스 카운터와 같을 때 인터럽트를 발생시킬 수 있다. 하나의 래치 레지스터는 와치독 리셋으로 사용될 수 있다.

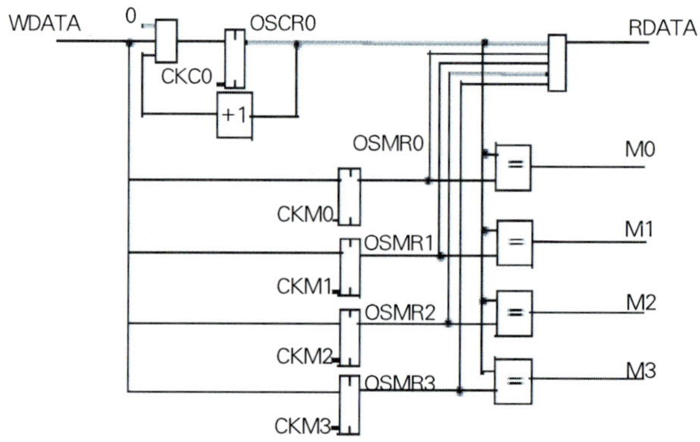

[그림 3-34]
OS 타이머 블록도

16. PWM(Pulse-Width Modulator)

PWM는 4개의 독립된 출력을 가지고 있다. 주파수와 듀티-사이클은 독립적으로 설정된다. 예를 들어 한 PWM은 LCD 명암을 다른 하나는 LCD 밝기를 컨트롤 하는데 사용할 수 있다.

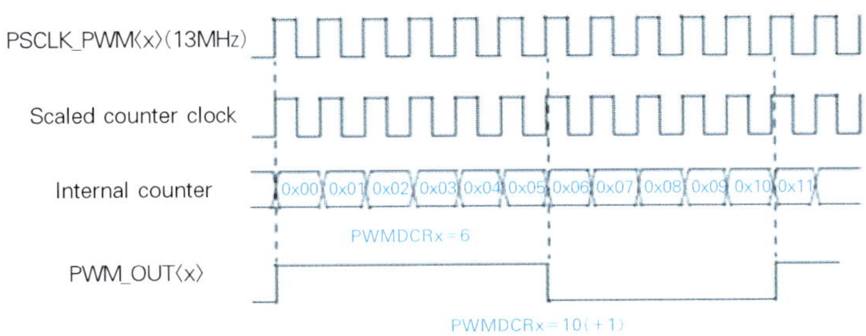

[그림 3-35]
PWM 타이밍도

17. 인터럽트 제어기

인터럽트 제어기는 코아의 IRQ와 FIQ 인터럽트 입력을 제어한다. 마스크 레지스터(Mask Register) 인터럽트를 각각을 활성화 혹은 비활성화한다.

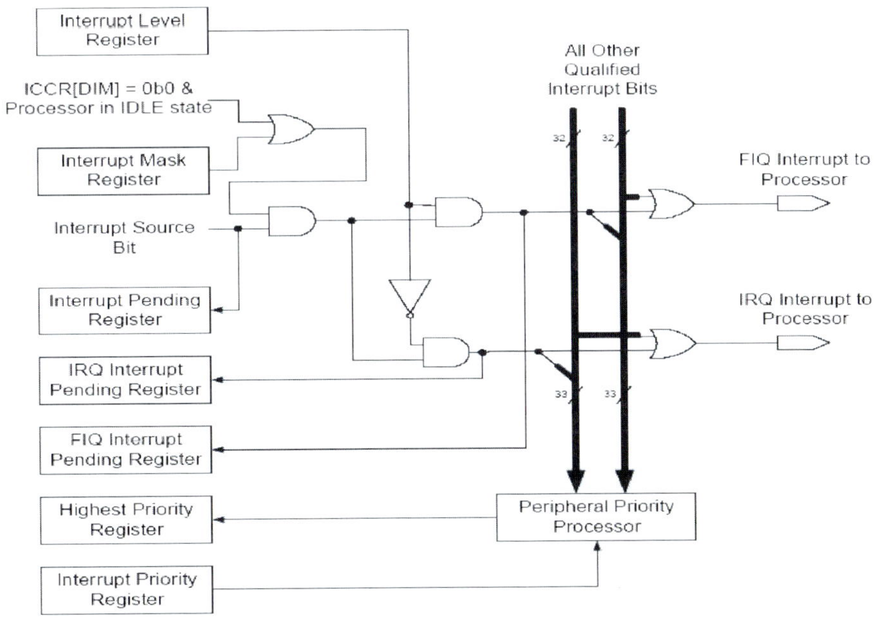

[그림 3-36]
인터럽트 제어 블록도

18. USB 호스트 제어기

PXA27x 프로세서는 호스트 컴퓨터와 주변기기 간의 시리얼 데이터 통신을 위한 USB 호스트를 지원한다.

- USB Rev 1.1 호환
- 저속과 최대속도 USB 디바이스 지원
- OHCI Rev 1.0a 호환

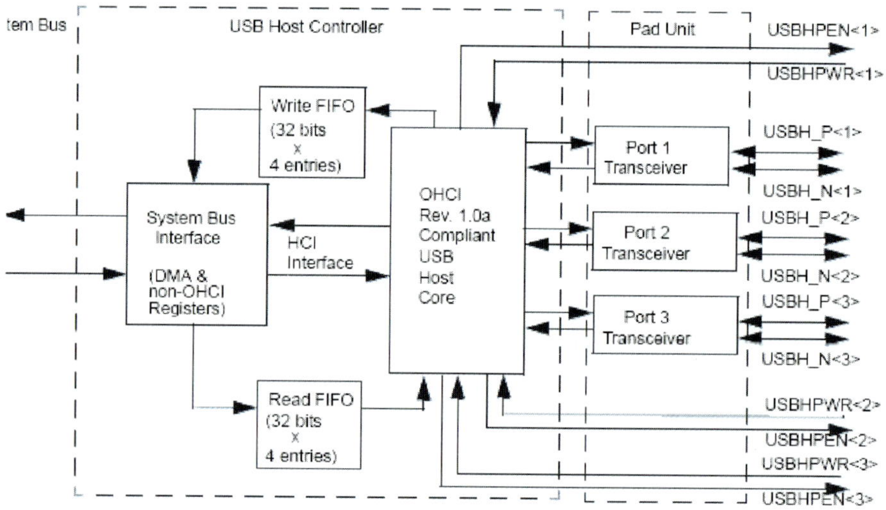

[그림 3-37]
USB 호스트 제어 블록도

3.10 임베디드 시스템 보드 벤치마킹

3.10.1 네트워크 디바이스 벤치마킹 검사

검사방법 1 : PING을 사용하여 네트워크 연결의 latency를 측정

검사방법 2 : FTP를 사용하여 5MB 다운로드 속도 측정
(PCMCIA 메모리 공간)

〈표 3-7〉 네트워크 디바이스 측정 사양

CPU	XScale PXA255	Bulverde PXA270
디바이스	Ethernet-10/100 (16bit I/F)	Ethernet-10/100 (32bit I/F)
	Filesystem : EXT2 BMT TOOL : PING, FTP Test Position : Local Network Test (on Target Board) BMT I/O file unit : 5 Mbyte per one process(user)	

■ 네트워크 디바이스 검사 결과

① **검사방법 1** : PING을 사용하여 네트워크 연결의 잠복기(latency)를 측정

검사장비 : XScale PXA255와 Bulverde PXA270

다음은 Ping에 의해 수집한 summary statistics를 보여준다.

~~~ ping statistics ~~~

100 packets 전송, 100 packets 수신, 0% packet 손실. [msec]

XScale-PXA255 : round-trip min/avg/max = 0.5/0.5/1.1 ms

Bulverde-PXA270 : round-trip min/avg/max = 0.3/0.4/0.6 ms
~~~

② **검사방법 2 :** FTP를 사용하여 5MB 다운로드 속도 측정

〈표 3-8〉 네트워크 디바이스 출력 [Kbytes/sec]

XScale PXA255	1.10E+03
Bulverde PXA270	3E+03

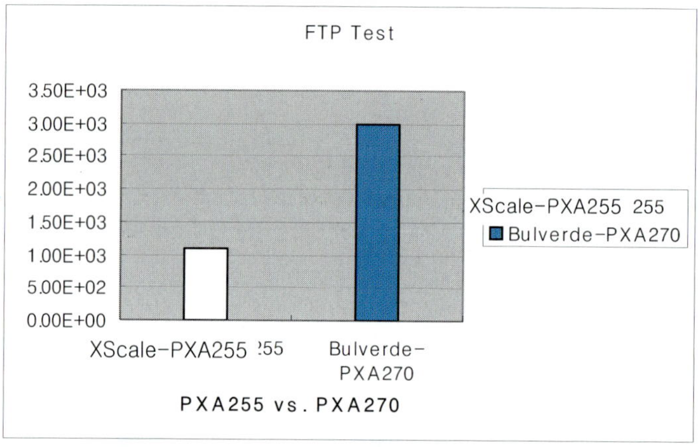

[그림 3-38] 네트워크 디바이스 검사 결과 비교

3.10.2 블록 디바이스 벤치마킹 검사

검사방법 : 각 디바이스 상의 Iozone Program을 사용하여 5MB 읽기/쓰기 시간을 검사한다.

〈표 3-9〉 블록 디바이스 검사 사양

항 목	XScale PXA255	Bulverde PXA270
커널	Linux 2.4	Linux 2.6
	DISK : 64M PCMCIA-IDE, 64M CF-IDE, 8M USB-Storage, 128M MMC Card Chunk Size : 4 Kbyte Filesystem : EXT2 BMT TOOL : Iozone version 3.257 Iozone Test Position : Local I/O Test (on Target Board) Iozone I/O file unit : PCMCIA - 50 Mbyte per one process(user) CF - 50 Mbyte per one process(user) USB - 5 Mbyte per one process(user) MMC - 100 Mbyte per one process(user)	

① PCMCIA 검사 결과

- 검사방법 : 각 디바이스상의 Iozone Program을 사용하여 5MB 읽기/쓰기 시간을 검사한다.
- 검사장비 : SANDISK 64MB

〈표 3-10〉 PCMCIA 테스트 결과 [Kbytes/sec]

PCMCIA 64M	Kernel Version	Write	Read
XScale	2.4.x	560.81	1292.59
Bulverde	2.6.11	20027.8	68623.61

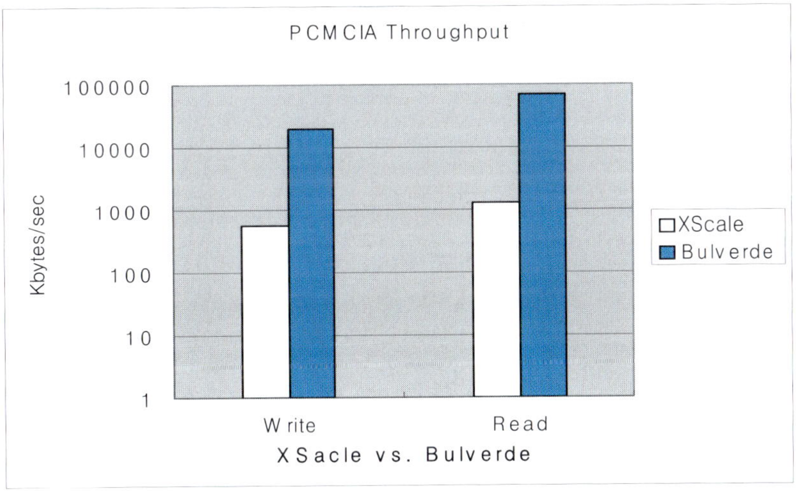

[그림 3-39] PCMCIA 검사결과 비교

② CF 검사 결과

- 검사방법 : 각 디바이스상의 Iozone Program을 사용하여 5MB 읽기/쓰기 시간을 검사한다.
- 검사장비 : SANDISK 64MB

〈표 3-11〉 CF 테스트 결과 [Kbytes/sec]

CF 64M	Kernel Version	Write	Read
XScale	2.4.x	484.13	1216.53
Bulverde	2.6.11	19727.04	64990.61

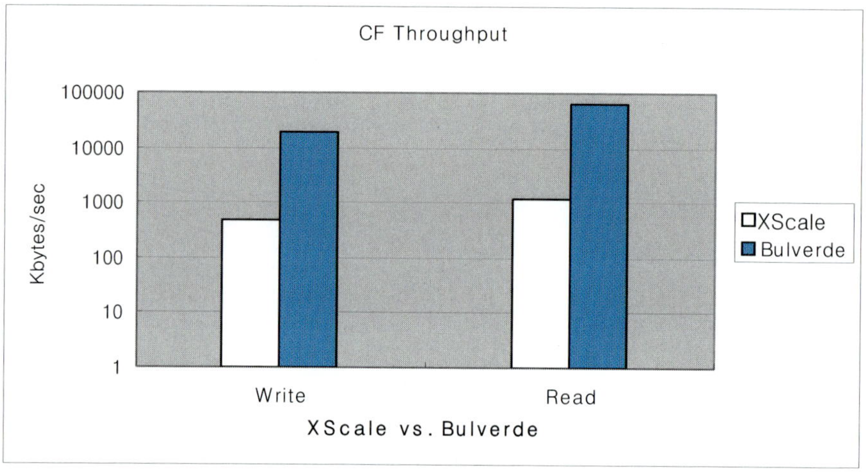

[그림 3-40] CF 검사결과 비교

③ USB-Storage 검사결과

- 검사방법 : 각 디바이스상의 Iozone Program을 사용하여 5MB 읽기/쓰기 시간을 검사한다.
- 검사장비 : USB Mass Storage 8MB

〈표 3-12〉 USB 저장장치 테스트 결과 [Kbytes/sec]

USB 8M	Kernel Version	Write	Read
XScale	2.4.x	1025.24	5675.38
Bulverde	2.6.11	2004.69	66453.8

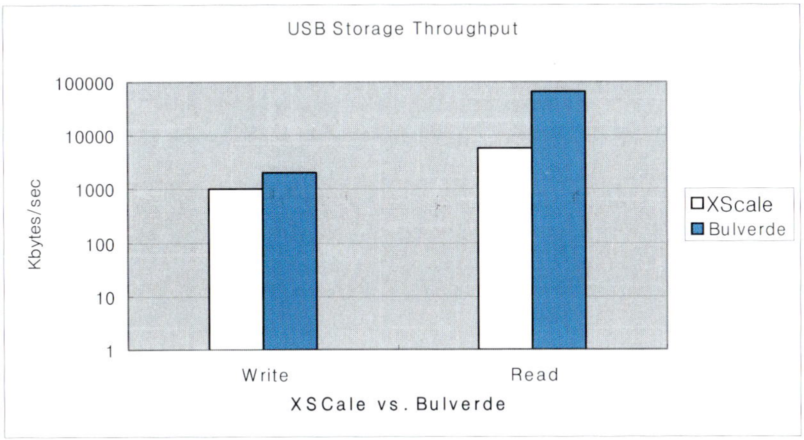

[그림 3-41]
USB 저장장치 검사결과 비교

④ MMC 검사 결과

- 검사방법 : Check 100MB read/write time using Iozone Program on each device
- 검사장비 : MMC Card 128MB

〈표 3-13〉
MMC 테스트 결과 [Kbytes/sec]

MMC 128M	Kernel Version	Write	Read
XScale	2.4.x	333.18	694.33
Bulverde	2.6.11	399.76	1488.63

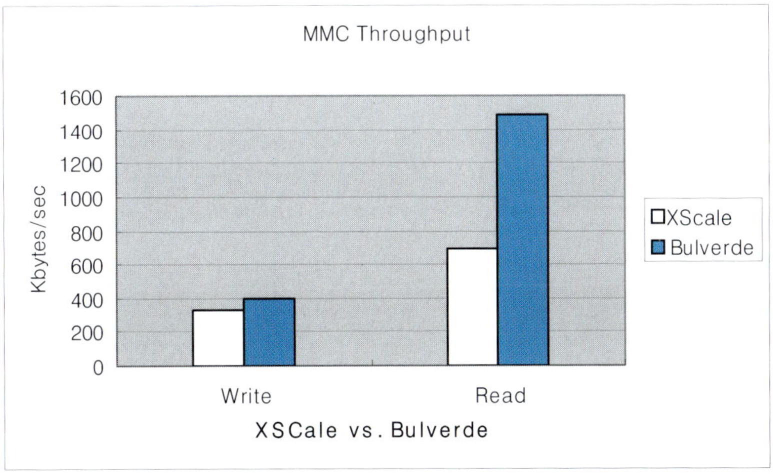

[그림 3-42]
MMC 검사결과 비교

3.10.3 CPU와 메모리 벤치마킹 검사

XScale과 Bulverde을 사용하는 각 시스템에서 BYTE mark 프로그램을 사용하여 각 시스템의 CPU와 메모리 시스템의 능력을 검사한다.

벤치마크 비교 기준 시스템(index = 1)은 AMD K6 233MHz에 512KB L2 파이프라인 버스트 캐시와 리눅스 2.0.32에서 동작하는 32MB IBM-PC 호환 머신이다.

비교기준 결과는 GNU-C 라이브러리 버전 5.4.38을 사용한 GNU C-컴파일러 버전 2.7.2.3 이용하여 얻은 것이다.

〈표 3-14〉 CPU와 메모리 시스템 검사

CPU	XScale PXA255	Bulverde PXA270
Kernel	Linux 2.4.19	Linux 2.6.11
	C compiler : arm-linux-gcc libc : static BMT TOOL : nbench-byte-2.2.2 BYTEmark Test Position : Local CPU/Memory Test (on Target Board)	

■ CPU와 메모리 검사 결과

- MEMORY와 INTEGER 항목은 메모리 효율과 정수연산능력을 측정한 것이다.

	MEMORY INDEX	INTEGER INDEX
XScale	0.854	0.773
Bulverde	1.161	1.815

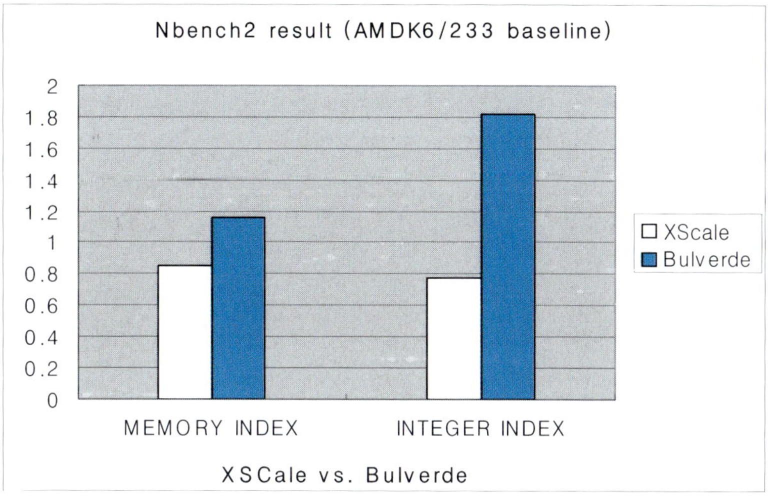

[그림 3-43]
CPU와 메모리 검사 결과 비교

제4장
Windows CE 개발환경 구축

4.1 개발 환경 구축

X-Hyper270-TKU에서 Windows CE 운영체제가 구동될 수 있도록 하는 부트로더의 다운로드, X-Hyper270-TKU가 구동될 때 출력되는 디버깅 메시지, 통신 메시지, Windows CE 이미지 파일의 다운로드를 위해서는 아래와 같이 통신 케이블들이 연결되어 있어야 한다.

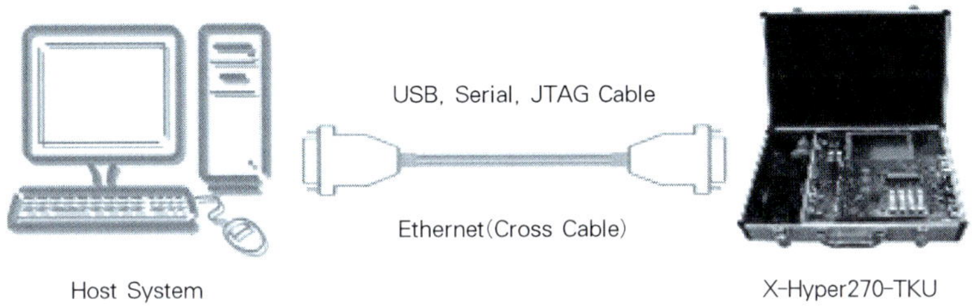

[그림 4-1]
호스트 컴퓨터와 타깃보드의 연결

시리얼 케이블은 부트로더의 출력 메시지를 보고, 제어를 위한 통신 메시지를 보고자 사용하며, 호스트 컴퓨터의 COM 포트와 X-Hyper270-TKU의 DEBUG 커넥터를 연결한다. 이더넷 케이블은 다이렉트(Direct) 방식과 크로스(Cross) 방식이 있으며, 다이렉트 방식의 케이블은 허브 또는 인터넷 공유기 등의 연결에 사용되고, 크로스 방식의 케이블은 이더넷 단자의 입력과 출력 등을 서로 교차하여 두 장치 간의 1:1 통신을 지원해 주는 케이블이다. 개발 환경 구축에 필요한 케이블은 크로스(Cross) 방식의 케이블로 호스트 시스템과 연결된 이더넷 케이블을 통하여 개발자가 생성한 Windows CE 이미지 파일을 X-Hyper270-TKU에 다운로드 한다. X-Hyper270-TKU에 장착된 이더넷 장치는 USB나 시리얼과 같은 다른 통신 장치들보다 아주 높은 데이터 전송률인 최대 100Mbps를 지원함으로써 이미지 파일을 빠르게 다운로드할 수 있다. JTAG 케이블은 일반적으로 타깃보드에 부트로더를 다운로드하기 위해 사용되며, 호스트 컴퓨터의 병렬포트와 X-Hyper270-TKU의 JTAG 커넥터를 연결한다.

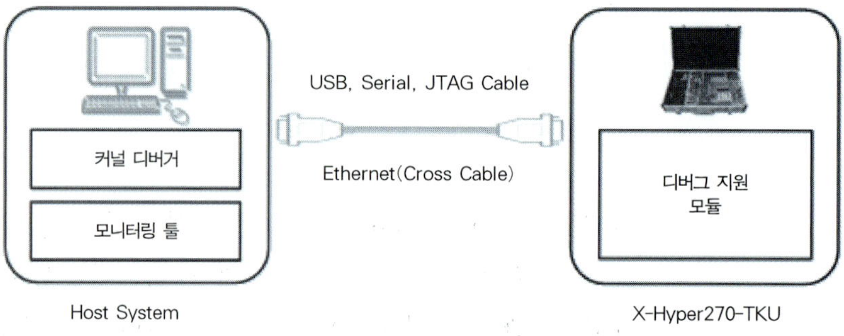

[그림 4-2]
호스트 컴퓨터와 타깃보드의 연결

4.2 개발 호스트 구축

4.2.1 개발 Host PC 최소 요구사항

〈표 4-1〉 최소 요구사항

항 목	요 구 사 항
CPU	Pentium II – 266MHz 이상
메모리	128MB 이상
하드디스크	1.7 GB 이상
비디오	VGA급 이상
CD-ROM	CD-ROM 또는 DVD-ROM
마우스	운영체제와 호환되는 기종의 마우스
LAN	이더넷 포트
LPT	프린터 포트
Serial	시리얼포트(COM 포트)
USB	V1.1 이상
운영체제	Microsoft Windows 2000 Professional SP4 Microsoft Windows XP Professional SP1

Windows CE 운영체제를 개발하고 타깃보드에 다운로드 및 디버깅을 하기 위해서는 아래와 같은 몇 가지의 소프트웨어들이 호스트 컴퓨터에 설치가 되어 있어야 한다.

- Platform Builder 5.0
- Microsoft eMbedded Visual C++ 4.0
- 하이퍼터미널
- JFlashMM
- ActiveSync

4.3 Platform Builder 5.0

플랫폼 빌더(Platform Builder)는 마이크로소프트사에서 만든 소프트웨어 개발 툴로서, 플랫폼 보드에서 수행되는 Windows CE 운영체제를 개발하고 플랫폼 보드에 올리기 위한 이미지 파일을 생성하기 위한 개발툴이다. 플랫폼 빌더는 GUI기반의 IDE(Integrated Development Environment) 환경을 제공해 주고 있으며, 개발자는 플랫폼 빌더를 이용하여 플랫폼에서 작동될 Windows CE 운영체제의 형태를 디자인하고, 관련 디바이스 드라이버나 응용프로그램을 개발할 수 있으며, 소프트웨어의 디버깅과 테스트도 할 수 있다.

4.3.1 Platform Builder 5.0 다운로드

플랫폼 빌더는 상용프로그램으로 플랫폼 빌더를 사용하기 위해서는 비용을 지급하고 구입해야 한다. 마이크로소프트사에서 제작된 다른 개발툴처럼 플랫폼 빌너도 개발자가 120일 동안 임시로 개발툴을 경험할 수 있도록 평가판을 제공한다. 평가판은 마이크로소프트 웹사이트에서 다운로드 받거나, CD 또는 DVD의 형태로 받을 수 있다.

☞ 다음은 플랫폼 빌더 평가판을 마이크로소프트 웹사이트에서 다운로드 받는 방법에 대해 기술하였다.

① 먼저 아래의 웹사이트 주소로 접속한다.

http://www.microsoft.com/windows/embedded/eval/trial.mspx

우리가 필요한 운영체제는 Windows CE이기 때문에 "Windows Embedded CE"을 선택한 후 아래의 다운로드 버튼을 누른다.

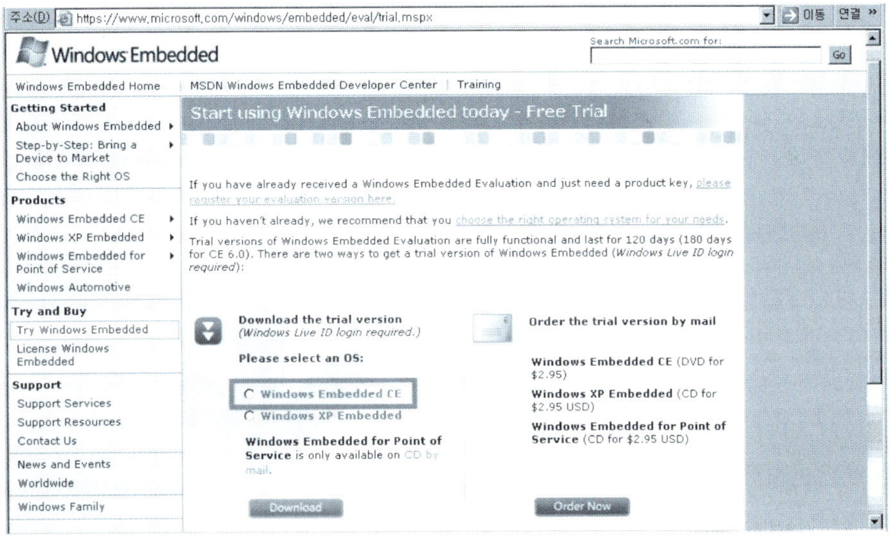

[그림 4-3] 플랫폼 빌더 평가판 다운로드 받기

② 평가판을 다운로드 받으려면 마이크로소프트 웹사이트의 아이디가 필요하다. 플랫폼 빌더뿐만 아니라 다른 평가판을 다운로드 받으려면 아이디가 필요하다. 아이디를 만들기 위해서는 “Sign up now” 버튼을 누른다.

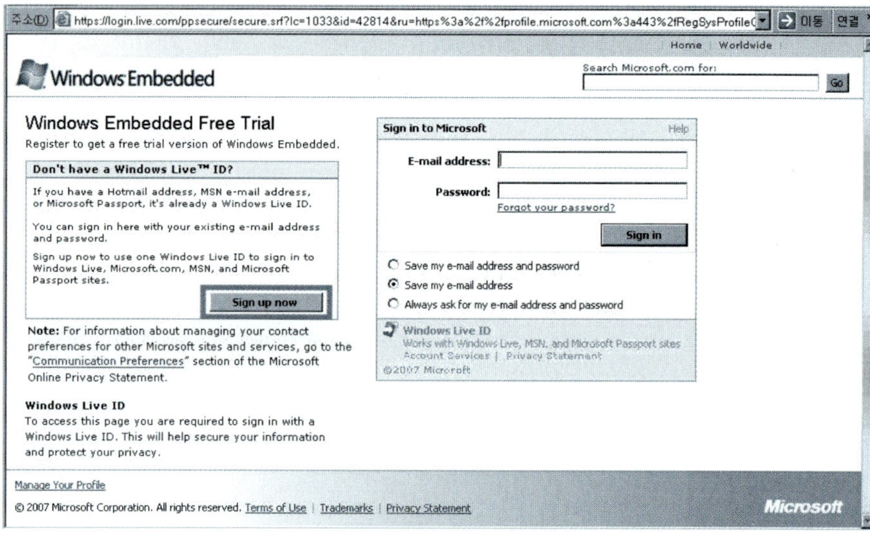

[그림 4-4]
플랫폼 빌더 평가판 다운로드 받기

③ 개인 신상에 대한 항목들을 입력한다.

※ 특히 입력된 이메일 주소로 평가판을 설치할 수 있는 인증키(Product key)를 보내주기 때문에 이메일 주소를 정확하게 입력해야 한다.

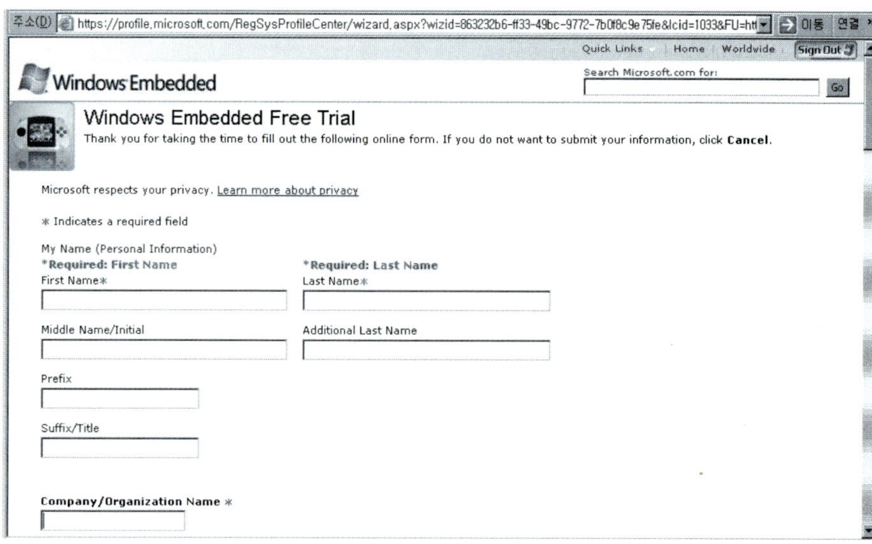

[그림 4-5]
플랫폼 빌더 평가판 다운로드 받기

④ 개인 신상에 대한 항목들을 정확하게 입력을 하였다면 아래와 같은 화면을 볼 수 있다. 이제 "Start download now!" 버튼을 누른다.

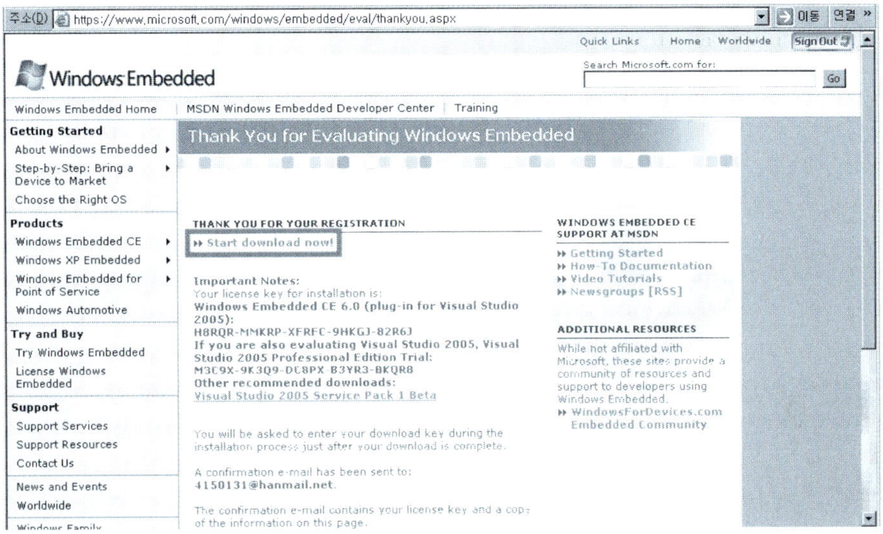

[그림 4-6] 플랫폼 빌더 평가판 다운로드 받기

⑤ "Start download now!" 버튼을 누르면 아래의 웹사이트로 이동하게 된다. 그러나 "Windows Embedded CE 6.0 Evaluation Edition"이라는 제목이 보인다. 현재 "Windows Embedded CE 6.0"이 최신버전의 Windows CE 운영체제이다. 하지만 우리가 필요한 버전은 5.0이기 때문에 Windows CE 5.0을 다운로드 받도록 웹사이트의 아래로 이동한다.

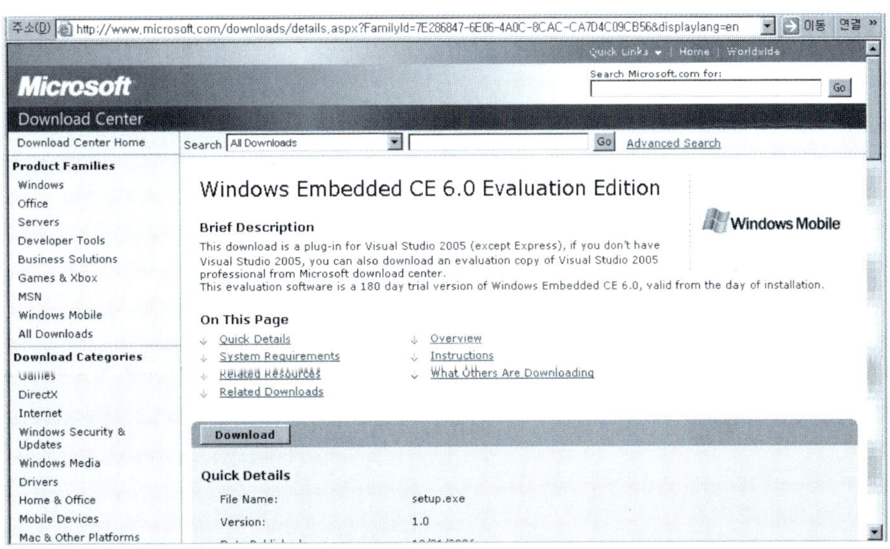

[그림 4-7] 플랫폼 빌더 평가판 다운로드 받기

⑥ 웹사이트의 아래로 이동하게 되면 "Windows Embedded CE 5.0 Evaluation Edition"이라는 항목이 보인다. 다음 항목을 선택한다.

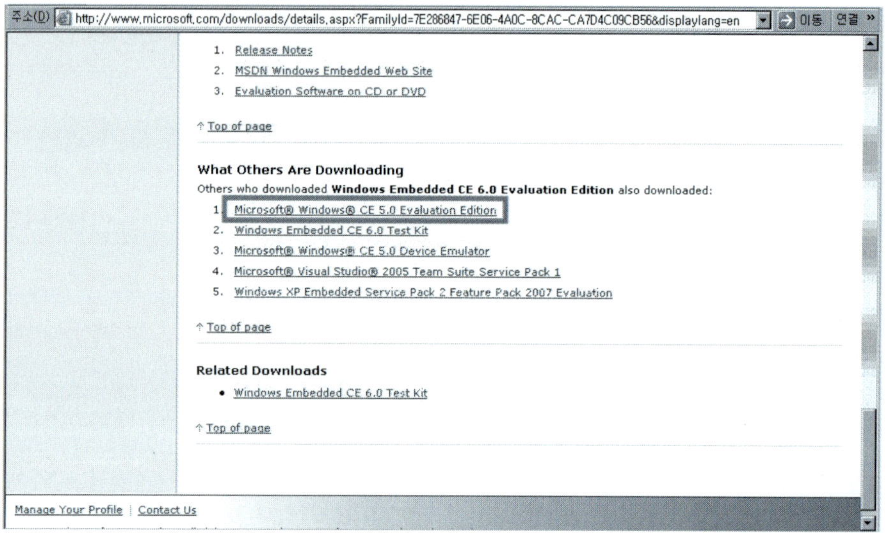

[그림 4-8] 플랫폼 빌더 평가판 다운로드 받기

⑦ "Download" 버튼을 눌러 평가판을 다운로드 받도록 한다.

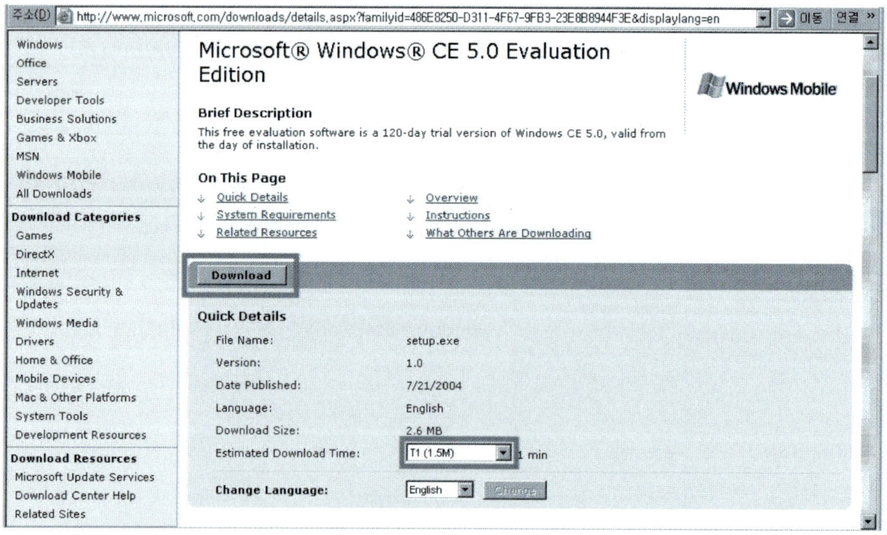

[그림 4-9] 플랫폼 빌더 평가판 다운로드 받기

4.3.2 Platform Builder 5.0 설치

개발자는 플랫폼 빌더를 설치할 때 플랫폼 빌더를 설치하는 호스트 컴퓨터의 운영체제에서 사용자 계정을 반드시 영문으로 수정하거나 새로운 영문 사용자 계정을 추가하여 영문 사용자 계정으로 로그인한 후 플랫폼 빌더를 설치하도록 한다.

☞ 우리는 앞에서 Platform Builder 5.0 평가판을 마이크로소프트 웹사이트에서 다운로드 받는 방법에 대해 알아보았다. 하지만 다음은 Platform Builder 5.0 정품버전을 설치하는 방법에 대해 기술하였다.

① 플랫폼 빌더 설치 프로그램의 첫 번째 CD를 컴퓨터에 삽입하면 아래와 같은 화면을 볼 수 있다. 만약 CD를 삽입했을 때 아래와 같은 화면을 볼 수 없다면, 탐색기를 이용하여 CD를 열어 "setup.exe" 파일을 실행시켜 직접 설치 프로그램을 실행시킨다. 설치 프로그램을 실행시킨 후 플랫폼 빌더를 설치하도록 "Install" 항목을 선택한다.

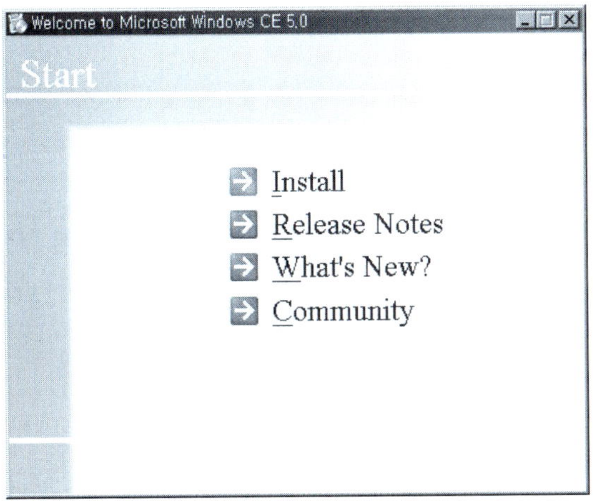

[그림 4-10]
플랫폼 빌더 설치

② "Install" 항목을 선택하고 나면 본격적으로 설치가 시작된다.

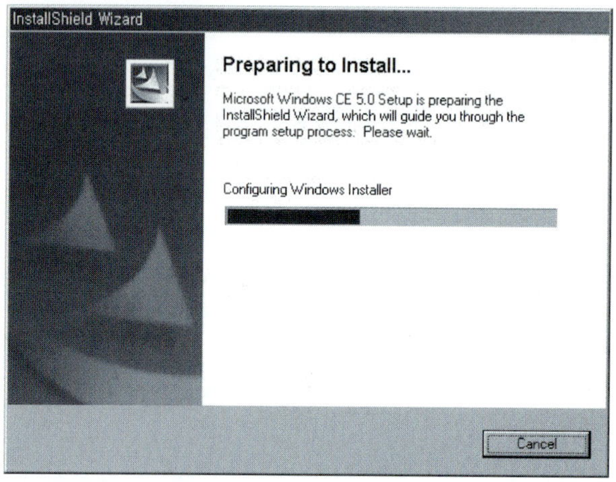

[그림 4-11]
플랫폼 빌더 설치

③ 플랫폼 빌더를 설치하는 호스트 컴퓨터의 환경에 따라 아래와 같은 에러가 발생할 수 있다. 플랫폼 빌더를 설치하려면 "Framework 1.1"이 필요한데 "Framework 1.1"이 호스트 컴퓨터에 설치가 되어 있지 않아 플랫폼 빌더의 설치가 중단된 것이다.

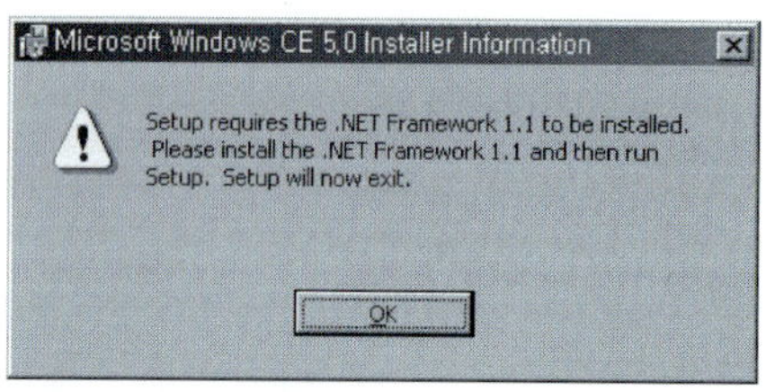

[그림 4-12]
Framework 1.1 미설치 에러

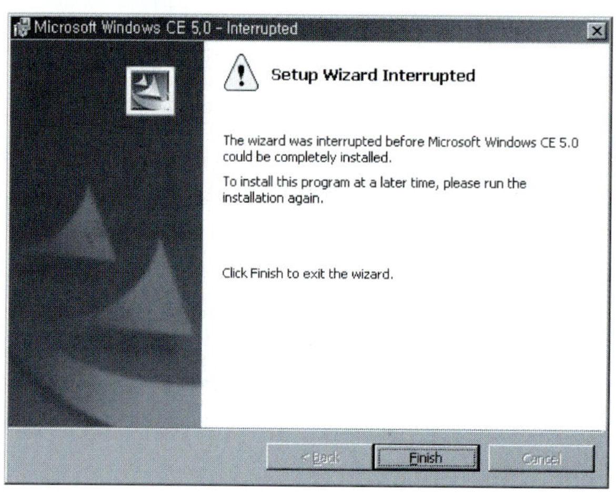

[그림 4-13]
플랫폼 빌더 설치 실패

☞ 다음은 플랫폼 빌더 설치에 필요한 "Framework 1.1"을 마이크로소프트 웹사이트에서 다운로드 받는 방법에 대해 기술하였다.

① 먼저 아래의 웹사이트 주소로 접속한 후 "Search" 항목에 "Framework"이라고 입력한다.

http://www.microsoft.com/downloads/

[그림 4-14] Framework 검색하기

② 검색된 항목 중에 ".NET Framework Version 1.1 Redistributable Package" 항목을 선택한다.

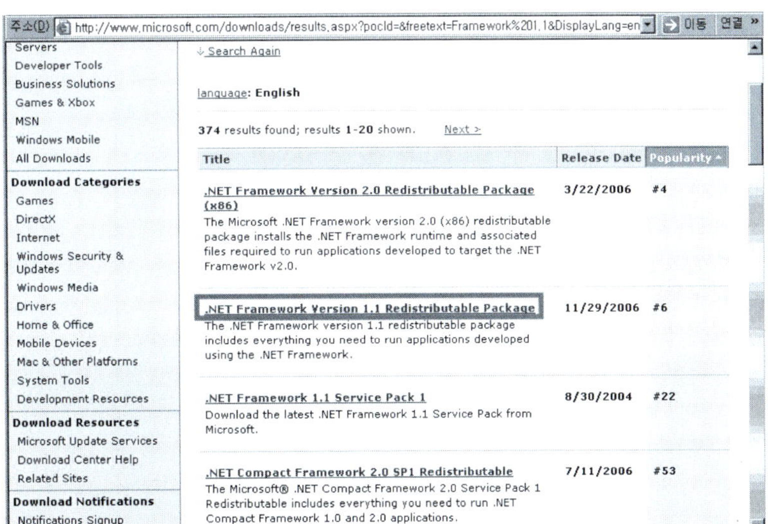

[그림 4-15] Framework 1.1 다운로드 받기

③ "Download" 버튼을 눌러 "Framework 1.1"을 다운로드 받도록 한다.

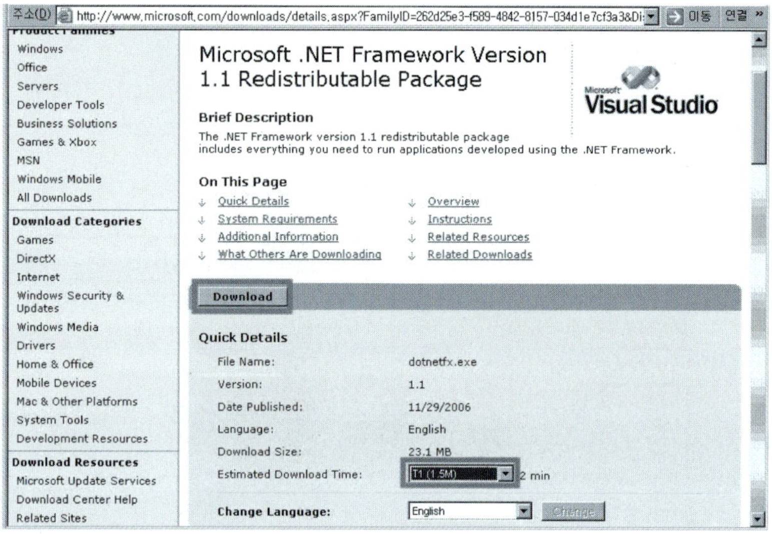

[그림 4-16] Framework 1.1 다운로드 받기

④ 다운로드 받은 설치 프로그램을 실행시킨다.

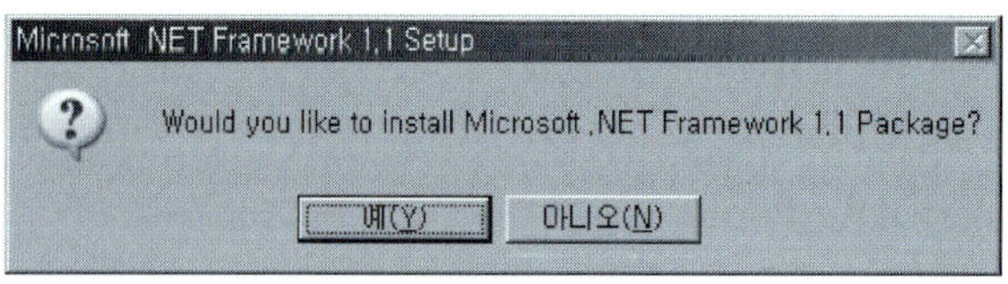

[그림 4-17] Framework 1.1 설치

⑤ 라이선스 문서에 동의하고 설치를 진행한다.

[그림 4-18] Framework 1.1 설치

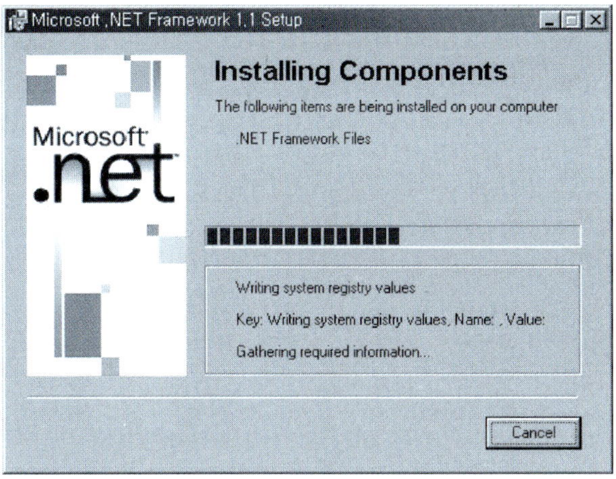

[그림 4-19] Framework 1.1 설치 진행

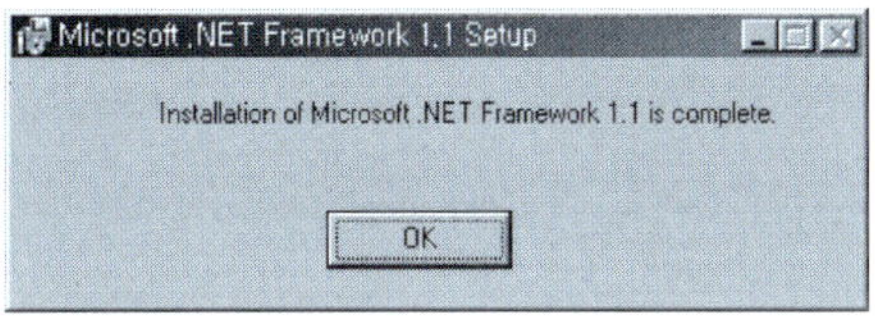

[그림 4-20] Framework 1.1 설치 완료

☞ "Framework 1.1"을 설치했다면 다시 플랫폼 빌더의 설치를 진행한다.

① 플랫폼 빌더 설치 프로그램의 첫 번째 CD를 컴퓨터에 삽입한 후 플랫폼 빌더를 설치하도록 "Install" 항목을 선택한다.

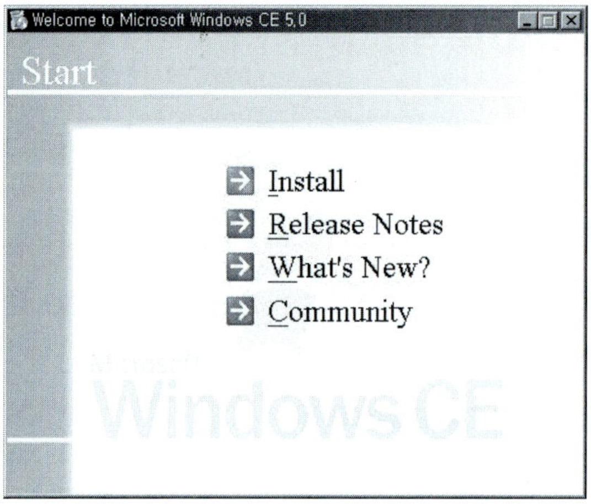

[그림 4-21] 플랫폼 빌더 설치

② "Next"를 눌러 다음 과정을 진행한다.

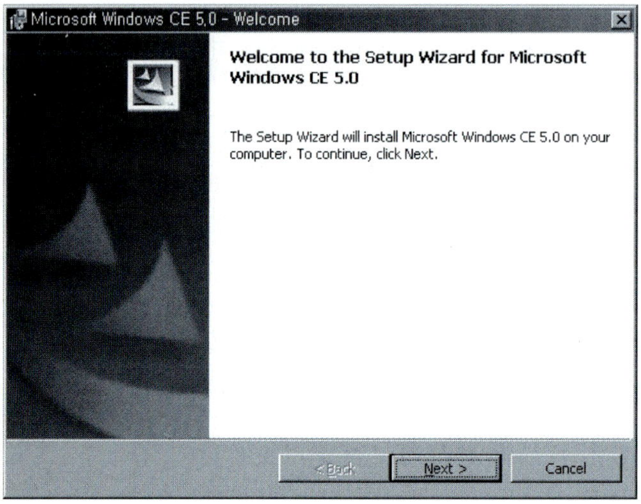

[그림 4-22] 플랫폼 빌더 설치

③ 라이선스 문서에 동의를 하고 "Next"를 눌러 다음 과정을 진행한다.

[그림 4-23]
플랫폼 빌더 설치

④ 정품 Product Key를 정확하게 입력한 후 "Next"를 눌러 다음 과정을 진행한다.

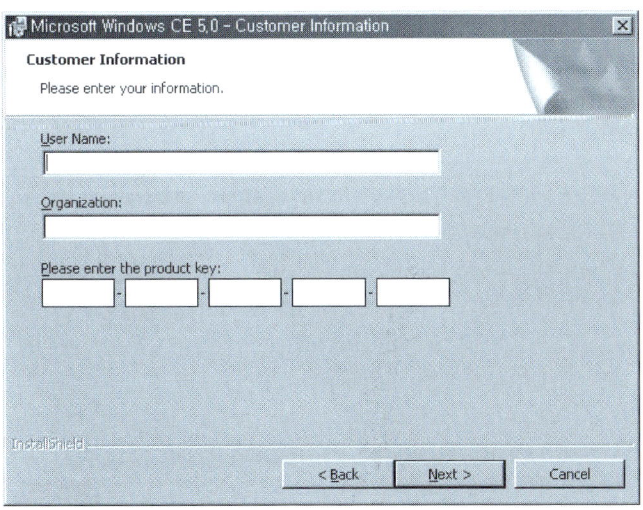

[그림 4-24]
플랫폼 빌더 설치

⑤ 우리가 필요한 것은 툴(Tools)과 운영체제(OS) 두 가지 모두 필요하기 때문에 "Custom (Tools and OS)"을 선택한 후 "Next"를 눌러 다음 과정을 진행한다.

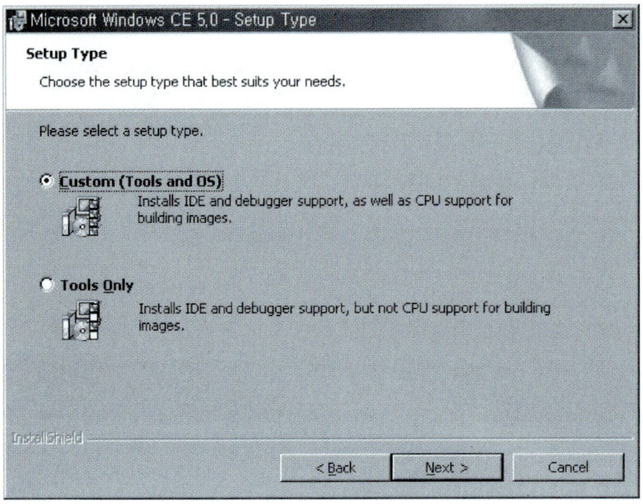

[그림 4-25]
플랫폼 빌더 설치

⑥ 설치할 디렉터리를 변경하려면 "Change..." 버튼을 누른 후 플랫폼 빌더를 설치할 디렉터리와 Windows CE 5.0 운영체제를 설치할 디렉터리를 선택해준다. 설치할 디렉터리를 선택했으면 "Next"를 눌러 다음 과정을 진행한다.

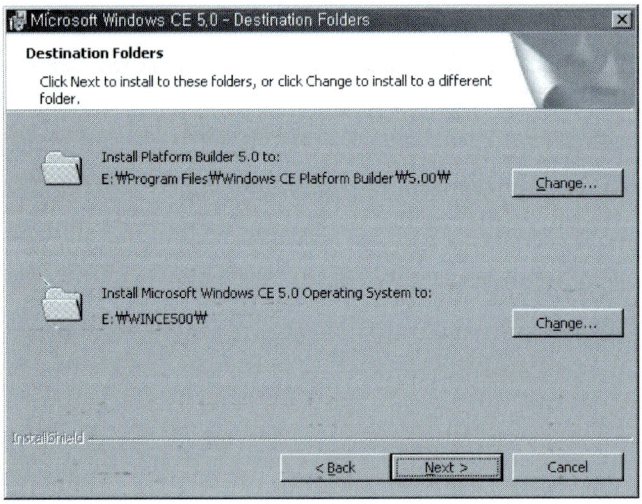

[그림 4-26]
플랫폼 빌더 설치

⑦ Windows CE 5.0 Operating System 항목 중에 "Emulator", "ARMV4I", "XSCALE"은 꼭 선택하도록 한다. 또한 "Shared Source for Windows CE 5.0" 도 본 교재 9장에서 플랫폼 기반의 응용프로그램을 개발할 때 사용되기 때문에 설치하도록 한다.

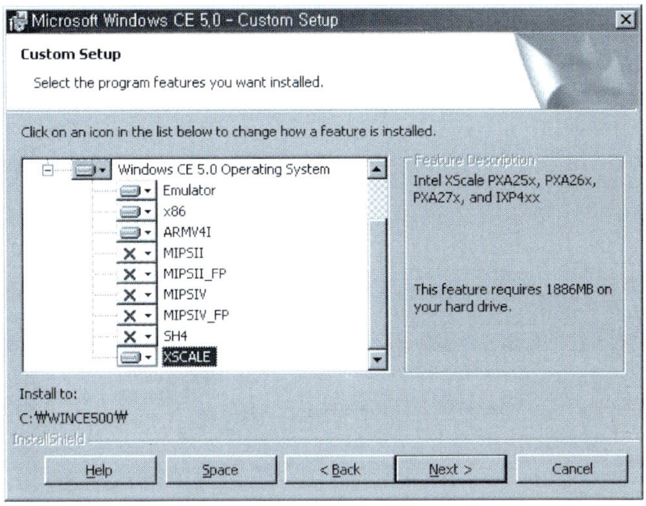

[그림 4-27] 플랫폼 빌더 설치

⑧ 라이선스 문서에 동의를 하고 "Next"를 눌러 다음 과정을 진행한다.

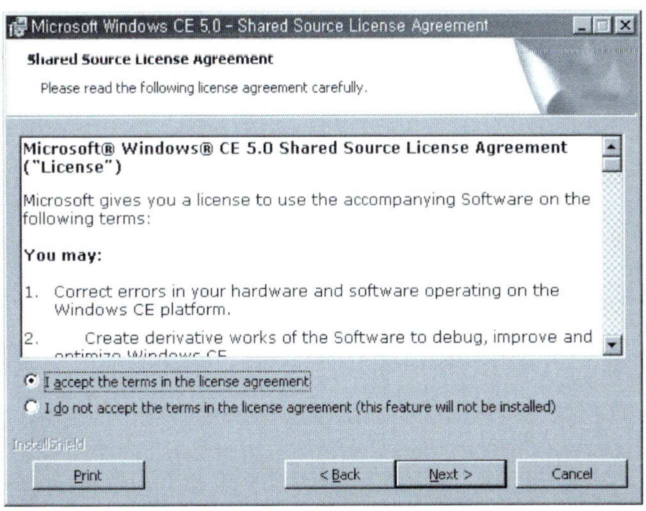

[그림 4-28] 플랫폼 빌더 설치

⑨ "Install"을 눌러 플랫폼 빌더를 설치한다.

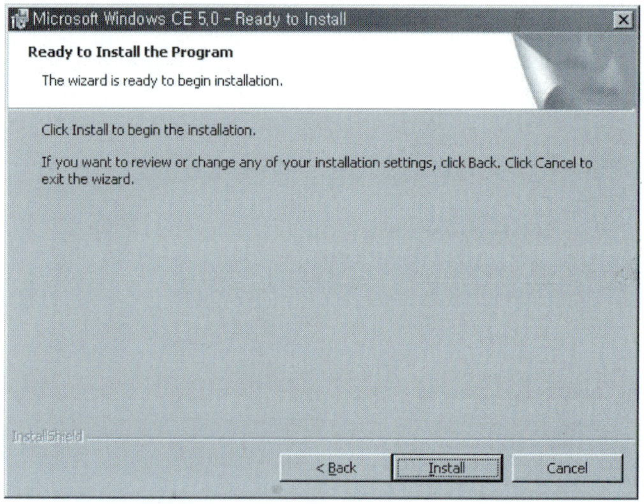

[그림 4-29]
플랫폼 빌더 설치

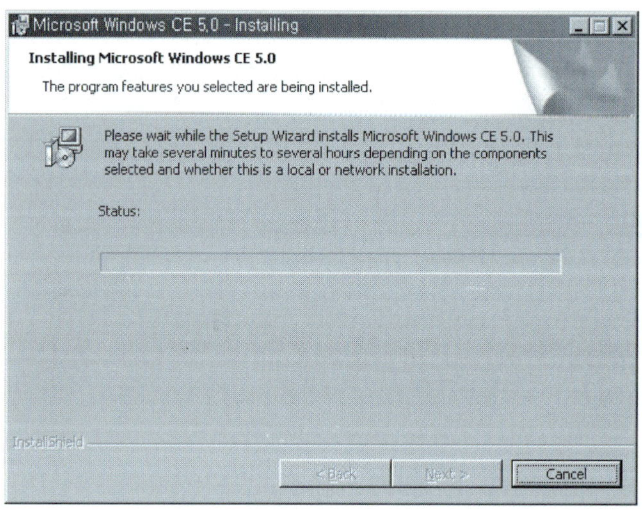

[그림 4-30]
플랫폼 빌더 설치

⑩ 아래와 같은 창이 뜨면 두 번째 CD를 컴퓨터에 삽입한 후 "OK"를 누른다.

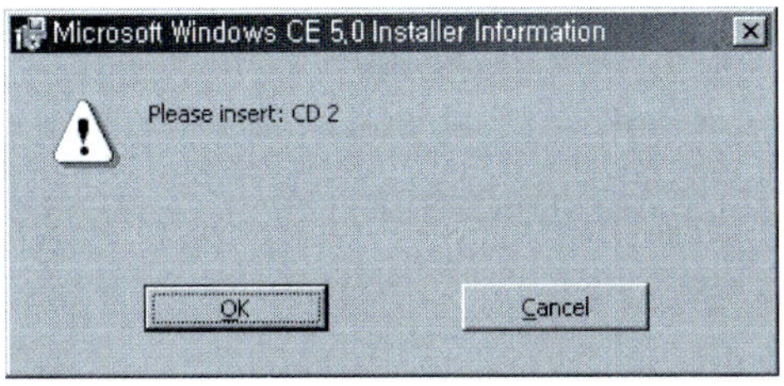

[그림 4-31]
플랫폼 빌더 설치

⑪ 아래와 같은 창이 뜨면 다섯 번째 CD를 컴퓨터에 삽입한 후 "OK"를 누른다. 세 번째와 네 번째 CD는 Custom Setup에서 다른 CPU들을 선택했을 경우에 필요하다.

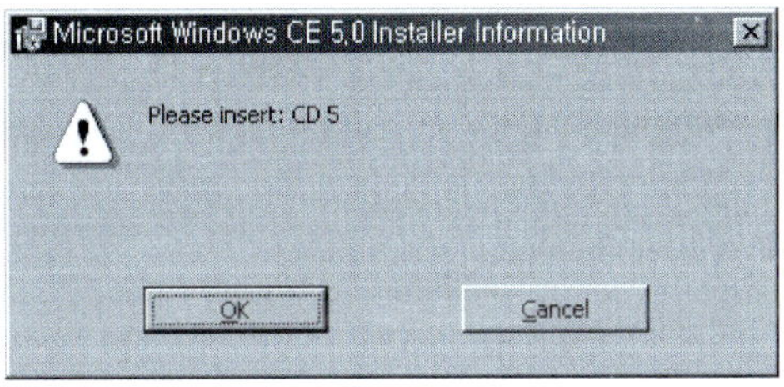

[그림 4-32]
플랫폼 빌더 설치

⑫ 성공적으로 플랫폼 빌더의 설치가 완료되면 아래와 같은 화면을 볼 수 있다. "Finish" 버튼을 눌러 설치를 끝마친다.

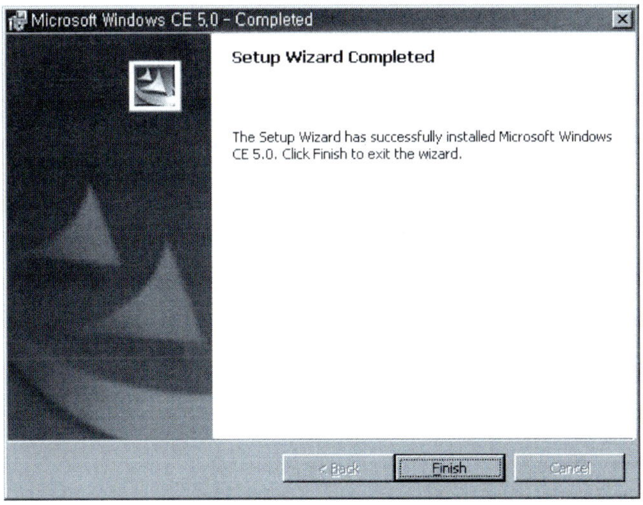

[그림 4-33]
플랫폼 빌더 설치

제 4 장

4.3.3 Platform Builder 5.0 QFE 설치

마이크로소프트사에서는 우리가 사용하는 Windows 2000 또는 Windows XP 운영체제의 업데이트를 정기적으로 제공한다. 운영체제의 문제점이나 보안의 취약점 등을 업데이트를 통해서 해결한다. 마찬가지로 Windows CE 운영체제도 업데이트가 제공된다. Windows CE 업데이트는 QFE(Quick Fix Engineering)라고 하며, 마이크로소프트 웹사이트에 방문하여 설치파일 형태로 다운로드를 받아 설치해 주어야 한다. 웹사이트에 방문에 보면 많은 업데이트 항목들을 볼 수 있지만, 본 교재에 기술된 실습을 진행하려면 다음 4가지의 업데이트만 설치를 해 주어야 한다. 다음 4가지 이외의 다른 업데이트를 설치하게 되면 제공되는 X-Hyper270-TKU BSP가 제대로 작동하지 않게 된다.

- Windows CE 5.0 Platform Builder - Yearly Updated Full Update Package (through 12/31/2005)
- Windows CE 5.0 Platform Builder Quarterly Update (October - December 2005)
- Windows CE 5.0 Platform Builder Monthly Update (March 2006)
- Mainstone Board Support Package Update (2005)

☞ 다음은 Windows CE 5.0 QFE를 마이크로소프트 웹사이트에서 다운로드 받는 방법에 대해 기술하였다.

① 먼저 아래의 웹사이트 주소로 접속한 후 왼쪽 메뉴에서 "Downloads"를 선택한다.

http://msdn.microsoft.com/embedded/windowsce/default.aspx

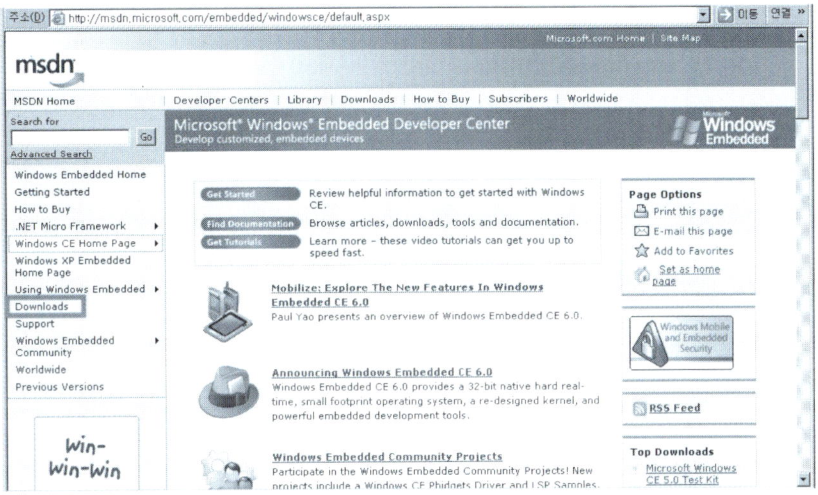

[그림 4-34] Windows CE 업데이트 웹사이트

② "Windows CE Downloads and Updates" 항목을 선택한다.

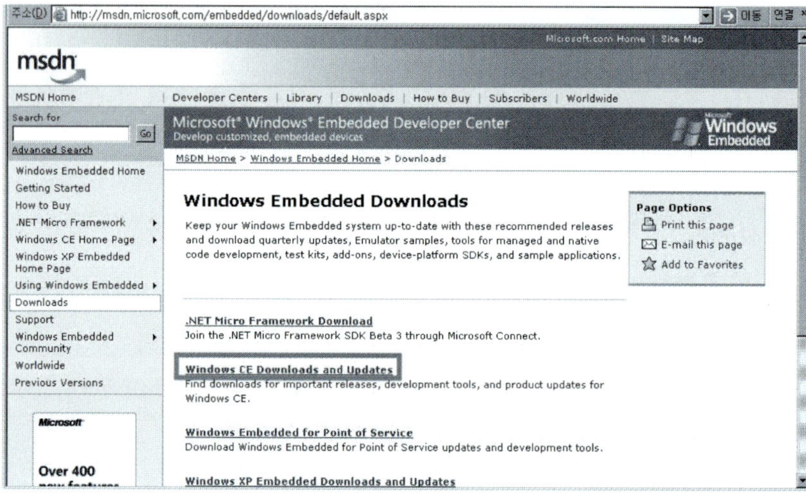

[그림 4-35]
업데이트 다운로드 받기

③ 다음은 "Windows CE Update Packages" 항목을 선택한다.

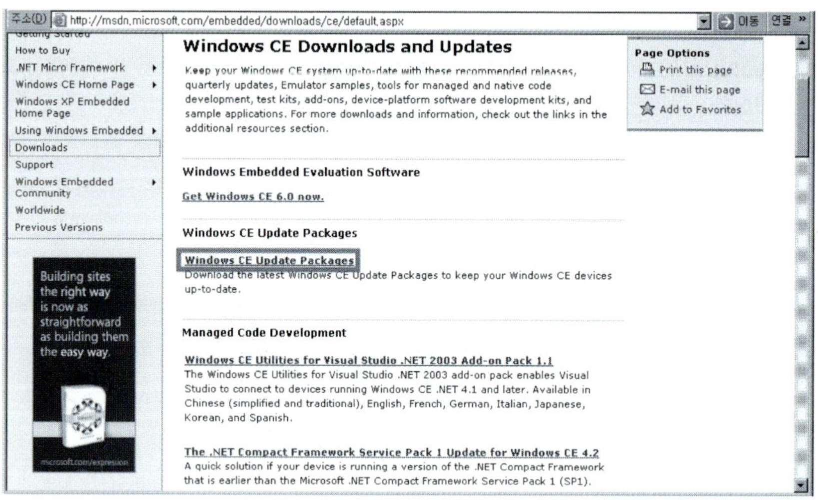

[그림 4-36]
업데이트 다운로드 받기

④ 다음과 같이 여러 가지 Windows CE 5.0 업데이트 항목들을 볼 수 있다. 필요한 항목을 선택하여 업데이트를 진행시킬 수 있다.

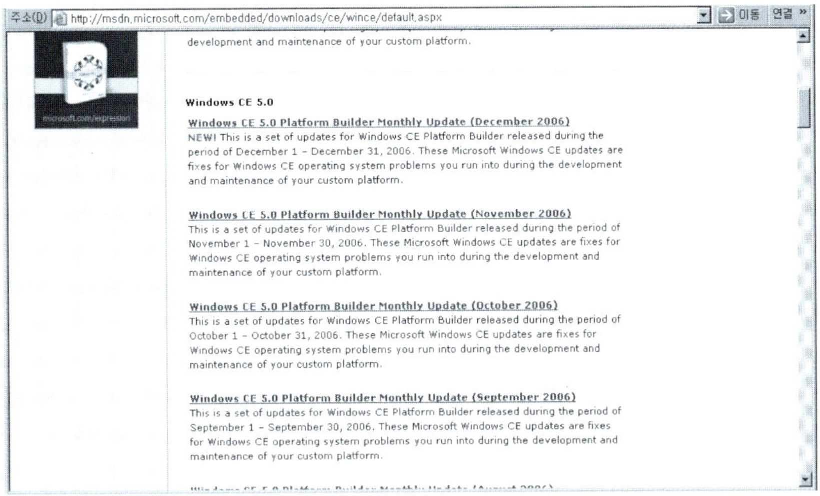

[그림 4-37]
날짜별 업데이트 항목들

☞ 다음은 다운로드 받은 QFE 설치파일을 이용하여 Windows CE 5.0을 업데이트하는 방법에 대해 기술하였다.
먼저 "Windows CE 5.0 Platform Builder-Yearly Updated Full Update Package(through 12/31/2005)" 업데이트를 설치한다.
(파일명 : WinCEPB50-051231-Product-Update-Rollup-Armv4I.msi)

① 설치파일을 더블클릭하여 업데이트를 진행시킨 후 "Next"를 눌러 다음 과정을 진행한다.

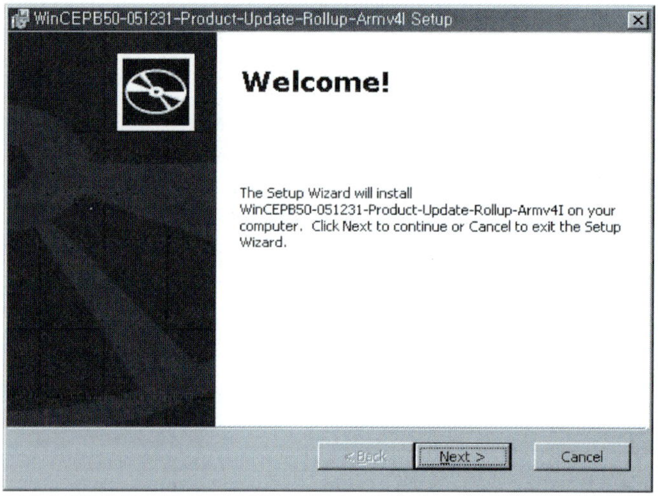

[그림 4-38]
업데이트 설치 시작

② 라이선스 문서에 동의를 하고 "Next"를 눌러 다음 과정을 진행한다.

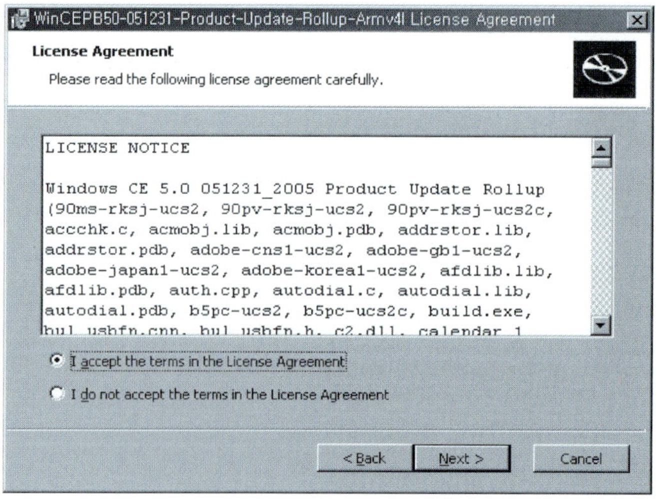

[그림 4-39]
업데이트 설치하기

③ Public 소스코드에 대한 변경에 동의를 선택한 후 "Next"를 눌러 다음 과정을 진행한다.

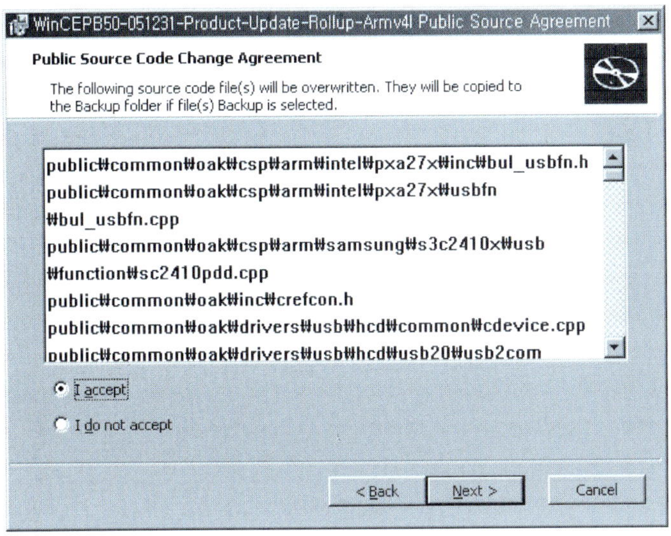

[그림 4-40] Public 소스코드에 대한 변경

④ 기본적으로 설정된 사항들을 적용하고 Windows CE 5.0 QFE를 설치할 폴더를 선택한 후 "Next"를 눌러 다음 과정을 진행한다.

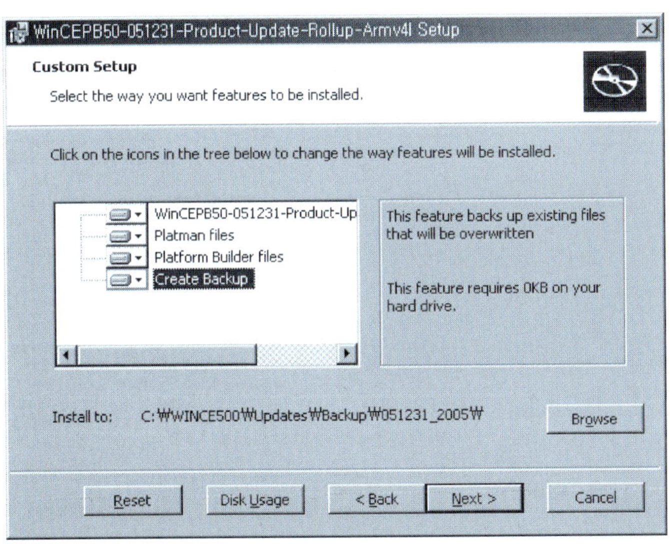

[그림 4-41] Custom Setup

⑤ "Install"을 눌러 업데이트를 설치한다.

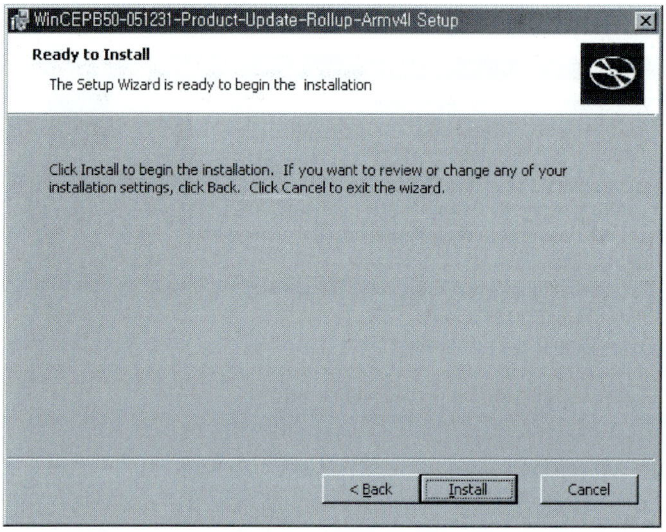

[그림 4-42]
업데이트 설치하기

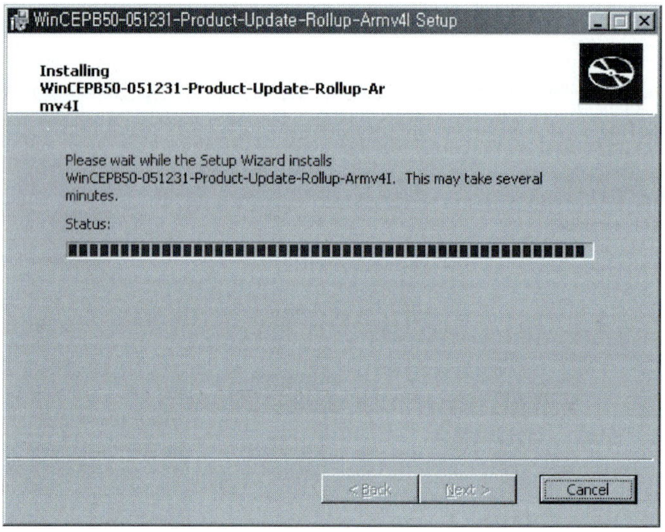

[그림 4-43]
업데이트 설치 진행

⑥ "확인" 버튼을 눌러 업데이트된 항목에 대해 자세하게 기술된 문서를 열람한다.

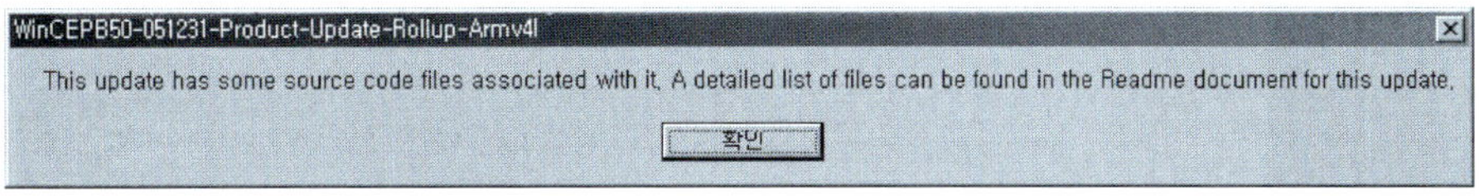

[그림 4-44]
업데이트 설치하기

⑦ 성공적으로 업데이트의 설치가 완료되면 아래와 같은 화면을 볼 수 있다. "Finish" 버튼을 눌러 설치를 끝마친다.

[그림 4-45]
업데이트 설치 완료

☞ 다음은 "Windows CE 5.0 Platform Builder Quarterly Update (October - December 2005)" 업데이트를 설치한다.

(파일명 : WinCEPB50-051231-2005Q4-Armv4I.msi)

① 설치파일을 더블클릭하여 업데이트를 진행시킨 후 "Next"를 눌러 다음 과정을 진행한다.

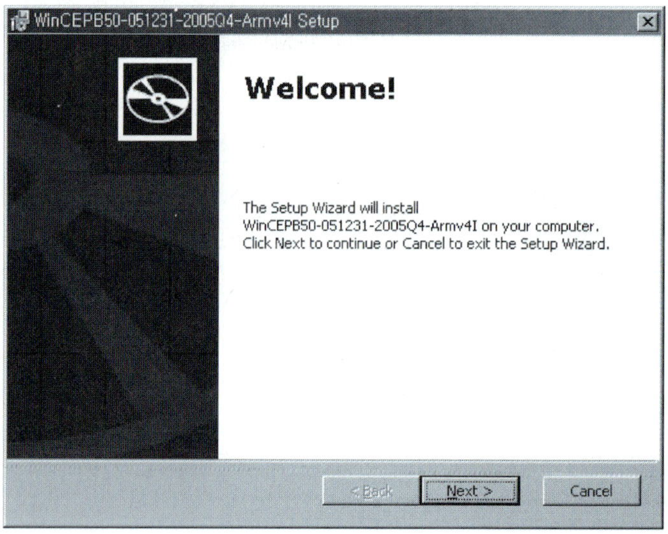

[그림 4-46]
업데이트 설치 시작

② 라이선스 문서에 동의를 하고 "Next"를 눌러 다음 과정을 진행한다.

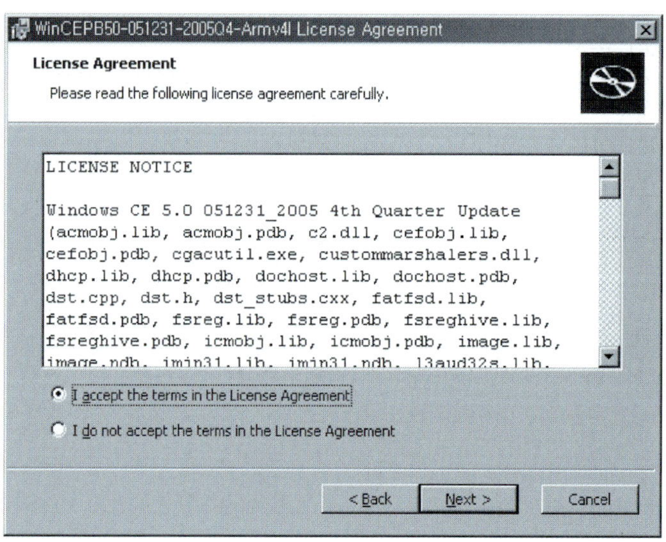

[그림 4-47]
업데이트 설치하기

③ Public 소스코드에 대한 변경에 동의를 선택한 후 "Next"를 눌러 다음 과정을 진행한다.

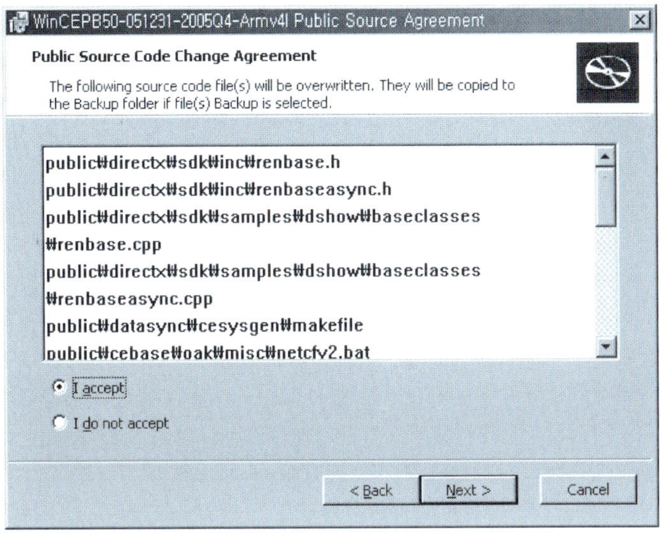

[그림 4-48] Public 소스코드에 대한 변경

④ 기본적으로 설정된 사항들을 적용하고 Windows CE 5.0 QFE를 설치할 폴더를 선택한 후 "Next"를 눌러 다음 과정을 진행한다.

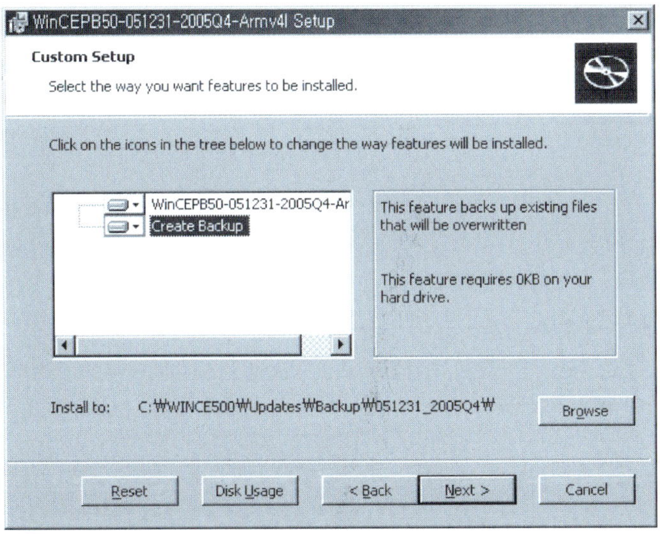

[그림 4-49] Custom Setup

⑤ "Install"을 눌러 업데이트를 설치한다.

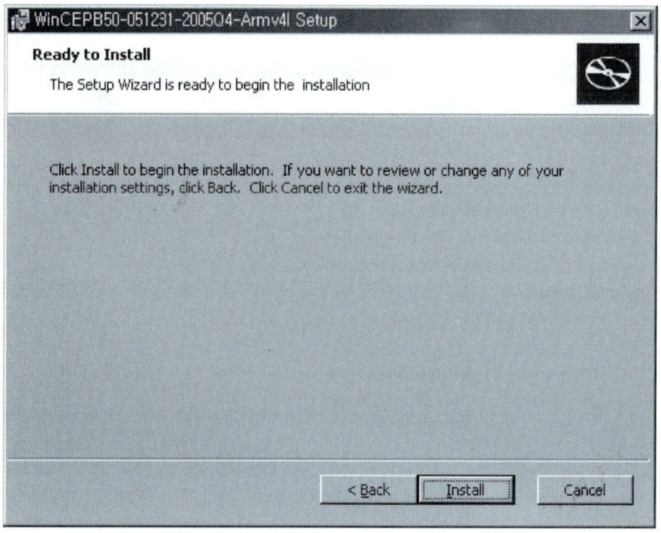

[그림 4-50]
업데이트 설치하기

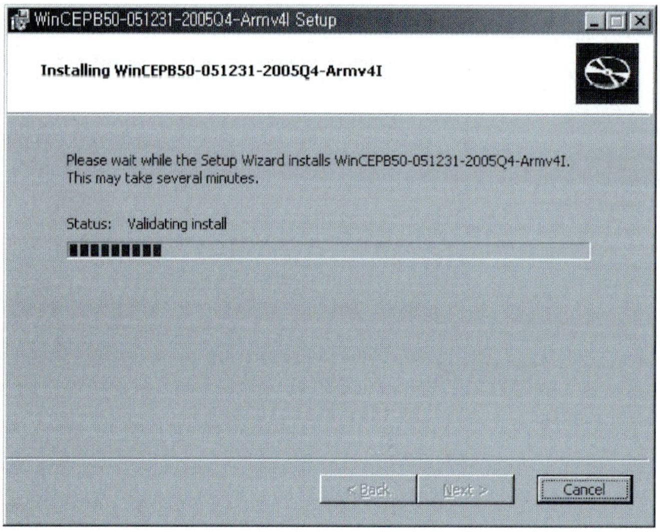

[그림 4-51]
업데이트 설치 진행

⑥ "확인" 버튼을 눌러 업데이트된 항목에 대해 자세하게 기술된 문서를 열람한다.

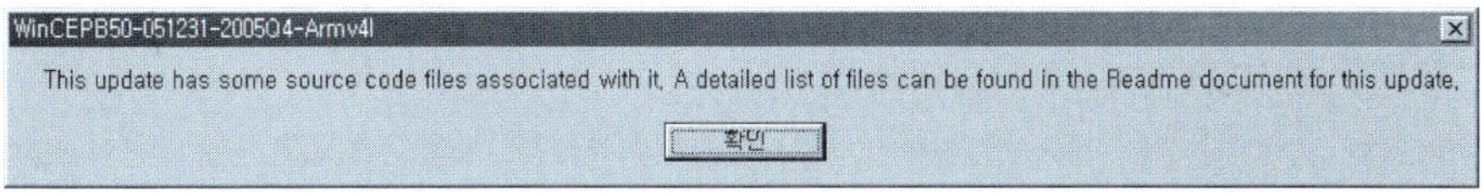

[그림 4-52]
업데이트 설치하기

⑦ 성공적으로 업데이트의 설치가 완료되면 아래와 같은 화면을 볼 수 있다. "Finish" 버튼을 눌러 설치를 끝마친다.

[그림 4-53]
업데이트 설치 완료

☞ 다음은 "Windows CE 5.0 Platform Builder Monthly Update (March 2006)" 업데이트를 설치한다.

(파일명 : WinCEPB50-060331-2006M03-Armv4I.msi)

① 설치파일을 더블클릭하여 업데이트를 진행시킨 후 "Next"를 눌러 다음 과정을 진행한다.

[그림 4-54] 업데이트 설치하기

② 라이선스 문서에 동의를 하고 "Next"를 눌러 다음 과정을 진행한다.

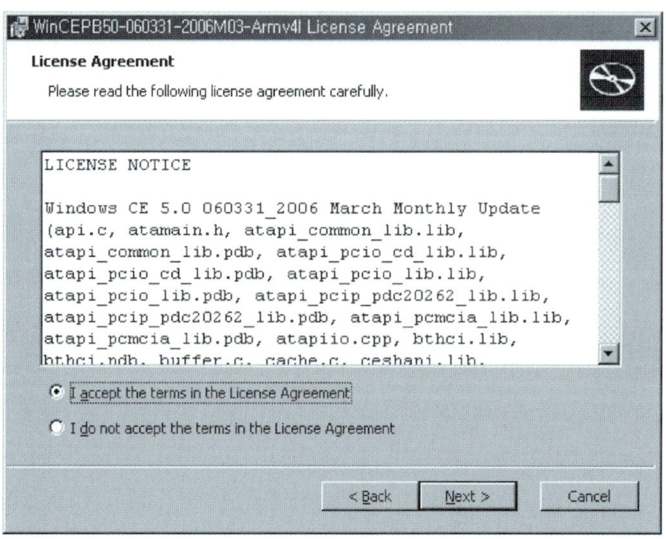

[그림 4-55] 업데이트 설치하기

③ Public 소스코드에 대한 변경에 동의를 선택한 후 “Next”를 눌러 다음 과정을 진행한다.

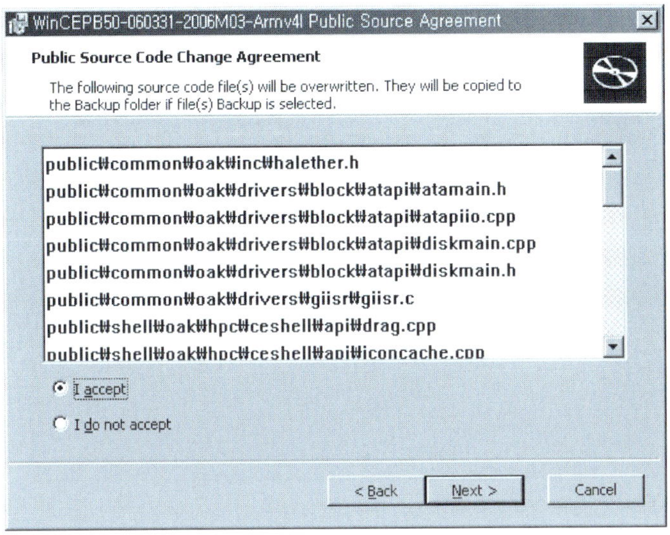

[그림 4-56]
Public 소스코드에 대한 변경

④ 기본적으로 설정된 사항들을 적용하고 Windows CE 5.0 QFE를 설치할 폴더를 선택한 후 “Next”를 눌러 다음 과정을 진행한다.

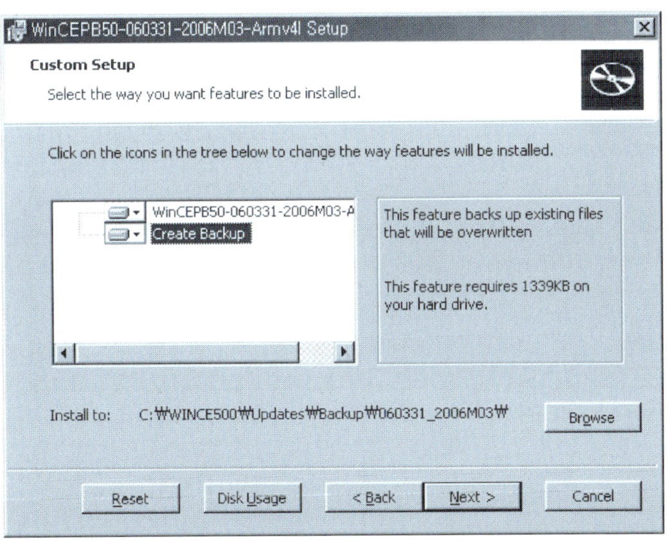

[그림 4-57]
Custom Setup

⑤ "Install"을 눌러 업데이트를 설치한다.

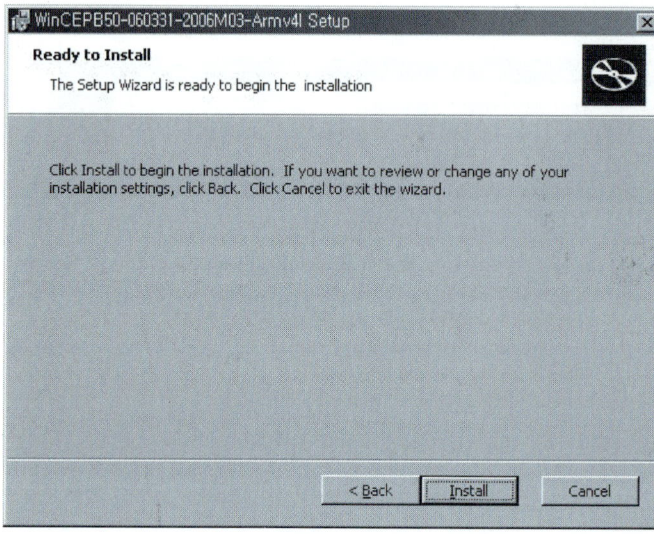

[그림 4-58]
업데이트 설치하기

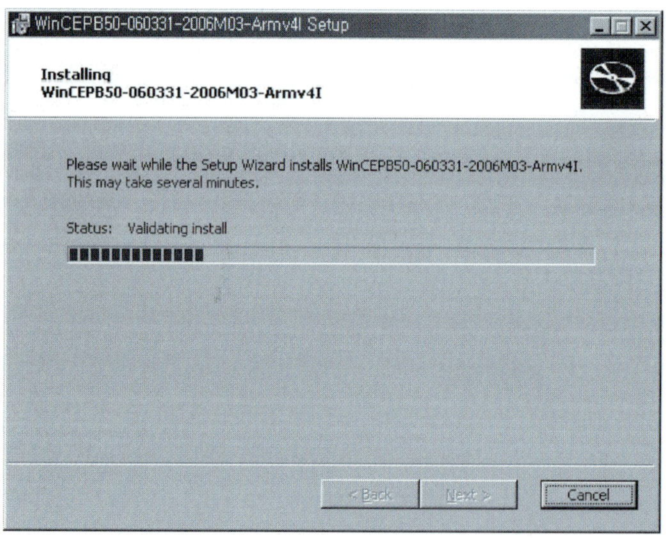

[그림 4-59]
업데이트 설치 진행

⑥ "확인" 버튼을 눌러 업데이트된 항목에 대해 자세하게 기술된 문서를 열람한다.

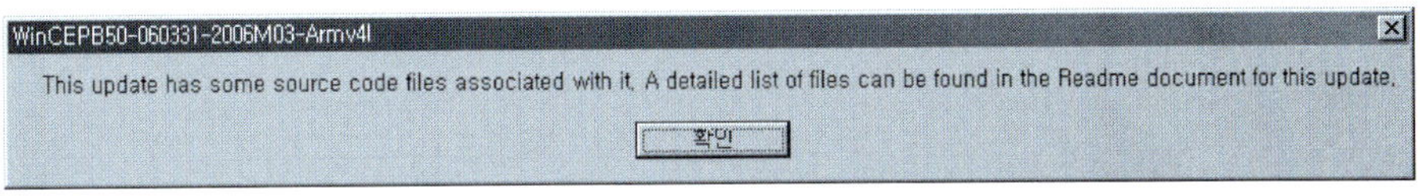

[그림 4-60]
업데이트 설치하기

⑦ 성공적으로 업데이트의 설치가 완료되면 아래와 같은 화면을 볼 수 있다. "Finish" 버튼을 눌러 설치를 끝마친다.

[그림 4-61]
업데이트 설치 완료

☞ 다음은 "Mainstone Board Support Package Update (2005)" 업데이트를 설치한다.
(파일명 : MSIIIOBCE.msi)

① 설치파일을 더블클릭하여 업데이트를 진행시킨 후 "Next"를 눌러 다음 과정을 진행한다.

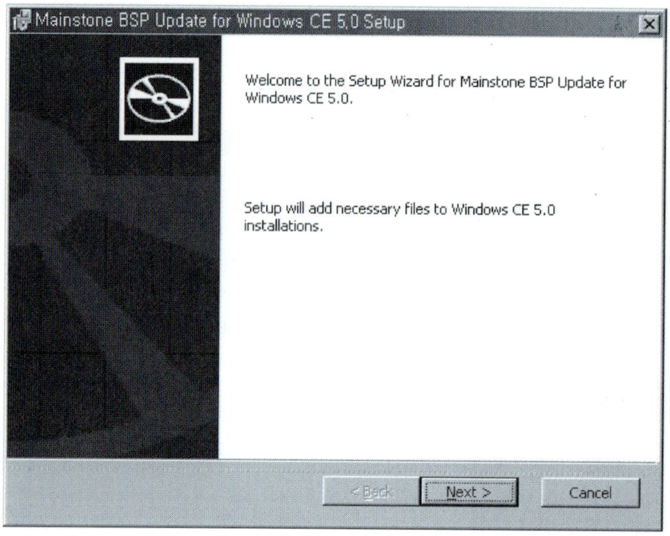

[그림 4-62]
업데이트 설치하기

② 라이선스 문서에 동의를 하고 "Next"를 눌러 다음 과정을 진행한다.

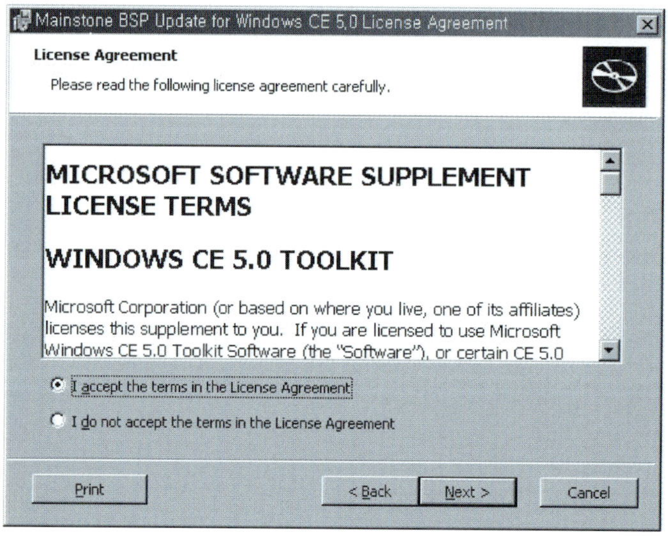

[그림 4-63]
업데이트 설치하기

③ "Install"을 눌러 업데이트를 설치한다.

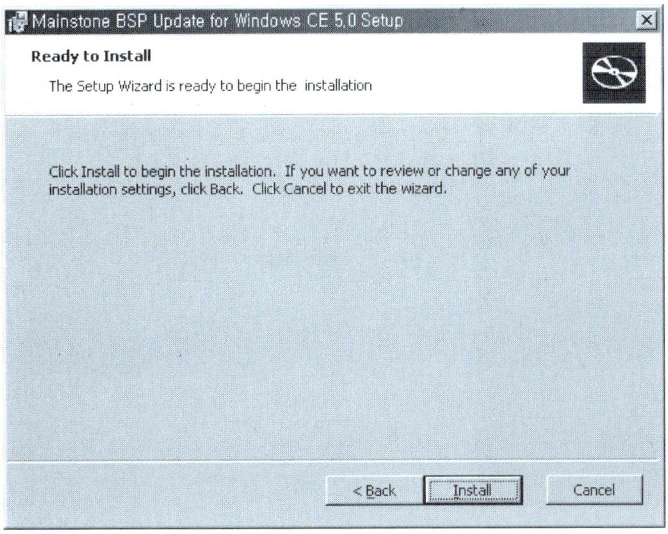

[그림 4-64] 업데이트 설치하기

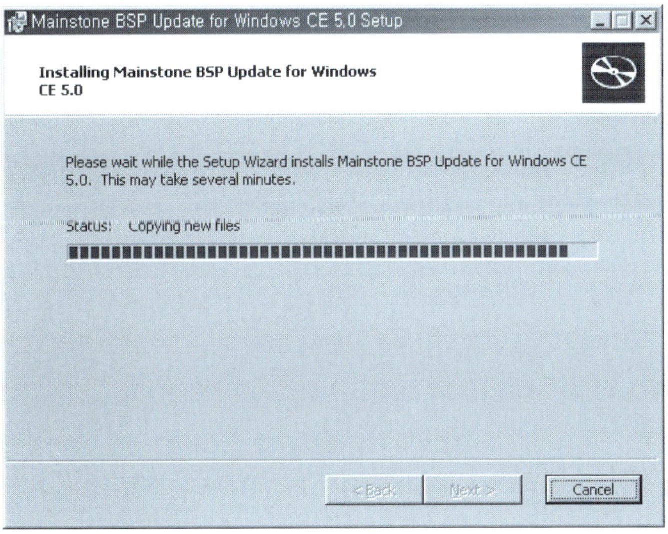

[그림 4-65] 업데이트 설치 진행

④ 성공적으로 업데이트의 설치가 완료되면 아래와 같은 화면을 볼 수 있다. "Finish" 버튼을 눌러 설치를 끝마친다.

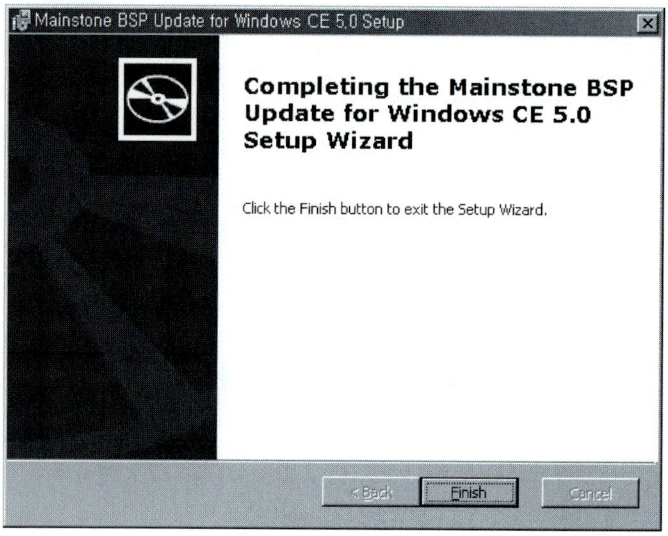

[그림 4-66]
업데이트 설치하기

⑤ 업데이트까지 마친 플랫폼 빌더를 실행한다.

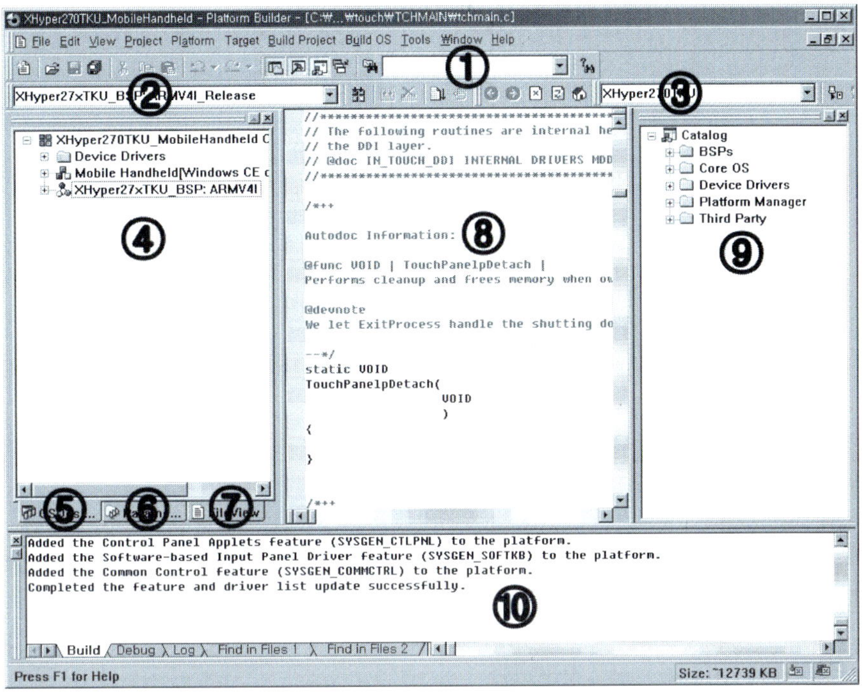

[그림 4-67]
플랫폼 빌더 실행

▶ 플랫폼 빌더(Platform Builder)에 대하여 살펴보면 다음과 같다.

① Search Text : 소스나 파일들에서 특정 텍스트를 찾을 때 사용한다.

② Build Configuration : Release 또는 Debug로 운영체제의 빌드 형태를 설정한다.

③ Connectivity Device Name : 운영체제를 어느 장치에 다운로드할 것인가 선택할 수 있다.

④ Workspace Window : 개발자가 구성한 운영체제의 환경과 운영체제 컴포넌트, 운영체제를 구성하고 있는 파일 등을 확인할 수 있는 창이다.

⑤ OSDesignView : 개발자 구성한 운영체제가 어떠한 컴포넌트 등을 포함하고 있는지 확인할 수 있는 탭이다.

⑥ ParameterView : 운영체제 생성 시 공통적으로 적용되는 설정파일, 하드웨어 관련 설정파일, 디자인 프로젝트 관련 설정파일 등을 확인해 볼 수 있다.

⑦ FileView : 디바이스 드라이버 소스코드, 운영체제 컴포넌트 소스코드, 참조코드 등의 다양한 소스코드들을 확인해 볼 수 있다.

⑧ Text Window : 소스코드나 설정파일 등의 다양한 파일들을 불러와 수정할 수 있다.

⑨ Catalog Window : 운영체제를 구성할 때 사용할 수 있는 모든 컴포넌트들을 확인할 수 있다.

⑩ Output Window : 운영체제 디자인, 빌드, 다운로딩, 디버깅 등 다양한 출력정보를 확인할 수 있다.

제 4 장

4.4 eMbedded Visual C++ 4.0

eVC(eMbedded Visual C++) 4.0은 플랫폼 빌더를 이용해서 만든 플랫폼에서 작동될 응용소프트웨어를 개발하는 개발툴로서, 마이크로소프트 웹사이트에서 무료로 다운로드해서 사용할 수 있다. eVC(eMbedded Visual C++) 4.0은 Windows CE .net 4.x 버전부터 Windows CE 5.x까지의 OS를 지원한다.

4.4.1 eMbedded Visual C++ 4.0와 Service Pack 4 다운로드

마이크로소프트사에서는 eVC(eMbedded Visual C++) 4.0뿐만 아니라 eVC++ 4.0의 문제점들을 해결하고 보완하기 위해 추가로 "서비스팩(Service Pack) 4"를 제공하고 있다.

☞ **다음은 "eMbedded Visual C++ 4.0"을 마이크로소프트 웹사이트에서 다운로드 받는 방법에 대해 기술하였다.**

① 먼저 아래의 웹사이트 주소로 접속한 후 "Search" 항목에 "eMbedded Visual" 이라고 입력한다.

http://www.microsoft.com/downloads/

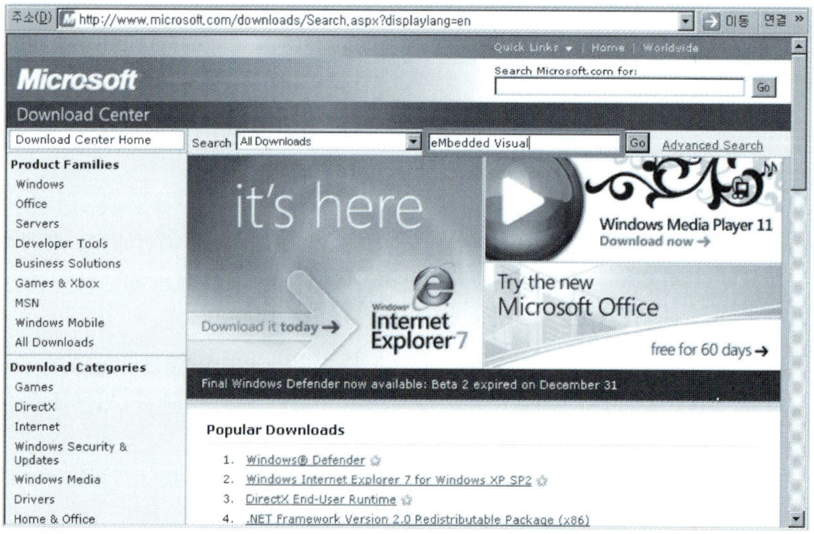

[그림 4-68] eVC++ 4.0 다운로드 받기

② 검색된 항목 중에 "eMbedded Visual C++ 4.0" 항목을 선택한다.

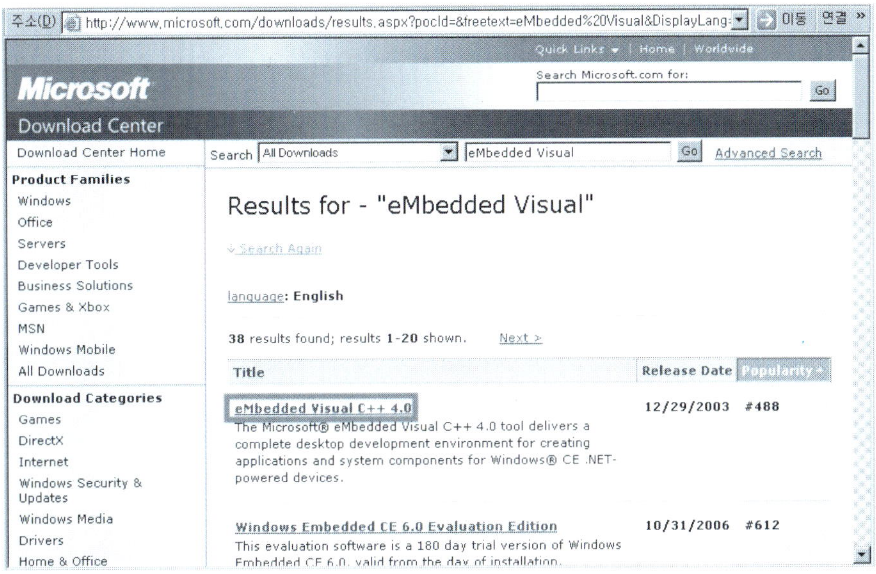

[그림 4-69] eVC++ 4.0 다운로드 받기

③ "Download" 버튼을 눌러 "eMbedded Visual C++ 4.0"을 다운로드 받도록 한다.

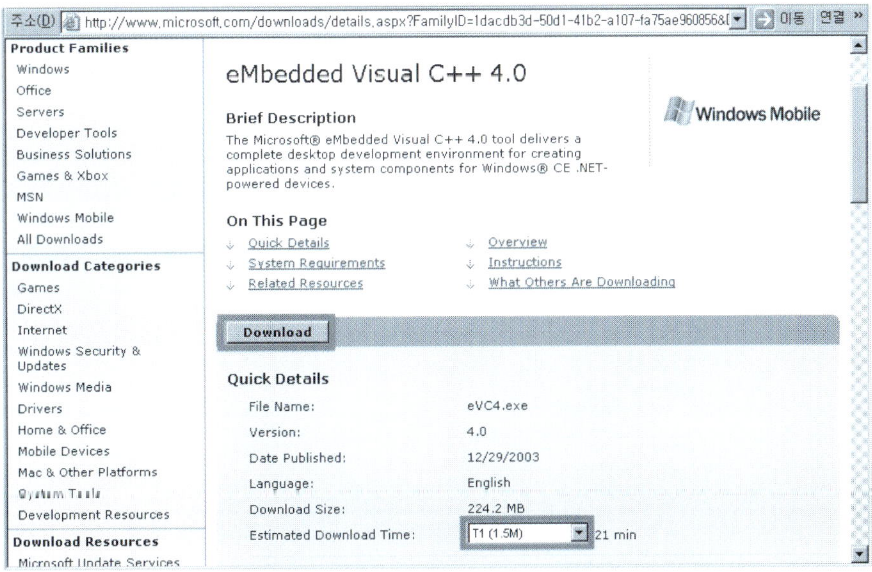

[그림 4-70] eVC++ 4.0 다운로드 받기

☞ 다음은 "eMbedded Visual C++ 4.0 Service Pack 4"을 마이크로소프트 웹사이트에서 다운로드 받는 방법에 대해 기술하였다.

① 먼저 아래의 웹사이트 주소로 접속한 후 "Search" 항목에 "eMbedded Visual SP4"이라고 입력한다.

http://www.microsoft.com/downloads/

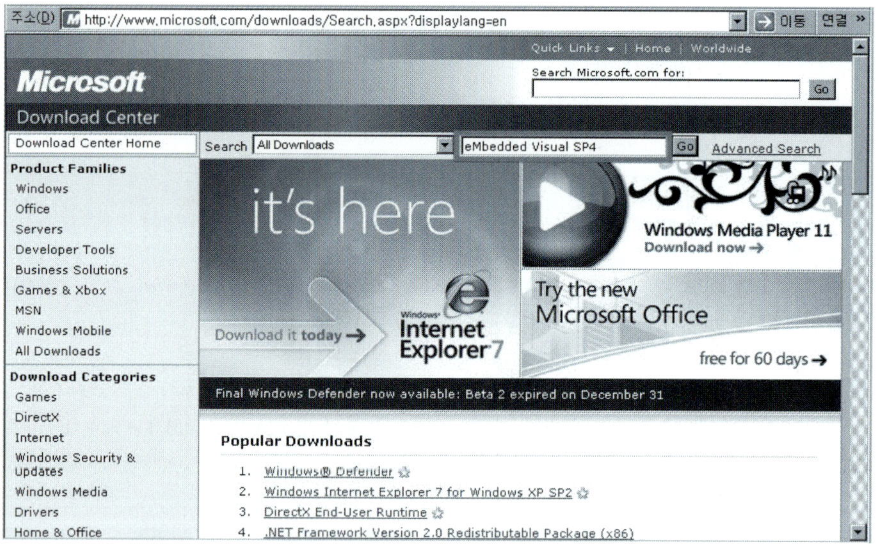

[그림 4-71] eVC++ 4.0 SP4 다운로드 받기

② 검색된 항목 중에 "eMbedded Visual C++ 4.0 Service Pack 4" 항목을 선택한다.

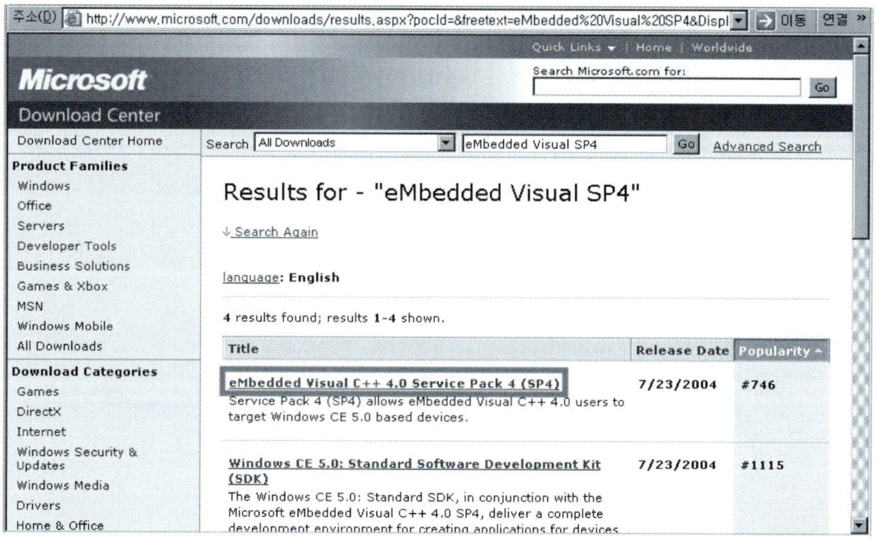

[그림 4-72] eVC++ 4.0 SP4 다운로드 받기

③ 언어를 선택하는 항목에서 "English"를 선택한다.

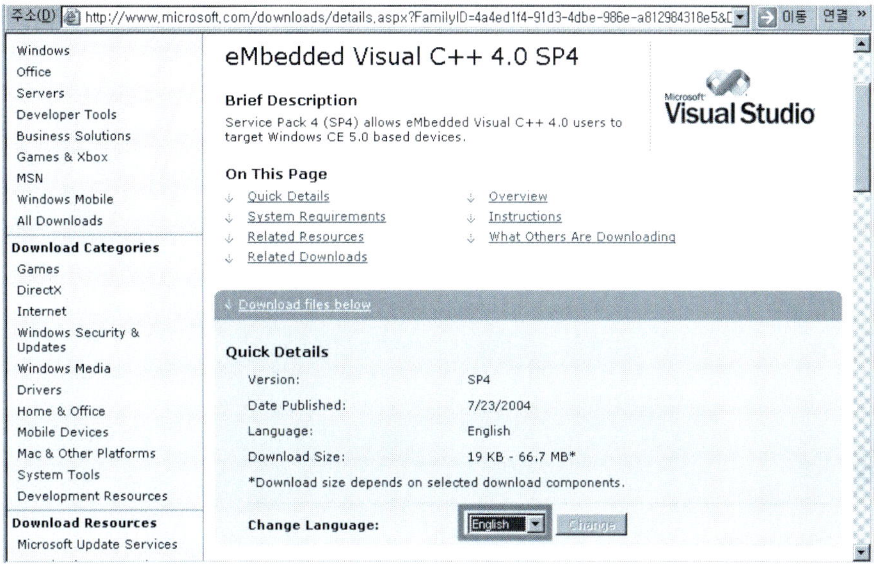

[그림 4-73] eVC++ 4.0 SP4 다운로드 받기

④ 사용할 언어를 선택하였으면, 화면 아래로 이동한 후 다음 항목에서 "Download" 버튼을 눌러 "eMbedded Visual C++ 4.0 SP4"를 다운로드 받도록 한다.

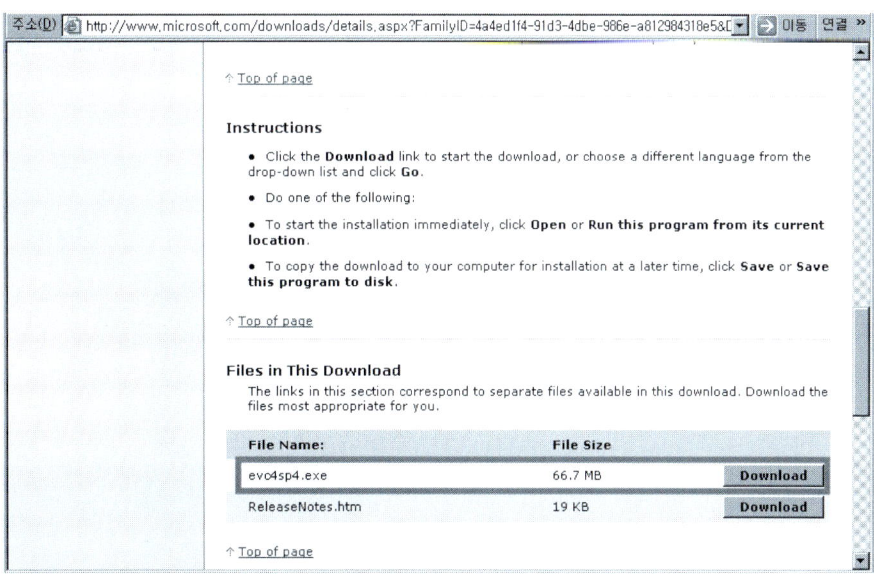

[그림 4-74] eVC++ 4.0 SP4 다운로드 받기

제 4 장

4.4.2 eMbedded Visual C++ 4.0 설치

☞ 다음은 다운로드 받은 설치파일을 이용하여 "eMbedded Visual C++ 4.0"을 설치하는 방법에 대해 기술하였다.

① 다운로드 받은 파일을 클릭하면 아래와 같은 창을 볼 수 있다. 다음 창에서 설치 프로그램의 압축을 해제할 디렉터리를 선택한 후 "Unzip" 버튼을 누른다.

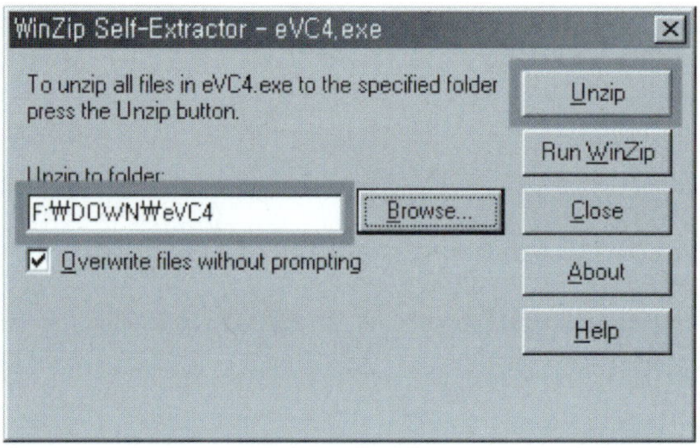

[그림 4-75]
eVC++ 4.0 설치파일 압축 해제

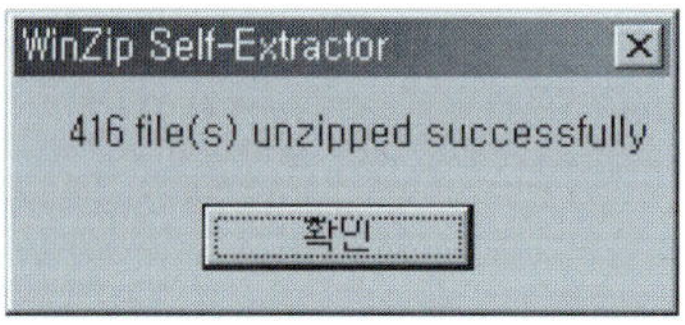

[그림 4-76]
압축 해제 완료

② 압축 해제가 완료되었으면 "Close"를 누른다.

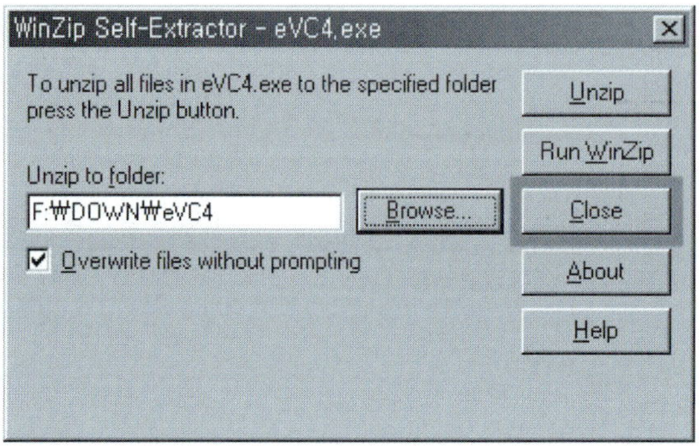

[그림 4-77]
압축 해제 완료

③ 압축을 해제한 폴더로 이동한 후 "setup.exe" 파일을 실행시켜 설치 프로그램을 실행시킨다.

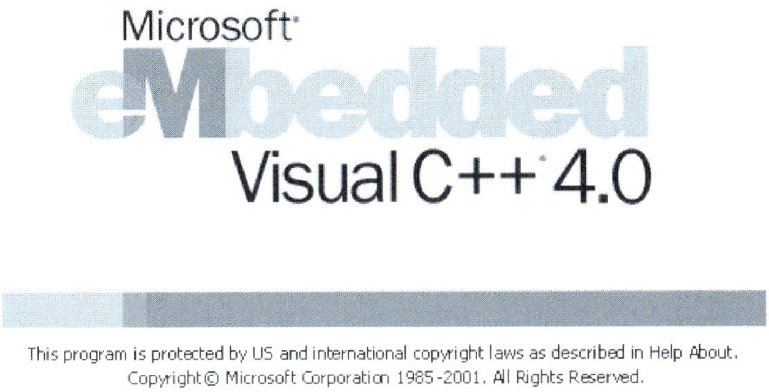

[그림 4-78] eVC++ 4.0 로고

④ "Next"를 눌러 다음 과정을 진행한다.

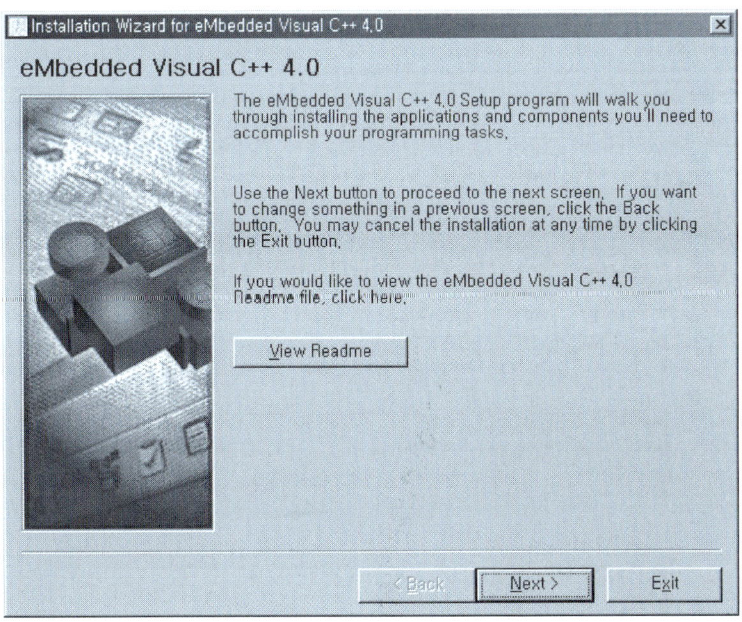

[그림 4-79] eVC++ 4.0 설치

제 4 장

⑤ eVC++ 4.0 사용에 있어서 권한에 대한 동의를 하고 "Next"를 눌러 다음 과정을 진행한다.

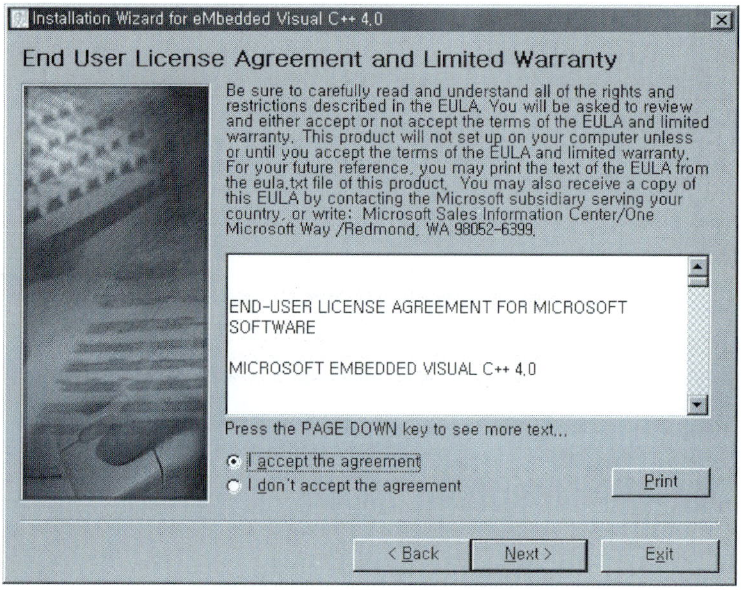

[그림 4-80]
eVC++ 4.0 설치

⑥ eVC++ 4.0을 다운로드 받는 홈페이지의 중간에 eVC++ 4.0을 사용할 수 있는 인증키(Product key)가 있었다. 다음과 같이 인증키(Product key)를 입력한다.
(Product key : TRT7H-KD36T-FRH8D-6QH8P-VFJHQ)

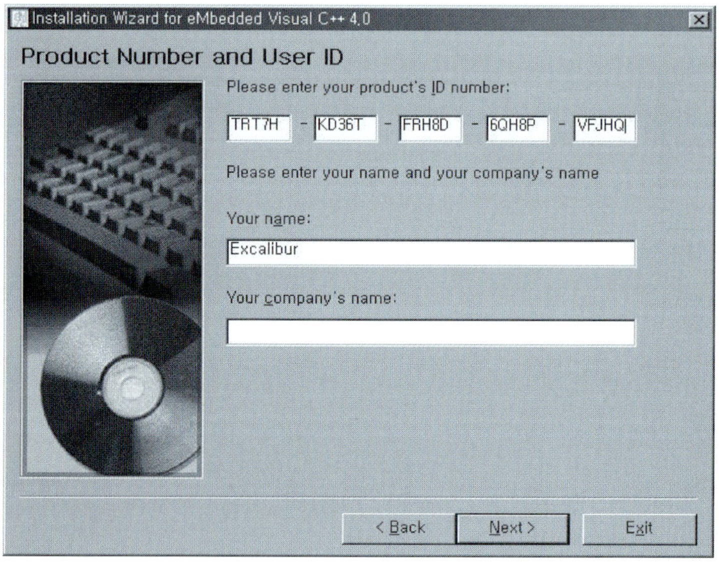

[그림 4-81]
인증키(Product key) 입력

⑦ 다음은 eVC++ 4.0의 패키지 중 어느 것을 설치할 것인가 선택하는 창이다. 다음과 같이 선택한 후 "Next"를 눌러 다음 과정을 진행한다.

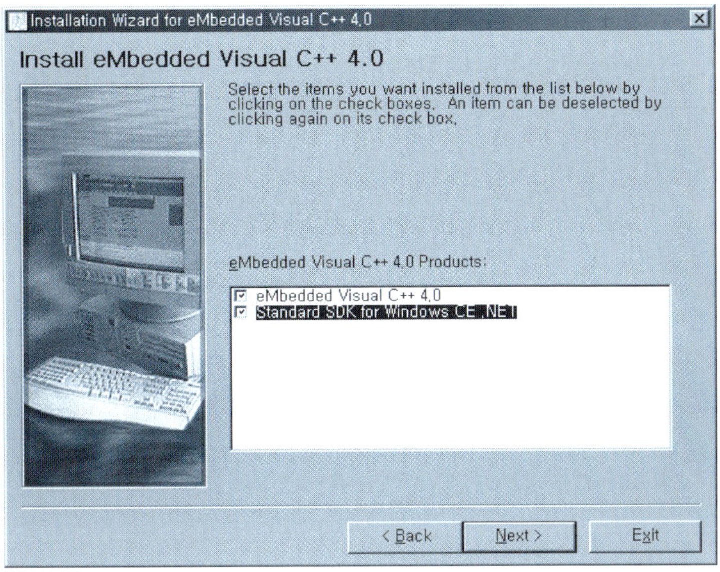

[그림 4-82] eVC++ 4.0 패키지 설치

⑧ eVC++ 4.0를 설치할 디렉터리를 선택한 후 "Next"를 눌러 다음 과정을 진행한다.

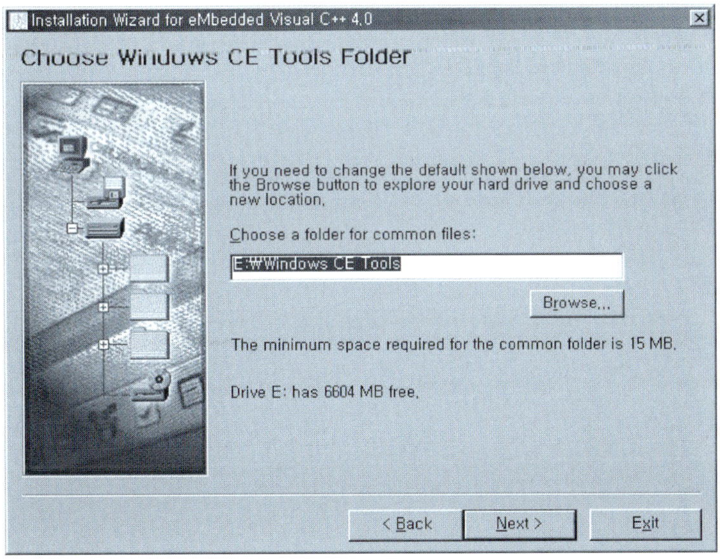

[그림 4-83] eVC++ 4.0 설치 디렉터리 선택

제 4 장

⑨ eVC++ 4.0은 "Microsoft Windows CE Platform Manager"를 필요로 한다. 그래서 다음은 "Microsoft Windows CE Platform Manager"를 설치할 것인가를 물어보는 창이다. "예(Y)"를 누른다.

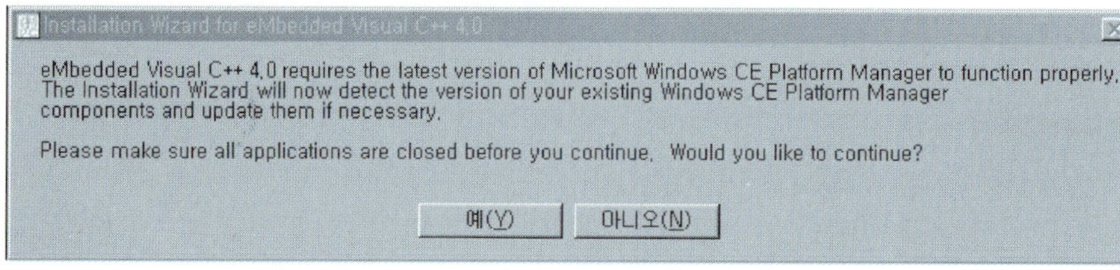

[그림 4-84] Microsoft Windows CE Platform Manager 설치

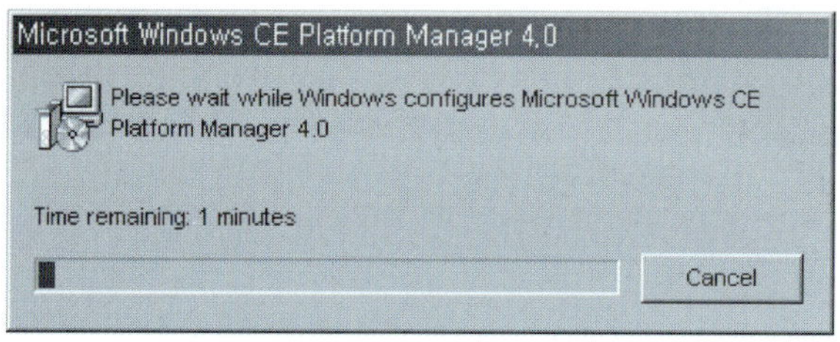

[그림 4-85] Microsoft Windows CE Platform Manager 설치

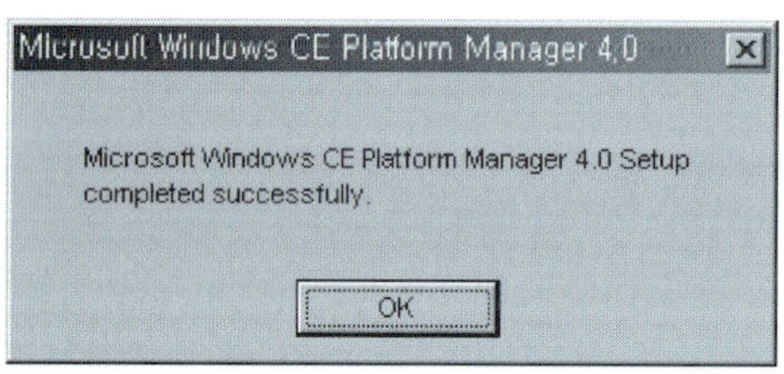

[그림 4-86] Platform Manager 설치 완료

⑩ "Microsoft Windows CE Platform Manager"의 설치를 끝마치면, eVC++ 4.0의 설치를 시작한다. "Continue"를 눌러 다음 과정을 진행한다.

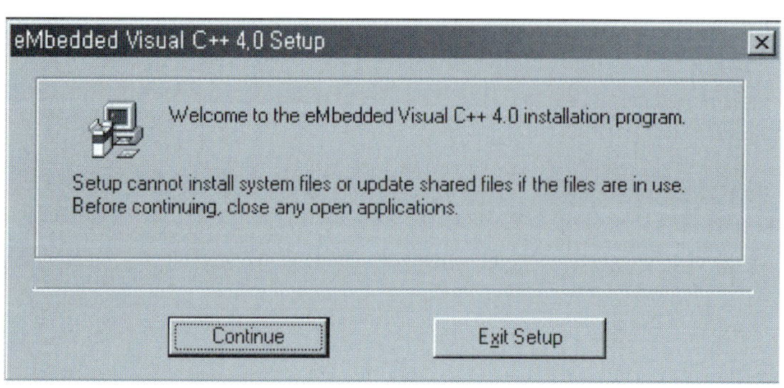

[그림 4-87] eVC++ 4.0 설치

⑪ 다음은 eVC++ 4.0의 "Product ID"를 보여주는 창이다. "OK"를 눌러 다음 과정을 진행한다.

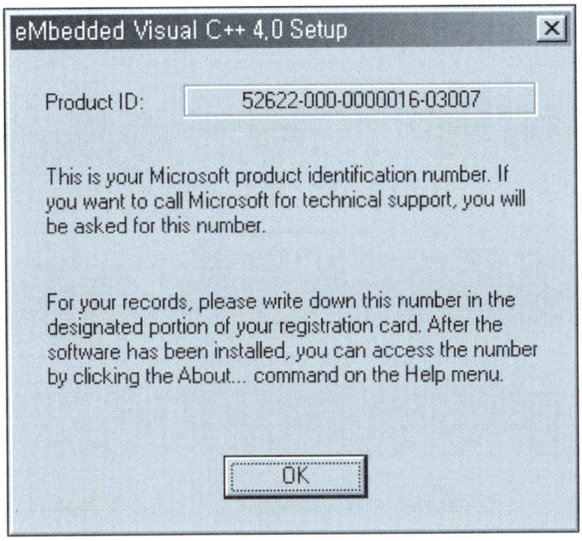

[그림 4-88]
eVC++ 4.0의 Product ID

⑫ 다음은 어떤 구성요소들을 설치할 것인지를 묻는 창이다. 아래와 같이 두 가지 모두를 선택하고 eVC++ 4.0을 설치할 디렉터리를 선택한 후 "Continue"를 눌러 다음 과정을 진행한다.

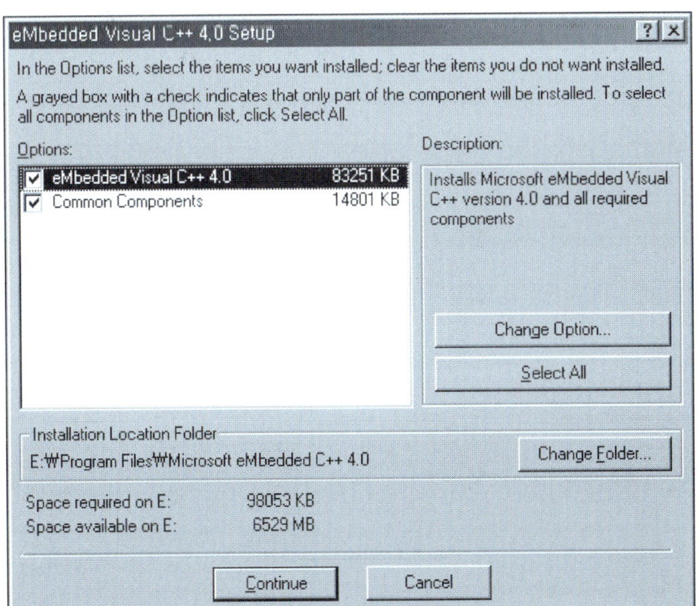

[그림 4-89]
eVC++ 4.0 구성요소 설치

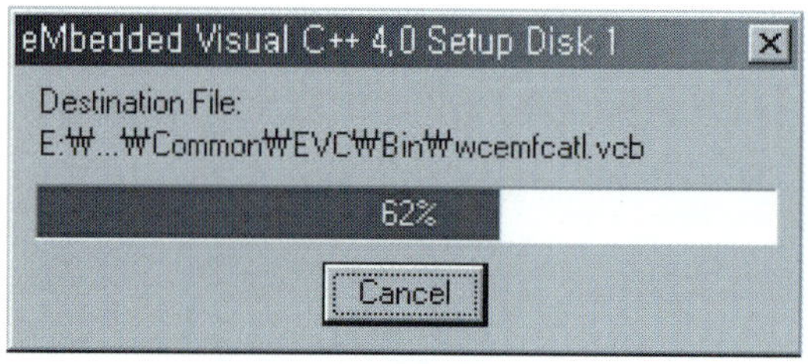

[그림 4-90]
eVC++ 4.0 설치 진행

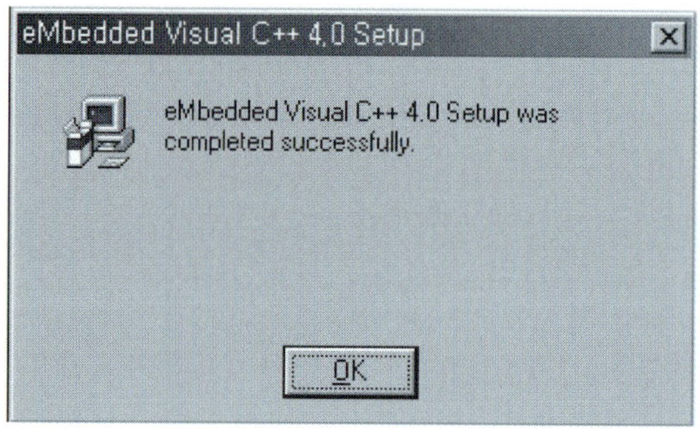

[그림 4-91]
eVC++ 4.0 설치 완료

4.4.3 eMbedded Visual C++ 4.0 SP4 설치

☞ 다음은 다운로드 받은 설치파일을 이용하여 "eMbedded Visual C++ 4.0 Service Pack 4"을 설치하는 방법에 대해 기술하였다.

① 다운로드 받은 파일을 클릭하면 아래와 같은 창을 볼 수 있다. 다음 창에서 설치 프로그램의 압축을 해제할 디렉터리를 선택한 후 "Unzip" 버튼을 누른다.

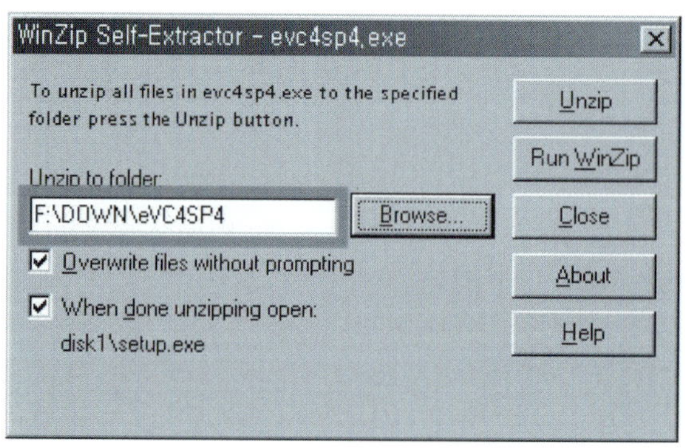

[그림 4-92]
eVC++ 4.0 SP4 설치파일 압축 해제

[그림 4-93]
압축 해제 완료

② 압축 해제가 끝나면 자동적으로 SP4의 설치가 시작된다.

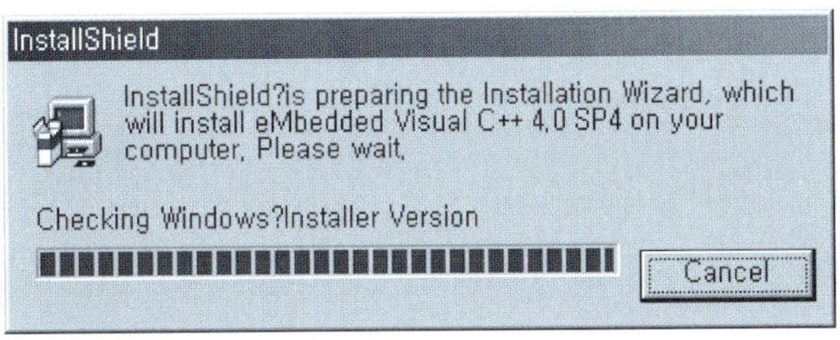

[그림 4-94]
압축 해제 완료

③ "Next"를 눌러 다음 과정을 진행한다.

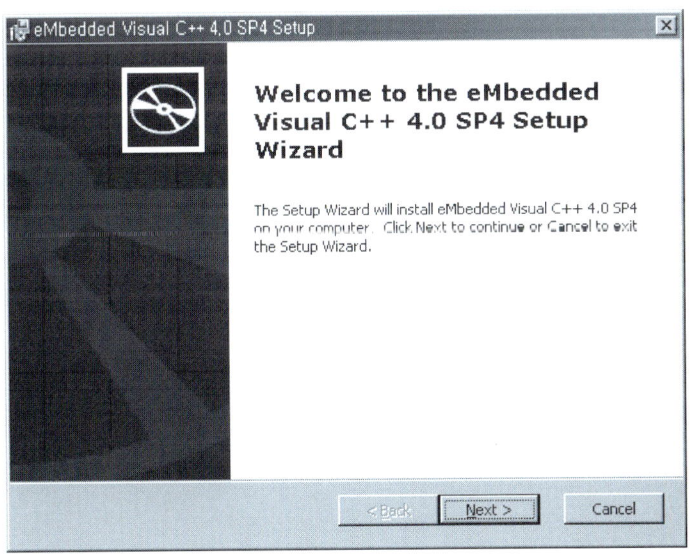

[그림 4-95]
eVC++ 4.0 SP4 설치

④ 라이선스 문서에 동의를 하고 "Next"를 눌러 다음 과정을 진행한다.

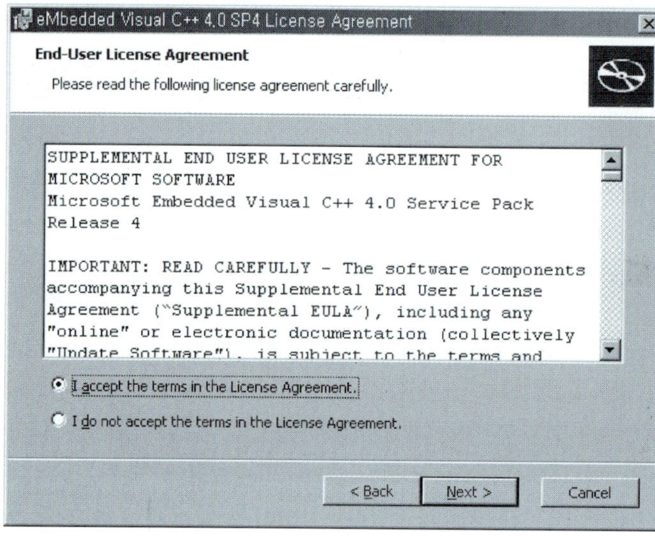

[그림 4-96]
eVC++ 4.0 SP4 설치

⑤ "Install"을 눌러 SP4를 설치한다.

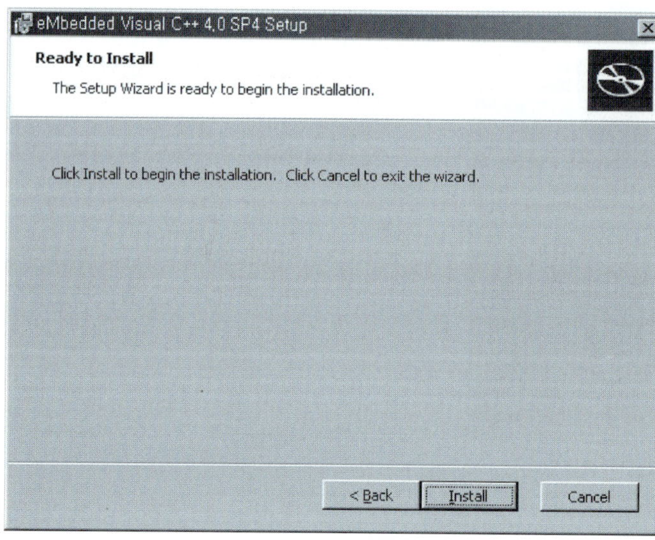

[그림 4-97]
eVC++ 4.0 SP4 설치

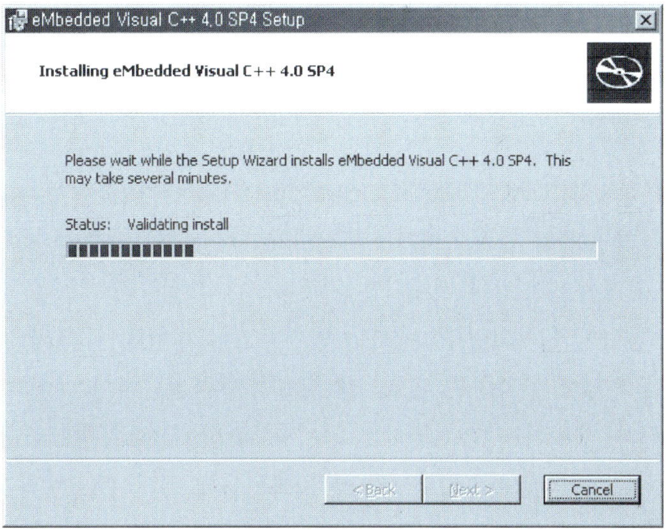

[그림 4-98] eVC++ 4.0 SP4 설치 진행

⑥ 성공적으로 eVC++ 4.0 SP4의 설치가 완료되면 아래와 같은 화면을 볼 수 있다. "Finish" 버튼을 눌러 설치를 끝마친다.

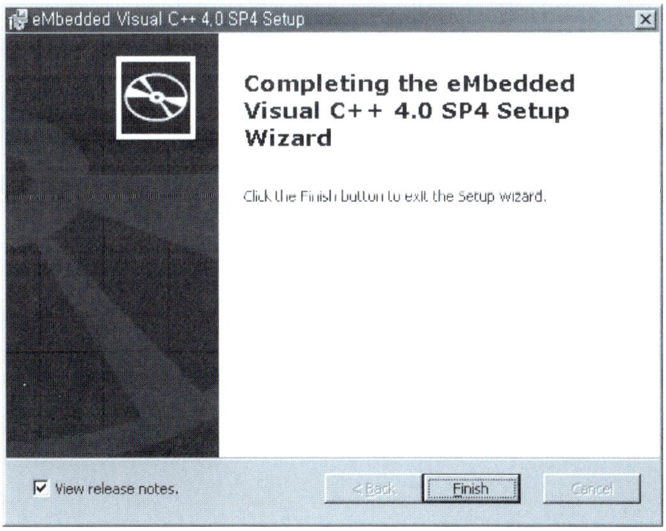

[그림 4-99] eVC++ 4.0 SP4 설치 완료

4.5 JFlashMM 설치

JFlashMM(JTAG Flash Memory Management)는 PXA270을 제조한 인텔사에서 제공하는 무료 소프트웨어로써, 호스트 컴퓨터에 설치가 되어 타깃보드에 장착된 플래시 메모리에 데이터를 기록하거나 삭제하는 기능을 수행한다. 타깃보드에 전원이 인가되면 PXA270는 타깃보드의 부팅을 위해 플래시 메모리의 특정 주소 영역에 존재하는 프로그램 코드영역에 접근하여 데이터를 읽고 코드를 실행한다. 개발자는 JTAG를 이용하여 JFlashMM 프로그램으로 플래시 메모리의 특정 주소 영역에 프로그램 코드를 기록하는데 특히 우리는 타깃보드의 부팅을 위한 부트로더(Boot Loader)를 JTAG를 이용하여 JFlashMM 프로그램으로 타깃보드에 다운로드한다.

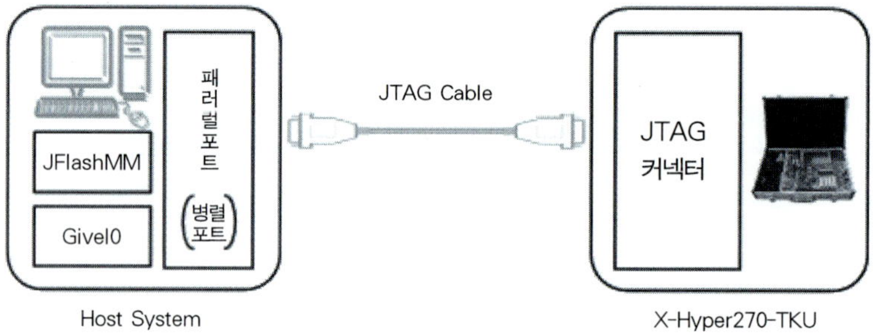

[그림 4-100] JTAG 케이블 연결 구성도

4.5.1 JFlashMM 설치

☞ 다음은 제공된 CD에 첨부된 JFlashMM 파일을 이용하여 JFlashMM를 설치하는 방법에 대해 기술하였다.

① Windows CE 5.0이 설치된 "WINCE500" 폴더에 "JFlash" 폴더를 만든 후에 CD에 있는 JFlashMM 폴더의 모든 파일들을 복사하는 것으로 쉽게 JFlashMM를 설치할 수 있다.

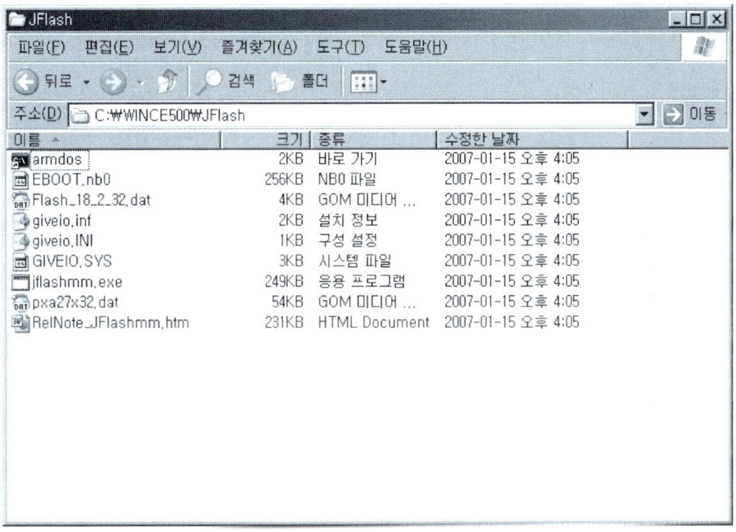

[그림 4-101] JFlashMM 설치

4.5.2 GiveIO 드라이버 설치

우리는 JTAG 케이블을 사용하여 타깃보드에 부트로더(Boot Loader) 이미지를 다운로드 한다. JTAG 케이블은 호스트 컴퓨터의 패러럴포트(병렬포트)에 연결되며, 호스트 컴퓨터에는 GiveIO 드라이버가 설치되어 있어야 한다.

☞ 다음은 호스트 컴퓨터에 GiveIO 드라이버를 설치하는 방법에 대해 기술하였다.

① 먼저 JFlashMM를 설치한 "C:\WINCE500\JFlash" 폴더로 이동한다.

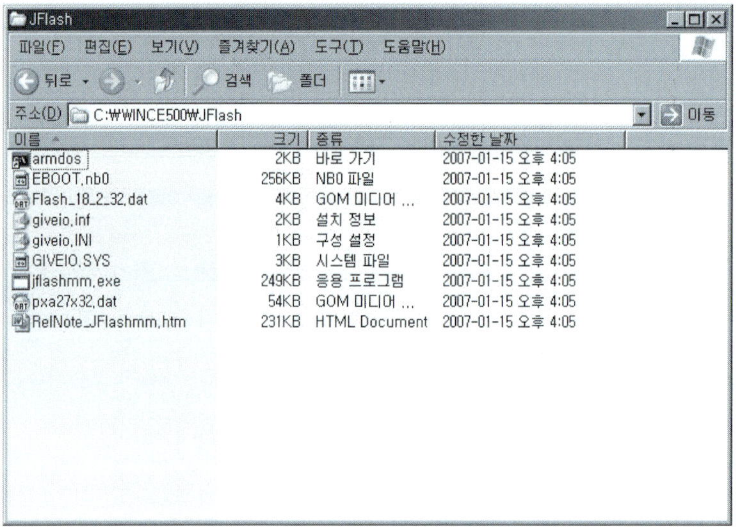

[그림 4-102]
JFlashMM를 설치한 폴더로 이동

② "GIVEIO.SYS" 파일을 시스템 디렉터리인 "C:\WINDOWS\system32\drivers" 폴더에 복사한다.

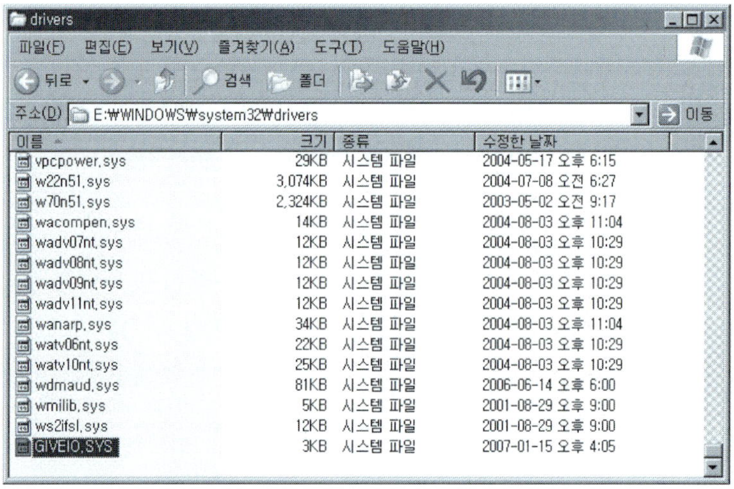

[그림 4-103]
GIVEIO.SYS 파일 복사

③ 호스트 컴퓨터에 GiveIO 드라이버를 설치하도록 제어판에서 "새 하드웨어 추가"를 누른다.

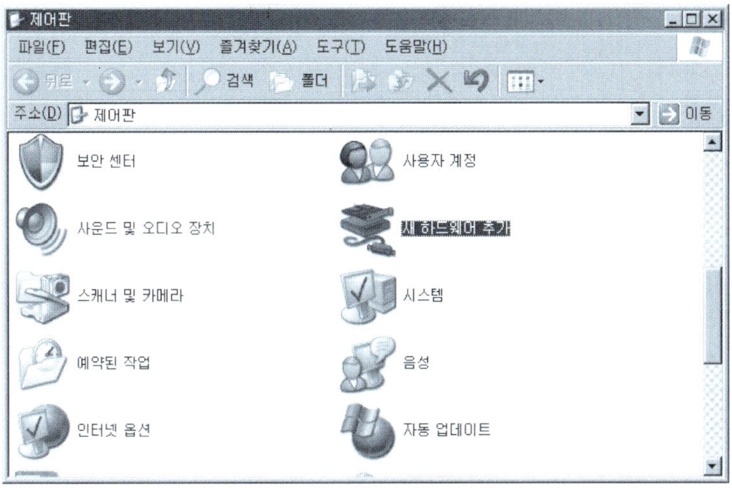

[그림 4-104] 제어판

④ "새 하드웨어 추가"를 누르면 다음과 같이 "하드웨어 추가 마법사"가 실행된다. "다음" 버튼을 눌러 다음 과정을 진행한다.

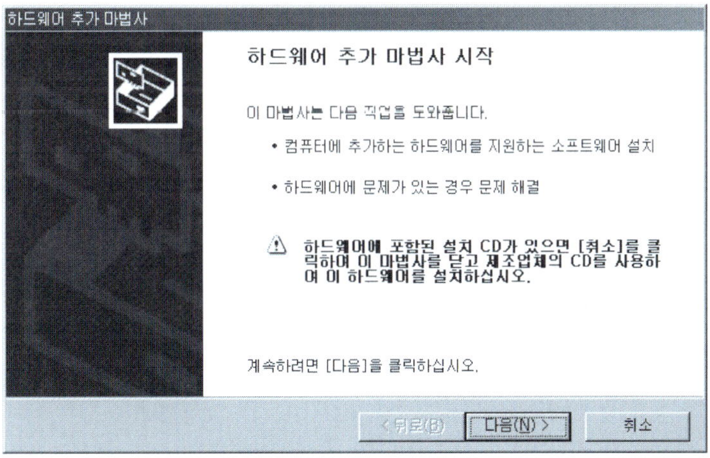

[그림 4-105] 하드웨어 추가 마법사

⑤ "예, 하드웨어를 이미 연결했습니다."를 선택하고 "다음" 버튼을 눌러 다음 과정을 진행한다.

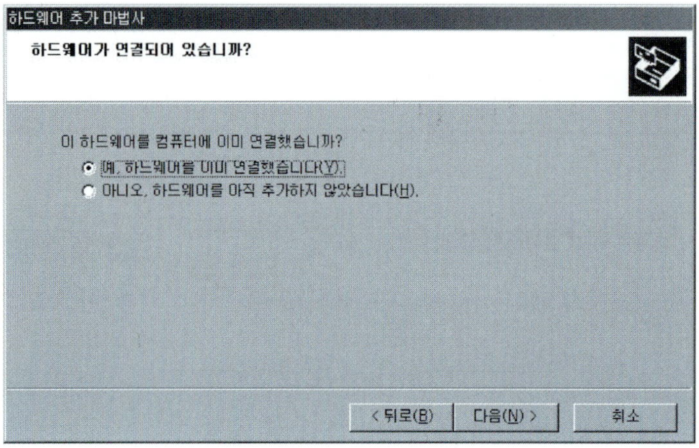

[그림 4-106]
하드웨어 추가 마법사

⑥ 가장 아래 리스트 항목에 있는 "새 하드웨어 장치 추가"를 선택하고 "다음" 버튼을 눌러 다음 과정을 진행한다.

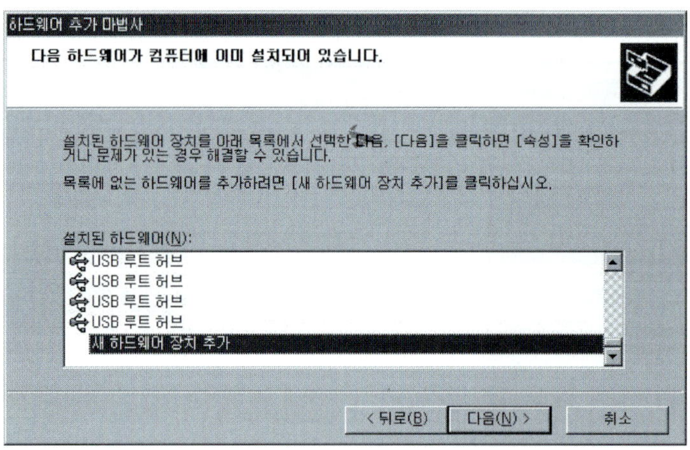

[그림 4-107]
새 하드웨어 장치 추가 선택

⑦ 다음은 설치할 하드웨어를 어떤 방식으로 검색할 것인지를 선택하는 화면이다. "목록에서 직접 선택한 하드웨어 설치(고급)"를 선택하고 "다음" 버튼을 눌러 다음 과정을 진행한다.

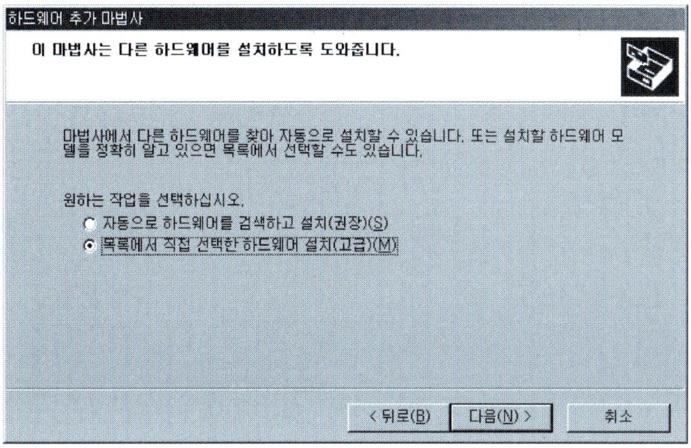

[그림 4-108]
하드웨어 추가 마법사

⑧ GiveIO 드라이버는 패러렐포트(LPT)를 이용한다. 따라서 "포트 (COM 및 LPT)"를 선택하고 "다음" 버튼을 눌러 다음 과정을 진행한다.

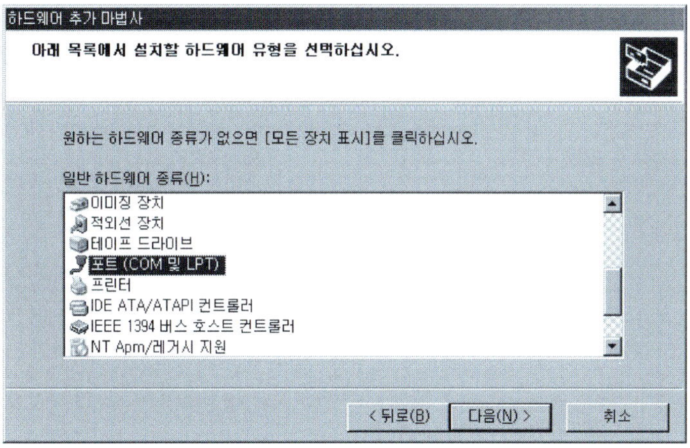

[그림 4-109]
하드웨어 추가 마법사

⑨ “GiveIO”는 항목에 없기 때문에 “디스크 있음” 버튼을 눌러 다음 과정을 진행한다.

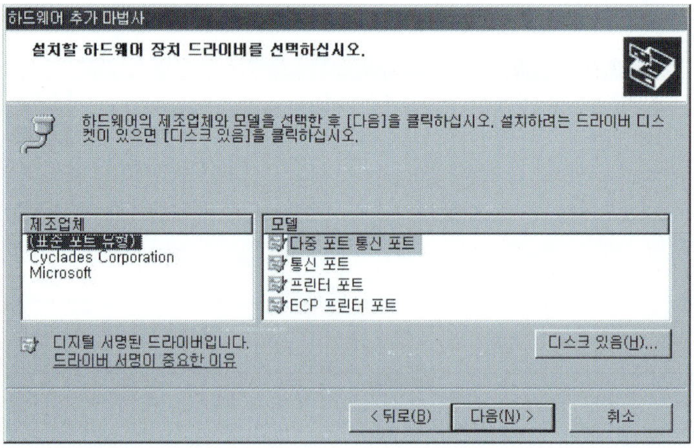

[그림 4-110]
하드웨어 추가 마법사

⑩ “디스크 있음” 버튼을 누르면 설치할 디바이스 드라이버의 위치를 선택해 주어야 하는 다음과 같은 창이 뜬다. “찾아보기” 버튼을 누른다.

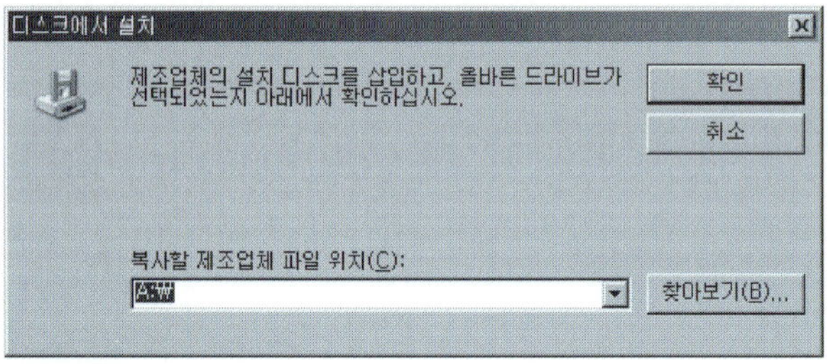

[그림 4-111]
하드웨어 추가 마법사

⑪ JFlashMM를 설치한 "C:\WINCE500\JFlash" 폴더로 이동한 후 "giveio.inf" 파일을 선택한다.

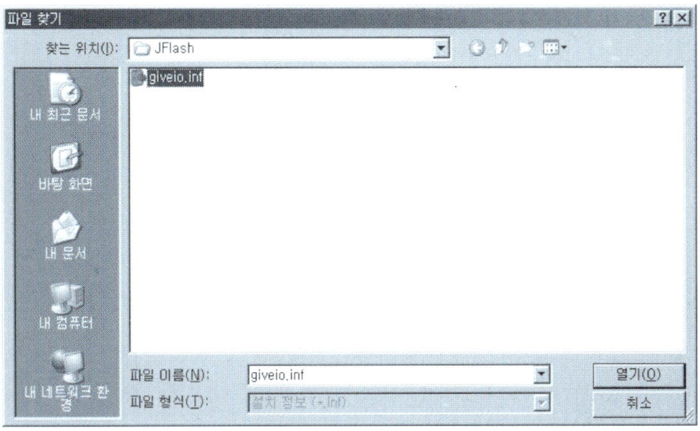

[그림 4-112]
파일 찾기

⑫ 파일을 선택하였으면 "확인" 버튼을 눌러 다음 과정을 진행한다.

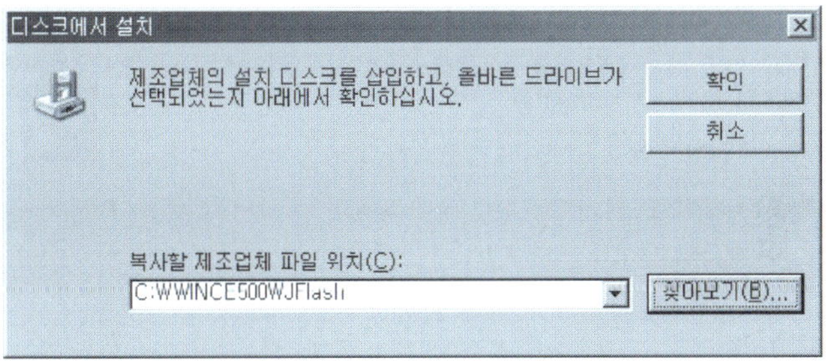

[그림 4-113]
디스크에서 설치

⑬ 설치할 하드웨어 장치가 "giveio"가 맞는지를 확인하고, "다음" 버튼을 눌러 다음 과정을 진행한다.

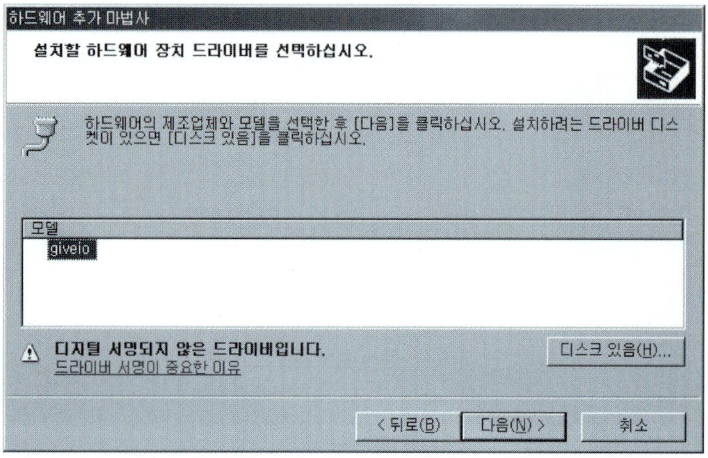

[그림 4-114]
하드웨어 추가 마법사

⑭ GiveIO 디바이스 드라이버를 설치하도록 "다음" 버튼을 누른다.

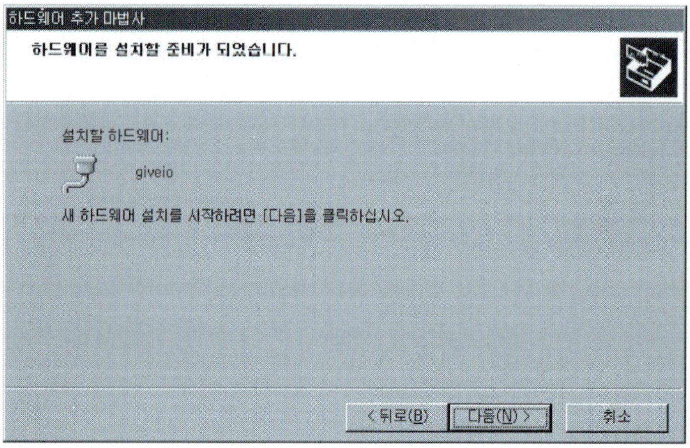

[그림 4-115]
하드웨어 추가 마법사

⑮ 설치할 디바이스 드라이버가 마이크로소프트사의 인증을 받지 못했다는 경고 창이 나타나지만 "계속" 버튼을 눌러 다음 과정을 진행한다.

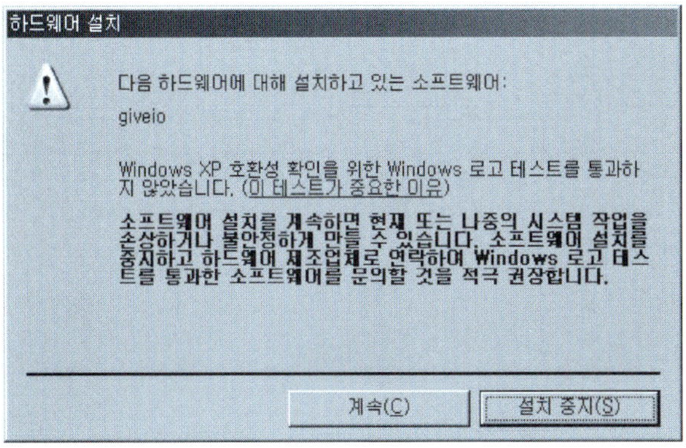

[그림 4-116]
하드웨어 추가 마법사

⑯ 성공적으로 디바이스 드라이버의 설치가 완료되면 아래와 같은 화면을 볼 수 있다. "마침" 버튼을 눌러 설치를 끝마친다.

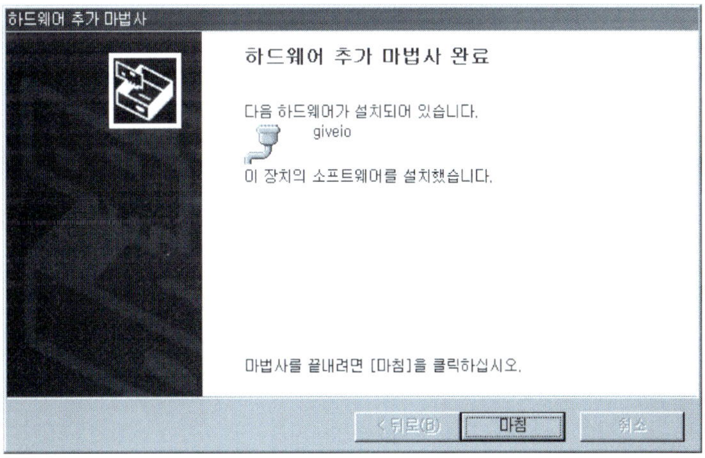

[그림 4-117]
하드웨어 추가 완료

⑰ GiveIO가 제대로 설치가 되었는지 확인을 해 본다. 제어판에서 "시스템"을 누른다.

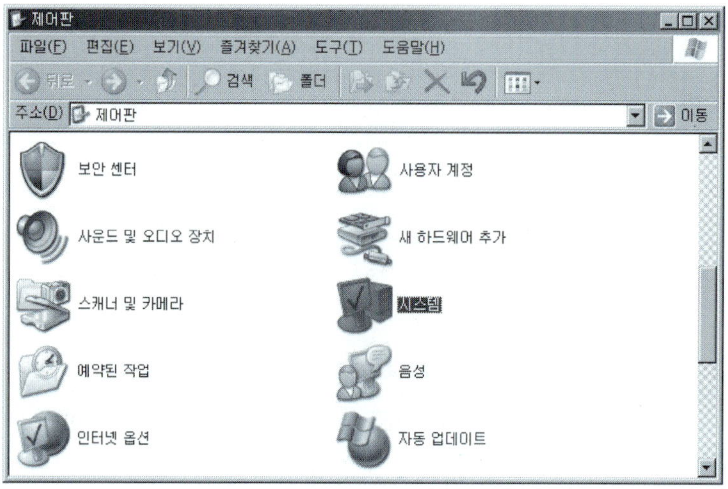

[그림 4-118]
제어판

⑱ 시스템 등록 정보에서 "하드웨어" 탭을 선택한다.

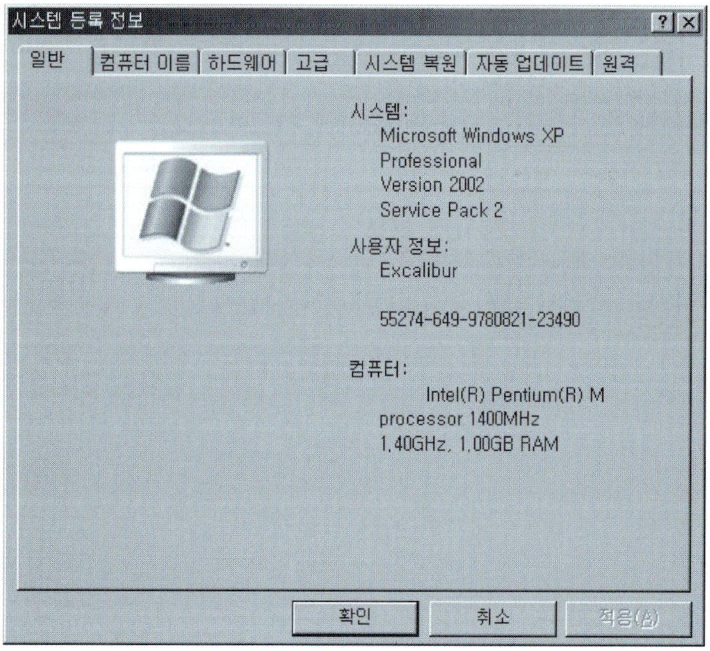

[그림 4-119]
시스템 등록 정보

⑲ "하드웨어" 탭에서 "장치 관리자" 버튼을 누른다.

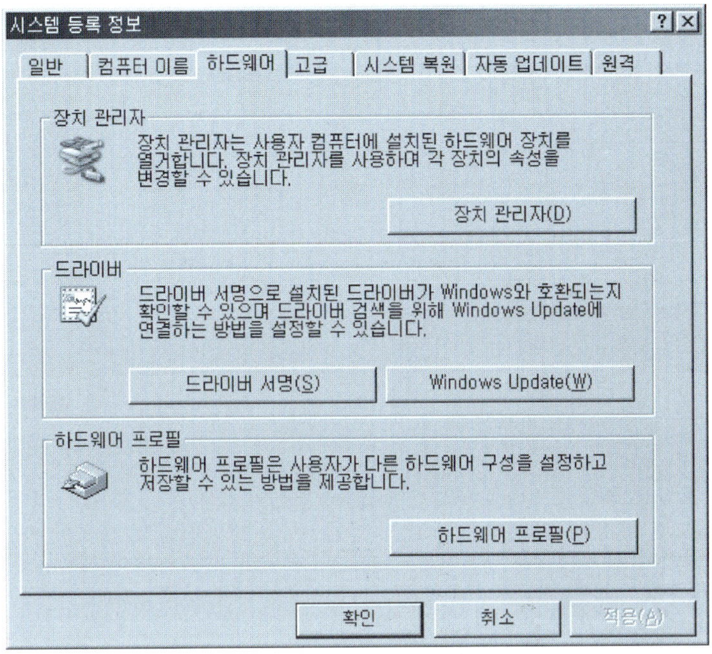

[그림 4-120] 시스템 등록 정보

⑳ "포트 (COM 및 LPT)" 항목을 선택한 후 "giveio"가 제대로 설치가 되었는지 확인한다.

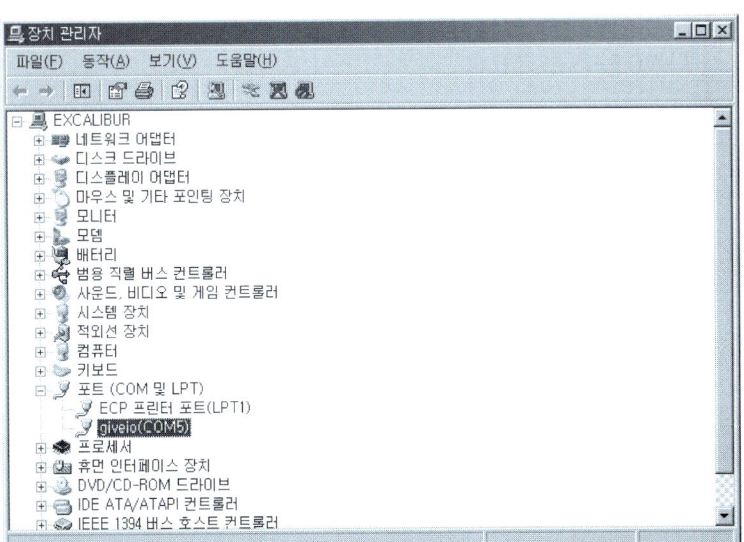

[그림 4-121] giveio 설치 확인

4.5.3 JFlashMM 사용법

☞ 다음은 JFlashMM 소프트웨어를 사용하여 X-Hyper270-TKU 장비에 부트로더(Boot Loader) 이미지를 다운로드하는 방법에 대해 기술하였다.

① X-Hyper270-TKU 장비의 JTAG 커넥터와 호스트 컴퓨터의 패러럴 포트를 JTAG 케이블로 연결한 후 전원을 켠다.

[그림 4-122]
JTAG Cable 연결

② JFlashMM를 설치한 "C:\WINCE500\JFlash" 폴더로 이동한 후 "armdos"라는 파일을 실행시킨다.

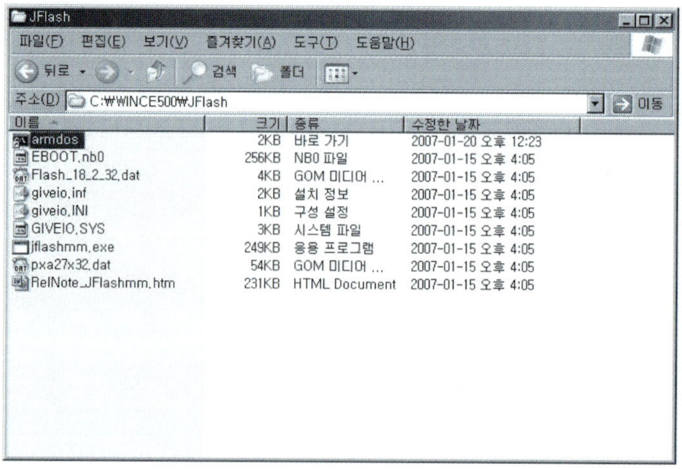

[그림 4-123]
armdos 파일 실행

③ 우선 다음 명령을 이용하여 X-Hyper270-TKU의 Flash에 기록되어 있는 부트로더(Boot Loader)를 삭제한다.

```
>jflashmm pxa27x32 EBOOT.nb0 e 0 PAR
```

명령을 실행하면 다운로드할 이미지 파일의 60% 정도가 '0'으로 이루어져 있다는 메시지를 출력한 후 이 영역을 프로그램하지 않음으로써 다운로드하는 시간을 절약하겠느냐는 질문에 'y'를 입력한다.

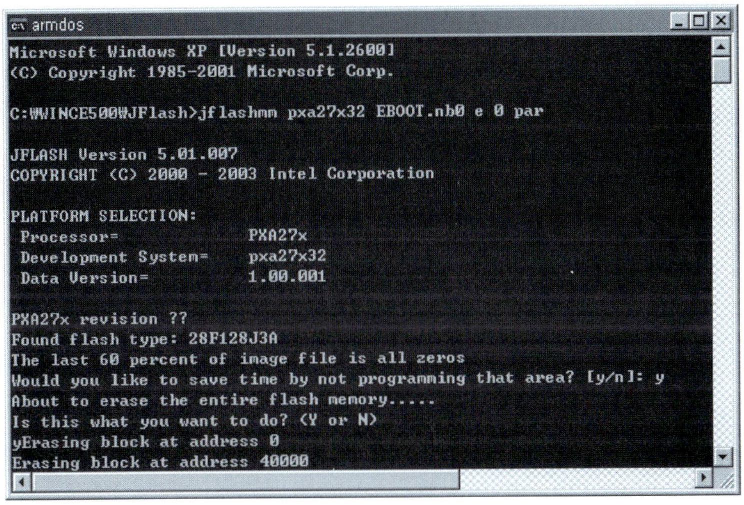

[그림 4-124] 이미지 삭제

④ 이제 다음 명령을 이용하여 X-Hyper270-TKU의 Flash에 부트로더(Boot Loader)를 기록한다.

```
>jflashmm pxa27x32 EBOOT.nb0 p 0 PAR
```

명령을 실행하면 EBOOT.nb0 이미지 파일을 Flash에 기록을 한 후에 기록한 이미지 파일이 오류가 없는지 검사를 하게 된다. 검사를 한 후 Flash에 이상 없이 이미지 파일이 기록되고 기록된 이미지 파일이 원본과 같음이 확인되면, "Verification successful!"라는 메시지를 출력한다.

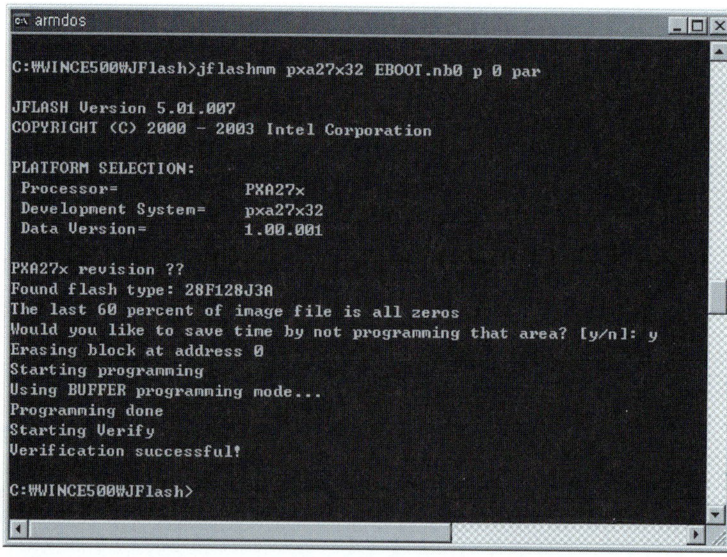

[그림 4-125]
이미지 기록

4.6 Hyperterminal 설정

X-Hyper270-TKU에 전원이 인가가 되면 Flash에 기록된 부트로더가 처음 실행이 된다. 부트로더의 수행과정을 X-Hyper270-TKU의 DEBUG 포트에 시리얼 케이블을 연결하고 호스트 컴퓨터의 Windows 운영체제에서 기본적으로 제공하고 있는 "하이퍼터미널(Hyperterminal)"이라는 프로그램을 이용해서 확인해 볼 수 있다.

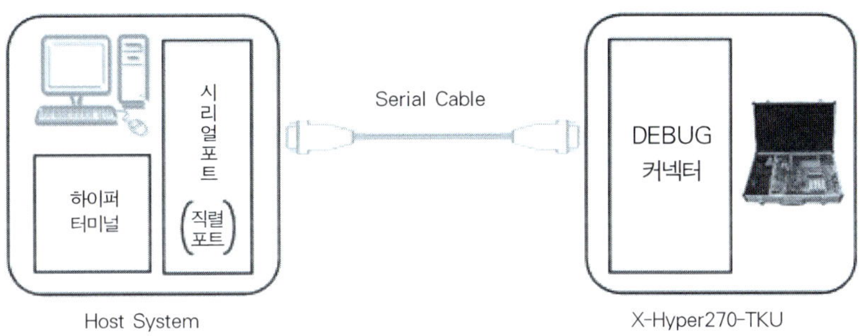

[그림 4-126] 시리얼 케이블 연결 구성도

☞ 다음은 "하이퍼터미널"을 사용하여 X-Hyper270-TKU의 Flash에 기록된 부트 로더(Boot Loader)를 제어하는 방법에 대해 기술하였다.

① X-Hyper270-TKU 장비의 DEBUB 커넥터와 호스트 컴퓨터의 시리얼포트를 Serial 케이블로 연결한 후 전원을 켠다.

[그림 4-127] 시리얼 케이블 연결

② 호스트 컴퓨터에서 시작 → 프로그램 → 보조프로그램 → 통신 → "하이퍼터미널"을 실행시킨다.

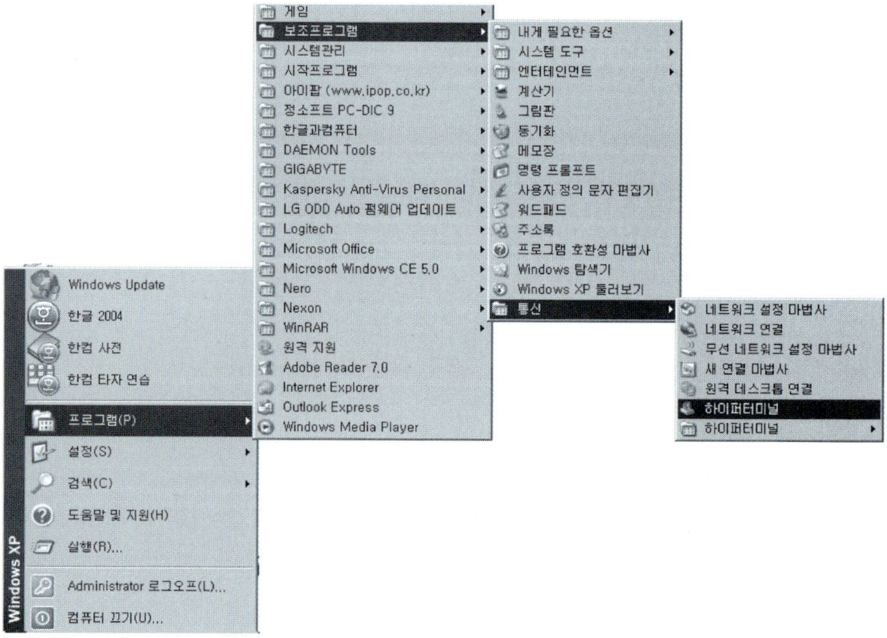

[그림 4-128] 하이퍼터미널 실행

③ 새 연결 이름에 "XHyper270TKU"라고 입력한다.

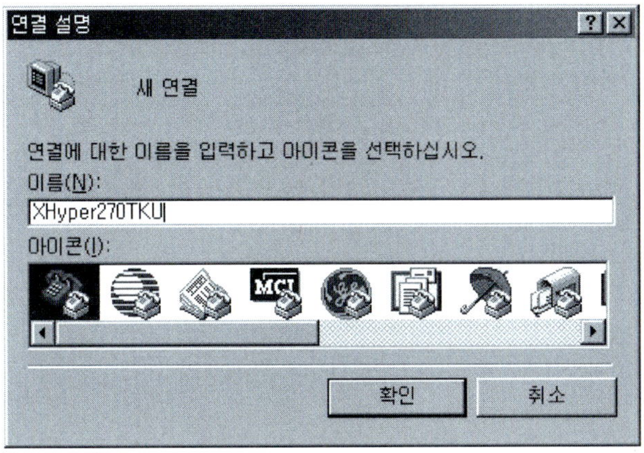

[그림 4-129]
연결 설명 창

④ 시리얼 케이블을 연결한 호스트 컴퓨터의 포트명을 선택한다. 한 개의 시리얼포트를 가진 호스트 컴퓨터인 경우에는 "COM1"를 선택하면 된다.

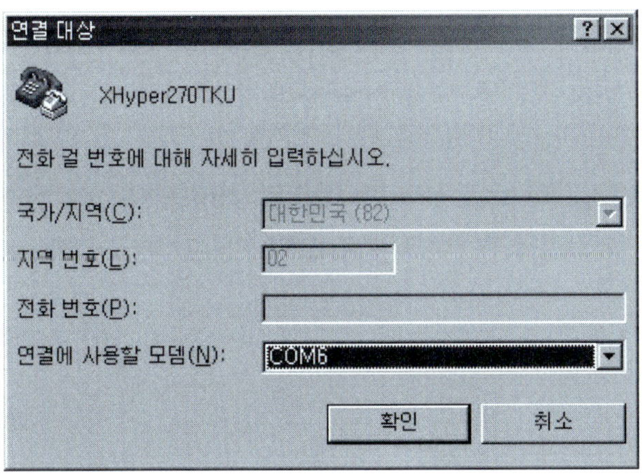

[그림 4-130]
연결 대상 창

⑤ 다음과 같이 설정한 후 "확인" 버튼을 누른다.

- 비트/초 : 115200
- 데이터 비트 : 8
- 패리티 : 없음
- 정비 비트 : 1
- 흐름 제어 : 없음

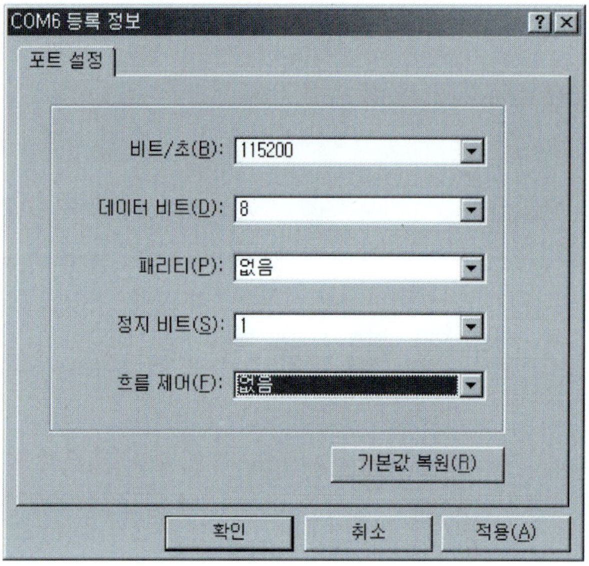

[그림 4-131]
연결포트 등록 정보 창

⑥ X-Hyper270-TKU의 "RSTCPU" 버튼을 누르면 다음과 같은 화면이 출력된다. 이 상태에서 "SPACE" 키를 눌러 부트로더를 설정하는 메뉴로 들어간다.

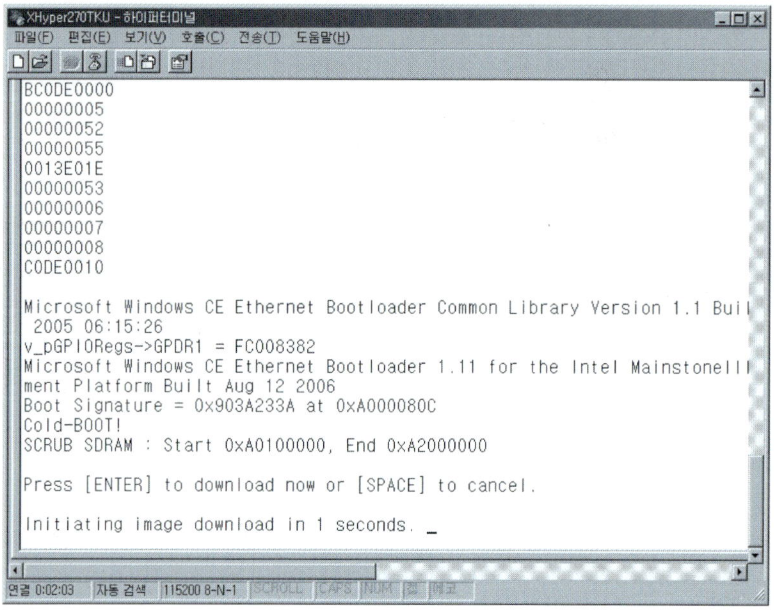

[그림 4-132]
부트로더의 실행

⑦ 다음은 부트로더를 설정하는 메뉴들이다. 부트로더를 설정하는 방법에 대해서는 이 교재 5장의 5.2절에 자세하게 기술하였다.

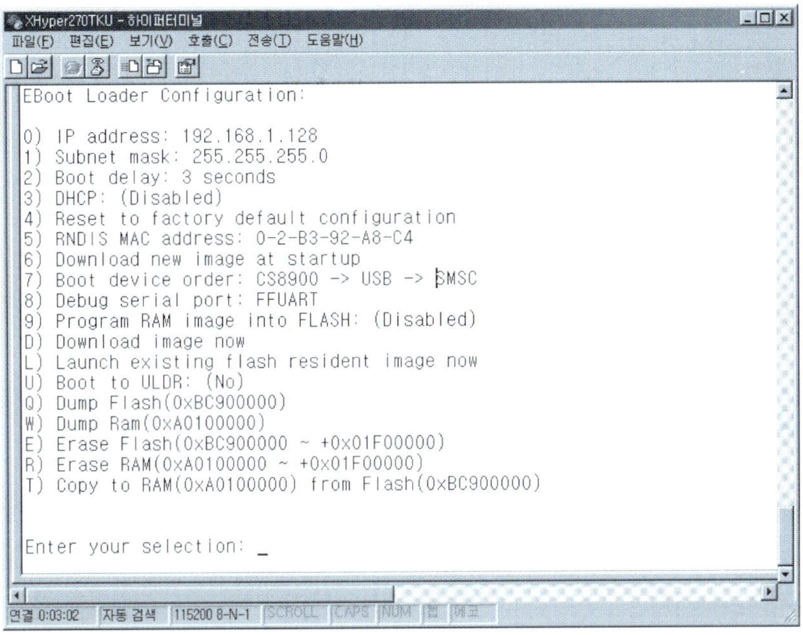

[그림 4-133] 부트로더의 메뉴

4.7 ActiveSync

Microsoft ActiveSync는 Windows CE의 운영체제를 사용하는 장치(PDA, Handheld Device)와 일반PC 사이에 데이터 공유를 가능하게 하는 동기화 소프트웨어이다. 특히 Windows Mobile기반의 PDA와 PC 사이에 데이터를 공유하려면 반드시 필요한 소프트웨어이다. ActiveSync 기능을 사용하려면 호스트 컴퓨터에 ActiveSync 프로그램이 설치되어 있어야 하며 또한, 타깃보드의 플랫폼에서도 ActiveSync를 지원해야 한다.

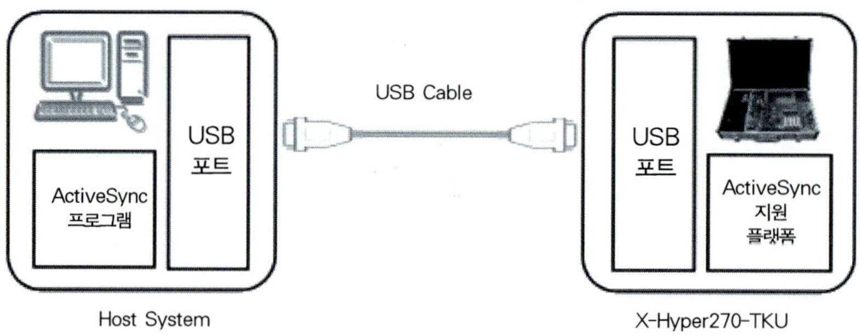

[그림 4-134] ActiveSync 연결 구성도

4.7.1 ActiveSync 다운로드

마이크로소프트사에서는 웹사이트를 통해 "ActiveSync"를 무료로 제공하고 있다.

☞ 다음은 "ActiveSync"을 마이크로소프트 웹사이트에서 다운로드 받는 방법에 대해 기술하였다.

① 먼저 아래의 웹사이트 주소로 접속한 후 왼쪽 메뉴에서 "다운로드"를 선택한다.

http://www.microsoft.com/korea/

[그림 4-135]
ActiveSync 다운로드 받기

② "검색" 항목에 "ActiveSync"이라고 입력한다.

[그림 4-136]
ActiveSync 다운로드 받기

③ 검색된 항목 중에 "ActiveSync 4.2" 항목을 선택한다.

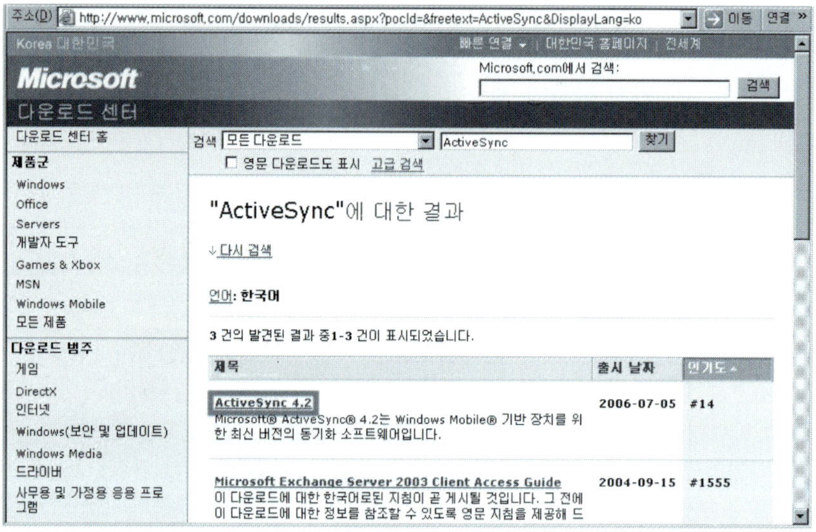

[그림 4-137] ActiveSync 다운로드 받기

④ 다음은 "Microsoft ActiveSync 4.2"를 다운로드 받을 수 있는 홈페이지이다.

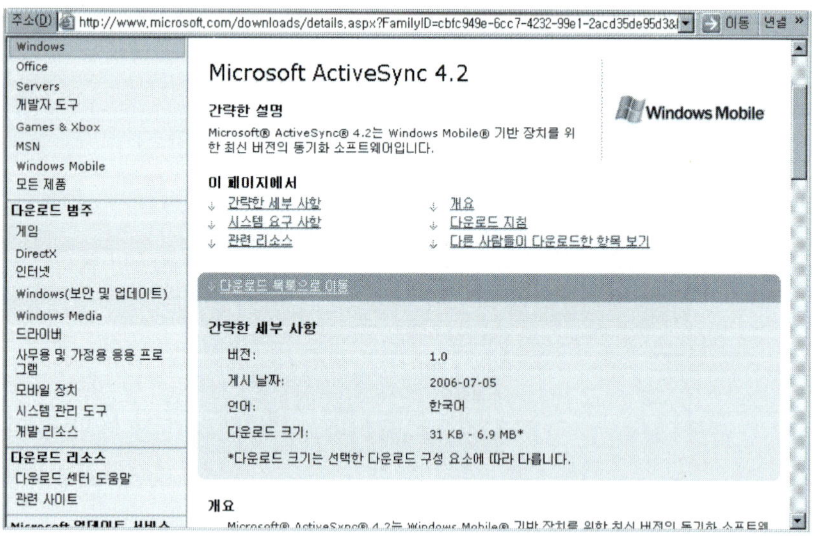

[그림 4-138] ActiveSync 다운로드 받기

⑤ 화면 아래로 이동한 후 다음 항목에서 "다운로드" 버튼을 눌러 "setup.exe" 설치파일을 다운로드 받도록 한다.

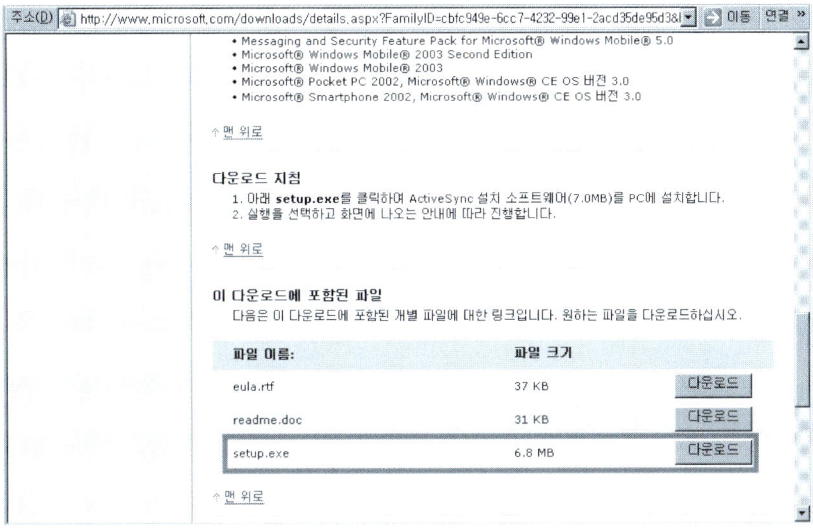

[그림 4-139] ActiveSync 다운로드 받기

4.7.2 ActiveSync 설치

☞ 다음은 다운로드 받은 파일을 이용하여 ActiveSync를 설치하는 방법에 대해 기술하였다.

① 다운로드 받은 파일을 클릭하여 설치 프로그램을 실행시킨다.

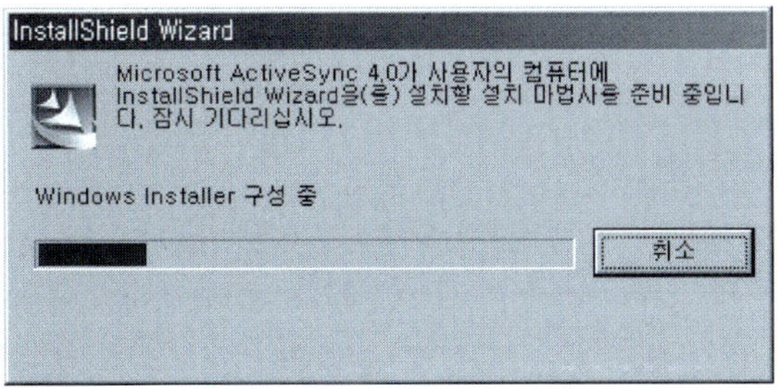

[그림 4-140] ActiveSync 설치

② "다음"을 눌러 다음 과정을 진행한다.

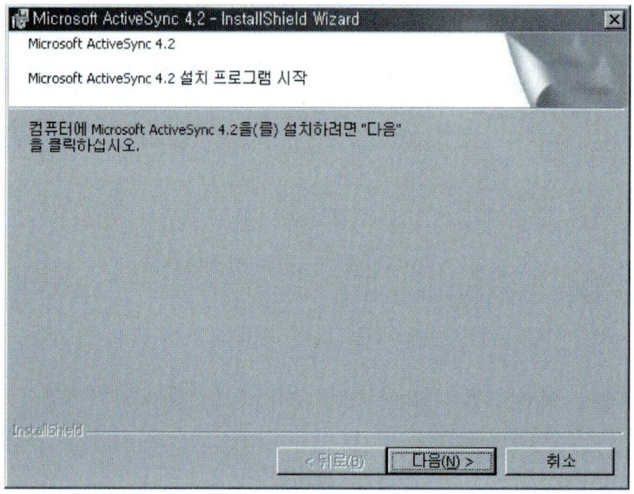

[그림 4-141]
ActiveSync **설치**

③ "ActiveSync 4.2" 사용에 있어서 권한에 대한 동의를 하고 "다음"을 눌러 다음 과정을 진행한다.

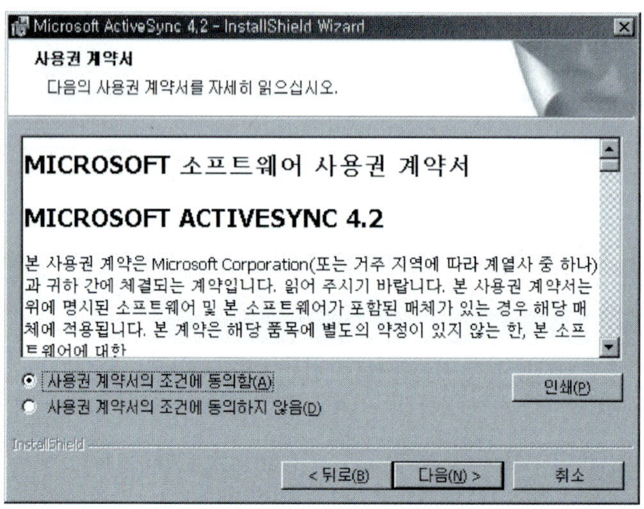

[그림 4-142]
ActiveSync **설치**

④ 사용자 이름과 조직을 입력한다.

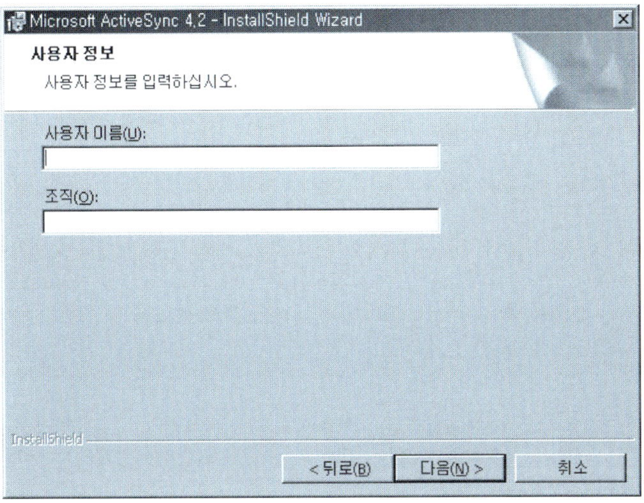

[그림 4-143]
ActiveSync 설치

⑤ "ActiveSync 4.2"를 설치할 디렉터리를 선택한 후 "다음"을 눌러 다음 과정을 진행한다.

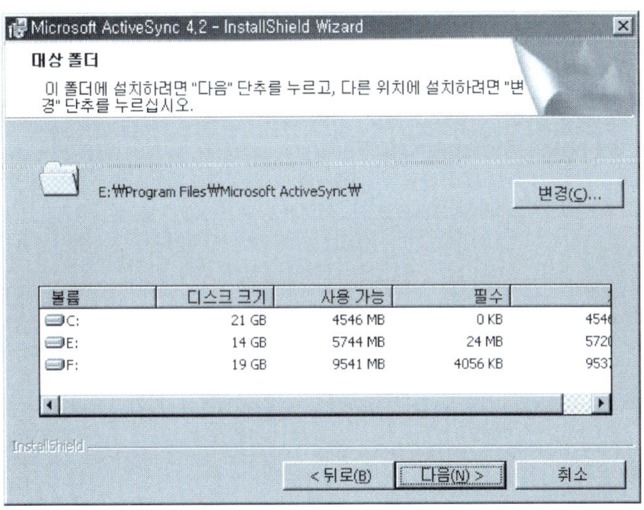

[그림 4-144]
ActiveSync 설치

⑥ "설치" 버튼을 눌러 프로그램을 설치한다.

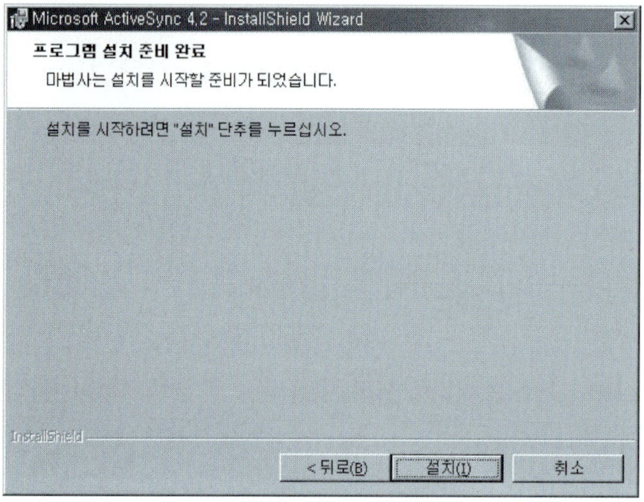

[그림 4-145] ActiveSync 설치

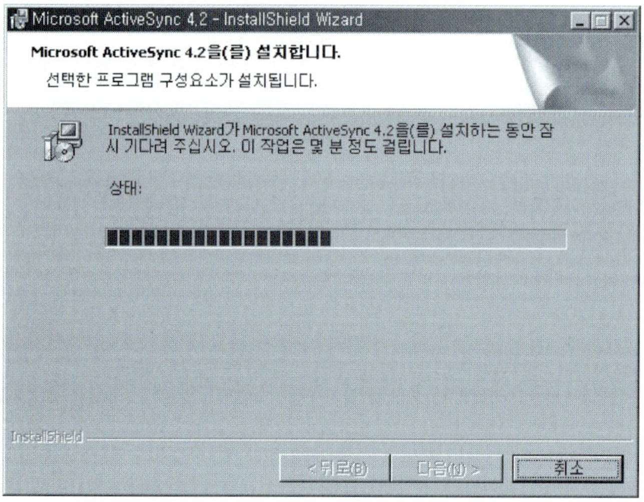

[그림 4-146] ActiveSync 설치 진행

⑦ 성공적으로 업데이트의 설치가 완료되면 아래와 같은 화면을 볼 수 있다. "마침" 버튼을 눌러 설치를 끝마친다.

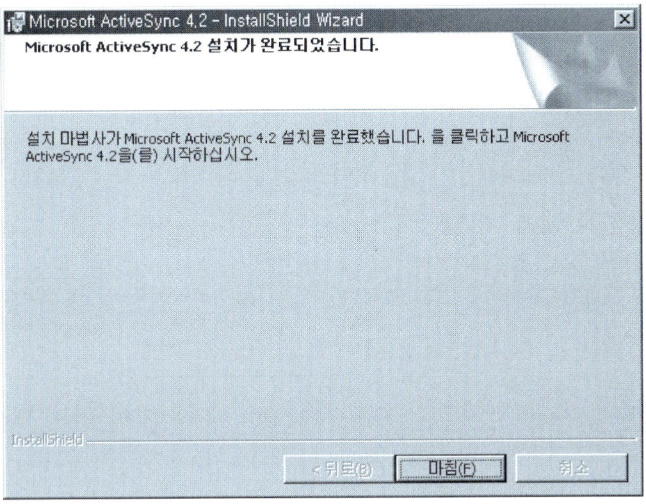

[그림 4-147]
ActiveSync 설치 완료

⑧ 호스트 컴퓨터를 재부팅한다.

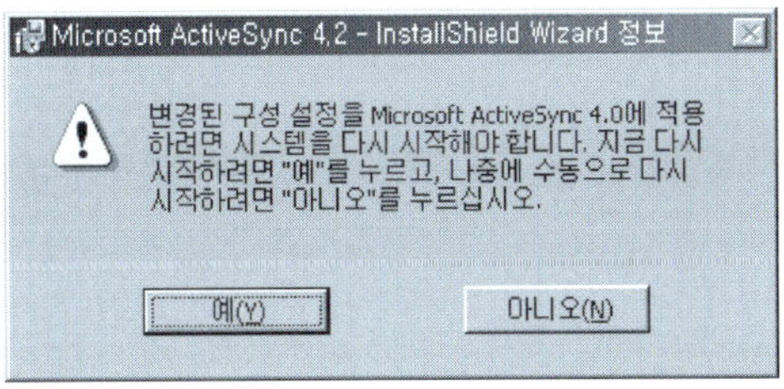

[그림 4-148]
ActiveSync 설치

⑨ 호스트 컴퓨터를 재부팅하면 다음과 화면을 확인할 수 있다.

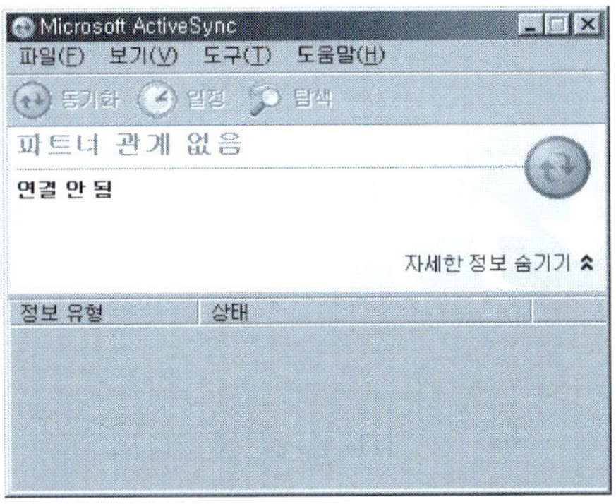

[그림 4-149]
ActiveSync 실행

4.7.3 ActiveSync 설정

ActiveSync를 이용하려면 호스트 컴퓨터뿐만 아니라 타깃보드의 데이터 통신 환경도 설정해야 한다. 아직 통신환경을 설정하지 않았기 때문에 타깃보드와 USB 케이블을 제거한 후에 통신환경을 설정한다.

☞ 다음은 "ActiveSync"를 사용하도록 타깃보드(X-Hyper270-TKU)를 설정하는 방법에 대해 기술하였다.

① 타깃보드(X-Hyper270-TKU)를 부팅하면 다음과 같은 화면을 확인할 수 있다. 바탕화면의 "My Device" 아이콘을 더블클릭한다.

[그림 4-150] 타깃보드에서 Windows CE 실행

② "Control Panel"을 더블클릭한다.

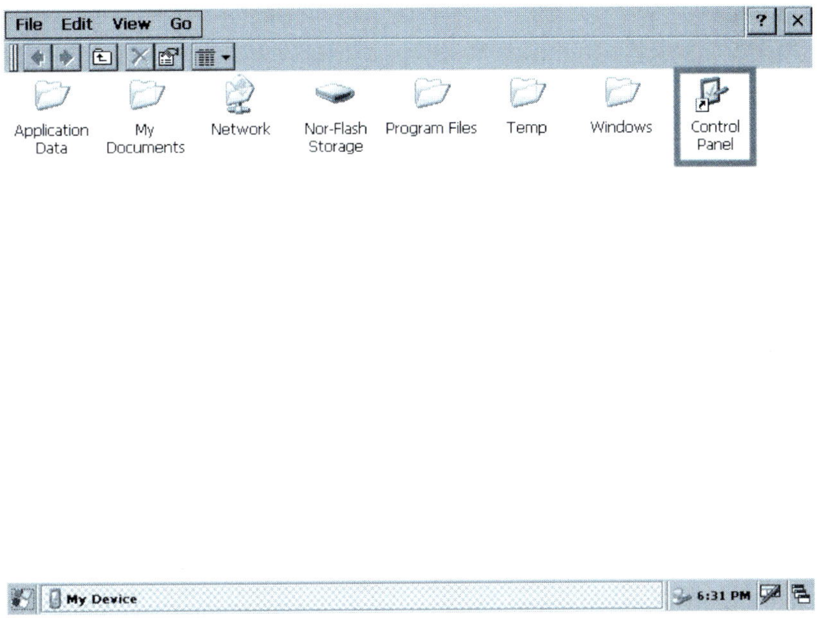

[그림 4-151]
Control Panel 선택

③ 통신환경을 설정하기 위해 "Network and Dial-up Connections"을 더블클릭한다.

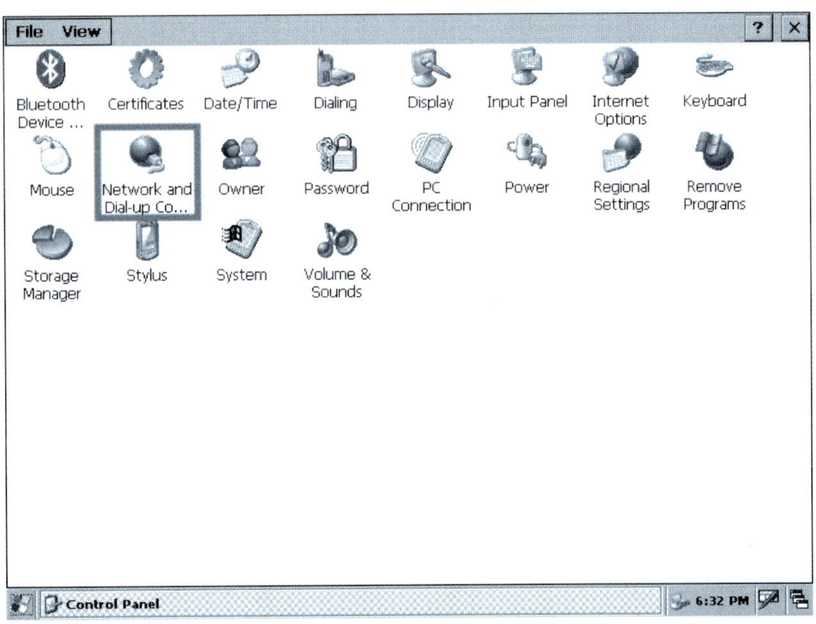

[그림 4-152]
Network and Dial-up Connections 선택

④ 호스트 컴퓨터와의 통신을 위한 새로운 접속을 생성하고자 "Make New Connection"을 더블클릭한다.

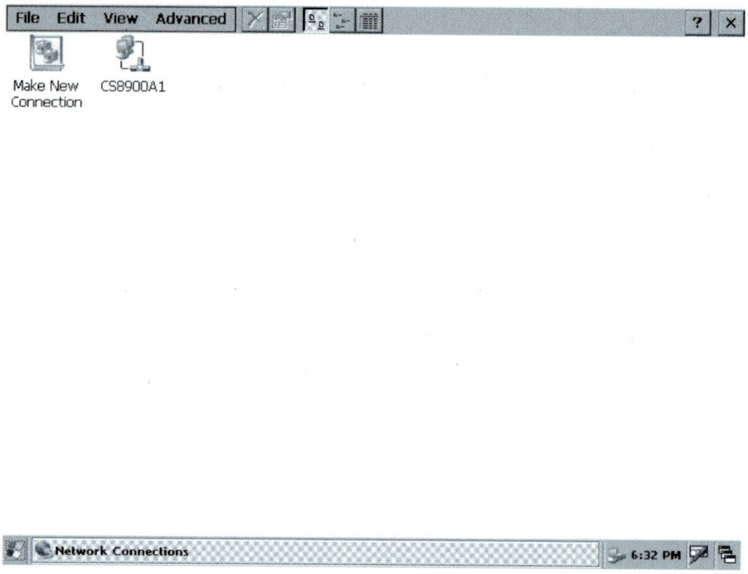

[그림 4-153] Make New Connection 선택

⑤ "Make New Connection"을 더블클릭하게 되면, 다음과 같이 새로운 접속을 생성하기 위한 설정창이 나타난다. 새로운 접속연결 이름을 입력한 후, 접속 형태에서 "Direct Connection"을 선택한 후 "Next" 버튼을 누른다.

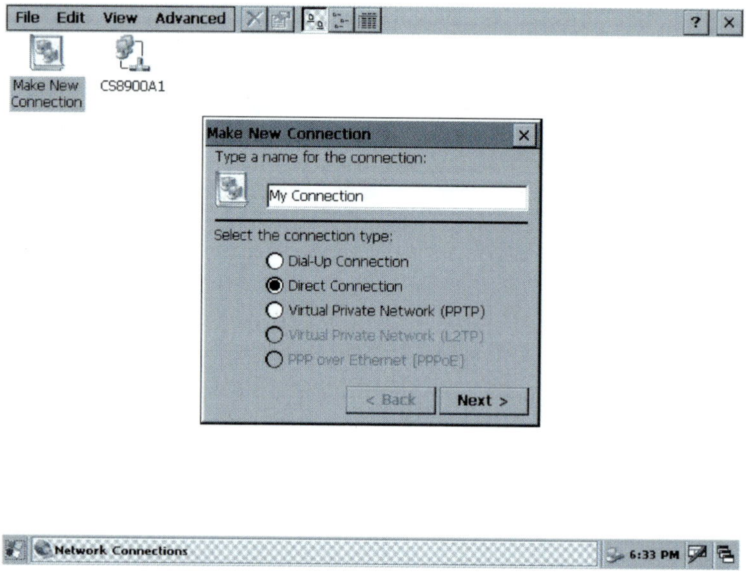

[그림 4-154] Make New Connection - Direct Connection 선택

⑥ 어떤 장치로 접속할지를 설정하는 항목에서 "USB Cable"을 선택한 후, "Finish" 버튼을 누른다.

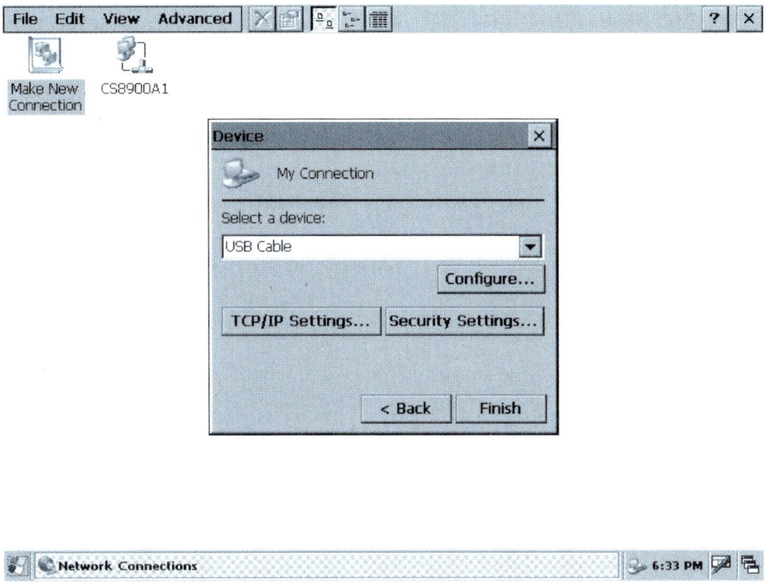

[그림 4-155]
Device - USB Cable 선택

⑦ "Finish" 버튼을 누르게 되면, 다음과 같이 "My Connection"이라는 새로운 접속항목이 생성된다.

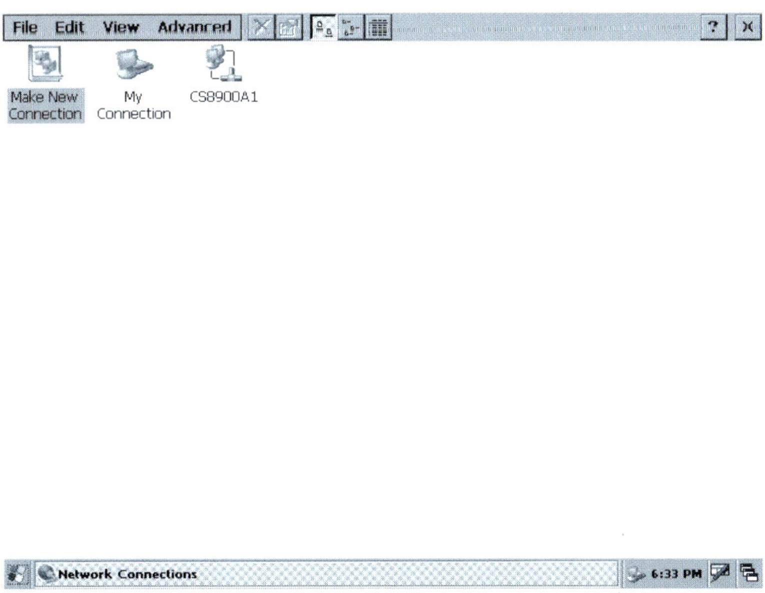

[그림 4-156]
새로운 My Connection 연결 생성

제 4 장

⑧ 다시 Control Panel로 이동한 후, PC와의 접속을 허가하도록 "PC Connection"을 더블클릭한다.

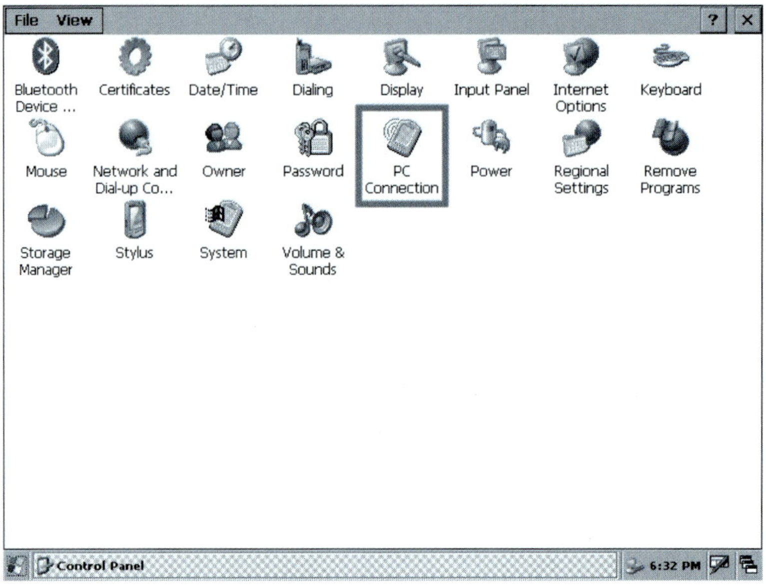

[그림 4-157]
PC Connection 선택

⑨ "PC Connection"을 더블클릭하게 되면, 다음과 같은 창이 나타난다. "Enable direct connections to the desktop computer"를 선택한 후, "Change Connection..." 버튼을 누른다.

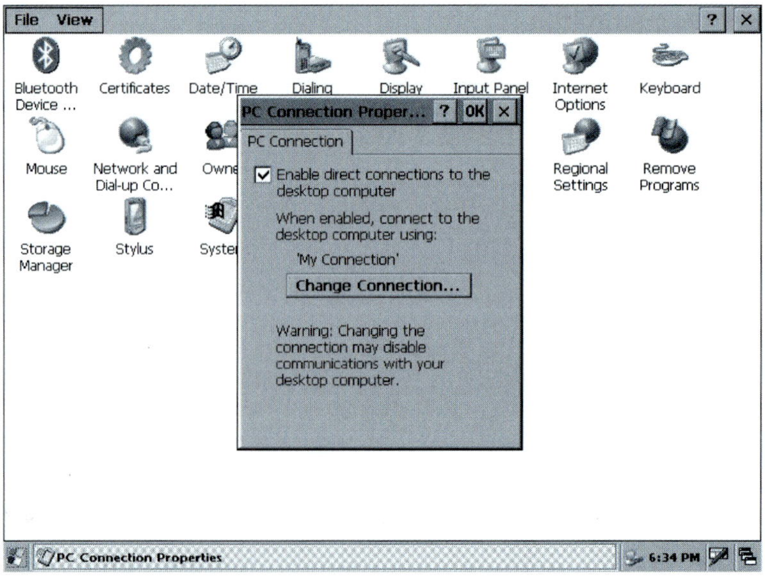

[그림 4-158]
PC Connection Proper...

⑩ "Change Connection..." 버튼을 누르게 되면, 다음과 같은 창이 나타난다. "Network and Dial-up Connections"에서 생성해준 "My Connection"을 선택한 후 "OK" 버튼을 누른다.

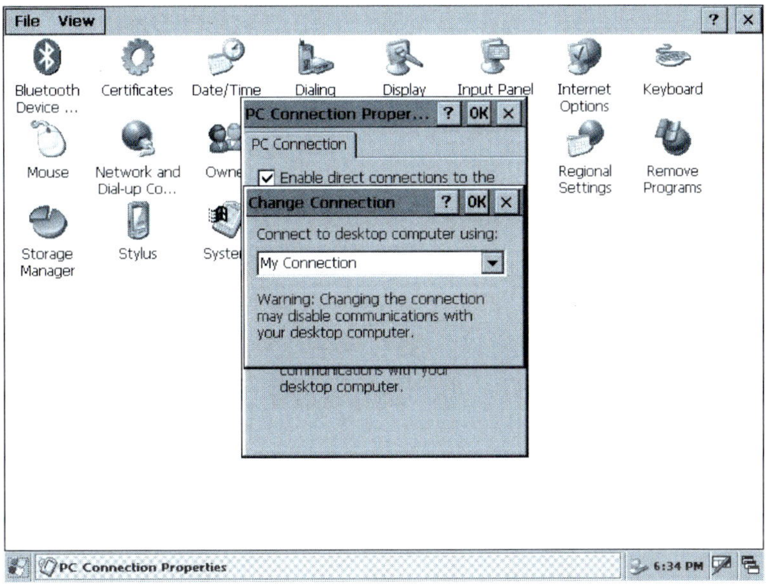

[그림 4-159]
Change Connection

☞ 다음은 "ActiveSync"를 사용하도록 호스트 컴퓨터에 설치된 ActiveSync 프로그램을 설정하는 방법에 대해 기술하였다.

① ActiveSync 프로그램을 실행시킨 후 타깃보드와 호스트 컴퓨터의 USB 포트를 USB 케이블로 연결하면, 다음과 같은 화면을 확인할 수 있다. 호스트 컴퓨터와 타깃보드 간에 정보를 동기화할 수 있도록 "예"를 선택한 후 "다음" 버튼을 누른다.

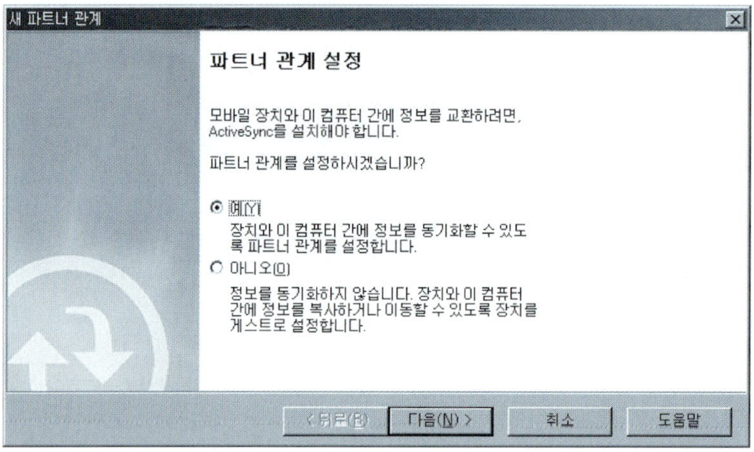

[그림 4-160] 파트너 관계 설정

② "다음" 버튼을 누르게 되면 다음과 같은 창이 나타난다. "예, 이 컴퓨터와만 동기화합니다[Y]."를 선택한 후 "다음" 버튼을 누른다.

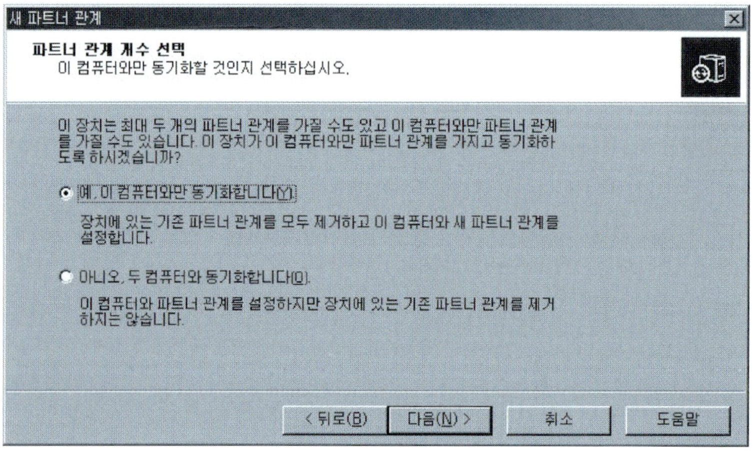

[그림 4-161] 파트너 관계 개수 선택

③ 호스트 컴퓨터와 타깃보드 간에 파일을 동기화하도록 "파일"을 선택한 후, "다음" 버튼을 누른다.

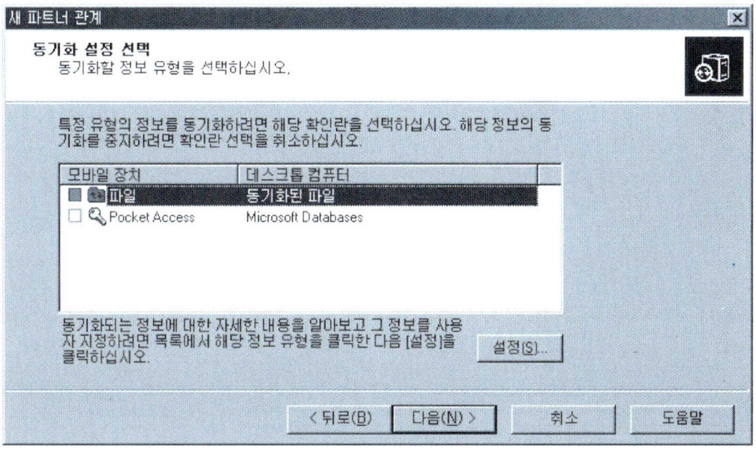

[그림 4-162]
동기화 설정 선택

④ "다음" 버튼을 누르게 되면, 타깃보드와 동기화된 파일 폴더를 호스트 컴퓨터에 만든다는 메시지창이 나타난다. "확인" 버튼을 누른다.

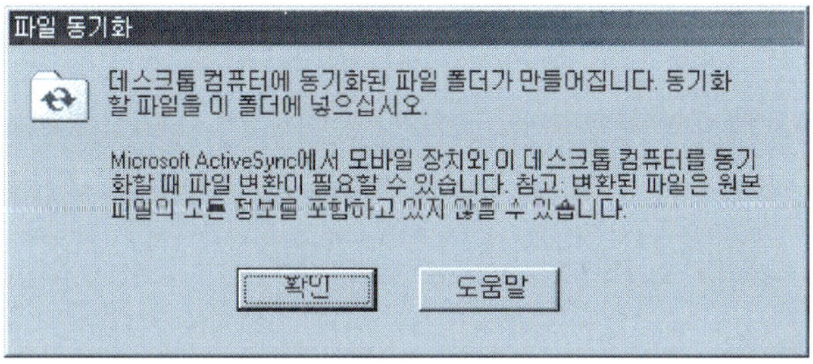

[그림 4-163]
폴더생성 알림 메시지

⑤ "마침"을 누르면 ActiveSync를 사용할 수 있게 된다.

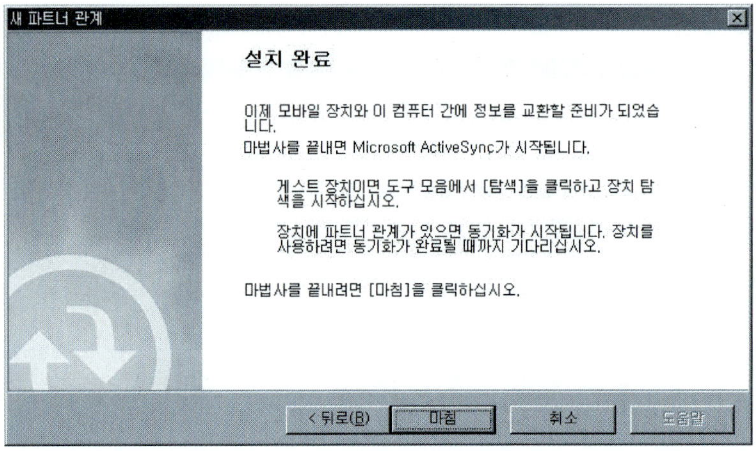

[그림 4-164]
ActiveSync **설치완료**

⑥ "마침"을 누르게 되면 다음과 같이 타깃보드와 호스트 컴퓨터가 동기화된다.

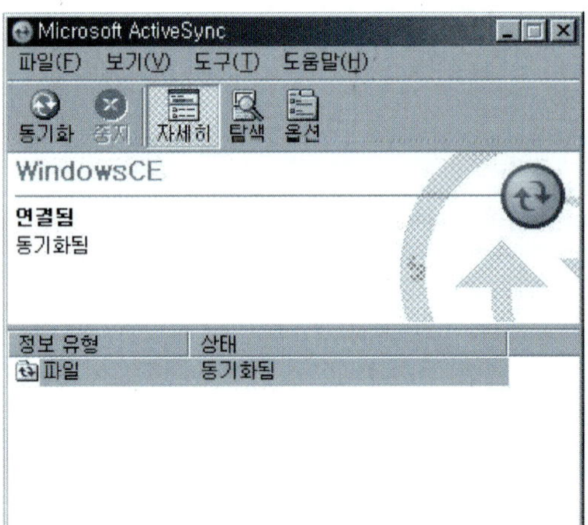

[그림 4-165]
ActiveSync **실행**

⑦ ActiveSync 프로그램에서 "탐색" 아이콘을 누르면, 탐색기 프로그램이 실행되고, 타깃보드의 파일 시스템과 동기화된 폴더를 볼 수 있다.

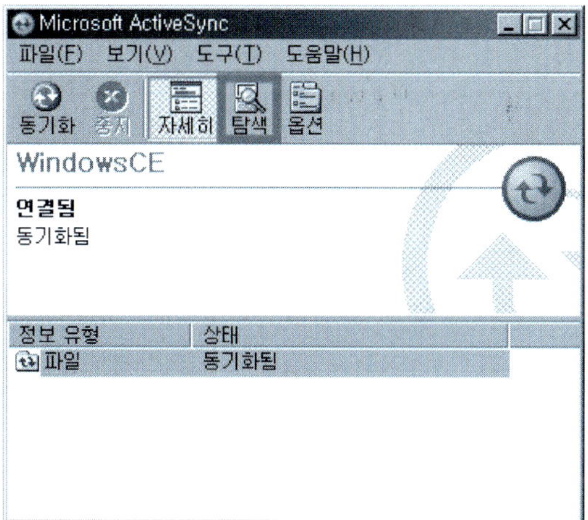

[그림 4-166]
ActiveSync 탐색 선택

⑧ 이 동기화된 폴더에 파일을 복사하거나 삭제하면 실제로 타깃보드에서도 그 파일이 복사되거나 삭제된다.

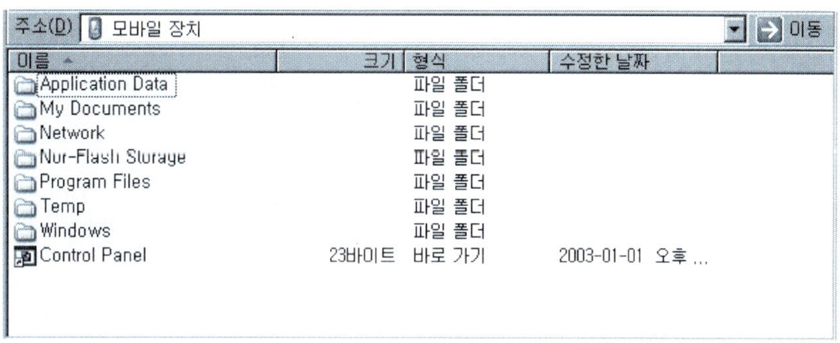

[그림 4-167]
모바일 장치 폴더

제5장
EBOOT 환경 구축

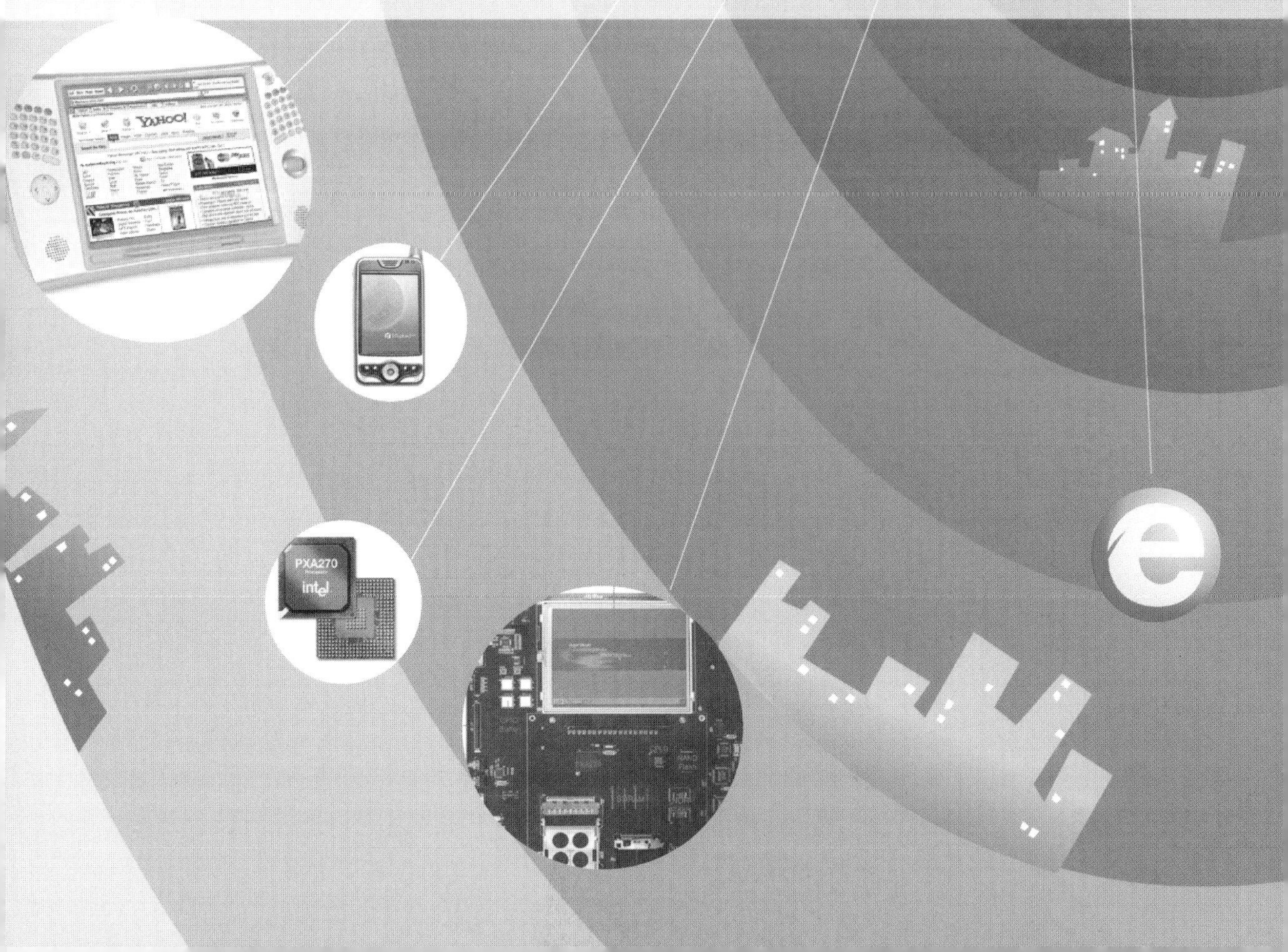

5.1 Microsoft Windows CE Bootloader

5.1.1 Bootloader

부트로더(Bootloader)는 "Boot"와 "Loader"의 합성어로서, "Boot"는 시스템 프로그램의 초기 동작을 의미하고 "Loader"는 실제 운영체제를 시스템에 올린다는 의미이다. 즉 임베디드 시스템에 처음 전원을 인가하거나 하드웨어적으로 리셋을 시키면 부트로더는 다시 시스템을 시작하도록 프로세서, 메모리, 인터럽트, UART 등의 시스템을 시작하는 데 필요한 최소한의 하드웨어 장치들을 초기화한 후 롬 또는 플래시 메모리에 적재되어 있는 운영체재 이미지를 찾아서 램으로 복사를 하고 복사한 위치로 실행을 옮겨 운영체제가 부팅되도록 한다. 자세하게 부트로더의 기능들을 살펴보면 다음과 같다.

1. 하드웨어 디버깅과 초기화 기능

임베디드 시스템의 하드웨어 제작 과정에서, 일단 하드웨어 설계가 끝나면 가장 먼저 프로세서를 동작시켜야 한다. 그러려면 부트로더는 프로세서 자체의 클록속도를 설정하고, 프로세서 초기화 루틴, 동작환경설정 루틴, 동작환경검사 루틴 등을 포함하고 있어야 한다. 프로세서를 동작시킨 후에는 프로세서 이외의 주변 디바이스의 이상 유무도 검증을 해야 하는데 그러려면 부트로더는 주변 디바이스 초기화 루틴, 이상 유무 검사 루틴 등도 포함하고 있어야 한다.

2. 임베디드 시스템의 상태 표시, 도움말 기능

개발자는 임베디드 시스템을 개발하는 과정에서 임베디드 시스템의 상태를 알아야 한다. 그래서 부트로더는 보통 시리얼 디바이스를 구동시킨 후 시리얼 디바이스를 이용해 임베디드 시스템의 상태나 기타 메시지를 표출하게 하여 개발자가 상태를 확인할 수 있도록 한다. 시리얼 통신으로 메시지를 표출할 때는 우리가 편하게 많이 사용하고 있는 보통 C함수의 "printf"문으로 구현한다. 또한, 부트로더는 자체적으로 시스템을 테스트할 수 있는 기능을 가지고 있으며, 테스트하기 위해 사용하는 명령어들에 대한 도움말 기능을 제공한다.

3. 이미지 다운로드 기능

하드웨어 설계가 끝나면 처음에는 시스템에 부트로더가 적재되어 있지 않기 때문에 JTAG 장비를 이용하여 플래시에 부트로더를 적재해야 한다. 그러나 일단 플래시에 데이터를 써 넣는 기능을 가진 부트로더를 시스템에 적재하면, 시리얼통신이나 이더넷통신을 이용해 이미지를 다운로드한 후 플래시에 적재할 수 있다. 특히 수십MB가 되는 이미지도 이더넷통신을 이용하여 쉽고 빠르게 다운로드할 수 있다.

4. 운영체제(OS) 구동 기능

임베디드 시스템에서 운영체제를 구동시키려면 커널 이미지를 램 영역으로 복사한 후 초기 설정 상태를 커널에 전달하거나 커널에 진입 시에 필요한 형식을 구현해 주고 커널 수행 진입점으로 수행위치를 옮겨 주어야 하는데 부트로더가 이러한 기능을 수행한다.

5.1.2 EBOOT(Ethernet BOOTloader)

EBOOT는 Windows CE 운영체제 이미지를 호스트 컴퓨터에서 타깃보드로 이더넷(Ethernet)을 이용한 다운로드를 지원하며, 운영체제 이미지 또는 데이터를 직접 플래시에 읽기와 쓰기를 지원한다. 또한, Windows CE가 동작하도록 CPU 내부의 MMU(Memory Management Unit)와 캐시를 활성화하며, 리얼타임을 초기화하고, 이미지의 다운로드를 위한 하드웨어들을 초기화한다. EBOOT의 구조를 살펴보면 다음과 같다.

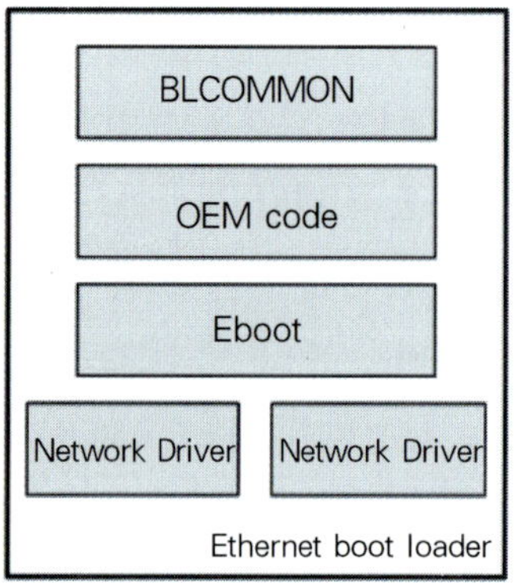

[그림 5-1] Ethernet boot loader 구조

BLCOMMON, Eboot, Network Driver 들은 재사용 가능하고 이식 가능하도록 디자인된 코드 라이브러리들이며, 개발자는 "Common Boot Loader"를 참조하여 쉽게 새로운 부트로더를 만들 수 있다.

개발자가 Windows CE를 지원하는 부트로더를 만들려면 마이크로소프트사에서 지원하는 라이브러리(BLCOMMON)를 가져다 사용해야 하는데 라이브러리는

\WINCE500\PUBLIC\COMMON\OAK\DRIVERS\ETHDBG\BLCOMMON

폴더에 있다. 폴더의 파일들을 살펴보면 다음과 같다.

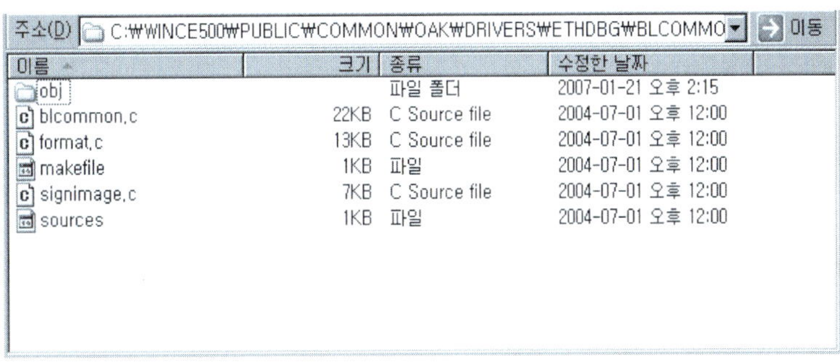

[그림 5-2] BLCOMMON 폴더

BLCOMMON 모듈 내의 함수들을 살펴보면 다음과 같다.

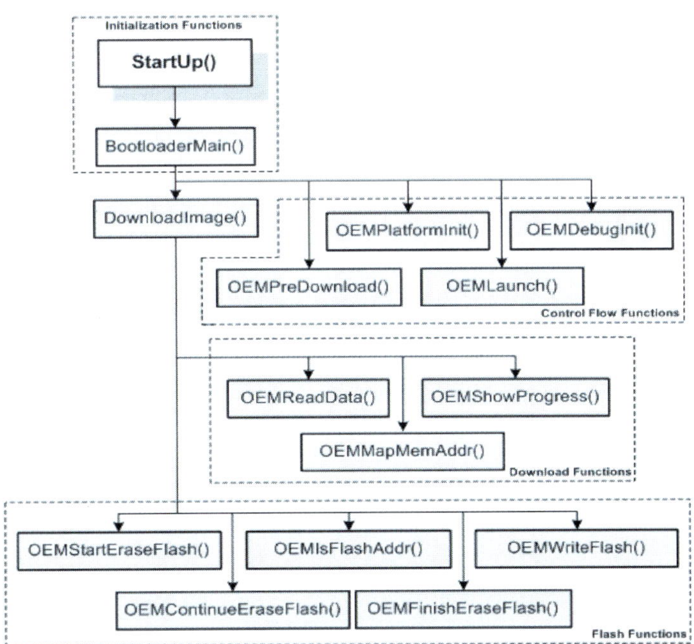

[그림 5-3] Boot Loader Functions

타깃보드에 전원이 인가되면, 위의 그림에서 가장 위에 있는 StartUp()함수가 실행되는데 StartUp()함수는 CPU, MMU, 캐시 등을 초기화한다. 위의 그림에서 StartUp()함수와 OEMxxx()함수들은 개발자가 직접 작성해 주어야 하는 함수이다. 개발자가 직접 작성해 주어야 하는 부분을 살펴보자.

다음 폴더를 살펴보면 EBOOT의 구조를 확인해 볼 수 있다.

\WINCE500\PLATFORM\XHyper27xTKU_BSP\src\bootloader\eboot

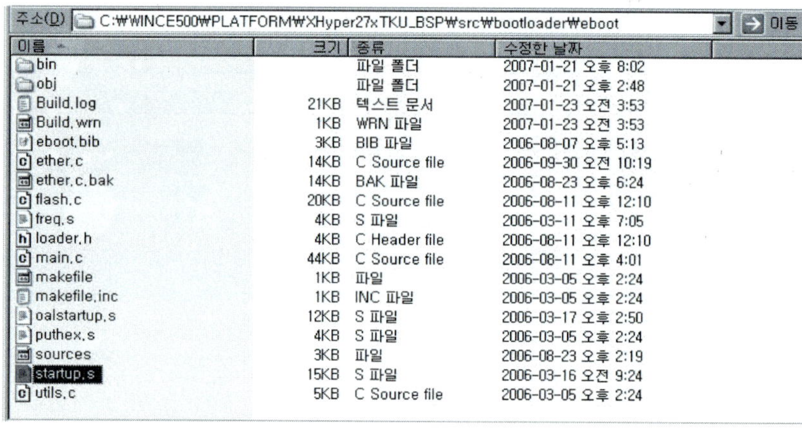

주소(D) C:₩WINCE500₩PLATFORM₩XHyper27xTKU_BSP₩src₩bootloader₩eboot

이름	크기	종류	수정한 날짜
bin		파일 폴더	2007-01-21 오후 8:02
obj		파일 폴더	2007-01-21 오후 2:48
Build.log	21KB	텍스트 문서	2007-01-23 오전 3:53
Build.wrn	1KB	WRN 파일	2007-01-23 오전 3:53
eboot.bib	3KB	BIB 파일	2006-08-07 오후 5:13
ether.c	14KB	C Source file	2006-09-30 오전 10:19
ether.c.bak	14KB	BAK 파일	2006-08-23 오후 6:24
flash.c	20KB	C Source file	2006-08-11 오후 12:10
freq.s	4KB	S 파일	2006-03-11 오후 7:05
loader.h	4KB	C Header file	2006-08-11 오후 12:10
main.c	44KB	C Source file	2006-08-11 오후 4:01
makefile	1KB	파일	2006-03-05 오후 2:24
makefile.inc	1KB	INC 파일	2006-03-05 오후 2:24
oalstartup.s	12KB	S 파일	2006-03-17 오후 2:50
puthex.s	4KB	S 파일	2006-03-05 오후 2:24
sources	3KB	파일	2006-08-23 오후 2:19
startup.s	15KB	S 파일	2006-03-16 오전 9:24
utils.c	5KB	C Source file	2006-03-05 오후 2:24

[그림 5-4] eboot 폴더

폴더를 살펴보면, 크게 "makefile", "sources", "eboot.bib" 파일들과 eboot의 생성을 위한 파일들로 구성되어 있다.

"makefile" 파일은 "BUILD.exe"를 사용하여 모듈소스를 빌드할 때 필요로 한 빌드정보를 가진 파일로서, 소스파일들을 컴파일하고 빌드하기 위한 정해진 규칙을 명시해 놓은 파일이다.

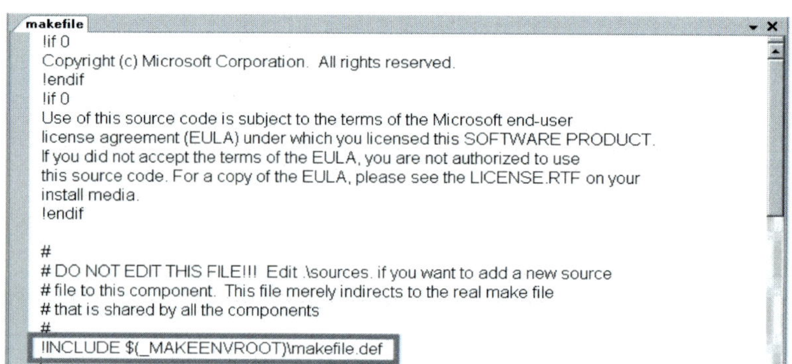

```
!if 0
Copyright (c) Microsoft Corporation.  All rights reserved.
!endif
!if 0
Use of this source code is subject to the terms of the Microsoft end-user
license agreement (EULA) under which you licensed this SOFTWARE PRODUCT.
If you did not accept the terms of the EULA, you are not authorized to use
this source code. For a copy of the EULA, please see the LICENSE.RTF on your
install media.
!endif

#
# DO NOT EDIT THIS FILE!!!  Edit .\sources. if you want to add a new source
# file to this component.  This file merely indirects to the real make file
# that is shared by all the components
#
!INCLUDE $(_MAKEENVROOT)\makefile.def
```

[그림 5-5] makefile 파일

"makefile" 파일을 살펴보면, $(_MAKEENVROOT)\makefile.def 파일이 실제로 BUILD.exe가 참조하는 파일이라는 것을 알 수 있다.

"$(_MAKEENVROOT)"라는 변수는 "\WINCE500\PUBLIC\COMMON\OAK\MISC" 폴더를 의미한다. "MISC" 폴더에 있는 "makefile.def" 파일이 모듈소스를 빌드할 때 참조하는 makefile이다.

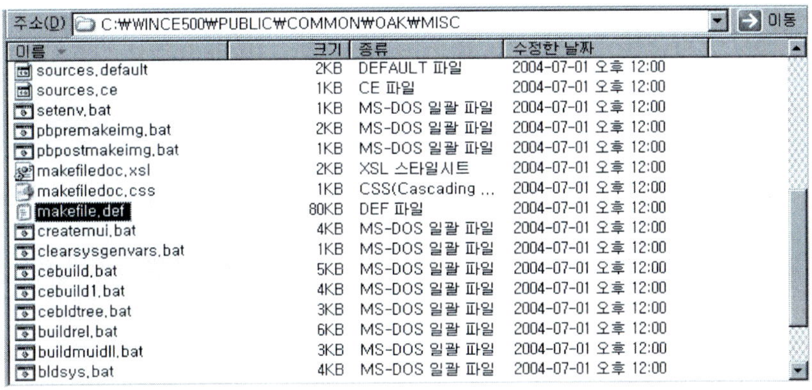

[그림 5-6] MISC 폴더

"sources" 파일에는 컴파일을 수행하여 이미지를 생성하기 위한 필요한 라이브러리와 소스파일들이 명시되어 있다.

(5-1) source 파일

```
TARGETNAME=eboot
TARGETTYPE=PROGRAM
RELEASETYPE=PLATFORM
EXEENTRY=StartUp

NOMIPS16CODE=1

INCLUDES= \
$(INCLUDES); \
$(_PUBLICROOT)\common\oak\drivers\block\msflashfmd\inc \
LDEFINES=-subsystem:native /DEBUG /DEBUGTYPE:CV /FIXED:NO

TARGETLIBS= \
$(TARGETLIBS) \
```

```
$(_COMMONOAKLIB)\$(_CPUINDPATH)\oal_blcommon.lib \
$(_COMMONOAKLIB)\$(_CPUINDPATH)\oal_blnk.lib \
$(_COMMONOAKLIB)\$(_CPUINDPATH)\oal_memory_arm.lib \
$(_COMMONOAKLIB)\$(_CPUINDPATH)\oal_kitl.lib \
$(_COMMONOAKLIB)\$(_CPUINDPATH)\oal_log.lib \
$(_COMMONOAKLIB)\$(_CPUINDPATH)\oal_other.lib \
$(_TARGETPLATROOT)\lib\$(_CPUINDPATH)\mainstoneii_usbfn_rndiskitl.lib \
$(_TARGETPLATROOT)\lib\$(_CPUINDPATH)\mainstoneii_args.lib \
$(_TARGETPLATROOT)\lib\$(_CPUINDPATH)\mainstoneii_dbgserial.lib \
$(_TARGETPLATROOT)\lib\$(_CPUINDPATH)\mainstoneii_io.lib \
$(_TARGETPLATROOT)\lib\$(_CPUINDPATH)\pxa27x_xllp.lib \
$(_TARGETPLATROOT)\lib\$(_CPUINDPATH)\cs8900dbg.lib \
$(_COMMONOAKROOT)\lib\$(_CPUINDPATH)\eboot.lib \
$(_COMMONOAKROOT)\lib\$(_CPUINDPATH)\fulllibc.lib \
$(_TARGETPLATROOT)\lib\$(_CPUINDPATH)\lan91c.lib \
$(_TARGETPLATROOT)\lib\$(_CPUINDPATH)\Smsc100.lib \

SOURCES= \
main.c \
ether.c \
flash.c \
utils.c \

ARM_SOURCES= \
startup.s \
oalstartup.s \
freq.s \
puthex.s \
```

"TARGETNAME"과 "TARGETTYPE"은 eboot라는 exe 확장자는 가지는 파일의 생성을, "EXEENTRY"은 eboot.exe 파일의 시작함수가 StartUp이라는 것을 나타내며, 이 함수는 startup.s 파일 안에 있다. "TARGETLIBS"은 사용될 라이브러리를 나타내며, "SOURCES"은 사용될 소스코드를 나타낸다.

"eboot.bib" 파일은 압축할 파일들에 대한 정보와 EBOOT의 메모리 맵, eboot.nb0의 이미지 크기, 사용될 압축이미지의 속성 등을 결정한다.

(5-2)
eboot.bib 파일

```
MEMORY
;   Name         Start       Size        Type
;   -------      --------    --------    --------
    EBOOT        80020000    00040000    RAMIMAGE
    RAM          80010000    00010000    RAM
    STACK        80002000    0000E000    RESERVED
    DRV_GLB      80000000    00001000    RESERVED
    SLEEP_SAV    80001000    00001000    RESERVED
    TTB          80060000    00010000    RESERVED
    RSVD         80070000    0008F000    RESERVED
    ARGS         800FF000    00001000    RESERVED

CONFIG
    AUTOSIZE=OFF
    COMPRESSION=OFF
    PROFILE=OFF
    KERNELFIXUPS=ON
    ROMSTART=80020000
    ROMWIDTH=32
    ROMSIZE=00040000
    ROMSIZE=00018000

MODULES
;Name     Path                                                              Memory
;-----    ----------------------------------------------------------------  ----------
nk.exe    $(_TARGETPLATROOT)\target\$(_TGTCPU)\$(WINCEDEBUG)\eboot.exe      BOOT
```

파일의 내용을 살펴보면, MEMMORY 영역에서 “EBOOT 80020000 00040000 RAMIMAGE”라는 구문은 EBOOT라는 이름을 갖는 이미지가 0x80020000부터 0x00040000만큼의 메모리를 사용하며, RAMIMAGE의 속성을 갖는다는 의미이다. CONFIG 영역에서 “AUTOSIZE”는 MEMORY 영역에서 RAMIMAGE로 정의되고 사용되지 않고 남는 영역을 RAM 영역으로 포함할지를 선택하는 항목이고, “COMPRESSION”는 “MODULES” 영역과 “FILES” 영역에서 정의되는 파일들을 압축해서 보관할지를 선택하는 항목이다. MODULE 영역에서 “nk.exe $(_TARGETPLATROOT)\target\$(_TGTCPU)\$(WINCEDEBUG)\eboot.exe EBOOT”라는 구문은 EBOOT라는 이미지파일 안으로 “$(_TARGETPLATROOT)\target\$(_TGTCPU)\$(WINCEDEBUG)” 폴더에 있는 eboot.exe 파일의 복사본인 nk.exe 파일이 압축된다는 의미이다.

EBOOT 이미지를 만드는데 eboot.bib 파일이 어떻게 사용되는지 살펴보자.

제 5 장

\WINCE500\PUBLIC\COMMON\OAK\MISC 폴더에 있는 makefile.def 파일이 모듈소스를 빌드할 때 참조하는 makefile이라고 위에서 언급하였다.

makefile.def 파일을 열어 마지막 부분을 보면 "makefile.inc" 파일을 참조하는 것을 확인할 수 있다.

```
makefile.def
! ENDIF
!ENDIF

!IF EXIST(.\makefile.inc)
! IFDEF WINCETARGETFILES
!   INCLUDE .\makefile.inc
! ELSE IFDEF WINCETARGETFILE0
!   INCLUDE .\makefile.inc
! ELSE IF "$(SPECIAL_IRC_DEPENDENT)" != "0" && "$(SPECIAL_IRC_DEPENDENT)" != ""
#
# Added for internationalization
#
!   INCLUDE .\makefile.inc
! ENDIF
!ENDIF
```

[그림 5-7]
makefile.def 파일

\WINCE500\PLATFORM\XHyper27xTKU_BSP\src\bootloader\eboot 폴더에 있는 "makefile.inc" 파일을 열어보면 다음과 같다.

```
makefile.inc
BootImage:
!IF "$(NOLINK)" == ""
  romimage $(ROMIMAGE_FLAGS) eboot.bib

!IF "$(WINCEREL)"=="1"
  copy $(_PLATFORMROOT)\$(_TGTPLAT)\target\$(_TGTCPU)\$(WINCEDEBUG)\eboot.nb0 $(_FLATRELEASEDIR)
  copy $(_PLATFORMROOT)\$(_TGTPLAT)\target\$(_TGTCPU)\$(WINCEDEBUG)\eboot.bin $(_FLATRELEASEDIR)
!ENDIF
!ENDIF
```

[그림 5-8]
makefile.inc 파일

"romimage $(ROMIMAGE_FLAGS) eboot.bib" 구문을 보면, romimage는 ROM 이미지를 만들어내는 유틸리티로 eboot.bib 파일을 참조하여 메모리에 적재되는 위치를 결정한다. 환경변수가 "SET WINCEREL=1"로 빌드명령을 실행하면 빌드되는 바이너리 파일들은 $(_FLATRELEASEDIR) 폴더로 복사가 된다. 그러나 eboot.nb0, eboot.bin 파일은 자동으로 복사되지 않기 때문에 eboot.nb0, eboot.bin 파일도 $(_FLATRELEASEDIR) 폴더로 복사가 되도록 코드가 추가되어 있다.

5.2 EBOOT 제작

5.2.1 X-Hyber270-TKU BSP(Board Support Package) 설치

BSP(Board Support Package)는 특정 타깃 시스템에 운영체제를 적재하는 데 필요한 소스 패키지 및 바이너리 패키지를 말하며, 디바이스 드라이버(Device Driver), OAL(OEM Adaptation Layer), HAL(Hardware Abstraction Layer), 부트로더(Boot Loader), BIOS(Basic Input/Output System) 파일들로 구성된다.

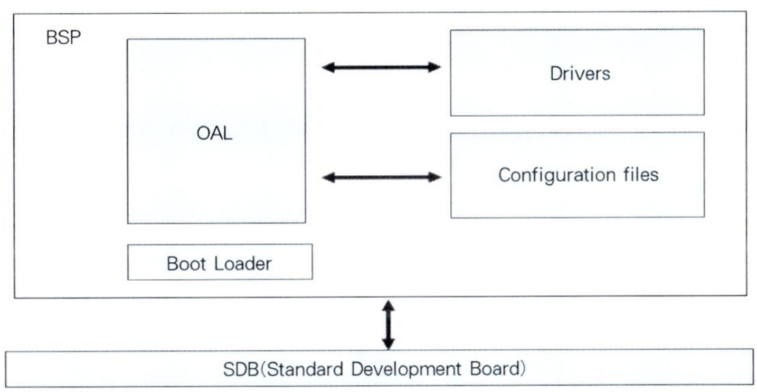

[그림 5-9] BSP 구성도

\WINCE500\PLATFORM 폴더를 살펴보면 CEPC, EMULATOR, GEODE, MAINSTONEII, MAINSTONEIII SMDK2410 폴더들이 보이는데, 각각의 폴더에는 각각 폴더명의 이름을 가진 타깃 시스템을 위한 BSP들이 들어있다. \WINCE500\PLATFORM\COMMON, \WINCE500\PLATFORM\COMMON\OAK\CSP 폴더 등도 BSP와 관계된 파일들이 들어있다. 타깃 시스템에 적재할 Windows CE 운영체제 이미지를 만들려면 특정 타깃 시스템에 종속적인 BSP와 Common 요소가 필요하다. Common 요소는 특정 타깃 시스템에 종속적인 코드를 제외한 코드들로 어떤 BSP를 사용하더라도 호환성을 가지는 코드들로 \WINCE500\PUBLIC 폴더들에 들어있다. 쉽게 말하면, Windows CE 운영체제에서 동작하는 익스플로러나 미디어플레이어, 다이렉트X 같은 프로그램을 말한다.

제 5 장

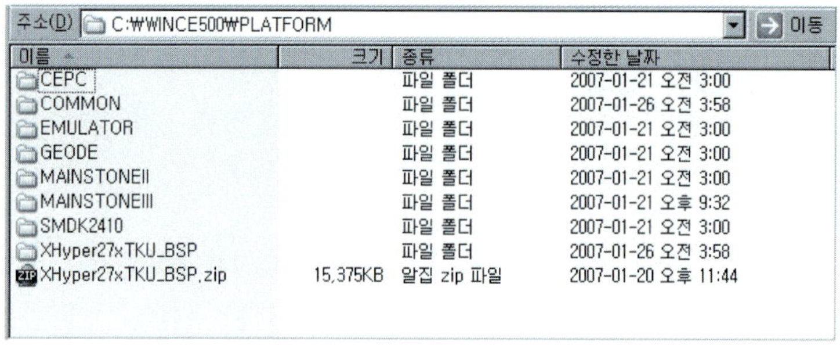

[그림 5-10]
PLATFORM 폴더

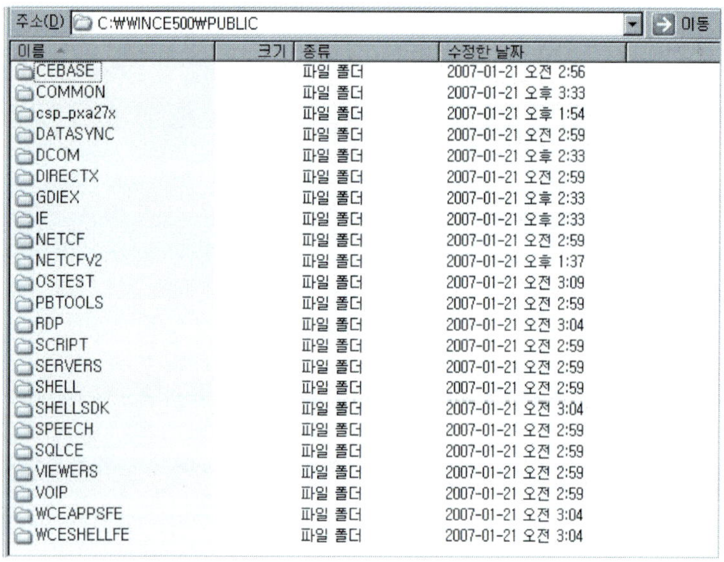

[그림 5-11]
PUBLIC 폴더

☞ 다음은 실습에 사용하고 있는 X-Hyber270-TKU 장비의 BSP를 플랫폼 빌더에 추가하는 방법에 대해 기술하였다.

① 제공된 CD에 들어있는 "XHyper27xTKU_BSP.zip" BSP 압축파일을 \WINCE500\PLATFORM 폴더에 복사를 한다.

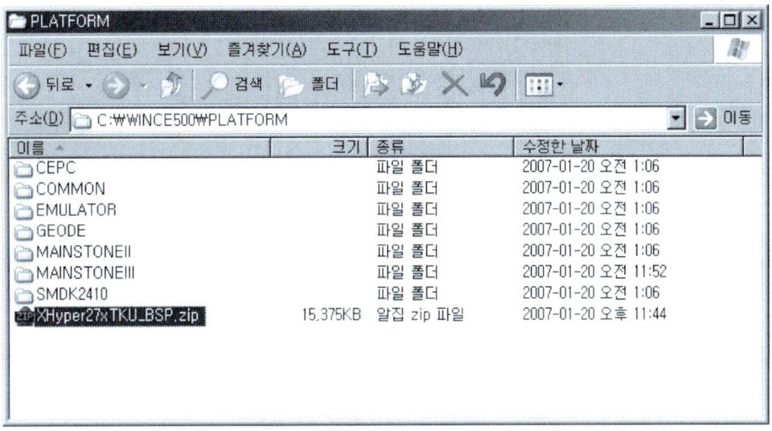

[그림 5-12] PLATFORM 폴더

② 복사한 "XHyper27xTKU_BSP.zip" 파일의 압축을 푼다. 압축을 풀면 "XHyper27xTKU_BSP"라는 폴더가 생성된다.

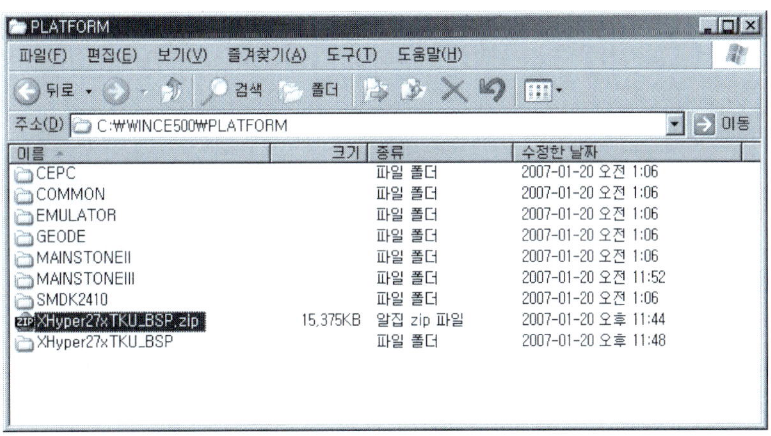

[그림 5-13] XHyper27xTKU_BSP.zip 압축해제

③ 플랫폼 빌더를 실행한다.

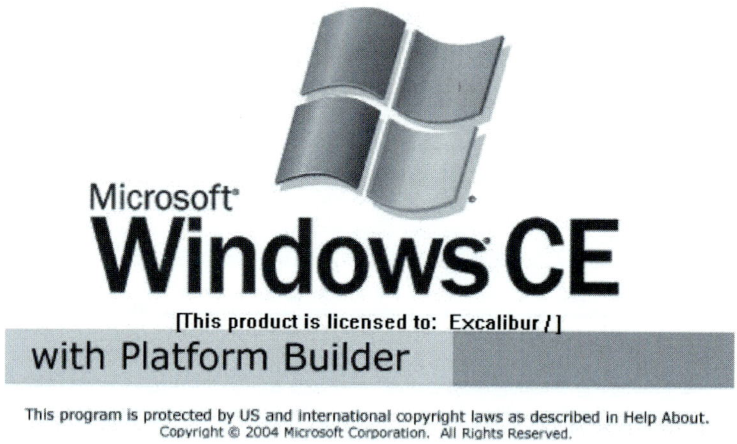

[그림 5-14]
플랫폼 빌더 실행

④ 메뉴에서 File ➔ Manage Catalog Items.... 를 선택한다.

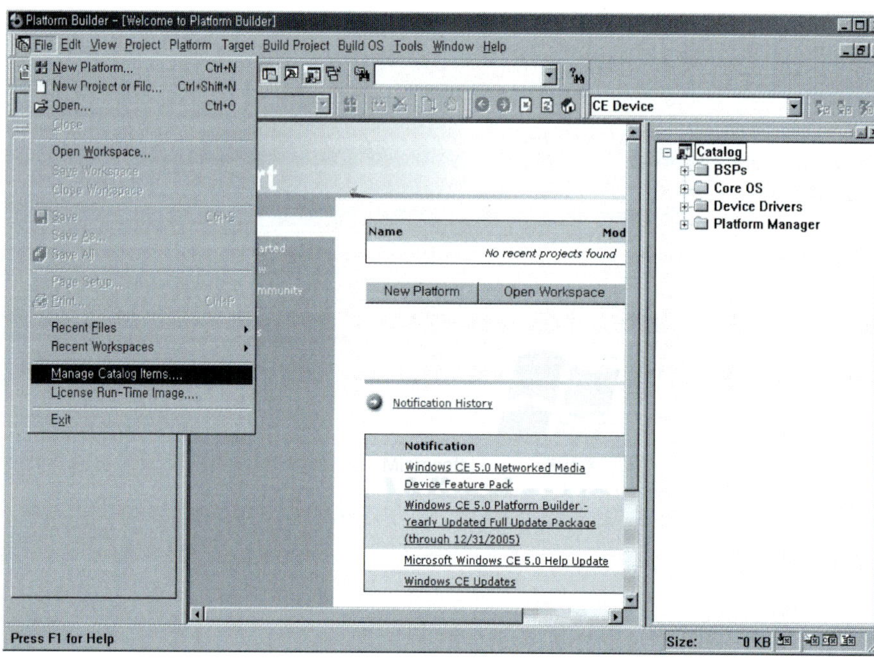

[그림 5-15]
플랫폼 빌더 실행

⑤ “Import...” 버튼을 누른다.

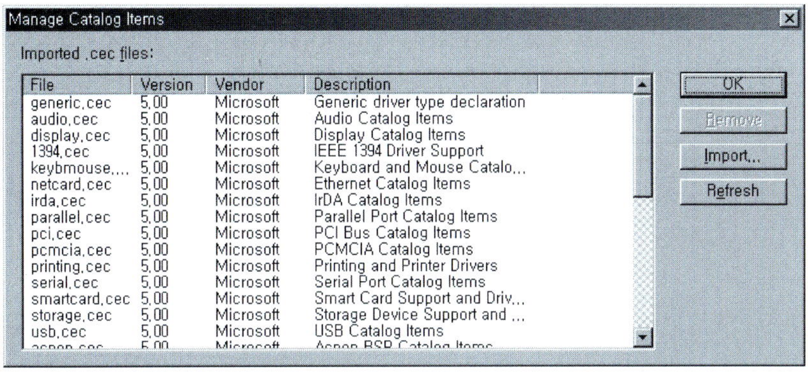

[그림 5-16]
Manage Catalog Items

⑥ \WINCE500\PLATFORM\XHyper27xTKU_BSP 폴더로 이동한다.

[그림 5-17]
cec 파일 선택

⑦ XHyper27xTKU_BSP 폴더에 있는 "XHyper27xTKU_BSP.cec" 파일을 선택한다.

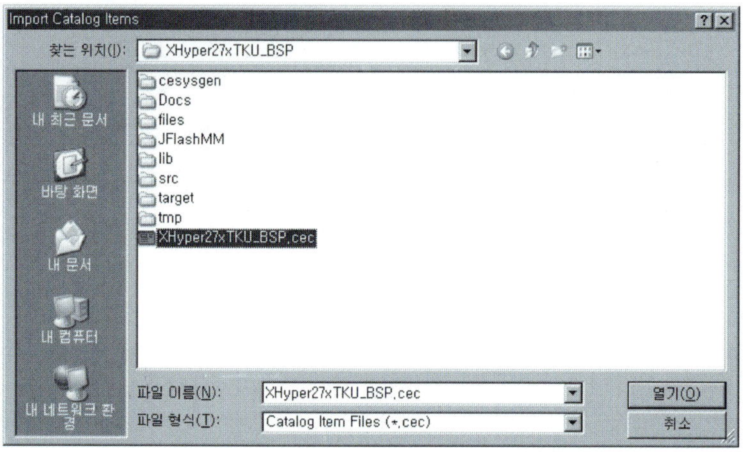

[그림 5-18] XHyper27xTKU_BSP.cec 추가

⑧ 리스트 맨 아래에 "xhyper27xtku_bsp.cec" 파일이 추가된 것을 확인한 후 "OK" 버튼을 클릭한다.

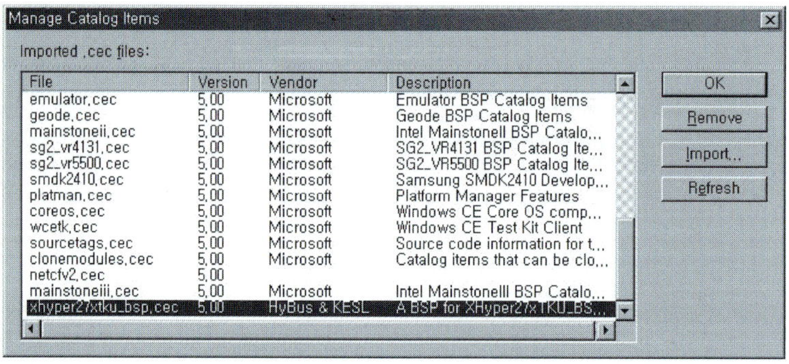

[그림 5-19] XHyper27xTKU_BSP.cec 추가

⑨ 플랫폼 빌더의 오른쪽 Catalog 창의 "Third Party" 항목에 "XHyper27xTKU_BSP:ARMV4I"가 제대로 추가되었는지 확인한다.

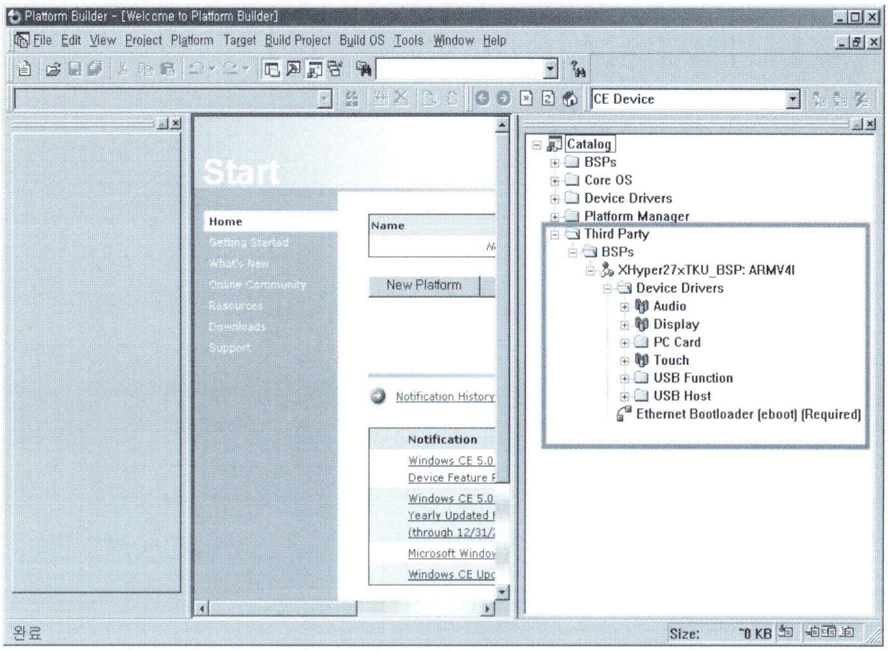

[그림 5-20]
Catalog 항목 확인

⑩ "XHyper27xTKU_BSP:ARMV4I" 항목 중에 "Device Drivers" 항목을 클릭하면 추가된 디바이스 드라이버들을 확인할 수 있다.

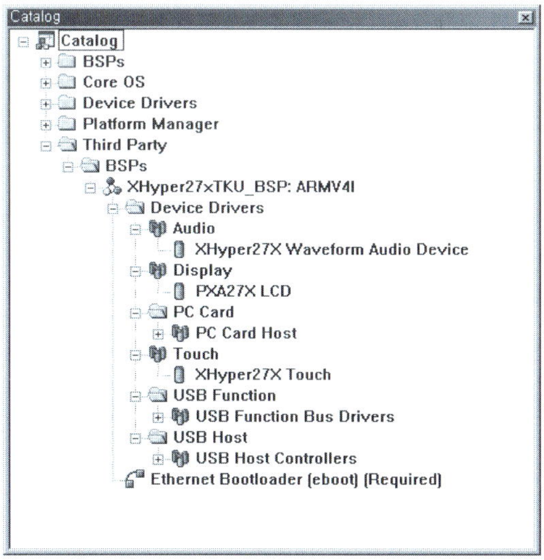

[그림 5-21]
Catalog 창

제 5 장

☞ 플랫폼 빌더에서 제공하는 "BSP Wizard"를 이용하면 쉽게 새로운 BSP를 만들 수 있다. 다음은 새로운 BSP를 만드는 방법에 대해 기술하였다.

① 메뉴에서 Platform ➔ BSP Wizard를 선택한다.

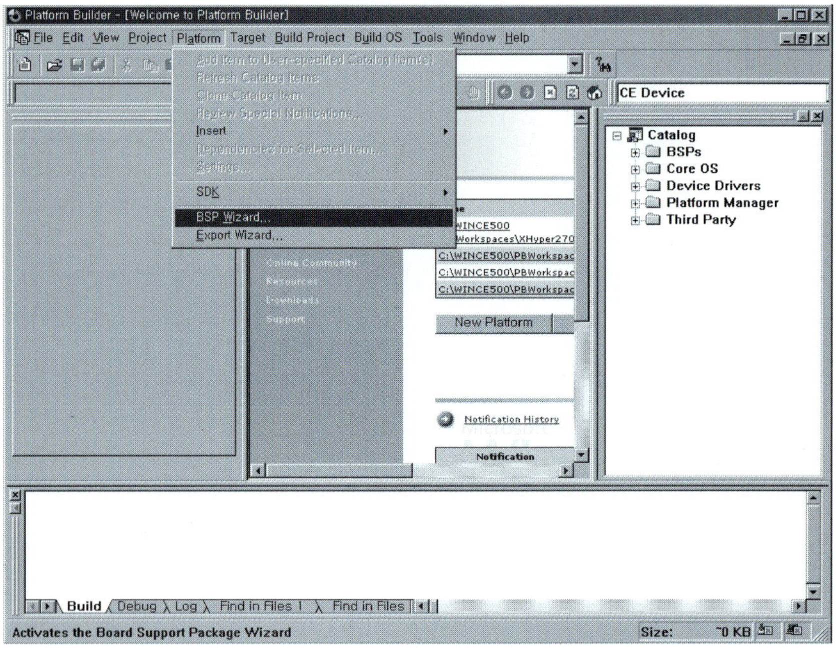

[그림 5-22]
BSP Wizard 실행

② BSP Wizard를 실행시키면 다음과 같은 화면을 확인할 수 있다.

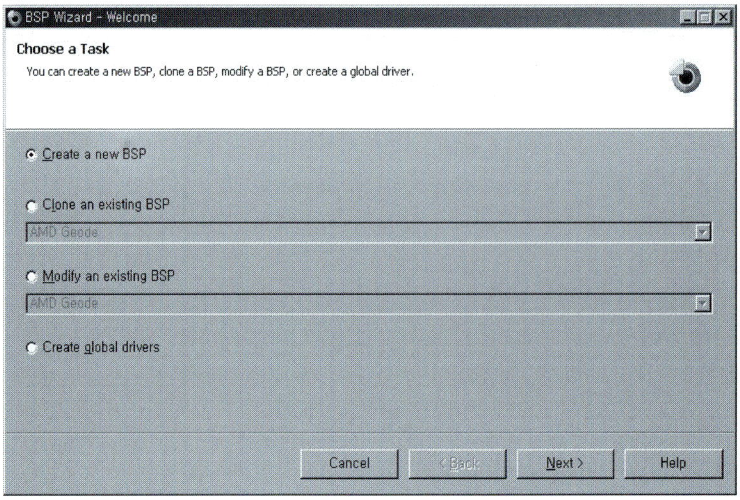

[그림 5-23]
BSP Wizard 실행

③ 앞의 실습에서 설치한 BSP를 이용하여 생성할 수 있는 "Clone an existing BSP"를 선택한 후 전에 설치한 "XHyper27xTKU_BSP"를 선택한 후 "Next" 버튼을 누른다.

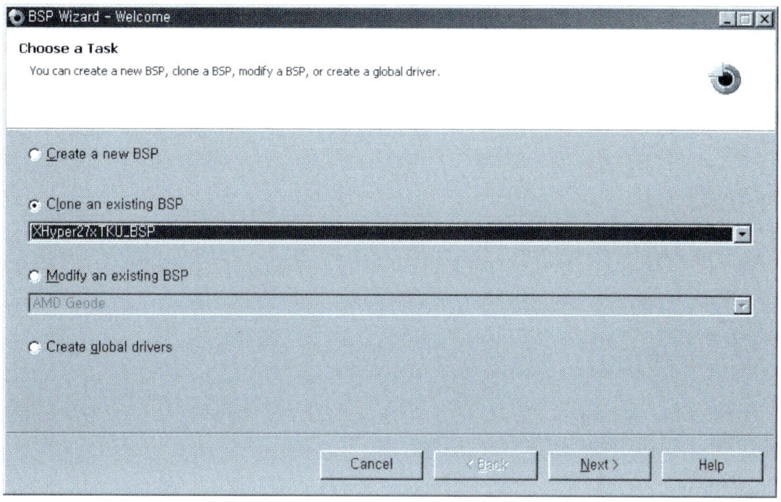

[그림 5-24] Clone an existing BSP 선택

④ 저장할 cec 파일명과 cec 파일을 저장할 디렉터리를 지정하는 창이다. 파일명으로 "new_xhyper27xtku_bsp"라고 입력하고 저장할 디렉터리는 기본 디렉터리를 그대로 사용한다.

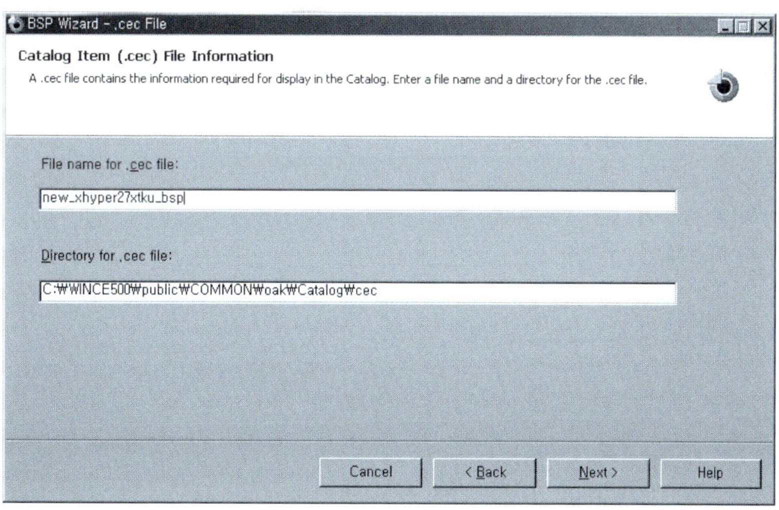

[그림 5-25] 저장할 cec 파일명 지정

⑤ 플랫폼 빌더의 Catalog창에 표시할 BSP 이름을 지정하는 창이다. Catalog name에 "New XHyper27xTKU_BSP"라고 입력한 후 "Next" 버튼을 누른다.

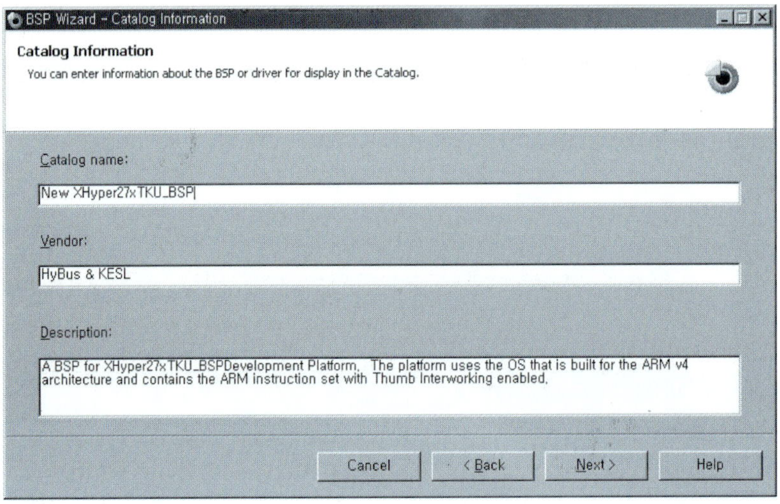

[그림 5-26]
Catalog name 지정

⑥ 새로 생성할 BSP를 저장할 디렉터리와 사용하는 CPU 타입을 지정하는 창이다. Platform directory에 "new_XHyper27xTKU_BSP"라고 입력하고 "ARMV4I"를 선택한 후 "Next" 버튼을 누른다.

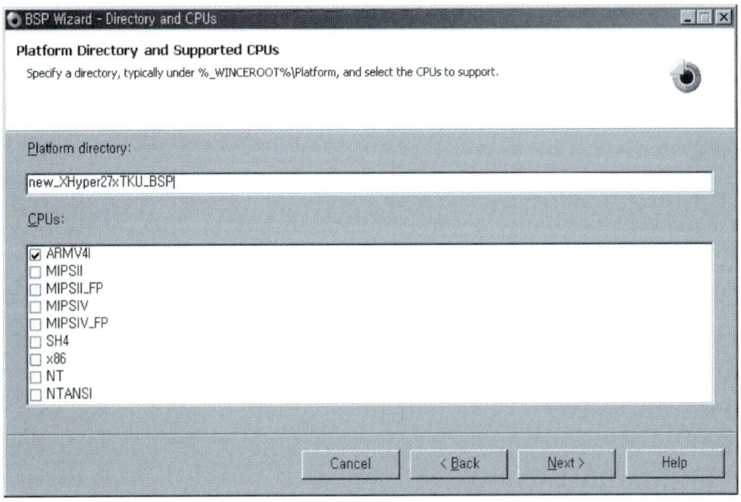

[그림 5-27]
Platform directory 지정

⑦ XHyper27xTKU_BSP의 "Clone an existing BSP"를 생성하도록 하였기 때문에 XHyper27xTKU_BSP의 기본적인 디바이스들이 추가되어 있다. 새로 생성할 "New XHyper27xTKU_BSP"에서 사용하지 않을 디바이스를 선택한 후 "Delete" 버튼을 누르면 개발자는 원하는 디바이스 드라이버들만 포함하는 새로운 BSP를 생성할 수 있다.

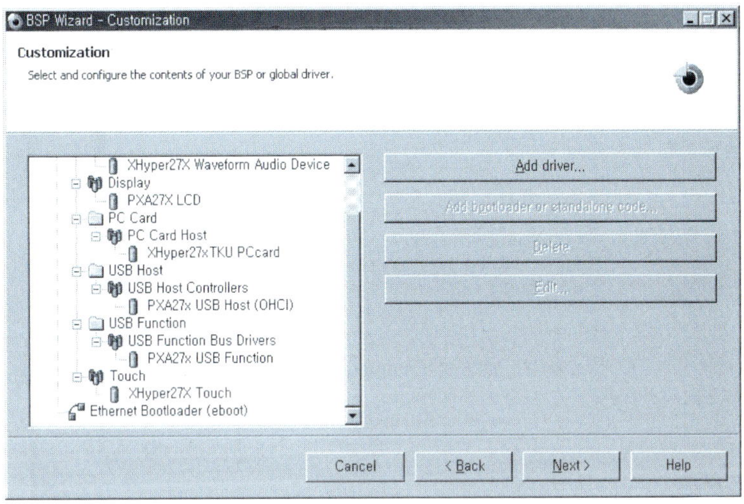

[그림 5-28]
디바이스 삭제 및 추가

⑧ "Finish" 버튼을 눌러 BSP Wizard를 끝마치면, 필요한 파일들을 복사하고 새로운 BSP를 생성한다.

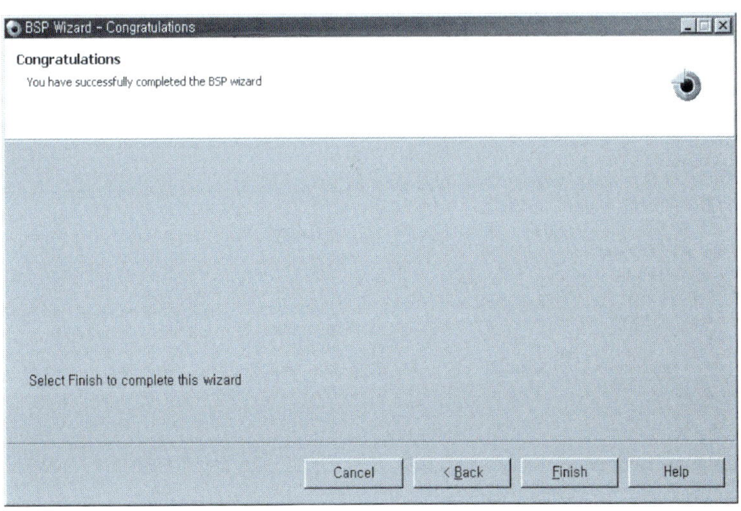

[그림 5-29]
BSP Wizard 종료

⑨ 플랫폼 빌더의 오른쪽 Catalog 창의 "Third Party" 항목에 새로 생성한 "New XHyper27xTKU_BSP:ARMV4I"가 제대로 추가되었는지 확인한다.

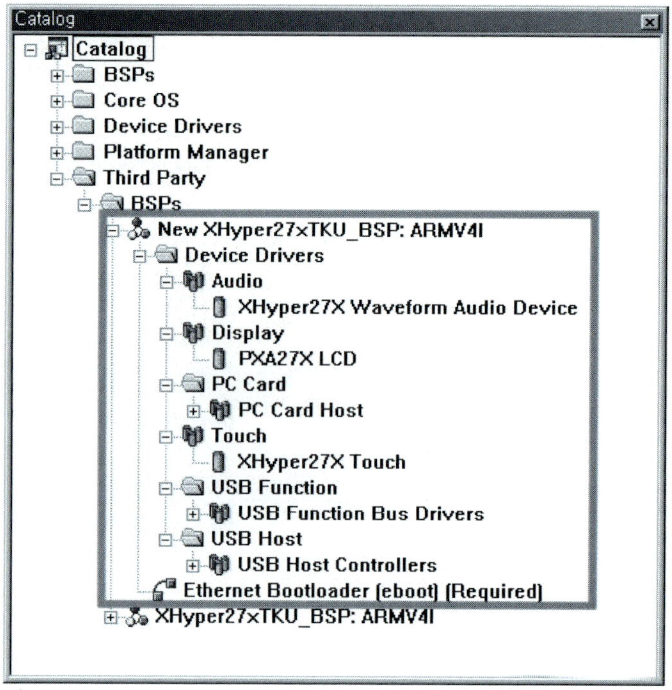

[그림 5-30] Catalog 창

⑩ \WINCE500\PLATFORM 폴더에 새로 생성한 BSP 폴더(new_XHyper27xTKU_BSP)가 만들어져 있음을 확인할 수 있다.

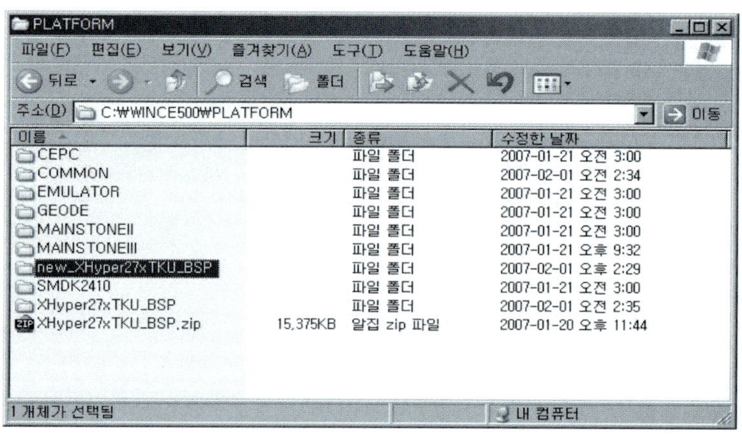

[그림 5-31] \WINCE500\PLATFORM 폴더

☞ CEC 파일은 "Catalog"의 구성요소를 정의하는 파일로서 CEC Editor를 사용해서 "XHyper27xTKU_BSP.cec" 파일의 내용을 살펴보자.

① 메뉴에서 Tools ➔ CEC Editor... 를 선택한다.

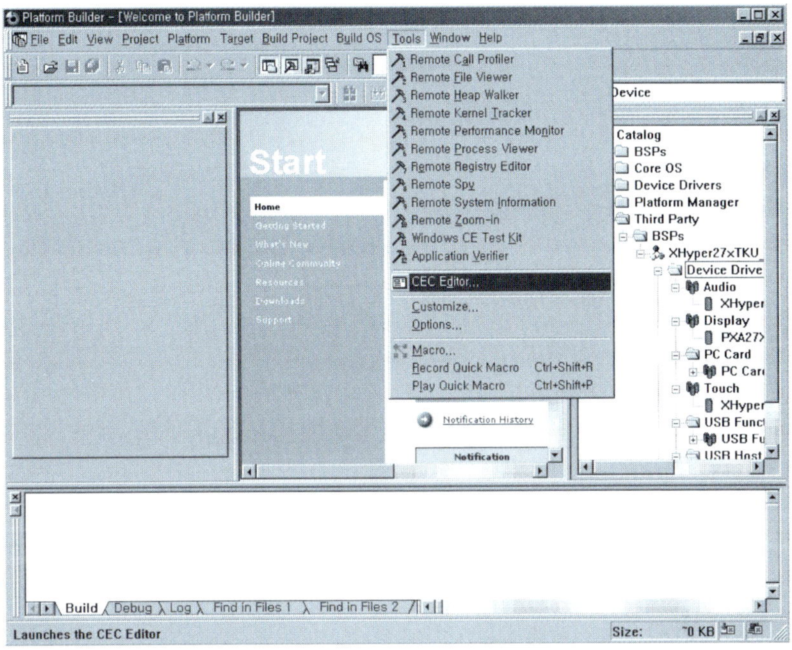

[그림 5-32]
CEC Editor 실행

② CEC Editor를 실행시킨 후 메뉴에서 File ➔ Open... 를 선택한다.

[그림 5-33]
CEC Editor

③ \WINCE500\PLATFORM\XHyper27xTKU_BSP 폴더로 이동한 후 "XHyper27xTKU_BSP.cec" 파일을 선택한다.

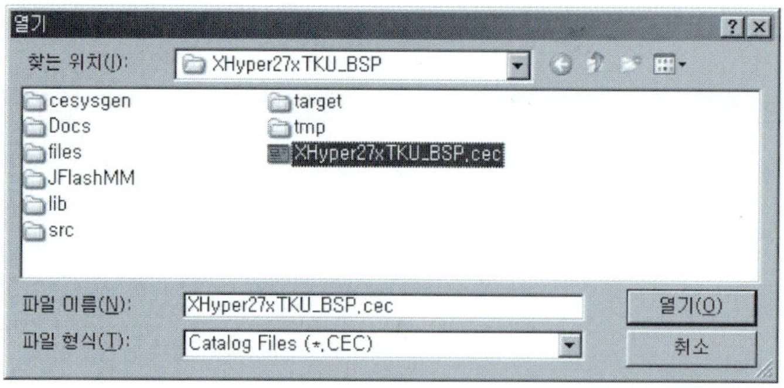

[그림 5-34] XHyper27xTKU_BSP.cec 선택

④ XHyper27xTKU_BSP.cec 파일을 선택하면 아래와 같은 화면을 볼 수 있다.

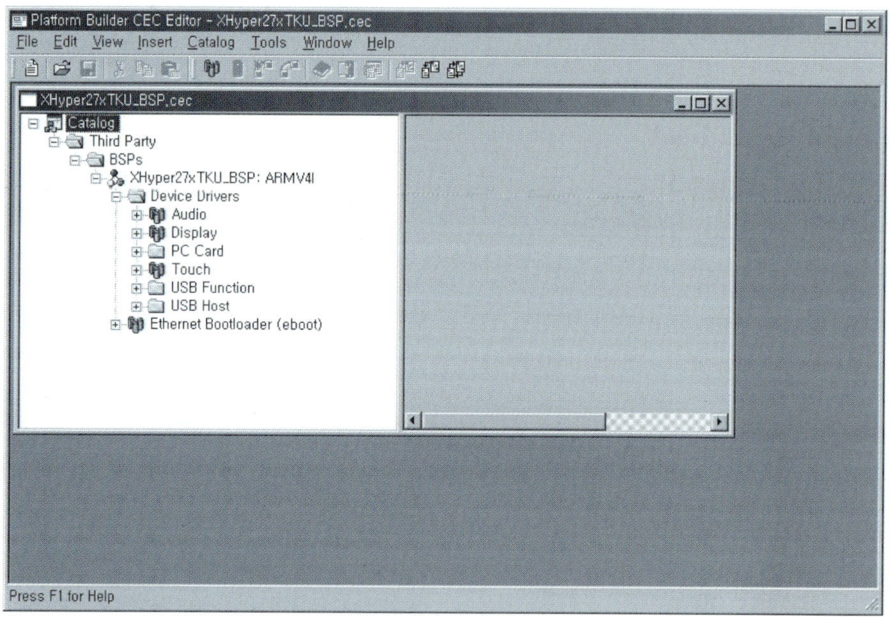

[그림 5-35] XHyper27xTKU_BSP.cec 열기

⑤ Catalog 창에서 "Ethernet Bootloader (eboot)" 항목을 클릭해 보면 선택한 항목에 대한 상세한 정보를 열람할 수 있다.

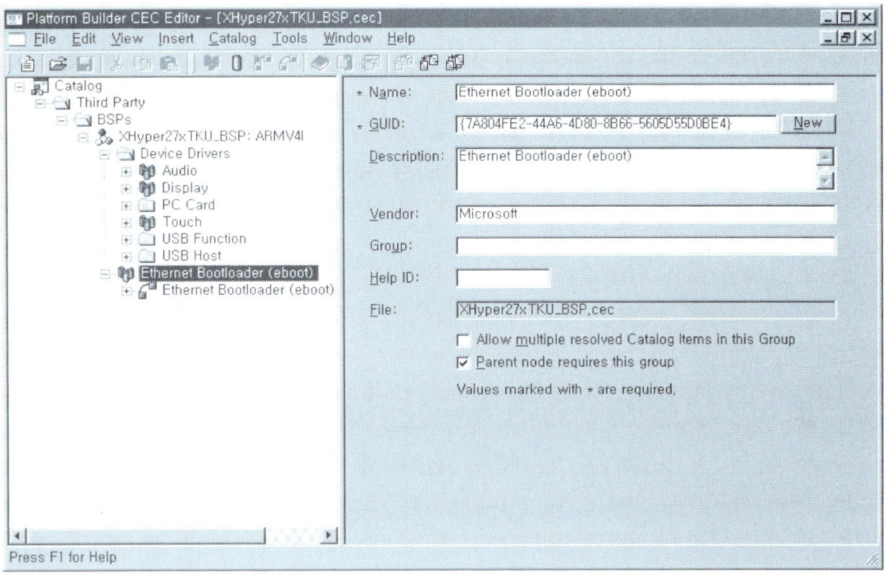

[그림 5-36] Ethernet Bootloader (eboot) 항목 선택

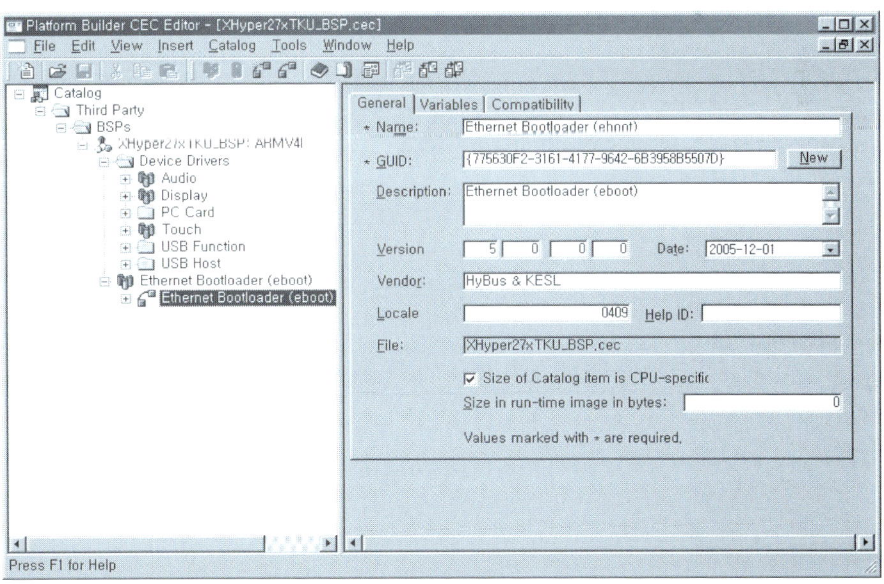

[그림 5-37] Ethernet Bootloader (eboot) 항목 선택

5.2.2 EBOOT 첫 빌드

X-Hyper270-TKU EBOOT를 생성하려면 먼저 "XHyper27xTKU_BSP"를 사용하는 플랫폼을 생성해야 한다. 플랫폼을 생성하는 실습은 본 교재 6장에 자세히 기술하였다.

본 장에서는 제공된 CD에 들어있는 XHyper270TKU_MobileHandheld 플랫폼을 불러들여 EBOOT를 생성하는 방법을 실습해 본다.

☞ **다음은 EBOOT (Ethernet Bootloader)를 생성(Build)하는 방법에 대해 기술하였다.**

① 제공된 CD에 들어있는 "XHyper270TKU_MobileHandheld.zip" 압축파일을 \WINCE500\PBWorkspaces 폴더에 복사를 한 후 압축을 풀면 "XHyper270TKU_MobileHandheld"라는 폴더가 생성된다.

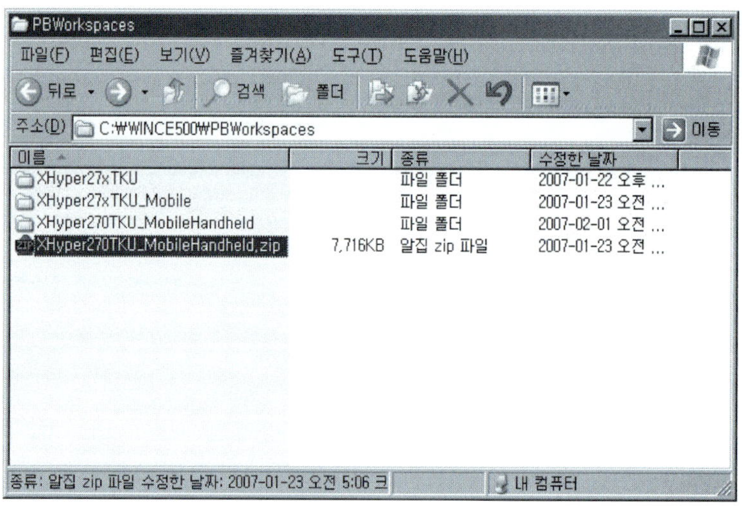

[그림 5-38]
XHyper270TKU_MobileHandheld.zip **압축해제**

② 메뉴에서 File ➔ Open Workspace... 를 선택한다.

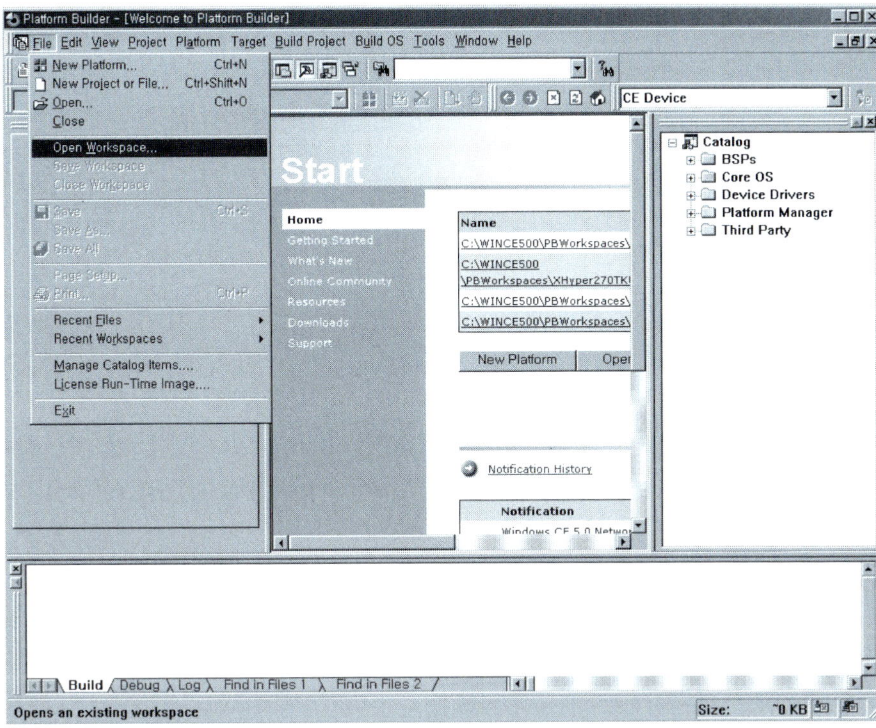

[그림 5-39]
플랫폼 빌더 실행

③ \WINCE500\PBWorkspaces 폴더로 이동한다.

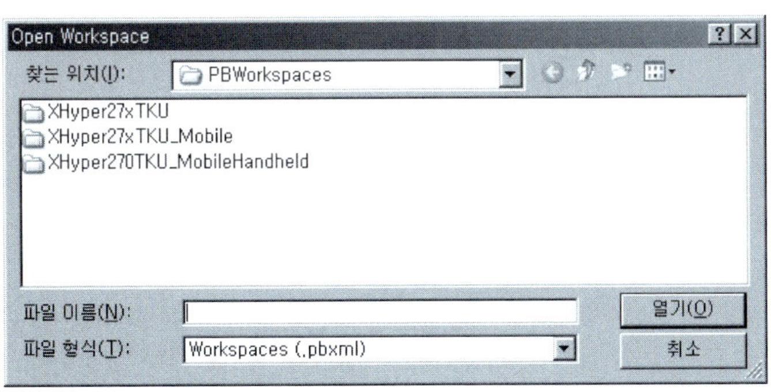

[그림 5-40]
PBWorkspaces 폴더로 이동

④ XHyper270TKU_MobileHandheld 폴더로 이동한 후 Workspaces 파일인 "XHyper270TKU_MobileHandheld.pbxml" 파일을 선택한다.

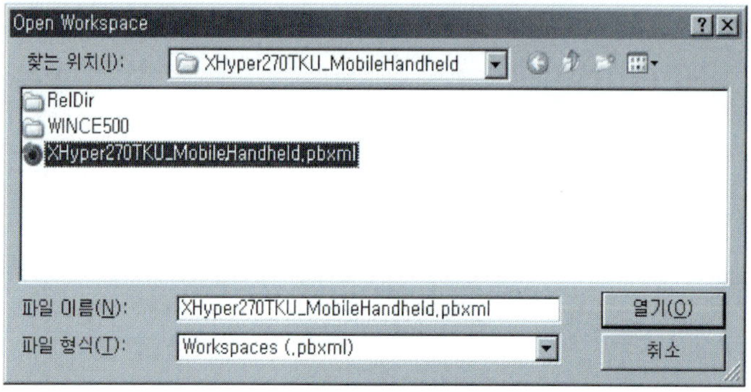

[그림 5-41] XHyper270TKU_MobileHandheld.pbxml 파일 선택

⑤ Workspace 창에 "XHyper270TKU_MobileHandheld" 항목이 추가가 되었는지 확인한다.

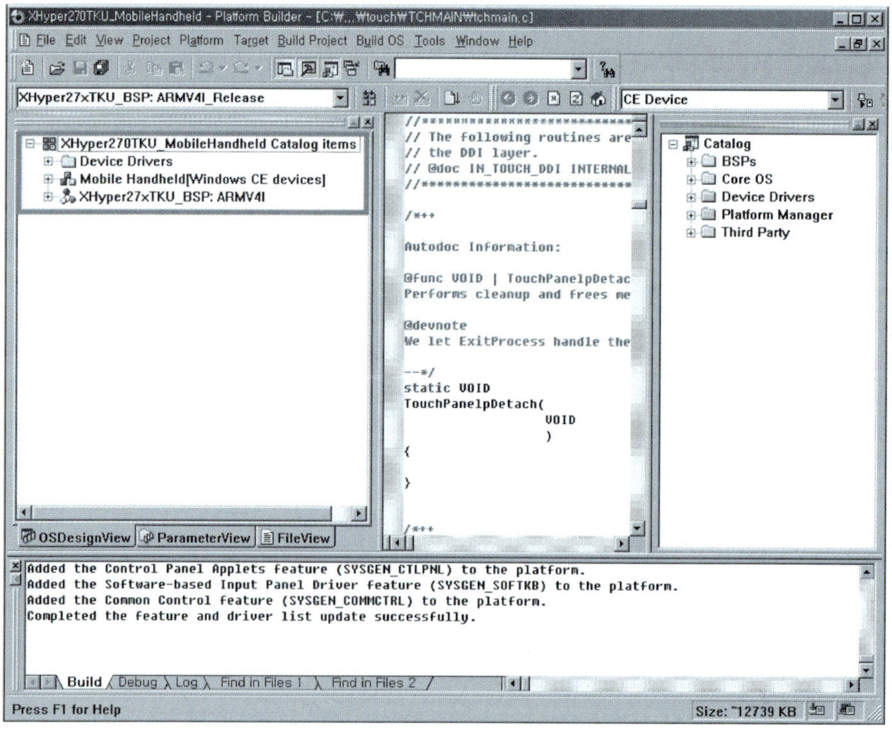

[그림 5-42] XHyper270TKU_MobileHandheld 항목 확인

⑥ BSP들이 사용할 수 있는 헤더와 라이브러리 파일들이 준비되도록 메뉴에서 Build OS ➔ Sysgen를 선택한다.

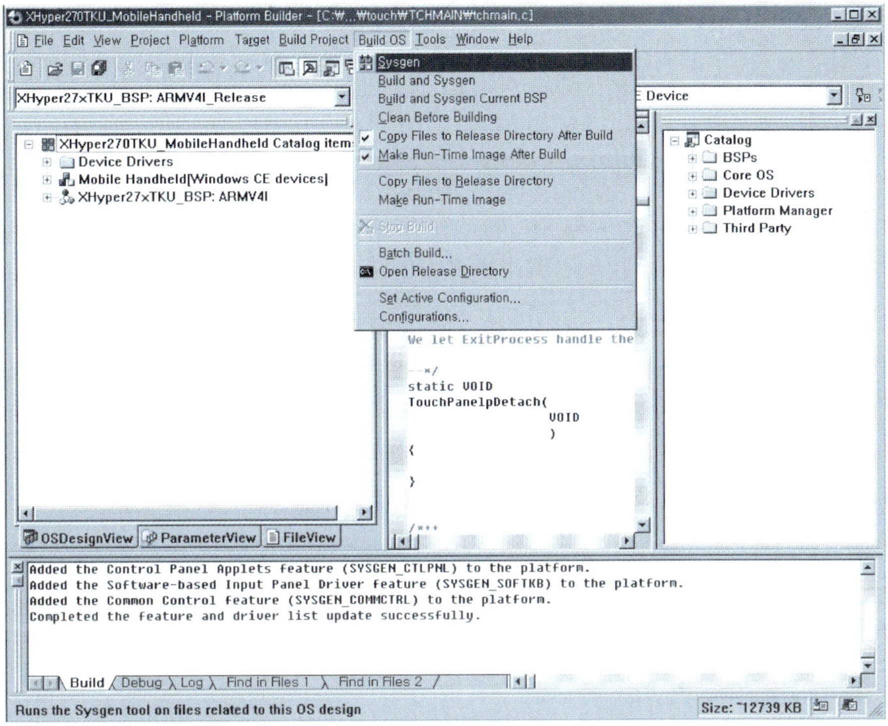

[그림 5-43] Sysgen 실행

▶ Build OS 메뉴에 있는 항목들을 살펴보자.

- Sysgen : Common 요소들을 준비하고 BSP를 빌드한다. Common 요소들은 이미 컴파일된 라이브러리이기 때문에 컴파일하지 않고 플랫폼의 해당 폴더에 복사된다. 개발자가 Custom Features를 추가하지 않았다면, 개발자는 "Copy Files to Release Directory After Build"와 "Make Run-Time Image After Build" 항목을 선택하고 Sysgen를 실행시키는 것만으로 Windows CE 운영체제 이미지를 만들 수 있다. 그리고 Sysgen한 후 Catalog 아이템들이나 파일을 수정한 후 다시 빌드를 해야 하는 경우 "Clean Before Building" 옵션을 사용하면 빌드 시 발생할 수 있는 에러를 줄일 수 있다.
- Build and Sysgen : Common 요소들을 빌드한 후 Sysgen을 한다. 개발자

가 Common 요소를 수정했을 경우 사용한다.

- Build and Sysgen Current BSP : BSP를 빌드한 후 Sysgen을 한다. BSP를 수정했을 경우 사용한다.

⑦ 에러 발생 없이 Build가 잘 되었는지 Output 창을 확인한다.

[그림 5-44] Sysgen 완료

⑧ 메뉴에서 Build OS ➔ Open Release Directory 를 선택한다.

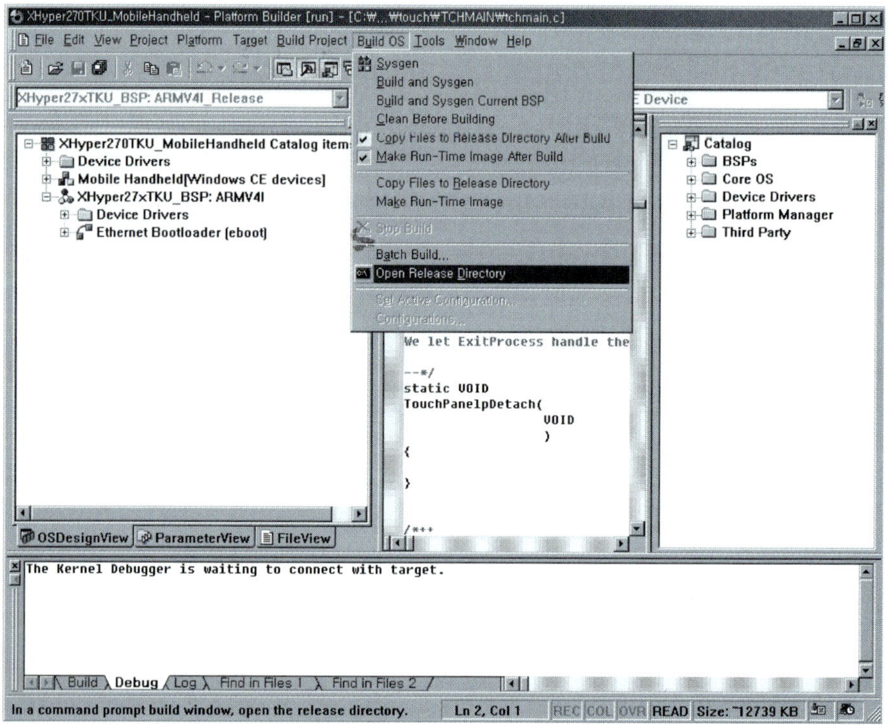

[그림 5-45] Open Release Directory 선택

⑨ Open Release Directory를 선택하면 아래와 같이 창이 뜬다.

[그림 5-46]
Release 디렉터리 창

⑩ EBOOT 소스들이 있는 다음 폴더로 이동한 후 "build -c" 명령을 실행하여 EBOOT 이미지를 생성한다.

```
>cd \WINCE500\PLATFORM\XHyper27xTKU_BSP\src\bootloader\eboot
>build -c
```

[그림 5-47]
EBOOT 이미지 생성 명령 실행

제 5 장

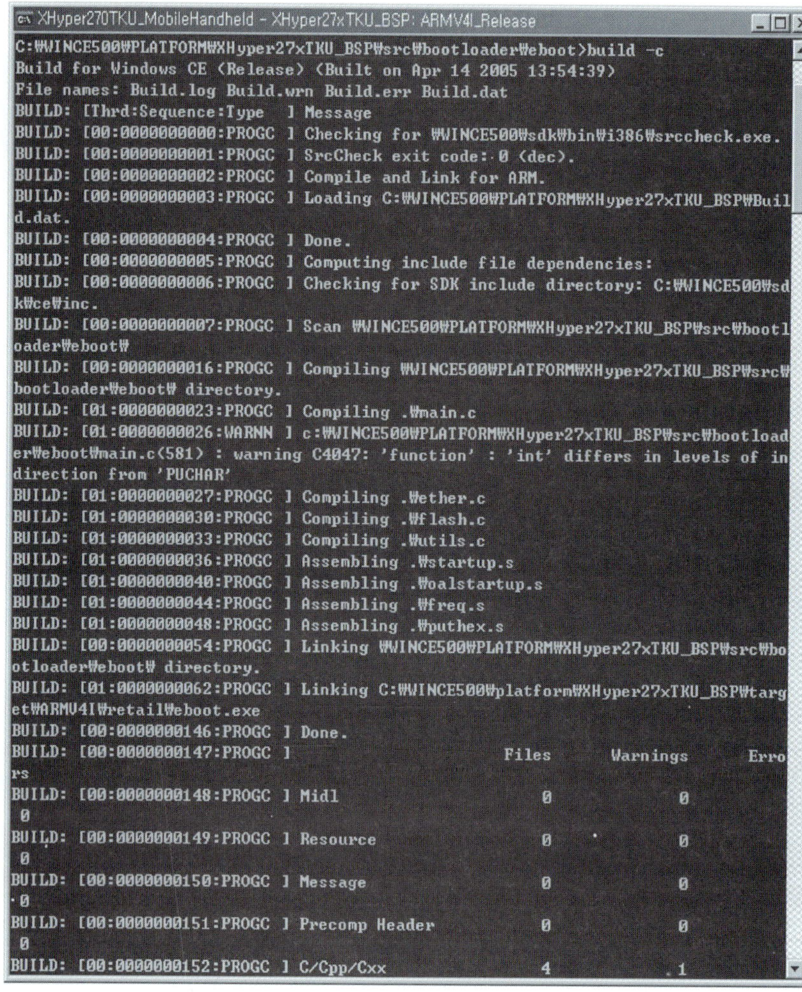
XHyper270TKU_MobileHandheld - XHyper27xTKU_BSP: ARMV4I_Release
C:₩WINCE500₩PLATFORM₩XHyper27xTKU_BSP₩src₩bootloader₩eboot>build -c
Build for Windows CE (Release) (Built on Apr 14 2005 13:54:39)
File names: Build.log Build.wrn Build.err Build.dat
BUILD: [Thrd:Sequence:Type] Message
BUILD: [00:0000000000:PROGC] Checking for ₩WINCE500₩sdk₩bin₩i386₩srccheck.exe.
BUILD: [00:0000000001:PROGC] SrcCheck exit code: 0 (dec).
BUILD: [00:0000000002:PROGC] Compile and Link for ARM.
BUILD: [00:0000000003:PROGC] Loading C:₩WINCE500₩PLATFORM₩XHyper27xTKU_BSP₩Build.dat.
BUILD: [00:0000000004:PROGC] Done.
BUILD: [00:0000000005:PROGC] Computing include file dependencies:
BUILD: [00:0000000006:PROGC] Checking for SDK include directory: C:₩WINCE500₩sdk₩ce₩inc.
BUILD: [00:0000000007:PROGC] Scan ₩WINCE500₩PLATFORM₩XHyper27xTKU_BSP₩src₩bootloader₩eboot₩
BUILD: [00:0000000016:PROGC] Compiling ₩WINCE500₩PLATFORM₩XHyper27xTKU_BSP₩src₩bootloader₩eboot₩ directory.
BUILD: [01:0000000023:PROGC] Compiling .₩main.c
BUILD: [01:0000000026:WARNN] c:₩WINCE500₩PLATFORM₩XHyper27xTKU_BSP₩src₩bootloader₩eboot₩main.c(581) : warning C4047: 'function' : 'int' differs in levels of indirection from 'PUCHAR'
BUILD: [01:0000000027:PROGC] Compiling .₩ether.c
BUILD: [01:0000000030:PROGC] Compiling .₩flash.c
BUILD: [01:0000000033:PROGC] Compiling .₩utils.c
BUILD: [01:0000000036:PROGC] Assembling .₩startup.s
BUILD: [01:0000000040:PROGC] Assembling .₩oalstartup.s
BUILD: [01:0000000044:PROGC] Assembling .₩freq.s
BUILD: [01:0000000048:PROGC] Assembling .₩puthex.s
BUILD: [00:0000000054:PROGC] Linking ₩WINCE500₩PLATFORM₩XHyper27xTKU_BSP₩src₩bootloader₩eboot₩ directory.
BUILD: [01:0000000062:PROGC] Linking C:₩WINCE500₩platform₩XHyper27xTKU_BSP₩target₩ARMV4I₩retail₩eboot.exe
BUILD: [00:0000000146:PROGC] Done.
BUILD: [00:0000000147:PROGC] Files Warnings Errors
BUILD: [00:0000000148:PROGC] Midl 0 0 0
BUILD: [00:0000000149:PROGC] Resource 0 0 0
BUILD: [00:0000000150:PROGC] Message 0 0 0
BUILD: [00:0000000151:PROGC] Precomp Header 0 0 0
BUILD: [00:0000000152:PROGC] C/Cpp/Cxx 4 1

[그림 5-48]
빌드 진행

⑪ 빌드 과정이 성공적으로 끝났으면, \WINCE500\PLATFORM\XHyper27xTKU_BSP\target\ARMV4I\retail 폴더로 이동하여 EBOOT.nb0 이미지 파일이 생성되었는지 확인한다.

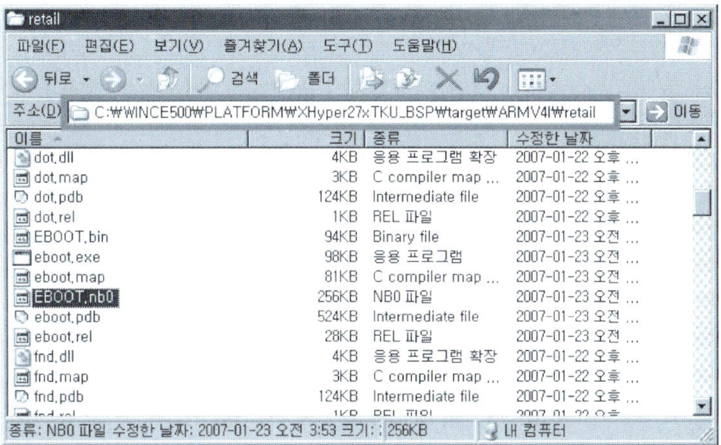

[그림 5-49] EBOOT.nb0 생성 확인

5.2.3 EBOOT 업로드

☞ 다음은 생성된 EBOOT 이미지를 타깃보드에 업로드하는 방법에 대해 기술하였다.

① \WINCE500\PLATFORM\XHyper27xTKU_BSP\target\ARMV4I\retail 폴더로 이동한다.

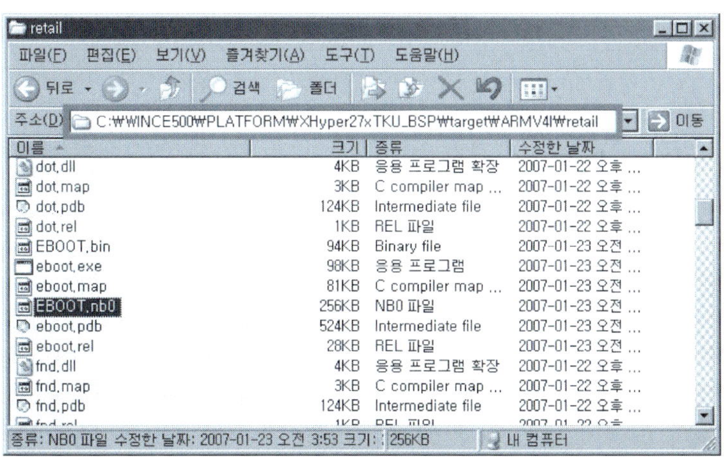

[그림 5-50] EBOOT.nb0 생성 확인

② 생성된 EBOOT.nb0 이미지 파일을 JFlashMM 유틸리티가 설치되어 있는 폴더 (C:\WINCE500\JFlash)에 복사를 한다.

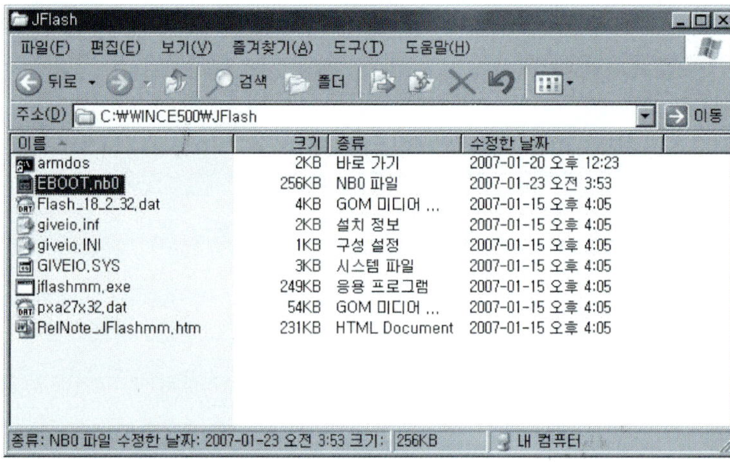

[그림 5-51] JFlashMM 폴더

③ JFlashMM 유틸리티가 설치되어 있는 폴더 "C:\WINCE500\JFlash" 폴더로 이동한 후 "armdos"라는 파일을 실행시킨다.

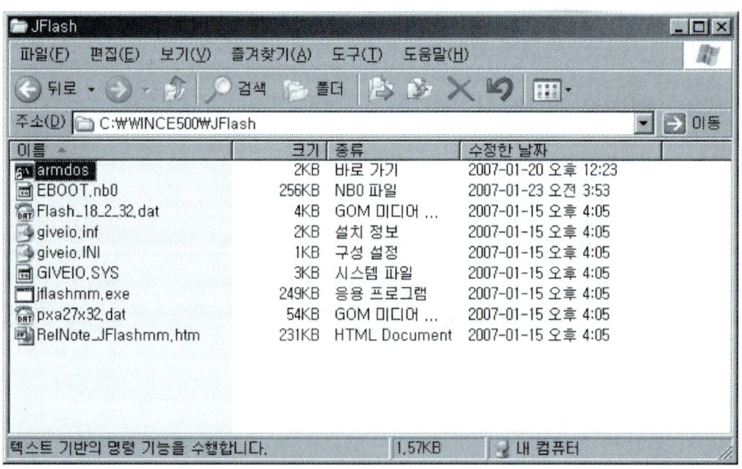

[그림 5-52] armdos 파일 실행

④ 다음 명령을 이용하여 X-Hyper270-TKU의 Flash에 부트로더(Boot Loader)를 기록한다.

```
〉jflashmm pxa27x32 EBOOT.nb0 p 0 PAR
```

명령을 실행하면 EBOOT.nb0 이미지 파일을 Flash에 기록을 한 후에 기록한 이미지 파일이 오류가 없는지 검사를 하게 된다. 검사를 한 후 Flash에 이상 없이 이미지 파일이 기록되고 기록된 이미지 파일이 원본과 같음이 확인되면, "Verification successful!"라는 메시지를 출력한다.

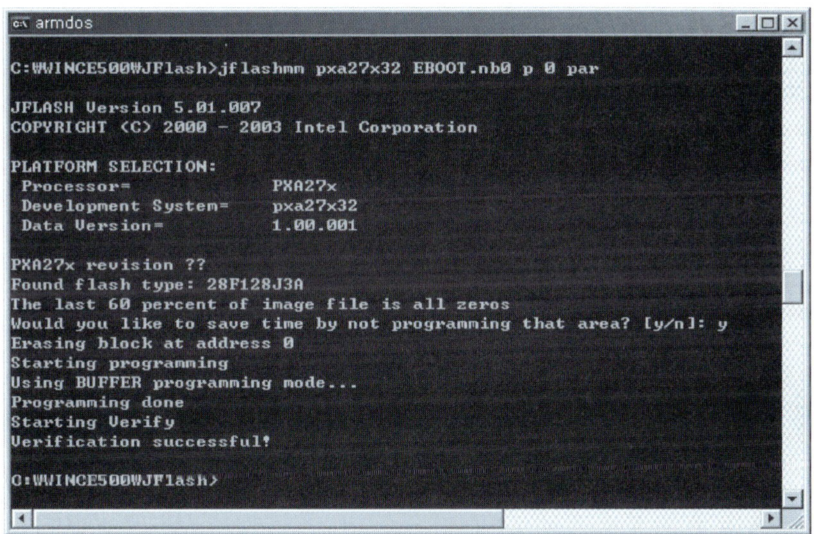

[그림 5-53] 이미지 기록

⑤ 하이퍼터미널을 실행시킨 후 X-Hyper270-TKU "RSTCPU" 버튼을 한번 눌러준다.

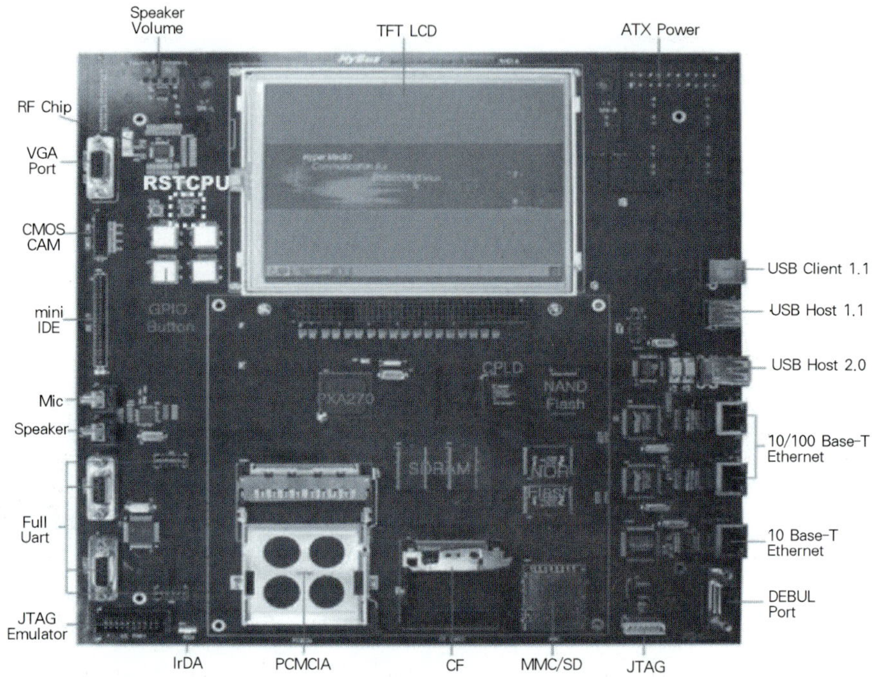

[그림 5-54] X-Hyper270-TKU 임베디드 시스템 (메인 보드)

⑥ X-Hyper270-TKU에 EBOOT가 정상적으로 업로드가 되었다면, 다음과 같은 화면을 확인할 수 있다.

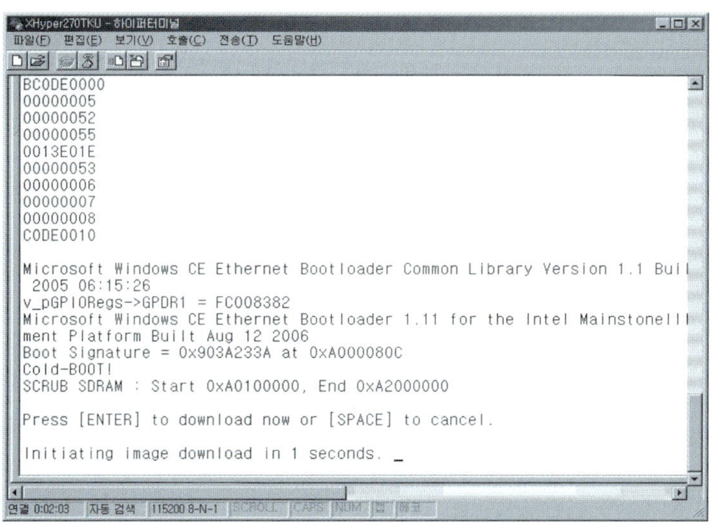

[그림 5-55] 하이퍼터미널 실행

5.2.4 EBOOT(Ethernet Bootloader) 메뉴 설정

☞ 다음은 커널을 적재하기 위한 EBOOT 메뉴 설정 방법에 대해 기술하였다.

① EBOOT가 실행되면, 다음 화면에서 "SPACE" 키를 눌러 메뉴 설정으로 들어간다.

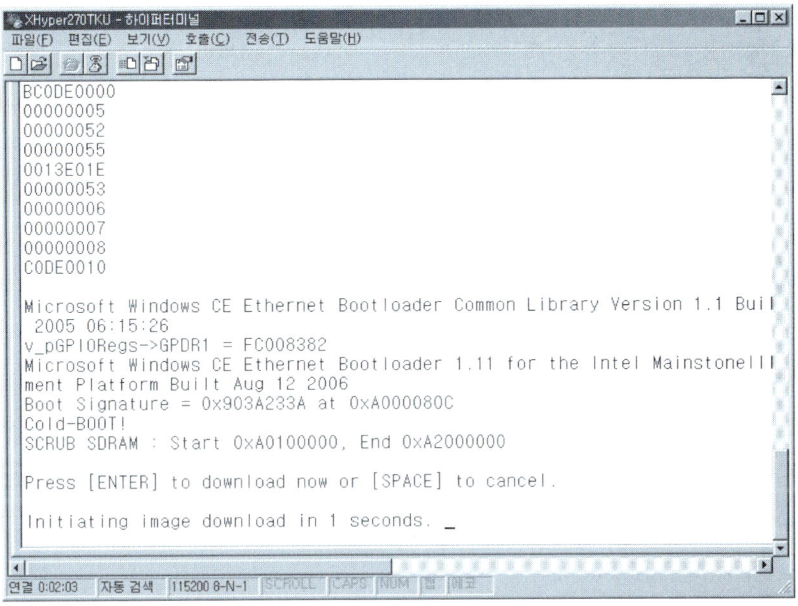

[그림 5-56]
하이퍼터미널 실행

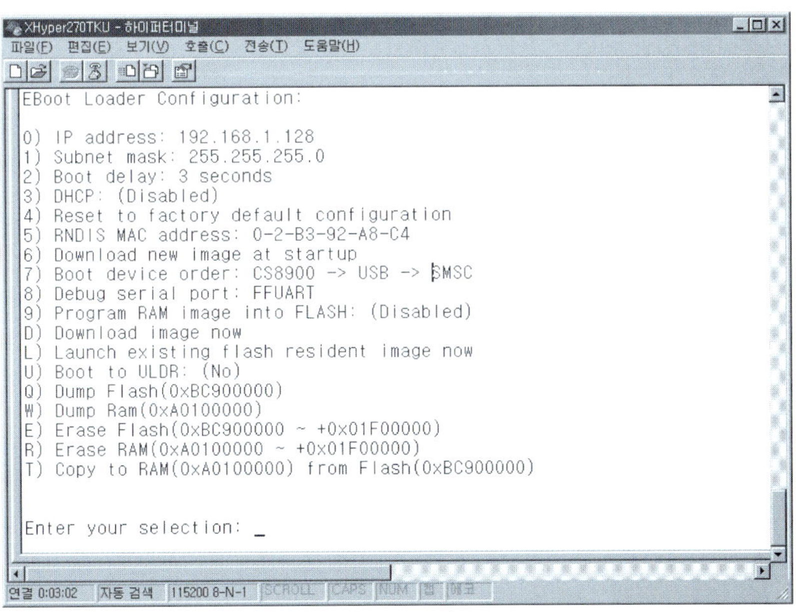

[그림 5-57]
EBOOT 메뉴 설정

② 0을 선택하여 타깃보드의 IP를 설정한다. 192.168.1.2로 설정한다.

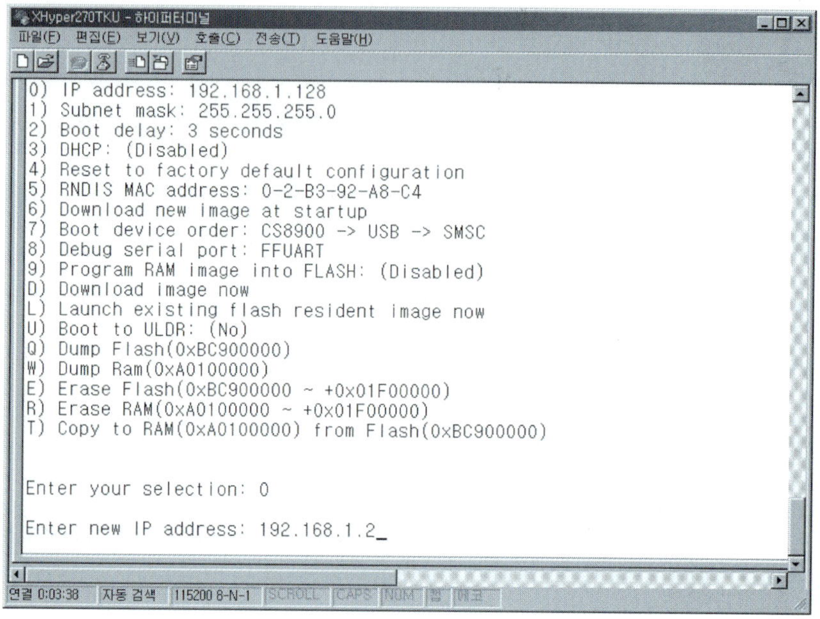

[그림 5-58]
IP 설정

③ 1을 선택하여 Subnet mask를 설정한다. 255.255.255.0로 설정한다.

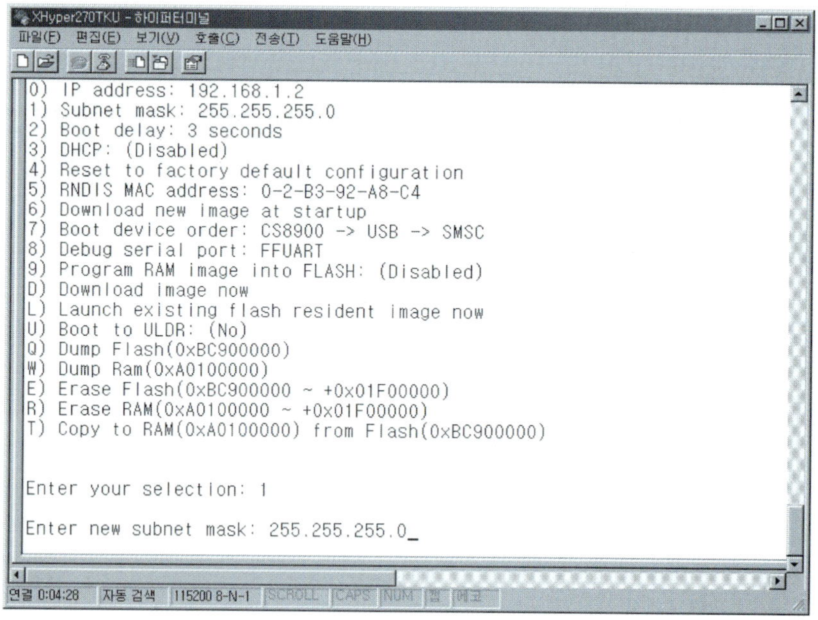

[그림 5-59]
Subnet mask 설정

④ 2를 선택하여 메뉴화면으로 진입하기 위한 "SPACE" 키 입력의 최대 지연시간을 5초로 설정한다.

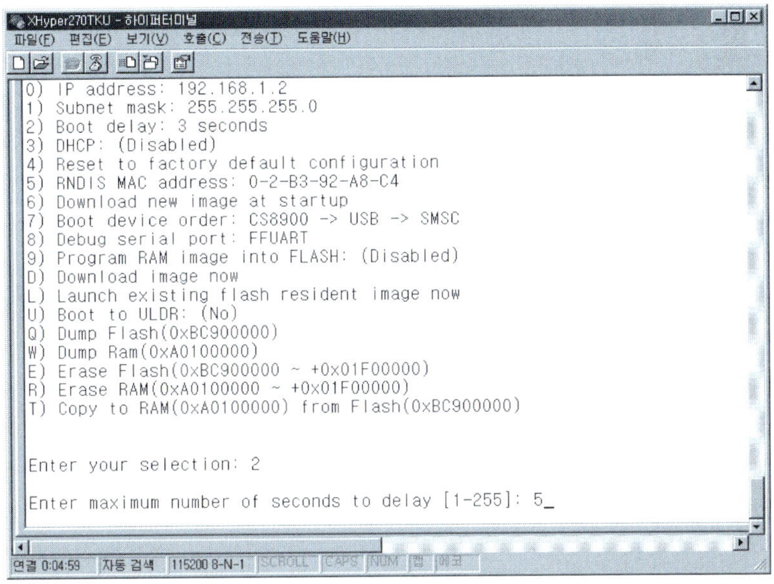

[그림 5-60] Boot delay 설정

⑤ 3을 눌러 DHCP 기능 Disabled로 설정한다. Enabled 상태로 되어있는 상태에서 3을 누르면 Disabled 상태로 변경이 되고, 다시 3을 누르면 다시 Enabled 상태로 변경된다.

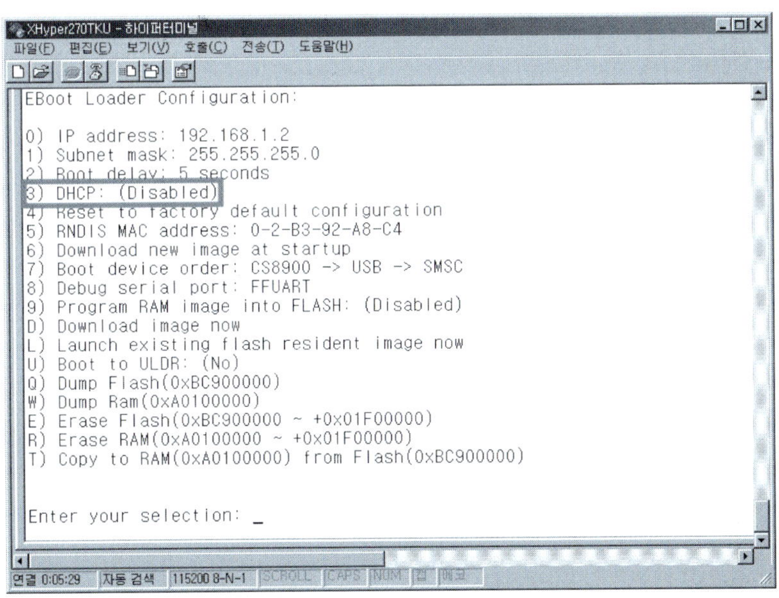

[그림 5-61] DHCP 설정

⑥ 6을 눌러 “Launch existing flash resident image at startup” 모드로 변경을 한다. 6)번 메뉴는 타깃보드에 전원이 인가된 후 타임아웃 이후 어떤 모드로 실행될지를 설정하는 메뉴로서 2가지 모드가 있다.

- “Download new image at startup” : 전원이 인가되거나 재부팅이 되면 운영체제 이미지를 호스트 컴퓨터에서 이더넷을 통해 다운로드 받는다.
- “Launch existing flash resident image at startup” : Flash에 적재되어 있는 운영체제 이미지를 구동한다.

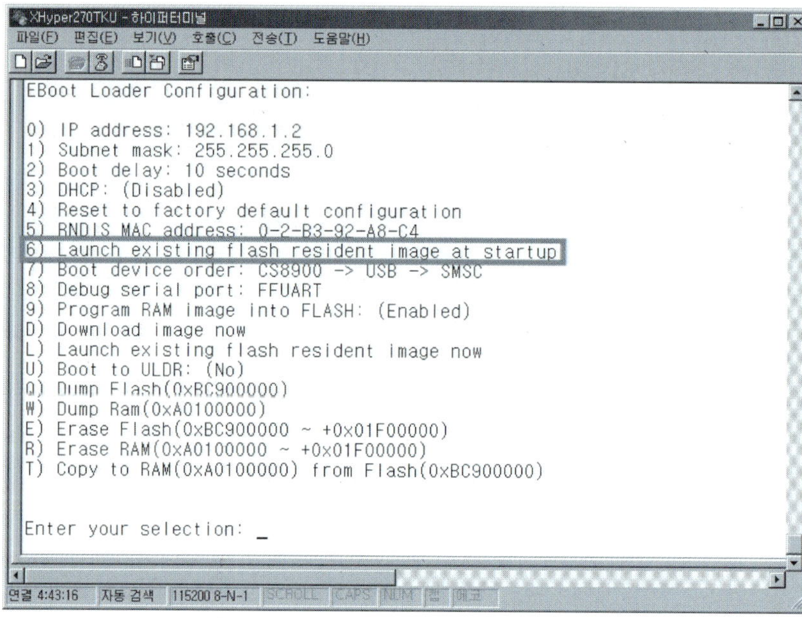

[그림 5-62]
부팅시 실행모드 설정

⑦ 7번을 눌러 CS8900이 제일 앞으로 오도록 설정을 변경한다. 이 설정에 정해진 우선순위로 운영체제 이미지를 다운로드 한다

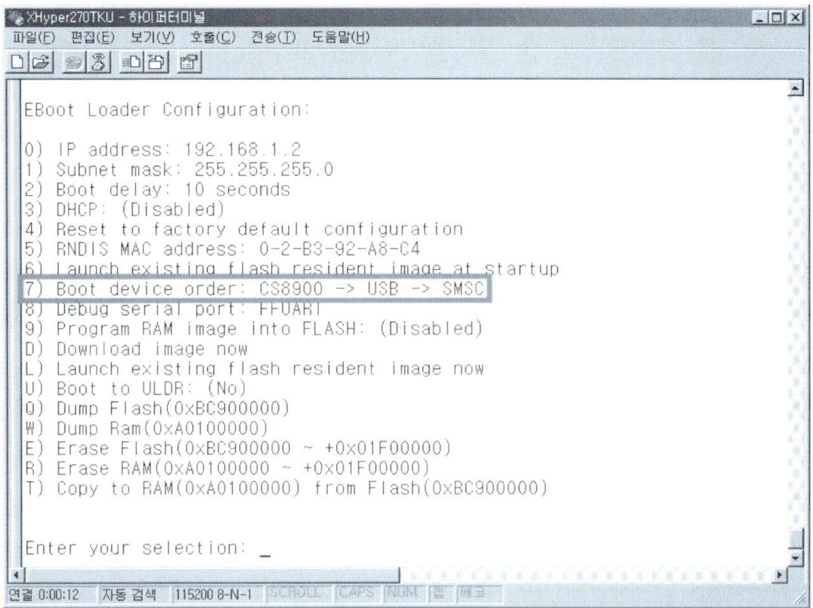

[그림 5-63] 우선순의 설정

⑧ 8을 눌러 FFUART로 설정한다.

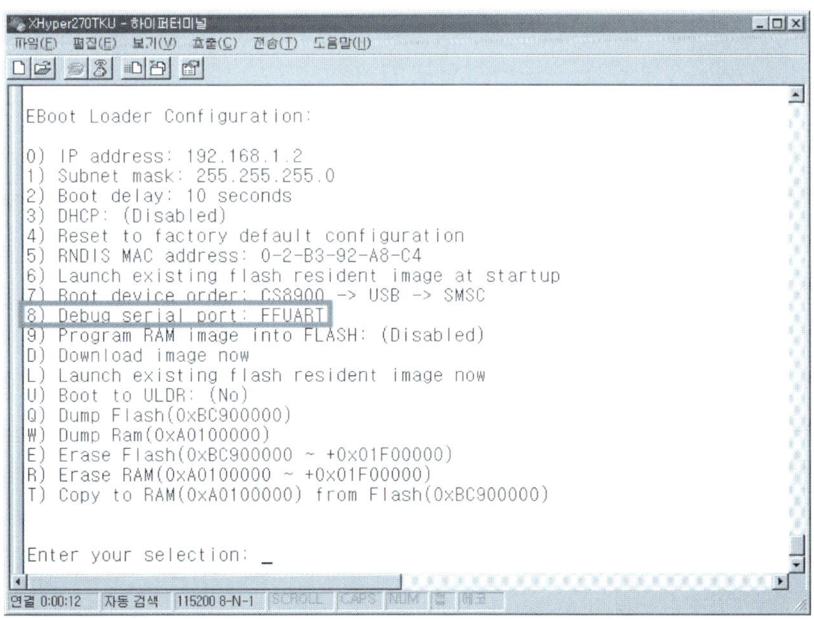

[그림 5-64] Debug serial port 설정

⑨ 9를 눌러 Enabled로 설정한다. Enabled로 설정함으로써 호스트 컴퓨터에서 이더넷을 통해 다운로드 받은 운영체제 이미지를 Flash에 적재한다. 운영체제 이미지를 Flash에 적재함으로서 타깃보드를 재부팅한 후에도 Flash에 적재되어 있는 운영체제 이미지를 구동할 수 있다.

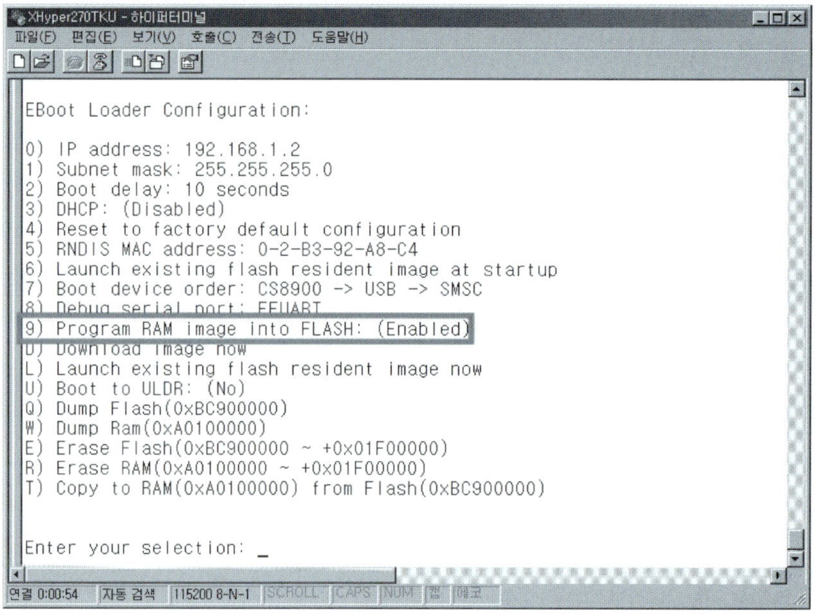

[그림 5-65] Flash에 운영체제 적재가능 모드

5.2.5 Kernel 다운로드

호스트 컴퓨터와 타깃보드는 TCP/IP 인터넷 프로토콜을 사용하여 서로 통신을 한다. 앞에서 X-Hyper270-TKU에 192.168.1.2의 C-Class의 사설 IP를 할당하였다. C-Class의 사설 IP가 할당된 X-Hyper270-TKU와 호스트 컴퓨터가 통신을 하려면 호스트 컴퓨터에 맨 마지막 숫자만 다른 IP를 할당해야 한다.

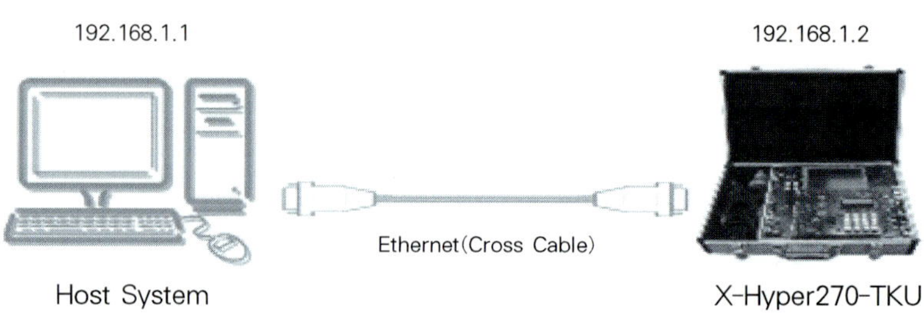

[그림 5-66] IP 할당

☞ 다음은 호스트 컴퓨터에 192.168.1.1 IP를 할당하는 방법에 대해 기술하였다.

① 제어판에서 "네트워크 연결"를 누른다.

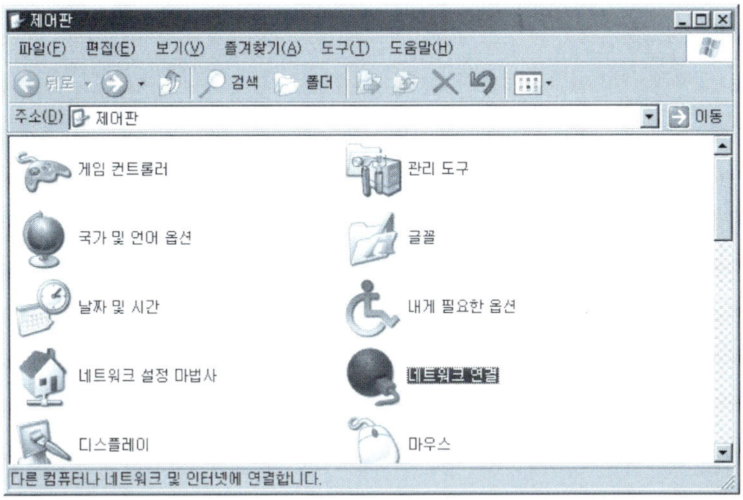

[그림 5-67] 제어판

② 타깃보드와 연결된 랜카드를 선택한 후 오른쪽 마우스 버튼을 누른 후 속성을 누른다.

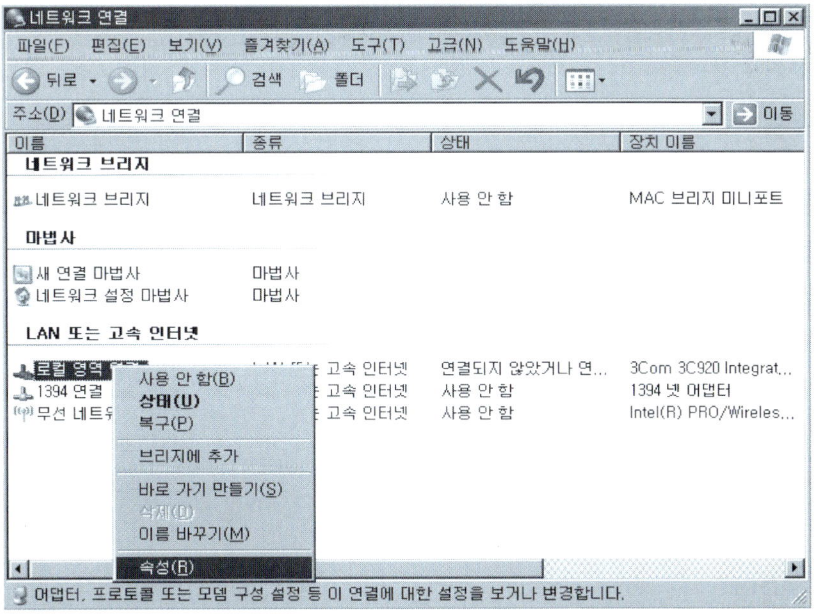

[그림 5-68] 네트워크 연결

③ "인터넷 프로토콜(TCP/IP)"를 선택한 후 "속성" 버튼을 클릭한다.

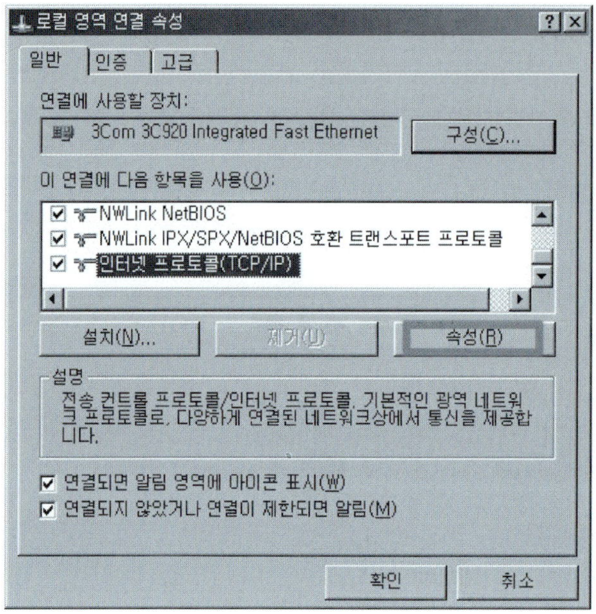

[그림 5-69]
로컬 영역 연결 속성

④ IP 주소 : 192.168.1.1, 서브넷 마스크 : 255.255.255.0 로 입력한 후 "확인" 버튼을 누른다.

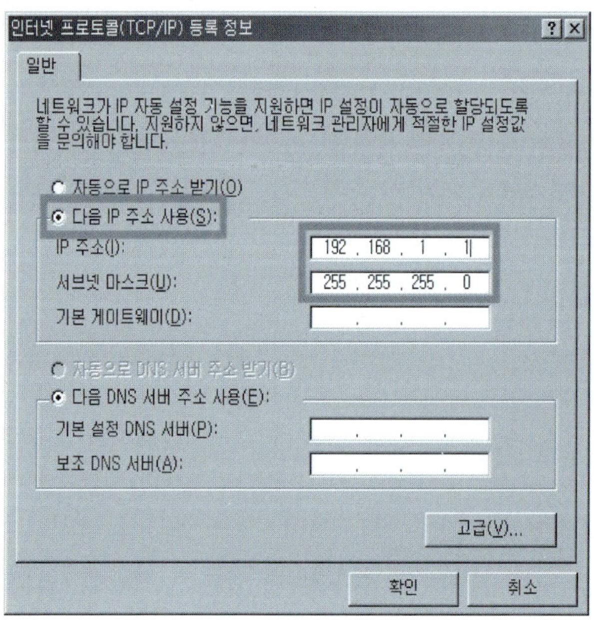

[그림 5-70]
인터넷 프로토콜(TCP/IP) 등록 정보

⑤ IP 할당이 끝났으면, "닫기" 버튼을 누른다.

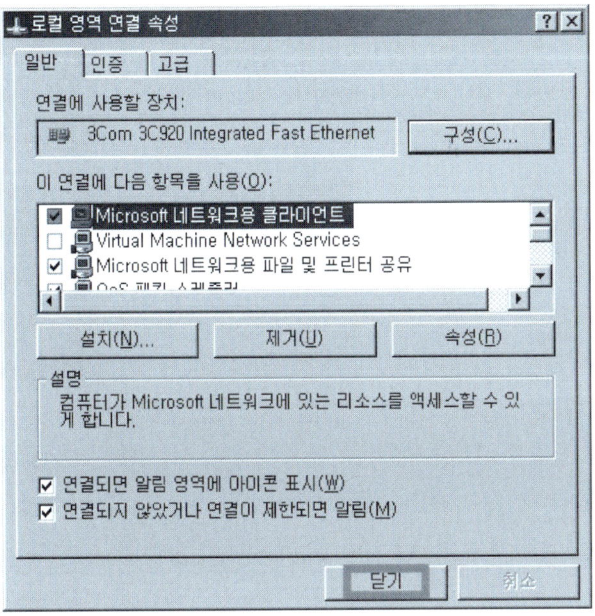

[그림 5-71]
로컬 영역 연결 속성

☞ 본 교재 5.2.2장 실습에서 XHyper270TKU_MobileHandheld 플랫폼을 Sysgen 하였다. 우리는 앞 실습에서 어떠한 소스도 수정하지 않았기 때문에 Sysgen 과정만으로 커널 이미지 파일인 NK.bin 파일을 생성할 수 있다. 다음은 플랫폼 빌더를 이용하여 X-Hyper270-TKU에 5.2.2장에서 생성한 Windows CE 커널을 올리는 방법에 대해 기술하였다.

① 호스트 컴퓨터와 X-Hyper270-TKU를 크로스 랜케이블을 이용하여 연결한 후 바탕화면의 작업 표시줄에 네트워크 아이콘이 "연결됨" 상태로 표시가 되는지 확인한다.

[그림 5-72]
바탕화면 작업 표시줄

② 메뉴에서 Target ➔ Connectivity Options... 을 선택한다.

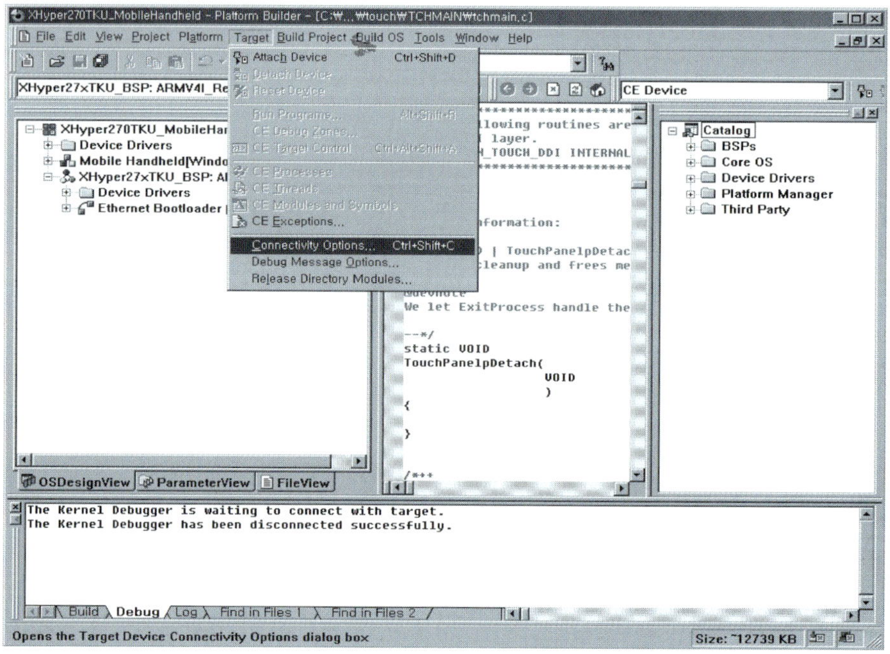

[그림 5-73]
Connectivity Options... 선택

③ Connectivity Options... 을 선택하면 다음과 같은 창이 나타난다.

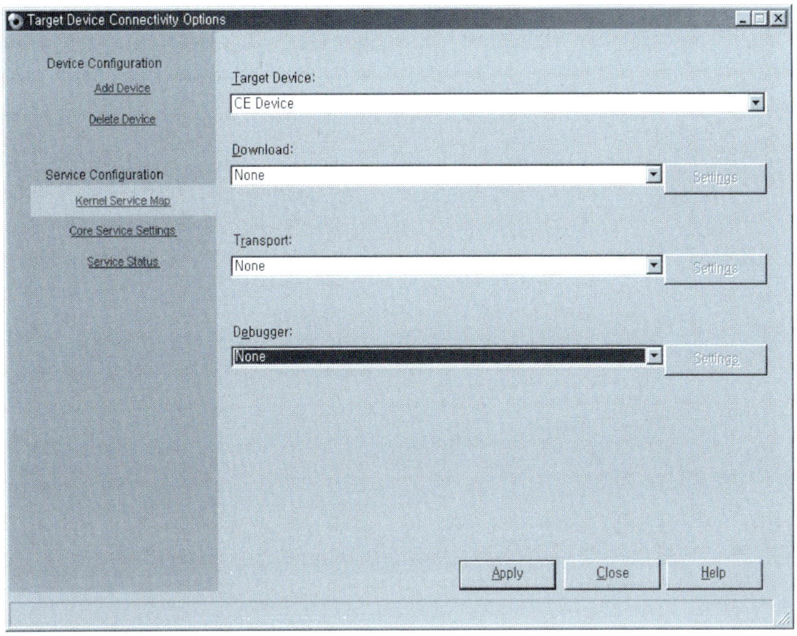

[그림 5-74] Target Device Connectivity Options

④ 왼쪽 메뉴에서 "Add Device"를 클릭한다.

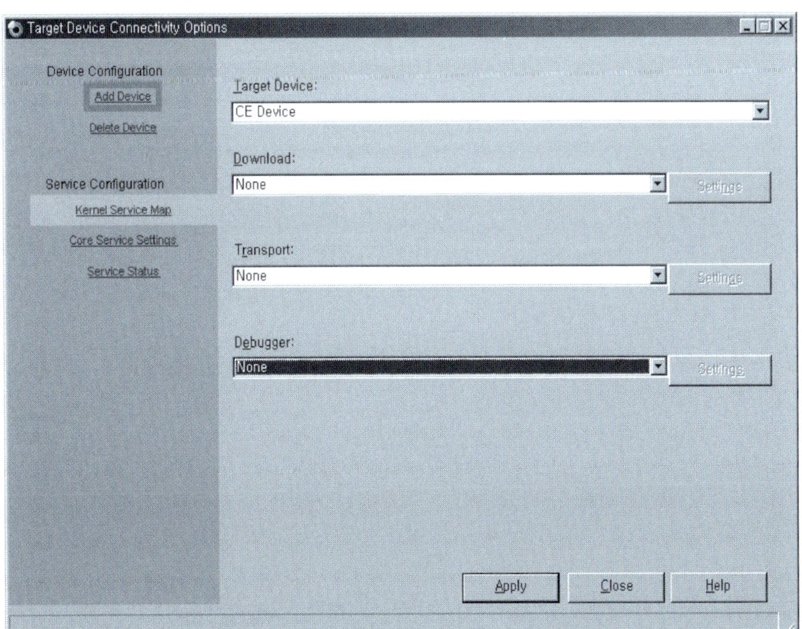

[그림 5-75] Target Device Connectivity Options

⑤ 타깃 디바이스 이름에 "XHyper270TKU"라고 입력한다.

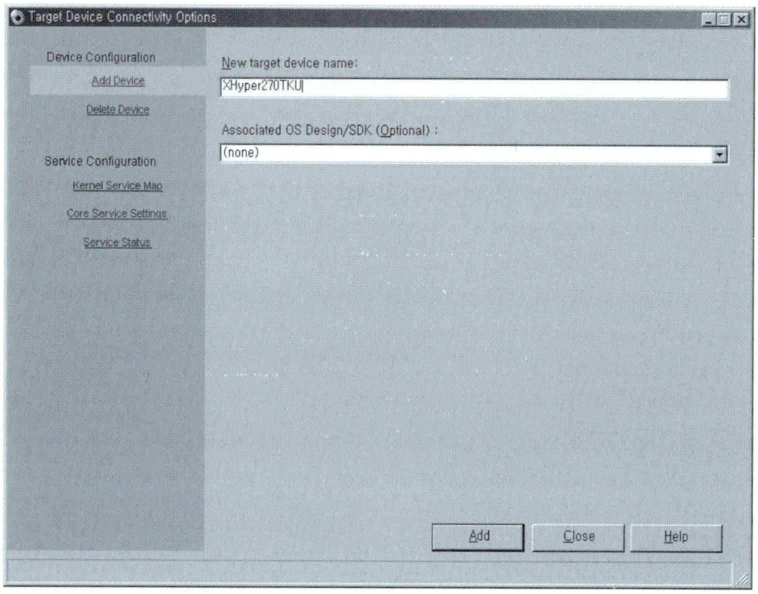

[그림 5-76] Target Device Connectivity Options

⑥ Download : Ethernet, Transport : Ethernet, Debugger : KdStub 를 각각 선택한다. KdStub(Kernel debugging stub)는 실시간 디버깅을 가능하게 해주는 기능을 제공한다.

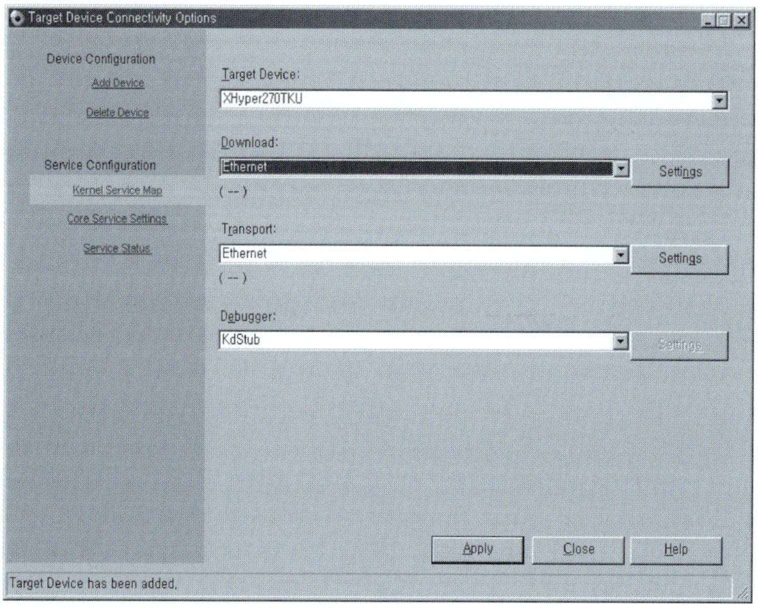

[그림 5-77] Target Device Connectivity Options

⑦ Download 항목에서 "Settings" 버튼을 클릭하면 아래와 같은 창이 나타난다.

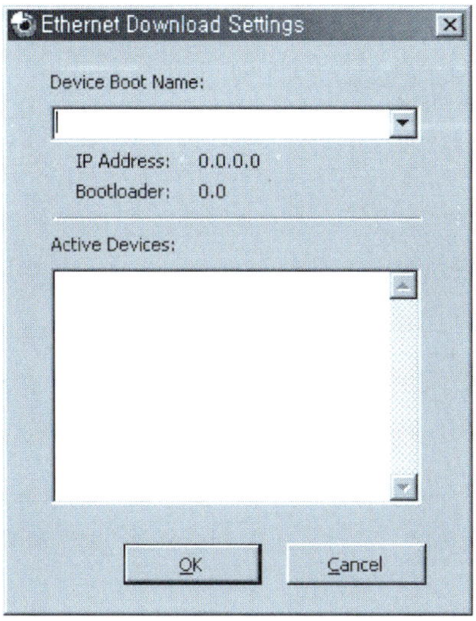

[그림 5-78] Ethernet Download Settings

⑧ X-Hyper270-TKU를 재부팅한 후 하이퍼터미널을 이용해 EBOOT의 메뉴 설정으로 들어간 후 "D"를 눌러 호스트 컴퓨터에서 운영체제 이미지를 다운로드 받기 위한 상태로 만든다. 아래의 화면을 보면 타깃보드는 "MAINSTN36864"라는 디바이스 이름을 사용하고, 브로드캐스트 IP인 "255.255.255.255"로 자신의 디바이스 이름을 전송한다.

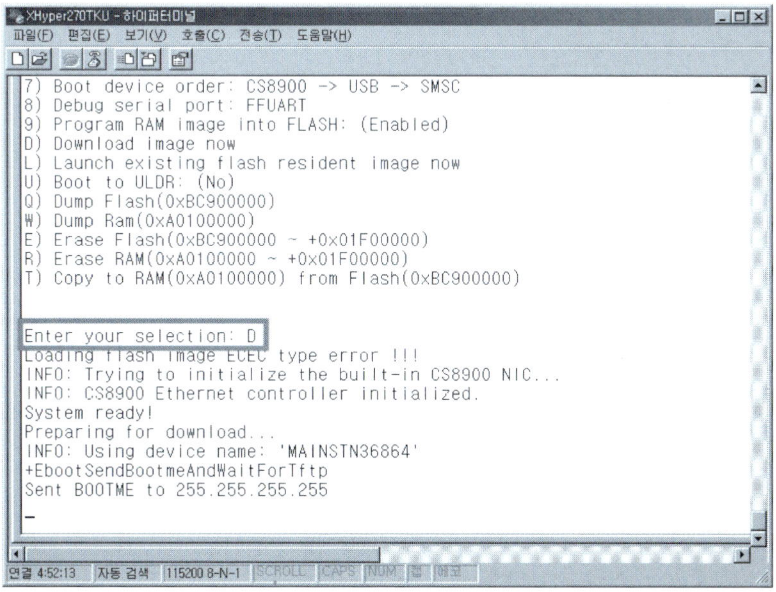

[그림 5-79] 이미지 다운로드를 위한 대기상태

⑨ Active Devices 항목에 "MAINSTN36864"라는 디바이스 이름이 표시가 되는지 확인한다.

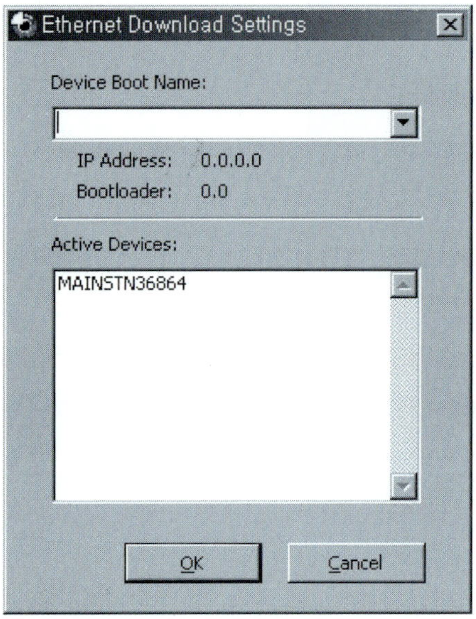

[그림 5-80] Ethernet Download Settings

⑩ "MAINSTN36864"를 선택한 후 "OK" 버튼을 누른다.

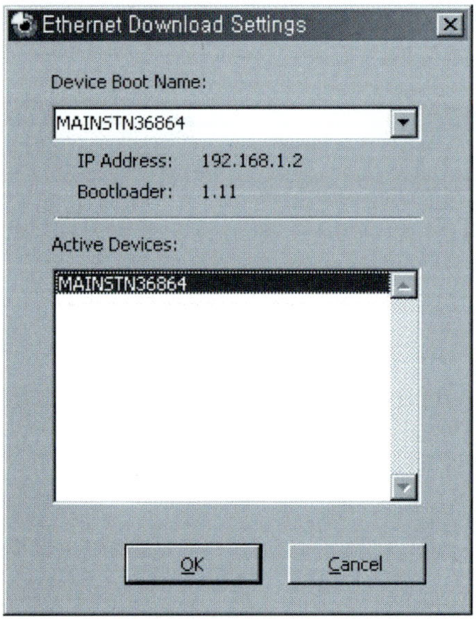

[그림 5-81] Ethernet Download Settings

⑪ 변경된 설정을 적용하도록 "Apply" 버튼을 클릭한다.

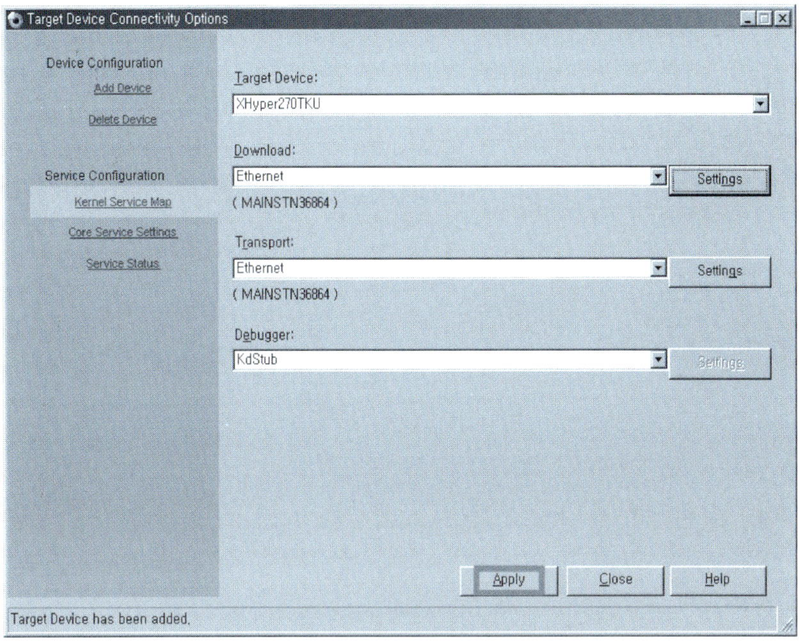

[그림 5-82]
Target Device Connectivity Options

⑫ "Close" 버튼을 눌러 빠져나온다.

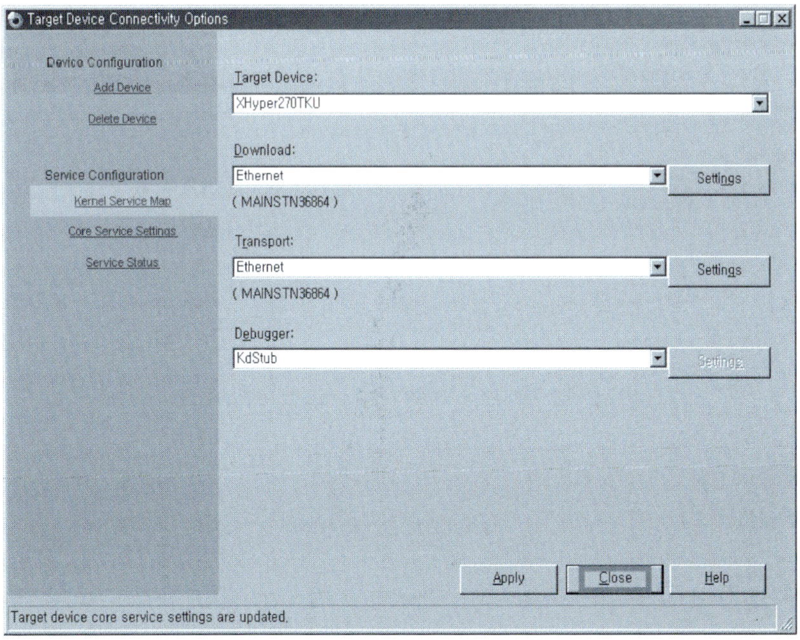

[그림 5-83]
Target Device Connectivity Options

⑬ 메뉴에서 Target ➔ Attach Device 를 선택한다.

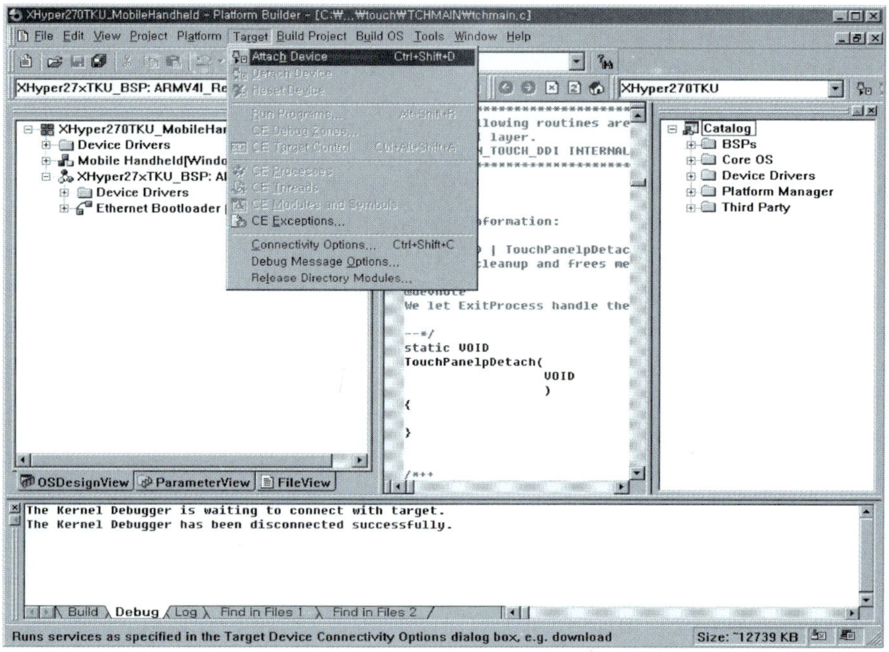

[그림 5-84]
Attach Device 선택

⑭ 타깃보드와 정상적으로 연결이 되었다면 다음 창이 나타나고, NK.bin 파일이 타깃보드로 다운로드 되는 상황을 확인할 수 있다.

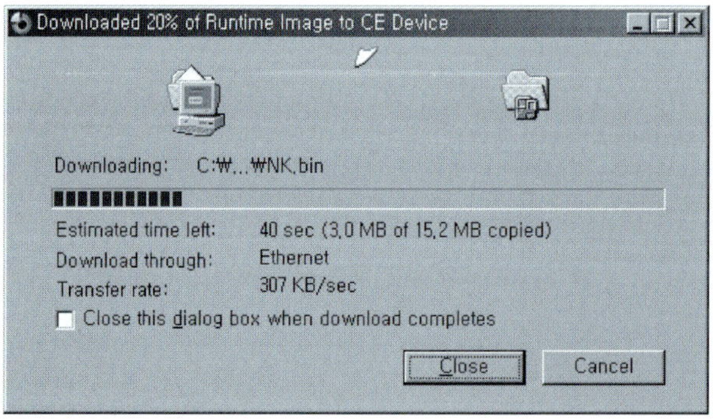

[그림 5-85]
NK.bin 파일 다운로드 진행

⑮ 하이퍼터미널을 이용하여 타깃보드의 상태를 살펴보면, 다음과 같다.

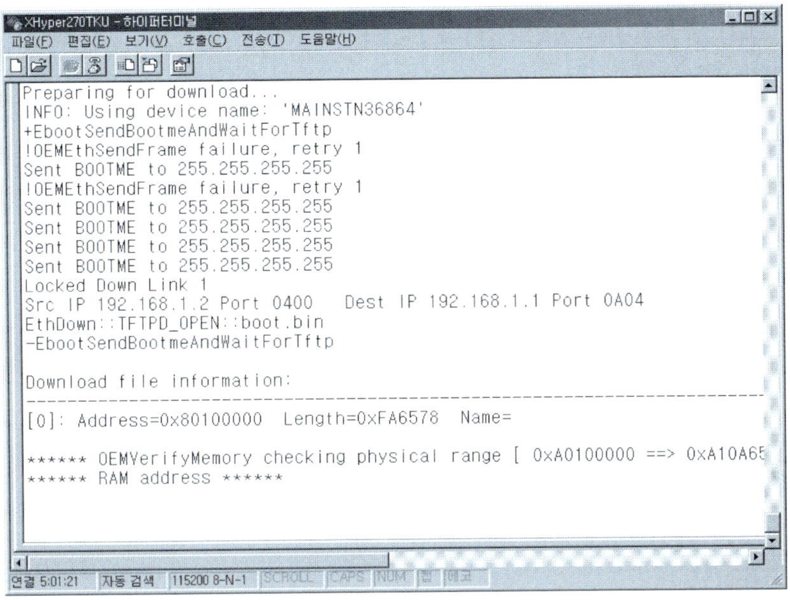

[그림 5-86] 다운로드 진행

⑯ 아래 화면을 살펴보면, EBOOT 메뉴 설정에서 "9) Program RAM image into FLASH" 항목을 Enabled로 설정하였기 때문에 다운로드 받은 운영체제 이미지를 Flash에 기록하고 있는 중이다.

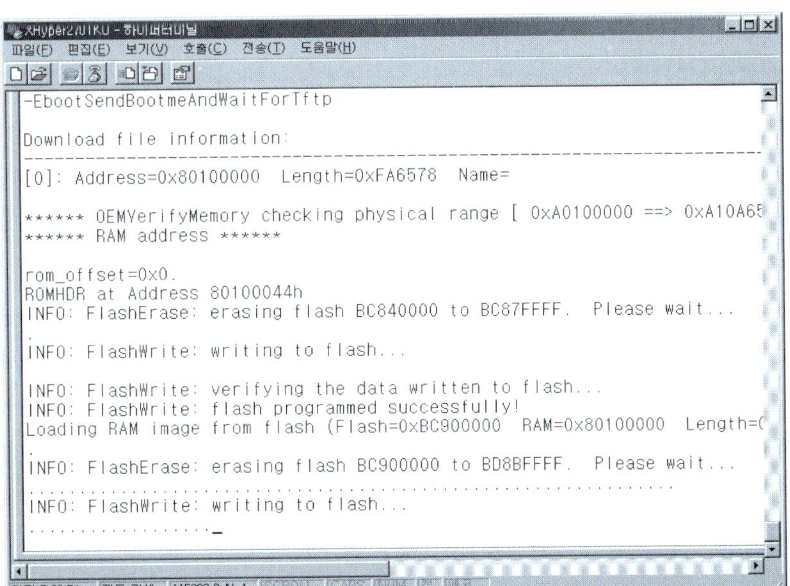

[그림 5-87] Flash에 이미지 적재 진행

⑰ 정상적으로 이미지를 다운로드 받았으면 "RSTCPU" 버튼을 한번 눌러준다.

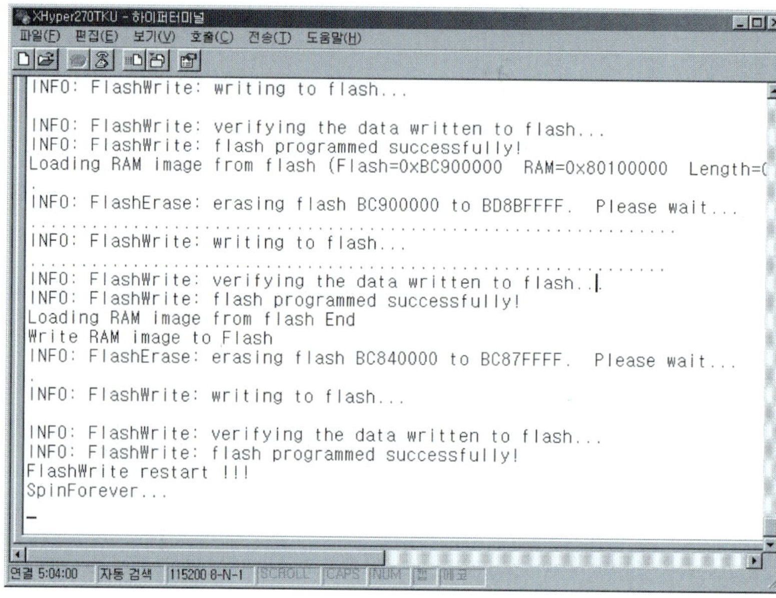

[그림 5-88] 다운로드 완료

⑱ X-Hyper270-TKU가 재부팅이 되면 EBOOT 메뉴 설정에서 "6) Launch existing flash resident image at startup" 항목으로 설정했기 때문에 시스템이 부팅이 되면 Flash에 적재되어 있는 운영체제 이미지가 구동된다.

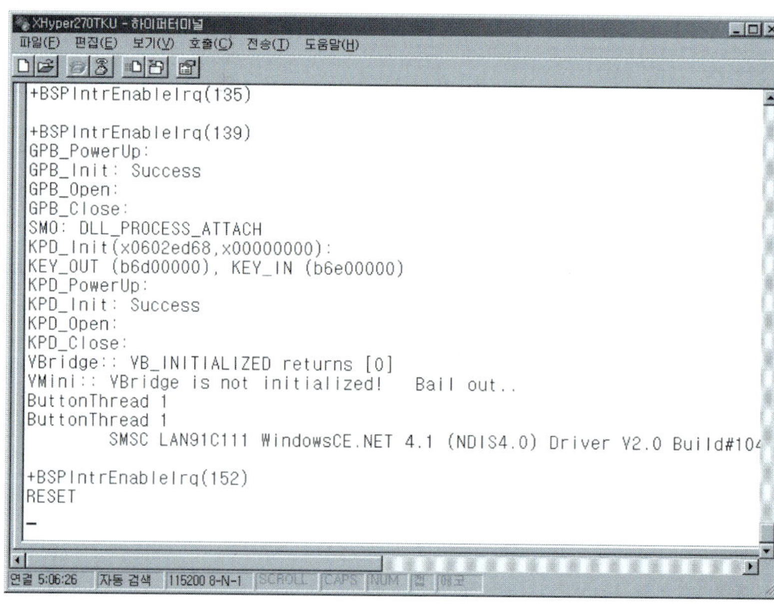

[그림 5-89] Flash에 적재되어 있는 이미지 구동

☞ 다음은 플랫폼을 생성하지 않고 이미 생성된 NK.bin 파일을 타깃보드로 다운로드하는 방법에 대해 기술하였다.

① 메뉴에서 File ➔ Open... 를 선택한다.

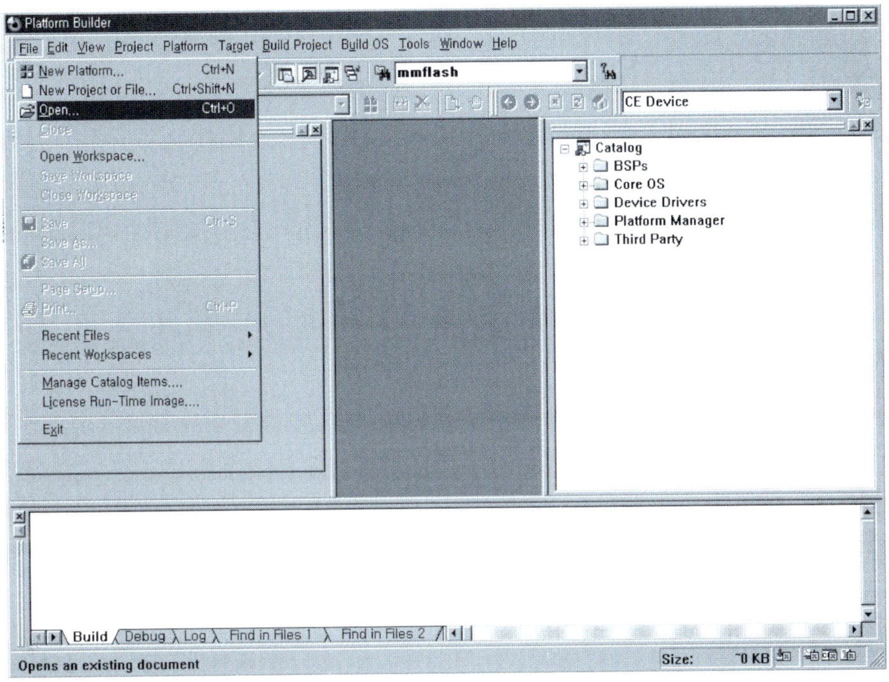

[그림 5-90]
파일 열기

② C:\WINCE500\PBWorkspaces\XHyper270TKU_MobileHandheld\RelDir\XHyper27xTKU_BSP_ARMV4I_Release 폴더 이동한 후 파일 형식에서 "Kernel Files"를 선택한 후 "NK.bin" 파일을 선택한다.

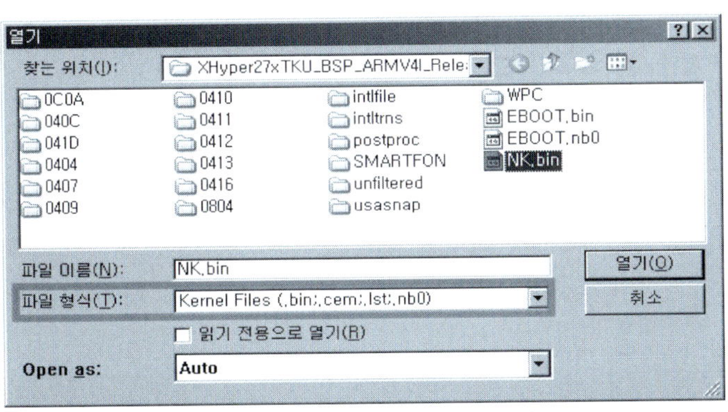

[그림 5-91]
NK.bin 파일 선택

③ Workspace 창에 "NK.bin" 항목이 추가가 되었는지 확인한다.

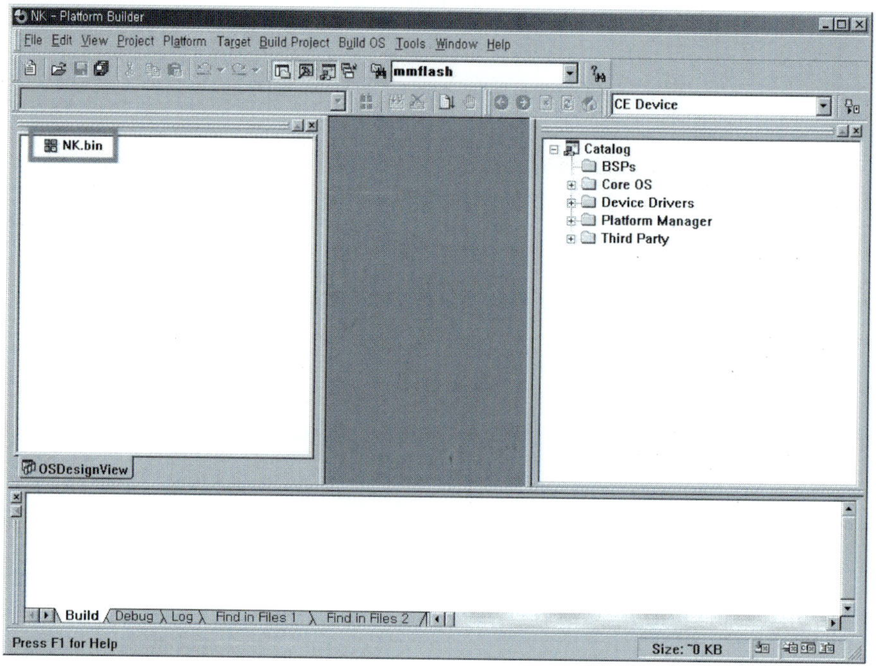

[그림 5-92]
NK.bin 항목 확인

④ X-Hyper270-TKU를 재부팅한 후 하이퍼터미널을 이용해 EBOOT의 메뉴 설정으로 들어간 후 "D"를 눌러 호스트 컴퓨터에서 운영체제 이미지를 다운로드 받기 위한 상태로 만든다.

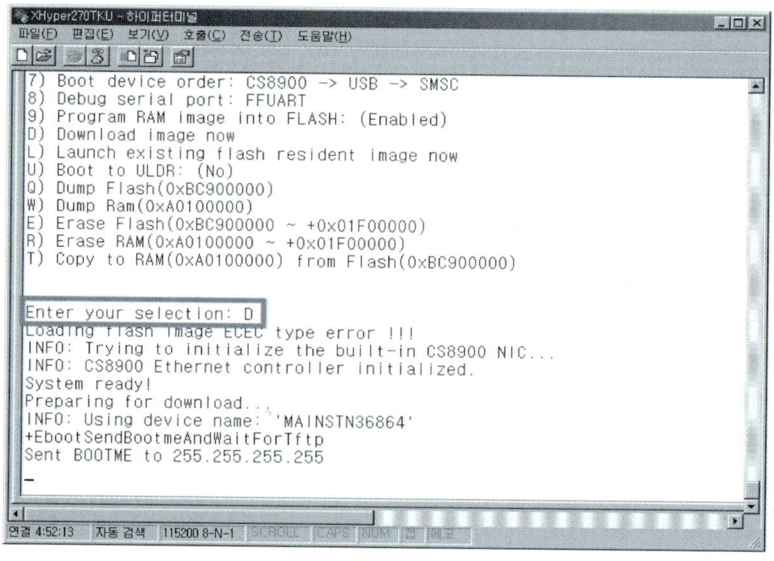

[그림 5-93]
이미지 다운로드를 위한 대기상태

⑤ Connectivity Device Name 항목에서 앞에서 설정했던 "XHyper270TKU"를 선택한다.

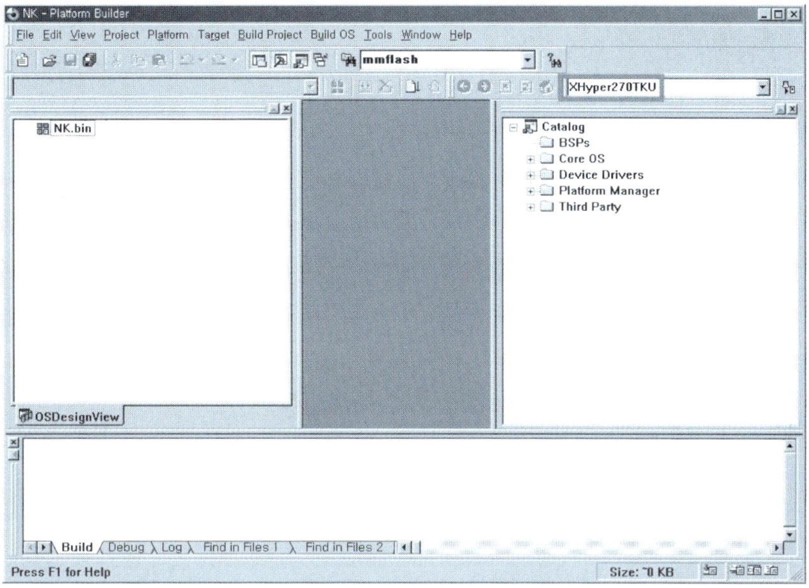

[그림 5-94] Connectivity Device Name 항목 선택

⑥ 메뉴에서 Target ➔ Attach Device 를 선택한다. 앞의 실습에서 타깃보드의 디바이스 이름을 플랫폼 빌더에 등록을 해 놓았기 때문에 Attach Device 하는 것만으로 타깃보드로 이미지를 다운로드할 수 있다.

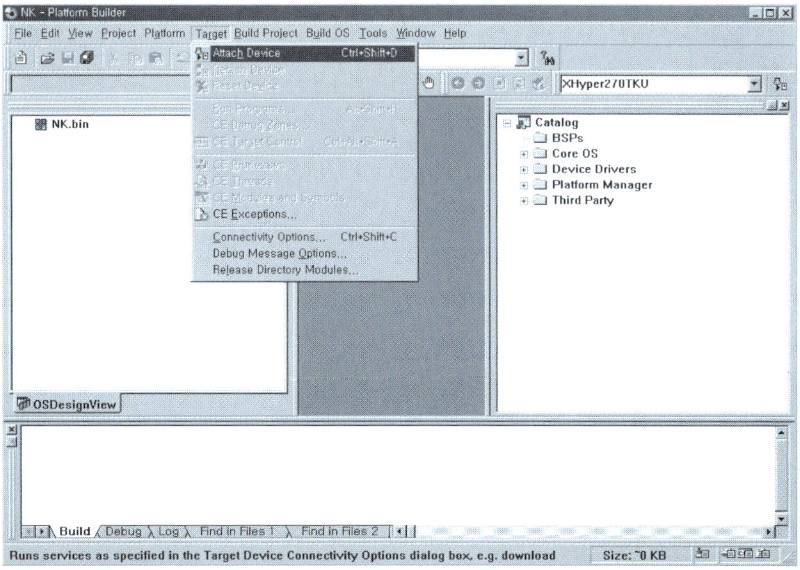

[그림 5-95] Attach Device 선택

⑦ 타깃보드와 정상적으로 연결이 되었다면 다음 창이 나타나고, NK.bin 파일이 타깃보드로 다운로드되는 상황을 확인할 수 있다.

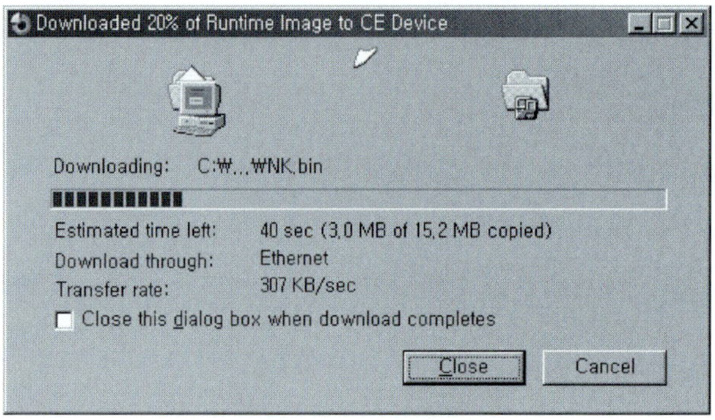

[그림 5-96] NK.bin 파일 다운로드 진행

제6장
Tiny Kernel 환경 구축

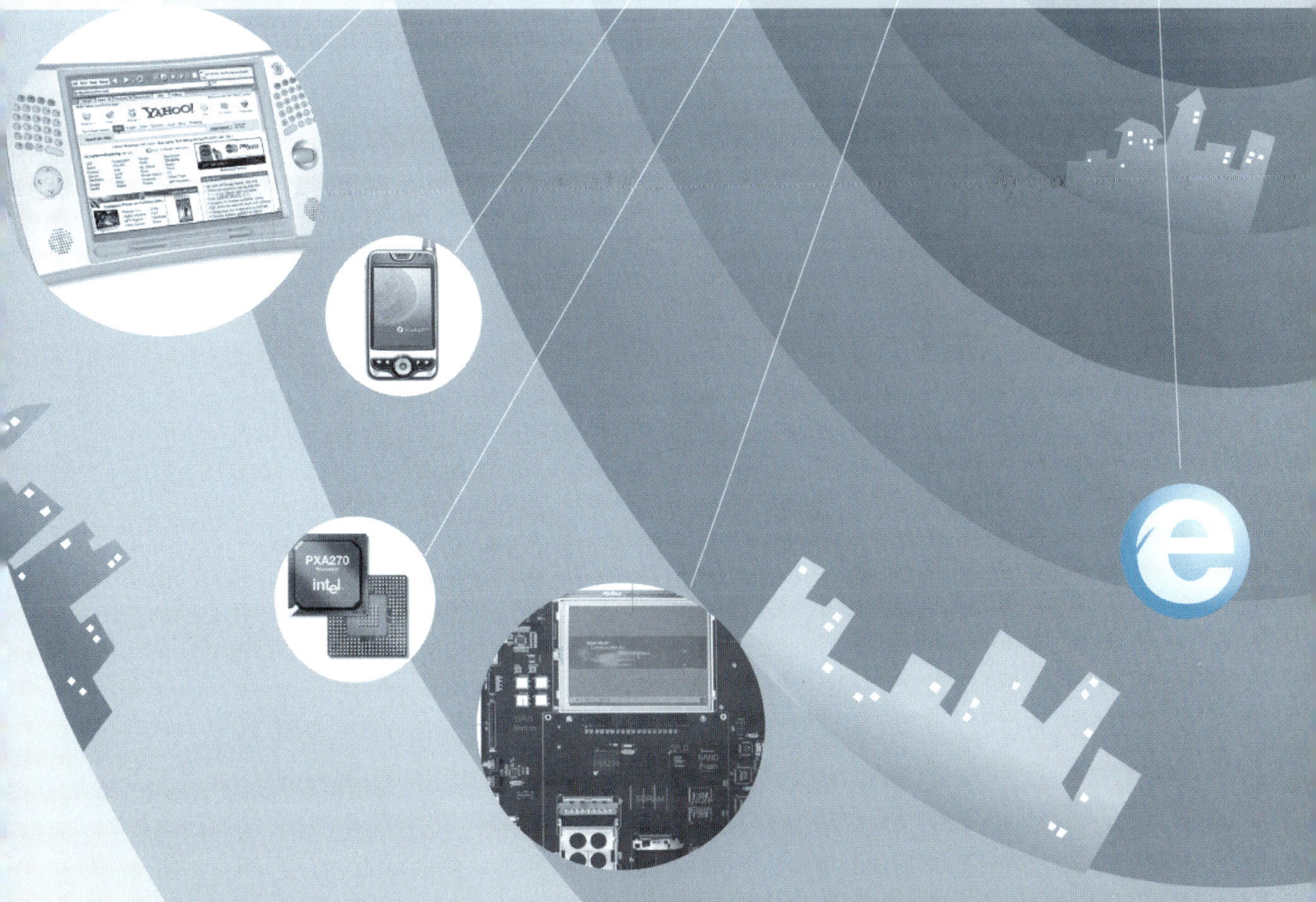

6.1 Tiny Kernel

Tiny Kernel은 가장 단순한 커널을 말하며, 생성되는 이미지 파일인 NK.BIN의 크기가 매우 작다. 단순한 Tiny Kernel을 포팅하면서 Kernel을 포팅하는 것에 대한 기본적인 사항들을 익히도록 하자.

▶ Windows CE 운영체제 이미지 파일인 "NK.BIN"가 생성되는 단계를 살펴보자.

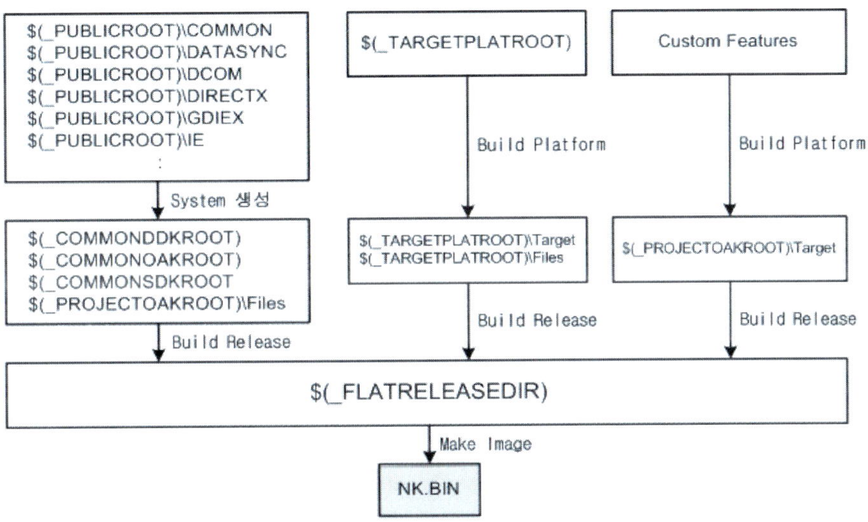

[그림 6-1]
빌드 과정

- System 생성(Sysgen) : 개발자가 선택한 컴포넌트들에 따라 $(_PUBLICROOT) 폴더 안에 있는 헤더 파일, 라이브러리, 디버그 파일 등을 특정 폴더에 복사하고, 복사된 파일의 링크 작업을 수행하여 운영체제의 주요 핵심 컴포넌트들을 생성하는 단계로서, SYSGEN_XXXX과 같은 환경변수들이 만들어진다. $(_COMMONOAKROOT)\Target 폴더는 빌드된 모듈 중에 실행 가능한 exe, dll, ocx 모듈들이 복사되는 폴더이고, $(_PROJECTOAKROOT)\Files 폴더는 컴파일 과정없이 미리 준비된 모듈들이 단지 복사되는 폴더이다.
- Build Platform : BSP를 생성하려고 하는 운영체제의 환경설정에 따라 컴

파일 한다. $(_TARGETPLATROOT) 폴더 내의 파일들이 컴파일되어 $(_TARGETPLATROOT)\Target 폴더로 복사되고, 개발자가 추가한 Custom Features들을 빌드하면, 빌드된 모듈 중에 실행 가능한 exe, dll, ocx 모듈들이 $(_PROJECTOAKROOT)\Target 폴더에 복사된다.

- Build Release : 위의 두 단계에서 빌드된 컴포넌트들과 운영체제의 설정 파일들을 $(_FLATRELEASEDIR) 폴더로 복사한다.
- Make Image : 릴리즈 폴더에 있는 환경설정 파일(bib, reg, dat, db)들을 참조하고 복사된 컴포넌트들을 사용하여 하나의 바이너리 파일로 압축을 한다. 압축된 파일이 NK.BIN 이미지 파일이다.

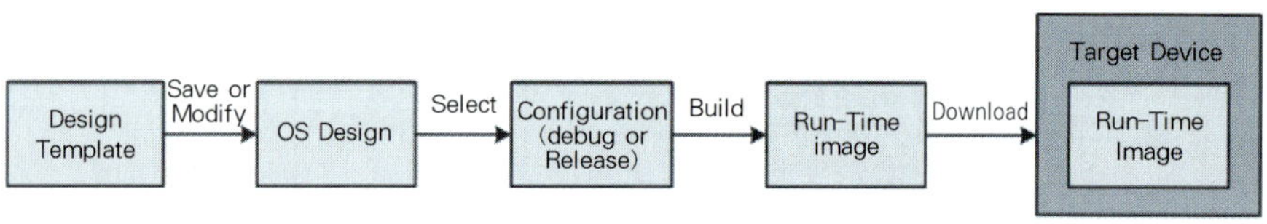

[그림 6-2] 플랫폼 빌더를 이용한 이미지 생성 과정

☞ 이번 실습은 Tiny Kernel을 생성하는 실습이다. 제공된 "XHyper27xTKU_BSP"를 사용하여 Tiny Kernel을 생성하려면 "XHyper27xTKU_BSP"의 약간의 수정이 필요하다. "XHyper27xTKU_BSP"를 수정하게 되면 다른 플랫폼을 생성할 때 다시 설정파일을 수정해 주어야 하는 불편함이 있음으로 본 교재 5.2장 실습에서 생성한 "New XHyper27xTKU_BSP"를 수정한 후 본 실습에 사용한다.

① 5.2장에서 생성한 "New XHyper27xTKU_BSP"의 폴더인 \WINCE500\PLATFORM\new_XHyper27xTKU_BSP 폴더로 이동한다.

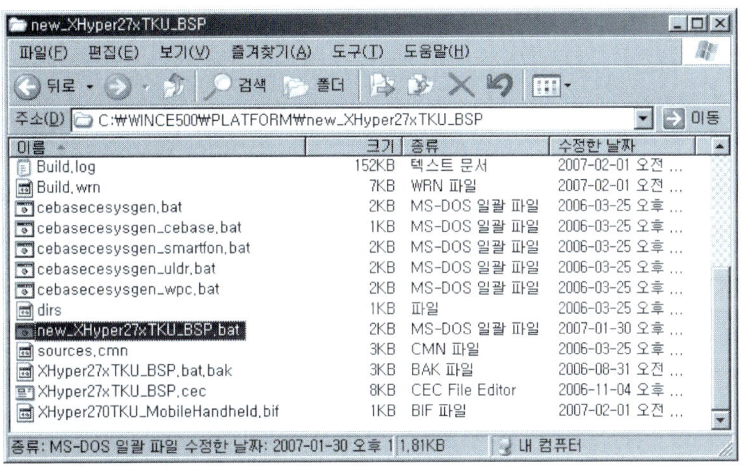

[그림 6-3] new_XHyper27xTKU_BSP 폴더로 이동

② 백업을 위해 "new_XHyper27xTKU_BSP.bat" 파일의 이름을 "new_XHyper27xTKU_BSP.bat.bak"로 변경한다.

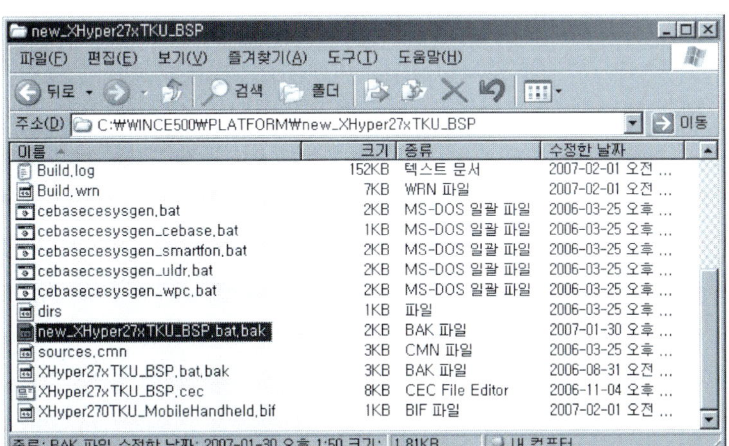

[그림 6-4] new_XHyper27xTKU_BSP.bat 파일명 변경

③ 제공된 CD에 들어있는 "XHyper27xTKU_BSP.bat" 파일을 현재 폴더에 복사한다.

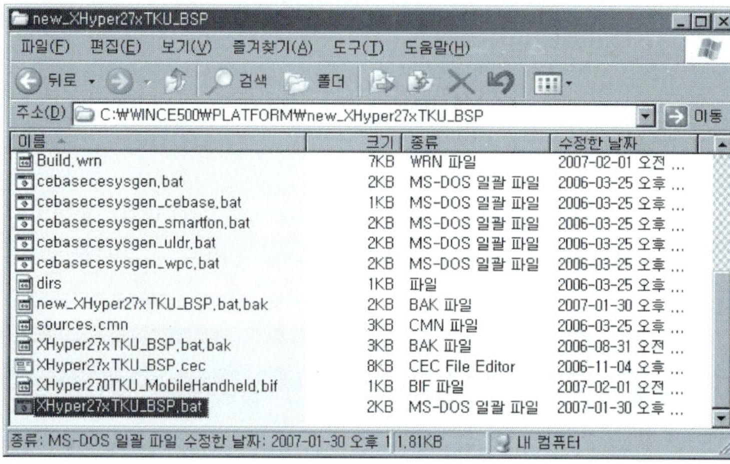

[그림 6-5] XHyper27xTKU_BSP.bat 파일 복사

④ 복사한 "XHyper27xTKU_BSP.bat" 파일의 이름을 "new_XHyper27xTKU_BSP.bat"로 변경한다.

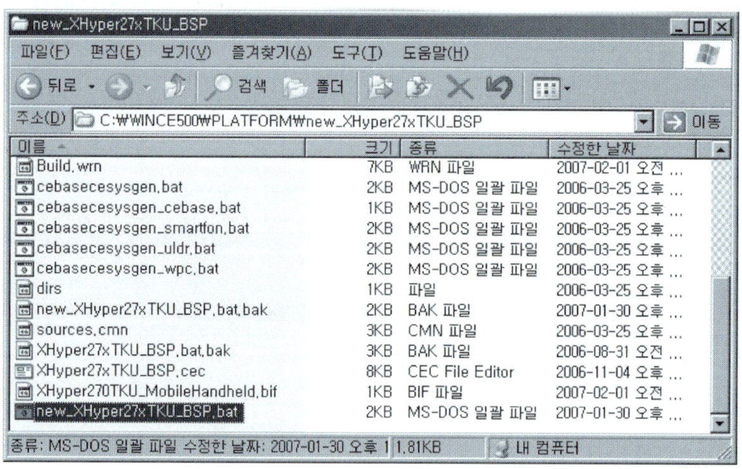

[그림 6-6] XHyper27xTKU_BSP.bat 파일명 변경

⑤ \WINCE500\PLATFORM\new_XHyper27xTKU_BSP\files 폴더로 이동한다.

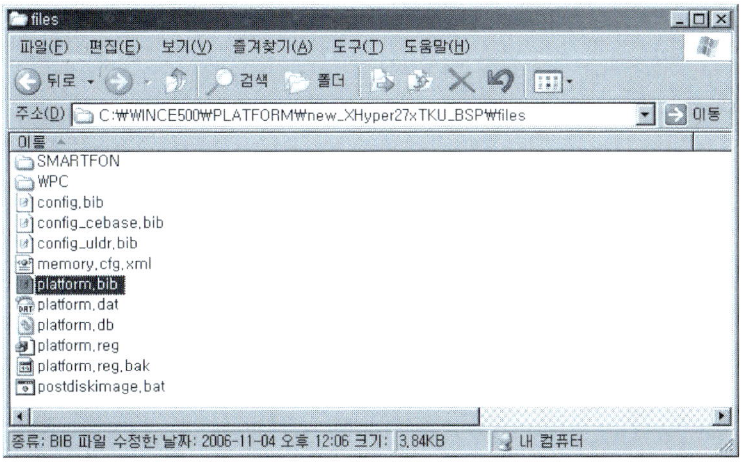

[그림 6-7]
new_XHyper27xTKU_BSP\files 폴더로 이동

⑥ 백업을 위해 “platform.bib” 파일의 이름을 “platform.bib.bak”로 변경한다.

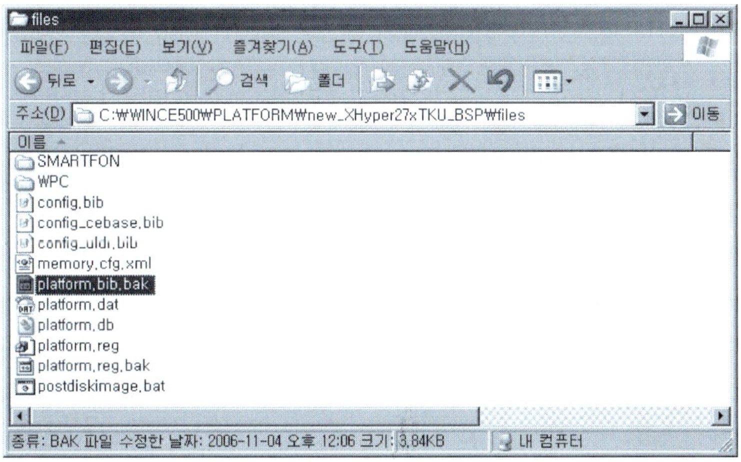

[그림 6-8]
platform.bib 파일명 변경

⑦ 제공된 CD에 들어있는 "platform.bib" 파일을 현재 폴더에 복사한다.

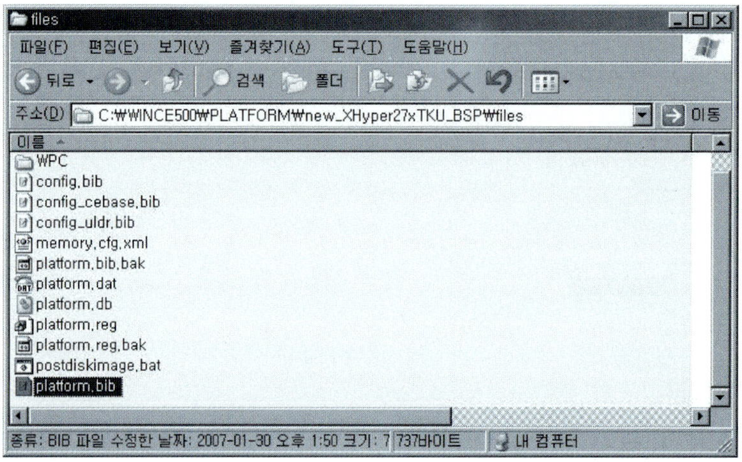

[그림 6-9]
platform.bib 파일 복사

⑧ \WINCE500\PLATFORM\new_XHyper27xTKU_BSP\src\drivers 폴더로 이동한다.

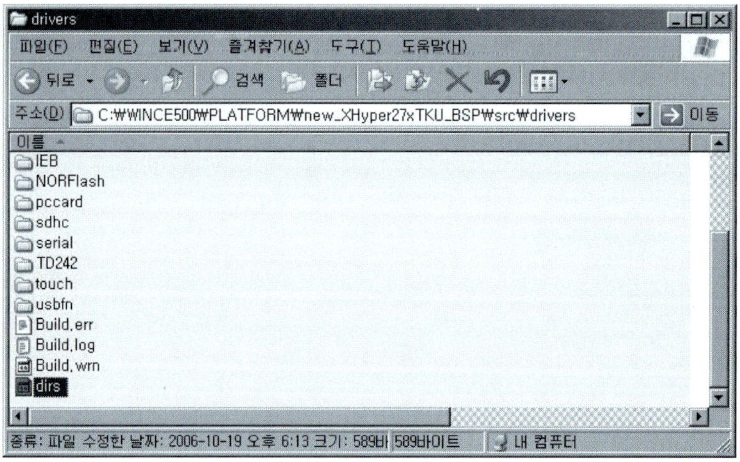

[그림 6-10]
new_XHyper27xTKU_BSP\src\drivers 폴더로 이동

⑨ 백업을 위해 "dirs" 파일의 이름을 "dirs.bak"로 변경한다.

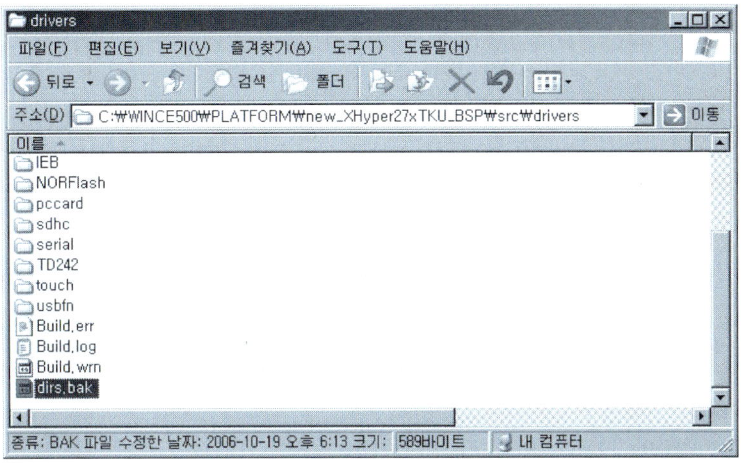

[그림 6-11]
dirs 파일명 변경

⑩ 제공된 CD에 들어있는 "dirs" 파일을 현재 폴더에 복사한다.

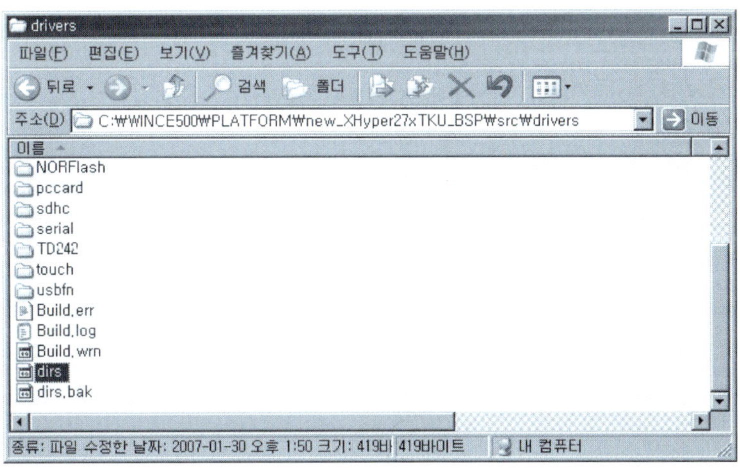

[그림 6-12]
dirs 파일 복사

☞ 다음은 플랫폼 빌더에서 제공하는 플랫폼 마법사(Platform Wizard)를 이용하여 Tiny Kernel을 생성하는 방법에 대해 기술하였다. 개발자는 플랫폼 마법사(Platform Wizard)를 이용하여 개발목적에 맞는 장치 또는 기능만을 가지는 플랫폼을 쉽게 생성할 수 있다.

① 메뉴에서 File ➔ New Platform...를 선택한다.

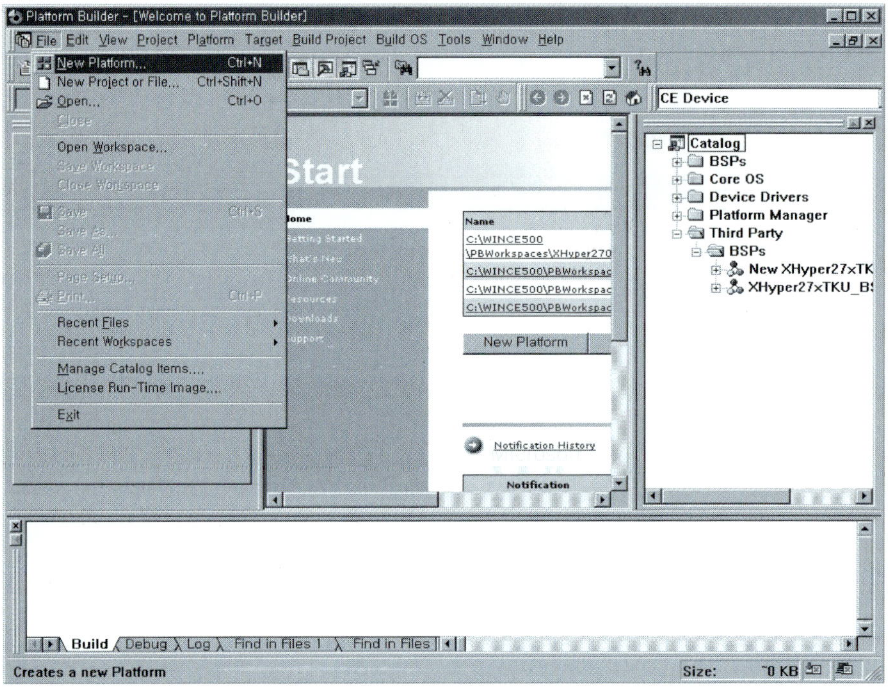

[그림 6-13]
New Platform 선택

② 플랫폼 마법사를 실행시키면 다음과 같은 화면을 확인할 수 있다.

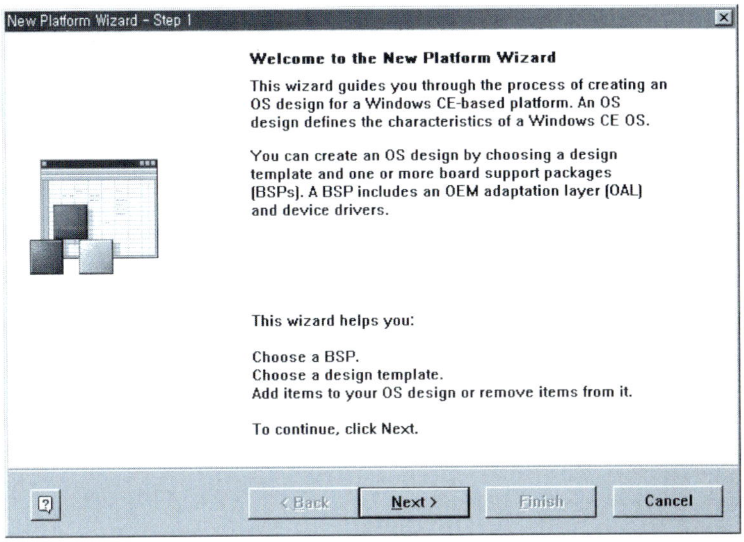

[그림 6-14]
Platform Wizard 실행

③ 생성할 플랫폼의 이름을 지정한다. "TinyKernel"이라고 입력한 후 "Next" 버튼을 누른다.

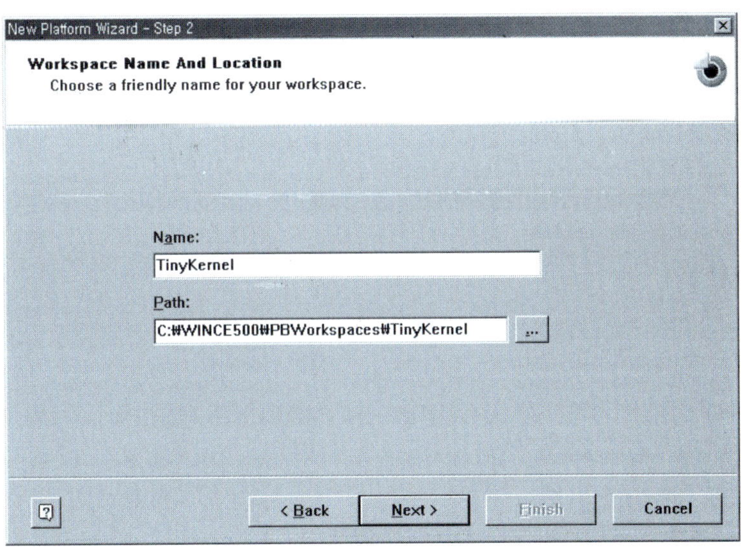

[그림 6-15]
플랫폼명 지정

④ 본 교재 5.2장 실습에서 생성한 "New XHyper27xTKU_BSP:ARMV4I"를 선택한 후 "Next" 버튼을 누른다.

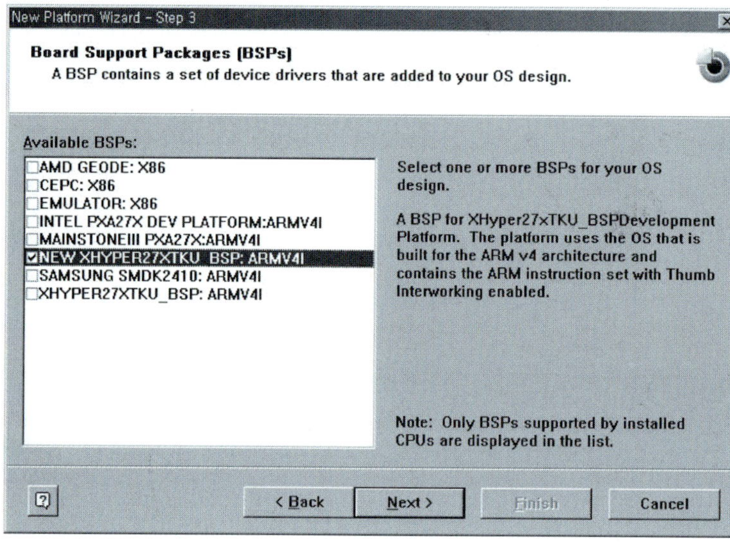

[그림 6-16] New XHyper27xTKU_BSP :ARMV4I 선택

⑤ 개발자가 생성할 플랫폼이 어떤 용도로 사용할지 선택하는 창이다. 개발자는 생성하고자 하는 플랫폼 형태에 근접한 항목을 선택하거나, 항목에 없는 경우에는 "Custom Device"를 선택하여 개발자가 직접 사용할 장치들을 선택하면 된다. 우리가 원하는 플랫폼 형태는 Tiny Kernel이므로 "Tiny Kernel"을 선택한 후 "Next" 버튼을 누른다.

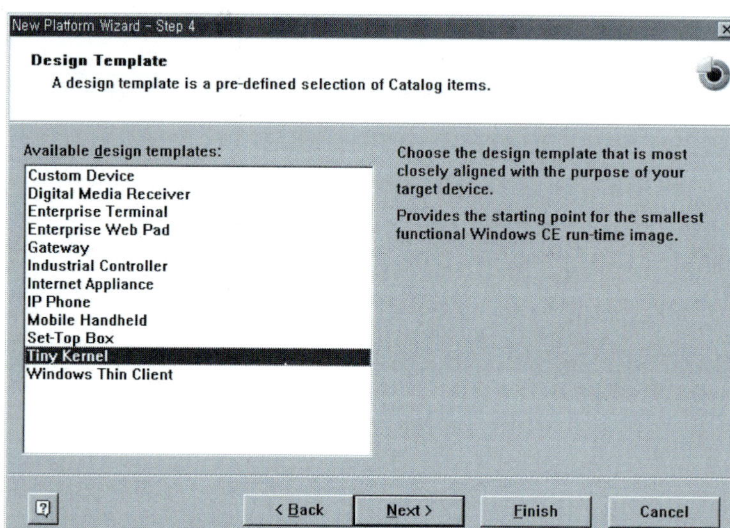

[그림 6-17] Tiny Kernel 선택

⑥ "Finish" 버튼을 눌러 플랫폼 마법사를 끝마치면, 새로운 플랫폼이 생성된다.

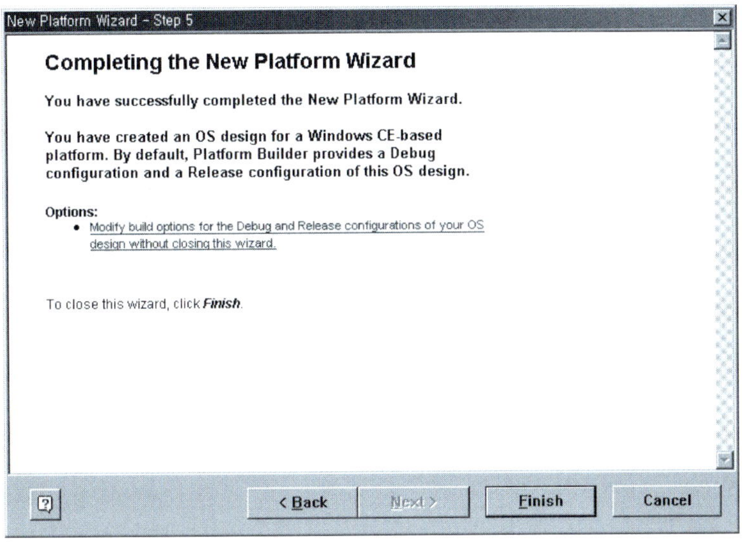

[그림 6-18]
플랫폼 마법사 종료

⑦ 성공적으로 새로운 플랫폼이 생성이 되었다면 플랫폼 빌더의 Workspace 창에 추가된 항목을 볼 수 있다.

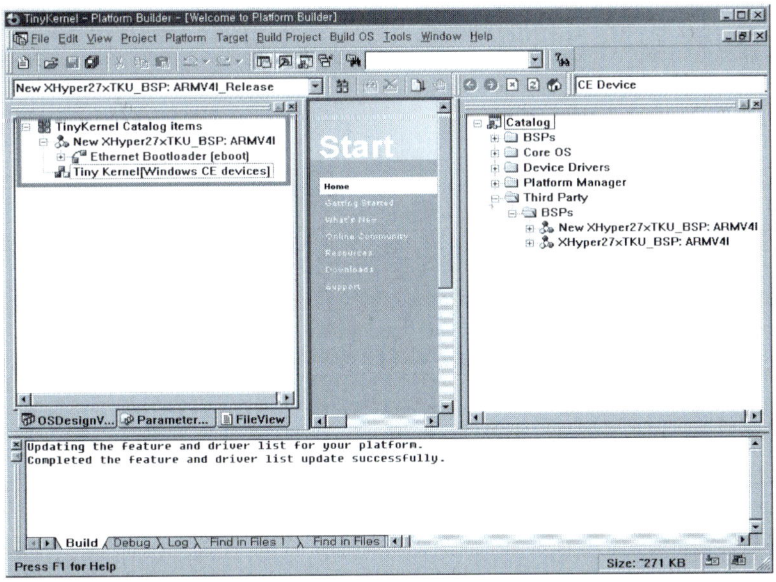

[그림 6-19]
Workspace 항목 확인

⑧ Sysgen 진행하기 전에 빌드 옵션을 변경해 주어야 한다. 메뉴에서 Platform ➔ Settings…를 선택한다.

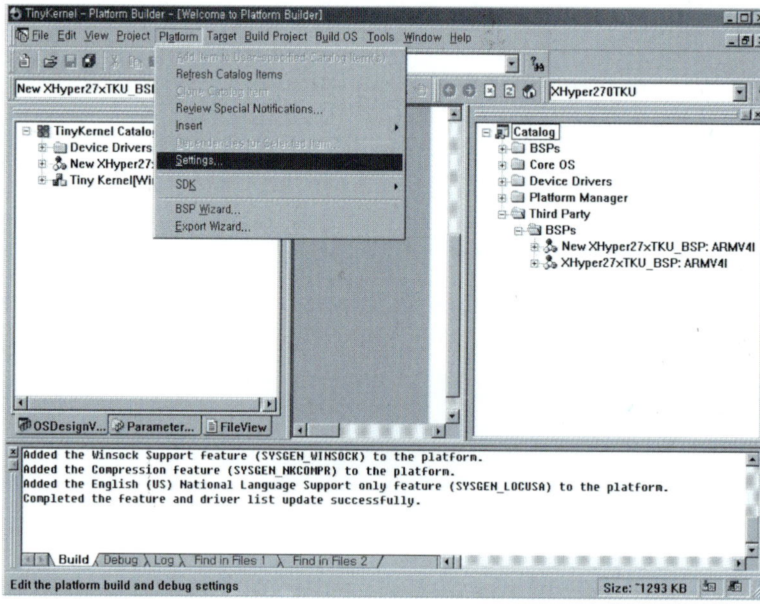

[그림 6-20]
Settings 선택

⑨ "Build Options" 탭을 선택한 후 다음과 같이 설정을 변경한다.

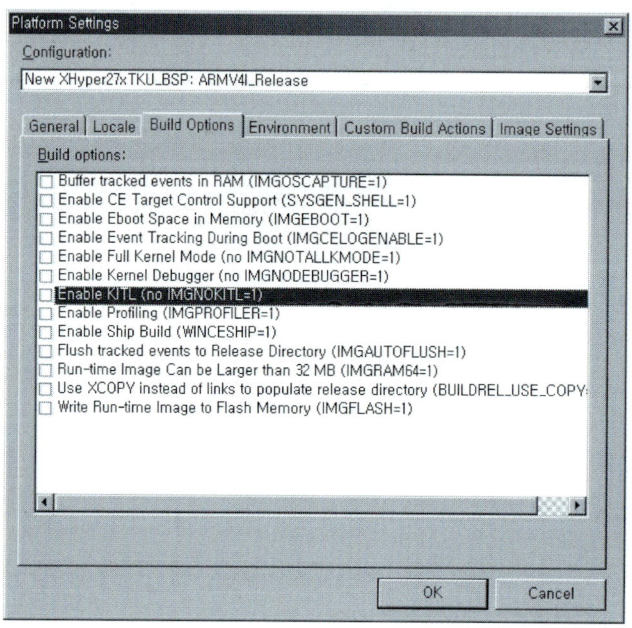

[그림 6-21]
Build Options

▶ 옵션항목에 대해 살펴보자.

- Enable CE Target Control Support : 타깃보드가 부팅되는 동안 제어를 한다.
- Enable Eboot Space in Memory : Config.bib 파일에 메모리 공간을 지정하며, 타깃보드가 부팅되는 동안 운영체제가 읽을 수 있는 데이터를 부트로더가 저장하는 것을 허용한다.
- Enable Event Tracking During Boot : 부팅되는 동안 이벤트를 추적한다.
- Enable Full Kernel Mode : 커널모드에서 스레드(Threads)들을 실행한다.
- Enable Kernel Debugger : 디버거의 접속을 허용하고, 타깃보드로부터 호스트 컴퓨터로 디버깅 정보를 전달한다.
- Enable KITL : KITL(Kernel Independent Transport Layer)는 디버깅을 위해 타깃보드와 호스트 컴퓨터 사이에서 서로 정보 및 데이터를 전송하는 것을 말한다.
- Enable Profiling : 운영체제 이미지에 커널 프로파일의 로그 정보를 남긴다.
- Enable Ship Build : 이 항목이 지정이 되면 운영체제는 디버그 메시지들을 출력하지 않고, 지정이 되지 않으면 다양한 디버그 메시지들을 제공한다. 그리고 이 항목은 릴리즈 모드에서만 보인다.
- Flush tracked events to Release Directory : 생성된 이미지가 저장될 폴더에 정보를 출력한다.

⑩ "Copy Files to Release Directory After Build"와 "Make Run-Time Image After Build" 항목을 선택하여 Sysgen를 실행시키는 것만으로 Windows CE 운영체제 이미지가 생성되도록 한다. 메뉴에서 Build OS ➔ "Copy Files to Release Directory After Build"와 "Make Run-Time Image After Build" 항목을 선택한 후 Sysgen를 선택한다.

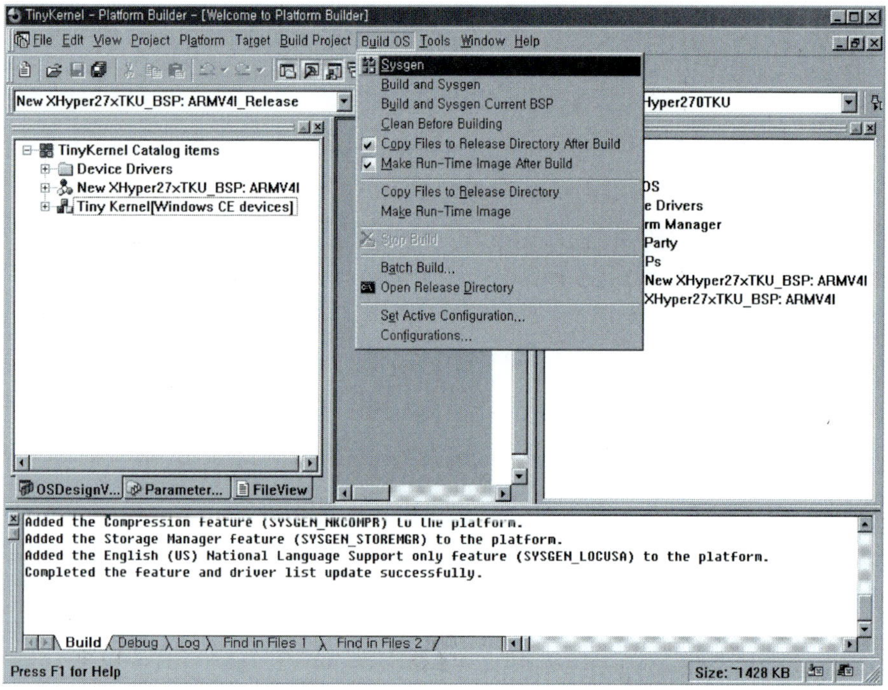

[그림 6-22]
Sysgen 실행

⑪ Sysgen 과정이 성공적으로 끝났으면 Output 창에 다음과 같은 화면을 확인할 수 있다.

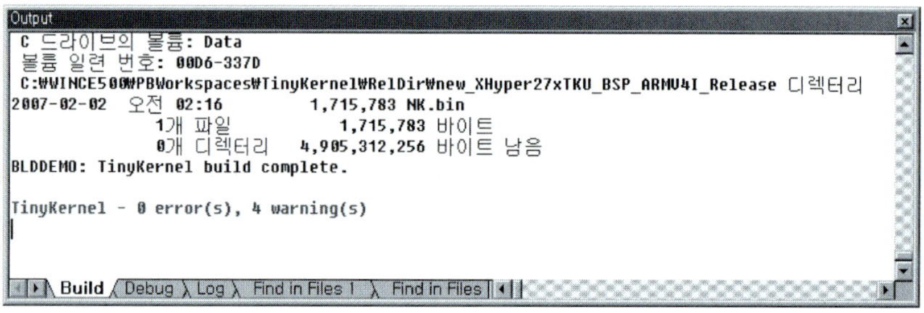

[그림 6-23]
Sysgen 완료

⑫ 이미지 파일이 잘 생성되었는지 확인하고자 메뉴에서 Build OS ➔ Open Release Directory를 선택한다.

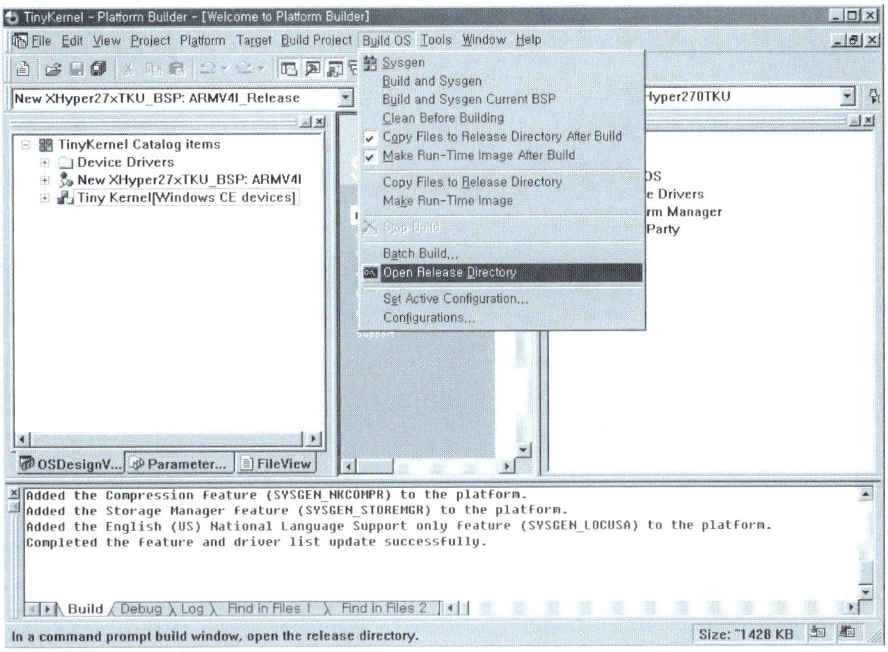

[그림 6-24] Open Release Directory 선택

⑬ 다음 명령을 이용하여 이미지 파일들이 잘 생성되었는지 확인한다.

```
>dir EBOOT.nb0 NK.bin
```

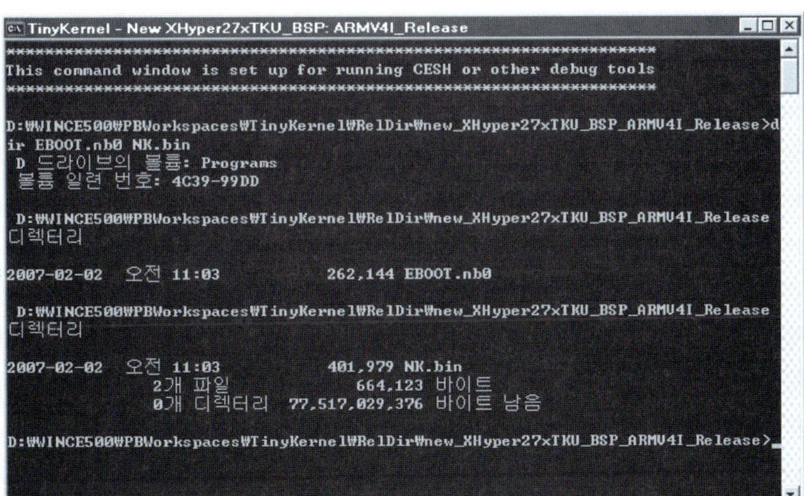

[그림 6-25] dir EBOOT.nb0 NK.bin 명령 실행

6.2 Tiny Kernel 올리기

☞ 다음은 생성한 Tiny Kernel을 X-Hyper270-TKU에 올리는 방법에 대해 기술하였다.

① 메뉴에서 Target ➔ Connectivity Options... 을 선택한다.

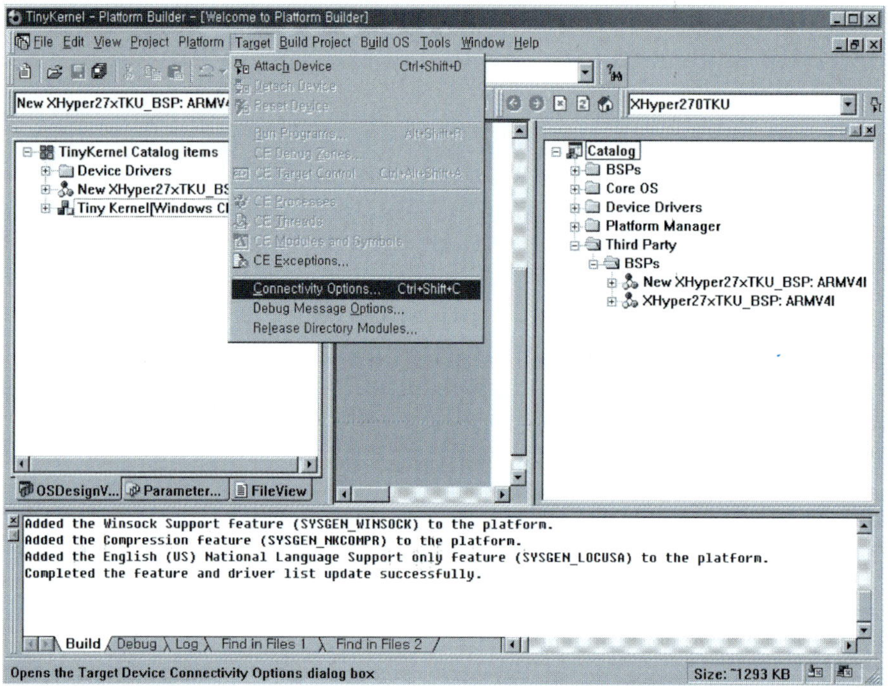

[그림 6-26] Connectivity Options... 선택

② 본 교재 5.2장에서 설정한 항목 중에 Debugger 항목을 "None"으로 변경한다. 본 Tiny Kernel은 KITL을 사용하지 않도록 하였기 때문에 Debugger가 필요 없다.

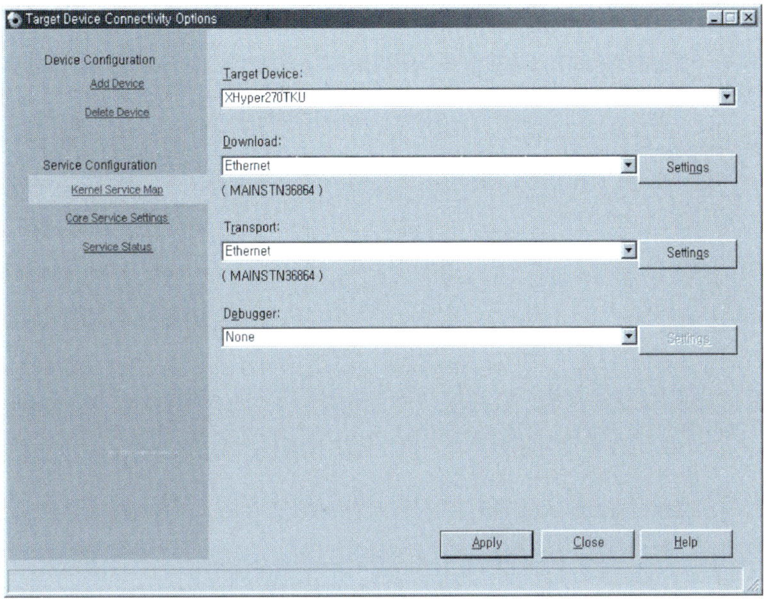

[그림 6-27] Target Device Connectivity Options

③ X-Hyper270-TKU를 재부팅한 후 하이퍼터미널을 이용해 EBOOT의 메뉴 설정으로 들어간 후 "D"를 눌러 X-Hyper270-TKU를 호스트 컴퓨터에서 운영체제 이미지를 다운로드 받기 위한 상태로 만든다.

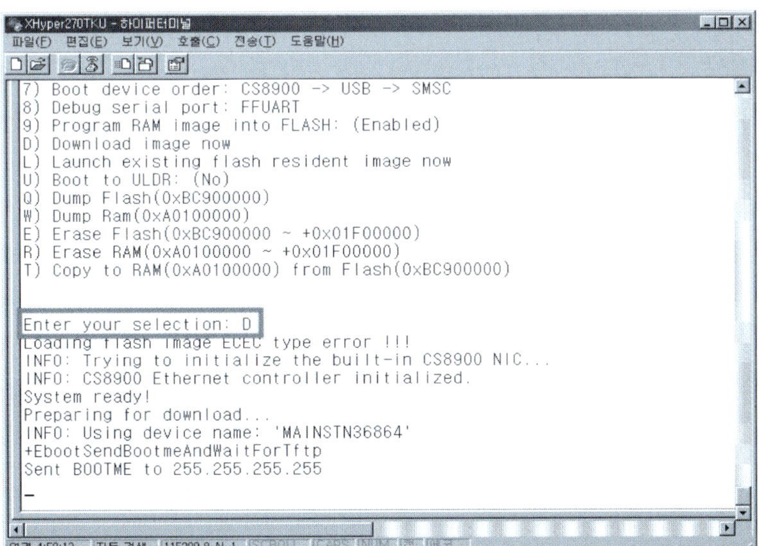

[그림 6-28] 이미지 다운로드를 위한 대기상태

제 6 장

④ 메뉴에서 Target ➔ Attach Device를 선택한다. 앞의 실습에서 타깃보드의 디바이스 이름을 플랫폼 빌더에 등록을 해 놓았기 때문에 Attach Device 하는 것만으로 타깃보드로 이미지를 다운로드할 수 있다.

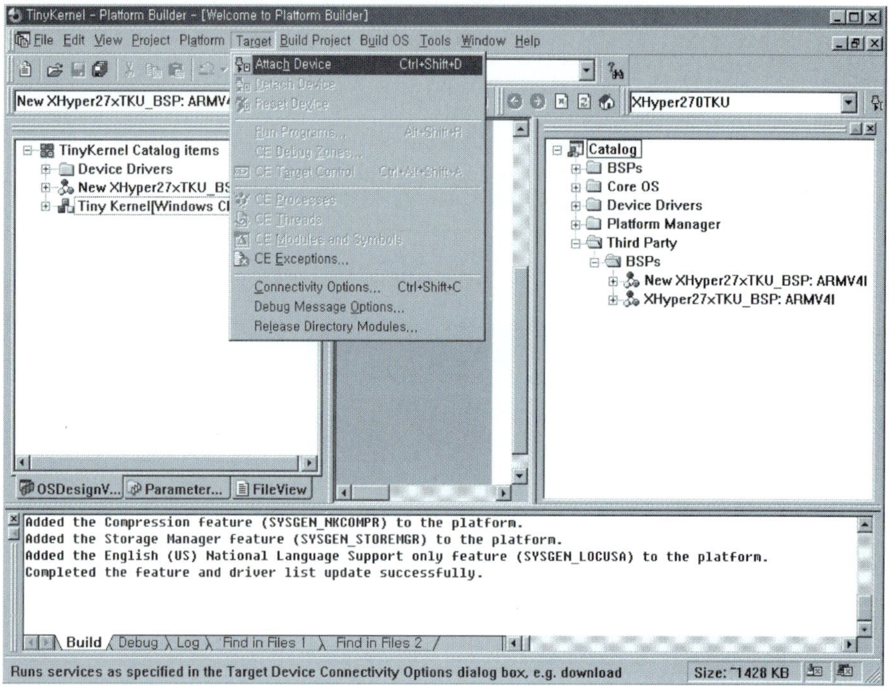

[그림 6-29]
Attach Device 선택

⑤ 타깃보드와 정상적으로 연결이 되었다면 다음 창이 나타나고, NK.bin 파일이 타깃보드로 다운로드 되는 상황을 확인할 수 있다.

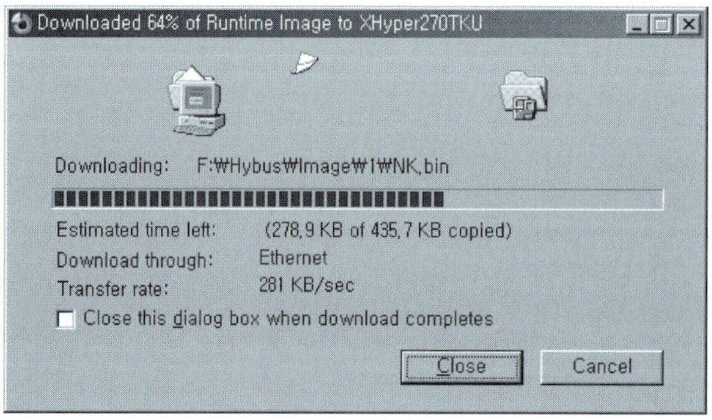

[그림 6-30]
NK.bin 파일 다운로드 진행

⑥ Tiny Kernel이 정상적으로 X-Hyper270-TKU에 올라갔다면 하이퍼터미널을 이용하여 다음과 같은 화면을 확인할 수 있다.

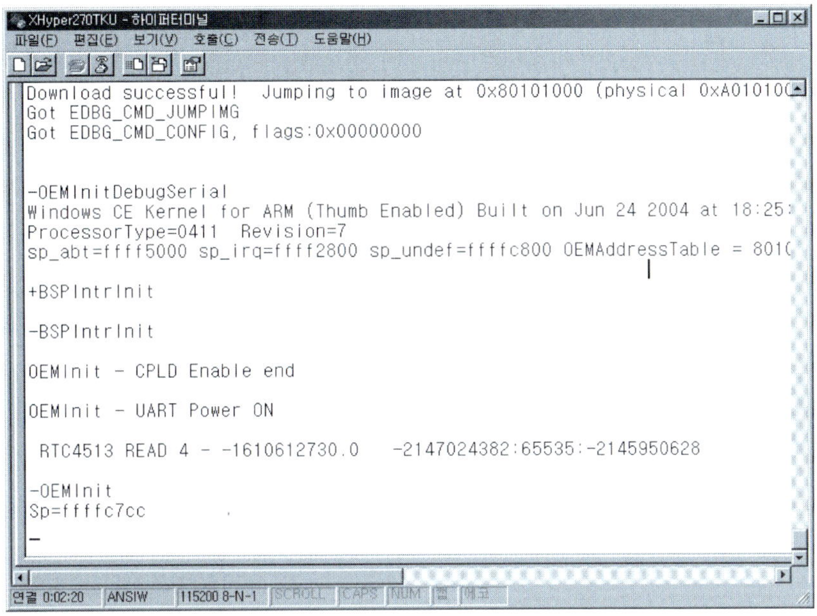

[그림 6-31]
Tiny Kernel 동작 확인

제7장
Handheld Device

7.1 Mobile Handheld Device 플랫폼 생성

Mobile Handheld 디자인 템플릿은 클램쉘과 키보드를 가진 모바일 장치를 위한 기능들을 제공하며, Mobile Handheld는 인터넷 액세스, 주소록, 캘린더, 이메일 등의 다양한 기능을 사용자에게 제공하는 휴대용 장치를 말한다.

▶ 클램셀 : PDA의 구조와 외부 형태에 따른 분류로 조개와 같이 덮개로 되어 있는 PDA 6인치 정도의 상대적으로 큰 스크린을 통한 콘텐츠 제작, 워드프로세서, 스프레드시트, 프레젠테이션 등과 같은 오피스 애플리케이션이 포함되어 있으며, 보험 판매 자동화 의료 부문에서 주로 사용되고 있다.

☞ 다음은 플랫폼 빌더의 플랫폼 마법사를 이용하여 X-Hyper270-TKU용 Mobile Handheld 플랫폼을 생성하는 방법에 대해 기술하였다.

① 메뉴에서 File ➔ New Platform... 를 선택한다.

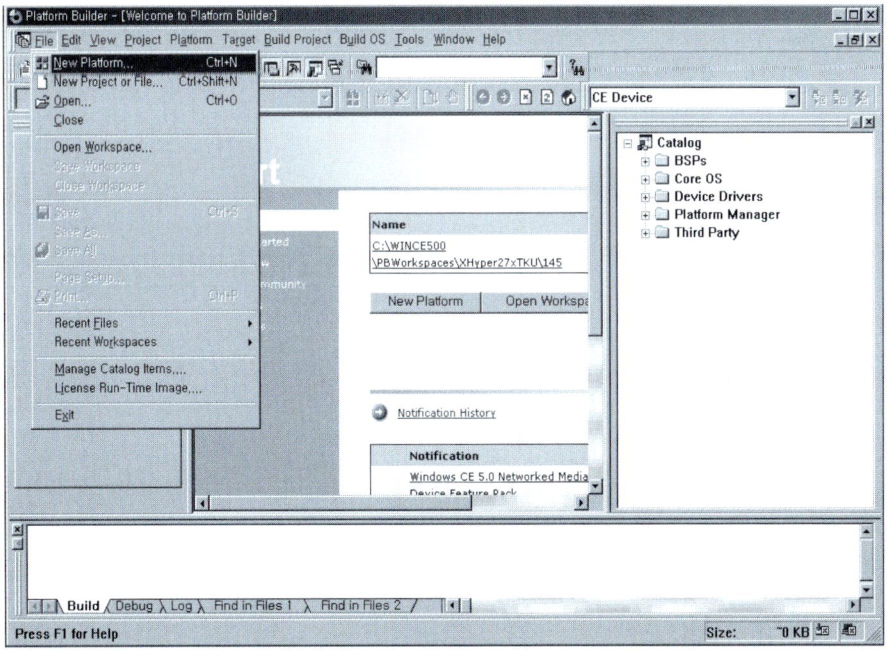

[그림 7-1]
New Platform 선택

② 플랫폼 마법사를 실행시키면 다음과 같은 화면을 확인할 수 있다.

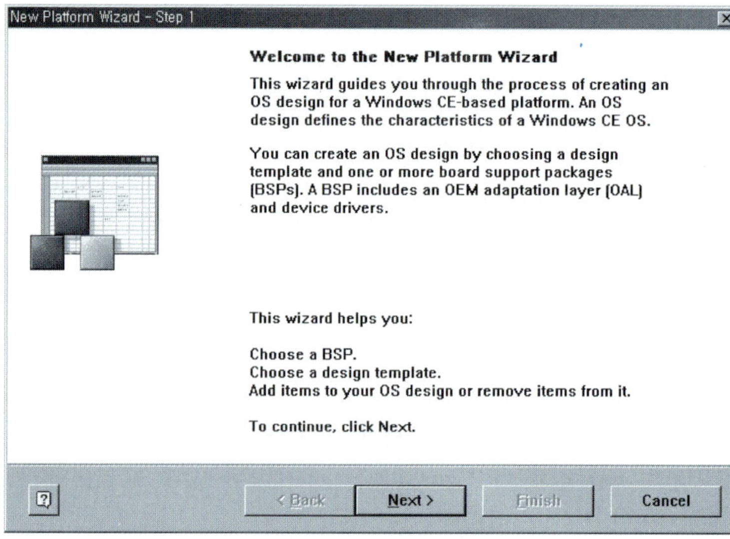

[그림 7-2]
Platform Wizard 실행

③ 생성할 플랫폼의 이름을 지정한다. "XHyper27xTKU_Mobile"이라고 입력한 후 "Next" 버튼을 누른다.

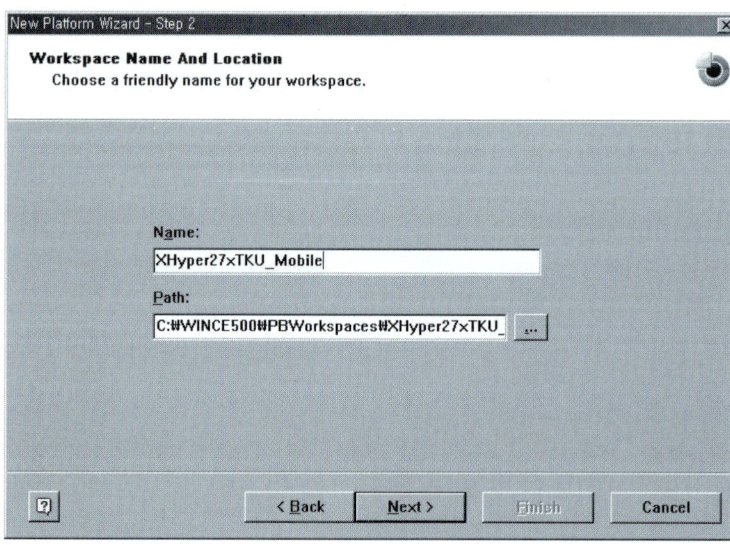

[그림 7-3]
플랫폼명 지정

④ "XHyper27xTKU_BSP:ARMV4I"를 선택한 후 "Next" 버튼을 누른다.

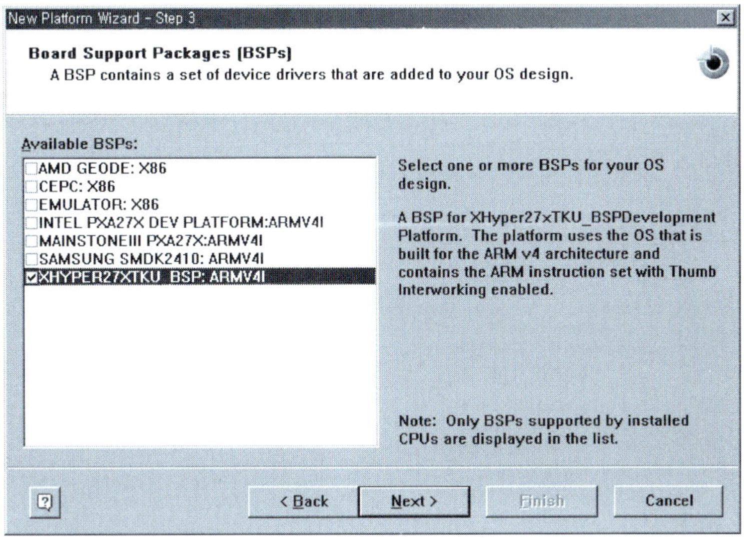

[그림 7-4] XHyper27xTKU_BSP: ARMV4I 선택

⑤ 우리가 원하는 플랫폼 형태는 Mobile이므로 "Mobile Handheld"를 선택한 후 "Next" 버튼을 누른다.

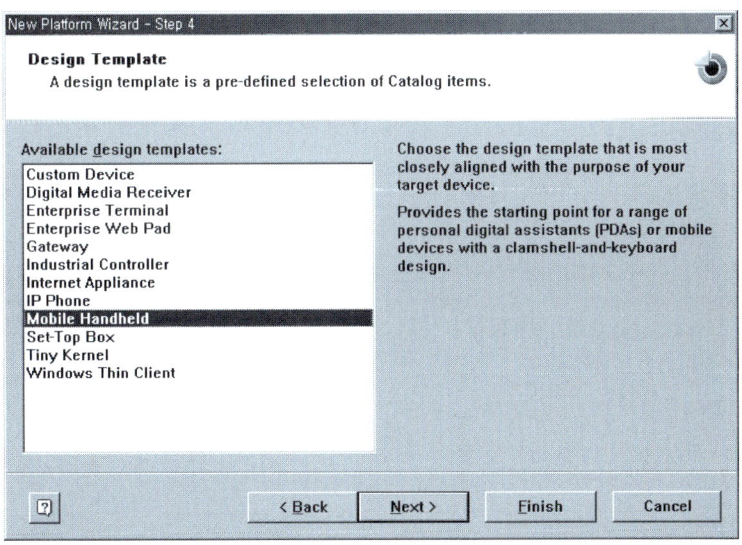

[그림 7-5] Mobile Handheld 선택

제 7 장

⑥ 플랫폼 형태를 지정하고 나면, 생성할 플랫폼에 제공될 애플리케이션들과 Media 컴포넌트들을 선택할 수 있는 창이 나타난다. 다음과 같이 항목들을 선택한 후 "Next" 버튼을 누른다.

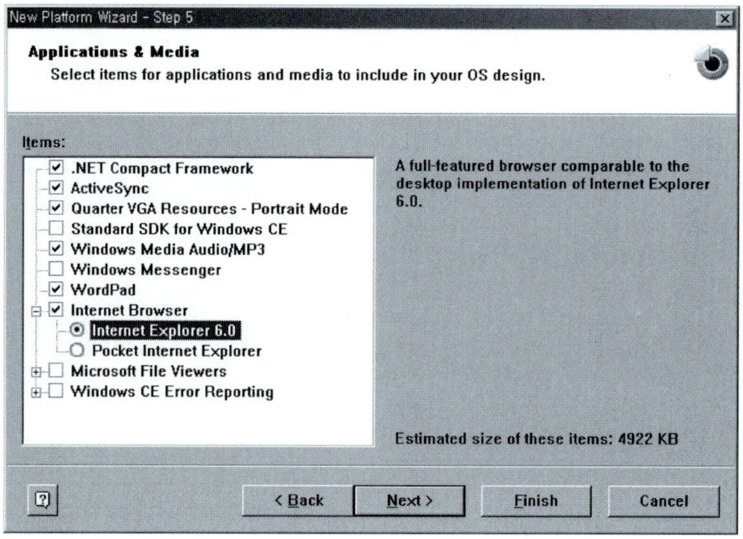

[그림 7-6] Applications & Media 선택

▶ 선택한 항목들에 대해 살펴보자.

- .NET Compact Framework : .NET Compact Framework는 Microsoft .NET용 스마트 장치 개발 플랫폼으로써 언제 어디서 어떤 장치에서나 소비자에게 최상의 경험을 제공한다는 Microsoft의 목표를 실현하게 해 주는 중요한 부분으로, .NET Compact Framework는 관리되는 코드와 XML 웹 서비스의 세계를 스마트 장치로 옮겨주어 PDA, 휴대폰 및 셋톱박스와 같은 장치에서 다운로드 가능한 안전한 응용프로그램을 실행할 수 있게 해 준다.
- ActiveSync : Windows CE의 운영체제를 사용하는 장치(PDA, Handheld Device)와 일반PC 사이에 데이터 공유를 가능하게 하는 동기화 소프트웨어이다.
- Quarter VGA Resource - Portrait Mode : Landscape와 반대되는 모드로 240 × 320로 길게 나오는 모드이다.
- Windows Media Audio/MP3 : 윈도우즈 미디어 플레이어를 위한

DirectShow, 윈도우즈 미디어 기술, 코덱, MP3 파일 등을 지원한다.

- WordPad : 윈도우즈 CE 기반의 워드프로세서를 지원한다.
- Internet Explorer 6.0 : 윈도우즈 CE 기반의 인터넷 익스플로러 6.0 브라우저를 지원한다.

⑦ 다음은 타깃보드에서 사용할 네트워킹과 통신부분의 구성요소들을 선택하는 창이다. X-Hyper270-TKU에는 "Bluetooth"는 사용하지 않기 때문에 "Bluetooth"는 제외한다.

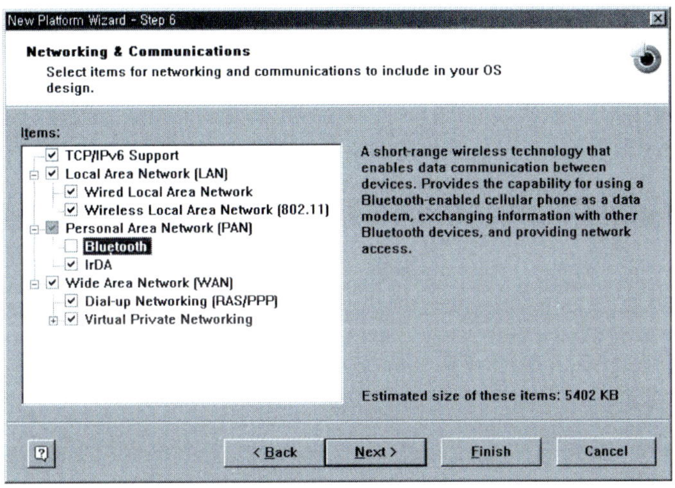

[그림 7-7] Networking & Communications 선택

⑧ 다음은 보완문제를 개발자에게 인지시켜주는 창으로 "Next" 버튼을 누른다.

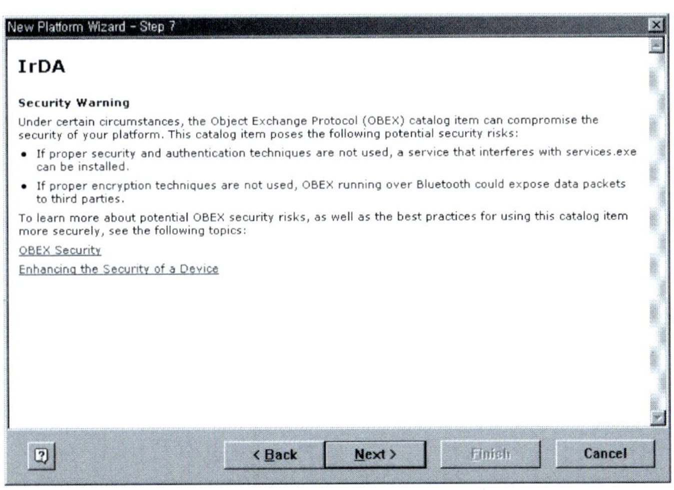

[그림 7-8] Security Warning

⑨ "Finish" 버튼을 눌러 플랫폼 마법사를 끝마치면, 새로운 플랫폼이 생성된다.

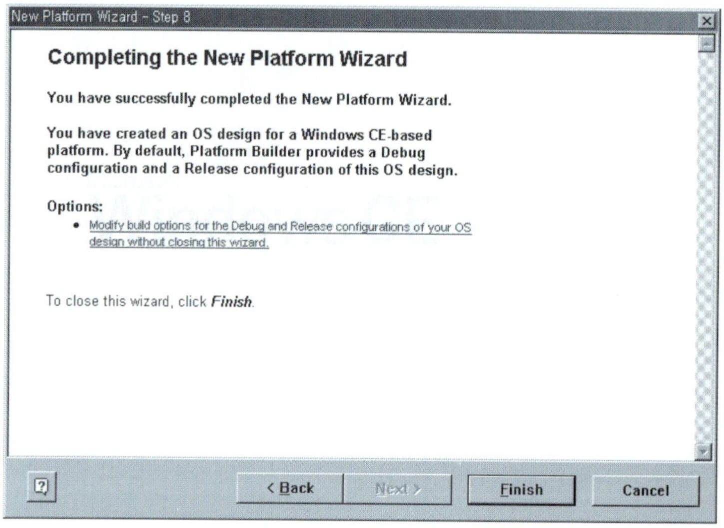

[그림 7-9]
플랫폼 마법사 종료

⑩ 성공적으로 새로운 플랫폼이 생성이 되었다면 플랫폼 빌더의 Workspace 창에 추가된 항목을 볼 수 있다.

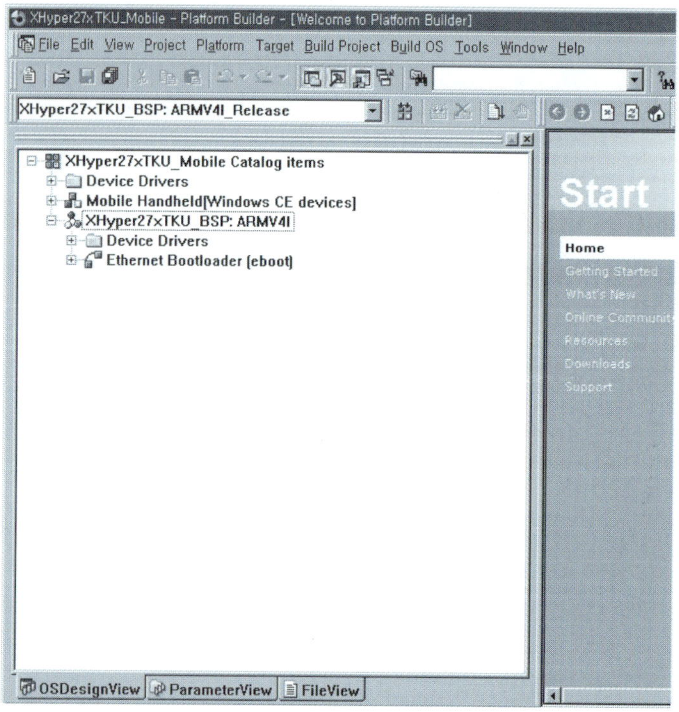

[그림 7-10]
Workspace **항목 확인**

7.2 구성요소 추가

앞의 실습에서 플랫폼 마법사를 이용하여 구성요소들을 추가해주었다. 하지만, 커널 이미지를 만들기 전에 카탈로그에서 몇 가지 구성요소들을 더 추가해주어야 한다. 구성요소들을 추가해 주는 작업은 Catalog 창에서 이루어진다. 플랫폼 빌더에서 Catalog 창이 보이지 않을 경우에는 메뉴에서 View ➔ Catalog를 선택한다.

☞ 다음은 구성요소들을 추가하는 방법에 대해 기술하였다.

① 개발자는 검색기능을 이용하면 원하는 것을 쉽게 찾을 수 있다. 먼저 검색을 하고자 하는 분류를 선택한 후 오른쪽 마우스 버튼을 누른 후 팝업창에서 "Find"를 선택한다.

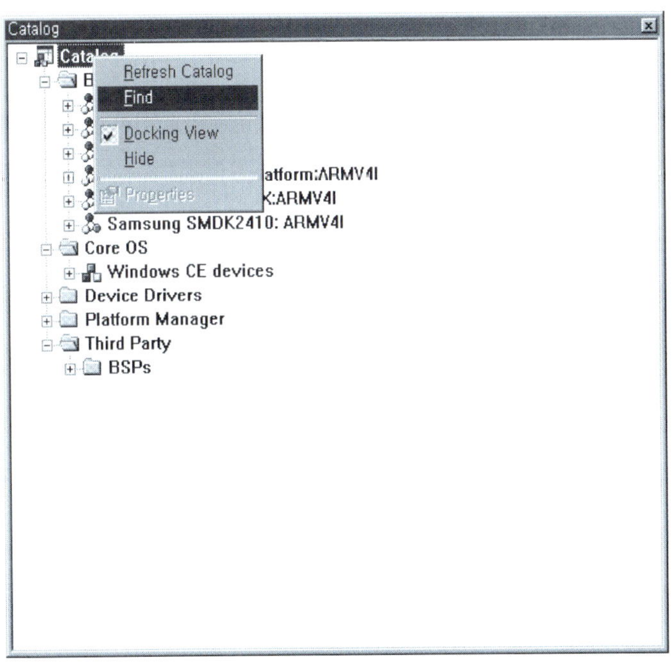

[그림 7-11]
Find 실행

② "Find"를 누르게 되면 다음과 같은 창이 뜬다. "Find what"에 검색하려고 하는 키워드를 입력하면 된다.

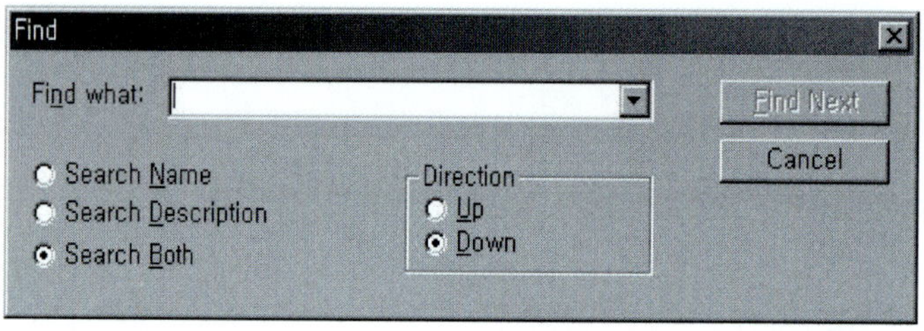

[그림 7-12]
Find 창

7.2.1 TFT LCD

X-Hyper270-TKU 장비에 있는 TFT LCD를 사용하고자 카탈로그(Catalog)에서 "PXA27x LCD"를 추가한다.

① Third Party ➔ BSPs ➔ XHyper27xTKU_BSP:ARMV4I ➔ Device Drivers ➔ Display ➔ PXA27x LCD를 선택한 후 오른쪽 마우스 버튼을 누른 후 팝업창에서 "Add to OS Design"를 선택한다.

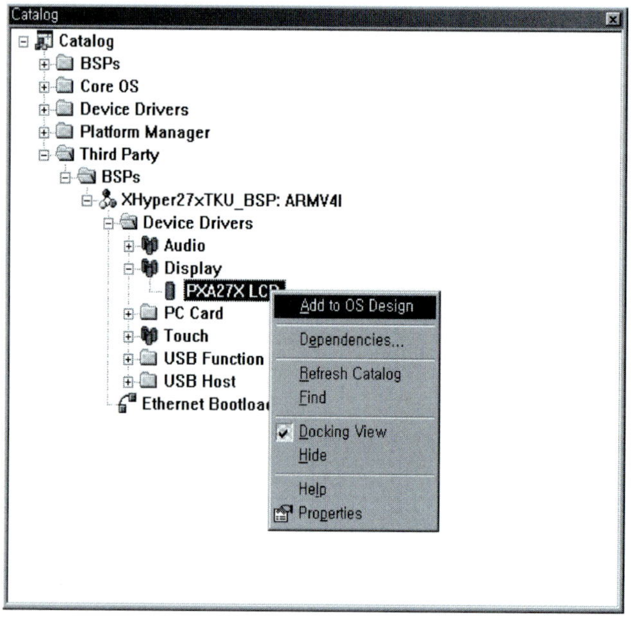

[그림 7-13]
PXA27x LCD 추가

② 추가한 카탈로그는 "OSDesignView" 탭의 XHyper27xTKU_Mobile(생성한 플랫폼 이름) Catalog items에서 확인할 수 있다.

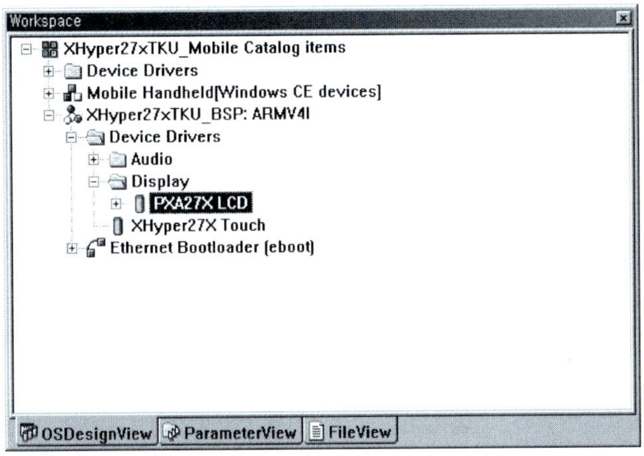

[그림 7-14]
PXA27x LCD 추가 확인

7.2.2 Touch

Touch를 지원하도록 카탈로그(Catalog)에서 "XHyper27X Touch"를 추가한다.

① Third Party ➔ BSPs ➔ XHyper27xTKU_BSP:ARMV4I ➔ Device Drivers ➔ Touch ➔ XHyper27X Touch를 추가한다.

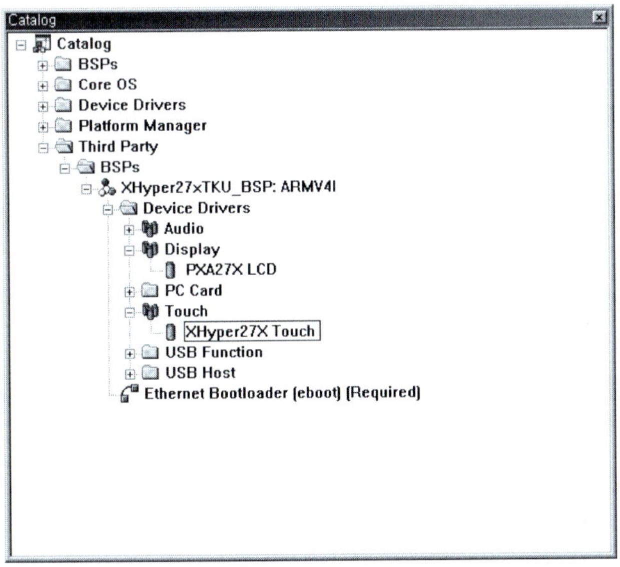

[그림 7-15]
XHyper27X Touch 추가

② 추가한 카탈로그는 "OSDesignView" 탭의 XHyper27xTKU_Mobile(생성한 플랫폼 이름) Catalog items에서 확인할 수 있다.

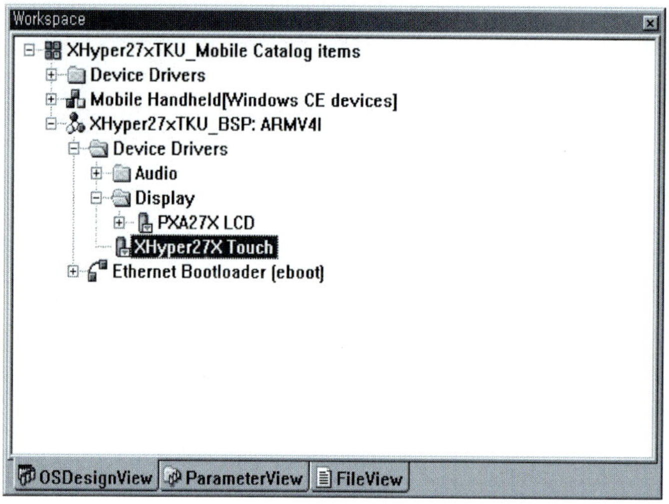

[그림 7-16] XHyper27X Touch 추가 확인

▶ 캘리브레이션(Touch Calibration)

터치의 정확한 위치를 설정하고자 부팅된 타깃보드에서 다음 과정을 수행한다.

① My Device 〉 Control Panel 〉 Stylus 〉 [Calibration] 선택 〉 [Recalibrate] 선택

② 화면에 차례로 나타나는 다섯 개의 십자모양의 중앙을 조심스럽게 누른다. (누른 상태를 잠깐 유지하도록 한다.)

③ 새로운 터치 보정 값이 설정되면, 값을 저장하도록 터치 패널을 가볍게 눌러준다.

④ "Stylus Properties" 창의 "OK"를 선택한다.

⑤ 이제 새로운 설정의 터치를 사용할 수 있다.
(보드에 새로운 설정 값을 적용하려면 "Suspend"를 해야 한다.)

7.2.3 Audio

Audio를 지원하도록 카탈로그(Catalog)에서 다음 항목들을 추가한다.

☞ XHyper27X Waveform Audio Device 추가

① Third Party ➔ BSPs ➔ XHyper27xTKU_BSP:ARMV4I ➔ Device Drivers ➔ Audio ➔ XHyper27X Waveform Audio Device를 추가한다.

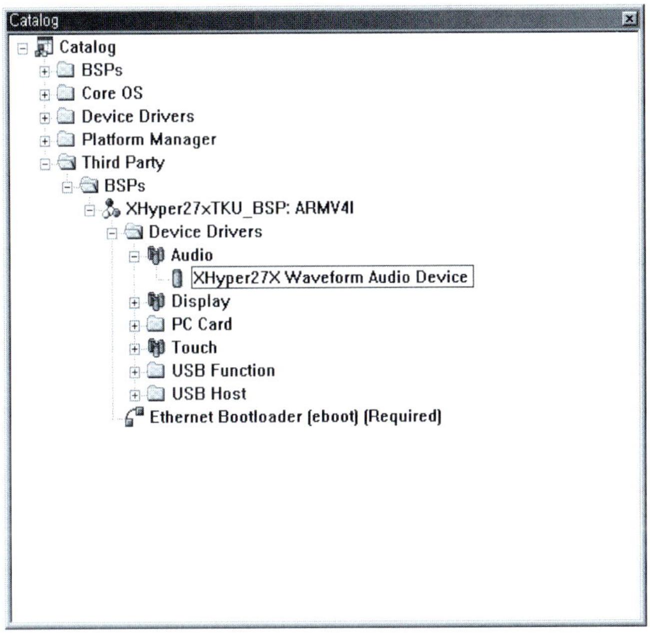

[그림 7-17] XHyper27X Waveform Audio Device 추가

② 추가한 카탈로그는 "OSDesignView" 탭의 XHyper27xTKU_Mobile(생성한 플랫폼 이름) Catalog items에서 확인할 수 있다.

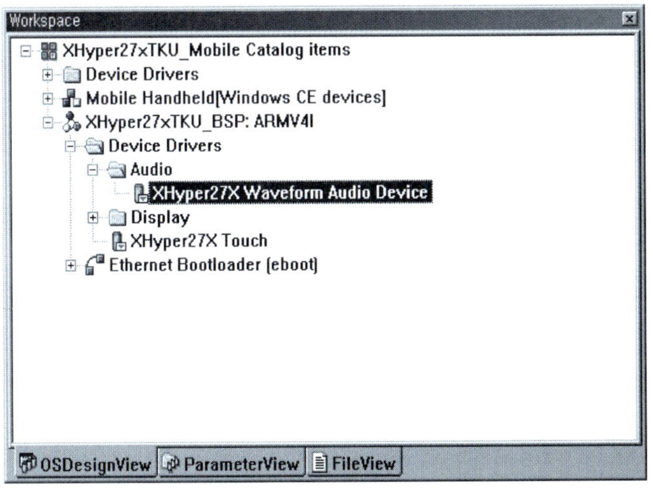

[그림 7-18] XHyper27X Waveform Audio Device 추가 확인

제 7 장

☞ Windows Media Player 추가

① Core OS ➔ Windows CE devices ➔ Graphics and Multimedia Technologies ➔ Media ➔ Windows Media Player ➔ Windows Media Player를 추가한다.

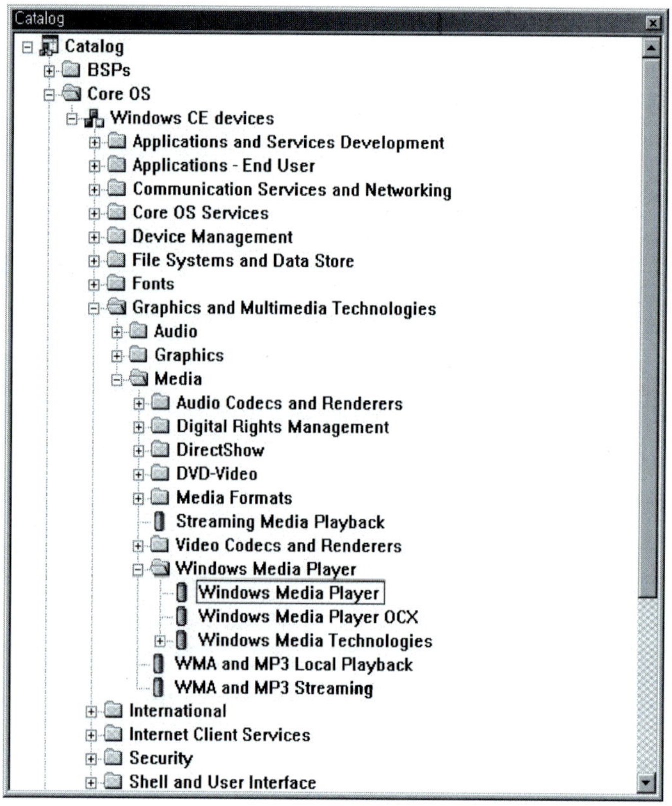

[그림 7-19] Windows Media Player 추가

☞ AVI Filter 추가

① Core OS ➔ Windows CE devices ➔ Graphics and Multimedia Technologies ➔ Media ➔ Media Formats ➔ AVI Filter를 추가한다.

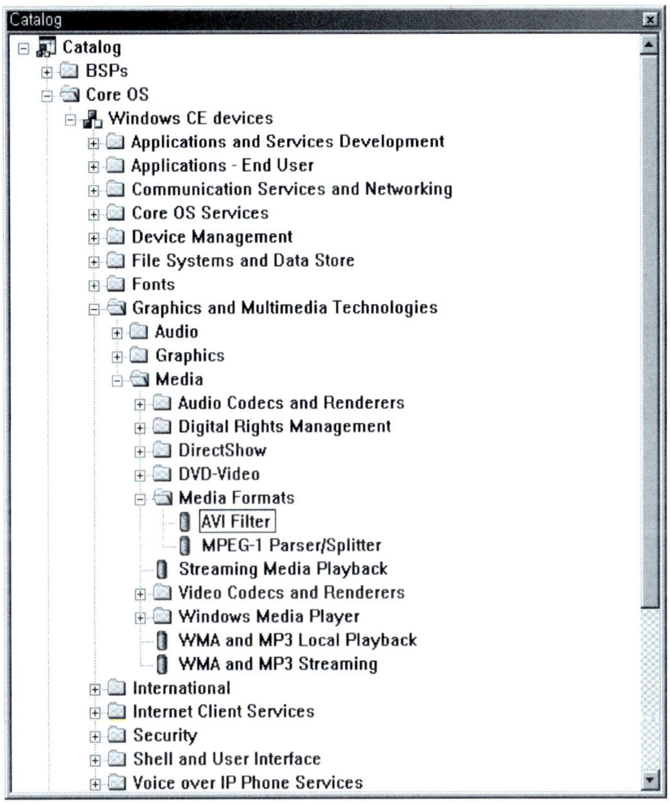

[그림 7-20]
AVI Filter 추가

☞ MP3 Codec 추가

① Core OS ➔ Windows CE devices ➔ Graphics and Multimedia Technologies ➔ Media ➔ Audio Codecs and Renderers ➔ MP3 Codec를 추가한다.

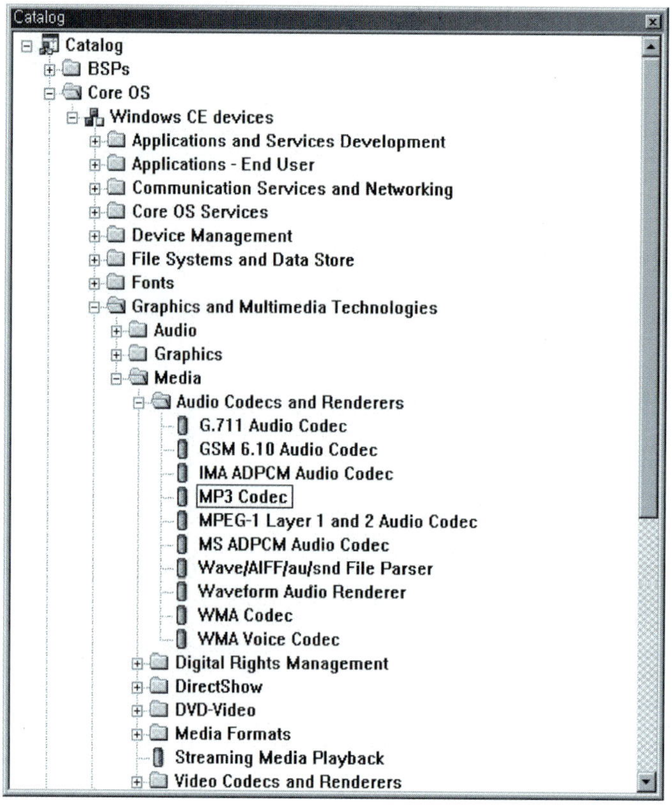

[그림 7-21] MP3 Codec 추가

☞ WMA/MPEG - 4 Video Codec 추가

① Core OS ➔ Windows CE devices ➔ Graphics and Multimedia Technologies ➔ Media ➔ Video Codecs and Renderers ➔ WMV/MPEG-4 Video Codec를 추가한다.

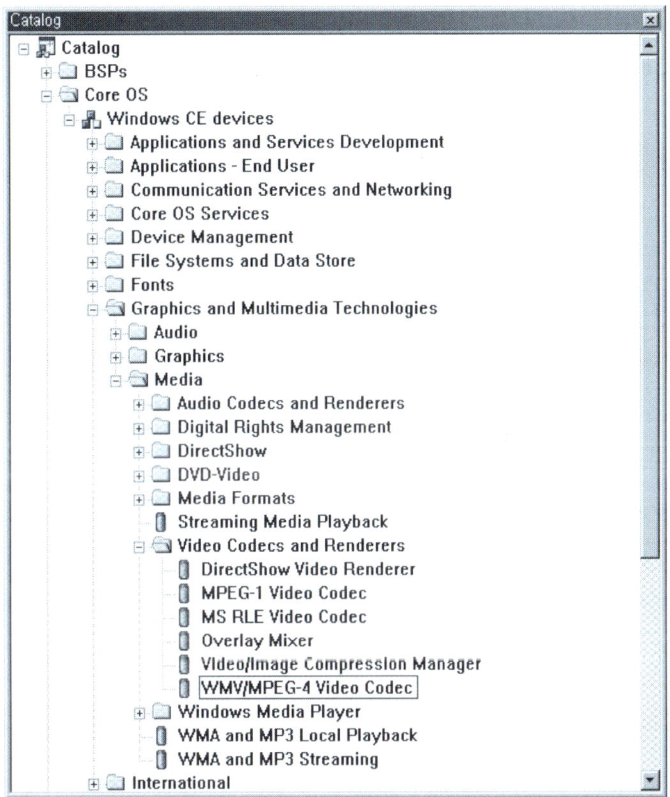

[그림 7-22] WMA/MPEG - 4 Video Codec 추가

7.2.4 USB Host

USB 호스트를 지원하도록 카탈로그(Catalog)에서 다음 항목들을 추가한다.

☞ PXA27x USB Host [OHCI] 추가

① Third Party ➔ BSPs ➔ XHyper27xTKU_BSP:ARMV4I ➔ Device Drivers ➔ USB Host ➔ USB Host Controllers ➔ PXA27x USB Host [OHCI]를 추가한다.

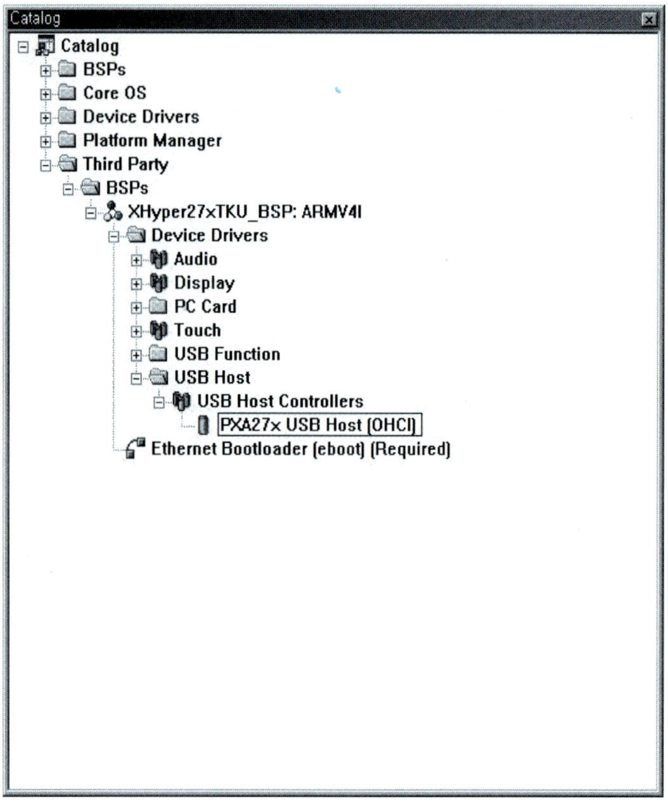

[그림 7-23] PXA27x USB Host [OHCI] 추가

☞ USB Human Input Device (HID) Class Driver 추가

마우스, 키보드 인터페이스를 지원하도록 카탈로그(Catalog)에서 다음 항목을 추가한다.

① Core OS ➔ Windows CE devices ➔ Core OS Services ➔ USB Host Support ➔ USB Human Input Device [HID] Class Driver ➔ USB HID Keyboard and Mouse를 추가한다.

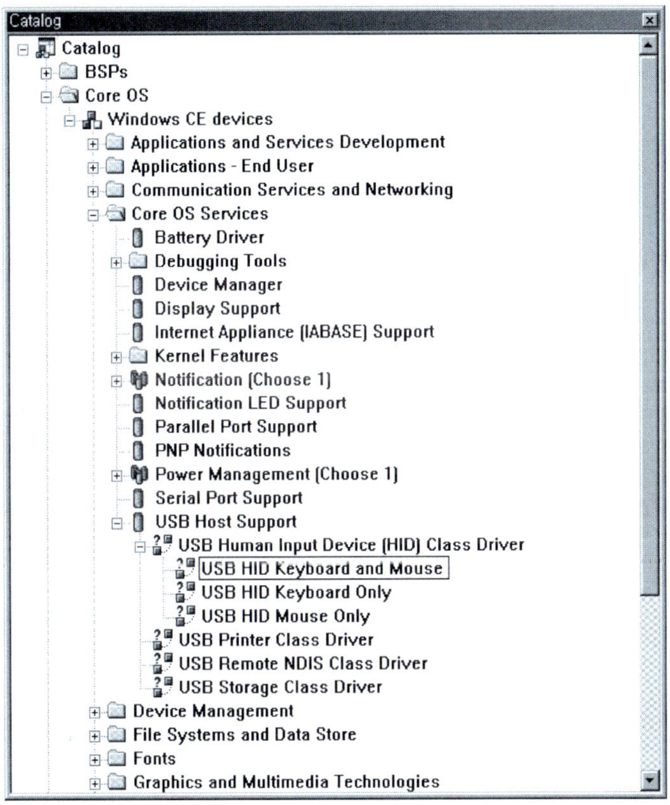

[그림 7-24] USB HID Keyboard and Mouse 추가

☞ NOP [Stub] Keyboard/Mouse English 추가

USB 마우스, 키보드를 지원하도록 카탈로그(Catalog)에서 다음 항목을 추가한다.

① Device Drivers ➔ Input Devices ➔ Keyboard/Mouse ➔ NOP [Stub] Keyboard/Mouse English를 추가한다.

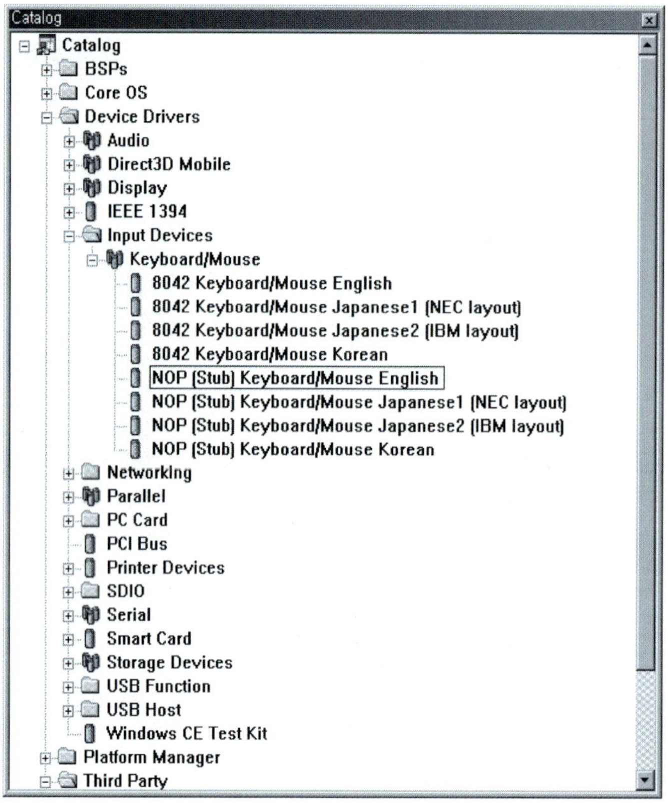

[그림 7-25] NOP [Stub] Keyboard/Mouse English 추가

☞ USB Storage Class Driver 추가

USB 저장장치를 지원하도록 카탈로그(Catalog)에서 다음 항목을 추가한다.

① Core OS ➔ Windows CE devices ➔ Core OS Services ➔ USB Host Support ➔ USB Storage Class Driver를 추가한다.

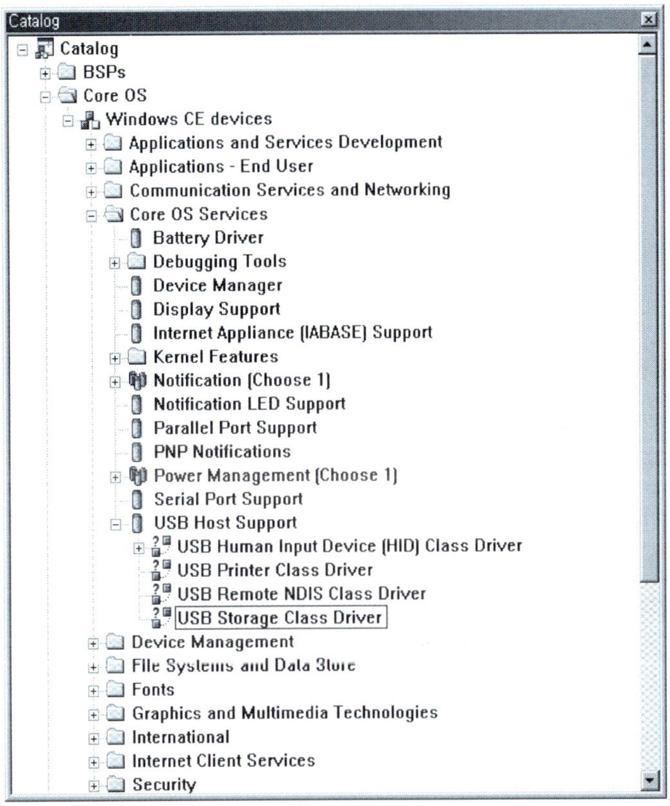

[그림 7-26] USB Storage Class Driver 추가

☞ FAT File System 추가

FAT 파일 시스템은 블록 디바이스에 사용할 파일 시스템으로 이를 지원하도록 카탈로그(Catalog)에서 다음 항목을 추가한다.

① Core OS ➔ Windows CE devices ➔ File Systems and Data Store ➔ Storage Manager ➔ FAT File System를 추가한다.

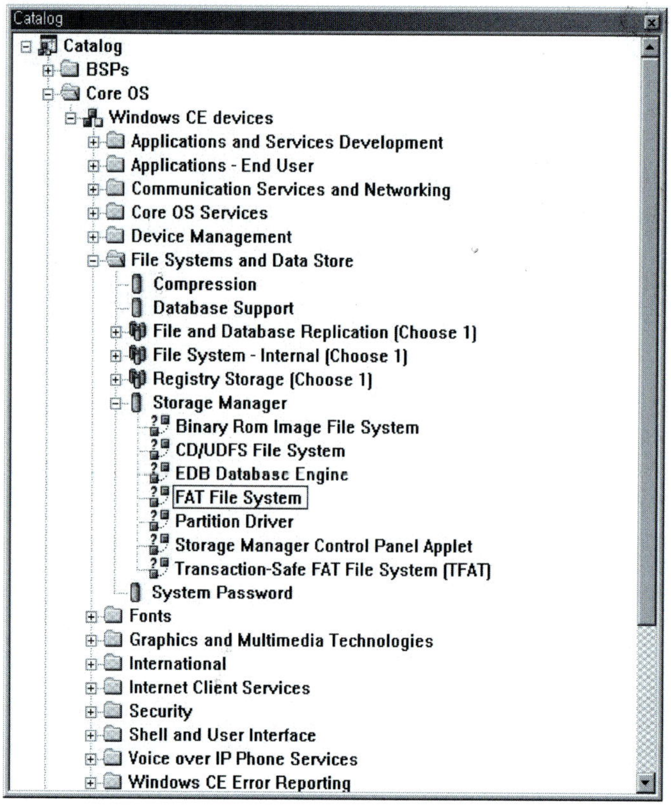

[그림 7-27]
FAT File System 추가

☞ Partition Driver 추가

파티션 드라이버는 파일 시스템의 파티션을 구성할 드라이버로 이를 지원하도록 카탈로그(Catalog)에서 다음 항목을 추가한다.

① Core OS ➔ Windows CE devices ➔ File Systems and Data Store ➔ Storage Manager ➔ Partition Driver를 추가한다.

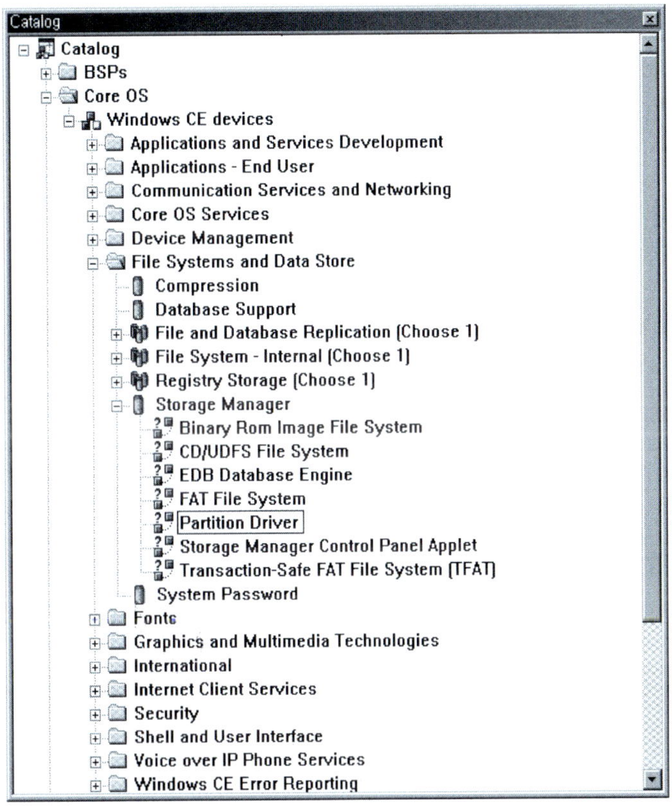

[그림 7-28]
Partition Driver 추가

☞ Storage Manager Control Panel Applet 추가

Storage Manager Control Panel Applet은 저장장치 설정을 위한 제어판 프로그램으로 제어판(Control Panel)에서 저장소 관리자를 지원하도록 카탈로그(Catalog)에서 다음 항목을 추가한다.

① Core OS ➔ Windows CE devices ➔ File Systems and Data Store ➔ Storage Manager ➔ Storage Manager Control Panel Applet를 추가한다.

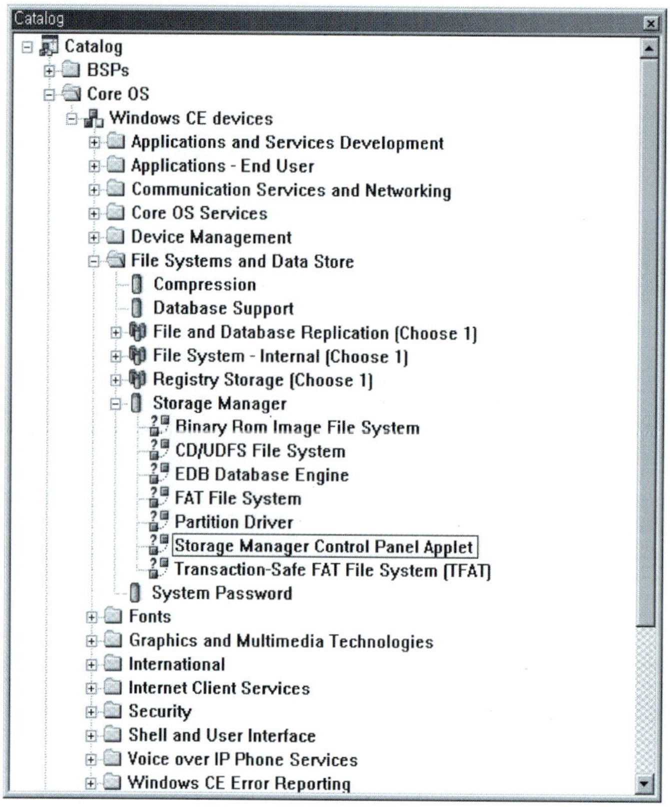

[그림 7-29] Storage Manager Control Panel Applet 추가

② 추가한 카탈로그들은 "OSDesignView" 탭의 XHyper27xTKU_Mobile(생성한 플랫폼 이름) Catalog items에서 확인할 수 있다.

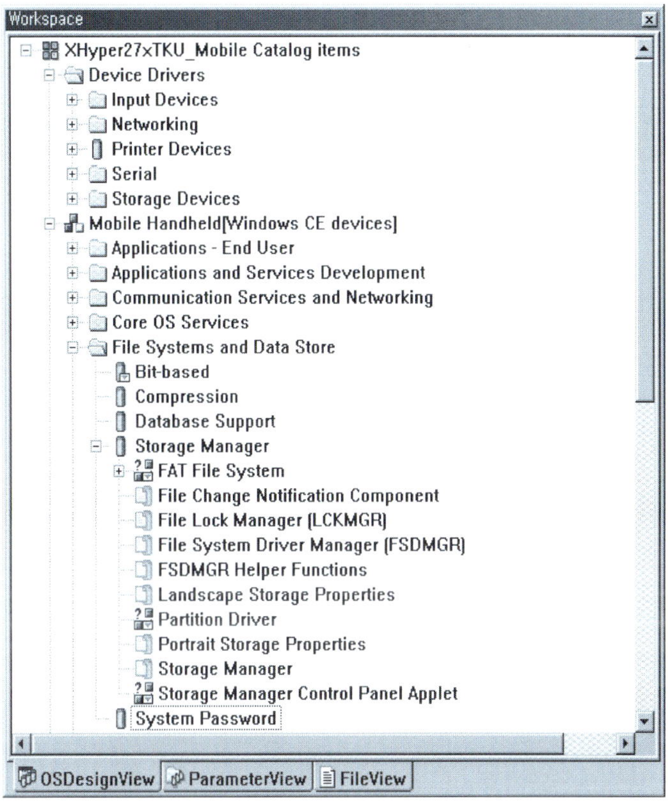

[그림 7-30]
Storage Manager
구성요소들 추가 확인

7.2.5 NOR Flash Media Drivers

NOR Flash Media Drivers는 NOR Flash 장치들을 사용할 수 있도록 지원한다.

Core OS ➔ Windows CE devices ➔ File Systems and Data Store ➔ Storage Manager ➔ FAT File System, Partition Driver, Storage Manager Control Panel Applet 다음 3가지 구성요소들이 추가되어 있어야 NOR Flash Media를 사용할 수 있다. 앞의 과정에서 이미 NOR Flash Media Drivers가 추가되었기 때문에 여기서는 확인만 하고 넘어간다.

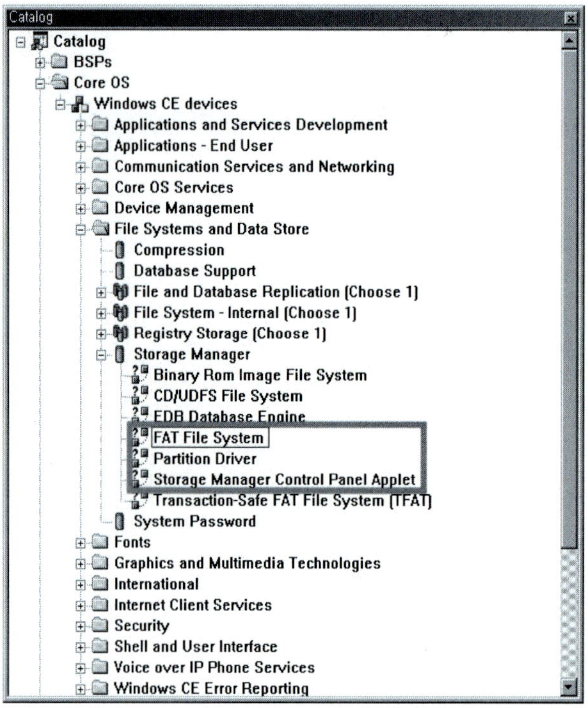

[그림 7-31]
NOR Flash Media Drivers

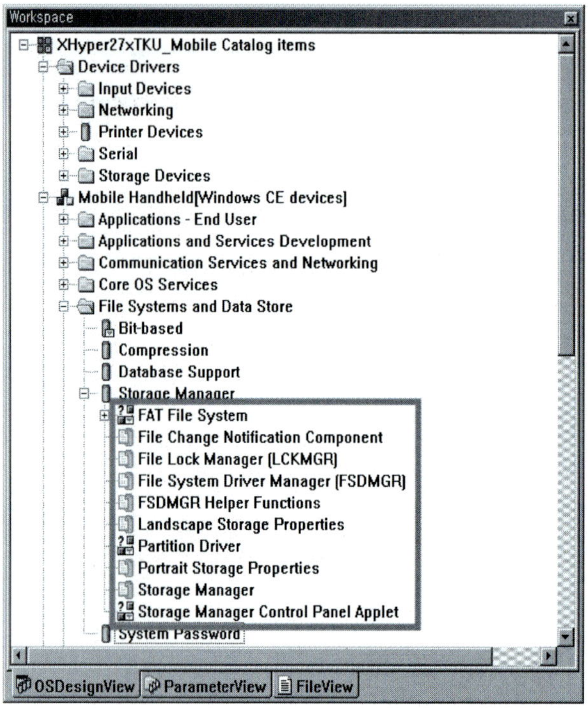

[그림 7-32]
NOR Flash Media Drivers
추가 확인

7.2.6 Hive-Based Registry

하이브 기반 레지스트리를 지원하도록 카탈로그(Catalog)에서 다음 항목들을 추가한다. 하이브 기반 레지스트리는 하이브가 저장될 디스크 공간이 필요하기 때문에 먼저 블록 디스크 디바이스(ex : NOR Flash)를 추가해야 한다.

☞ RAM and ROM File System 추가

① Core OS ➔ Windows CE devices ➔ File Systems and Data Store ➔ File Systems Internal [Choose 1] ➔ RAM and ROM File System를 추가한다.

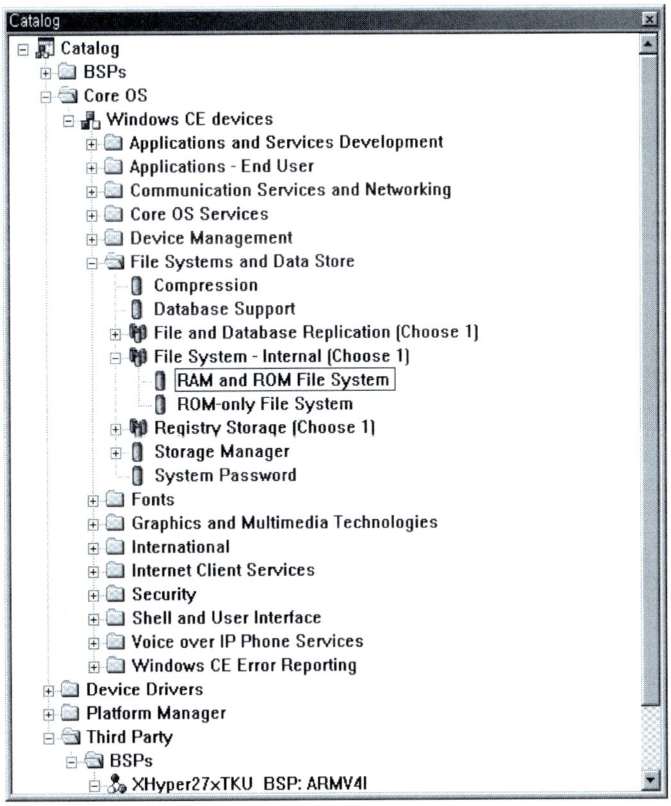

[그림 7-33] RAM and ROM File System 추가

제 7 장

☞ Hive - based Registry 추가

① Core OS ➔ Windows CE devices ➔ File Systems and Data Store ➔ Registry Storage [Choose 1] ➔ Hive-based Registry를 선택한다.

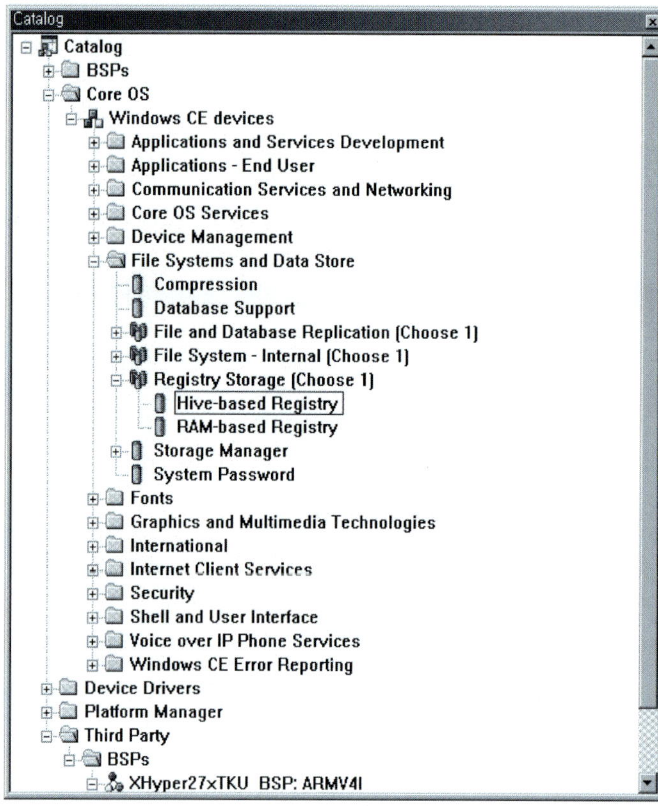

[그림 7-34] Hive - based Registry 추가

7.2.7 USB Client

USB 클라이언트를 지원하도록 카탈로그(Catalog)에서 다음 항목들을 추가한다.

☞ File Sync 추가

① Core OS ➔ Windows CE devices ➔ Applications End User ➔ ActiveSync ➔ File Sync를 선택한다.

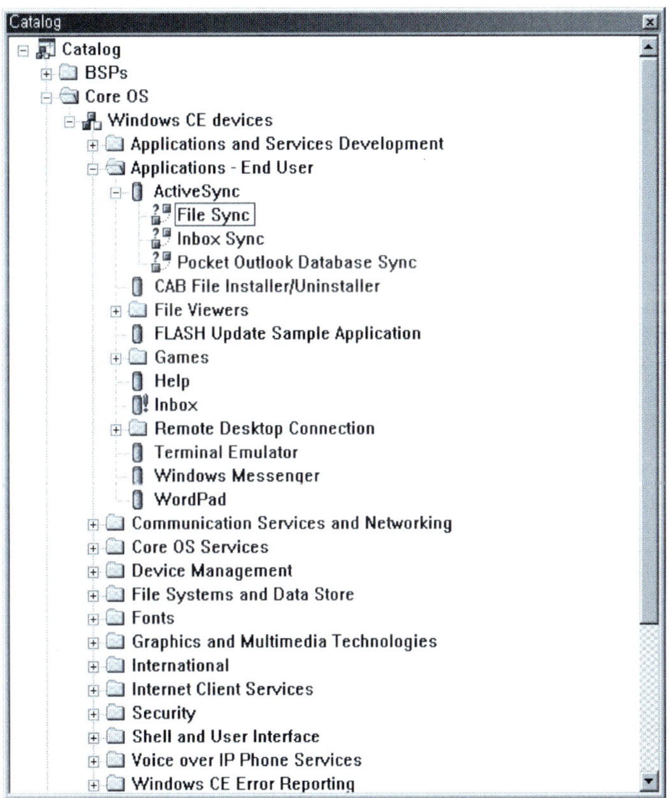

[그림 7-35] File Sync 추가

☞ Serial 추가

① Device Drivers ➔ USB Function ➔ USB Function Clients ➔ Serial를 추가한다.

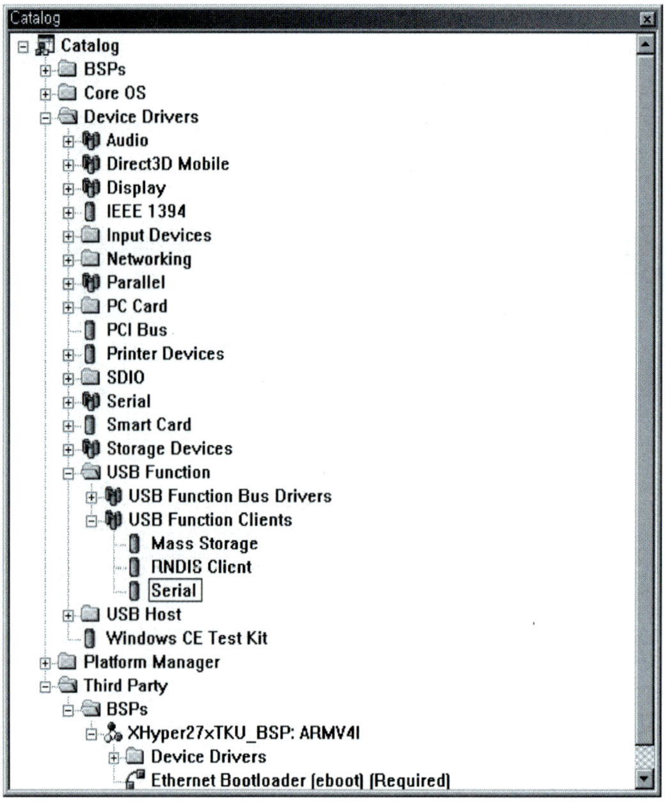

[그림 7-36] Serial 추가

☞ PXA27x USB Function 추가

① Third Party ➔ BSPs ➔ XHyper27xTKU_BSP:ARMV4I ➔ Device Drivers ➔ USB Function ➔ USB Function Bus Drivers ➔ PXA27x USB Function를 추가한다.

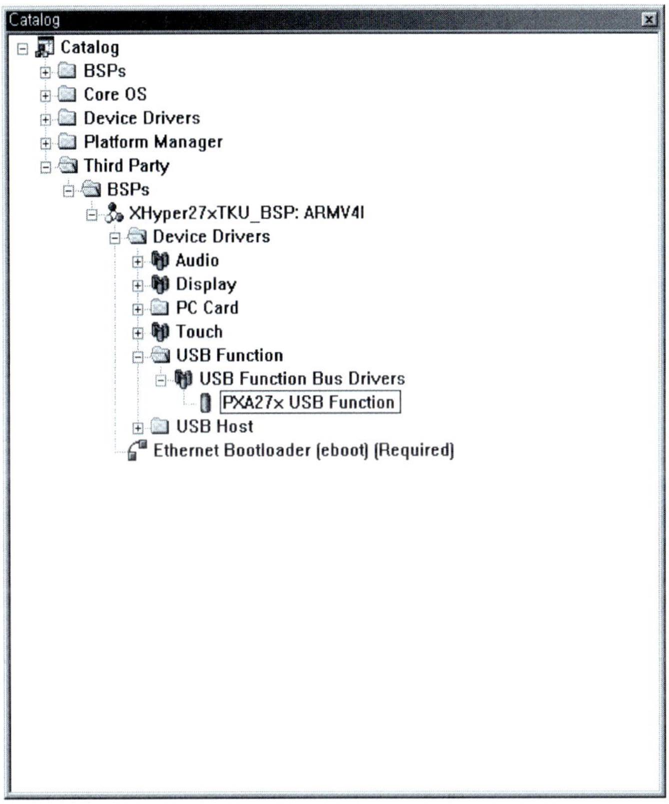

[그림 7-37] PXA27x USB Function 추가

7.2.8 Ethernet

이더넷을 지원하도록 카탈로그(Catalog)에서 다음 항목들을 추가한다.

☞ Wired Local Area Network [802.3, 802.5] 추가

① Core OS ➔ Windows CE devices ➔ Communication Services and Networking ➔ Networking - Local Area Network [LAN] ➔ Wired Local Area Network [802.3, 802.5]를 추가한다.

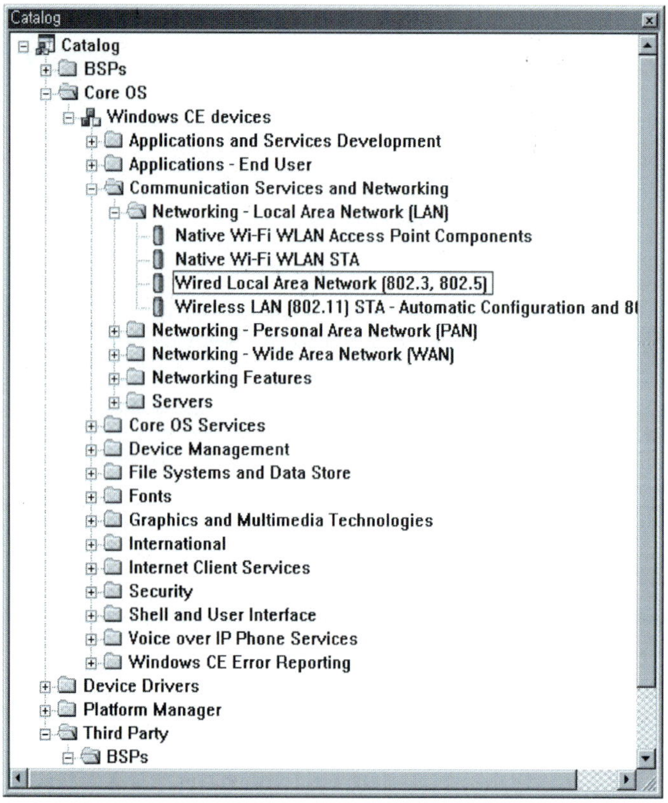

[그림 7-38] Wired Local Area Network [802.3, 802.5] 추가

☞ Network Driver Architecture [NDIS] 추가

① Core OS ➔ Windows CE devices ➔ Communication Services and Networking ➔ Networking Features ➔ Network Driver Architecture [NDIS]를 선택한다.

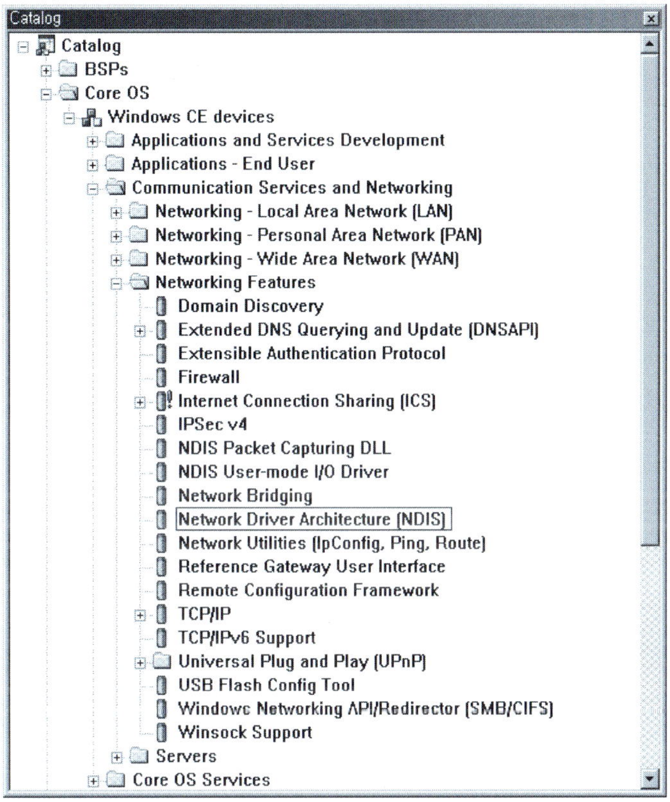

[그림 7-39] Network Driver Architecture [NDIS] 추가

☞ Network Utilities [IpConfig, Ping, Route] 추가

① Core OS ➔ Windows CE devices ➔ Communication Services and Networking ➔ Networking Features ➔ Network Utilities [IpConfig, Ping, Route]를 선택한다.

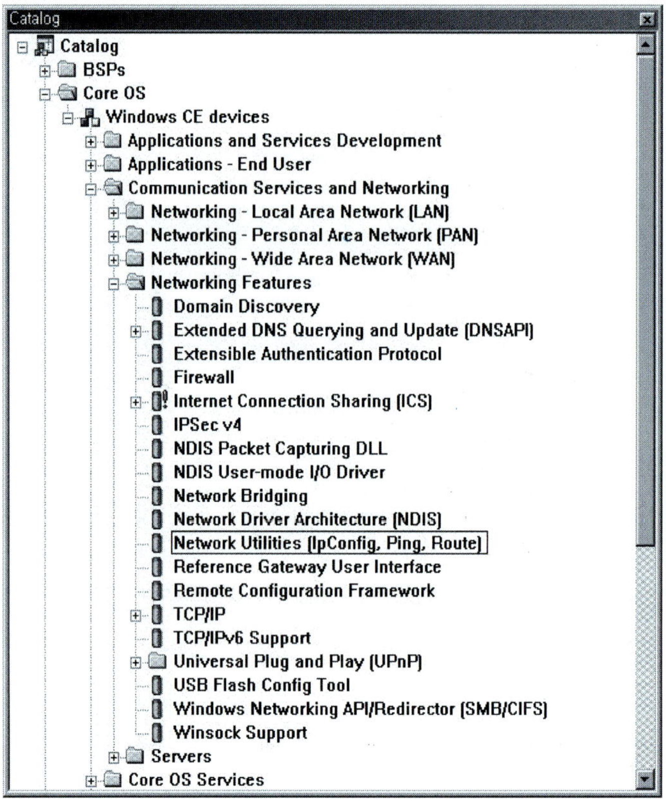

[그림 7-40] Network Utilities [IpConfig, Ping, Route] 추가

☞ TCP/IP 추가

① Core OS ➔ Windows CE devices ➔ Communication Services and Networking ➔ Networking Features ➔ TCP/IP를 선택한다.

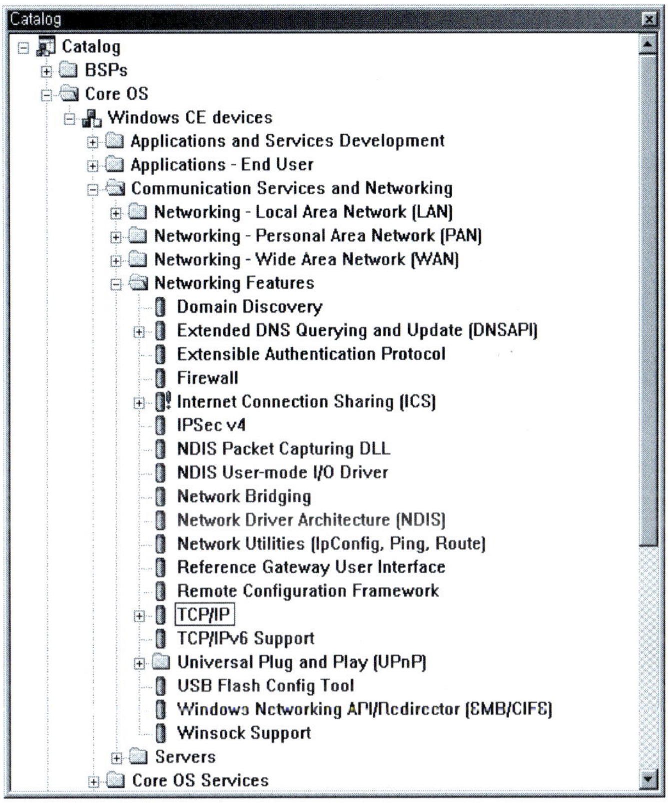

[그림 7-41] TCP/IP 추가

☞ Winsock Support 추가

① Core OS ➔ Windows CE devices ➔ Communication Services and Networking ➔ Networking Features ➔ Universal Plug and Play [UPnP] ➔ Winsock Support 를 선택한다.

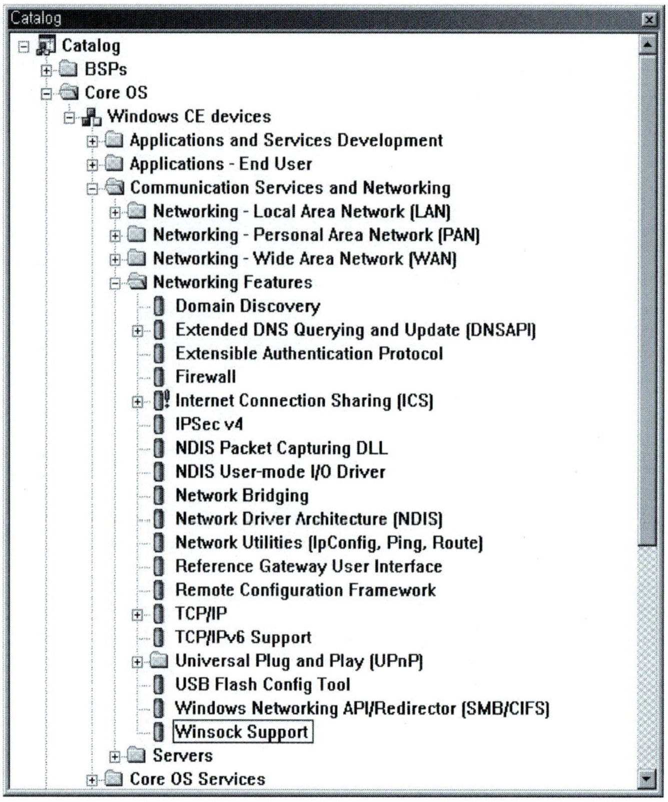

[그림 7-42]
Winsock Support 추가

7.2.9 SD/MMC

SD/MMC을 지원하도록 카탈로그(Catalog)에서 다음 항목들을 추가한다.

☞ SD Memory 추가

① Device Drivers ➔ SDIO ➔ SD Memory를 선택한다.

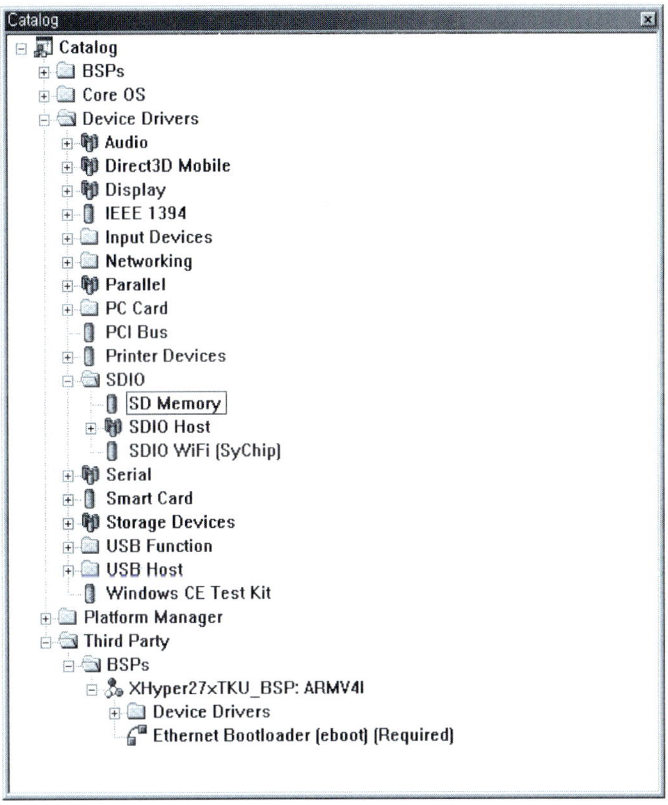

[그림 7-43]
SD Memory 추가

☞ Compression 추가

① Core OS ➔ Windows CE devices ➔ File Systems and Data Store ➔ Compression를 추가한다.

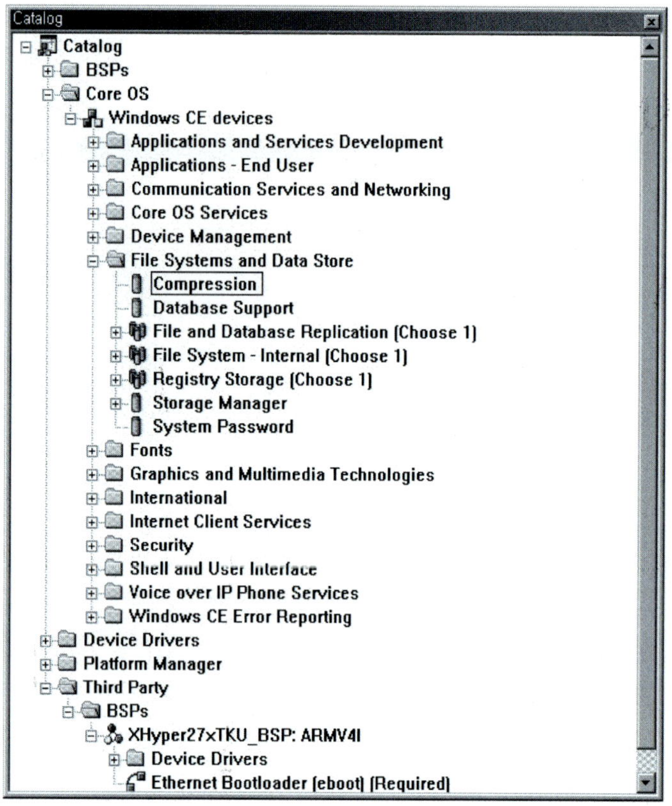

[그림 7-44] Compression 추가

☞ Storage Manager 추가

Core OS ➔ Windows CE devices ➔ File Systems and Data Store ➔ Storage Manager ➔ FAT File System, Partition Driver, Storage Manager Control Panel Applet 다음 3가지 구성요소들이 추가되어 있어야 SD/MMC를 사용할 수 있다. 앞의 과정에서 이미 NOR Flash Media Drivers가 추가되었기 때문에 여기서는 확인만 하고 넘어간다.

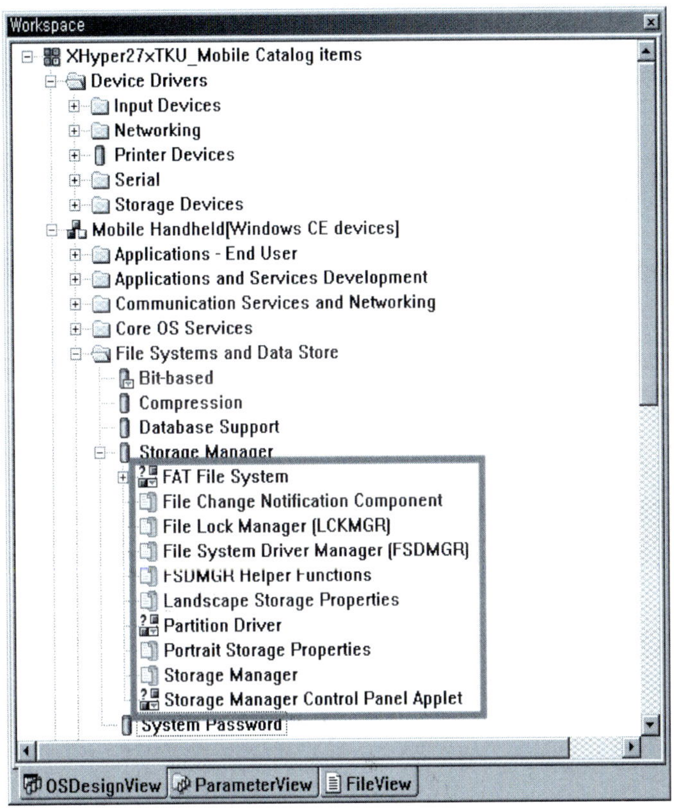

[그림 7-45] NOR Flash Media Drivers 추가 확인

7.2.10 PCMCIA/CF

PCMCIA/CF를 지원하도록 카탈로그(Catalog)에서 다음 항목들을 추가한다.

☞ XHyper27xTKU PCcard 추가

① Third Party ➔ BSPs ➔ XHyper27xTKU_BSP:ARMV4I ➔ Device Drivers ➔ PC Card ➔ PC Card Host ➔ XHyper27xTKU PCcard를 추가한다.

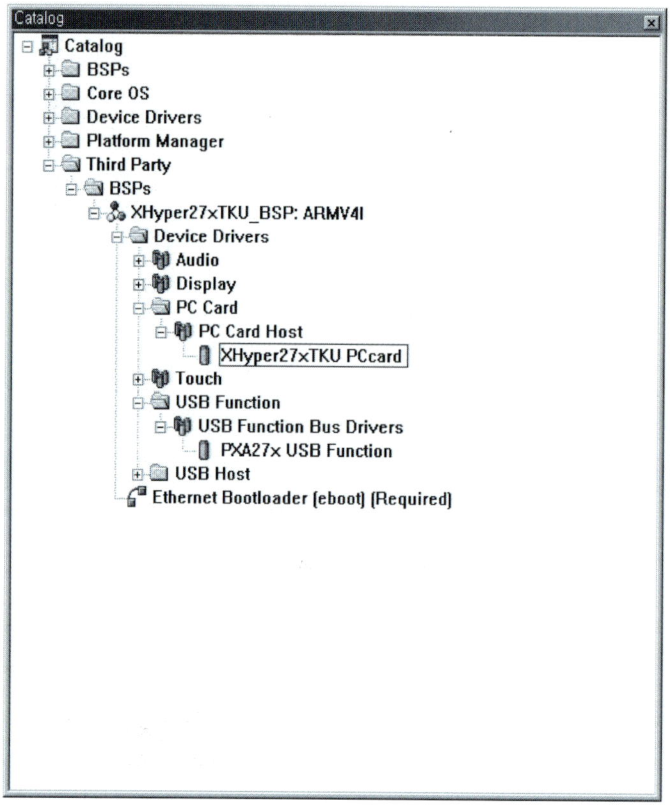

[그림 7-46] XHyper27xTKU PCcard 추가

☞ ATAPI PCI/IDE Storage Block Driver 추가

① Device Drivers ➔ Storage Devices ➔ Storage Devices ➔ ATAPI PCI/IDE Storage Block Driver ➔ ATAPI PCI/IDE Storage Block Driver를 추가한다.

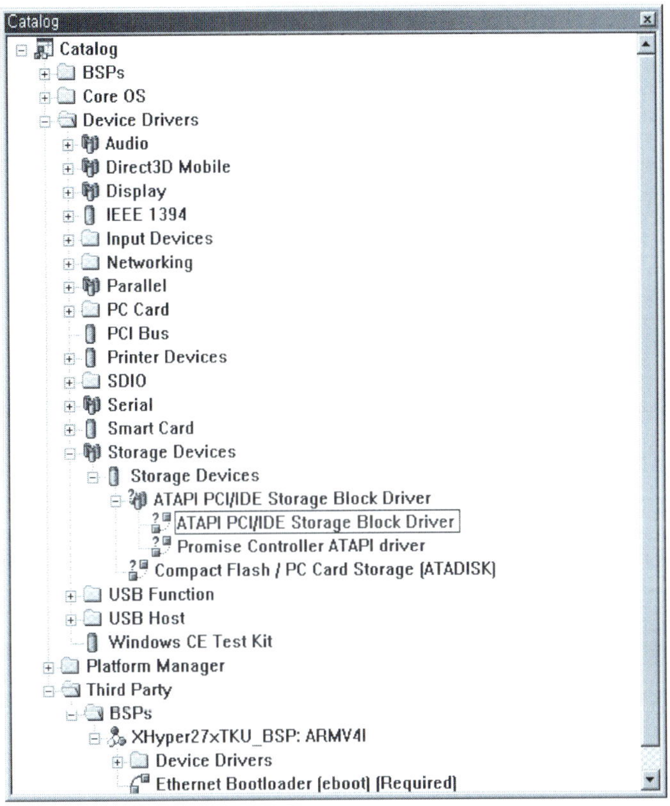

[그림 7-47] ATAPI PCI/IDE Storage Block Driver 추가

☞ Compact Flash / PC Card Storage [ATADISK] 추가

① Device Drivers ➔ Storage Devices ➔ Storage Devices ➔ Compact Flash / PC Card Storage [ATADISK]를 추가한다.

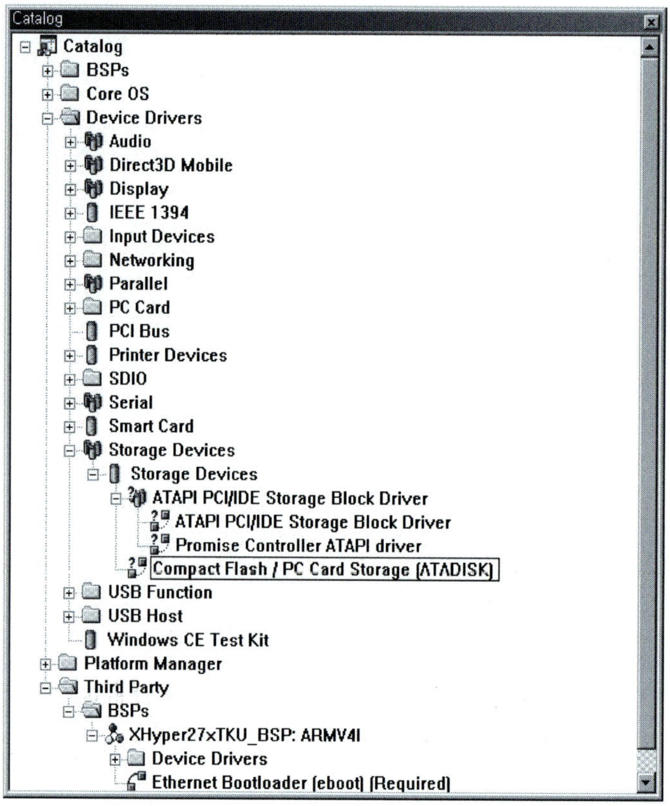

[그림 7-48]
Compact Flash / PC Card Storage [ATADISK] 추가

7.2.11 MFC 라이브러리

Windows CE 일부 프로그램들은 Microsoft 사의 MFC 라이브러리를 이용하여 만들어졌다. 이러한 프로그램들이 정상적으로 실행되려면 해당 플랫폼에 MFC 라이브러리를 추가해야 한다.

① Core OS ➔ Windows CE devices ➔ Applications and Services Development ➔ Microsoft Foundation Classes [MFC]를 추가한다.

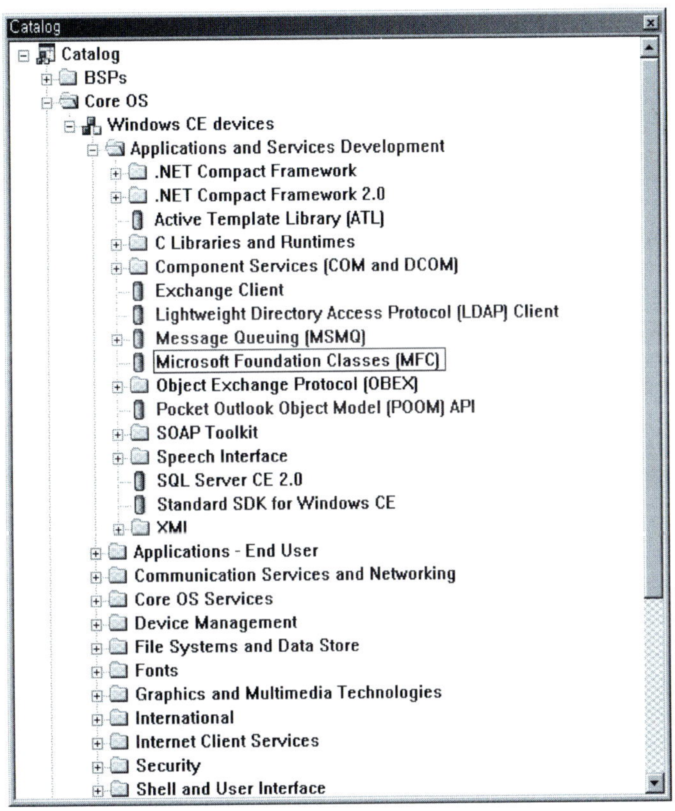

[그림 7-49] Microsoft Foundation Classes [MFC] 추가

7.3 Windows CE용 이미지(NK.bin) 생성

☞ 다음은 Mobile Handheld 플랫폼의 이미지를 생성하는 방법에 대해 기술하였다.

① Sysgen 진행하기 전에 빌드 옵션을 변경해 주어야 한다. 메뉴에서 Platform ➔ Settings...를 선택한다.

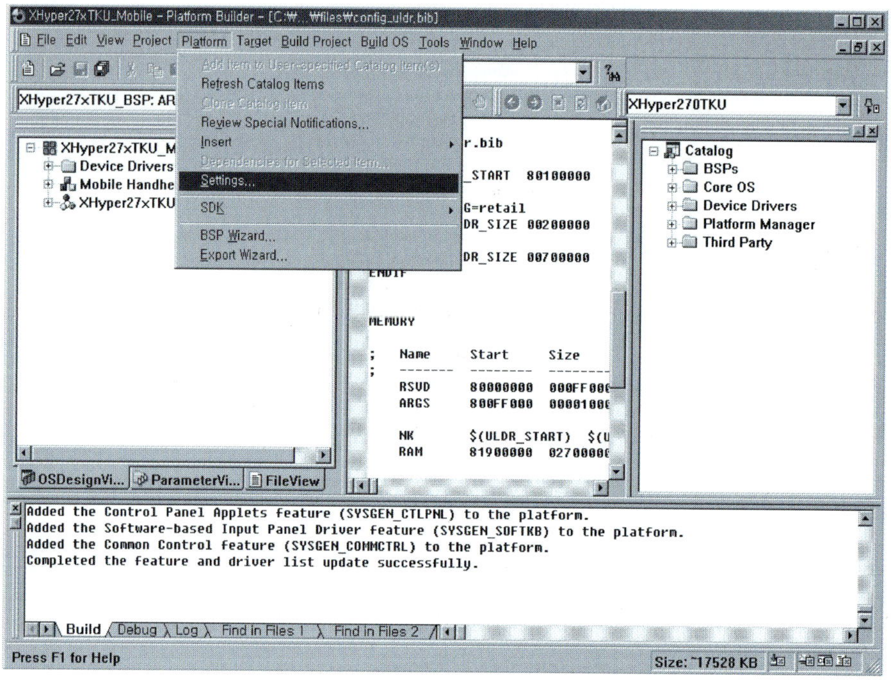

[그림 7-50] Settings 선택

② "Build Options" 탭을 선택한 후 다음과 같이 설정을 변경한다.

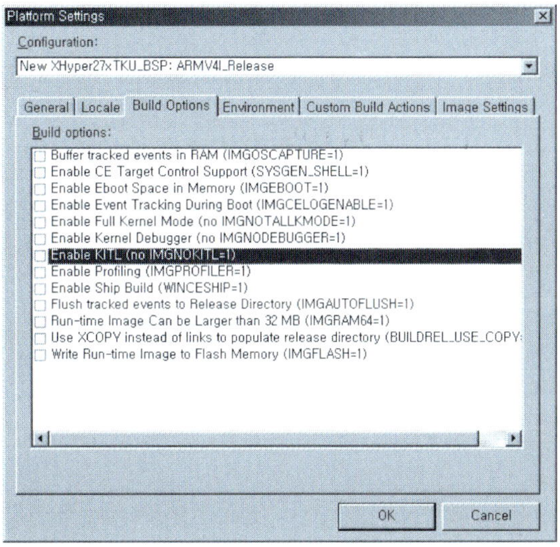

[그림 7-51] Build Options

③ "Copy Files to Release Directory After Build"와 "Make Run-Time Image After Build" 항목을 선택하여 Sysgen를 실행시키는 것만으로 Windows CE 운영체제 이미지가 생성되도록 한다. 메뉴에서 Build OS ➔ "Copy Files to Release Directory After Build"와 "Make Run-Time Image After Build" 항목을 선택한 후 Sysgen를 선택한다.

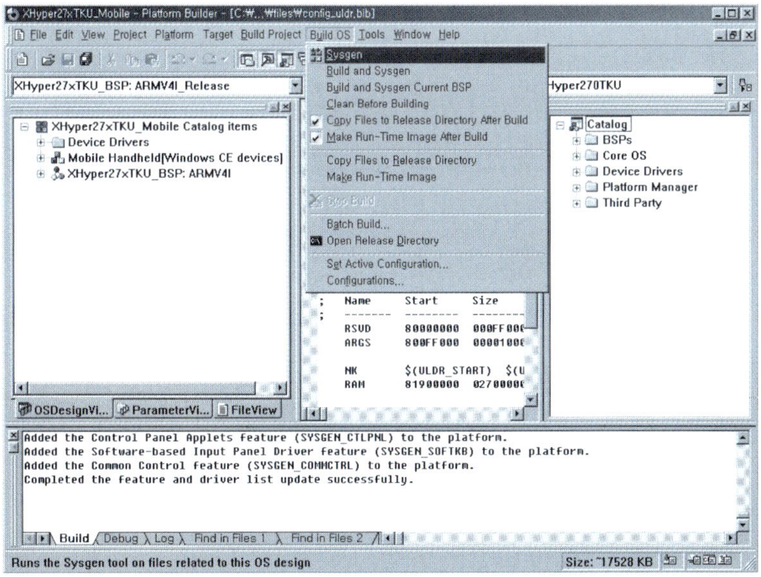

[그림 7-52] Sysgen 실행

④ Sysgen 과정이 성공적으로 끝났으면 Output 창에 다음과 같은 화면을 확인할 수 있다.

[그림 7-53] Sysgen 완료

⑤ 메뉴에서 Target ➔ Connectivity Options...을 선택한다.

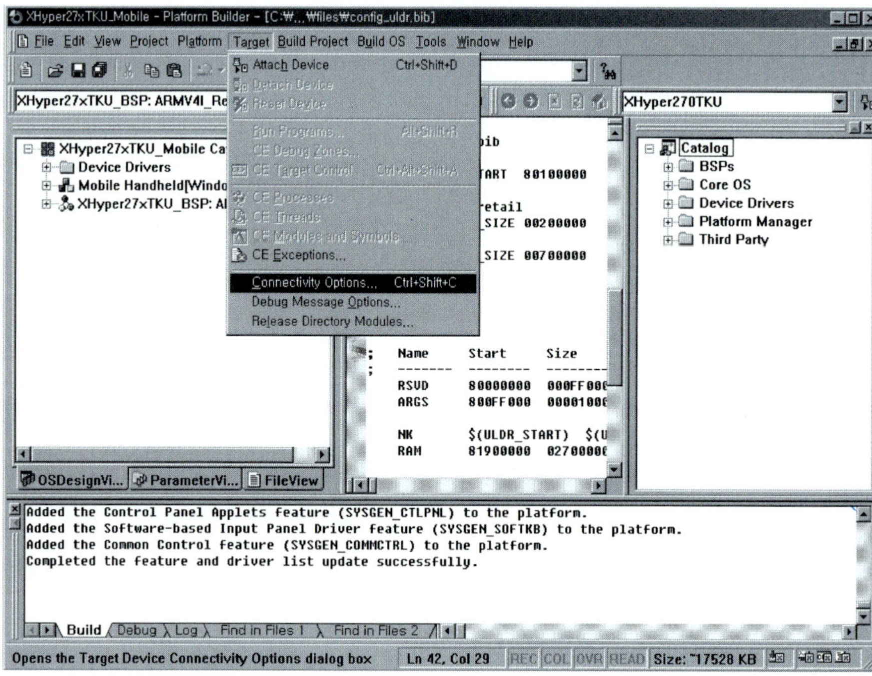

[그림 7-54] Connectivity Options... 선택

⑥ 본 교재 5.2장에서 설정한 항목 중에 Debugger 항목을 "None"으로 변경한다. 본 플랫폼은 KITL을 사용하지 않도록 하였기 때문에 Debugger가 필요 없다.

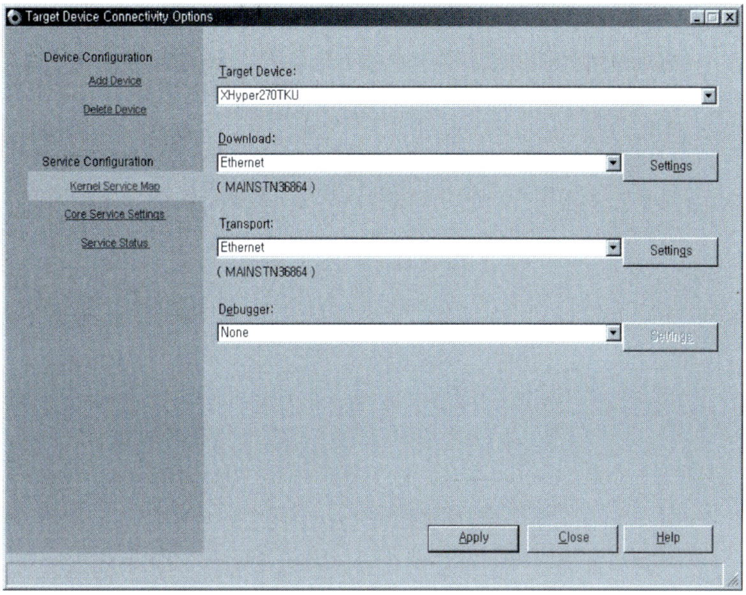

[그림 7-55] Target Device Connectivity Options

⑦ X-Hyper270-TKU를 재부팅한 후 하이퍼터미널을 이용해 EBOOT의 메뉴 설정으로 들어간 후 "D"를 눌러 X-Hyper270-TKU를 호스트 컴퓨터에서 운영체제 이미지를 다운로드 받기 위한 상태로 만든다.

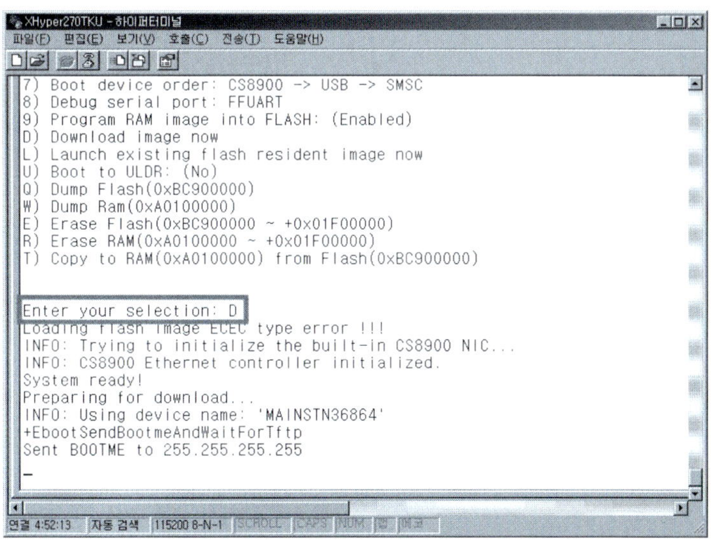

[그림 7-56] 이미지 다운로드를 위한 대기상태

⑧ 메뉴에서 Target ➔ Attach Device를 선택한다. 앞의 실습에서 타깃보드의 디바이스 이름을 플랫폼 빌더에 등록을 해 놓았기 때문에 Attach Device 하는 것만으로 타깃보드로 이미지를 다운로드할 수 있다.

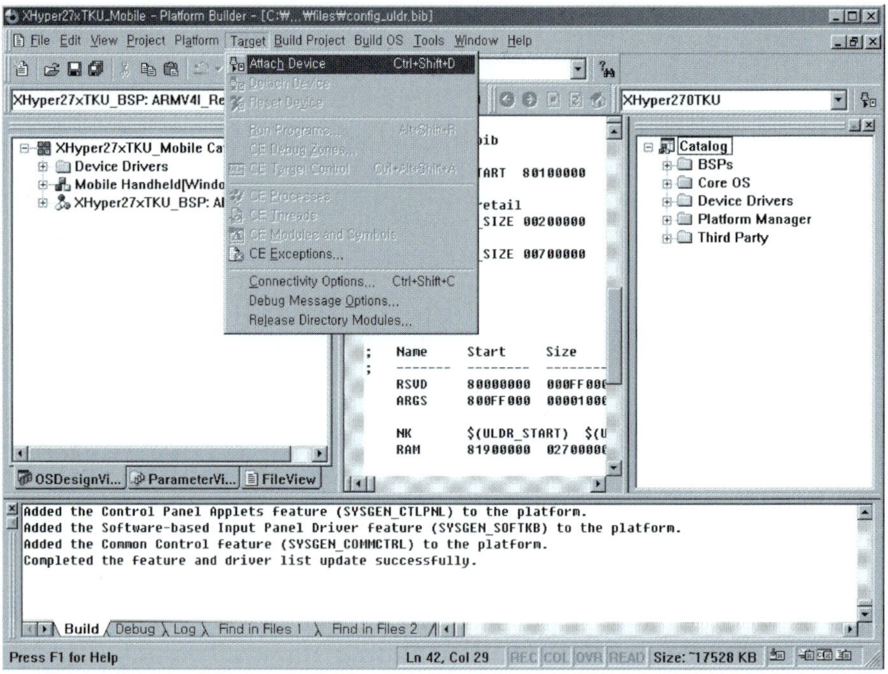

[그림 7-57]
Attach Device 선택

⑨ 타깃보드와 정상적으로 연결이 되었다면 다음 창이 나타나고, NK.bin 파일이 타깃보드로 다운로드 되는 상황을 확인할 수 있다.

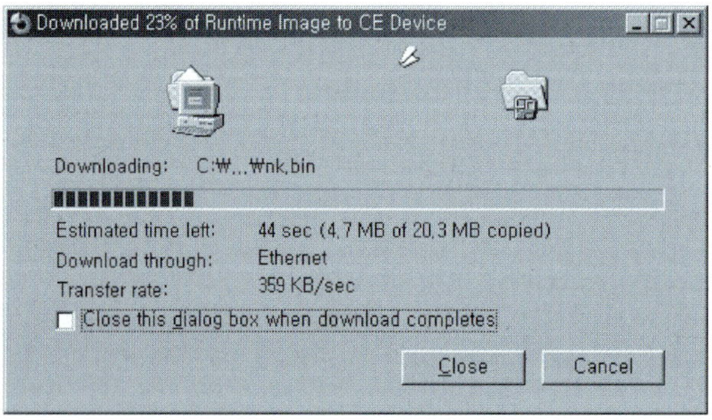

[그림 7-58]
NK.bin 파일 다운로드 진행

⑩ Mobile Handheld 이미지가 정상적으로 X-Hyper270-TKU에 올라갔다면 하이퍼터미널을 이용하여 다음과 같은 화면을 확인할 수 있다.

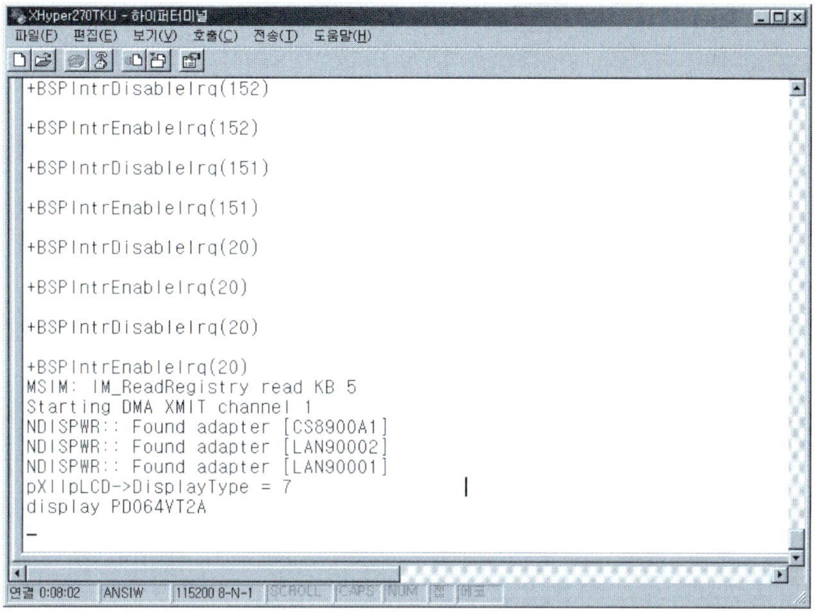

[그림 7-59] Mobile Handheld 동작 확인

제8장
Device Driver 구성

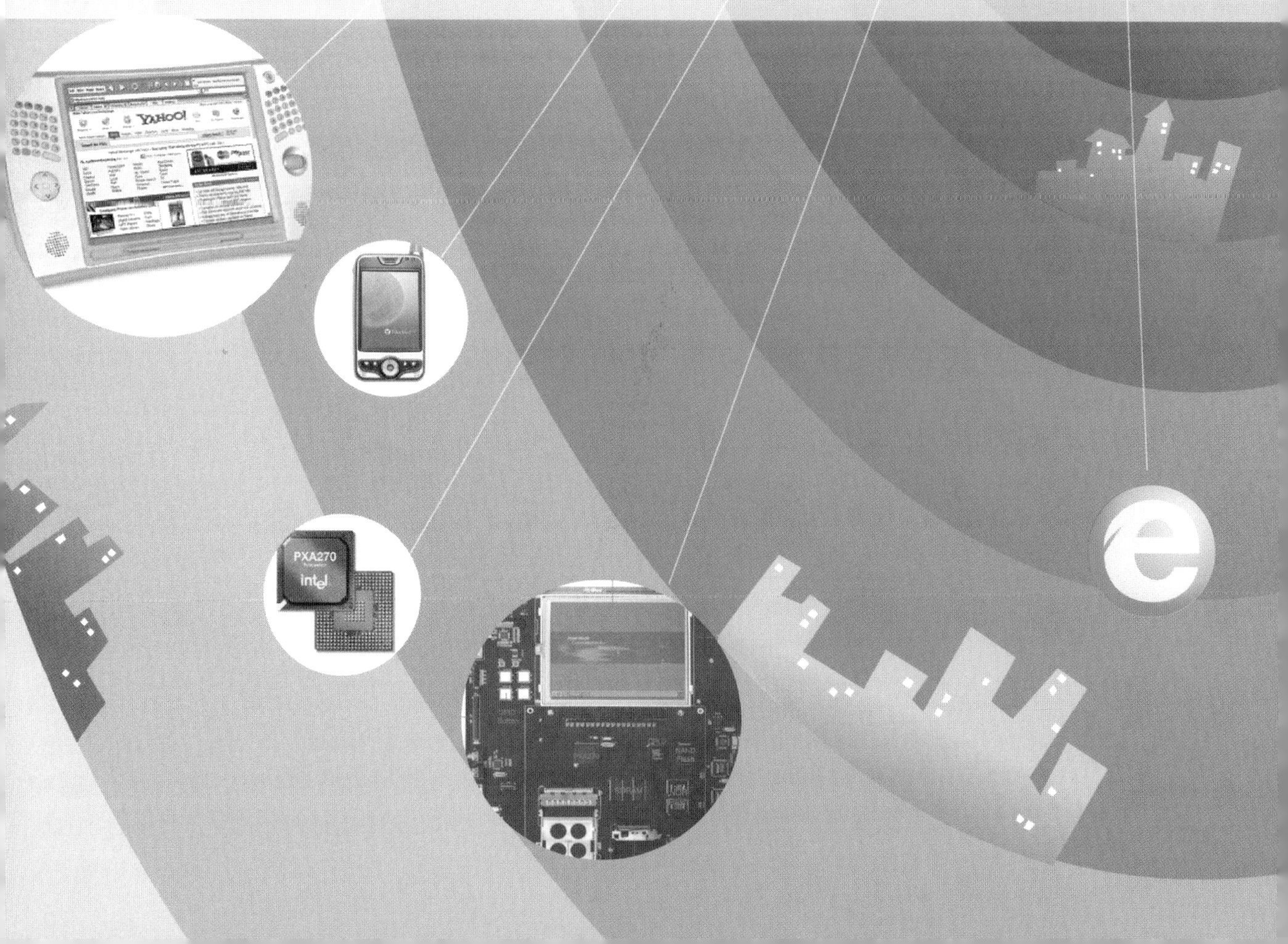

8.1 Windows CE Device Driver

디바이스(Device)란 하드 디스크(Hard Disk), 플로피 디스크(Floppy Disk), 프린터(Printer), 단말기(Terminal), 스캐너(Scanner), 네트워크 어댑터(Network Adaptor), PCMCIA, Touch Screen, LCD 디스플레이, Audio 등과 같이 컴퓨터 시스템 이외의 다른 주변 장치를 말한다. 이런 주변장치, 즉 디바이스를 구동하려면 당연히 디바이스 구동 프로그램인 디바이스 드라이버 프로그램이 있어야 한다. 디바이스 드라이버는 하드웨어를 구동하는 소프트웨어를 말하며, 운영체제와 하드웨어 디바이스를 이어주는 인터페이스 역할로 장치를 직접 제어하는 일을 한다. 디바이스 드라이버는 장치를 제어하기 위한 낮은 레벨의 소스코드가 필요하고, 운영체제 코드와의 민첩한 관계 때문에 개발자가 작성하기 상당히 까다롭다. 운영체제 코드와의 민첩한 관계 때문에 잘못 작성된 디바이스 드라이버는 운영체제의 심각한 손상을 입힐 수도 있다.

Windows CE 운영체제는 응용프로그램에서 하드웨어를 직접 제어할 수 없으며, 하드웨어 혹은 시스템 장치를 직접 제어하려면 디바이스 드라이버나 Windows CE 운영체제의 커널을 통해 제어를 해야 한다. 또한, 디바이스 드라이버는 응용프로그램과 달리 항상 누군가에게 호출되어 동작하는 특성 때문에 Windows CE 운영체제에서 원하는 방식으로 개발되어야 하며, 다른 운영체제 디바이스 드라이버와는 다르게 User mode에서 동작하고 DLL로 만들어지거나, DLL이 아닌 Object 형태로 운영체제에 링크되기도 한다.

8.1.1 Windows CE Device Driver의 구조(Architecture)

점점 시스템의 주변장치들의 성능이 향상되고, 복잡해지고 있으며, 이에 맞추어 운영체제 또한 발전하고 복잡해지고 있다. 운영체제와 하드웨어 디바이스를 이어주는 인터페이스 역할을 하는 디바이스 드라이버 또한 복잡해짐에 따라 개발자들은 각 디바이스 드라이버를 기능별로 나누어 여러 개의 계층으로 분류하여 정의하였다. 이렇게 분류된 디바이스 드라이버는 하나의 기능을 추가하거나 수정할 경우 각 해당하는 계층의 코드부분만 새로 작성하거나 수정만 하면 된다.

디바이스 드라이버의 구조를 상하 수직적으로 나누어 보면, 하드웨어 장치와 밀접한 관계를 갖는 낮은 단계의 드라이버를 PDD(Platform Dependent Driver)라고 하며, 그 위의 단계의 드라이버를 MDD(Model Device Driver)라고 한다.

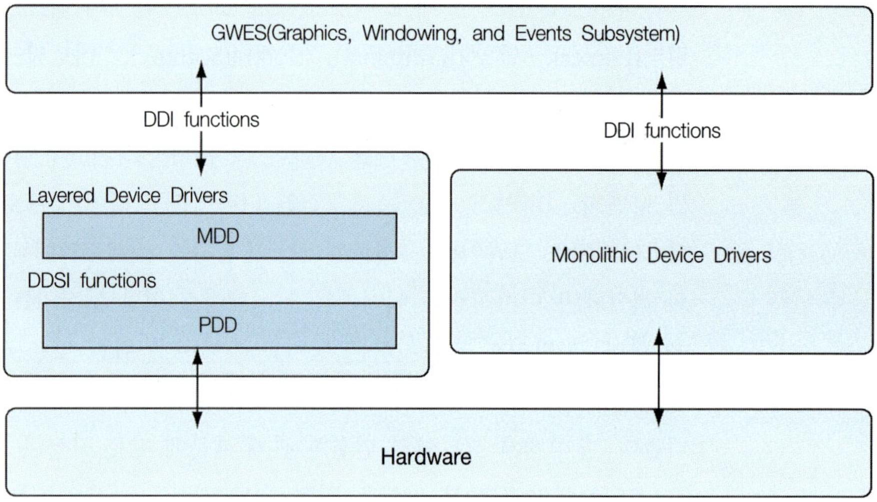

[그림 8-1] Monolithic와 Layered Device Drivers

MDD는 각 디바이스 드라이버 타입의 공통된 코드를 갖고 있으며, 마이크로소프트에서는 MDD를 라이브러리나 소스 형태로 제공해 주고 있고, PDD는 특정 하드웨어 장치에 맞춰진 코드로 이루어져 있다. Layered Device Drivers의 장점은 MDD는 그냥 두고, PDD만 수정하여 하나의 다른 디바이스 드라이버를 만들 수 있다는 것이다. 예를 들어 마우스, 터치패드, 펜 등의 장치는 화면의 커서의 위치를 변경하는 기능을 수행하는 장치들이다. 다만, 각 장치의 사용방식이 다를 뿐이다. 커서의 위치를 변경하는 공통된 기능을 수행하는 코드 부분을 분류하고, 각 장치의 사용방식의 따라 다른 계층으로 분류하여 디바이스 드라이버를 작성할 수 있다. 이렇게 공통된 장치를 제어하기 위한 드라이버를 기능요소별로 세부적으로 분류하여 계층화시킨 방식의 디바이스 드라이버를 계층 드라이버(Layered Device Drivers)라고 하며, 상황에 따라 이렇게 나누어서 쓰지 못할 경우의 드라이버를 Monolithic 드라이버라고 한다.

위의 디바이스 드라이버의 분류형태 말고 스트림 인터페이스 드라이버, 버스 인터페이스 드라이버, 네이티브 인터페이스 드라이버, 미니포토 드라이버 등으로도 구분할 수 있다.

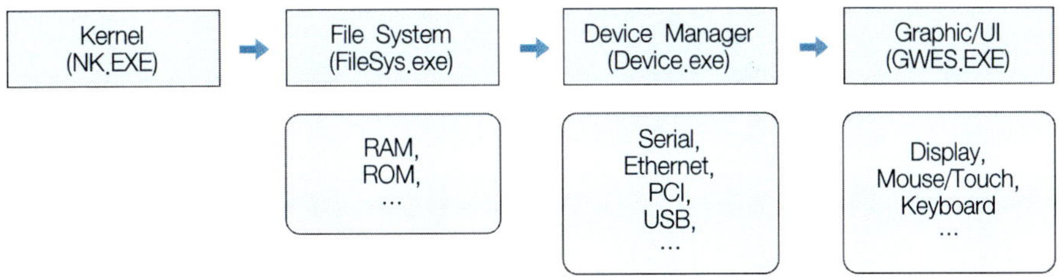

[그림 8-2]
Windows CE 디바이스 드라이버

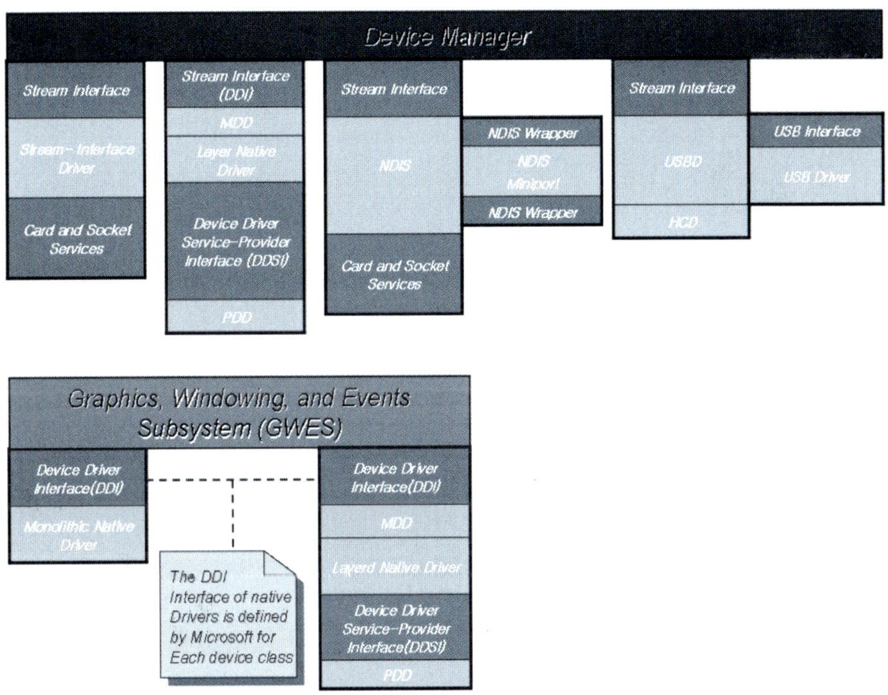

[그림 8-3]
Device Driver 분류

스트림 인터페이스 드라이버는 xxx_Open, xxx_Close, xxx_Read, xxx_Write 등의 함수를 Export하는 DLL 형식의 드라이버를 디바이스 매니저(DEVICE.exe)에 의해 로딩되어 동작된다. 스트림 인터페이스 드라이버들은 DEVICE.exe 프로세서의 DLL형식으로 동작하게 되므로, 항상 스트림 인터페이스 드라이버는 DEVICE.exe 프로세서의 문맥 아래에서만 동작하게 된다. 디스크, 패러럴, 오디오, USB 호스트 컨트롤러, 네트워크 관리 드라이버(NDIS.dll) 등의 드라이버들이 여기에 속한다.

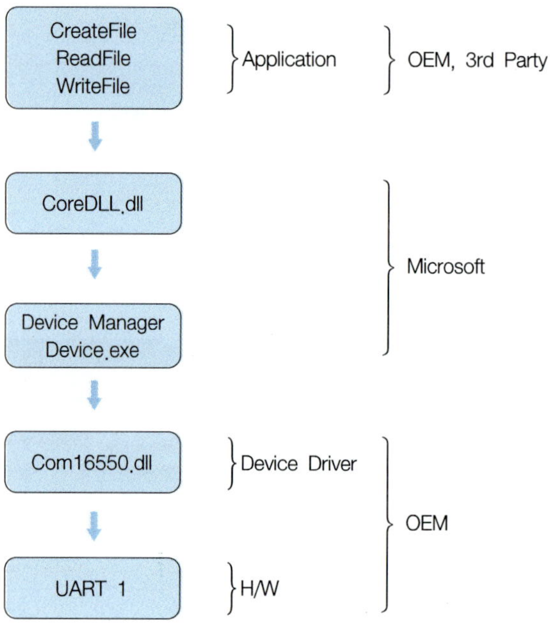

[그림 8-4] 스트림 인터페이스 드라이버의 전형적인 구조

버스 인터페이스 드라이버는 사용자에게 서비스를 제공하는 것이 아니라 클라이언트 드라이버들에게 서비스를 제공하며, 다른 장치와의 통신을 연결해주는 PCI나 AGP버스 등과 같이 시스템 버스 자체를 관리한다. 시리얼 드라이버라도 USB버스 또는 1394버스를 사용할 수 있는데, USB버스와 1394버스는 시리얼 드라이버를 자신의 클라이언트 드라이버로 받아들인다. 버스 인터페이스 드라이버도 디바이스 매니저(DEVICE.exe)에 의해 로딩되어 동작하며, PCMCIA.dll(PCMCIA BUS), PCI.dll(PCI BUS), USBD.dll(USB BUS) 등의 드라이버들이 여기에 속한다.

네이티브 인터페이스 드라이버는 "전용 디바이스 드라이버"라고도 하며, 다른 드라이버의 구조에 맞춰서 구현하기 어렵고, 정해진 방식대로 정해진 함수들을 구현해 주어야 하고, 저마다 자신에게 가장 적합한 드라이버 인터페이스를 가지고 있으며, GWES.exe. 프로세서에 링크되어 동작한다. LED, 배터리 드라이버들처럼 정적으로 GWES에 링크되는 드라이버와 프린터, 터치패널, 디스플레이 드라이버들처럼 DLL로 존재하여 동적으로 GWES에 의해 로딩되어 동작하는 드라이버로 분류할 수 있다. 응용프로그램과의 통신에서 응용프로그램이 네이티브 인터페이스 드라이버에 직접 접근하는 것이 아니라, Windows CE 운영체제에서 지원하는 API를 통해 접근해야 한다.

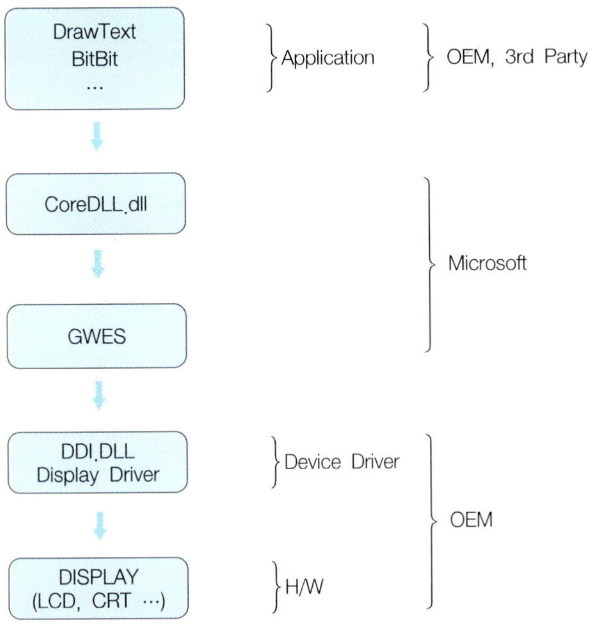

[그림 8-5]
네이티브 인터페이스 드라이버의 전형적인 구조

PDD(Platform Dependent Driver)는 응용프로그램과 연결되는 부분에서는 다른 소스의 도움을 받고 자신은 이 소스로부터 호출되는 간단한 작업들만 수행한다. 이때 디바이스 드라이버가 응용프로그램과 통신하는 방법을 DDI(Device Driver Interface)라고 하며, DDI 혼자 디바이스 드라이버 역할을 하지 못하므로 추가로 플랫폼을 직접 다루는 부분을 지원하는 PDD가 필요하다. 여기서 PDD를 작성하는 것을 미니포트 드라이버(Miniport Driver)라고 하고, PDD가 사용하는 외부소스나 라이브러리를 MDD(Model Device Driver)라고 하며, PDD와 MDD가 연결되는 부분을 DDSI(Device Driver Service Provider Interface)라고 한다. PDD가 사용하려는 MDD가 어떤 DDI를 사용하느냐에 따라 동작할 프로세서가 결정된다.

미니포트 드라이버는 MDD가 DLL(Dynamic Linking Library) 형태로 되어있으며, MDD DLL은 DDI를 지원하고, 개발자는 MDD DLL을 로딩하여 다루게 되는 PDD DLL을 작성하게 된다.

각각의 실행모듈(FileSys.exe, Device.exe, GWES.exe)은 필요한 항목의 정보를 레지스트리에서 받아온다. 디바이스 매니저가 관리하는 디바이스 드라이버의 정보는 "HKEY_LOCAL_MACHINE\Drivers"의 레지스트리에 들어 있게 되며, GWES가 관리하는 디바이스 드라이버들은 "HKEY_LOCAL_MACHINE\HARDWARE\DEVICEMAP"의 위치에 저장된다.

〈표 8-1〉
디바이스 드라이버 로더 프로그램

응용프로그램	디바이스 드라이버
파일 시스템(FileSys.exe)	파일 시스템 관련 드라이버
장치 관리(Device.exe)	USB, 오디오, 마우스, 키보드, 배터리, PCMCIA, 시리얼, NDIS 등의 스트림 인터페이스 드라이버
그래픽, 윈도우 화면, 이벤트처리(GWES.exe)	화면 출력, LED, 프린터, 터치스크린, 키보드 등의 그래픽 및 이벤트 처리를 위한 네이티브 인터페이스 드라이버

플랫폼 빌더 프로그램은 개발자의 디바이스 드라이버 개발을 돕도록 다양한 샘플코드를 제공한다. 어떤 종류의 샘플 소스코드를 사용할지 그리고 어떻게 수정할지를 결정하는 일은 디바이스 드라이버 개발에서 매우 중요한 일이다. 제공되는 디바이스 드라이버 소스코드는 플랫폼을 위한 드라이버와 타깃보드에 장착되어 있는 CPU의 제어를 위한 CSP(Chip Support Package)라고 하는 패키지 드라이버 그리고 공통으로 사용되는 COMMON 드라이버로 분류된다.

〈표 8-2〉
디바이스 드라이버 소스코드 위치

디렉터리	설 명
$(_PUBLICROOT)\COMMON\OAK\DRIVERS	주변장치를 위한 디바이스 드라이버들
$(_PUBLICROOT)\COMMON\OAK\CSP	타깃보드에 탑재된 CPU를 제어하기 위한 디바이스 드라이버들
$(_TARGETPLATROOT)\Drivers	타깃보드에 장착되어 있는 각 장치를 사용하기 위한 업체에서 제공되는 디바이스 드라이버들

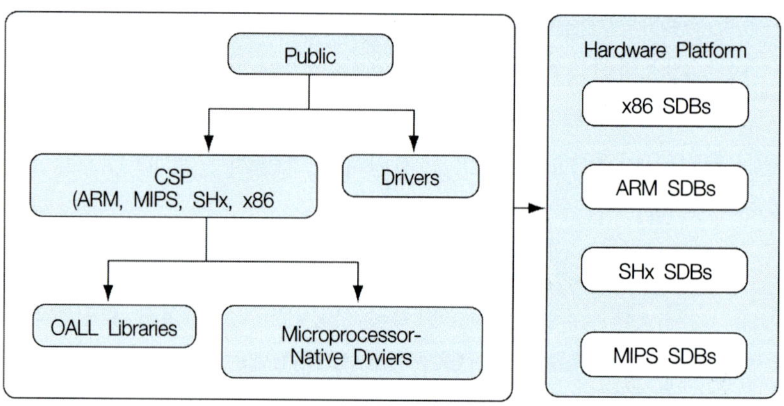

[그림 8-6]
제공된 드라이버 라이브러리들의 배치도

▶ 제공되는 디바이스 드라이버들을 살펴보면 다음과 같다.

- Audio Drivers
- Battery Drivers
- Block Drivers
- Bluetooth HCI Transport Driver
- Direct3D Mobile Display Drivers
- DirectDraw Display Drivers
- Display Drivers
- DVD-Video Renderer
- Flash Media Drivers
- HID Drivers
- IEEE 1394 Drivers
- Keyboard Drivers
- Network Drivers
- Notification LED Drivers
- Parallel Port Drivers
- PC Card Drivers
- PCI Bus Driver
- Printer Drivers
- Secure Digital Card Drivers
- Serial Port Drivers
- Smart Card Drivers
- Stream Interface Drivers
- Timer Driver
- Touch Screen Drivers
- USB Function Drivers
- USB Host Drivers

▶ 특히 샘플 수준의 드라이버가 아닌 제공되는 Production-Quality 드라이버들을 살펴보면 다음과 같다.

〈표 8-3〉 블록 디바이스 드라이버

드라이버	소스파일 위치	파일이름
ATAPI PCI/IDE storage block driver	Public\Common\OAK\Drivers\Block\ATAPI\Common	Atapi.dll
USB host mass storage client driver	Public\Common\OAK\Drivers\USB\Class\Storage\Class Public\Common\OAK\Drivers\USB\Class\Storage\Disk\SCSI2	Usbmsc.dll Usbdisk6.dll
USB function mass storage driver	Public\Common\OAK\Drivers\USBFN\Class\Storage\Transport\BOT	Usbmsfn.dll

〈표 8-4〉 디스플레이 디바이스 드라이버

드라이버	소스파일 위치	파일이름
ATI Rage XL Expert 98 (Warbird)	Public\Common\OAK\Drivers\Display\RageXL	Ddi_ragexl.DLL
Silicon Motion 3DR (Cougar)	Public\Common\OAK\Drivers\Display\SMI3DR	Ddi_3dr.DLL
Geode/MediaGX LCD controller driver	Public\Common\OAK\CSP\X86\Geode\GXVIDEO\Base\Base Public\Common\OAK\CSP\X86\Geode\GXVIDEO\Base\RBase	Ddi_gx.DLL Ddi_rgx.DLL
MediaQ MQ200	Public\Common\OAK\Drivers\Display\MQ200	Ddi_mq200.DLL
Flat driver for the Intel PXA27x Development Platform	Public\Common\OAK\CSP\ARM\Intel\PXA27x\Display\PXA27x_LCD	Pxa27x_lcd.DLL
VGA linear (flat) framebuffer driver	Public\Common\OAK\Drivers\Display\VGAFlat	Ddi_flat.DLL
Flat driver for the SMDK2410 Samsung MCU Development Kit LCD controller	Public\Common\OAK\CSP\ARM\Samsung\S3C2410X\Display\S3C2410X_LCD	S3c2410x_lcd.dll

〈표 8-5〉 플래시 미디어 디바이스 드라이버

드라이버	소스파일 위치	파일이름
MirrorBit NOR flash driver	Public\Common\OAK\Drivers\Block\MSFlashFMD\FASL\FASLD	Fasld.dll
SD NAND flash PCI driver	Public\Common\OAK\Drivers\Block\MSFlashFMD\SDNPCI\SDNPCID	Sdnpcid.dll
NOR flash Strataflash	Public\Common\OAK\Drivers\BLOCK\MSFlashFMD\Strata\StrataD	Stratad.dll

〈표 8-6〉 네트워크 디바이스 드라이버

드라이버	소스파일 위치	파일이름
Realtek RTL8139 debug Ethernet adapter driver	Public\Common\OAK\Drivers\EthDbg\RTL8139	Rtl8139dbg.dll
NE2000-compatible generic Ethernet adapter PCI, PC Card, and ISA driver	Public\Common\OAK\Drivers\NetCard\NE2000	Ne2000.dll
SMS SMSC100FD Ethernet adapter driver for SH4-based hardware platforms	Public\Common\OAK\Drivers\NetCard\SMSC100FD	Smsc100fd.dll
National Semiconductor DP83815 (MacPhyter) Ethernet adapter driver	Public\Common\OAK\Drivers\NetCard\DP83815	Dp83815.dll
SMC9000 debug Ethernet adapter driver	Public\Common\OAK\Drivers\EthDbg\SMC9000	Smc9000.dll
Intel Pro E100BEX Ethernet adapter driver	Public\Common\OAK\Drivers\NetCard\E100BEX	E100bex.dll

〈표 8-7〉 PC카드 디바이스 드라이버

드라이버	소스파일 위치	파일이름
PC Card MDD	Public\Common\OAK\Drivers\PCCard\MDD\MDD_Both	Pcc_serv.dll
Texas Instruments PC Card socket driver for the 12XX, 14XX, and 15XX PC Card controllers	Public\Common\OAK\Drivers\PCCARD\TIPCCard\TIPCCard_Both	Pcc_tipccard.dll
i82365 socket driver	Public\Common\OAK\Drivers\PCCard\I82365	Pcc_i82365.dll
Legacy PC Card driver that allows PCMCIA clients to work with a bus agnostic driver	Public\Common\OAK\Drivers\PCCard\PCMCIA	Pcc_pcm.dll
PC Card socket driver for the Samsung SMDK2410 BSP	Platform\SMDK2410\SRC\Drivers\PCCard	Pcc_smdk2410.dll
AMD Au1 PCMCIA PC Card host controller driver for the AMD DBAu1000, DBAu1100, and DBAu1500 Development Boards	Platform\DBAU1000\SRC\Drivers\PCCard	Pcc_au1.dll

〈표 8-8〉 전원관리

드라이버	소스파일 위치	파일이름
Power Manager PDD	Public\Common\OAK\Drivers\PM\PDD\Common Public\Common\OAK\Drivers\PM\PDD\Default Public\Common\OAK\Drivers\PM\PDD\PDA	Pm_pdd_common.dll Pm_default_pdd.dll Pm_pda_pdd.dll

〈표 8-9〉 시리얼포트 디바이스 드라이버

드라이버	소스파일 위치	파일이름
Com16550 serial port driver for 16550 UARTs	Public\Common\OAK\Drivers\Serial\COM16550 Public\Common\OAK\Drivers\Serial\SER16550	Com16550.dll Ser16550.lib
AMD Au1 UART driver for the AMD DBAu1000, DBAu1100, and DBAu1500 Development Boards	Public\Common\OAK\CSP\MIPS\AMD\AU1\Serial	Au1uart.dll
S3C2410x serial port driver for the SMDK2410 Samsung MCU Development Kit	Public\Common\OAK\CSP\ARM\Samsung\S3C2410X\Serial	S3c2410x_serial.dll
USB function serial client driver	Public\Common\OAK\Drivers\USBFN\Class\Serial	Serialusbfn.dll

〈표 8-10〉 USB 디바이스 드라이버

드라이버	소스파일 위치	파일이름
Netchip NET2280 USB 2.0 function bus driver	Public\Common\OAK\Drivers\USBFN\Controller\NET2280	Net2280.dll
PXA27x USB function driver for the Intel PXA27x Development Platform	Public\Common\OAK\CSP\ARM\INTEL\PXA27x\USBFN	PXA27x_usbfn.dll
USB function CSP driver for the Intel PXA25x Development Platform	Public\Common\OAK\CSP\ARM\Intel\PXA25X\USB\Function\PDD	Pxa25xusbfn.dll
Samsung 2410 USB function bus driver for the SMDK2410 Samsung MCU Development Kit	Public\Common\OAK\CSP\ARM\Samsung\S3C2410X\USB\Function	Sc2410usbfn.dll

〈표 8-11〉
USB 호스트 디바이스 드라이버

드라이버	소스파일 위치	파일이름
EHCI USB 2.0 host controller driver	Public\Common\OAK\Drivers\USB\HCD\USB20\EHCIPDD	Ehci.dll
USB driver interface	Public\Common\OAK\Drivers\USB\USBD	Usbd.dll
Legacy OHCI USB host controller driver	Public\Common\OAK\Drivers\USB\HCD\OHC	Ohci.dll
OHCI USB host controller driver	Public\Common\OAK\Drivers\USB\HCD\OHCD2	Ohci2.dll
UHCI USB host controller driver	Public\Common\OAK\Drivers\USB\HCD\UHC	Uhci.dll
OHCI USB host controller driver for the Intel PXA27x Development Platform	Public\Common\OAK\CSP\ARM\INTEL\PXA27x\HCD	PXA27x_ohci.dll
USB host controller driver for the AMD DBAu1000, DBAu1100, and DBAu1500 Development Boards	Public\Common\OAK\CSP\MIPS\AMD\AU1\USB	Au1ohcd.dll
USB Human Input Device (HID) class driver	Public\Common\OAK\Drivers\USB\Class\HID\HIDClass\USBPDD	Usbhid.dll

8.1.2 Stream Interface Driver

네이티브 인터페이스 드라이버를 제외한 대부분의 디바이스 드라이버가 스트림 인터페이스 방식의 드라이버다. 스트림 인터페이스 드라이버는 응용 프로그램과 디바이스 드라이버가 서로 데이터를 주고받거나 하드웨어를 제어할 때 ReadFile(), SetFilePointer(), CreateFile(), WriteFile(), CloseHandle(), DeviceIoControl() 등의 Stream 관련 API들을 사용하여 파일을 다루듯이 응용프로그램이 디바이스 드라이버를 호출한다.

스트림 인터페이스 드라이버는 자신이 어떤 드라이버인지 나타내는 세 글자로 시작하는 접두어를 가지게 되며, 드라이버는 DLL 형식으로 작성돼야 하며, 개발자는 DDI함수들(XXX_init, XXX_Deinit, XXX_Open, XXX_Close)을 구현해야 한다. 또한, 디바이스 드라이버로 등록되도록 시스템 레지스트리를 가져야 한다.

제 8 장

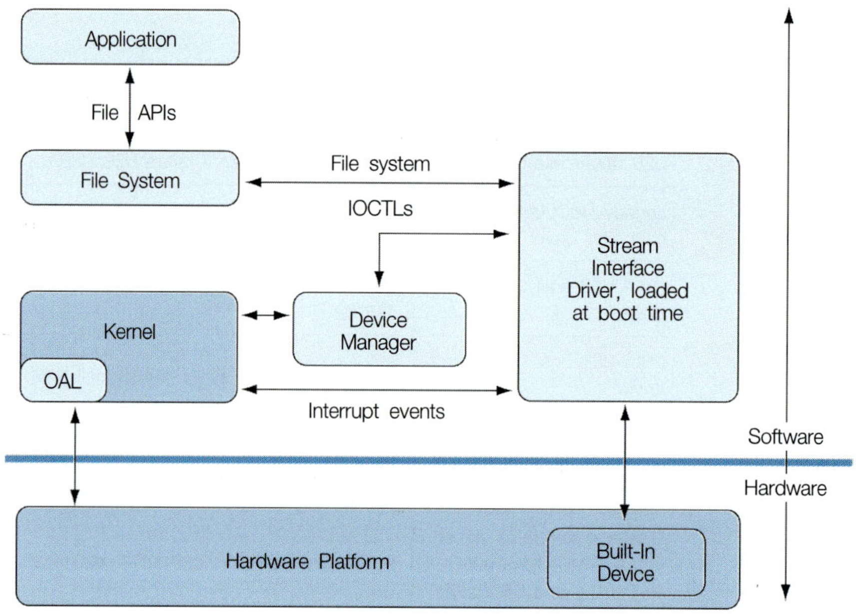

[그림 8-7] 스트림 인터페이스 드라이버의 구조

〈표 8-12〉 대표적인 디바이스 드라이버의 접두어(Prefix)

접두어(Prefix)	드 라 이 버
COM	시리얼포트 디바이스 드라이버
ACM	오디오 압축 관리자(Audio Compression Manager)
CON	콘솔 디바이스 드라이버
WAV	오디오 웨이브 드라이버
DSK	디스크 드라이버
HCD	USB 호스트 컨트롤러 드라이버

응용프로그램이 디바이스 드라이버를 통해 장치에 접근하려면 SetFilePointer(), CreateFile(), ReadFile(), WriteFile(), CloseHandle(), DeviceIoControl() 등의 파일 입출력 함수를 사용해야 한다. 디바이스 드라이버를 열려면 파일에 접근하는 것처럼 CreateFile() 함수를 사용하여 장치에 접근한 후 얻어진 핸들값을 통해 장치에 데이터를 기록하거나 읽어 올 수 있다. 간단한 예로, "Handle = CreateFile("COM1:", …)"은 시리얼포트를 열기 위한 구문으로, "COM1:"은 "Prefix+Index+Colone(:)" 형식으로 장치명을 나타내며, '1'은 시리얼포트 중에 첫 번째 포트를 의미하며, 장치명에는 끝에 반드시 Colone(:)을 붙여야 한다.

디바이스 드라이버에서 반드시 구현해야 할 함수와 API의 연관관계를 설명하면, 디바이스 매니저가 드라이버를 로딩할 때 XXX_Init가 호출되며, 이때 드라이버의 내부에서는 하드웨어의 초기화와 필요한 메모리 할당 등 초기화 작업을 한다. 그다음 응용프로그램에서 CreateFile()를 이용하면 드라이버의 XXX_Open을 반환하게 되고, 열린 디바이스에 ReadFile()와 WriteFile()를 수행하게 되면, XXX_Read 함수와 XXX_Write 함수가 호출된다.

〈표 8-13〉 드라이버 함수의 매핑 관계

함수이름	매핑 API	기능
XXX_Init		디바이스 매니저에 의해 드라이버가 로드될 때 호출됨. (드라이버 초기화)
XXX_Deinit		디바이스 매니저에 의해 드라이버가 언로드될 때 호출됨. (드라이버 종료)
XXX_Open	CreateFile()	디바이스 사용 시작(디바이스 파일 열기)
XXX_Close	CloseHandle()	디바이스 사용 종료(디바이스 파일 닫기)
XXX_Read	ReadFile()	디바이스로부터 데이터 읽기(파일 읽기)
XXX_Write	WriteFile()	디바이스로 데이터 전송(파일 쓰기)
XXX_Seek	SetFilePointer()	전송중인 위치 변환(포인트 위치 변환)
XXX_PowerUp		전원 공급
XXX_PowerDown		전원 공급 차단
XXX_IOControl	DeviceloControl()	읽기/쓰기 이외의 IO 설정 및 제어

▶ 디바이스 드라이버의 함수들에 대해 살펴보면 다음과 같다.

① XXX_Init 함수

디바이스 매니저는 디바이스 드라이버를 시스템 메모리에 로딩하고 기본 표준 입출력을 위한 함수 포인터를 찾고, 표준 입출력을 위한 함수들의 매핑이 만족되면, ActivateDeviceEx() 함수를 호출한 후 장치를 초기화하고, 디바이스 드라이버를 구동하도록 XXX_Init() 함수를 호출한다.

```
Prototype
DWORD    XXX_Init(
             LPCTSTR pContext,
             LPCVOID lpvBusContext
);
```

첫 번째 pContext 인자는 문자열 포인터 변수로, 활성화된 레지스트리 경로의 키 정보를 갖는다. 활성화된 디바이스 드라이버에 대한 정보는 레지스트리 경로 "HKEY_LOCAL_MACHINE\Drivers\Active"에 있으며, 두 번째 lpvBusContext 인자는 ActivateDeviceEx() 함수의 네 번째 인자를 전달하기 위한 인자로서, ActivateDeviceEx() 함수는 다양한 변수들을 Active 키 아래에 추가로 등록하도록 지원하는 함수이다. 장치의 초기화가 성공적으로 이루어지면 이 디바이스 드라이버를 사용할 수 있도록 핸들값을 반환한다.

디바이스 드라이버는 XXX_Init() 함수가 호출되었을 때 자신이 액세스하는 하드웨어가 정상적으로 작동하는지 검사를 하여야 하며, 장치를 초기화하고 디바이스 드라이버의 내부 상태를 초기화한 후 0이 아닌 값을 반환해야 한다. 만약에 디바이스 드라이버 관리자가 XXX_Init() 함수 호출에서 0이 반환되는 것을 발견하면 해당 디바이스 드라이버를 언로드하고, 레지스트리에서 해당 디바이스 드라이버의 Active 키를 제거한다.

```
Prototype
HANDLE ActivateDeviceEx(
             LPCWSTR lpszDevKey,
             LPCVOID lpRegEnts,
             DWORD cRegEnts,
             LPVOID lpvParam
);
```

ActivateDeviceEx() 함수는 Active 키 아래에 추가로 다양한 변수들을 등록하도록 지원하는 함수이다.

② XXX_Deinit 함수

디바이스 매니저가 디바이스 드라이버를 중지시킬 때 ActivateDevice(), ActivateDeviceEx() 함수를 사용해 등록한 드라이버의 레지스트리의 정보를 지우는 함수인 DeactivateDevice() 함수를 호출하고, 디바이스 드라이버를 등록해제하도록 XXX_Deinit() 함수를 호출한다. 응용프로그램은 이 함수를 호출할 수 없으며, 디바이스 매니저에 의해 호출된다.

```
Prototype
BOOL   XXX_Deinit(
       DWORD hDeviceContext
);
```

hDeviceContext 인자는 XXX_Init() 함수가 반환하는 값이 그대로 전달되며, 함수의 처리가 성공적으로 완료되었을 경우 TRUE 값을 반환한다. 디바이스 드라이버는 이 값을 통해 드라이버의 어떤 인스턴스가 언로드되는 것인지 알아낼 수 있다.

③ XXX_Open 함수

응용프로그램이 장치나 파일을 열기 위해 CreateFile() 함수를 호출하면, 디바이스 매니저에 의해 디바이스 드라이버가 시스템에 로드되고, 함수는 초기화되어 있는 디바이스 드라이버 모듈의 XXX_Open() 함수가 간접적으로 호출된다.

```
Prototype
DWORD   XXX_Open(
        DWORD hDeviceContext,
        DWORD AccessCode,
        DWORD ShareMode
);
```

hDeviceContext 인자는 초기화된 디바이스 드라이버의 핸들값으로, XXX_Init()가 반환했던 값이다. AccessCod 인자는 CreateFile() 함수에 의해 정의된 읽기/쓰기 속성(dwDesiredAccess)을 받고, ShareMode 인자는 CreateFile() 함수에 의해 정의된 공유속성(dwShareMode)을 나타낸다. XXX_Open() 함수가 반환하는 값은 XXX_Read(), XXX_Write(), XXX_Seek(), XXX_IOControl() 등의 함수의 첫 번째 파라미터(OpenContext)로 전달되어 함수들을 간접적으로 호출할 수 있고, 0을 반환하면 장치의 열기가 실패하게 된다. 한 번에 하나의 응용프로그램만이 열 수 있는 드라이버라면, 보통 첫 번째 매개변수인 장치 컨텍스트 값을 다시 반환한다. XXX_Open() 함수에서 장치 컨텍스트 값을 반환하면, 모든 드라이버 함수가 장치 컨텍스트 자료구조에 직접 액세스할 수 있게 된다.

④ XXX_Close 함수

응용프로그램이 사용 중인 디바이스 드라이버를 종료하도록 CloseHandle() 함수를 호출하면, CloseHandle() 함수는 로드된 디바이스 드라이버의 XXX_Close() 함수와 매핑되어 있어 XXX_Close() 함수가 간접적으로 호출된다.

```
Prototype
BOOL  XXX_Close(
          DWORD hOpenContext
);
```

hOpenContext 인자는 XXX_Open() 함수가 반환했던 핸들값을 받는다.

⑤ XXX_Read 함수

응용프로그램에서 호출한 CreateFile() 함수가 성공적으로 수행되면, 반환된 핸들값을 ReadFile() 함수의 인자로 사용하여, 해당 장치로부터 데이터를 읽어올 수 있다.

```
Prototype
DWORD   XXX_Read(
            DWORD hOpenContext,
            LPVOID pBuffer,
            DWORD Count
);
```

hOpenContext 인자는 XXX_Open() 함수가 반환했던 핸들값을 받으며, 핸들값을 통해 어떤 응용프로그램이 이 함수를 호출하는지를 알 수 있다. pBuffer 인자는 장치로부터 전달될 데이터가 저장되어 있는 버퍼주소가, Count 인자는 응용프로그램이 장치로부터 읽고자 하는 데이터의 바이트 크기정보가 저장되어 있다. XXX_Read() 함수의 반환값은 장치로부터 바이트 단위의 데이터를 얼마만큼 돌려주는가를 의미하며, 읽은 데이터가 없으면 '0'을, 수행도중에 에러가 발생하면 '-1'을 반환한다.

⑥ XXX_Write 함수

응용프로그램에서 호출한 CreateFile() 함수가 성공적으로 수행되면, 반환된 핸들값을 WriteFile() 함수의 인자로 사용하여, 해당 장치에 데이터를 쓸 수 있다.

```
Prototype
DWORD   XXX_Write(
            DWORD hOpenContext,
            LPCVOID pBuffer,
            DWORD Count
);
```

hOpenContext 인자는 XXX_Open() 함수가 반환했던 핸들값을 받으며, 핸들값을 통해 어떤 응용프로그램이 이 함수를 호출하는지를 알 수 있다. pBuffer 인자는 장치로 전달할 데이터가 저장되어 있는 버퍼주소가, Count 인자는 응용프로그램이 장치로 전송하고자 하는 데이터의 바이트 크기정보가 저장되어 있다. XXX_Write() 함수의 반환값은 장치로부터 바이트 단위의 데이터를 얼마만큼 수용했는가를 의미하며, 기록한 데이터가 없으면 '0'을 수행도중에 에러가 발생하면 '-1'을 반환한다.

⑦ XXX_Seek 함수

응용프로그램은 읽기 또는 쓰기 작업을 하는 시작위치를 변경하도록 SetFilePointer() 함수를 호출하면, SetFilePointer() 함수는 로드된 디바이스 드라이버의 XXX_Seek() 함수와 매핑되어 있어 XXX_Seek() 함수가 간접적으로 호출된다.


```
Prototype
DWORD XXX_Seek(
            DWORD hOpenContext,
            long Amount,
            WORD Type
);
```

hOpenContext 인자는 XXX_Open() 함수가 반환했던 핸들값을 받으며, Amount 인자는 읽기 또는 쓰기 작업을 시작할 위치를 얼마만큼 이동시킬 것인지를 결정하는 오프셋값으로 마지막 인자(Type)에 의해 정한 위치로부터 상대적인 위치이다. Type 인자는 파일의 어느 위치를 기준으로 할 것인지를 결정한다.

〈표 8-14〉 Type 인자

값	설 명
FILE_BEGIN	파일의 시작 위치 또는 0을 시작으로 함.
FILE_CURRENT	현재의 위치를 시작으로 함.
FILE_END	마지막의 위치를 시작으로 함.

⑧ XXX_PowerUp 함수

시스템에 공급되는 전력량에 따라 5단계(D0, D1, D2, D3, D4)로 레벨이 정의되어 있다. D0 레벨은 전력공급이 가장 많은 상태이고, 오른쪽으로 갈수록 전력공급이 약한 상태이고, D4 레벨은 전원공급이 차단된 상태를 나타낸다.

시스템에 공급되는 전력량이 낮은 레벨에서 높은 레벨로 변하게 되면, XXX_PowerUp() 함수를 호출하여 디바이스 드라이버가 이를 인지하도록 한다.

```
Prototype
void   XXX_PowerUp(
        DWORD hDeviceContext
);
```

hDeviceContext 인자는 XXX_Init() 함수가 반환했던 값을 받는다.

⑨ XXX_PowerDown 함수

시스템에 공급되는 전력량이 높은 레벨에서 낮은 레벨로 변하게 되면, XXX_PowerDown() 함수를 호출하여 디바이스 드라이버가 이를 인지하도록 한다.

```
Prototype
void  XXX_PowerDown(
        DWORD hDeviceContext
);
```

hDeviceContext 인자는 XXX_Init() 함수가 반환했던 값을 받는다.

⑩ XXX_IOControl 함수

응용프로그램은 장치로 명령을 보내도록 DeviceIOControl() 함수를 호출하면, DeviceIOControl() 함수는 XXX_IOControl() 함수와 매핑되어 있어 XXX_IOControl() 함수가 간접적으로 호출된다.

```
Prototype
BOOL  XXX_IOControl(
        DWORD hOpenContext,
        DWORD dwCode,
        PBYTE pBufIn,
        DWORD dwLenIn,
        PBYTE pBufOut,
        DWORD dwLenOut,
        PDWORD pdwActualOut
);
```

hOpenContext 인자는 XXX_Open() 함수가 반환했던 핸들값을 받으며, dwCode 인자는 응용프로그램의 DeviceIOControl() 함수가 어떤 기능을 원하는지를 알리며, pBufIn 인자는 장치에 보낼 데이터가 저장되는 버퍼의 주소를 나타내며, dwLenIn 인자는 장치에 보낼 데이터의 크기를 나타낸다. pBufOut 인자는 장치로부터 받는 데이터가 저장되는 버퍼의 주소를 나타내며, dwLenOut 인자는 pBufOut 내에 포함될 수 있는 최대 데이터 크기를 나타내며, pdwActualOut 인자는 pBufOut에 기록된 데이터의 실제크기를 나타낸다. 이 매개변수들에 꼭 유효한 버퍼를 지정해야 하는 것은 아니며, 응용프로그램에서 DeviceIOControl() 함수를 호출할 때 버퍼 포인터 매개변수에 0을 지정해도 된다. 또한, 디바이스 드라이버는 실행에 성공했을 때 TRUE를 반환하고, 실패하면 FALSE를 반환해야 한다.

8.1.3 드라이버 로드 순서

개발자가 Windows CE 디바이스 드라이버를 제작하려면 디바이스 드라이버가 어떻게 작동하는지 이해하고 있는 것은 매우 중요하다. Windows CE 5.0 이전 버전인 Windows CE .NET에서는 디바이스 매니저(DEVICE.exe)가 시스템에 로드된 후 RegEnum.dll라는 레지스트리 조사기(Registry Enumerator)를 이용하여 레지스트리에서 [HKEY_LOCAL_MACHINE\Drivers\Builtin] 안에 드라이버들을 조사하여 해당 장치를 찾고 찾은 장치가 사용 가능하도록 그 장치의 디바이스 드라이버 코드의 Init() 함수를 호출하여 장치를 구동하고, 장치의 사용이 끝나면 디바이스 드라이버 코드의 Deinit() 함수를 호출하여 장치를 종료시킨다. 그러나 Windows CE 5.0 버전에서는 RegEnum.dll가 하는 역할을 BusEnum.dll이 대신한다.

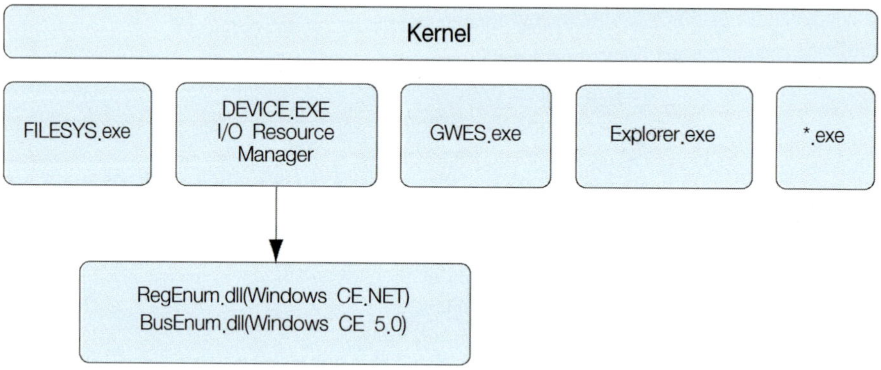

[그림 8-8]
디바이스 드라이버 로드 순서

☞ 먼저 X-Hyper270-TKU에서 실행되고 있는 Windows CE 운영체제의 레지스트리 정보를 보고자 플랫폼 빌더에서 제공하고 있는 "Remote Registry Editor" 도구를 이용하는 방법에 대해 알아보자. "Remote Registry Editor" 도구를 이용하려면 타깃보드와 호스트 컴퓨터가 USB 케이블로 연결된 상태에서 ActiveSync 프로그램이 실행 중이어야 한다.

① "Remote Registry Editor" 도구를 실행시키고자 플랫폼 빌더를 실행시킨 후, 메뉴에서 Tools ➔ Remote Registry Editor를 선택한다.

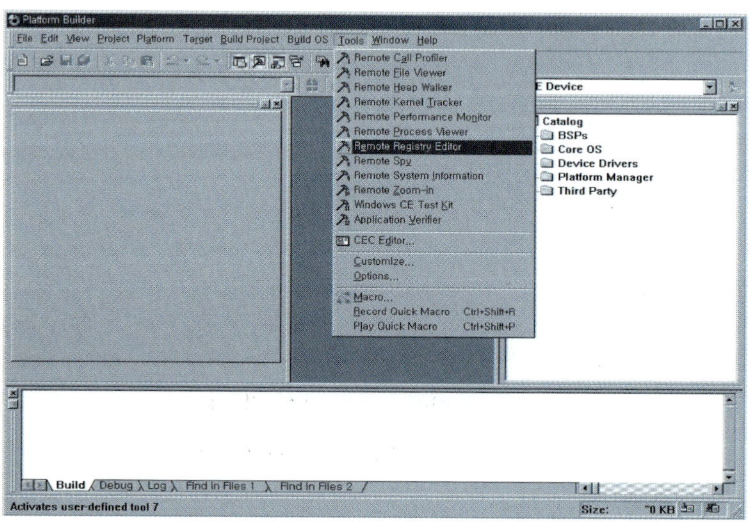

[그림 8-9]
플랫폼 빌더에서 Remote Registry Editor 실행

② Remote Registry Editor가 실행되면, 연결할 타깃보드를 설정하고자 메뉴에서 Connection ➔ Configure Windows CE Platform Manager...를 선택한다.

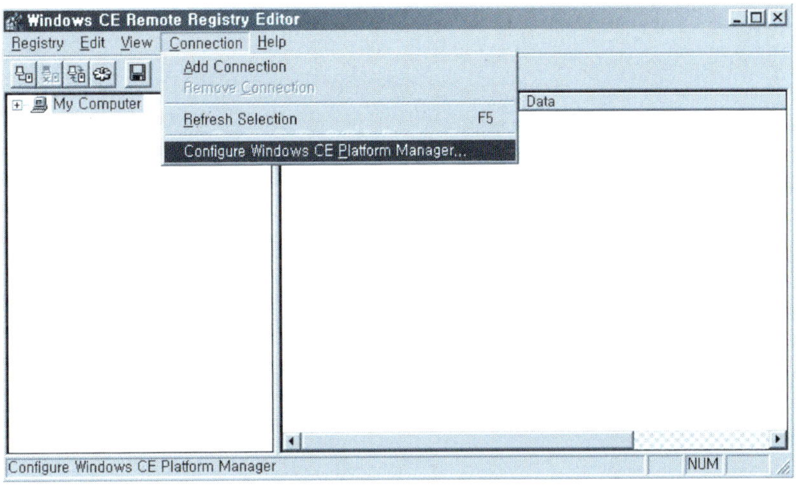

[그림 8-10] Configure Windows CE Platform Manager 선택

③ Configure Windows CE Platform Manager가 실행되면, "Add Device" 버튼을 눌러 연결할 타깃보드를 추가시켜 준다.

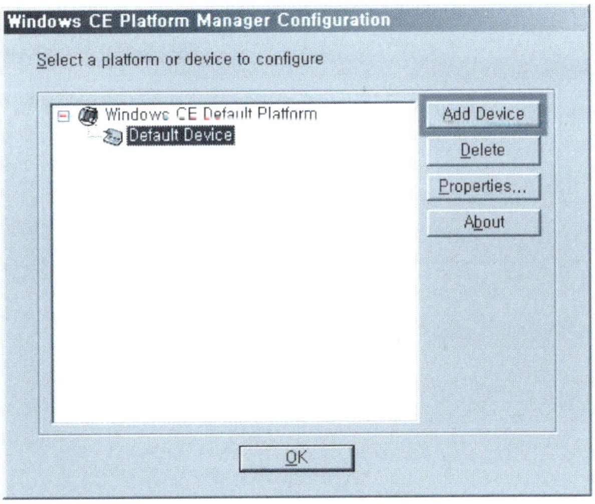

[그림 8-11] Add Device 버튼 클릭

제 8 장

④ 연결할 타깃보드 이름에 "XHyper270TKU"라고 입력한 후 "Properties..."를 누른다.

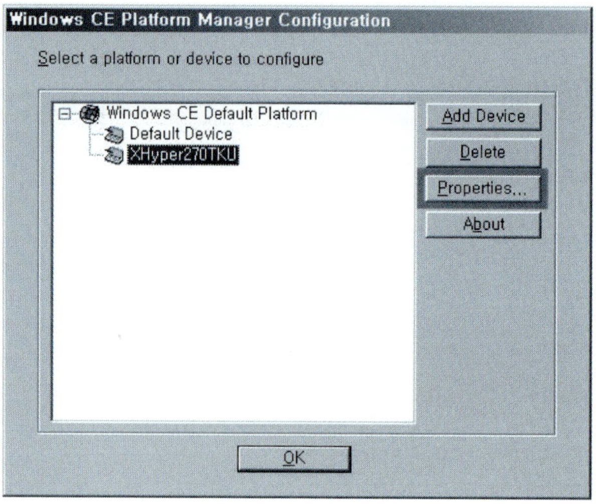

[그림 8-12]
Properties 버튼 클릭

⑤ "Properties..."를 누르면, 다음과 같이 Device Properties 창이 나타난다. "ActiveSync"를 이용하여 타깃보드에 연결하도록 Transport 항목과 Startup Server 항목에서 "ActiveSync"를 선택한 후 "OK" 버튼을 누른다.

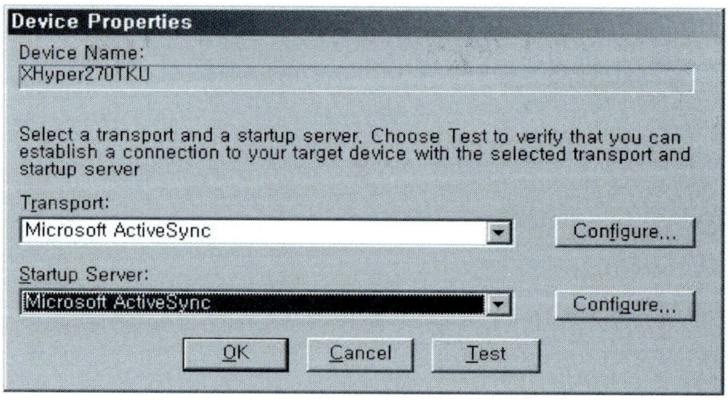

[그림 8-13]
Device Properties

⑥ 설정을 끝마쳤으면, 타깃보드에 연결하도록 메뉴에서 Connection ➔ Add Connection를 선택한다.

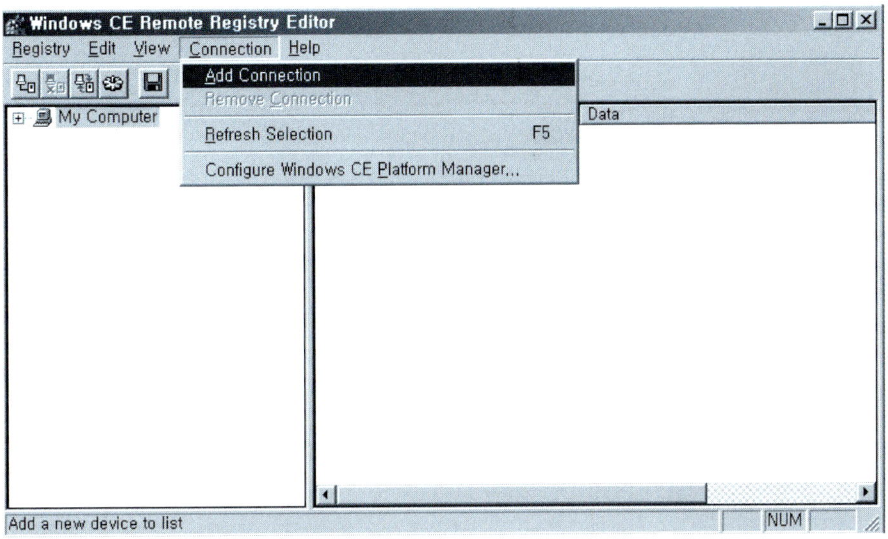

[그림 8-14]
Add Connection 선택

⑦ 새로 생성한 "XHyper270TKU"를 선택한 후 "OK" 버튼을 누른다.

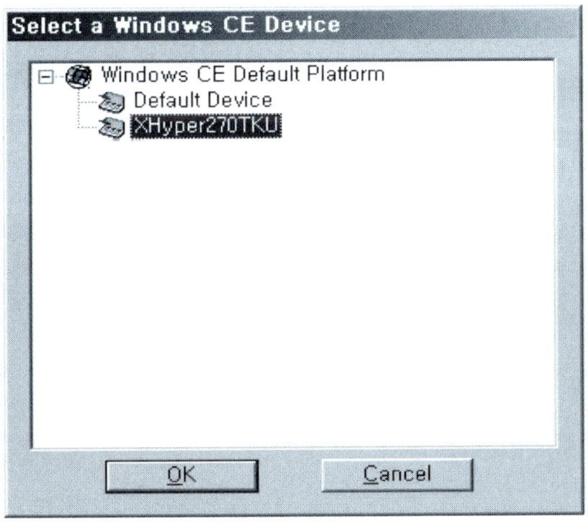

[그림 8-15]
연결한 타깃보드 선택

⑧ “OK” 버튼을 누르면 XHyper270TKU 타깃보드와 연결이 되면서, X-Hyper270-TKU에서 실행되고 있는 Windows CE 운영체제의 레지스트리 정보가 표시된다.

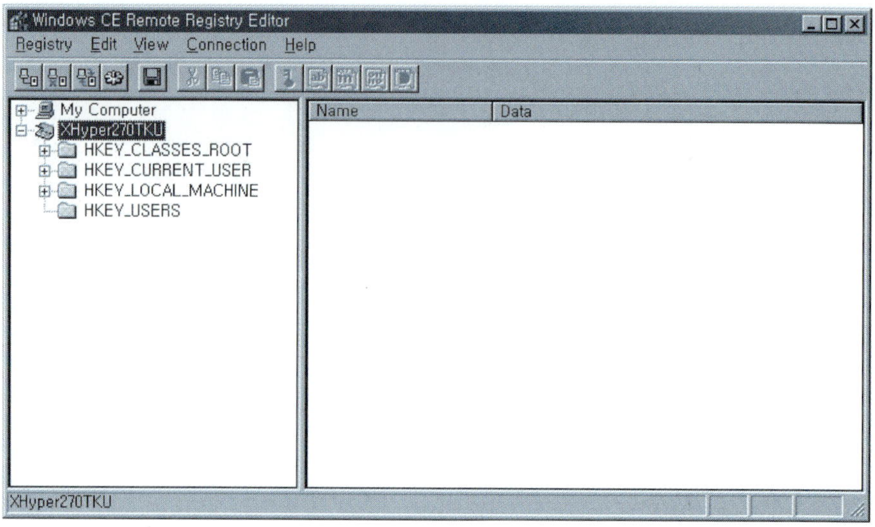

[그림 8-16] X-Hyper270-TKU에서 실행되고 있는 Windows CE 운영체제의 레지스트리 정보

디바이스 매니저(DEVICE.exe)는 [HKEY_LOCAL_MACHINE\Drivers] 키를 검색하여 RootKey 변수를 확인한다.

아래 그림과 같이 RootKey 변수의 값이 “Drivers\BuiltIn”으로 되어 있으므로, 디바이스 매니저(DEVICE.exe)는 [HKEY_LOCAL_MACHINE\Drivers\BuiltIn] 키의 값을 읽어 해당 모듈을 로드한다.

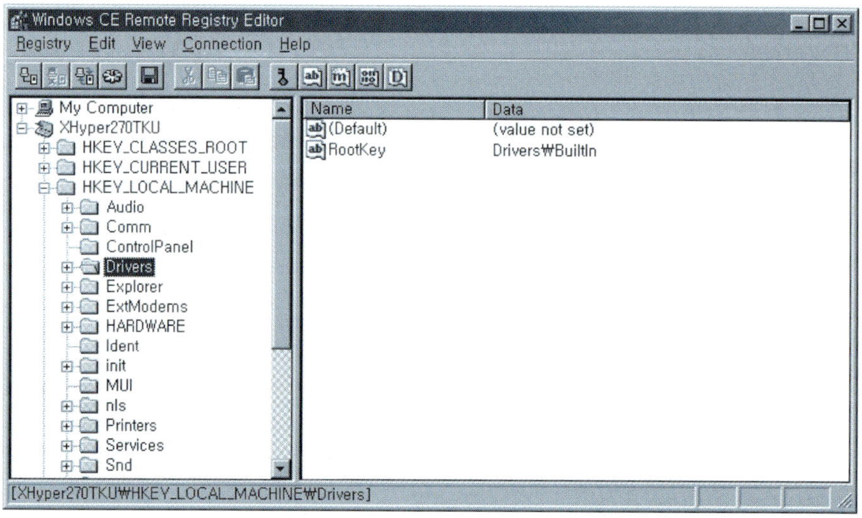

[그림 8-17] Remote Registry Editor를 이용하여 X-Hyper270-TKU에 접속한 화면

[HKEY_LOCAL_MACHINE\Drivers\BuiltIn] 키에는 DLL 변수가 있으며, DLL 변수값으로 "BusEnum.dll"를 갖는다. 디바이스 매니저(DEVICE.exe)는 부팅이 되면 가장 먼저 빌트인 장치를 위한 열거역할을 하는 "BusEnum.dll"를 가장 먼저 로드한다. 이렇게 로드된 "BusEnum.dll"의 Init() 함수는 [HKEY_LOCAL_MACHINE\Drivers\BuiltIn] 키의 하위 키들을 모두 검색하고, 검색된 하위 키들을 이용하여 ActivateDeviceEx() 함수를 호출한다.

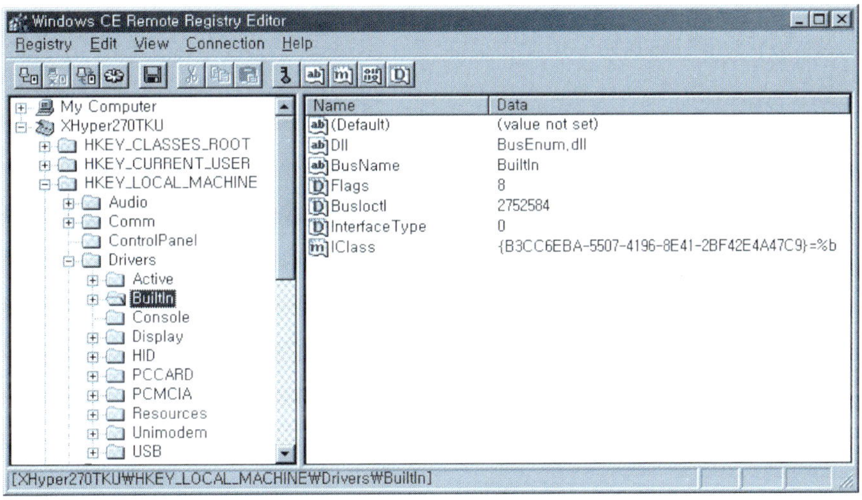

[그림 8-18] [HKEY_LOCAL_MACHINE\Drivers\BuiltIn]

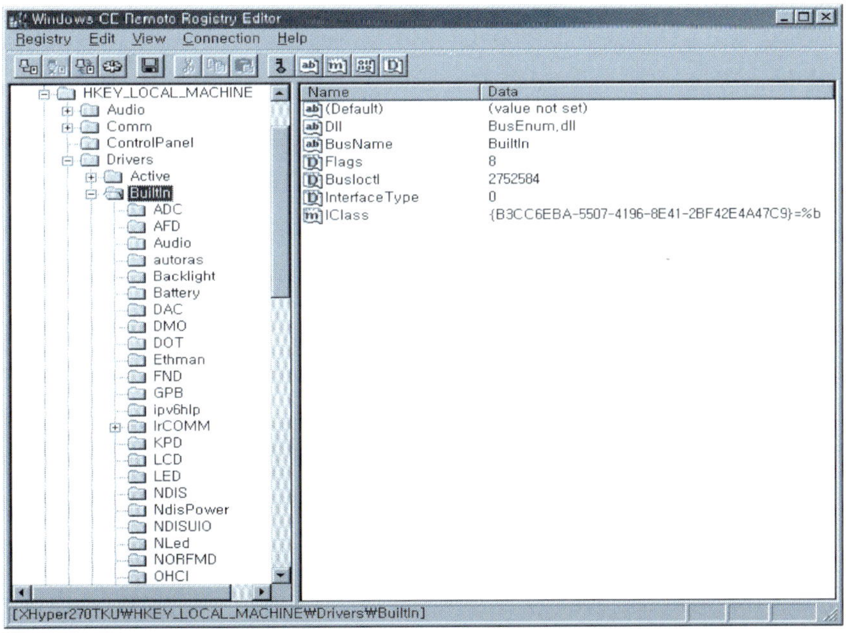

[그림 8-19] BusEnum.dll에 의해 로드될 디바이스 드라이버들

[HKEY_LOCAL_MACHINE\Drivers\BuiltIn] 키의 하위 디바이스 드라이버는 "BusEnum.dll"에 의해 한 번에 한 개씩 정해진 우선순위에 따라 로드가 된다. 우선순위는 0에서 255까지 존재하며, 숫자가 낮을수록 우선순위가 높은 것으로 먼저 로드되며, "Order"라는 변수의 값이 해당 디바이스 드라이버의 우선순위를 나타낸다. "Order" 변수뿐만 아니라 해당 디바이스 드라이버의 변수들을 살펴보면, "Prefix" 변수는 각각의 디바이스 드라이버들을 식별하기 위한 디바이스 드라이버의 이름을 나타내며, "Index" 변수는 각각의 장치들을 식별하려고 덧붙이는 번호이다.

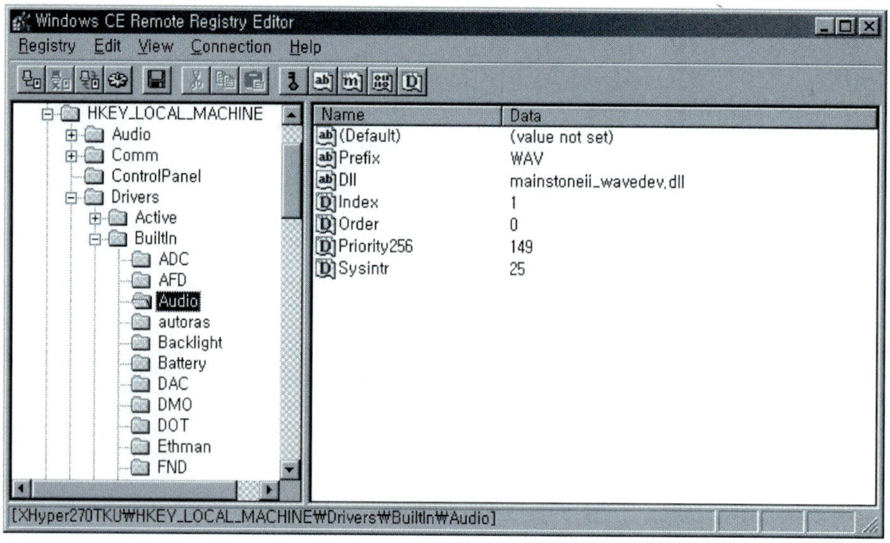

[그림 8-20] 해당 디바이스 드라이버의 우선순위를 나타내는 Order 변수

디바이스 매니저(DEVICE.exe)는 해당 디바이스 드라이버를 활성화(Active) 시킨 후, ActivateDeviceEx() 함수를 호출하여 해당 디바이스 드라이버의 DLL을 시스템에 등록한다. "BusEnum.dll"는 ActivateDeviceEx() 함수의 반환값을 장치를 연결하는 핸들값으로 받아들여 시스템 테이블에 등록하고, 활성화된 디바이스 드라이버에 대한 정보를 [HKEY_LOCAL_MACHINE\Drivers\Active]의 하단 항목에 추가한 후 RegisterDevice() 함수를 호출하여 디바이스 드라이버의 로드를 완료한다. RegisterDevice() 함수는 각 함수의 포인터들의 유무를 확인한 후 함수 포인터들을 매핑한다.

```
Prototype
HANDLE RegisterDevice(
        LPCWSTR lpszType,
        DWORD dwIndex,
        LPCWSTR lpszLib,
        DWORD dwInfo
);
```

RegisterDevice() 함수는 장치를 초기화하고 디바이스 드라이버를 구동하기 위해 로드한 디바이스 드라이버 내의 XXX_Init() 함수를 호출한다. 만약에 XXX_Init() 함수의 반환값이 0이면 디바이스 드라이버의 초기화 구동이 실패된 것으로 판단하여 로드한 디바이스 드라이버를 시스템에서 제거한다.

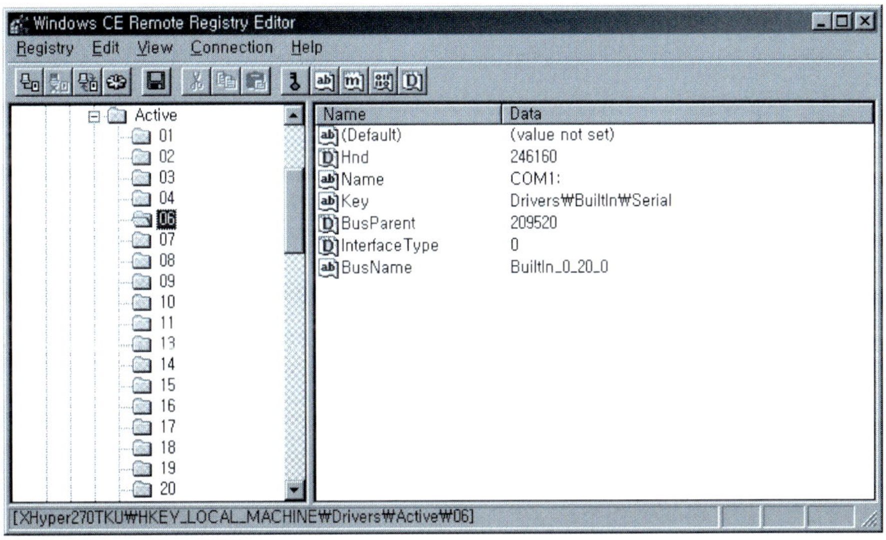

[그림 8-21] 로드된 디바이스 드라이버들

로드된 디바이스 드라이버의 변수들을 살펴보면, "Name" 변수는 로드된 디바이스 드라이버를 이름을 나타내며, "Key" 변수는 "Drivers\BuiltIn\Serial"에 해당 모듈에 대한 정보가 있다는 것을 나타낸다.

8.2 Sample Device Driver 제작

이번 실습은 샘플 디바이스 드라이버를 제작해 보는 실습으로 제작하는 디바이스 드라이버는 스트림 인터페이스 드라이버 구조의 Monolithic Driver이다.

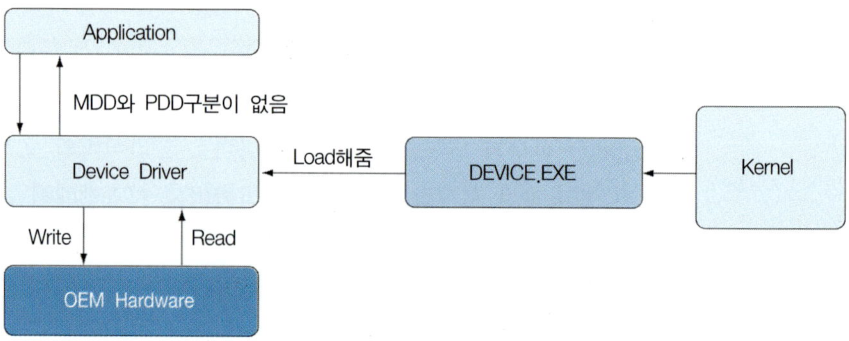

[그림 8-22] 스트림 인터페이스 드라이버 구조의 Monolithic Driver

스트림 인터페이스 드라이버 구조의 Monolithic Driver는 디바이스 드라이버가 디바이스 매니저(DEVICE.EXE)로부터 로드가 되고, MDD(Model Device Driver)와 PDD(Platform Dependent Driver)의 구분이 없이 주로 응용프로그램에서 접근한다.

8.2.1 Character LCD 드라이버 제작

X-Hyper270-TKU의 실습 디바이스 중에 Character LCD의 디바이스 드라이브를 제작하는 방법에 대해 알아보자.

디바이스 드라이브를 제작하려면 해당 실습 디바이스가 PXA270칩과 어떻게 연결되어 있는지 알고 있어야 한다. 먼저 X-Hyper270-TKU에서 제공하고 있는 기본적인 디바이스에 대한 물리적인 어드레스 디코드 회로를 살펴보자. PXA270 제작 회사인 인텔에서는 아래와 같은 기본적인 메모리맵을 제공해 주고 있다. 이러한 메모리맵을 기반으로 주변 장치들이 사용할 메모리 주소를 설계한다. 타깃보드는 Static Chip Select 4(64MB)의 영역인 0x1000_0000 ~ 0x13FF_FFFF 사이의 메모리 영역에 실습 디바이스를 할당하고 있다. 이 주소에 설치한 FPGA칩인

ALTERA Cyclone EP1C6Q240C8은 CS4를 통해 PXA270로부터 선택되며, 주변 디바이스는 래치 또는 버퍼를 통하여 FPGA의 외부 단자에 연결된다.

실습목적의 디바이스로 FND 8개, DOT Matrix(7×5), Key Matrix(4×4), Character LCD(16×2), 스텝모터, DC 모터, LED 등이 있다.

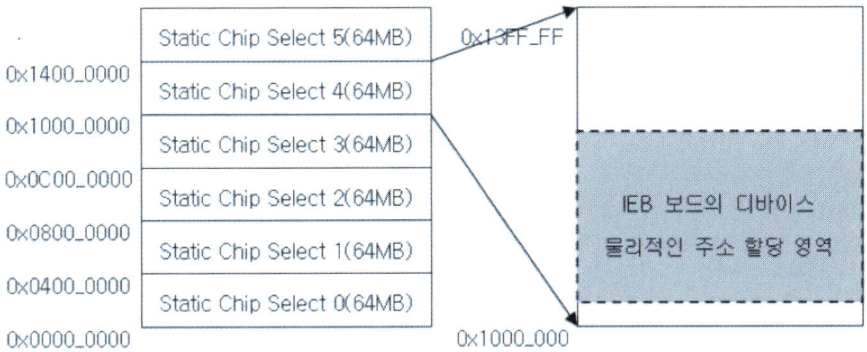

[그림 8-23] PXA270 메모리맵

아래 그림은 X-Hyper270-TKU에서 FPGA와 디바이스 연결에 대한 전체 회로도이다. PXA270와 디바이스는 중간에 있는 FPGA를 통하여 연결되며, FPGA칩에는 주소에 대한 디코딩 회로가 있다. FPGA에서 CS4로부터 하강 에지 트리거(falling edge trigger) 입력마다 동작하는 플립플롭이 있고, 주소 버스로부터 입력된 주소 값을 FPGA 주소 값과 비교한다. 그리고 특정 주소의 디바이스에 입력되는 클록 또는 활성화 신호에 의하여 D-플립플롭 또는 래치가 활성화되며, 데이터버스가 활성화되어 데이터가 디바이스로 전달된다. PXA270의 주소 버스 32비트 모두 FPGA칩에 연결된 것이 아니라 주소 버스의 25~0비트가 물리적으로 CPLD를 거쳐 물리적으로 연결되어 있다. 아래 그림에서 CPLD는 undershoot/overshoot을 줄이기 위해 사용되었고, 전원이 인가되면 EEPROM의 논리회로가 FPGA로 적재되어 실습 디바이스를 위한 어드레스 디코딩이 되도록 하였다.

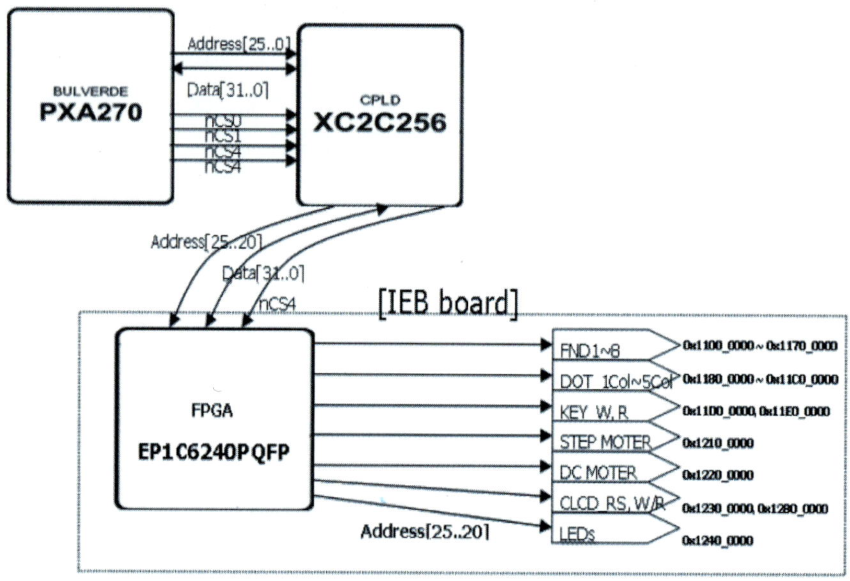

[그림 8-24] IEB Board Address Decoding

〈표 8-15〉 IEB 확장보드 메모리맵

이 름	어드레스	범위	설명
FND1	0x11000000	0x100000	7-segment 1
FND2	0x11100000	0x100000	7-segment 2
FND3	0x11200000	0x100000	7-segment 3
FND4	0x11300000	0x100000	7-segment 4
FND5	0x11400000	0x100000	7-segment 5
FND6	0x11500000	0x100000	7-segment 6
FND7	0x11600000	0x100000	7-segment 7
FND8	0x11700000	0x100000	7-segment 8
DOT_1 Col	0x11800000	0x100000	Dot collumn 1
DOT_2 Col	0x11900000	0x100000	Dot collumn 2
DOT_3 Col	0x11A00000	0x100000	Dot collumn 3
DOT_4 Col	0x11B00000	0x100000	Dot collumn 4
DOT_5 Col	0x11C00000	0x100000	Dot collumn 5
KEY_W	0x11D00000	0x100000	Key Write
KEY_R	0x11E00000	0x100000	Key Read
DAC	0x11F00000	0x100000	Digital to Analog Convertor
ADC	0x12000000	0x100000	Analog to Digital Convertor
STEP Motor	0x12100000	0x100000	Step Motor controller
DC Motor	0x12200000	0x100000	DC Motor controller
Character LCD	0x12300000	0x100000	Character LCD Control
LED	0x12400000	0x100000	LED

Windows CE 커널이 동작하는 상태에서 아래의 그림처럼 MMU가 활성화되어 동작하는 커널모드에서는 장치제어를 위해 물리주소로 바로 접근하려면 페이지 폴트가 발생하여 처리가 되지 않는다. 페이지 폴트란 프로그램이 자신의 주소 공간에는 존재하지만 시스템의 RAM에는 현재 없는 데이터나 코드에 접근을 시도하였을 경우 발생하는 현상으로 페이지 폴트가 발생하면 운영체제는 그 데이터를 메모리로 가져와서 마치 페이지 폴트가 전혀 발생하지 않은 것처럼 프로그램이 계속해서 작동하게 해준다. 따라서 사용영역의 응용프로그램에서 하드웨어 제어를 위해서는 물리주소를 가상주소로 매핑해야 한다.

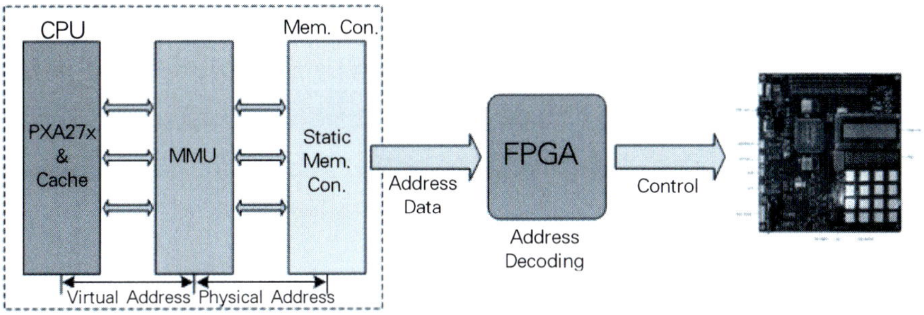

[그림 8-25] IEB Board 디바이스 가상메모리 맵핑과정

가상메모리 주소와 실제메모리 주소와의 매핑관계는 OEMAddressTable에 서술되어 있으며, 이 테이블을 참조하여 커널이 MMU를 초기화하게 된다.

OEMAddressTable은 "oemaddrtab_cfg.inc"파일에 들어있다. OEMAddressTable을 살펴보면 다음과 같다.

(8-1) oemaddrtab_cfg.inc 파일

```
; Export Definition

    EXPORT  g_oalAddressTable[DATA]

;------------------------------------------------------------------------------
; TABLE FORMAT
;       가상주소,     물리주소,     크기(MB)
;------------------------------------------------------------------------------
; Note: Items on mainboard not supported by BSP memory map as it puts total over 512MB:
;       nCS1 : 32MB of Secondary Flash
```

제 8 장

```
ALIGN
g_oalAddressTable

    DCD   0x80000000, 0xA0000000,  128        ; SDRAM (128MB).
    DCD   0x88000000, 0x5C000000,  1          ; Internal SRAM (64KB bank 0).
    DCD   0x88100000, 0x58000000,  1          ; Internal memory PM registers.
    DCD   0x88200000, 0x4C000000,  1          ; USB host controller.
    DCD   0x88300000, 0x48000000,  1          ; Memory controller.
    DCD   0x88400000, 0x44000000,  1          ; LCD controller.
    DCD   0x88500000, 0x40000000,  32         ; Memory-mapped registers (peripherals).
    DCD   0x8A500000, 0x3C000000,  16         ; PCMCIA S1 common memory space.
    DCD   0x8B500000, 0x38000000,  64         ; PCMCIA S1 attribute memory space.
    DCD   0x8F500000, 0x30000000,  1          ; PCMCIA S1 I/O space.
    DCD   0x8F600000, 0x2C000000,  16         ; PCMCIA S0 common memory space.
    DCD 0x90600000, 0x28000000,    64         ; PCMCIA S0 attribute memory space.
    DCD   0x94600000, 0x20000000,  1          ; PCMCIA S0 I/O space.
    DCD   0x9A500000, 0xE0000000,  1          ; Zero-bank (in reserved slot - no physical memory required).
    DCD   0x9A600000, 0x0A000000,  1          ; nCS2 (upper half): 2MB SRAM.
    DCD   0x9A700000, 0x08000000,  1          ; nCS2 (lower half): Board registers (FPGA).
    DCD   0x9A800000, 0x04000000,  32         ; nCS1: Secondary flash (32MB).
    DCD   0x9C800000, 0x00000000,  32         ; nCS0: Boot Flash (32MB).
    DCD   0x9E900000, 0x10000000,  1          ; CS89x0
    DCD   0x9EA00000, 0x14000000,  1          ; SMSC-CS1
    DCD   0x9EB00000, 0x14100000,  1          ; SMSC-CS2
    DCD   0x9EC00000, 0x10300000,  1          ; NAND CWE
    DCD   0x9ED00000, 0x10400000,  1          ; IDE-CS 0
    DCD   0x9EE00000, 0x10500000,  1          ; IDE-CS 1
    DCD   0x9EF00000, 0x10600000,  1          ; USB-CS
    DCD   0x9F000000, 0x10700000,  1          ; Device ON/OFF
    DCD   0x9F100000, 0x10800000,  1          ; EXTEND PORT 0
    DCD   0x9F200000, 0x10900000,  1          ; EXTEND PORT 1
    DCD   0x9F300000, 0x10A00000,  1          ; 16C554 CSA
    DCD   0x9F400000, 0x10B00000,  1          ; 16C554 CSB
    DCD   0x9F500000, 0x10C00000,  1          ; 16C554 CSC
    DCD   0x9F600000, 0x10D00000,  1          ; 16C554 CSD
    DCD   0x9F700000, 0x10E00000,  1          ; UART ON_OFF
    DCD   0x9F800000, 0x10F00000,  1          ; NAND CS
    DCD   0x95000000, 0x11000000,  1          ; XHYPER270TKU : FND1
    DCD   0x95100000, 0x11100000,  1          ; XHYPER270TKU : FND2
    DCD   0x95200000, 0x11200000,  1          ; XHYPER270TKU : FND3
    DCD   0x95300000, 0x11300000,  1          ; XHYPER270TKU : FND4
    DCD   0x95400000, 0x11400000,  1          ; XHYPER270TKU : FND5
    DCD   0x95500000, 0x11500000,  1          ; XHYPER270TKU : FND6
    DCD   0x95600000, 0x11600000,  1          ; XHYPER270TKU : FND7
    DCD   0x95700000, 0x11700000,  1          ; XHYPER270TKU : FND8
    DCD   0x95800000, 0x11800000,  1          ; XHYPER270TKU : Dot1
    DCD   0x95900000, 0x11900000,  1          ; XHYPER270TKU : Dot2
```

```
DCD  0x95A00000, 0x11A00000,  1      ; XHYPER270TKU : Dot3
DCD  0x95B00000, 0x11B00000,  1      ; XHYPER270TKU : Dot4
DCD  0x95C00000, 0x11C00000,  1      ; XHYPER270TKU : Dot5
DCD  0x96D00000, 0x11D00000,  1      ; XHYPER270TKU : KEY_W
DCD  0x96E00000, 0x11E00000,  1      ; XHYPER270TKU : KEY_R
DCD  0x97000000, 0x11F00000,  1      ; XHYPER270TKU : DAC
DCD  0x97100000, 0x12000000,  1      ; XHYPER270TKU : ADC
DCD  0x97200000, 0x12100000,  1      ; XHYPER270TKU : STEP Motor
DCD  0x97300000, 0x12200000,  1      ; XHYPER270TKU : DC Motor
DCD  0x97400000, 0x12300000,  1      ; XHYPER270TKU : FPGA_CLCD_WR_ADD
DCD  0x97500000, 0x12400000,  1      ; XHYPER270TKU : LED
DCD  0x00000000, 0x00000000,  0      ; end of table
;------------------------------------------------
END
```

Character LCD는 여러 형태로 구분된다. 일반적으로 최대 가로로 쓰이는 문자 수와 세로로 쓰이는 줄 수로 규격이 정해지나, 이외 그래픽 문자를 표시할 수 있는 기능과 LCD표시의 흑백과 칼라에 따라 여러 종류로 구분된다.

타깃보드에서 사용하는 HD44780 컨트롤러 모듈은 16문자 2줄로 표시되는 Character LCD를 사용하고 있으며, Character LCD의 하드웨어 규격은 다음과 같다.

- 4비트, 8비트, 32비트 마이크로프로세서와 인터페이스 가능
- 5 × 8 dot, 5 × 10 dot 디스플레이
- 80 × 8 비트의 디스플레이 데이터 램(DD RAM은 최대 80문자 가능)
- 240 문자 폰트를 위한 문자 발생기 ROM(CG ROM)
- 64 × 4 비트 문자 발생기(CG RAM)
- 5Volt 단일 전원 사용

Character LCD 모듈은 다음 그림과 같이 8비트 마이크로프로세서가 내장되어 있으며, 2개의 레지스터가 Character LCD 모듈에 사용되고 있다. Character LCD는 DR(Data Register)과 IR(Instruction Register)을 이용하여 LCD에 글자를 표시하고 있다. 그러나 타깃보드의 메인 CPU는 DR/IR 레지스터를 직접 액세스하지 못하고, Character LCD 모듈에서 인터페이스 나온 11개 비트(D0~D7, RS, R/W, E)를 이용하여 제어해야 한다.

Character LCD 제어를 위한 2개의 제어 비트(RS, R/W)와 데이터 비트(D0~D7)에 아래의 표에 나온 명령어로 세팅한 후 Enable 클록을 On/Off 함으로써 PXA270 CPU에서 Character LCD로 데이터를 전송할 수 있다.

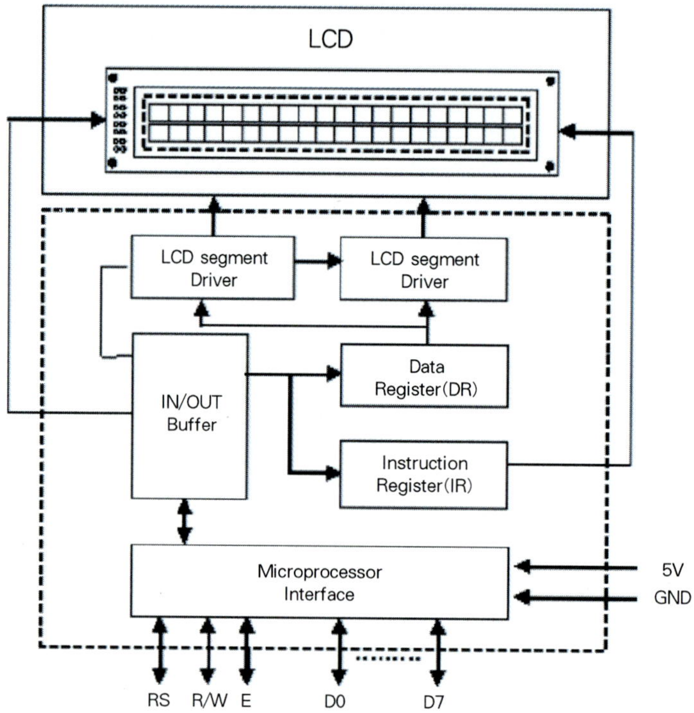

[그림 8-26] Character LCD 모듈의 구조

〈표 8-16〉 Character LCD 모듈의 제어 명령표

기 능	제어신호		제 어 명 령								실행시간
	RW	RS	D7	D6	D5	D4	D3	D2	D1	D0	
Clear Display	0	0	0	0	0	0	0	0	0	1	
Return Home	0	0	0	0	0	0	0	0	1	0	1.64ms
Entry Mode Set	0	0	0	0	0	0	0	1	I/D	S	1.64ms
Display On/Off control	0	0	0	0	0	0	1	D	C	S	40us
Cursor or Display Shift	0	0	0	0	0	1	S/C	R/L	0	0	40us
Function Set	0	0	0	0	1	D/L	N	F	0	0	40us
Set CG RAM Address	0	0	0	1CG RAM Address							40us
Set DD RAM Address	0	0	BF Address Counter								40us
Read Busy Flag and Address	1	0	BF Address Counter								0us
Data Write to CG RAM or DD RAM	0	1Write Address									40us
Data Read to CG RAM or DD RAM	1	1 Read Address									40us

▶ 앞의 표의 각 명령에 대한 세부 사항은 다음과 같다.

① Clear Display

전체화면을 지우고 주소 카운터를 DD RAM(Display Data RAM) 주소 0으로 하여 커서를 home으로 위치시킨다.

② Return Home

DD RAM의 내용은 변경하지 않고 커서를 home 위치로 이동한다.

③ Entry Mode Set

데이터를 read하거나 write할 경우에 커서의 위치를 증가(I/d=1)시킬 것인가 감소(I/D)시킬 것인가를 결정하며, 또한 화면을 시프트할 것인지(S=1) 아닌지(S=0)를 결정한다.

④ Display On/Off control

화면 표시를 On/Off하거나(D), 커서를 On/Off 하거나(C), 커서를 깜빡이게 할 것인가(B) 여부를 지정한다.

⑤ Cursor or Display Shift

화면(S/C=1) 또는 커서(S/C=0)를 오른쪽(R/L=1) 또는 왼쪽(R/L=0)으로 시프트한다.

⑥ Function Set

인터페이스에서 데이터의 길이를 8비트(DL=1) 또는 4비트(DL=0)로 지정하고, 화면표시 행수를 2행(N=1) 또는 1행(N=0)으로 지정하여, 문자 폰트를 5 × 10 dot(F=1) 또는 5 × 7 dot(F=0)으로 지정한다.

⑦ Set CG(Character Generator) RAM Address

CG RAM의 주소를 지정한다. 이후에 송수신하는 데이터는 CG RAM 데이터이다.

⑧ Set DD(Display Data) RAM Address

DD RAM의 주소를 지정한다. 이후에 송수신하는 데이터는 CG RAM 데이터이다.

⑨ Read Busy Flag and Address

LCD모듈이 내부 동작 중임을 나타내는 Busy Flag(BF) 및 주소 카운터 내용을 read한다.

앞에서는 각 명령에 대해 알아봤다. 그러나 모든 마이크로프로그램이 내장된 디바이스는 초기와 과정이 필요하다. 물론 Character LCD도 같다. Character LCD를 처음 사용할 때 초기화하는 방법은 다음과 같은 순서로 이루어진다.

① Function Set(이진수 : 0x001x_xx00)을 보낸다.
② Display On/Off Control(0x0000_01xx)을 보낸다.
③ Entry Mode Set(0x0000_01xx)을 보낸다.
④ DD RAM 주소를 보낸다.

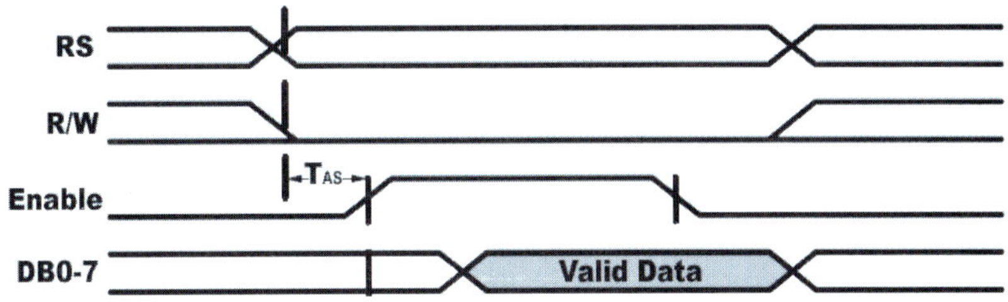

[그림 8-27]
Character LCD 제어신호의 write 타이밍 다이어그램

그리고 위의 그림에서 보면 RS(D8)의 값은 고려하지 않고, R/W(D9)의 값이 Low인 상태에서 E(D10)가 High에서 Low로 떨어질 때 데이터 값이 Character LCD로 전달된다.

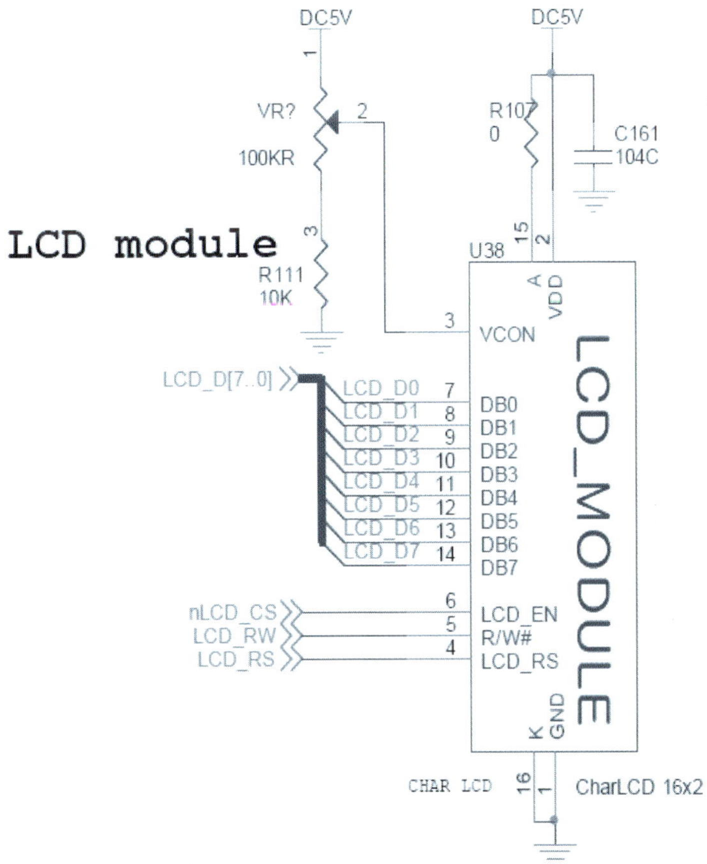

[그림 8-28]
Character LCD 회로 구성도

〈표 8-17〉 HD44780 핀 기능

핀번호	기호	레벨	기능
1	Vss	–	0V
2	VDD	–	+5V
3	VL	–	LCD밝기조절
4	RS	H/L	L : 명령 입력(내부 레지스터 선택) H : 데이터 입력
5	R/W	H/L	H : 리드(LCD모듈->CPU) L : 라이트(LCD모듈<-CPU)
6	DB0	H	enable 신호 LCD 동작신호
7	DB1	H/L	데이터버스
8	DB2	H/L	
9	DB3	H/L	
10	DB4	H/L	
11	DB5	H/L	
12	DB6	H/L	
13	DB7	H/L	
14	DB8	H/L	

위의 연결로직을 보면 Character LCD 제어를 위해 RS와 R/W에 해당하는 0x1230_0000, 0x1238_0000 번지로 2개의 물리 주소를 사용하고 있다. 아래의 표와 같이 Address Table을 구성해서 보면 최상위 6비트(A31~26)가 CS4에 해당하고, 나머지 26비트 중 최상위 6비트(A25~20)가 실질적인 어드레스 디코딩을 위해 사용되고 있다.

〈표 8-18〉 Character LCD Address Table

add	31	30	29	28	27	26	25	24	23	22	21	20	19	18	17	16	15	14	13	12	11	10	9	8	7	6	5	4	3	2	1	0
clcd_rs	0	0	0	1	0	0	1	0	0	0	1	1	0	0	0	0	0	0	0	0	0	0	0	0	0	0	0	0	0	0	0	0
clcd_rw	0	0	0	1	0	0	1	0	0	0	1	1	1	0	0	0	0	0	0	0	0	0	0	0	0	0	0	0	0	0	0	0
16진수	1				2				3				0				0				0				0				0			
16진수	1				2				3				8				0				0				0				0			

Character LCD의 물리주소 중 A25~20(0x1230_0000)까지만 주어지면 CS4에 의해 FPGA가 선택되고 동시에 FPGA 내부에 있는 어드레스 디코딩 논리 회로에 의해 LCD_CS에 상승에지가 발생, 해당 래치회로가 활성화되어 Character가 Enable되고 데이터 값이 Character LCD에 전달된다.

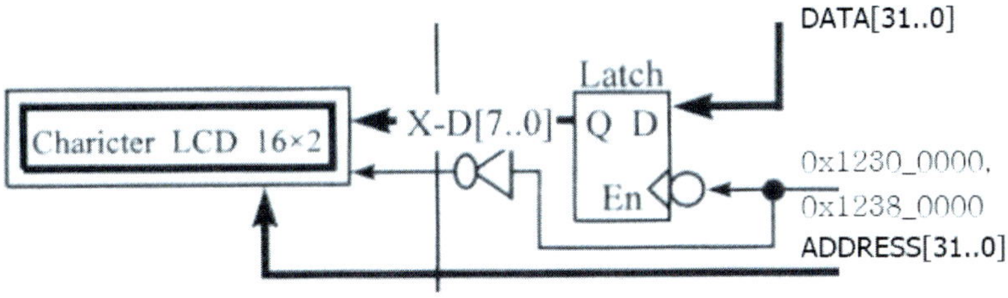

[그림 8-29]
Character LCD 연결 로직

☞ 다음은 X-Hyper270-TKU IEB 보드의 2 Lines Character LCD를 제어하는 디바이스 드라이버를 제작하는 방법에 대해 기술하였다.

① \WINCE500\PLATFORM\XHyper27xTKU_BSP\src\drivers\IEB\ 폴더에 작성할 디바이스 드라이버를 저장할 하위 폴더를 생성한다. 폴더이름은 "clcd"로 한다.

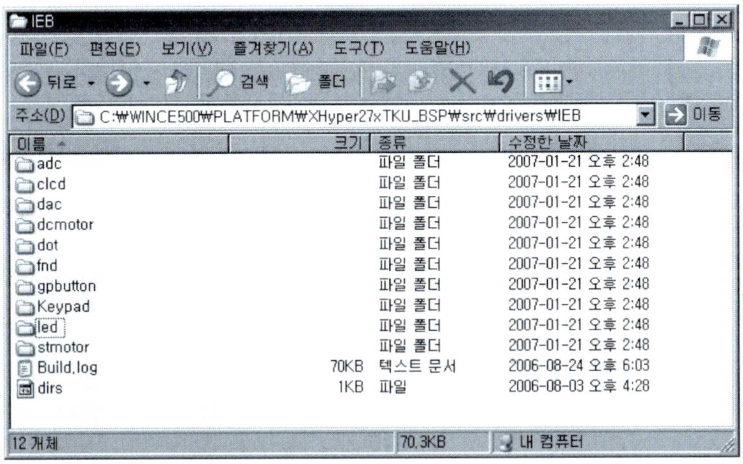

[그림 8-30]
clcd 폴더 생성

② 생성한 clcd 폴더에 clcd.cpp 파일과 clcd.h 파일을 생성한 후 다음과 같이 코드를 작성한다.

(8-2)
clcd.h 파일

```
#ifndef __CLCD_H__

#define __CLCD_H__
#define IOCTL_CLCD_FUNCTION_SET          (WM_USER + 101)

#endif // __CLCD_H__
```

윈도우즈 CE는 IOCTL 코드에 대해 사전처리를 거의 하지 않기 때문에 디바이스 드라이버 개발자는 이 코드로 임의의 값을 사용할 수 있다.

WM_USER는 한 윈도우 클래스를 위한 고유의 메시지를 정의하기 위한 상수값으로, 이 범위 이후부터 윈도우 클래스의 사용자 정의 메시지를 만들 수 있다. 이 값은 0x400으로 정의되어 있으며, 보통 "WM_USER + n" 형태로 사용자 정의 메시지를 정의한다. 이때 사용하는 n은 1보다 큰 정수이며, 사용자 정의 메시지 간의 구분을 위해 사용된다. 만약에 여러 개의 사용자 정의 메시지가 필요하다면, WM_USER + 1, WM_USER + 2, WM_USER + 3, ... 등의 형태로 계속 n을 증가시키며 사용자 정의 메시지를 정의할 수 있다.

(8-3)
정의 부분

```
// CACHED_TO_UNCACHED_OFFSET
#define CACHED_TO_UNCACHED_OFFSET   0x20000000

#define FPGA_CLCD_WR   (0x97400000)
#define FPGA_CLCD_RS   (0x97600000)

#define CLCD_CS_WR          (*(volatile unsigned char *)\
                            ( FPGA_CLCD_WR + CACHED_TO_UNCACHED_OFFSET ))
#define CLCD_CS_RS          (*(volatile unsigned char *)\
                            ( FPGA_CLCD_RS + CACHED_TO_UNCACHED_OFFSET ))

#define CLCD_CMD_ADDR (*((volatile unsigned char *)\
                            (FPGA_CLCD_WR + CACHED_TO_UNCACHED_OFFSET )))
#define CLCD_DATA_ADDR(*((volatile unsigned char *)\
                            (FPGA_CLCD_WR + CACHED_TO_UNCACHED_OFFSET )+ 0x80000))
```

위의 소스코드는 clcd.cpp 파일에서 정의 부분으로 물리주소와 매핑된 가상주소를 편리하게 이용하고, 쉽게 알아보도록 정의하였다.

(8-4)
LCD_DllEntry

```
BOOL WINAPI LCD_DllEntry(HANDLE hinstDLL, DWORD dwReason, LPVOID /* lpvReserved */)
{
        switch(dwReason)
        {
            case DLL_PROCESS_ATTACH:
                g_hInstance = hinstDLL;
                DEBUGMSG(1,(TEXT("LCD: DLL_PROCESS_ATTACH\r\n")));
                return TRUE;

            case DLL_PROCESS_DETACH:
                DEBUGMSG(1,(TEXT("LCD: DLL_PROCESS_DETACH\r\n")));
                break;
        }
        return TRUE;
}
```

LCD_DllEntry 함수는 DLL이 로드/언로드될 때, 해당 프로세서에서 새로운 스레드가 생성되거나 파괴될 때 호출되며, 첫 번째 hinstDLL 인자는 DLL 모듈 핸들이며, 두 번째 dwReason 인자는 어떤 이유로 DllEntry 함수가 호출되었는지 알려준다. DLL_PROCESS_ATTACH 는 프로세서가 시작되거나 LoadLibrary가 호출되면서 현재 프로세서의 가상 주소영역에 DLL이 로드되는 것을 나타내며, DLL_PROCESS_DETACH는 프로세서가 종료되었거나 FreeLibrary가 호출되면서 호출 중인 프로세서의 가상 주소 영역으로부터 DLL이 언로드되는 것을 나타낸다. DllEntry 함수는 되도록 간단하게 작성해 주는 것이 좋으며, 간단한 초기화 작업 이외에 다른 작업을 하도록 작성하게 되면, Windows CE 로더에서 문제가 발생할 소지가 있다.

(8-5)
LCD_Init

```
DWORD LCD_Init(DWORD dwContext)
{
        DWORD dwRet = 0;
        DEBUGMSG(1,(TEXT("LCD: LCD_Init\r\n")));

        // Set return value to non-zero.
        dwRet = 1;
        return dwRet;
}
```

LCD_Init 함수는 Character LCD 디바이스 드라이버가 로드될 때 호출되는 드라이버 초기화 함수로서, 반환값이 1이면 디바이스 드라이버가 제대로 로드된 것이다.

(8-6)
LCD_Deinit

```
BOOL LCD_Deinit(DWORD hDeviceContext)
{
        BOOL bRet = TRUE;
        DEBUGMSG(1,(TEXT("LCD: LCD_Deinit\r\n")));
        return bRet;
}
```

LCD_Deinit 함수는 Character LCD 디바이스 드라이버가 언로드될 때 호출되는 함수로서, 반환값이 "TRUE"이면 디바이스 드라이버가 제대로 언로드된 것이다.

(8-7)
LCD_Open

```
DWORD LCD_Open(DWORD hDeviceContext, DWORD AccessCode, DWORD ShareMode)
{
        DWORD dwRet = 0;
        DEBUGMSG(1,(TEXT("LCD: LCD_Open\r\n")));

        dwRet = 1; // Have to make non-zero for this call to succeed.
        return dwRet;
}
```

LCD_Open 함수는 응용프로그램 또는 다른 드라이버가 Character LCD 디바이스 드라이버를 열고자 CreateFile() 함수를 호출했을 때 호출되는 함수로서, 반환값이 1이면 Character LCD 디바이스 드라이버가 제대로 열기가 된 것이다.

(8-8)
LCD_Close

```
BOOL LCD_Close(DWORD hOpenContext)
{
        BOOL bRet = TRUE;
        DEBUGMSG(1,(TEXT("LCD: LCD_Close\r\n")));
        return bRet;
}
```

LCD_Close 함수는 이전에 Character LCD 디바이스 드라이버를 열었던 응용프로그램 또는 다른 드라이버가 Character LCD 디바이스 드라이버를 닫고자 CloseHandle() 함수를 호출했을 때 호출되는 함수로서, 반환값이 "TRUE"이면 디바이스 드라이버가 제대로 닫기가 된 것이다.

(8-9)
LCD_Read

```
DWORD LCD_Read(DWORD hOpenContext, LPVOID pBuffer, DWORD Count)
{
        DWORD dwRet = 0;
        // Return number of bytes read.
        return dwRet;
}
```

LCD_Read 함수는 Character LCD에서 데이터를 읽어오고자 응용프로그램 또는 다른 드라이버가 ReadFile() 함수를 호출했을 때 호출되는 함수이다.

(8-10)
LCD_Write

```
DWORD LCD_Write(DWORD hOpenContext, LPCVOID pSourceBytes, DWORD NumberOfBytes)
{
        DWORD dwRet = 0;
        char Value[33] = {0};

        DEBUGMSG(1,(TEXT("LCD: LCD_Write\r\n")));

        // 응용프로그램에서 값을 얻어옴.
        memcpy (&Value, pSourceBytes, NumberOfBytes > 32 ? 32 : NumberOfBytes);
        string_out(Value);

        // Return number of bytes written.
        return dwRet;
}
//////////////////////////////////////////////////////////////////////////////////////////////////////
static void string_out(char *str)  // 응용프로그램에서 문자열을 받은 것을 Char LCD에 표시함.
{
    char *s;
    int i=0;
    DEBUGMSG(1,(L"clcd.o: %s\n", str));
    lcd_init();

    for (s=str; *s ; s++)
    {
        CLCD_DATA_ADDR = *s;

        if(i == 15)
        {
            Sleep(30);
            CLCD_CMD_ADDR = 0xC0;  // Init to DDRAM address 40
        }
        Sleep(30);
        i++;
    }
}
```

제 8 장

```
////////////////////////////////////////////////////////////////////////////////
static void lcd_init(void) // Char LCD를 초기화시켜 준다.
{
        CLCD_CMD_ADDR = 0x38; // 8비트 2줄
        Sleep(100);
        CLCD_CMD_ADDR = 0x38;
        Sleep(100);
        CLCD_CMD_ADDR = 0x38;
        Sleep(100);
        CLCD_CMD_ADDR = 0x0e; // 디스플레이 ON, 커서 ON
        Sleep(100);
        CLCD_CMD_ADDR = 0x02; // 커서 홈
        Sleep(100);
        CLCD_CMD_ADDR = 0x01; // 표시 클리어
        Sleep(100);
}
```

LCD_Write 함수는 Character LCD에 데이터를 쓰고자 응용프로그램 또는 다른 드라이버가 WriteFile() 함수를 호출했을 때 호출되는 함수로서, memcpy 함수를 이용하여 응용프로그램으로부터 Character LCD에 표시할 데이터를 받고, string_out 함수를 이용하여 Character LCD에 데이터를 표시한다. 또한, Character LCD를 사용하려면 초기화 작업이 필요한데, lcd_init 함수가 Character LCD를 초기화해주는 함수이다.

memcpy() 함수는 버퍼 간의 문자열을 복사하기 위한 함수로서, 함수에 대해 살펴보면 다음과 같다.

```
Prototype
void *memcpy(
      void* dest,
      const void* src,
      size_t count
);
```

첫 번째 dest 인자는 복사대상의 메모리 위치를 지정하며, 두 번째 src 인자는 복사소스의 메모리 위치를 지정하고, 세 번째 count 인자는 복사소스의 바이트 단위 크기를 지정한다.

(8-11)
LCD_Seek

```
DWORD LCD_Seek(DWORD hOpenContext, long Amount, DWORD Type)
{
        DWORD dwRet = 0;
        DEBUGMSG(1,(TEXT("LCD: LCD_Seek\r\n")));
        return dwRet;
}
```

LCD_Seek 함수는 응용프로그램 또는 다른 드라이버가 Character LCD 장치의 데이터 포인터를 변경시키고자 SetFilePointer() 함수를 호출했을 때 호출되는 함수이다.

(8-12)
LCD_IOControl

```
BOOL LCD_IOControl(DWORD hOpenContext, DWORD dwCode, PBYTE pBufIn,
                    DWORD dwLenIn, PBYTE pBufOut, DWORD dwLenOut,
                    PDWORD pdwActualOut)
{
    BOOL bStatus = TRUE;
    DEBUGMSG(1,(TEXT("LCD: LCD_IOControl\r\n")));

    switch(dwCode)
    {
        case IOCTL_CLCD_FUNCTION_SET:
        {
            string_out("http://hybus.netEducation Board");
            break;
        }

        default:
            bStatus = FALSE;
            break;
    }
    return bStatus;
}
```

LCD_IOControl 함수는 응용프로그램 또는 다른 드라이버가 DeviceIOControl() 함수를 호출할 때 호출되는 함수로서, 대부분의 디바이스 드라이버들은 장치와 통신하는 방법으로 IOControl 함수를 이용한다.

(8-13)
LCD_PowerUp

```
void LCD_PowerUp(DWORD hDeviceContext)
{
    DEBUGMSG(1,(TEXT("LCD: LCD_PowerUp\r\n")));
}
```

LCD_PowerUp 함수는 시스템 작동이 재개될 때 호출되는 함수로서, 전원 관리자가 없는 예전 방식의 디바이스 드라이버라면, 이 함수가 호출되는 것으로 언제 하드웨어에 전원을 공급하고, 이전의 상태로 되돌려 놓아야 하는지 알 수 있다.

(8-14)
LCD_PowerDown

```
void LCD_PowerDown(DWORD hDeviceContext)
{
    DEBUGMSG(1,(TEXT("LCD: LCD_PowerDown\r\n")));
}
```

LCD_PowerDown 함수는 시스템이 중지되기 직전에 호출되는 함수로서, 전원 관리자 인터페이스가 없는 예전 방식의 디바이스 드라이버라면 자신이 제어하는 하드웨어의 전원을 내리고 추후에 복구할 수 있도록 이전의 하드웨어 상태에 대한 정보를 보존해야 한다.

다음과 같이 작성된 스트림 인터페이스 드라이버는 DLL 확장자를 가지는 "clcd.dll"파일로 생성되며, DLL 파일은 응용프로그램에서 호출하는 라이브러리와 같이 작동된다. 응용프로그램에서 장치에 접근하고자 CreateFile() 함수를 호출하면, CreateFile() 함수와 매핑이 되어있는 디바이스 드라이버의 LCD_Open() 함수가 호출된다. 디바이스 매니저는 디바이스 드라이버를 로드할 때, 함수를 시스템에 매핑하기 위해 함수 포인터를 찾는데, 기본함수 중에 일부만 존재하더라도 올바른 디바이스 드라이버로 인식하고, 시스템에 등록한다. 만약에 어떤 함수가 정의되어 있지 않는다면, 그 함수 포인터는 NULL 값을 갖는다. 예를 들어, 작성된 디바이스 드라이버에 LCD_Close() 함수가 정의되어 있지 않는다면, 디바이스 매니저는 LCD_Close() 함수 포인터를 찾을 수 없게 되고, 이 함수 포인터를 매핑할 수 없게 되어 CloseHandle() 함수 포인터를 NULL로 설정한다. 함수 포인터가 NULL이므로 응용프로그램에서 CloseHandle() 함수를 호출하여도 실행이 되지 않는다.

③ clcd.cpp 드라이버 소스가 있는 폴더 안에 "clcd.def"라는 파일을 생성한다. XXX_Init, XXX_Open 등의 함수를 DLL 외부에서 쉽게 찾을 수 있도록 DEF (Module-Definition File) 파일을 사용하여 각 함수들을 DLL 익스포트시킨다. 즉 외부에 공개되는 함수를 드라이버명.def 파일에 명시한다.

(8-15)
clcd.def 파일

```
LIBRARY   LCD

EXPORTS   LCD_Init
          LCD_Deinit
          LCD_Open
          LCD_Close
          LCD_Read
          LCD_Write
          LCD_Seek
          LCD_IOControl
          LCD_PowerDown
          LCD_PowerUp
          LCD_DllEntry
```

LIBRARY 항목은 DLL을 생성하기 위한 LINK를 말하며, EXPORTS 항목은 외부에서 쉽게 찾을 수 있도록 외부에 알릴 함수를 설정하는 항목이다.

④ clcd.cpp 드라이버 소스가 있는 폴더 안에 "source" 파일을 생성한다. "sources" 파일에 컴파일을 수행하기 위한 필요한 라이브러리와 소스파일들을 명시한다.

(8-16)
source 파일

```
TARGETNAME=clcd
TARGETTYPE=DYNLINK
RELEASETYPE=PLATFORM

TARGETDEFNAME=clcd
DEFFILE=clcd.def
WINCETARGETFILE0=clcd.def

INCLUDES= \
          ..\..\..\inc; \
          ..\..\..\..\..\common\src\inc; \
          ..\..\..\xllp\inc; \

TARGETLIBS= \
           $(_COMMONSDKROOT)\lib\$(_CPUINDPATH)\coredll.lib

PREPROCESSDEFFILE=1

DLLENTRY=LCD_DllEntry

SOURCES=clcd.cpp
```

"TARGETNAME=clcd" 항목은 "clcd"라는 파일을 생성하라는 의미이고, "TARGETTYPE=DYNLINK" 항목은 DLL(Dynamic Link Library)의 생성을 의미한다. 두 항목을 붙여서 해석해보면, 만들어질 파일은 "clcd.dll"이라는 것을 의미한다. "RELEASETYPE=PLATFORM" 항목은 "clcd.dll" 파일을 생성할 위치를 지정해주는 항목으로 PLATFORM가 의미하는 위치는 _RELEASEDIR=$(_TARGETPLATROOT)\target\$(_CPUDIR)이다. 이 위치는 결국 \WINCE500\PLATFORM\XHyper27xTKU_BSP\target\ARMV4I\retail가 된다.

"DEFFILE"항목은 함수 정의 파일을 지정해주는 항목이고, "WINCETARGETFILE0" 항목은 현재 디렉터리에서 BUILD.exe가 소스코드를 빌드하기 전에 빌드해야 하는 Nonstandard Target 파일을 지정해 주는 항목이다.

"TARGETLIBS" 항목은 함수 포인터의 정보를 어떤 라이브러리와 매핑을 시킬지 지정해 주는 항목이고, "DLLENTRY" 항목은 DLL라는 확장자를 가진 파일의 시작점을 지정해 주는 항목이고, "SOURCES" 항목은 디바이스 드라이버 모듈을 생성하는데 필요한 소스코드 파일들을 지정하는 항목이다.

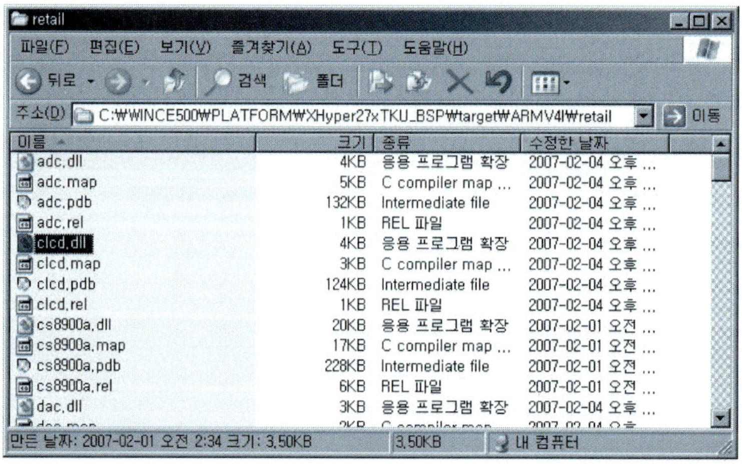

[그림 8-31] 생성될 clcd.dll 파일의 위치

⑤ clcd.cpp 드라이버 소스가 있는 폴더 안에 "makefile" 파일을 생성한다. "makefile" 파일은 "BUILD.exe"를 사용하여 모듈소스를 빌드할 때 필요로 한 빌드정보를 가진 파일로서, 소스파일들을 컴파일하고 빌드하기 위한 정해진 규칙을 명시해 놓은 파일이다.

(8-17)
makefile 파일

```
#
# DO NOT EDIT THIS FILE!!! Edit .\sources. if you want to add a new source
# file to this component. This file merely indirects to the real make file
# that is shared by all the components of Windows CE.
#
!INCLUDE $(_MAKEENVROOT)\makefile.def
```

BUILD.exe가 모듈소스를 빌드할 때 실제로 사용하게 될 makefile인 makefile.def 파일을 적어준다. "$(_MAKEENVROOT)"라는 환경변수는 "\WINCE500\PUBLIC\ COMMON\OAK\MISC" 폴더를 의미한다.

⑥ 위의 과정들을 통해 다음과 같이 5개의 파일이 준비되었다.

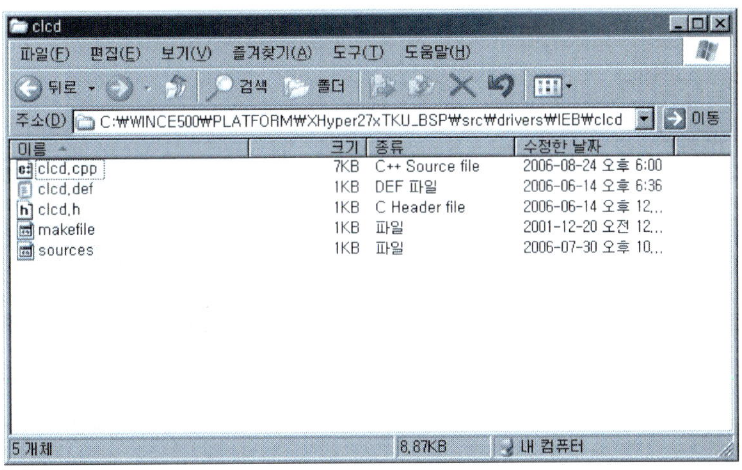

[그림 8-32]
생성된 파일들 확인

제 8 장

⑦ 명령 프롬프트 창을 이용하여 작성된 디바이스 드라이버 소스코드를 빌드한다. 플랫폼 빌더의 명령 프롬프트 창을 이용하려면 플랫폼이 생성되어 있어야 하기 때문에 먼저 본 교재 7장에서 생성한 X-Hyper270-TKU용 Mobile Handheld 플랫폼을 불러온다. 메뉴에서 File ➔ Open Workspace...를 선택한다.

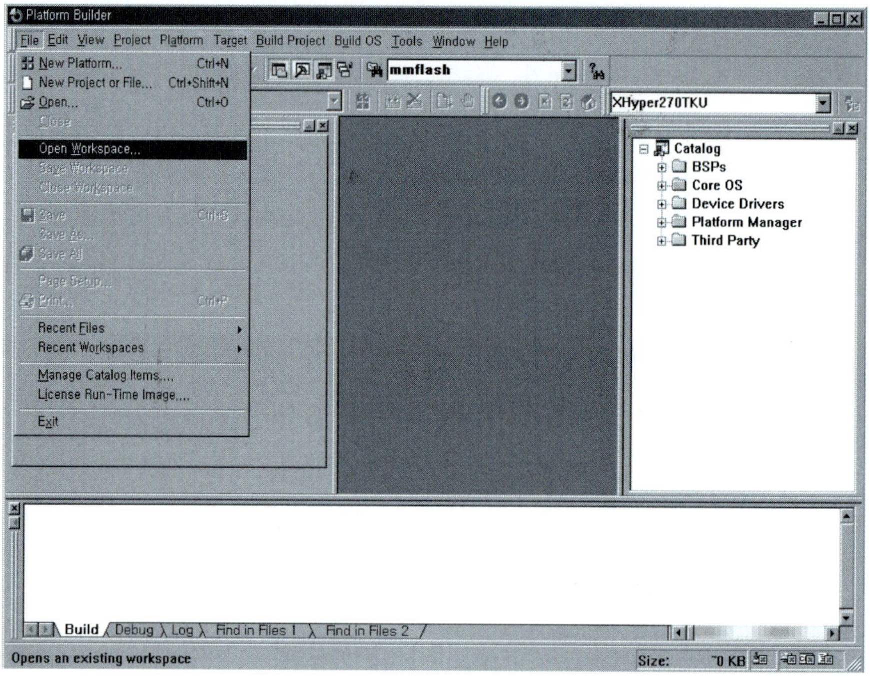

[그림 8-33]
플랫폼 빌더 실행

⑧ \WINCE500\PBWorkspaces 폴더로 이동한 후 Workspaces 파일인 "XHyper 270TKU_Mobile.pbxml" 파일을 선택한다.

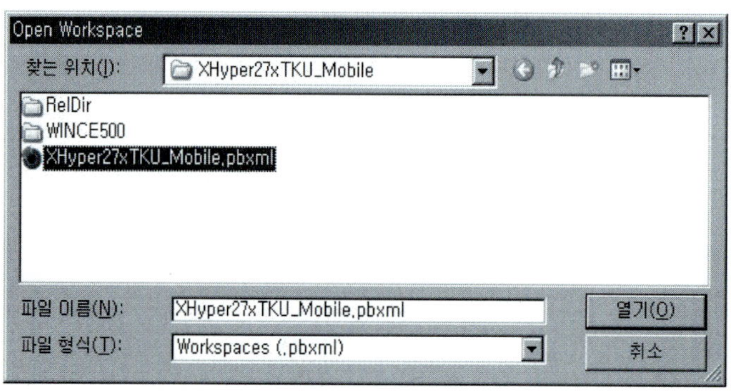

[그림 8-34]
XHyper270TKU_Mobile.pbxml 파일 선택

⑨ Workspace 창에서 "FileView" 탭을 누른다.

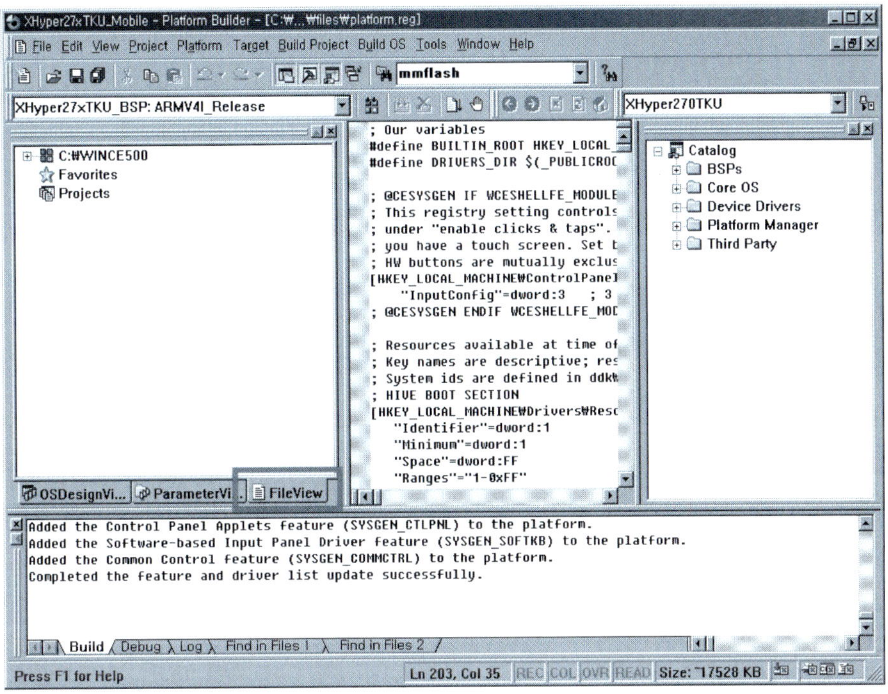

[그림 8-35]
FileView

⑩ 작성한 디바이스 드라이버 소스코드가 들어있는 C:\WINCE500\PLATFORM\XHyper27xTKU_BSP\src\drivers\IEB\clcd 경로 이동한다.

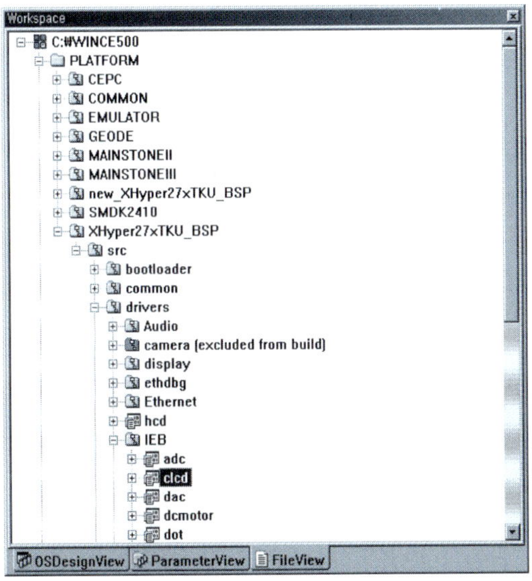

[그림 8-36]
clcd 폴더로 이동

⑪ "clcd"를 선택한 후 오른쪽 마우스를 클릭하여 팝업창의 "Open Build Window"를 선택한다.

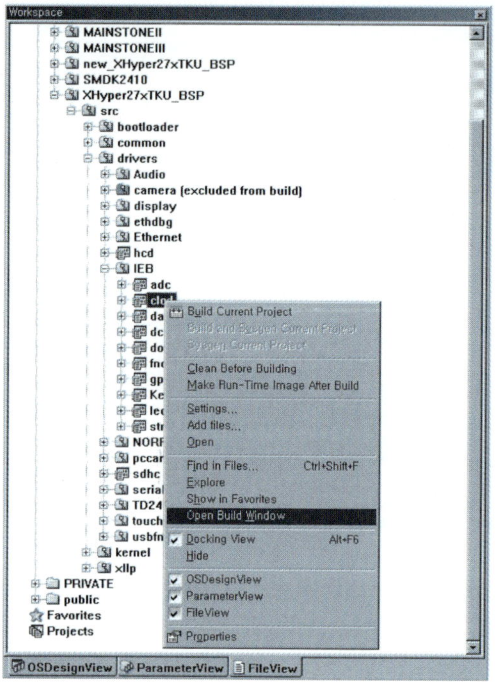

[그림 8-37]
Open Build Window 선택

⑫ 명령 프롬프트 창이 열리면 다음과 명령을 입력하여 작성한 디바이스 드라이버 소스코드를 빌드한다.

```
>build -ci
```

[그림 8-38]
빌드명령 실행

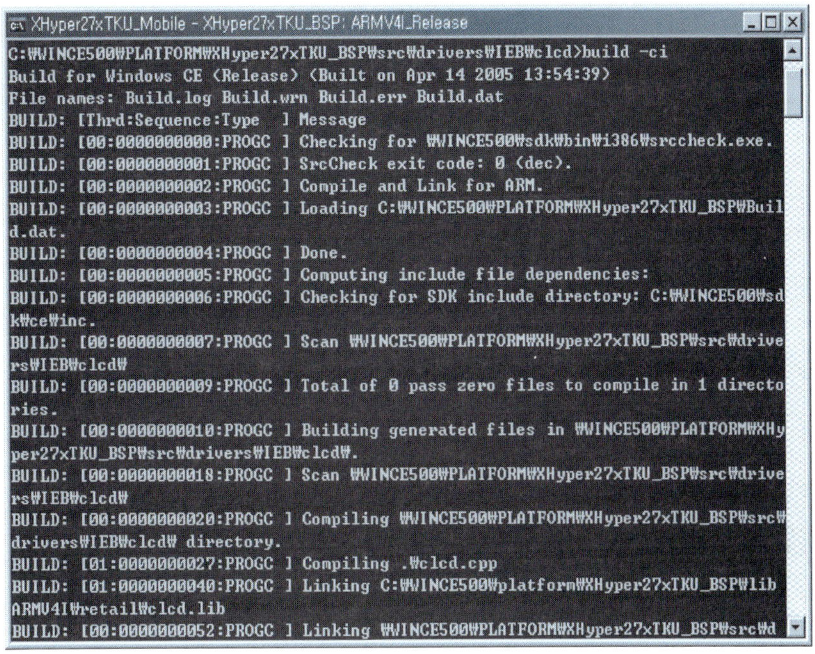

[그림 8-39] 빌드 진행

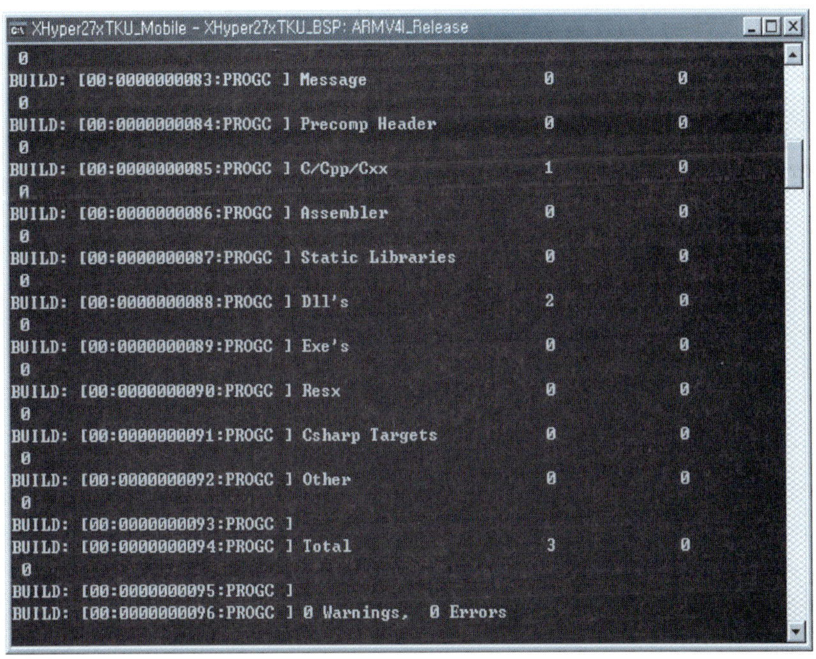

[그림 8-40] 빌드 완료

제 8 장

⑬ 빌드 과정이 성공적으로 끝났으면, \WINCE500\PLATFORM\XHyper27xTKU_BSP\src\drivers\IEB\clcd 폴더로 이동하여 obj 폴더가 생성되었는지 확인한다.

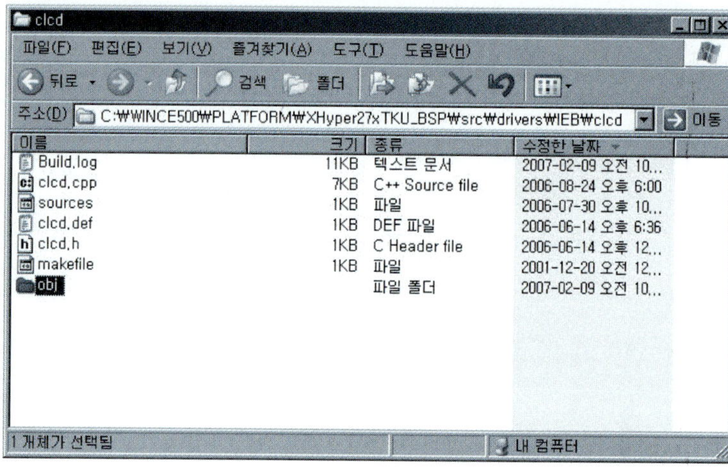

[그림 8-41]
obj 폴더 생성 확인

⑭ 다시 \WINCE500\PLATFORM\XHyper27xTKU_BSP\src\drivers\IEB\clcd\obj\ARMV4I\retail 폴더로 이동하여 다음과 같이 파일들이 생성되었는지 확인한다.

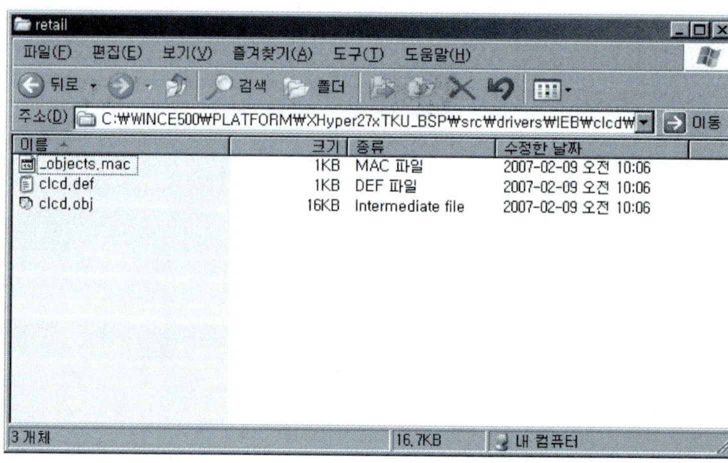

[그림 8-42]
생성된 파일들 확인

⑮ source 파일에서 “RELEASETYPE=PLATFORM” 항목은 “clcd.dll” 파일을 생성할 위치를 지정해 주는 항목으로 PLATFORM가 의미하는 위치는 _RELEASEDIR=$(_TARGETPLATROOT)\target\$(_CPUDIR)이며, 이 위치는 결국 \WINCE500\

PLATFORM\XHyper27xTKU_BSP\target\ARMV4I\retail가 된다고 앞에서 설명하였다. 실제로 "clcd.dll" 파일이 다음 위치에 생성되었는지 확인해 보자.

(8-18)
source 파일

```
TARGETNAME=clcd
TARGETTYPE=DYNLINK
RELEASETYPE=PLATFORM

TARGETDEFNAME=clcd
DEFFILE=clcd.def
WINCETARGETFILE0=clcd.def

INCLUDES= \
          ..\..\..\inc; \
          ..\..\..\..\..\common\src\inc; \
          ..\..\..\xllp\inc; \

TARGETLIBS= \
            $(_COMMONSDKROOT)\lib\$(_CPUINDPATH)\coredll.lib

PREPROCESSDEFFILE=1

DLLENTRY=LCD_DllEntry

SOURCES=clcd.cpp
```

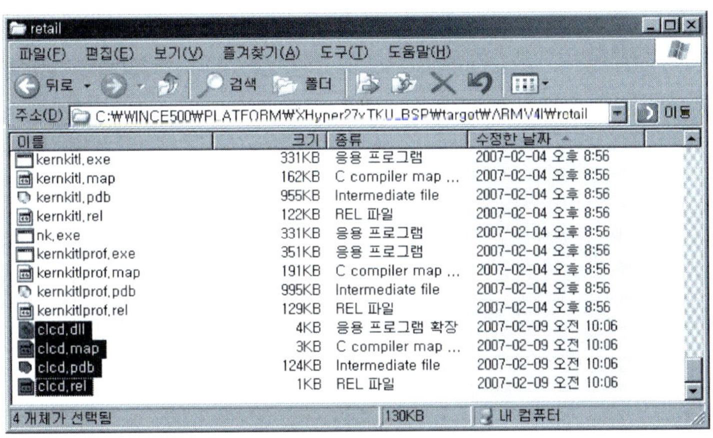

[그림 8-43]
clcd.dll 파일 생성 확인

⑯ 이제 컴파일된 디바이스 드라이버를 운영체제 이미지가 만들어질 때 같이 포함되도록 하는 작업을 해야 한다. 컴파일된 디바이스 드라이버를 운영체제 이미지에 추가하려면 \WINCE500\PLATFORM\XHyper27xTKU_BSP\files 폴더에 있는 platform.bib 파일과 platform.reg 파일의 수정이 필요하다.

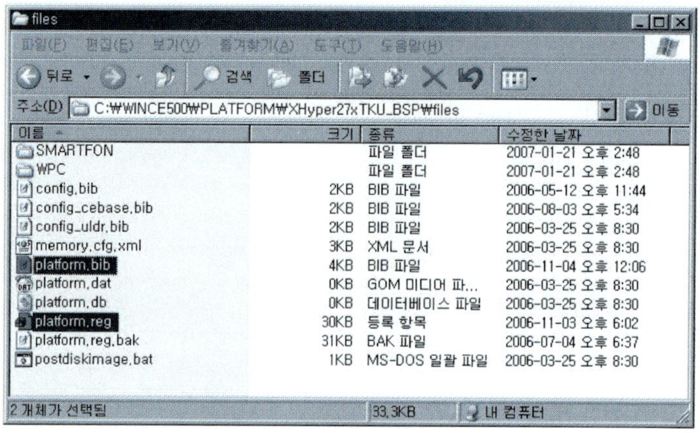

[그림 8-44]
files 폴더

⑰ BIB 파일은 압축할 파일들에 대한 정보와 압축이미지의 속성을 결정한다. 특히 개발자는 platform.bib 파일을 사용하여 특별한 항목을 이미지에 추가할 수 있다. 다음과 같이 생성한 clcd.dll 디바이스 드라이버를 MODULES 영역에 추가한다.

추가할 파일	생성될 타깃 위치	압축될 장소 속성
clcd.dll	$(_FLATRELEASEDIR)\clcd.dll	NK

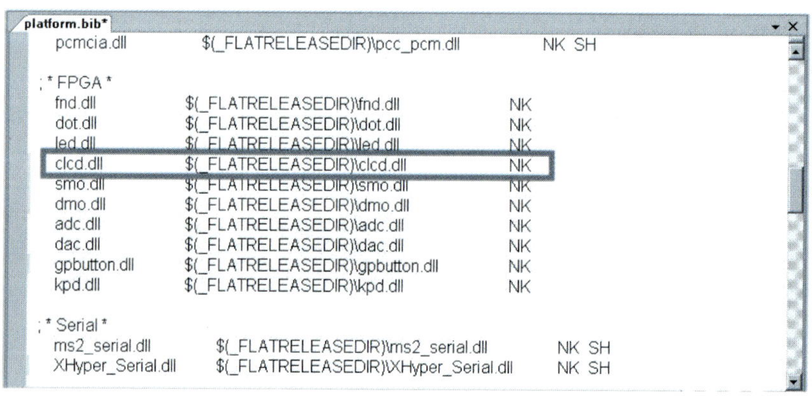

[그림 8-45]
platform.bib 파일 수정

BIB(Binary Image Builder) 파일은 이미지를 생성할 때 어떤 모듈이나 파일을 추가할지를 설정하는 파일로, ROM 이미지를 만들어내는 Romimage.exe 프로그램은 이미지를 생성할 때, BIB 파일을 참조하여 어떤 모듈이나 파일들을 추가할지를 결정한다.

〈표 8-19〉 속성

문 자	설 명
S	시스템 속성
H	숨김 속성
K	커널모드 속성
X	서명된 정보를 가지고 이미지 파일에 압축되도록 함.
L	데이터영역이 연속적인 공간상에서 존재하도록 함.

⑱ REG 파일은 타깃보드에서 작동될 운영체제의 레지스트리 파일을 만드는 데 사용되며, 레지스트리 키의 요소와 값에 따라 디바이스의 I/O 포트 주소, DMA, IRQ 설정 등 다양한 정보를 입력 수정할 수 있다. 다음 코드를 platform.reg 파일의 적절한 위치에 추가한다.

```
;-------------------------------------
; CLCD
;-------------------------------------
[HKEY_LOCAL_MACHINE\Drivers\BuiltIn\LCD]
  "Dll"="clcd.dll"
  "Prefix"="LCD"
  "Index"=dword:1
  "Order"=dword:0
  "Ioctl"=dword:4
```

"Dll" 항목은 드라이버의 파일이름을 나타내며, "Prefix" 항목은 드라이버의 접두어를, "Index" 항목은 접두어가 같은 장치를 각각 식별하기 위한 값을 나타낸다. 또한, "Order" 항목은 메모리에 적재되는 순서를 나타내며 '0'이 가장 빠른 순서이며, "Ioctl" 항목은 IO Control 코드를 나타낸다.

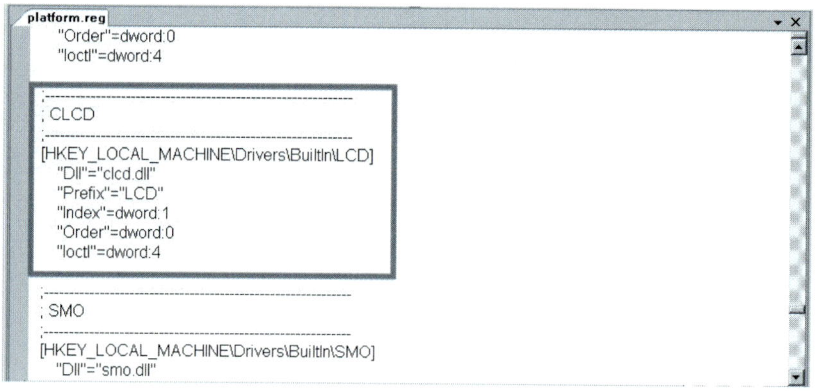

[그림 8-46]
platform.reg 파일 수정

☞ 다음은 제작한 디바이스 드라이버가 제대로 시스템에 로딩이 되었는지 플랫폼 빌더에서 제공하는 “Remote Process Viewer” 도구를 이용하여 알아보는 방법에 대해 기술하였다.

① “Remote Process Viewer” 도구를 실행시키고자 위해 메뉴에서 Tools ➔ Remote Process Viewer를 선택한다.

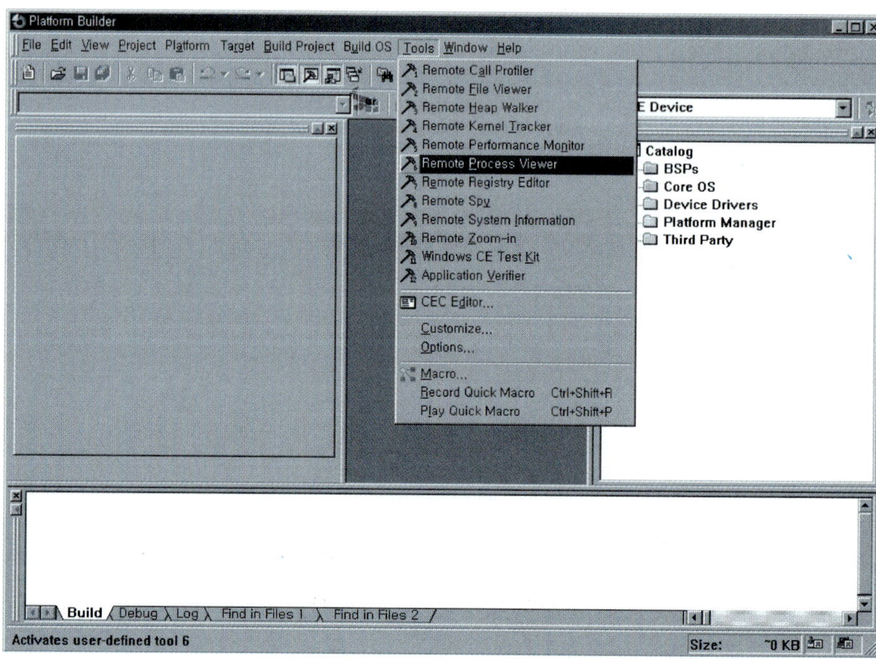

[그림 8-47]
Remote Process Viewer 선택

② Remote Process Viewer가 실행되면, 연결할 XHyper270TKU 타깃보드를 선택한 후 "OK" 버튼을 누른다. Remote Registry Editor 도구에서 설정해준 XHyper270TKU 연결설정이 Remote Process Viewer 도구에서도 그래도 적용되기 때문에 별도로 연결설정이 필요 없다.

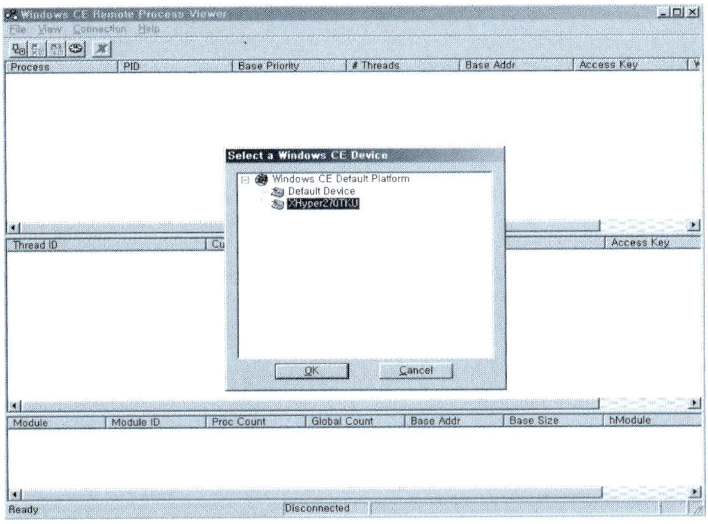

[그림 8-48]
XHyper270TKU 선택

③ "OK" 버튼을 누르면 XHyper270TKU 타깃보드와 연결이 되면서, X-Hyper270-TKU에서 실행되고 있는 Windows CE 운영체제의 프로세서들에 대한 정보가 표시된다.

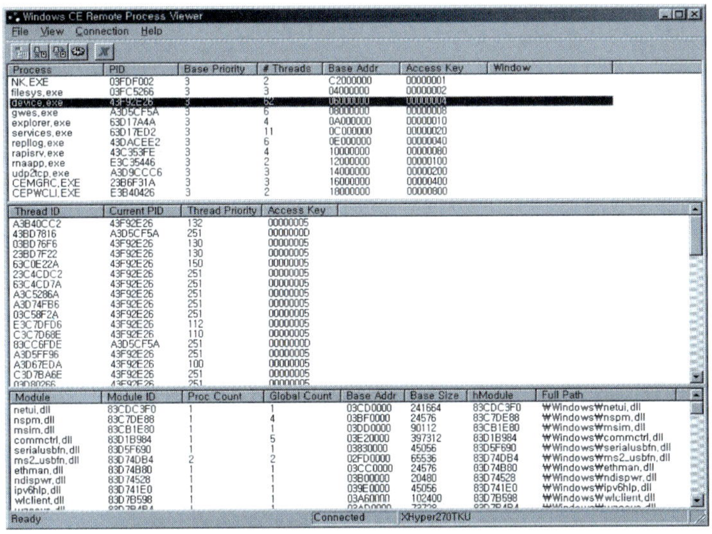

[그림 8-49]
X-Hyper270-TKU에서 실행되고 있는 Windows CE 운영체제의 프로세서 정보

가장 위쪽 항목은 현재 실행 중인 응용프로그램과 시스템 프로그램의 정보를 표시하고 있고, 가운데의 항목은 스레드의 정보를 표시하고 있으며, 가장 아래쪽 항목은 프로세서가 실행될 때 사용되는 모듈정보를 표시하고 있다.

④ 우리가 작성한 Character LCD 디바이스 드라이버는 스트림 인터페이스 디바이스 드라이브이기 때문에 디바이스 매니저(DEVICE.exe)에 의해 로딩된다. 가장 위쪽의 항목 중에 "device.exe"를 클릭하면, 가장 아래쪽에 디바이스 매니저(DEVICE.exe)에 의해 로딩된 모듈들이 표시된다. 가장 아래쪽 항목 중에 우리가 작성한 clcd.dll 모듈이 로드된 것을 확인할 수 있다.

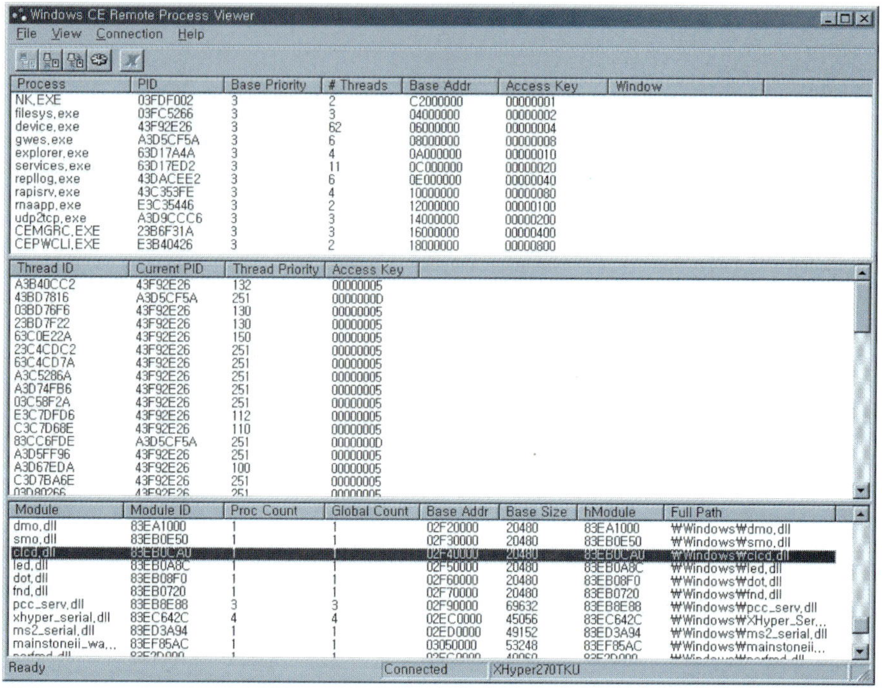

[그림 8-50]
clcd.dll 모듈 확인

8.3 IEB Board Device Driver 제작

앞에서는 IEB 확장보드에 있는 Character LCD(16×2) 디바이스 드라이버를 제작하는 방법에 대해 알아보았다. 이번 장에는 나머지 FND 8개, DOT Matrix(7×5), Key Matrix(4×4), 스텝모터, DC 모터, LED, GPIO 버튼 등의 실습목적의 디바이스들의 드라이버를 제작하는 방법에 대해 알아보자.

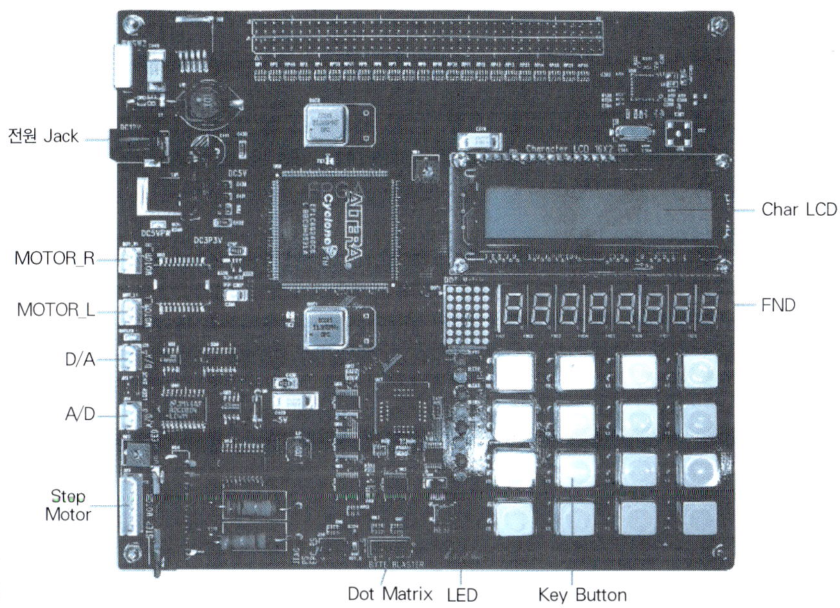

[그림 8-51] X-Hyper270-TKU 임베디드 시스템(IEB 확장보드)

〈표 8-20〉 IEB 확장보드의 하드웨어 사양

분 류	항 목	내 용
FPGA	EP1C6240PQFP	Cyclone (PQFP-240)
Programming ROM	EPC2	EP2(PLCC/SOCKET)
RF 디바이스	CC2420	CC2420(QLP48)
DC 모터 제어	L298	DIP
Step모터 제어	L297	DIP
ADC	ADC0804	
DAC	DAC0800	
7-Segment	7-Segment * 8	
DOT Matrix	DOT Matrix	
Character LCD	Character LCD	

8.3.1 FND Device Driver

X-Hyper270-TKU 보드에서는 FPGA의 어드레스 디코딩에 의해 8개의 FND를 제어한다. FND는 7세그먼트라고도 하고 숫자나 간단한 기호 표현에 많이 사용된다.

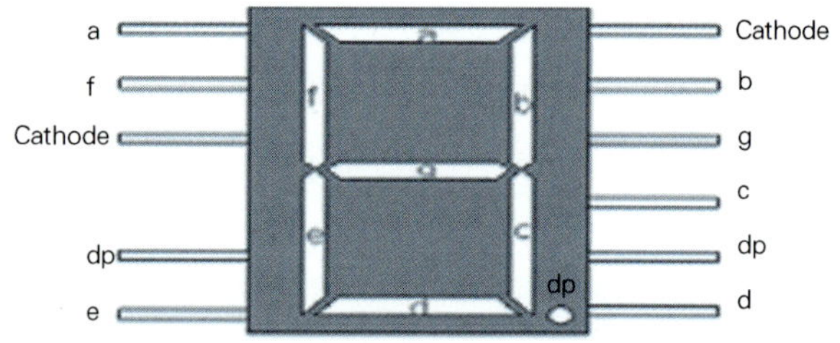

[그림 8-52]
7 세그먼트의 구조

7세그먼트 LED는 A~G의 7개의 LED와 소수점 표시를 하는 DP(Decimal Point)의 LED 1개로 구성된다. 각 LED는 표시되는 문자의 일부분을 구성하므로 각각을 세그먼트(segment : 부분, 구분)라 부른다. 0~9, A~F의 16개 문자를 표현할 수 있으며, 주로 BCD코드나 16진수를 표현하는데 사용된다. 7세그먼트 LED에는 애노드 공통형(Common-Anode Type)과 캐소드 공통형(Common-Cathode Type)의 2가지가 있다.

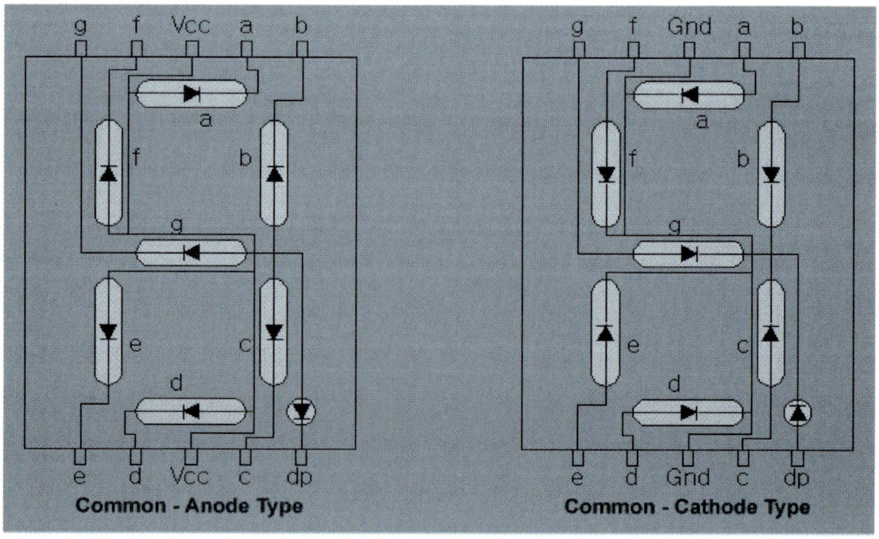

[그림 8-53]
7 세그먼트의 2가지 타입

캐소드 공통형은 각 LED의 캐소드 단자들이 공통으로 묶여 있으며, 따라서 이 공통단자에 접지(0V)를 연결하고 a, b, ... 등의 각 입력단자에는 저항을 하나씩 직렬로 연결한 후 이 저항 끝에 Vcc(+5V)를 연결하면 대응되는 LED에 불이 들어오고 저항 끝에 접지(0V)를 연결하면 불이 꺼진다.

타깃보드는 FND를 쉽게 제어할 수 있도록 8개의 FND를 한 개씩 개별적으로 접근하도록 주소번지를 가지도록 설계되어 있다. 따라서 8개의 접근번지(I/O 주소)를 가지고 있다. 그리고 FND 한 개는 8개의 LED 엘리먼트로 구성되어 있다. 따라서 FND 한 개를 제어하려면 8개의 출력비트가 필요하다. 아래의 그림처럼 각 엘리먼트는 데이터 비트 1비트와 대응되어 제어하는 방식으로 각 세그먼트 주소영역에 데이터 비트를 쓰는 방법으로 다양한 디스플레이를 구현할 수 있다.

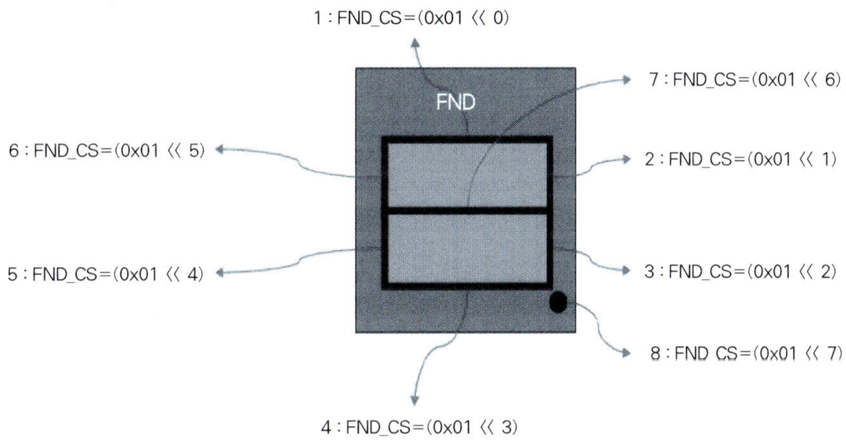

[그림 8-54] FND LED 엘리먼트 제어방법

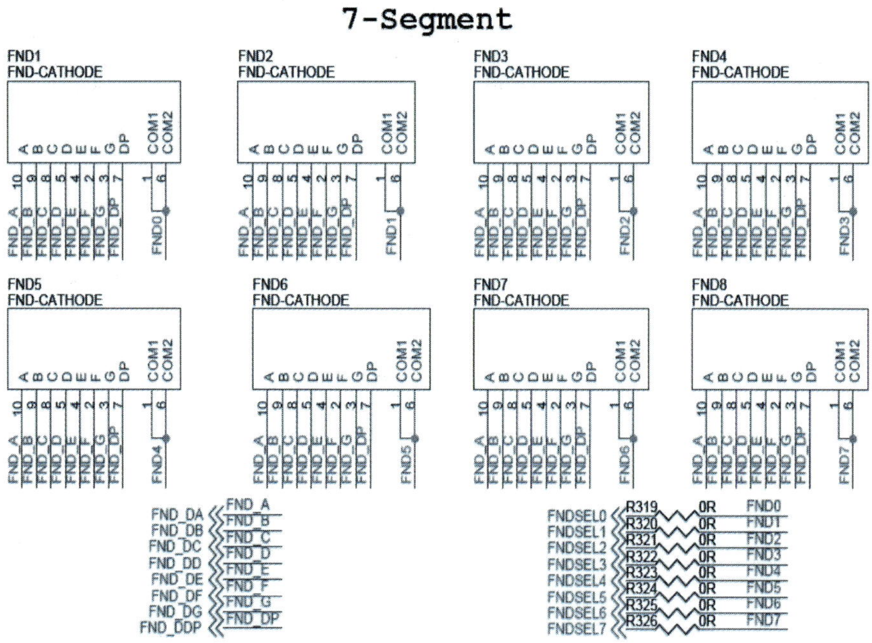

[그림 8-55]
FND 회로 구성도

FND 물리주소(접근번지)는 0x1100_0000 ~ 0x1170_0000 영역에 8개가 할당되어있는데 아래의 표와 같이 Address Table을 구성해서 보면 최상위 6비트(A31~26)가 CS4에 해당하고, 나머지 26비트 중 최상위 6비트(A25~20)가 실질적인 어드레스 디코딩을 위해 사용되고 있다.

<표 8-21>
FND Address Table

add	31	30	29	28	27	26	25	24	23	22	21	20	19	18	17	16	15	14	13	12	11	10	9	8	7	6	5	4	3	2	1	0
fnd_cs0	0	0	0	1	0	0	0	1	0	0	0	0	0	0	0	0	0	0	0	0	0	0	0	0	0	0	0	0	0	0	0	0
fnd_cs1	0	0	0	1	0	0	0	1	0	0	0	1	0	0	0	0	0	0	0	0	0	0	0	0	0	0	0	0	0	0	0	0
16진수	1				1				0				0				0				0				0				0			
16진수	1				1				1				0				0				0				0				0			

FND의 물리주소 FND_CS0~FND_CS7가 주어지면 CS4에 의해 FPGA가 선택되고 FPGA 내부에 있는 어드레스 디코딩 논리 회로에 의해 활성화 신호가 발생하고 해당 FND에 D-플립플롭에 상승에지가 공급되어 FND에 연결된 데이터버스 하위 8비트가 FND에 전달되어 FND의 불을 켜게 된다. 아래의 그림은 PXA270과 FND사이의 연결 회로도를 나타내고 있다.

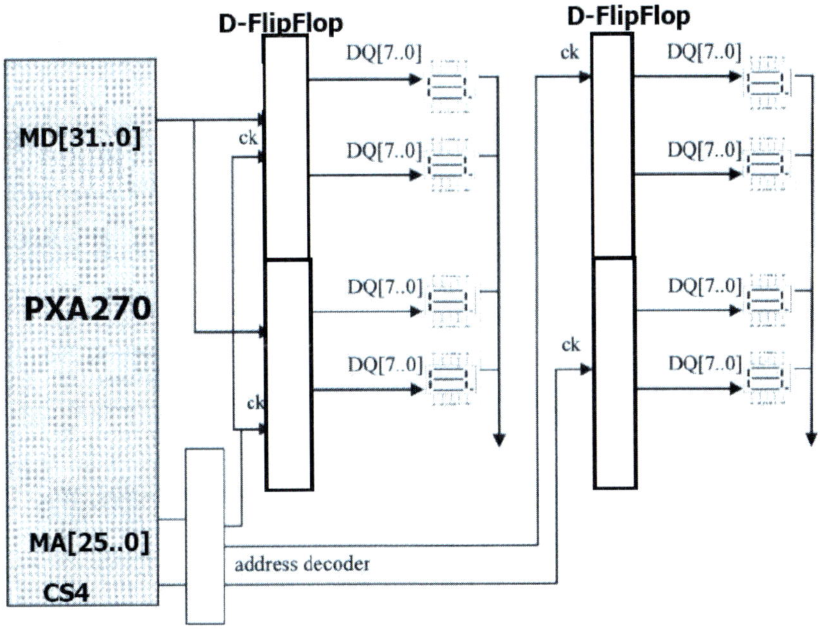

[그림 8-56] PXA270과 8개의 FND 연결 회로도

☞ 다음은 FND 디바이스 드라이버 소스코드 위주로 기술하였으며, 작성한 디바이스 드라이버를 어떻게 빌드하고 로드되는지, 작성한 파일들이 어떤 역할을 하는지 등 스트림 인터페이스 드라이버에 대해 자세히 알고 싶다면 앞장의 8.2.1 Character LCD 드라이버 제작 부분을 참고하기 바란다.

– \WINCE500\PLATFORM\XHyper27xTKU_BSP\src\drivers\IEB\ 폴더에 작성할 디바이스 드라이버를 저장할 fnd라는 하위폴더를 생성한다. 생성한 폴더에 fnd.h 헤더파일을 생성한 후 다음과 같이 소스코드를 작성한다.

제 8 장

(8-19) fnd.h 파일

```
#ifndef __FND_H__

#define __FND_H__
#define IOCTL_FND_FUNCTION_SET          (WM_USER + 101)

#endif // __FND_H__
```

윈도우즈 CE는 IOCTL 코드에 대해 사전처리를 거의 하지 않기 때문에 디바이스 드라이버 개발자는 이 코드로 임의의 값을 사용할 수 있다.

WM_USER는 한 윈도우 클래스를 위한 고유의 메시지를 정의하기 위한 상수값으로, 이 범위 이후부터 윈도우 클래스의 사용자 정의 메시지를 만들 수 있다. 이 값은 0x400으로 정의되어 있으며, 보통 "WM_USER + n" 형태로 사용자 정의 메시지를 정의한다. 이때 사용하는 n은 1보다 큰 정수이며, 사용자 정의 메시지 간의 구분을 위해 사용된다. 만약에 여러 개의 사용자 정의 메시지가 필요하다면, WM_USER + 1, WM_USER + 2, WM_USER + 3, … 등의 형태로 계속 n을 증가시키며 사용자 정의 메시지를 정의할 수 있다.

– \WINCE500\PLATFORM\XHyper27xTKU_BSP\src\drivers\IEB\fnd 폴더에 fnd.cpp 파일을 생성한 후 다음과 같이 함수들을 작성한다.

(8-20) 정의 부분

```
// CACHED_TO_UNCACHED_OFFSET
#define CACHED_TO_UNCACHED_OFFSET     0x20000000

#define FPGA_FND_CS0              (0x95000000)
#define FPGA_FND_CS1              (0x95100000)
#define FPGA_FND_CS2              (0x95200000)
#define FPGA_FND_CS3              (0x95300000)
#define FPGA_FND_CS4              (0x95400000)
#define FPGA_FND_CS5              (0x95500000)
#define FPGA_FND_CS6              (0x95600000)
#define FPGA_FND_CS7              (0x95700000)

#define FND_CS0            (*(volatile unsigned char *)\
                           ( FPGA_FND_CS0 + CACHED_TO_UNCACHED_OFFSET ))
#define FND_CS1            (*(volatile unsigned char *)\
                           ( FPGA_FND_CS1 + CACHED_TO_UNCACHED_OFFSET ))
#define FND_CS2            (*(volatile unsigned char *)\
                           ( FPGA_FND_CS2 + CACHED_TO_UNCACHED_OFFSET ))
#define FND_CS3            (*(volatile unsigned char *)\
                           ( FPGA_FND_CS3 + CACHED_TO_UNCACHED_OFFSET ))
#define FND_CS4            (*(volatile unsigned char *)\
                           ( FPGA_FND_CS4 + CACHED_TO_UNCACHED_OFFSET ))
#define FND_CS5            (*(volatile unsigned char *)\
                           ( FPGA_FND_CS5 + CACHED_TO_UNCACHED_OFFSET ))
#define FND_CS6            (*(volatile unsigned char *)\
                           ( FPGA_FND_CS6 + CACHED_TO_UNCACHED_OFFSET ))
#define FND_CS7            (*(volatile unsigned char *)\
                           ( FPGA_FND_CS7 + CACHED_TO_UNCACHED_OFFSET ))
```

위의 소스코드는 fnd.cpp 파일에서 정의 부분으로 물리주소와 매핑된 가상주소를 편리하게 이용하고, 쉽게 알아보도록 정의하였다.

(8-21)
FND_DllEntry

```
BOOL WINAPI FND_DllEntry(HANDLE hinstDLL, DWORD dwReason, LPVOID /* lpvReserved */)
{
        switch(dwReason)
        {
                case DLL_PROCESS_ATTACH:
                        g_hInstance = hinstDLL;
                        DEBUGMSG(1,(TEXT("FND: DLL_PROCESS_ATTACH\r\n")));
                        return TRUE;

                case DLL_PROCESS_DETACH:
                        DEBUGMSG(1,(TEXT("FND: DLL_PROCESS_DETACH\r\n")));
                        break;
        }
        return TRUE;
}
```

FND_DllEntry 함수는 DLL이 로드/언로드될 때, 해당 프로세서에서 새로운 스레드가 생성되거나 파괴될 때 호출되며, 첫 번째 hinstDLL 인자는 DLL 모듈 핸들이며, 두 번째 dwReason 인자는 어떤 이유로 DllEntry 함수가 호출되었는지 알려준다. DLL_PROCESS_ATTACH 는 프로세서가 시작되거나 LoadLibrary가 호출되면서 현재 프로세서의 가상 주소영역에 DLL이 로드되는 것을 나타내며, DLL_PROCESS_DETACH 는 프로세서가 종료되있거나 FreeLibrary가 호출되면서 호출 중인 프로세서의 가상 주소 영역으로부터 DLL이 언로드되는 것을 나타낸다. DllEntry 함수는 되도록 간단하게 작성해 주는 것이 좋으며, 간단한 초기화 작업 이외에 다른 작업을 하도록 작성하게 되면, Windwos CE 로더에서 문제가 발생할 소지가 있다.

제 8 장

(8-22)
FND_Init

```
DWORD FND_Init(DWORD dwContext)
{
        DWORD dwRet = 0;
        DEBUGMSG(1,(TEXT("FND: FND_Init\r\n")));

        // Set return value to non-zero.
        dwRet = 1;
        return dwRet;
}
```

FND_Init 함수는 FND 디바이스 드라이버가 로드될 때 호출되는 드라이버 함수로서, 반환값이 1이면 디바이스 드라이버가 제대로 로드된 것이다.

(8-23)
FND_Deinit

```
BOOL FND_Deinit(DWORD hDeviceContext)
{
	BOOL bRet = TRUE;
	DEBUGMSG(1,(TEXT("FND: FND_Deinit\r\n")));
	return bRet;
}
```

FND_Deinit 함수는 FND 디바이스 드라이버가 언로드될 때 호출되는 함수로서, 반환값이 "TRUE"이면 디바이스 드라이버가 제대로 언로드된 것이다.

(8-24)
FND_Open

```
DWORD FND_Open(DWORD hDeviceContext, DWORD AccessCode, DWORD ShareMode)
{
	DWORD dwRet = 0;
	DEBUGMSG(1,(TEXT("FND: FND_Open\r\n")));

	FND_CS0 = 0xbf;
	FND_CS1 = 0xbf;
	FND_CS2 = 0xbf;
	FND_CS3 = 0xbf;
	FND_CS4 = 0xbf;
	FND_CS5 = 0xbf;
	FND_CS6 = 0xbf;
	FND_CS7 = 0xbf;

	dwRet = 1; // Have to make non-zero for this call to succeed.
	return dwRet;
}
```

FND_Open 함수는 응용프로그램 또는 다른 드라이버가 FND 디바이스 드라이버를 열고자 CreateFile() 함수를 호출했을 때 호출되는 함수로서, 반환값이 1이면 FND 디바이스 드라이버가 제대로 열기가 된 것이다.

(8-25)
FND_Close

```
BOOL FND_Close(DWORD hOpenContext)
{
        BOOL bRet = TRUE;
        DEBUGMSG(1,(TEXT("FND: FND_Close\r\n")));
        return bRet;
}
```

FND_Close 함수는 이전에 FND 디바이스 드라이버를 열었던 응용프로그램 또는 다른 드라이버가 FND 디바이스 드라이버를 닫고자 CloseHandle() 함수를 호출했을 때 호출되는 함수로서, 반환값이 "TRUE"이면 디바이스 드라이버가 제대로 닫기가 된 것이다.

(8-26)
FND_Read

```
DWORD FND_Read(DWORD hOpenContext, LPVOID pBuffer, DWORD Count)
{
        DWORD dwRet = 0;
        // Return number of bytes read.
        return dwRet;
}
```

FND_Read 함수는 FND 장치에서 데이터를 읽어오고자 응용프로그램 또는 다른 드라이버가 ReadFile() 함수를 호출했을 때 호출되는 함수이다.

(8-27)
FND_Write

```
DWORD FND_Write(DWORD hOpenContext, LPCVOID pSourceBytes, DWORD NumberOfBytes)
{
        DWORD dwRet = 0;
        unsigned char Value[8] = {0};

        DEBUGMSG(1,(TEXT("FND: FND_Write\r\n")));

        // 응용프로그램에서 FND 8개의 데이터를 받아 해당 FND 주소영역에 넘겨준다.
        memcpy (&Value, pSourceBytes, NumberOfBytes);

        FND_CS0 = Value[0];
        FND_CS1 = Value[1];
        FND_CS2 = Value[2];
        FND_CS3 = Value[3];
        FND_CS4 = Value[4];
        FND_CS5 = Value[5];
        FND_CS6 = Value[6];
        FND_CS7 = Value[7];

        // Return number of bytes written.
        return dwRet;
}
```

FND_Write 함수는 FND에 데이터를 쓰고자 응용프로그램 또는 다른 드라이버가 WriteFile() 함수를 호출했을 때 호출되는 함수로서, memcpy 함수를 이용하여 응용프로그램으로부터 FND에 표시할 데이터를 받아 FND 주소영역에 넘겨준다.

memcpy() 함수는 버퍼 간의 문자열을 복사하기 위한 함수로서, 함수에 대해 살펴보면 다음과 같다.

```
Prototype
void *memcpy(
      void* dest,
      const void* src,
      size_t count
);
```

첫 번째 dest 인자는 복사대상의 메모리 위치를 지정하며, 두 번째 src 인자는 복사소스의 메모리 위치를 지정하고, 세 번째 count 인자는 복사소스의 바이트 단위 크기를 지정한다.

(8-28)
FND_Seek

```
DWORD FND_Seek(DWORD hOpenContext, long Amount, DWORD Type)
{
        DWORD dwRet = 0;
        DEBUGMSG(1,(TEXT("FND: FND_Seek\r\n")));
        return dwRet;
}
```

FND_Seek 함수는 응용프로그램 또는 다른 드라이버가 FND 장치의 데이터 포인터를 변경시키고자 SetFilePointer() 함수를 호출했을 때 호출되는 함수이다.

(8-29)
FND_IOControl

```
BOOL FND_IOControl(DWORD hOpenContext, DWORD dwCode, PBYTE pBufIn,
                   DWORD dwLenIn, PBYTE pBufOut, DWORD dwLenOut,
                   PDWORD pdwActualOut)
{
      BOOL Status = TRUE;
      DEBUGMSG(1,(TEXT("FND: FND_IOControl\r\n")));

      switch(dwCode)
      {
```

```
            case IOCTL_FND_FUNCTION_SET:
            {
                FND_CS0 = 0xa7;
                FND_CS1 = 0xfc;
                FND_CS2 = 0xed;
                FND_CS3 = 0xe6;
                FND_CS4 = 0xcf;
                FND_CS5 = 0xdb;
                FND_CS6 = 0x86;
                FND_CS7 = 0xbf;
                break;
            }

            default:
                    bStatus = FALSE;
                    break;
        }
        return bStatus;
}
```

FND_IOControl 함수는 응용프로그램 또는 다른 드라이버가 DeviceIOControl() 함수를 호출할 때 호출되는 함수로서, 대부분의 디바이스 드라이버들은 장치와 통신하는 방법으로 IOControl 함수를 이용한다.

(8-30)
FND PowerUp

```
void FND_PowerUp(DWORD hDeviceContext)
{
    DEBUGMSG(1,(TEXT("FND: FND_PowerUp\r\n")));
}
```

FND_PowerUp 함수는 시스템 작동이 재개될 때 호출되는 함수로서, 전원 관리자가 없는 예전 방식의 디바이스 드라이버라면, 이 함수가 호출되는 것으로 언제 하드웨어에 전원을 공급하고, 이전의 상태로 되돌려 놓아야 하는지 알 수 있다.

(8-31)
FND_PowerDown

```
void FND_PowerDown(DWORD hDeviceContext)
{
    DEBUGMSG(1,(TEXT("FND: FND_PowerDown\r\n")));
}
```

FND_PowerDown 함수는 시스템이 중지되기 직전에 호출되는 함수로서, 전원 관리자 인터페이스가 없는 예전 방식의 디바이스 드라이버라면 자신이 제어하는 하드웨어의 전원을 내리고 추후에 복구할 수 있도록 이전의 하드웨어 상태에 대한 정보를 보존해야 한다.

– \WINCE500\PLATFORM\XHyper27xTKU_BSP\src\drivers\IEB\fnd 폴더에 fnd.def 파일을 생성한 후 다음과 같이 작성한다.

XXX_Init, XXX_Open 등의 함수를 DLL 외부에서 쉽게 찾을 수 있도록 DEF (Module-Definition File) 파일을 사용하여 각 함수들을 DLL 익스포트 시킨다. 즉 외부에 공개되는 함수를 드라이버명.def 파일에 명시한다.

(8–32)
fnd.def 파일

```
LIBRARY   FND

EXPORTS   FND_Init
          FND_Deinit
          FND_Open
          FND_Close
          FND_Read
          FND_Write
          FND_Seek
          FND_IOControl
          FND_PowerDown
          FND_PowerUp
          FND_DllEntry
```

LIBRARY 항목은 DLL을 생성하기 위한 LINK를 말하며, EXPORTS 항목은 외부에서 쉽게 찾을 수 있도록 외부에 알릴 함수를 설정하는 항목이다.

– \WINCE500\PLATFORM\XHyper27xTKU_BSP\src\drivers\IEB\fnd 폴더에 source 파일을 생성한 후 다음과 같이 작성한다.

"sources" 파일에 컴파일을 수행하기 위한 필요한 라이브러리와 소스파일들을 명시한다.

(8-33)
source 파일

```
TARGETNAME=fnd
TARGETTYPE=DYNLINK
RELEASETYPE=PLATFORM

TARGETDEFNAME=fnd
DEFFILE=fnd.def
WINCETARGETFILE0=fnd.def

INCLUDES= \
            ..\..\..\inc; \
            ..\..\..\..\..\common\src\inc; \
            ..\..\..\xllp\inc; \

TARGETLIBS= \
              $(_COMMONSDKROOT)\lib\$(_CPUINDPATH)\coredll.lib

PREPROCESSDEFFILE=1

DLLENTRY=FND_DllEntry

SOURCES=fnd.cpp
```

"TARGETNAME=fnd" 항목은 "fnd"라는 파일을 생성하라는 의미이고, "TARGETTYPE=DYNLINK" 항목은 DLL(Dynamic Link Library)의 생성을 의미한다. 두 항목을 붙여서 해석해보면, 만들어질 파일은 "fnd.dll"이라는 것을 의미한다. "RELEASETYPE=PLATFORM" 항목은 "fnd.dll" 파일을 생성할 위치를 지정해 주는 항목으로 PLATFORM가 의미하는 위치는 _RELEASEDIR=$(_TARGETPLATROOT)\target\$(_CPUDIR)이다. 이 위치는 결국 \WINCE500\PLATFORM\XHyper27xTKU_BSP\target\ARMV4I\retail가 된다.

"DEFFILE"항목은 함수 정의 파일을 지정해주는 항목이고, "WINCETARGETFILE0" 항목은 현재 디렉터리에서 BUILD.exe가 소스코드를 빌드하기 전에 빌드해야 하는 Nonstandard Target 파일을 지정해 주는 항목이다.

"TARGETLIBS" 항목은 함수 포인터의 정보를 어떤 라이브러리와 매핑을 시킬지 지정해 주는 항목이고, "DLLENTRY" 항목은 DLL라는 확장자를 가진 파일의 시작점을 지정해 주는 항목이고, "SOURCES" 항목은 디바이스 드라이버 모듈을 생성하는데 필요한 소스코드 파일들을 지정하는 항목이다.

제 8 장

– \WINCE500\PLATFORM\XHyper27xTKU_BSP\src\drivers\IEB\fnd 폴더에 makefile 파일을 생성한 후 다음과 같이 작성한다.

"makefile" 파일은 "BUILD.exe"를 사용하여 모듈소스를 빌드할 때 필요로 한 빌드정보를 가진 파일로서, 소스파일들을 컴파일하고 빌드하기 위한 정해진 규칙을 명시해 놓은 파일이다.

(8-34) makefile 파일

```
#
# DO NOT EDIT THIS FILE!!! Edit .\sources. if you want to add a new source
# file to this component. This file merely indirects to the real make file
# that is shared by all the components of Windows CE.
#
!INCLUDE $(_MAKEENVROOT)\makefile.def
```

BUILD.exe가 모듈소스를 빌드할 때 실제로 사용하게 될 makefile인 makefile.def 파일을 적어준다. "$(_MAKEENVROOT)"라는 환경변수는 "\WINCE500\PUBLIC\COMMON\OAK\MISC" 폴더를 의미한다.

– 디바이스 드라이버를 운영체제 이미지에 포함시키기 위해 platform.bib 파일의 MODULES 영역에 fnd.dll 디바이스 드라이버를 추가한다.

추가할 파일	생성될 타깃 위치	압축될 장소	속성
fnd.dll	$(_FLATRELEASEDIR)\fnd.dll	NK	

BIB 파일은 압축할 파일들에 대한 정보와 압축이미지의 속성을 결정한다. 특히 개발자는 platform.bib 파일을 사용하여 특별한 항목을 이미지에 추가할 수 있다. BIB(Binary Image Builder) 파일은 이미지를 생성할 때 어떤 모듈이나 파일을 추가할지를 설정하는 파일로, ROM 이미지를 만들어내는 Romimage.exe 프로그램은 이미지를 생성할 때, BIB 파일을 참조하여 어떤 모듈이나 파일들을 추가할지를 결정한다.

〈표 8-22〉 속성

문 자	설 명
S	시스템 속성
H	숨김 속성
K	커널모드 속성
X	서명된 정보를 가지고 이미지 파일에 압축되도록 함.
L	데이터영역이 연속적인 공간상에서 존재하도록 함.

– platform.reg 파일의 적절한 위치에 다음 코드를 추가한다.

```
;--------------------------------------
; FND
;--------------------------------------
[HKEY_LOCAL_MACHINE\Drivers\BuiltIn\FND]
  "Dll"="fnd.dll"
  "Prefix"="FND"
  "Index"=dword:1
  "Order"=dword:0
  "Ioctl"=dword:4
```

REG 파일은 타깃보드에서 작동될 운영체제의 레지스트리 파일을 만드는 데 사용되며, 레지스트리 키의 요소와 값에 따라 디바이스의 I/O 포트 주소, DMA, IRQ 설정 등 다양한 정보를 입력 수정할 수 있다.

platform.reg 파일에 추가하는 내용을 살펴보면, “Dll” 항목은 드라이버의 파일 이름을 나타내며, “Prefix” 항목은 드라이버의 접두어를, “Index” 항목은 접두어가 같은 장치를 각각 식별하기 위한 값을 나타낸다. 또한, “Order” 항목은 메모리에 적재되는 순서를 나타내며 ‘0’이 가장 빠른 순서이며, “Ioctl” 항목은 IO Control 코드를 나타낸다.

8.3.2 Dot Matrix Device Driver

디지털 회로에서 정보를 표시하는 대표적인 방법으로는 LED를 매트릭스 형태로 배선시켜 기판상에 부착한 디바이스를 사용하는 방법이 있다. DOT Matrix의 LED 디스플레이 패널은 LED 칩을 매트릭스 형태로 배선시켜서 기판상에 부착된 것이다.

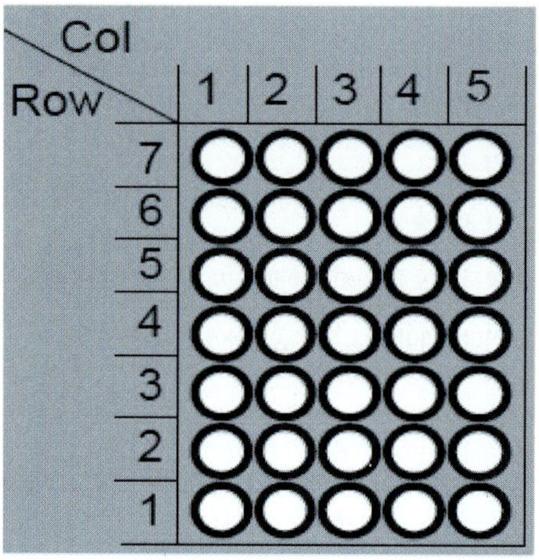

[그림 8-57]
Dot Matrix

아래의 그림은 도트 매트릭스의 연결 회로도이다. 도트 매트릭스의 Column 5개에는 어드레스 버스가 Row 7개에는 데이터버스가 연결되어 있다. X-Hyper270-TKU 보드에서는 FPGA의 어드레스 디코딩에 의해 DOT MATRIX를 제어한다.

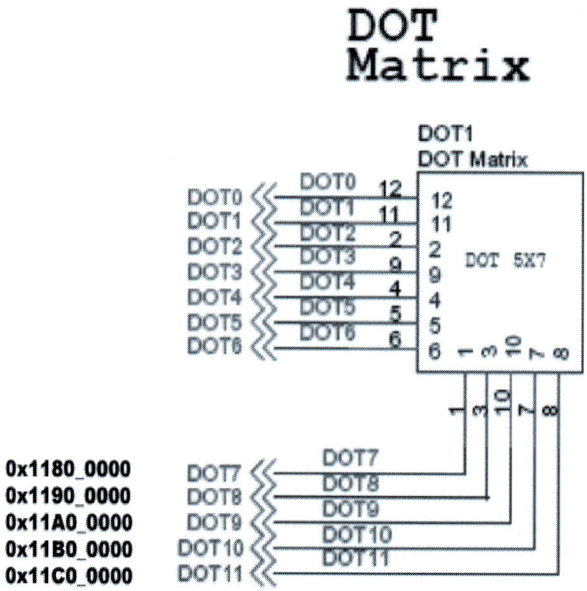

[그림 8-58]
Dot Matrix 회로구성도

도트 매트릭스의 물리주소(접근번지)는 0x1180_0000 ~ 0x11C0_0000에 할당되어 있고 아래의 표와 같이 Address Table을 구성해서 보면 최상위 6비트

(A31~26)가 CS4에 해당하고, 나머지 26비트 중 최상위 6비트(A25~20)가 실질적인 어드레스 디코딩을 위해 사용되고 있다.

〈표 8-23〉 Dot Matrix Address Table

add	31	30	29	28	27	26	25	24	23	22	21	20	19	18	17	16	15	14	13	12	11	10	9	8	7	6	5	4	3	2	1	0
dot_col	0	0	0	1	0	0	0	1	1	0	0	0	0	0	0	0	0	0	0	0	0	0	0	0	0	0	0	0	0	0	0	0
16진수	1				1				8				0				0				0				0				0			

도트 매트릭스의 물리주소가 주어지면 CS4에 의해 FPGA가 선택되고 FPGA 내부에 있는 어드레스 디코딩 논리 회로에 의해 해당 Column이 활성화되고 데이터 값이 전달된다.

☞ 다음은 Dot Matrix 디바이스 드라이버 소스코드 위주로 기술하였으며, 작성한 디바이스 드라이버를 어떻게 빌드하고 로드되는지, 작성한 파일들이 어떤 역할을 하는지 등 스트림 인터페이스 드라이버에 대해 자세히 알고 싶다면 앞장의 8.2.1 Character LCD 드라이버 제작 부분을 참고하기 바란다.

– \WINCE500\PLATFORM\XHyper27xTKU_BSP\src\drivers\IEB\ 폴더에 작성할 디바이스 드라이버를 저장할 dot라는 하위폴더를 생성한다. 생성한 폴더에 dot.h 헤더파일을 생성한 후 다음과 같이 소스코드를 작성한다.

(8-35) dot.h 파일

```
#ifndef __DOT_H__

#define __DOT_H__
#define IOCTL_DOT_FUNCTION_SET          (WM_USER + 102)

#endif // __DOT_H__
```

윈도우즈 CE는 IOCTL 코드에 대해 사전처리를 거의 하지 않기 때문에 디바이스 드라이버 개발자는 이 코드로 임의의 값을 사용할 수 있다.

WM_USER는 한 윈도우 클래스를 위한 고유의 메시지를 정의하기 위한 상수값으로, 이 범위 이후부터 윈도우 클래스의 사용자 정의 메시지를 만들 수 있다. 이 값은 0x400으로 정의되어 있으며, 보통 “WM_USER + n” 형태로 사용자 정의 메시지를 정의한다. 이때 사용하는 n은 1보다 큰 정수이며, 사용자 정의 메시지 간의 구분을 위해 사용된다. 만약에 여러 개의 사용자 정의 메시지가 필요하다면, WM_USER + 1, WM_USER + 2, WM_USER + 3, ... 등의 형태로 계속 n을 증가시키며 사용자 정의 메시지를 정의할 수 있다.

– \WINCE500\PLATFORM\XHyper27xTKU_BSP\src\drivers\IEB\dot 폴더에 dot.cpp 파일을 생성한 후 다음과 같이 함수들을 작성한다.

(8-36) 정의 부분

```
// CACHED_TO_UNCACHED_OFFSET
#define CACHED_TO_UNCACHED_OFFSET    0x20000000

#define FPGA_DOT_CS0          (0x95800000)
#define FPGA_DOT_CS1          (0x95900000)
#define FPGA_DOT_CS2          (0x95A00000)
#define FPGA_DOT_CS3          (0x95B00000)
#define FPGA_DOT_CS4          (0x95C00000)

#define DOT_CS0          (*(volatile unsigned char *)\
                         ( FPGA_DOT_CS0 + CACHED_TO_UNCACHED_OFFSET ))
#define DOT_CS1          (*(volatile unsigned char *)\
                         ( FPGA_DOT_CS1 + CACHED_TO_UNCACHED_OFFSET ))
#define DOT_CS2          (*(volatile unsigned char *)\
                         ( FPGA_DOT_CS2 + CACHED_TO_UNCACHED_OFFSET ))
#define DOT_CS3          (*(volatile unsigned char *)\
                         ( FPGA_DOT_CS3 + CACHED_TO_UNCACHED_OFFSET ))
#define DOT_CS4          (*(volatile unsigned char *)\
                         ( FPGA_DOT_CS4 + CACHED_TO_UNCACHED_OFFSET ))

#define  DOT_SET(x) \
        DOT_Value =(x);\
        DOT_CS = DOT_Value;
```

위의 소스코드는 dot.cpp 파일에서 정의 부분으로 물리주소와 매핑된 가상주소를 편리하게 이용하고, 쉽게 알아보도록 정의하였다.

(8-37)
DOT_DllEntry

```
BOOL WINAPI DOT_DllEntry(HANDLE hinstDLL, DWORD dwReason, LPVOID /* lpvReserved */)
{
        switch(dwReason)
        {
                case DLL_PROCESS_ATTACH:
                        g_hInstance = hinstDLL;
                        DEBUGMSG(1,(TEXT("DOT: DLL_PROCESS_ATTACH\r\n")));
                        return TRUE;

        case DLL_PROCESS_DETACH:
                        DEBUGMSG(1,(TEXT("DOT: DLL_PROCESS_DETACH\r\n")));
                        break;
        }
        return TRUE;
}
```

DOT_DllEntry 함수는 DLL이 로드/언로드될 때, 해당 프로세서에서 새로운 스레드가 생성되거나 파괴될 때 호출되며, 첫 번째 hinstDLL 인자는 DLL 모듈 핸들이며, 두 번째 dwReason 인자는 어떤 이유로 DllEntry 함수가 호출되었는지 알려준다. DLL_PROCESS_ATTACH 는 프로세서가 시작되거나 LoadLibrary가 호출되면서 현재 프로세서의 가상 주소영역에 DLL이 로드되는 것을 나타내며, DLL_PROCESS_DETACH는 프로세서가 종료되었거나 FreeLibrary가 호출되면서 호출 중인 프로세서의 가상 주소 영역으로부터 DLL이 언로드되는 것을 나타낸다. DllEntry 함수는 되도록 간단하게 작성해 주는 것이 좋으며, 간단한 초기화 작업 이외에 다른 작업을 하도록 작성하게 되면, Windwos CE 로더에서 문제가 발생할 소지가 있다.

(8-38)
DOT_Init

```
DWORD DOT_Init(DWORD dwContext)
{
        DWORD dwRet = 0;
        DEBUGMSG(1,(TEXT("DOT: DOT_Init\r\n")));

        // Set return value to non-zero.
        dwRet = 1;
        return dwRet;
}
```

DOT_Init 함수는 도트 매트릭스 디바이스 드라이버가 로드될 때 호출되는 드라이버 함수로서, 반환값이 1이면 디바이스 드라이버가 제대로 로드된 것이다.

(8-39)
DOT_Deinit

```
BOOL DOT_Deinit(DWORD hDeviceContext)
{
	BOOL bRet = TRUE;
	DEBUGMSG(1,(TEXT("DOT: DOT_Deinit\r\n")));
	return bRet;
}
```

DOT_Deinit 함수는 도트 매트릭스 디바이스 드라이버가 언로드될 때 호출되는 함수로서, 반환값이 "TRUE"이면 디바이스 드라이버가 제대로 언로드된 것이다.

(8-40)
DOT_Open

```
DWORD DOT_Open(DWORD hDeviceContext, DWORD AccessCode, DWORD ShareMode)
{
	DWORD dwRet = 0;
	DEBUGMSG(1,(TEXT("DOT: DOT_Open\r\n")));

	DOT_CS0 = 0x7f;
	DOT_CS1 = 0x7f;
	DOT_CS2 = 0x7f;
	DOT_CS3 = 0x7f;
	DOT_CS4 = 0x7f;

	dwRet = 1;  // Have to make non-zero for this call to succeed.
	return dwRet;
}
```

DOT_Open 함수는 응용프로그램 또는 다른 드라이버가 도트 매트릭스 디바이스 드라이버를 열고자 CreateFile() 함수를 호출했을 때 호출되는 함수로서, 반환값이 1이면 도트 매트릭스 디바이스 드라이버가 제대로 열기가 된 것이다.

(8-41)
DOT_Close

```
BOOL DOT_Close(DWORD hOpenContext)
{
	BOOL bRet = TRUE;
	DEBUGMSG(1,(TEXT("DOT: DOT_Close\r\n")));
	return bRet;
}
```

DOT_Close 함수는 이전에 도트 매트릭스 디바이스 드라이버를 열었던 응용프로그램 또는 다른 드라이버가 도트 매트릭스 디바이스 드라이버를 닫고자

CloseHandle() 함수를 호출했을 때 호출되는 함수로서, 반환값이 "TRUE"이면 디바이스 드라이버가 제대로 닫기가 된 것이다.

(8-42)
DOT_Read

```
DWORD DOT_Read(DWORD hOpenContext, LPVOID pBuffer, DWORD Count)
{
        DWORD dwRet = 0;
        // Return number of bytes read.
        return dwRet;
}
```

DOT_Read 함수는 도트 매트릭스 장치에서 데이터를 읽어오고자 응용프로그램 또는 다른 드라이버가 ReadFile() 함수를 호출했을 때 호출되는 함수이다.

(8-43)
DOT_Write

```
DWORD DOT_Write(DWORD hOpenContext, LPCVOID pSourceBytes, DWORD NumberOfBytes)
{
        DWORD dwRet = 0;
        unsigned char Value[5] = {0};

        DEBUGMSG(1,(TEXT("DOT: DOT_Write\r\n")));

        // 응용프로그램에서 도트 매트릭스 5개의 데이터를 받아
          해당 도트 매트릭스 주소영역에 넘겨준다.
        memcpy (&Value, pSourceBytes, NumberOfBytes);

        DOT_CS0 = Value[0];
        DOT_CS1 = Value[1];
        DOT_CS2 = Value[2];
        DOT_CS3 = Value[3];
        DOT_CS4 = Value[4];

        // Return number of bytes written.
        return dwRet;
}
```

DOT_Write 함수는 도트 매트릭스에 데이터를 쓰고자 응용프로그램 또는 다른 드라이버가 WriteFile() 함수를 호출했을 때 호출되는 함수로서, memcpy 함수를 이용하여 응용프로그램으로부터 도트 매트릭스에 표시할 데이터를 받아 도트 매트릭스 주소영역에 넘겨준다.

memcpy() 함수는 버퍼 간의 문자열을 복사하기 위한 함수로서, 함수에 대해 살펴보면 다음과 같다.

```
Prototype
void *memcpy(
      void* dest,
      const void* src,
      size_t count
);
```

첫 번째 dest 인자는 복사대상의 메모리 위치를 지정하며, 두 번째 src 인자는 복사소스의 메모리 위치를 지정하고, 세 번째 count 인자는 복사소스의 바이트 단위 크기를 지정한다.

(8-44)
DOT_Seek

```
DWORD DOT_Seek(DWORD hOpenContext, long Amount, DWORD Type)
{
        DWORD dwRet = 0;
        DEBUGMSG(1,(TEXT("DOT: DOT_Seek\r\n")));
        return dwRet;
}
```

DOT_Seek 함수는 응용프로그램 또는 다른 드라이버가 도트 매트릭스 장치의 데이터 포인터를 변경시키고자 SetFilePointer() 함수를 호출했을 때 호출되는 함수이다.

(8-45)
DOT_IOControl

```
BOOL DOT_IOControl(DWORD hOpenContext, DWORD dwCode,
                   PBYTE pBufIn, DWORD dwLenIn, PBYTE pBufOut,
                   DWORD dwLenOut, PDWORD pdwActualOut)
{
    BOOL bStatus = TRUE;
    DEBUGMSG(1,(TEXT("DOT: DOT_IOControl\r\n")));

    switch(dwCode)
    {
        case IOCTL_DOT_FUNCTION_SET:
        {
            DOT_CS0 = 0x01;
            DOT_CS1 = 0x03;
            DOT_CS2 = 0x07;
            DOT_CS3 = 0x0f;
            DOT_CS4 = 0x1f;
```

```
                break;
            }

            default:
                bStatus = FALSE;
                break;
        }
        return bStatus;
}
```

DOT_IOControl 함수는 응용프로그램 또는 다른 드라이버가 DeviceIOControl() 함수를 호출할 때 호출되는 함수로서, 대부분의 디바이스 드라이버들은 장치와 통신하는 방법으로 IOControl 함수를 이용한다.

(8-46)
DOT_PowerUp

```
void DOT_PowerUp(DWORD hDeviceContext)
{
    DEBUGMSG(1,(TEXT("DOT: DOT_PowerUp\r\n")));
}
```

DOT_PowerUp 함수는 시스템 작동이 재개될 때 호출되는 함수로서, 전원 관리자가 없는 예전 방식의 디바이스 드라이버라면, 이 함수가 호출되는 것으로 언제 하드웨어에 전원을 공급하고, 이전의 상태로 되돌려 놓아야 하는지 알 수 있다.

(8-47)
DOT_PowerDown

```
void DOT_PowerDown(DWORD hDeviceContext)
{
    DEBUGMSG(1,(TEXT("DOT: DOT_PowerDown\r\n")));
}
```

DOT_PowerDown 함수는 시스템이 중지되기 직전에 호출되는 함수로서, 전원 관리자 인터페이스가 없는 예전 방식의 디바이스 드라이버라면 자신이 제어하는 하드웨어의 전원을 내리고 추후에 복구할 수 있도록 이전의 하드웨어 상태에 대한 정보를 보존해야 한다.

– \WINCE500\PLATFORM\XHyper27xTKU_BSP\src\drivers\IEB\dot 폴더에 dot.def 파일을 생성한 후 다음과 같이 작성한다.

XXX_Init, XXX_Open 등의 함수를 DLL 외부에서 쉽게 찾을 수 있도록 DEF(Module-Definition File) 파일을 사용하여 각 함수들을 DLL 익스포트 시킨다. 즉 외부에 공개되는 함수를 드라이버명.def 파일에 명시한다.

(8–48)
dot.def 파일

```
LIBRARY   DOT

EXPORTS   DOT_Init
          DOT_Deinit
          DOT_Open
          DOT_Close
          DOT_Read
          DOT_Write
          DOT_Seek
          DOT_IOControl
          DOT_PowerDown
          DOT_PowerUp
          DOT_DllEntry
```

LIBRARY 항목은 DLL을 생성하기 위한 LINK를 말하며, EXPORTS 항목은 외부에서 쉽게 찾을 수 있도록 외부에 알릴 함수를 설정하는 항목이다.

– \WINCE500\PLATFORM\XHyper27xTKU_BSP\src\drivers\IEB\dot 폴더에 source 파일을 생성한 후 다음과 같이 작성한다.

"sources" 파일에 컴파일을 수행하기 위한 필요한 라이브러리와 소스파일들을 명시한다.

(8–49)
source 파일

```
TARGETNAME=dot
TARGETTYPE=DYNLINK
RELEASETYPE=PLATFORM
TARGETDEFNAME=dot
DEFFILE=dot.def
WINCETARGETFILE0=dot.def
```

```
INCLUDES= \
          ..\..\..\inc; \
          ..\..\..\..\..\common\src\inc; \
          ..\..\..\xllp\inc; \

TARGETLIBS= \
          $(_COMMONSDKROOT)\lib\$(_CPUINDPATH)\coredll.lib

PREPROCESSDEFFILE=1

DLLENTRY=DOT_DllEntry

SOURCES=dot.cpp
```

"TARGETNAME=dot" 항목은 "dot"라는 파일을 생성하라는 의미이고, "TARGETTYPE=DYNLINK" 항목은 DLL(Dynamic Link Library)의 생성을 의미한다. 두 항목을 붙여서 해석해보면, 만들어질 파일은 "dot.dll"이라는 것을 의미한다. "RELEASETYPE=PLATFORM" 항목은 "dot.dll" 파일을 생성할 위치를 지정해 주는 항목으로 PLATFORM가 의미하는 위치는 _RELEASEDIR=$(_TARGETPLATROOT)\target\$(_CPUDIR)이다. 이 위치는 결국 \WINCE500\PLATFORM\XHyper27xTKU_BSP\target\ARMV4I\retail가 된다.

"DEFFILE"항목은 함수 정의 파일을 지정해 주는 항목이고, "WINCETARGETFILE0" 항목은 현재 디렉터리에서 BUILD.exe가 소스코드를 빌드하기 전에 빌드해야 하는 Nonstandard Target 파일을 지정해 주는 항목이다.

"TARGETLIBS" 항목은 함수 포인터의 정보를 어떤 라이브러리와 매핑을 시킬지 지정해 주는 항목이고, "DLLENTRY" 항목은 DLL라는 확장자를 가진 파일의 시작점을 지정해 주는 항목이고, "SOURCES" 항목은 디바이스 드라이버 모듈을 생성하는데 필요한 소스코드 파일들을 지정하는 항목이다.

- \WINCE500\PLATFORM\XHyper27xTKU_BSP\src\drivers\IEB\dot 폴더에 makefile 파일을 생성한 후 다음과 같이 작성한다.

"makefile" 파일은 "BUILD.exe"를 사용하여 모듈소스를 빌드할 때 필요로 한 빌드정보를 가진 파일로서, 소스파일들을 컴파일하고 빌드하기 위한 정해진 규칙을 명시해 놓은 파일이다.

(8-50)
makefile 파일

```
#
# DO NOT EDIT THIS FILE!!! Edit .\sources. if you want to add a new source
# file to this component. This file merely indirects to the real make file
# that is shared by all the components of Windows CE.
#
!INCLUDE $(_MAKEENVROOT)\makefile.def
```

BUILD.exe가 모듈소스를 빌드할 때 실제로 사용하게 될 makefile인 makefile.def 파일을 적어준다. "$(_MAKEENVROOT)"라는 환경변수는 "\WINCE500\PUBLIC\COMMON\OAK\MISC" 폴더를 의미한다.

– 디바이스 드라이버를 운영체제 이미지에 포함시키기 위해 platform.bib 파일의 MODULES 영역에 dot.dll 디바이스 드라이버를 추가한다.

추가할 파일	생성될 타깃 위치	압축될 장소	속성
dot.dll	$(_FLATRELEASEDIR)\dot.dll	NK	

BIB 파일은 압축할 파일들에 대한 정보와 압축이미지의 속성을 결정한다. 특히 개발자는 platform.bib 파일을 사용하여 특별한 항목을 이미지에 추가할 수 있다. BIB(Binary Image Builder) 파일은 이미지를 생성할 때 어떤 모듈이나 파일을 추가할지를 설정하는 파일로, ROM 이미지를 만들어내는 Romimage.exe 프로그램은 이미지를 생성할 때, BIB 파일을 참조하여 어떤 모듈이나 파일들을 추가할지를 결정한다.

〈표 8-24〉 속성

문 자	설 명
S	시스템 속성
H	숨김 속성
K	커널모드 속성
X	서명된 정보를 가지고 이미지 파일에 압축되도록 함.
L	데이터영역이 연속적인 공간상에서 존재하도록 함.

– platform.reg 파일의 적절한 위치에 다음 코드를 추가한다.

```
;--------------------------------------
; DOT
;--------------------------------------
[HKEY_LOCAL_MACHINE\Drivers\BuiltIn\DOT]
  "Dll"="dot.dll"
  "Prefix"="DOT"
  "Index"=dword:1
  "Order"=dword:0
  "Ioctl"=dword:4
```

REG 파일은 타깃보드에서 작동될 운영체제의 레지스트리 파일을 만드는 데 사용되며, 레지스트리 키의 요소와 값에 따라 디바이스의 I/O 포트 주소, DMA, IRQ 설정 등 다양한 정보를 입력 수정할 수 있다.

platform.reg 파일에 추가하는 내용을 살펴보면, “Dll” 항목은 드라이버의 파일 이름을 나타내며, “Prefix” 항목은 드라이버의 접두어를, “Index” 항목은 접두어가 같은 장치를 각각 식별하기 위한 값을 나타낸다. 또한, “Order” 항목은 메모리에 적재되는 순서를 나타내며 ‘0’이 가장 빠른 순서이며, “Ioctl” 항목은 IO Control 코드를 나타낸다.

8.3.3 Key Matrix Device Driver

X-Hyper270-TKU에 있는 4 × 4키 매트릭스는 4비트 입력키와 4비트 출력키로 구성되어 있다.

0번부터 15번까지 16개의 푸시버튼(push button)이 있고 그 중 하나를 누르면 몇 번 키가 눌러졌는지를 출력한다.

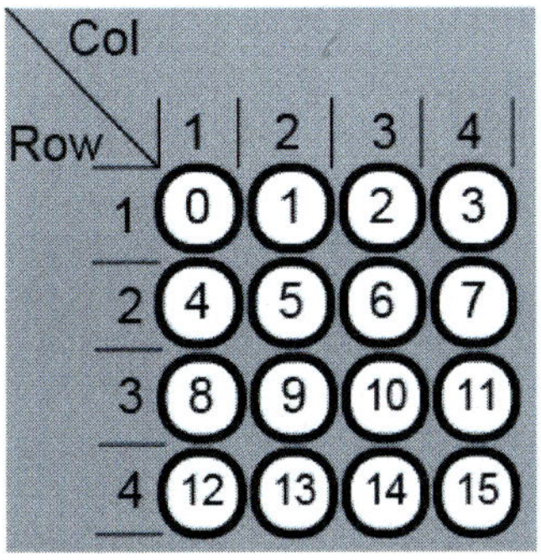

[그림 8-59] Key Matrix

제 8 장

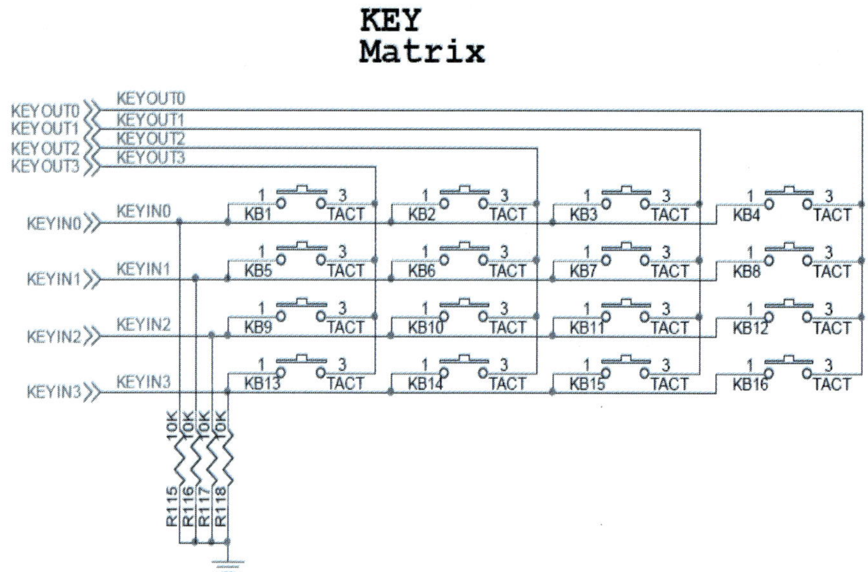

[그림 8-60]
Key Matrix **회로 구성도**

회로를 보면 출력에 4개의 데이터 라인만 사용하고 입력 역시 4개의 데이터 라인만 사용한다. 출력과 입력의 데이터 라인의 개수를 곱하면 (4 × 4 = 16) 16이 나온다. 이 말은 검출해 낼 수 있는 최대키의 개수가 16개라는 것을 의미한다.

16개의 키 중 어느 키가 눌러졌는지를 알기 위해서는 아래와 같다.

출력 측의 4개의 데이터 라인인 KEYOUT0, KEYOUT1, KEYOUT2, KEYOUT3 중 하나의 라인만 1로 설정하고 나머지 라인은 0으로 되어야 한다. KEYOUT0이 1로 설정되면 KEYIN0 ~ KEYIN3의 입력을 통해서 KEY4, KEY8, KEY12, KEY16 중 어느 KEY가 눌러졌는지를 알 수 있다. 또한, KEYOUT1 ~ KEYOUT3 역시 마찬가지로 KEYIN0 ~ KEYIN3의 입력값을 읽음으로써 어느 키가 눌러졌는지를 알 수가 있다.

먼저 무한루프를 돌려서 KEYOUT0 ~ KEYOUT3까지 한라인만 1로 설정한다. (KEYOUT0을 1로 설정하면 나머지 KEYOUT1 ~ KEYOUT3 데이터 라인은 0이다.) 이때 키가 눌러지면 KEYIN에서는 어떤 값이 입력될 것이다. KEYIN 값이 0이면 키가 눌러지지 않은 경우이므로 무한루프가 계속 돌면서 KEYOUT으로 데이터를 보내게 된다.(KEYOUT0, KEYOUT1, KEYOUT2, KEYOUT3이 순서대로 하나의 라인만 1로 설정된다.)

KEYIN에 어떤 값이 입력되어졌을 때 KEYOUT 중 어디에서 데이터가 출력이

됐는지를 체크한다. 만약에 KEYOUT0에서 데이터가 나온 것이라면 KEYIN의 값을 읽어서 KEY13 ~ KEY16 중 어느 것이 눌러졌는지를 알 수가 있다. KEYIN0로 값이 입력되면 KEY13이 눌러진 것이고 KEYIN1로 입력이 있으면 KEY14가 눌러진 것이고 KEYIN2로 입력이 있으면 KEY15가 눌러진 것이고 KEYIN3로 입력이 있으면 KEY16이 눌러진 것을 알 수가 있다.

키 입력과 출력에 대한 물리 주소는 입력용과 출력용으로 두 개가 할당되어 있고 CS4가 저수준(low)일 때 래치를 활성화하여 PXA270의 데이터버스의 하위 4비트를 통하여, 키 매트릭스로부터 데이터가 전달된다. 래치는 저장된 값을 PXA270의 데이터버스에 고정하는(holding) 것을 방지하려고 사용한다.

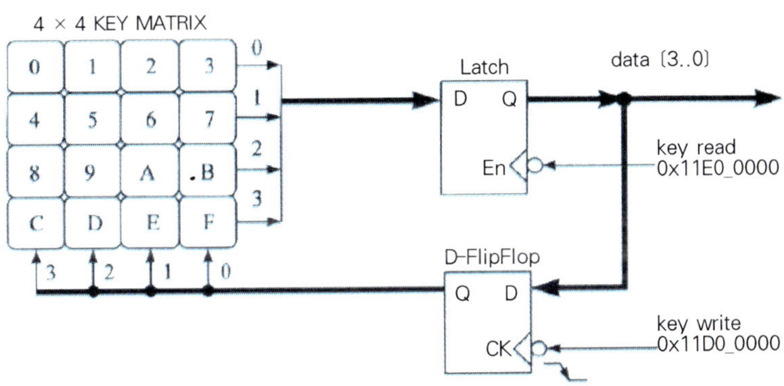

[그림 8-61] Key Matrix 회로 구성도

Key Matrix의 물리주소(접근번지)는 키 입력번지 0x11D0_0000와 키 출력번지 0x11E0_0000이 할당되어 있고 아래의 표와 같이 Address Table을 구성해서 보면 최상위 6비트(A31~26)가 CS4에 해당하고, 나머지 26비트 중 최상위 6비트(A25~20)가 실질적인 어드레스 디코딩을 위해 사용되고 있다.

〈표 8-25〉 Key Matrix Address Table

add	31	30	29	28	27	26	25	24	23	22	21	20	19	18	17	16	15	14	13	12	11	10	9	8	7	6	5	4	3	2	1	0
key_w	0	0	0	1	0	0	0	1	1	1	0	1	0	0	0	0	0	0	0	0	0	0	0	0	0	0	0	0	0	0	0	0
key_r	0	0	0	1	0	0	0	1	1	1	1	0	0	0	0	0	0	0	0	0	0	0	0	0	0	0	0	0	0	0	0	0
16진수	1				1				D				0				0				0				0				0			
16진수	1				1				E				0				0				0				0				0			

Key Matrix의 물리주소가 주어지면 CS4에 의해 FPGA가 선택되고 FPGA 내부에 있는 어드레스 디코딩 논리 회로에 의해 위의 그림과 같이 write에 해당하는 D-

제 8 장

플립플롭과 read에 해당하는 래치가 활성화되어 데이터를 읽고 쓸 수 있게 된다.

☞ 다음은 Key Matrix 디바이스 드라이버 소스코드 위주로 기술하였으며, 작성한 디바이스 드라이버를 어떻게 빌드하고 로드되는지, 작성한 파일들이 어떤 역할을 하는지 등 스트림 인터페이스 드라이버에 대해 자세히 알고 싶다면 앞장의 8.2.1 Character LCD 드라이버 제작 부분을 참고하기 바란다.

– \WINCE500\PLATFORM\XHyper27xTKU_BSP\src\drivers\IEB\ 폴더에 작성할 디바이스 드라이버를 저장할 Keypad라는 하위폴더를 생성한다. 생성한 폴더에 keypad.c 파일을 생성한 후 다음과 같이 함수들을 작성한다.

(8–51)
정의 부분

```
// CACHED_TO_UNCACHED_OFFSET
#define CACHED_TO_UNCACHED_OFFSET          0x20000000

#define FPGA_KEY_OUT            (0x96D00000)
#define FPGA_KEY_IN             (0x96E00000)

#define KEYOUT          (*((volatile unsigned char *)(mem_key_out)))
#define KEYIN           (*((volatile unsigned char *)(mem_key_in)))

#define KEY_OUT1        ( 1u << 0 )
#define KEY_OUT2        ( 1u << 1 )
#define KEY_OUT3        ( 1u << 2 )
#define KEY_OUT4        ( 1u << 3 )

#define KEYPAD_MASK     KEY_OUT1 | KEY_OUT2 | KEY_OUT3 | KEY_OUT4
```

위의 소스코드는 keypad.c 파일에서 정의 부분으로 물리주소와 매핑된 가상주소를 편리하게 이용하고, 쉽게 알아보도록 정의하였다.

(8–52)
DllEntry

```
BOOL WINAPI DllEntry(HANDLE hInstDll, DWORD dwReason, LPVOID lpvReserved)
{
    switch(dwReason)
    {
      case DLL_PROCESS_ATTACH:
          g_hInstance = hInstDll;
          RETAILMSG(1,(TEXT("SMO: DLL_PROCESS_ATTACH\r\n")));
          return TRUE;
```

```
        case DLL_PROCESS_DETACH:
            RETAILMSG(1,(TEXT("SMO: DLL_PROCESS_DETACH\r\n")));
            break;
    }
    return TRUE;
}
```

DllEntry 함수는 DLL이 로드/언로드될 때, 해당 프로세서에서 새로운 스레드가 생성되거나 파괴될 때 호출되며, 첫 번째 hinstDLL 인자는 DLL 모듈 핸들이며, 두 번째 dwReason 인자는 어떤 이유로 DllEntry 함수가 호출되었는지 알려준다. DLL_PROCESS_ATTACH 는 프로세서가 시작되거나 LoadLibrary가 호출되면서 현재 프로세서의 가상 주소영역에 DLL이 로드되는 것을 나타내며, DLL_PROCESS_DETACH 는 프로세서가 종료되었거나 FreeLibrary가 호출되면서 호출중인 프로세서의 가상 주소 영역으로부터 DLL이 언로드되는 것을 나타낸다. DllEntry 함수는 되도록 간단하게 작성해 주는 것이 좋으며, 간단한 초기화 작업 이외에 다른 작업을 하도록 작성하게 되면, Windwos CE 로더에서 문제가 발생할 소지가 있다.

(8-53) KPD_Init

```
DWORD KPD_Init(DWORD p1, DWORD p2)
{
    DEBUGMSG(1, (TEXT("KPD_Init(x%08x,x%08x):\r\n"), p1, p2));

    if(!KPD_MapAddresses())
    {
        DEBUGMSG(1, (TEXT("KPD_Init: KPD_InitializeAddresses Failed\r\n")));
        goto CleanUp;
    }

    mem_key_out = (FPGA_KEY_OUT + CACHED_TO_UNCACHED_OFFSET);
    mem_key_in  = (FPGA_KEY_IN + CACHED_TO_UNCACHED_OFFSET);
    DEBUGMSG(1, (L"KEY_OUT (%x), KEY_IN (%x)\r\n", mem_key_out, mem_key_in));

    g_KeypadThread = \
    CreateThread(NULL, 0, (LPTHREAD_START_ROUTINE) ButtonThread, NULL, 0, NULL);

    if(g_KeypadThread == NULL)
    {
        DEBUGMSG(1, (TEXT("KPD_Init: Failed to create Button Intterupt Thread\r\n")));
        goto CleanUp;
    }
```

제 8 장

```
    KPD_PowerUp();
    DEBUGMSG(1, (TEXT("KPD_Init: Success\r\n")));
    return(TRUE);

    CleanUp:
    KPD_Deinit(0);
    return (FALSE);
}
```

KPD_Init 함수는 키 매트릭스 디바이스 드라이버가 로드될 때 호출되는 드라이버 함수로서, 반환값이 1이면 디바이스 드라이버가 제대로 로드된 것이다.

CreateThread() 함수는 스레드를 생성하고자 호출되는 함수로서, 윈도우즈 CE 에서는 런타임 라이브러리가 스레드를 고려하여 설계되었고, 명시적인 스레드 초기화가 필요하지 않기 때문에 CreateThread() 함수를 직접 호출한다.

CreateThread() 함수를 살펴보면 다음과 같다.

```
Prototype
HANDLE CreateThread(
        LPSECURITY_ATTRIBUTES lpsa,
        DWORD cbStack,
        LPTHREAD_START_ROUTINE lpStartAddr,
        LPVOID lpvThreadParam,
        DWORD fdwCreate,
        LPDWORD lpIDThread
);
```

윈도우즈 CE에서는 CreateThread() 함수의 매개변수 가운데 일부만 지원하므로 나머지 매개변수는 적당히 "NULL" 또는 '0'으로 설정한다. 윈도우즈 CE 에서는 첫 번째 lpsa 매개변수는 지원하지 않으므로 NULL로 설정해야 하며, 두 번째 cbStack 매개변수는 fdwCreate 매개변수로 "STACK_SIZE_PARAM_IS_A_RESERVATION"을 지정한 경우에만 사용하고, 만약 무시하게 되면 스택크기는 컴파일 단계에서 Linker의 /STACK 옵션에 의해 결정된다. 윈도우즈 CE에서는 스레드가 생성될 때 스택 전체에 대해 램을 할당하지 않고 스택이 성장하는 만큼만 스택 메모리를 할당한다. 세 번째 lpStartAddr 매개변수는 스레드 루틴의 시작주소를 지정하므로, 스레드 함수의 포인터를 지정하고, 네 번째 lpvThreadParam 매개변수는 응용프로그램이 정의하는 값으로서, 스레드 함수에 전달되는 32비트 매개변수이다. 다섯 번째 fdwCreate 매개변수는 스레드 생성 관련 플래그를 설정할 수 있으며, '0' 또는 "CREATE_SUSPENDED" 이나 "STACK_SIZE_PARAM_IS_A_RESERVATION"로 설정할 수 있다.

"CREATE_SUSPENDED"로 설정하면 스레드가 실행이 중지된 상태로 생성이 되며, 스레드를 실행시키려면 ResumeThread() 함수를 호출해야 한다. 마지막 lpIDThread 매개변수는 스레드의 ID를 지정하며, "NULL"로 지정하면 스레드의 ID는 반환되지 않는다.

(8-54)
KPD_MapAddresses 함수와 KPD_UnMapAddresses 함수

```
BOOL KPD_MapAddresses(void)
{
   if(m_pGPIOReg == NULL)
   {
     PHYSICAL_ADDRESS ioPhysicalBase = {BULVERDE_BASE_REG_PA_GPIO,0};
     m_pGPIOReg = \
     (PBULVERDE_GPIO_REG)MmMapIoSpace(ioPhysicalBase, sizeof(BULVERDE_GPIO_REG),FALSE);
   }

   if(!m_pGPIOReg)
   {
     goto CleanUp;
   }
   return TRUE;

   CleanUp:
   DEBUGMSG(1, (TEXT("KPD_InitializeAddresses Failed\r\n")));
   KPD_UnMapAddresses();
   return FALSE;
}
////////////////////////////////////////////////////////////////////////////////////////////////
void KPD_UnMapAddresses(void)
{
   if(m_pGPIOReg)
   {
     MmUnmapIoSpace(m_pGPIOReg,0);
     m_pGPIOReg = NULL;
   }

   return;
}
```

MmMapIoSpace() 함수는 장치에 직접 매핑된 가상주소를 제공하는 함수로써, 함수에 대해 살펴보면 다음과 같다.

```
Prototype
PVOID MmMapIoSpace(
        PHYSICAL_ADDRESS PhysicalAddress,
        ULONG NumberOfBytes,
        BOOLEAN CacheEnable
);
```

첫 번째 PhysicalAddress 인자는 매핑을 위한 I/O 범위에서의 물리적 주소의 시작을 지정하며, 두 번째 NumberOfBytes 인자는 매핑할 바이트 단위의 크기를 지정하며, 세 번째 CacheEnable 인자는 캐시영역에 메모리를 할당할 것인가를 지정하는 인자로서, FLASE는 Non-캐시영역을 의미한다.

MmUnmapIoSpace() 함수는 MmMapIoSpace() 함수에 의해 매핑된 주소영역을 해제하는 함수로서, 함수에 대해 살펴보면 다음과 같다.

```
Prototype
VOID MmUnmapIoSpace(
        PVOID BaseAddress,
        ULONG NumberOfBytes
);
```

첫 번째 BaseAddress 인자는 MmMapIoSpace() 함수가 물리적인 페이지들을 매핑했던 가상주소의 포인터를 지정하며, 두 번째 NumberOfBytes 인자는 MmMapIoSpace() 함수가 매핑했던 바이트 단위의 크기를 지정한다.

(8-55)
ButtonThread

```
INT WINAPI ButtonThread(void)
{
    RETAILMSG(1, (L"ButtonThread 1 \r\n"));

    while(1)
    {

        int in, out, value;
        int i = 0;
        KEYOUT = KEYPAD_MASK;
        in = KEYIN;

        if( in == 15 )
        {
```

```
            Sleep(150);
            continue ;
        }
        else
        {
            KEYOUT = KEY_OUT1;
            out = 1;
            in = KEYIN;
            Print_Key(out, in);
            KEYOUT = KEY_OUT2;
            out = 2;
            in = KEYIN;
            Print_Key(out, in);

            KEYOUT = KEY_OUT3;
            out = 3;
            in = KEYIN;
            Print_Key(out, in);

            KEYOUT = KEY_OUT4;
            out = 4;
            in = KEYIN;
            Print_Key(out, in);
        }
        Sleep(150);
    }
    return 0;
}
```

ButtonThread는 키가 눌렸을 때 실행되는 이벤트 스레드이다.

(8-56)
Print_Key 함수

```
void Print_Key(int out, int in)
{
    switch(out)
    {
        case 1:
                if(in == 1)
                {
                    DEBUGMSG(1,(L"key 4 is pressed\r\n"));
                    key_data = 4;
                }
                else if(in == 2)
                {
                    DEBUGMSG(1,(L"key 8 is pressed\r\n"));
                    key_data = 8;
                }
```

```
        else if(in == 4)
        {
            DEBUGMSG(1,(L"key 12 is pressed\r\n"));
            key_data = 12;
        }
        else if(in == 8)
        {
            DEBUGMSG(1,(L"key 16 is pressed\r\n"));
            key_data = 16;
        }
        break;

    case 2:
        if(in == 1)
        {
            DEBUGMSG(1,(L"key 3 is pressed\r\n"));
            key_data = 3;
        }
        else if(in == 2)
        {
            DEBUGMSG(1,(L"key 7 is pressed\r\n"));
            key_data = 7;
        }
        else if(in == 4)
        {
            DEBUGMSG(1,(L"key 11 is pressed\r\n"));
            key_data = 11;
        }
        else if(in == 8)
        {
            DEBUGMSG(1,(L"key 15 is pressed\r\n"));
            key_data = 15;
        }
        break;

    case 3:
        if(in == 1)
        {
            DEBUGMSG(1,(L"key 2 is pressed\r\n"));
            key_data = 2;
        }
        else if(in == 2)
        {
            DEBUGMSG(1,(L"key 6 is pressed\r\n"));
            key_data = 6;
        }
        else if(in == 4)
        {
            DEBUGMSG(1,(L"key 10 is pressed\r\n"));
            key_data = 10;
```

```
            }
            else if(in == 8)
            {
                DEBUGMSG(1,(L"key 14 is pressed\r\n"));
                key_data = 14;
            }
            break;

        case 4:
            if(in == 1)
            {
                DEBUGMSG(1,(L"key 1 is pressed\r\n"));
                key_data = 1;
            }
            else if(in == 2)
            {
                DEBUGMSG(1,(L"key 5 is pressed\r\n"));
                key_data = 5;
            }
            else if(in == 4)
            {
                DEBUGMSG(1,(L"key 9 is pressed\r\n"));
                key_data = 9;
            }
            else if(in == 8)
            {
                DEBUGMSG(1,(L"key 13 is pressed\r\n"));
                key_data = 13;
            }
            break;
    }
}
```

Print_Key() 함수는 어떤 키가 눌렸는지 판단하기 위한 함수이다.

(8-57)
KPD_Deinit

```
BOOL KPD_Deinit(DWORD p1)
{
    DEBUGMSG(1, (TEXT("KPD_DeInit(x%08x):\r\n"), p1));

    if(g_KeypadThread)
    CloseHandle(g_KeypadThread);

    KPD_UnMapAddresses();

    return (TRUE);
}
```

KPD_Deinit 함수는 키 매트릭스 디바이스 드라이버가 언로드될 때 호출되는 함수로서, 반환값이 "TRUE"이면 디바이스 드라이버가 제대로 언로드된 것이다.

(8-58)
KPD_Open

```
DWORD KPD_Open (DWORD dwData, DWORD dwAccess, DWORD dwShareMode)
{
        DEBUGMSG(1, (TEXT("KPD_Open:\r\n")));
        return(0x12345678);
}
```

KPD_Open 함수는 응용프로그램 또는 다른 드라이버가 키 매트릭스 디바이스 드라이버를 열고자 CreateFile() 함수를 호출했을 때 호출되는 함수이다.

(8-59)
KPD_Close

```
BOOL KPD_Close(DWORD dwData)
{
      DEBUGMSG(1, (TEXT("KPD_Close:\r\n")));
      return (TRUE);
}
```

KPD_Close 함수는 이전에 키 매트릭스 디바이스 드라이버를 열었던 응용프로그램 또는 다른 드라이버가 키 매트릭스 디바이스 드라이버를 닫고자 CloseHandle() 함수를 호출했을 때 호출되는 함수로서, 반환값이 "TRUE"이면 디바이스 드라이버가 제대로 닫기가 된 것이다.

(8-60)
KPD_Read

```
DWORD KPD_Read (DWORD dwData,  LPVOID pBuf, DWORD Len)
{
        DWORD dwRet = 0;
        memcpy(pBuf, &key_data, Len);
        return (0);
}
```

KPD_Read 함수는 키 매트릭스 장치에서 데이터를 읽어오고자 응용프로그램 또는 다른 드라이버가 ReadFile() 함수를 호출했을 때 호출되는 함수이다.

(8-61)
KPD_Write

```
DWORD KPD_Write(DWORD dwData, LPCVOID pBuf, DWORD Len)
{
        return (0);
}
```

KPD_Write 함수는 키 매트릭스에 데이터를 쓰고자 응용프로그램 또는 다른 드라이버가 WriteFile() 함수를 호출했을 때 호출되는 함수이다.

(8-62)
KPD_Seek

```
DWORD KPD_Seek (DWORD dwData, long pos, DWORD type)
{
        return (DWORD)-1;
}
```

KPD_Seek 함수는 응용프로그램 또는 다른 드라이버가 키 매트릭스 장치의 데이터 포인터를 변경시키고자 SetFilePointer() 함수를 호출했을 때 호출되는 함수이다.

(8-63)
KPD_IOControl

```
BOOL KPD_IOControl(DWORD hOpenContext, DWORD dwCode, PBYTE pBufIn,
                   DWORD dwLenIn, PBYTE pBufOut, DWORD dwLenOut,
                   PDWORD pdwActualOut)
{
     return(FALSE);
}
```

KPD_IOControl 함수는 응용프로그램 또는 다른 드라이버가 DeviceIOControl() 함수를 호출할 때 호출되는 함수로서, 대부분의 디바이스 드라이버들은 장치와 통신하는 방법으로 IOControl 함수를 이용한다.

(8-64)
KPD_PowerUp

```
void KPD_PowerUp(void)
{
    DEBUGMSG(1, (TEXT("KPD_PowerUp:\r\n")));
    return;
}
```

KPD_PowerUp 함수는 시스템 작동이 재개될 때 호출되는 함수로서, 전원 관리자가 없는 예전 방식의 디바이스 드라이버라면, 이 함수가 호출되는 것으로

제 8 장

언제 하드웨어에 전원을 공급하고, 이전의 상태로 되돌려 놓아야 하는지 알 수 있다.

(8-65)
KPD_PowerDown

```
BOOL KPD_PowerDown(void)
{
        DEBUGMSG(1, (TEXT("KPD_PowerDown:\r\n")));
        return(TRUE);
}
```

KPD_PowerDown 함수는 시스템이 중지되기 직전에 호출되는 함수로서, 전원 관리자 인터페이스가 없는 예전 방식의 디바이스 드라이버라면 자신이 제어하는 하드웨어의 전원을 내리고 추후에 복구할 수 있도록 이전의 하드웨어 상태에 대한 정보를 보존해야 한다.

- \WINCE500\PLATFORM\XHyper27xTKU_BSP\src\drivers\IEB\Keypad 폴더에 kpd.def 파일을 생성한 후 다음과 같이 작성한다.

XXX_Init, XXX_Open 등의 함수를 DLL 외부에서 쉽게 찾을 수 있도록 DEF(Module-Definition File) 파일을 사용하여 각 함수들을 DLL 익스포트 시킨다. 즉 외부에 공개되는 함수를 드라이버명.def 파일에 명시한다.

(8-66)
kpd.def 파일

```
LIBRARY   KPD

EXPORTS   KPD_Init
          KPD_Deinit
          KPD_Open
          KPD_Close
          KPD_Read
          KPD_Write
          KPD_Seek
          KPD_IOControl
          KPD_PowerDown
          KPD_PowerUp
          DllEntry
```

LIBRARY 항목은 DLL을 생성하기 위한 LINK를 말하며, EXPORTS 항목은 외부에서 쉽게 찾을 수 있도록 외부에 알릴 함수를 설정하는 항목이다.

– \WINCE500\PLATFORM\XHyper27xTKU_BSP\src\drivers\IEB\Keypad 폴더에 source 파일을 생성한 후 다음과 같이 작성한다.

"sources" 파일에 컴파일을 수행하기 위한 필요한 라이브러리와 소스파일들을 명시한다.

(8-67) source 파일

```
TARGETNAME=kpd
TARGETTYPE=DYNLINK
RELEASETYPE=PLATFORM

TARGETDEFNAME=kpd
DEFFILE=kpd.def
WINCETARGETFILE0=kpd.def

INCLUDES= \
        ..\..\..\inc; \
        ..\..\..\..\..\common\src\inc; \
        ..\..\..\xllp\inc; \

TARGETLIBS= \
          $(_COMMONSDKROOT)\lib\$(_CPUINDPATH)\coredll.lib \
          $(_COMMONOAKROOT)\lib\$(_CPUINDPATH)\ceddk.lib \

DLLENTRY=DllEntry

SOURCES=keypad.c
```

"TARGETNAME=kpd" 항목은 "kpd"라는 파일을 생성하라는 의미이고, "TARGETTYPE=DYNLINK" 항목은 DLL(Dynamic Link Library)의 생성을 의미한다. 두 항목을 붙여서 해석해보면, 만들어질 파일은 "kpd.dll"이라는 것을 의미한다. "RELEASETYPE=PLATFORM" 항목은 "kpd.dll" 파일을 생성할 위치를 지정해 주는 항목으로 PLATFORM가 의미하는 위치는 _RELEASEDIR=$(_TARGETPLATROOT)\target\$(_CPUDIR)이다. 이 위치는 결국 \WINCE500\PLATFORM\XHyper27xTKU_BSP\target\ARMV4I\retail가 된다.

"DEFFILE"항목은 함수 정의 파일을 지정해 주는 항목이고, "WINCETARGETFILE0" 항목은 현재 디렉터리에서 BUILD.exe가 소스코드를 빌드하기 전에 빌드해야 하는 Nonstandard Target 파일을 지정해 주는 항목이다.

"TARGETLIBS" 항목은 함수 포인터의 정보를 어떤 라이브러리와 매핑을 시킬지 지정해 주는 항목이고, "DLLENTRY" 항목은 DLL라는 확장자를 가진 파일의 시작점을 지정해 주는 항목이고, "SOURCES" 항목은 디바이스 드라이버 모듈을 생성하는데 필요한 소스코드 파일들을 지정하는 항목이다.

– \WINCE500\PLATFORM\XHyper27xTKU_BSP\src\drivers\IEB\Keypad 폴더에 makefile 파일을 생성한 후 다음과 같이 작성한다.

"makefile" 파일은 "BUILD.exe"를 사용하여 모듈소스를 빌드할 때 필요로 한 빌드정보를 가진 파일로서, 소스파일들을 컴파일하고 빌드하기 위한 정해진 규칙을 명시해 놓은 파일이다.

(8-68)
makefile 파일

```
#
# DO NOT EDIT THIS FILE!!! Edit .\sources. if you want to add a new source
# file to this component. This file merely indirects to the real make file
# that is shared by all the components of Windows CE.
#
!INCLUDE $(_MAKEENVROOT)\makefile.def
```

BUILD.exe가 모듈소스를 빌드할 때 실제로 사용하게 될 makefile인 makefile.def 파일을 적어준다. "$(_MAKEENVROOT)"라는 환경변수는 "\WINCE500\PUBLIC\COMMON\OAK\MISC" 폴더를 의미한다.

– 디바이스 드라이버를 운영체제 이미지에 포함시키기 위해 platform.bib 파일의 MODULES 영역에 kpd.dll 디바이스 드라이버를 추가한다.

추가할 파일	생성될 타깃 위치	압축될 장소	속성
kpd.dll	$(_FLATRELEASEDIR)\kpd.dll	NK	

BIB 파일은 압축할 파일들에 대한 정보와 압축이미지의 속성을 결정한다. 특히 개발자는 platform.bib 파일을 사용하여 특별한 항목을 이미지에 추가할 수 있다. BIB(Binary Image Builder) 파일은 이미지를 생성할 때 어떤 모듈이나 파일을 추가할지를 설정하는 파일로, ROM 이미지를 만들어내는 Romimage.exe 프로그램은 이미지를 생성할 때, BIB 파일을 참조하여 어떤 모듈이나 파일들을

추가할지를 결정한다.

〈표 8-26〉 속성

문 자	설 명
S	시스템 속성
H	숨김 속성
K	커널모드 속성
X	서명된 정보를 가지고 이미지 파일에 압축되도록 함.
L	데이터영역이 연속적인 공간상에서 존재하도록 함.

– platform.reg 파일의 적절한 위치에 다음 코드를 추가한다.

```
;------------------------------------
; KPD
;------------------------------------
[HKEY_LOCAL_MACHINE\Drivers\BuiltIn\KPD]
   "Dll"="kpd.dll"
   "Prefix"="KPD"
   "Index"=dword:1
   "Order"=dword:0
   "Ioctl"=dword:4
```

REG 파일은 타깃보드에서 작동될 운영체제의 레지스트리 파일을 만드는 데 사용되며, 레지스트리 키의 요소와 값에 따라 디바이스의 I/O 포트 주소, DMA, IRQ 설정 등 다양한 정보를 입력 수정할 수 있다.

platform.reg 파일에 추가하는 내용을 살펴보면, "Dll" 항목은 드라이버의 파일 이름을 나타내며, "Prefix" 항목은 드라이버의 접두어를, "Index" 항목은 접두어가 같은 장치를 각각 식별하기 위한 값을 나타낸다. 또한, "Order" 항목은 메모리에 적재되는 순서를 나타내며 '0'이 가장 빠른 순서이며, "Ioctl" 항목은 IO Control 코드를 나타낸다.

8.3.4 Step Motor Device Driver

스텝모터는 정확한 각도 제어에 유리하여 지폐 계수기, 팩시밀리, 위치제어, 프린터 제어 등 OA, FA에 많이 사용되고 있다. X-Hyper270-TKU에서 스텝모터는 입력펄스(input electrical pulse)를 L297칩을 이용하여 디지털 값으로 제어하여 방향 및 속도 제어에 HALF STEP MODE에서 4개의 펄스 위상(차)을 이용하도록 설계되었다. 아래의 그림은 모터를 컨트롤하는 스텝모터 제어기인 L297칩으로 스텝모터를 해당 주소번지에 데이터버스 하위 4비트 데이터를 전달하는 방법으로 통해 제어하게 되어 있다.

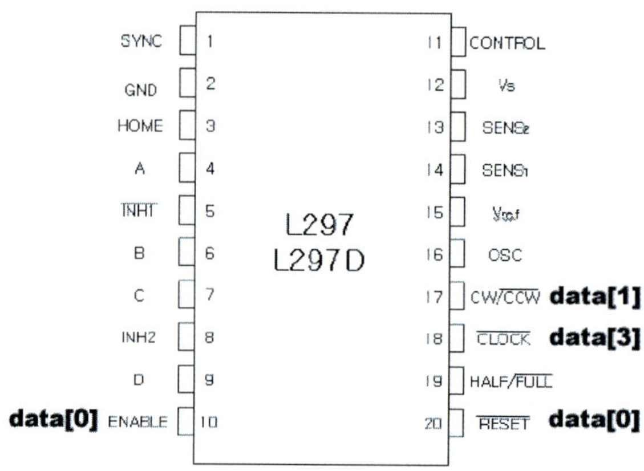

[그림 8-62] L297/L297D 핀 배치도

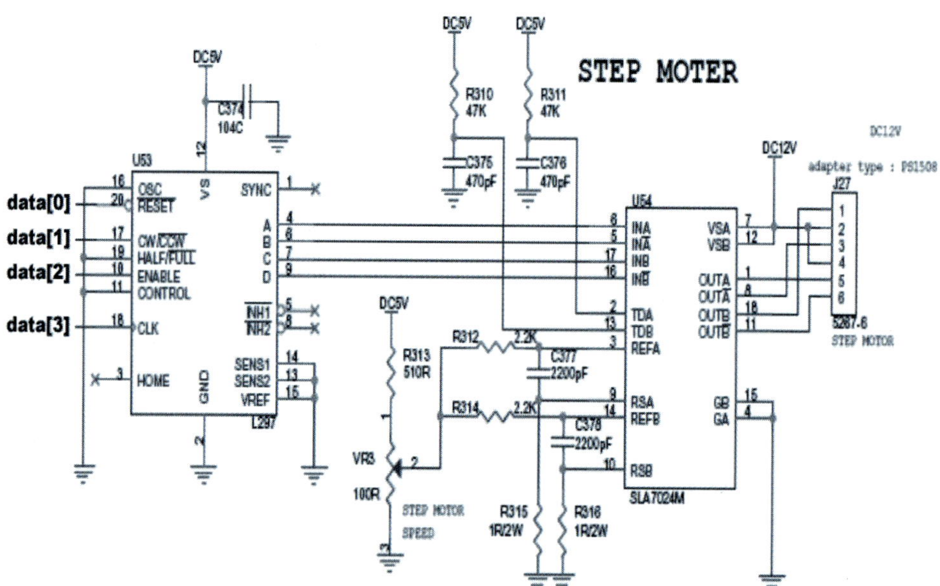

[그림 8-63] 스텝모터 컨트롤러 회로 구성도

L297의 장점은 회로가 간단하고 크기가 작으며 평균 200에서 250mA 정도의 적은 소모전류와 2000에서 4000pps 이상의 고속구동이 가능하다는 것이다.

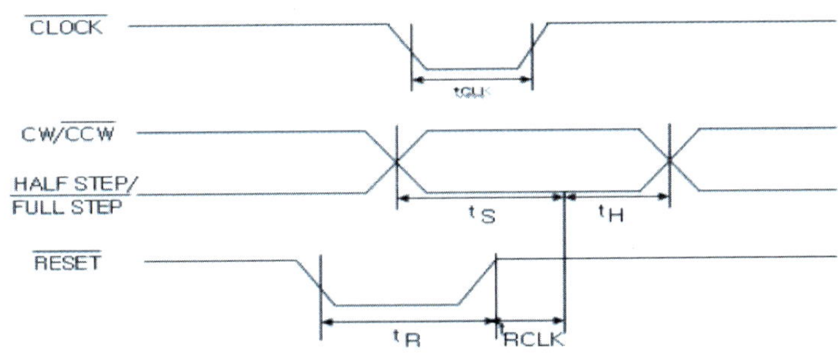

[그림 8-64] L297/L297D 타이밍도

CW/CCW 핀은 모터를 시계방향으로 돌릴지 반시계 방향으로 돌릴지를 결정한다. HIGH 신호를 주면 CW(시계방향)으로 돌고 LOW 신호를 주면 CCW(반시계 방향)으로 돌게 된다.

ENABLE핀은 L297을 동작시키는 핀으로, ENABLE핀에 HIGH 신호를 주지 않으면 L297이 동작을 하지 않는다(항상 HIGH가 되어야 한다).

CLK핀은 Clock을 의미하며, 이것에 의해 모터의 속도가 결정된다. 즉 주파수가 높으면 그만큼 모터의 속도가 빨라지고 주파수가 낮으면 속도가 느려진다(프로그램상에서 타이머 인터럽트 시간을 줄였다 늘렸다 하면서 모터의 속도를 조절하게 되어 있다).

스텝모터의 물리주소(접근번지)는 0x1210_0000에 할당되어 있고 아래의 표와 같이 Address Table을 구성해서 보면 최상위 6비트(A31~26)가 CS4에 해당하고, 나머지 26비트 중 최상위 6비트(A25~20)가 실질적인 어드레스 디코딩을 위해 사용되고 있다.

〈표 8-27〉 스텝모터 Address Table

add	31	30	29	28	27	26	25	24	23	22	21	20	19	18	17	16	15	14	13	12	11	10	9	8	7	6	5	4	3	2	1	0
STEP	0	0	0	1	0	0	1	0	0	0	0	1	0	0	0	0	0	0	0	0	0	0	0	0	0	0	0	0	0	0	0	0
16진수	1				2				1				0				0				0				0				0			

스텝모터의 물리주소가 주어지면 CS4에 의해 FPGA가 선택되고 FPGA 내부에 있는 어드레스 디코딩 논리 회로에 의해 내부적으로 스텝모터가 선택되고 데이터 라인이 연결되어 데이터 값이 전달된다.

☞ 다음은 스텝모터 디바이스 드라이버 소스코드 위주로 기술하였으며, 작성한 디바이스 드라이버를 어떻게 빌드하고 로드되는지, 작성한 파일들이 어떤 역할을 하는지 등 스트림 인터페이스 드라이버에 대해 자세히 알고 싶다면 앞장의 8.2.1 Character LCD 드라이버 제작 부분을 참고하기 바란다.

– \WINCE500\PLATFORM\XHyper27xTKU_BSP\src\drivers\IEB\ 폴더에 작성할 디바이스 드라이버를 저장할 stmotor라는 하위폴더를 생성한다. 생성한 폴더에 smo.h 헤더파일을 생성한 후 다음과 같이 소스코드를 작성한다.

(8-69)
smo.h 파일

```
#ifndef __SMO_H__

#define __SMO_H__
#define IOCTL_SMO_FUNCTION_SET          (WM_USER + 101)
#define IOCTL_MOTOR_Forward             (WM_USER + 101)
#define IOCTL_MOTOR_Reverse             (WM_USER + 102)
#define IOCTL_MOTOR_SpeedUp             (WM_USER + 103)
#define IOCTL_MOTOR_SpeedDown           (WM_USER + 104)
#define IOCTL_MOTOR_STOP                (WM_USER + 105)

#endif // __SMO_H__
```

윈도우즈 CE는 IOCTL 코드에 대해 사전처리를 거의 하지 않기 때문에 디바이스 드라이버 개발자는 이 코드로 임의의 값을 사용할 수 있다.

WM_USER는 한 윈도우 클래스를 위한 고유의 메시지를 정의하기 위한 상수값으로, 이 범위 이후부터 윈도우 클래스의 사용자 정의 메시지를 만들 수 있다. 이 값은 0x400으로 정의되어 있으며, 보통 "WM_USER + n" 형태로 사용자 정의 메시지를 정의한다. 이때 사용하는 n은 1보다 큰 정수이며, 사용자 정의 메시지 간의 구분을 위해 사용된다. 만약에 여러 개의 사용자 정의 메시지가 필요하다면, WM_USER + 1, WM_USER + 2, WM_USER + 3, ... 등의 형태로 계속 n을 증가시키며 사용자 정의 메시지를 정의할 수 있다.

– \WINCE500\PLATFORM\XHyper27xTKU_BSP\src\drivers\IEB\stmotor 폴더에 smo.cpp 파일을 생성한 후 다음과 같이 함수들을 작성한다.

(8-70)
정의 부분

```
// CACHED_TO_UNCACHED_OFFSET
#define CACHED_TO_UNCACHED_OFFSET     0x20000000

#define FPGA_SMO_CS0  (0x97200000)
#define SMO_CS            (*(volatile unsigned short *)\
                          ( FPGA_SMO_CS0 + CACHED_TO_UNCACHED_OFFSET ))

#define ST_MOTOR_SetBit(x)        { motor_port |=  (1<<(x)); SMO_CS = motor_port; }
#define ST_MOTOR_ClearBit(x)      { motor_port &= ~(1<<(x)); SMO_CS = motor_port; }

#define OIER_E1                   (1 << 1)
#define OSSR_M1                   (1 << 1)
#define OSTIMER_ON   pOSTRegs->oier |= OIER_E1; pOSTRegs->ossr = OSSR_M1
#define OSTIMER_OFF  pOSTRegs->oier &= ~OIER_E1; pOSTRegs->ossr = OSSR_M1

#define Sec_Clk                 3686400
#define Usec_Clk                (Sec_Clk/100000)  // 100uSec

#define Forward                 1
#define Reverse                 0

#define CLK                     3
#define ENABLE                  2
#define CW_CCW                  1
#define RESET                   0
```

위의 소스코드는 smo.cpp 파일에서 정의 부분으로 물리주소와 매핑된 가상주소를 편리하게 이용하고, 쉽게 알아보도록 정의하였으며, 모터를 제어하기 위한 다양한 변수들도 정의하였다.

(8-71)
SMO_DllEntry

```
BOOL WINAPI SMO_DllEntry(HANDLE hinstDLL, DWORD dwReason, LPVOID /* lpvReserved */)
{
      switch(dwReason)
      {
          case DLL_PROCESS_ATTACH:
              g_hInstance = hinstDLL;
              DEBUGMSG(1,(TEXT("SMO: DLL_PROCESS_ATTACH\r\n")));
              return TRUE;

          case DLL_PROCESS_DETACH:
              DEBUGMSG(1,(TEXT("SMO: DLL_PROCESS_DETACH\r\n")));
              break;
      }
      return TRUE;
}
```

SMO_DllEntry 함수는 DLL이 로드/언로드될 때, 해당 프로세서에서 새로운 스레드가 생성되거나 파괴될 때 호출되며, 첫 번째 hinstDLL 인자는 DLL 모듈 핸들이며, 두 번째 dwReason 인자는 어떤 이유로 DllEntry 함수가 호출되었는지 알려준다. DLL_PROCESS_ATTACH 는 프로세서가 시작되거나 LoadLibrary가 호출되면서 현재 프로세서의 가상 주소영역에 DLL이 로드되는 것을 나타내며, DLL_PROCESS_DETACH 는 프로세서가 종료되었거나 FreeLibrary가 호출되면서 호출 중인 프로세서의 가상 주소 영역으로부터 DLL이 언로드되는 것을 나타낸다. DllEntry 함수는 되도록 간단하게 작성해 주는 것이 좋으며, 간단한 초기화 작업 이외에 다른 작업을 하도록 작성하게 되면, Windwos CE 로더에서 문제가 발생할 소지가 있다.

(8-72)
SMO_Init

```
DWORD SMO_Init(DWORD dwContext)
{
        DWORD dwRet = 0;
        DEBUGMSG(1,(TEXT("SMO: SMO_Init\r\n")));

        if(pOSTRegs == NULL)
        {
            PHYSICAL_ADDRESS RegPA = { BULVERDE_BASE_REG_PA_OST, 0 };
            pOSTRegs = ( XLLP_OST_T *) MmMapIoSpace(RegPA, sizeof(XLLP_OST_T), FALSE);
        }

        // Set return value to non-zero.
        dwRet = 1;
        return dwRet;
}
```

SMO_Init 함수는 스텝모터 디바이스 드라이버가 로드될 때 호출되는 드라이버 함수로서, 반환값이 1이면 디바이스 드라이버가 제대로 로드된 것이다.

MmMapIoSpace() 함수는 장치에 직접 매핑된 가상주소를 제공하는 함수로서, 함수에 대해 살펴보면 다음과 같다.

```
Prototype
PVOID MmMapIoSpace(
        PHYSICAL_ADDRESS PhysicalAddress,
        ULONG NumberOfBytes,
        BOOLEAN CacheEnable
);
```

첫 번째 PhysicalAddress 인자는 매핑을 위한 I/O 범위에서의 물리적 주소의 시작을 지정하며, 두 번째 NumberOfBytes 인자는 매핑할 바이트 단위의 크기를 지정하며, 세 번째 CacheEnable 인자는 캐시영역에 메모리를 할당할 것인가를 지정하는 인자로서, FLASE는 Non-캐시영역을 의미한다.

(8-73)
SMO_Deinit

```
BOOL SMO_Deinit(DWORD hDeviceContext)
{
    BOOL bRet = TRUE;
    DEBUGMSG(1,(TEXT("SMO: SMO_Deinit\r\n")));
    return bRet;
}
```

SMO_Deinit 함수는 스텝모터 디바이스 드라이버가 언로드될 때 호출되는 함수로서, 반환값이 "TRUE"이면 디바이스 드라이버가 제대로 언로드된 것이다.

(8-74)
SMO_Open

```
DWORD SMO_Open(DWORD hDeviceContext, DWORD AccessCode, DWORD ShareMode)
{
        DWORD dwRet = 0;
        DEBUGMSG(1,(TEXT("SMO: SMO_Open\r\n")));

        dwRet = 1;  // Have to make non-zero for this call to succeed.
        return dwRet;
}
```

SMO_Open 함수는 응용프로그램 또는 다른 드라이버가 스텝모터 디바이스 드라이버를 열고자 CreateFile() 함수를 호출했을 때 호출되는 함수로서, 반환값이 1이면 스텝모터 디바이스 드라이버가 제대로 열기가 된 것이다.

제 8 장

(8-75)
SMO_Close

```
BOOL SMO_Close(DWORD hOpenContext)
{
    BOOL bRet = TRUE;
    DEBUGMSG(1,(TEXT("SMO: SMO_Close\r\n")));
    return bRet;
}
```

SMO_Close 함수는 이전에 스텝모터 디바이스 드라이버를 열었던 응용프로그램 또는 다른 드라이버가 스텝모터 디바이스 드라이버를 닫고자 CloseHandle()

함수를 호출했을 때 호출되는 함수로서, 반환값이 "TRUE"이면 디바이스 드라이버가 제대로 닫기가 된 것이다.

(8-76)
SMO_Read

```
DWORD SMO_Read(DWORD hOpenContext, LPVOID pBuffer, DWORD Count)
{
        DWORD dwRet = 0;
        return dwRet; // Return number of bytes read.
}
```

SMO_Read 함수는 스텝모터 장치에서 데이터를 읽어오고자 응용프로그램 또는 다른 드라이버가 ReadFile() 함수를 호출했을 때 호출되는 함수이다.

(8-77)
SMO_Write

```
DWORD SMO_Write(DWORD hOpenContext, LPCVOID pSourceBytes, DWORD NumberOfBytes)
{
        DWORD dwRet = 0;
        unsigned char Value = 0;
        unsigned short speed;

        DEBUGMSG(1,(TEXT("SMO: SMO_Write\r\n")));

        // 응용프로그램에서 값을 얻어옴.
        memcpy (&Value, pSourceBytes, NumberOfBytes);
        speed = (unsigned short)Value;

        SMO_CS = 0x1;
        Sleep(speed);
        SMO_CS = 0x5;
        Sleep(speed);
        SMO_CS = 0x2;
        Sleep(speed);
        SMO_CS = 0x8;
        Sleep(speed);

        // Return number of bytes written.
        return dwRet;
}
```

SMO_Write 함수는 스텝모터에 데이터를 쓰고자 응용프로그램 또는 다른 드라이버가 WriteFile() 함수를 호출했을 때 호출되는 함수로서, memcpy 함수를 이용하여 응용프로그램으로부터 스텝모터를 제어신호를 받아 스텝모터 주소영역에 넘겨준다.

memcpy() 함수는 버퍼 간의 문자열을 복사하기 위한 함수로서, 함수에 대해 살펴보면 다음과 같다.

```
Prototype
void *memcpy(
     void* dest,
     const void* src,
     size_t count
);
```

첫 번째 dest 인자는 복사대상의 메모리 위치를 지정하며, 두 번째 src 인자는 복사소스의 메모리 위치를 지정하고, 세 번째 count 인자는 복사소스의 바이트 단위 크기를 지정한다.

(8-78)
SMO_Seek

```
DWORD SMO_Seek(DWORD hOpenContext, long Amount, DWORD Type)
{
        DWORD dwRet = 0;
        DEBUGMSG(1,(TEXT("SMO: SMO_Seek\r\n")));
        return dwRet;
}
```

SMO_Seek 함수는 응용프로그램 또는 다른 드라이버가 스텝모터 장치의 데이터 포인터를 변경시키고자 SetFilePointer() 함수를 호출했을 때 호출되는 함수이다.

(8-79)
SMO_IOControl

```
BOOL SMO_IOControl(DWORD hOpenContext, DWORD dwCode, PBYTE pBufIn,
                    DWORD dwLenIn, PBYTE pBufOut, DWORD dwLenOut,
                    PDWORD pdwActualOut)
{
      BOOL bStatus = TRUE;
      DEBUGMSG(1,(TEXT("SMO: SMO_IOControl\r\n")));

      switch(dwCode) // 응용프로그램 명령을 받아서 스텝모터에 대한 제어처리
      {
          case IOCTL_MOTOR_Forward:
          {
              MOTOR_Init();
              Motor_Direction( Forward );
              break;
          }
```

제
8
장

```
            case IOCTL_MOTOR_Reverse:
            {
                MOTOR_Init();
                Motor_Direction( Reverse );

                for(;;)
                {
                    Motor_Clock();
                    msWait(1000);
                }
                break;
            }

            case IOCTL_MOTOR_SpeedUp:
            {
                Motor_Set();
                break;
            }

            case IOCTL_MOTOR_SpeedDown:
            {
                Motor_Clear();
                break;
            }

            case IOCTL_MOTOR_STOP:
            {
                Motor_Stop();
                break;
            }

            default:
                    bStatus = FALSE;
                    break;
        }
        return bStatus;
}
```

SMO_IOControl 함수는 응용프로그램 또는 다른 드라이버가 DeviceIOControl() 함수를 호출할 때 호출되는 함수로서, 대부분의 디바이스 드라이버들은 장치와 통신하는 방법으로 IOControl 함수를 이용한다.

SMO_IOControl 함수를 살펴보면, IOCTL 코드에 따라 Motor_Direction(), Motor_Set(), Motor_Clear(), Motor_Stop() 함수 등을 이용하여 스텝모터를 제어한다.

(8-80)
MOTOR_Init 함수

```
static void MOTOR_Init(void)  // ST Motor 초기화
{
        ST_MOTOR_ClearBit(CLK);  // clk low
        ST_MOTOR_ClearBit(ENABLE);  // enable low
        ST_MOTOR_ClearBit(CW_CCW);  // cw/ccw low
        ST_MOTOR_ClearBit(RESET);  // reset low

        ST_MOTOR_ClearBit(RESET);  // reset low
        Sleep(2);
        ST_MOTOR_SetBit(RESET);  // reset high
        ST_MOTOR_SetBit(ENABLE);  // enable high
        }
```

MOTOR_Init() 함수는 스텝모터를 초기화하기 위한 함수이다.

(8-81)
Motor_Direction 함수

```
static void Motor_Direction(int dir)
{
        if(dir == 1)
        {
            ST_MOTOR_SetBit(CW_CCW);  // cw/ccw high
        }
        else
        {
            ST_MOTOR_ClearBit(CW_CCW);  // cw/ccw low
        }
}
```

Motor_Direction() 함수는 스텝모터의 방향을 제어하기 위한 함수이다.

(8-82)
Motor_Stop 함수

```
static void Motor_Stop(void)  // ST Motor 해제
{
        ST_MOTOR_ClearBit(CLK);  // clk low
        ST_MOTOR_ClearBit(ENABLE);  // enable low
        ST_MOTOR_ClearBit(CW_CCW);  // cw/ccw low
        ST_MOTOR_ClearBit(RESET);  // reset low

        pOSTRegs->oier &= ~OIER_E1;
        pOSTRegs->ossr = OSSR_M1;
}
```

Motor_Stop() 함수는 스텝모터를 정지시키기 위한 함수이다.

(8-83)
Motor_Set, Motor_Clear, Motor_Clock 함수

```
static void Motor_Set(void)
{
    ST_MOTOR_SetBit(CLK);  // clk high
}

static void Motor_Clear(void)
{
    ST_MOTOR_ClearBit(CLK);  // clk low
}

static void Motor_Clock(void)
{
    ST_MOTOR_ClearBit(CLK);  // clk low
    usWait(1);
    ST_MOTOR_SetBit(CLK);  // clk high
}
```

Motor_Clock()함수는 스텝모터에 제공하기 위한 클록을 생성하는 함수이다.

(8-84)
SMO_PowerUp

```
void SMO_PowerUp(DWORD hDeviceContext)
{
    DEBUGMSG(1,(TEXT("SMO: SMO_PowerUp\r\n")));
}
```

SMO_PowerUp 함수는 시스템 작동이 재개될 때 호출되는 함수로서, 전원 관리자가 없는 예전 방식의 디바이스 드라이버라면, 이 함수가 호출되는 것으로 언제 하드웨어에 전원을 공급하고, 이전의 상태로 되돌려 놓아야 하는지 알 수 있다.

(8-85)
SMO_PowerDown

```
void SMO_PowerDown(DWORD hDeviceContext)
{
    DEBUGMSG(1,(TEXT("SMO: SMO_PowerDown\r\n")));
}
```

SMO_PowerDown 함수는 시스템이 중지되기 직전에 호출되는 함수로서, 전원 관리자 인터페이스가 없는 예전 방식의 디바이스 드라이버라면 자신이 제어하는 하드웨어의 전원을 내리고 추후에 복구할 수 있도록 이전의 하드웨어 상태에 대한 정보를 보존해야 한다.

– \WINCE500\PLATFORM\XHyper27xTKU_BSP\src\drivers\IEB\stmotor 폴더에 smo.def 파일을 생성한 후 다음과 같이 작성한다.

XXX_Init, XXX_Open 등의 함수를 DLL 외부에서 쉽게 찾을 수 있도록 DEF (Module-Definition File) 파일을 사용하여 각 함수들을 DLL 익스포트시킨다. 즉 외부에 공개되는 함수를 드라이버명.def 파일에 명시한다.

(8-86)
smo.def 파일

```
LIBRARY    SMO

EXPORTS    SMO_Init
           SMO_Deinit
           SMO_Open
           SMO_Close
           SMO_Read
           SMO_Write
           SMO_Seek
           SMO_IOControl
           SMO_PowerDown
           SMO_PowerUp
           SMO_DllEntry\
```

LIBRARY 항목은 DLL을 생성하기 위한 LINK를 말하며, EXPORTS 항목은 외부에서 쉽게 찾을 수 있도록 외부에 알릴 함수를 설정하는 항목이다.

– \WINCE500\PLATFORM\XHyper27xTKU_BSP\src\drivers\IEB\stmotor 폴더에 source 파일을 생성한 후 다음과 같이 작성한다.

"sources" 파일에 컴파일을 수행하기 위한 필요한 라이브러리와 소스파일들이 명시한다.

(8-87)
source 파일

```
TARGETNAME=smo
TARGETTYPE=DYNLINK
RELEASETYPE=PLATFORM

TARGETDEFNAME=smo
DEFFILE=smo.def
WINCETARGETFILE0=smo.def
```

제 8 장

```
INCLUDES= \
        ..\..\..\inc; \
        ..\..\..\..\..\common\src\inc; \
        ..\..\..\xllp\inc; \

TARGETLIBS= \
        $(_COMMONSDKROOT)\lib\$(_CPUINDPATH)\coredll.lib \
        $(_COMMONOAKROOT)\lib\$(_CPUINDPATH)\ceddk.lib \
        $(_TARGETPLATROOT)\lib\$(_CPUINDPATH)\PXA27x_xllp.lib

PREPROCESSDEFFILE=1
DLLENTRY=SMO_DllEntry

SOURCES= \
        smo.cpp \

FILE_VIEW_INCLUDES_FOLDER= \
        smo.def \
```

"TARGETNAME=smo" 항목은 "smo"라는 파일을 생성하라는 의미이고, "TARGETTYPE=DYNLINK" 항목은 DLL(Dynamic Link Library)의 생성을 의미한다. 두 항목을 붙여서 해석해보면, 만들어질 파일은 "smo.dll"이라는 것을 의미한다. "RELEASETYPE=PLATFORM" 항목은 "smo.dll" 파일을 생성할 위치를 지정해 주는 항목으로 PLATFORM가 의미하는 위치는 _RELEASEDIR=$(_TARGETPLATROOT)\target\$(_CPUDIR)이다. 이 위치는 결국 \WINCE500\PLATFORM\XHyper27xTKU_BSP\target\ARMV4I\retail가 된다.

"DEFFILE" 항목은 함수 정의 파일을 지정해 주는 항목이고, "WINCETARGETFILE0" 항목은 현재 디렉터리에서 BUILD.exe가 소스코드를 빌드하기 전에 빌드해야 하는 Nonstandard Target 파일을 지정해 주는 항목이다.

"TARGETLIBS" 항목은 함수 포인터의 정보를 어떤 라이브러리와 매핑을 시킬지 지정해 주는 항목이고, "DLLENTRY" 항목은 DLL라는 확장자를 가진 파일의 시작점을 지정해 주는 항목이고, "SOURCES" 항목은 디바이스 드라이버 모듈을 생성하는데 필요한 소스코드 파일들을 지정하는 항목이다.

– \WINCE500\PLATFORM\XHyper27xTKU_BSP\src\drivers\IEB\stmotor 폴더에 makefile 파일을 생성한 후 다음과 같이 작성한다.

"makefile" 파일은 "BUILD.exe"를 사용하여 모듈소스를 빌드할 때 필요로 한 빌드정보를 가진 파일로서, 소스파일들을 컴파일하고 빌드하기 위한 정해진 규칙을 명시해 놓은 파일이다.

(8-88)
makefile 파일

```
#
# DO NOT EDIT THIS FILE!!! Edit .\sources. if you want to add a new source
# file to this component. This file merely indirects to the real make file
# that is shared by all the components of Windows CE.
#
!INCLUDE $(_MAKEENVROOT)\makefile.def
```

BUILD.exe가 모듈소스를 빌드할 때 실제로 사용하게 될 makefile인 makefile.def 파일을 적어준다. "$(_MAKEENVROOT)"라는 환경변수는 "\WINCE500\PUBLIC\COMMON\OAK\MISC" 폴더를 의미한다.

– 디바이스 드라이버를 운영체제 이미지에 포함시키기 위해 platform.bib 파일의 MODULES 영역에 smo.dll 디바이스 드라이버를 추가한다.

추가할 파일	생성될 타깃 위치	압축될 장소	속성
smo.dll	$(_FLATRELEASEDIR)\smo.dll	NK	

BIB 파일은 압축할 파일들에 대한 정보와 압축이미지의 속성을 결정한다. 특히 개발자는 platform.bib 파일을 사용하여 특별한 항목을 이미지에 추가할 수 있다. BIB(Binary Image Builder) 파일은 이미지를 생성할 때 어떤 모듈이나 파일을 추가할지를 설정하는 파일로, ROM 이미지를 만들어내는 Romimage.exe 프로그램은 이미지를 생성할 때, BIB 파일을 참조하여 어떤 모듈이나 파일들을 추가할지를 결정한다.

〈표 8-28〉 속성

문 자	설 명
S	시스템 속성
H	숨김 속성
K	커널모드 속성
X	서명된 정보를 가지고 이미지 파일에 압축되도록 함.
L	데이터영역이 연속적인 공간상에서 존재하도록 함.

– platform.reg 파일의 적절한 위치에 다음 코드를 추가한다.

```
;-------------------------------------
; SMO
;-------------------------------------
[HKEY_LOCAL_MACHINE\Drivers\BuiltIn\SMO]
   "Dll"="smo.dll"
   "Prefix"="SMO"
   "Index"=dword:1
   "Order"=dword:0
   "Ioctl"=dword:4
```

REG 파일은 타깃보드에서 작동될 운영체제의 레지스트리 파일을 만드는 데 사용되며, 레지스트리 키의 요소와 값에 따라 디바이스의 I/O 포트 주소, DMA, IRQ 설정 등 다양한 정보를 입력 수정할 수 있다.

platform.reg 파일에 추가하는 내용을 살펴보면, "Dll" 항목은 드라이버의 파일 이름을 나타내며, "Prefix" 항목은 드라이버의 접두어를, "Index" 항목은 접두어가 같은 장치를 각각 식별하기 위한 값을 나타낸다. 또한, "Order" 항목은 메모리에 적재되는 순서를 나타내며 '0'이 가장 빠른 순서이며, "Ioctl" 항목은 IO Control 코드를 나타낸다.

8.3.5 DC Motor Device Driver

DC 모터는 전자기력을 응용하여 전기에너지를 기계적 에너지로 바꾸어 회전력을 생성시키게 된다. DC 모터는 직류전원만 연결하면 바로 구동되어 회전제어가 쉽고 가격이 저렴하여 많은 곳에 응용되고 있다. 그러나 전류 시의 스파크, 회전소음, 짧은 수명의 단점이 있기도 하다.

X-Hyper270-TKU 보드에서는 DC 모터를 제어하고자 L298P(PowerSO20 패키지)칩을 사용하였고, 데이터버스 하위 6비트를 이용하여 두 개의 DC 모터가 동작하게 제어할 수 있도록 설계되었다. 아래의 그림은 DC 모터 제어를 위한 컨트롤러로 해당 주소에 데이터버스 하위에 6비트에 데이터를 전달하는 방법으로 제어할 수 있게 되어있다.

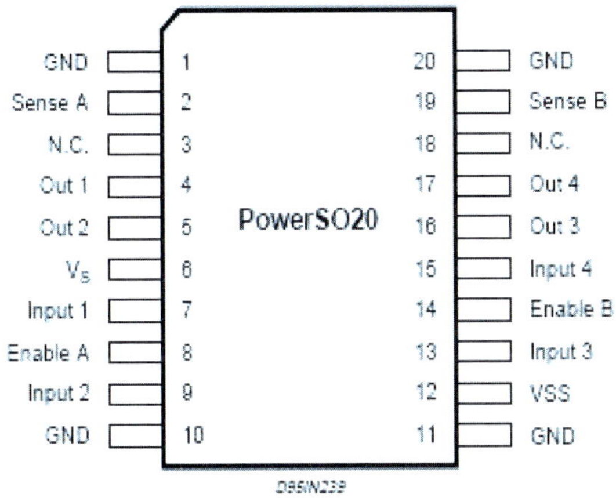

[그림 8-65]
L298P 핀 배치도

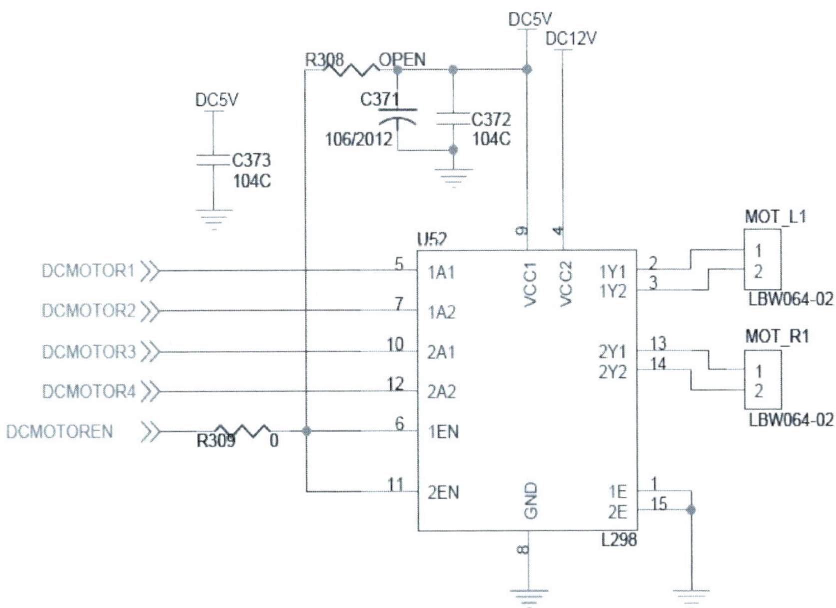

[그림 8-66]
DC Motor 컨트롤러 회로 구성도

〈표 8-29〉
L298P 핀 기능

PowerSO	Name	Function
2;19	Sense A; Sense B	Between this pin and ground is connected the sense resistor to control the current of the load.
4;5	Out 1; Out 2	Outputs of the Bridge A; the current that flows through the load connected between these two pins is monitored at pin 1.
6	Vs	Supply Voltage for the Power Output Stages. A non-inductive 100nF capacitor must be connected between this pin and ground.
7;9	Input 1; Input 2	TTL Compatible Inputs of the Bridge A.
8;14	Enable A; Enable B	TTL Commpatible Enable Input: the L state disables the bridge A (enable A) and/or the bridge B (enable B)
1,10,11,20	GND	Ground.
12	VSS	Supply Voltage for the Logic Blocks. A 100nF capacitor must be connected between this pin and ground.
13;15	Input 3; Input 4	TTL Compatible Inputs of the Bridge B.
16;17	Out 3; Out 4	Outputs of the Bridge B. The current that flows through the load connected between these two pins is monitored at pin 15.
3;18	N.C.	Not Connected

DC 모터의 물리주소(접근번지)는 0x1220_0000에 할당되어 있고 아래의 표와 같이 Address Table을 구성해서 보면 최상위 6비트(A31~26)가 CS4에 해당하고, 나머지 26비트 중 최상위 6비트(A25~20)가 실질적인 어드레스 디코딩을 위해 사용되고 있다.

〈표 8-30〉
DC Motor Address Table

add	31	30	29	28	27	26	25	24	23	22	21	20	19	18	17	16	15	14	13	12	11	10	9	8	7	6	5	4	3	2	1	0
DC	0	0	0	1	0	0	1	0	0	0	1	0	0	0	0	0	0	0	0	0	0	0	0	0	0	0	0	0	0	0	0	0
16진수	1				2				2				0				0				0				0				0			

DC 모터의 물리주소가 주어지면 CS4에 의해 FPGA가 선택되고 FPGA 내부에 있는 어드레스 디코딩 논리 회로에 의해 내부적으로 DC 모터가 선택되고 DC 모터와 데이터 라인이 연결되어 데이터 값이 전달된다.

☞ 다음은 DC 모터 디바이스 드라이버 소스코드 위주로 기술하였으며, 작성한 디바이스 드라이버를 어떻게 빌드하고 로드되는지, 작성한 파일들이 어떤 역할을 하는지 등 스트림 인터페이스 드라이버에 대해 자세히 알고 싶다면 앞 장의 8.2.1 Character LCD 드라이버 제작 부분을 참고하기 바란다.

– \WINCE500\PLATFORM\XHyper27xTKU_BSP\src\drivers\IEB\폴더에 작성할 디바이스 드라이버를 저장할 dcmotor라는 하위폴더를 생성한다. 생성한 폴더에 dmo.h 헤더파일을 생성한 후 다음과 같이 소스코드를 작성한다.

(8-89)
dmo.h 파일

```
#ifndef __DMO_H__

#define __DMO_H__
#define IOCTL_LEFT_FORWARD          (WM_USER + 101)
#define IOCTL_LEFT_REVERSE          (WM_USER + 102)
#define IOCTL_LEFT_STOP             (WM_USER + 103)
#define IOCTL_RIGHT_FORWARD         (WM_USER + 104)
#define IOCTL_RIGHT_REVERSE         (WM_USER + 105)
#define IOCTL_RIGHT_STOP            (WM_USER + 106)
#define IOCTL_SPEED_UP              (WM_USER + 107)
#define IOCTL_SPEED_DOWN            (WM_USER + 108)

#endif // __DO_H__
```

윈도우즈 CE는 IOCTL 코드에 대해 사전처리를 거의 하지 않기 때문에 디바이스 드라이버 개발자는 이 코드로 임의의 값을 사용할 수 있다.

WM_USER는 한 윈도우 클래스를 위한 고유의 메시지를 정의하기 위한 상수값으로, 이 범위 이후부터 윈도우 클래스의 사용자 정의 메시지를 만들 수 있다. 이 값은 0x400으로 정의되어 있으며, 보통 "WM_USER + n" 형태로 사용자 정의 메시지를 정의한다. 이때 사용하는 n은 1보다 큰 정수이며, 사용자 정의 메시지 간의 구분을 위해 사용된다. 만약에 여러 개의 사용자 정의 메시지가 필요하다면, WM_USER + 1, WM_USER + 2, WM_USER + 3, … 등의 형태로 계속 n을 증가시키며 사용자 정의 메시지를 정의할 수 있다.

– \WINCE500\PLATFORM\XHyper27xTKU_BSP\src\drivers\IEB\dcmotor 폴더에 dmo.cpp 파일을 생성한 후 다음과 같이 함수들을 작성한다.

(8-90)
정의 부분

```
// CACHED_TO_UNCACHED_OFFSET
#define CACHED_TO_UNCACHED_OFFSET            0x20000000

#define FPGA_DMO_CS0   (0x97300000)
#define DMO_CS         (*(volatile unsigned short *)\
                       ( FPGA_DMO_CS0 + CACHED_TO_UNCACHED_OFFSET ))

#define MOTOR_SetBit(x)       { motor_port |=  (1<<(x)); DMO_CS = motor_port; }
#define MOTOR_ClearBit(x)     { motor_port &= ~(1<<(x)); DMO_CS = motor_port; }

#define OIER_E1            (1 << 1)
#define OSSR_M1            (1 << 1)
#define OSTIMER_ON    pOSTRegs->oier |= OIER_E1; pOSTRegs->ossr = OSSR_M1
#define OSTIMER_OFF  pOSTRegs->oier &= ~OIER_E1; pOSTRegs->ossr = OSSR_M1

#define Sec_Clk            3686400
#define Usec_Clk           (Sec_Clk/100000)   // 100uSec

#define Forward            1
#define Reverse            0

#define CLK                3
#define ENABLE             2
#define CW_CCW             1
#define RESET              0
```

위의 소스코드는 dmo.cpp 파일에서 정의 부분으로 물리주소와 매핑된 가상주소를 편리하게 이용하고, 쉽게 알아보도록 정의하였다.

(8-91)
DMO_DllEntry

```
BOOL WINAPI DMO_DllEntry(HANDLE hinstDLL, DWORD dwReason, LPVOID /* lpvReserved */)
{
    switch(dwReason)
    {
        case DLL_PROCESS_ATTACH:
            g_hInstance = hinstDLL;
            DEBUGMSG(1,(TEXT("DMO: DLL_PROCESS_ATTACH\r\n")));
            return TRUE;

        case DLL_PROCESS_DETACH:
            DEBUGMSG(1,(TEXT("DMO: DLL_PROCESS_DETACH\r\n")));
            break;
    }
    return TRUE;
}
```

DMO_DllEntry 함수는 DLL이 로드/언로드될 때, 해당 프로세서에서 새로운 스레드가 생성되거나 파괴될 때 호출되며, 첫 번째 hinstDLL 인자는 DLL 모듈 핸들이며, 두 번째 dwReason 인자는 어떤 이유로 DllEntry 함수가 호출되었는지 알려준다. DLL_PROCESS_ATTACH 는 프로세서가 시작되거나 LoadLibrary가 호출되면서 현재 프로세서의 가상 주소영역에 DLL이 로드되는 것을 나타내며, DLL_PROCESS_DETACH 는 프로세서가 종료되었거나 FreeLibrary가 호출되면서 호출 중인 프로세서의 가상 주소 영역으로부터 DLL이 언로드되는 것을 나타낸다. DllEntry 함수는 되도록 간단하게 작성해 주는 것이 좋으며, 간단한 초기화 작업 이외에 다른 작업을 하도록 작성하게 되면, Windwos CE 로더에서 문제가 발생할 소지가 있다.

(8-92) DMO_Init

```
DWORD DMO_Init(DWORD dwContext)
{
        DWORD dwRet = 0;
        DEBUGMSG(1,(TEXT("DMO: DMO_Init\r\n")));

        MOTOR_Init();

        // Set return value to non-zero.
        dwRet = 1;
        return dwRet;
}
//////////////////////////////////////////////////////////////////////////////////////////////////////////
static void MOTOR_Init(void)
{
      MOTOR_SetBit(0); // clk low
      MOTOR_SetBit(1); // enable low
      MOTOR_SetBit(2); // cw/ccw low
      MOTOR_SetBit(3); // reset low
      MOTOR_SetBit(4); // reset low
      MOTOR_SetBit(5); // reset low
}
```

DMO_Init 함수는 DC 모터 디바이스 드라이버가 로드될 때 호출되는 드라이버 함수로서, 반환값이 1이면 디바이스 드라이버가 제대로 로드된 것이다. 또한, MOTOR_Init() 함수는 DC 모터를 초기화하는 함수이다.

(8-93)
DMO_Deinit

```
BOOL DMO_Deinit(DWORD hDeviceContext)
{
        BOOL bRet = TRUE;
        MOTOR_ClearBit(0)  // clk low
        MOTOR_ClearBit(1)  // enable low
        MOTOR_ClearBit(2)  // cw/ccw low
        MOTOR_ClearBit(3)  // reset low
        MOTOR_ClearBit(4)  // reset low
        MOTOR_ClearBit(5)  // reset low

        DEBUGMSG(1,(TEXT("DMO: DMO_Deinit\r\n")));
        return bRet;
}
```

DMO_Deinit 함수는 DC 모터 디바이스 드라이버가 언로드될 때 호출되는 함수로서, 반환값이 "TRUE"이면 디바이스 드라이버가 제대로 언로드된 것이다.

(8-94)
DMO_Open

```
DWORD DMO_Open(DWORD hDeviceContext, DWORD AccessCode, DWORD ShareMode)
{
        DWORD dwRet = 0;
        DEBUGMSG(1,(TEXT("DMO: DMO_Open\r\n")));

        dwRet = 1; // Have to make non-zero for this call to succeed.
        return dwRet;
}
```

DMO_Open 함수는 응용프로그램 또는 다른 드라이버가 DC 모터 디바이스 드라이버를 열고자 CreateFile() 함수를 호출했을 때 호출되는 함수로서, 반환값이 1이면 DC 모터 디바이스 드라이버가 제대로 열기가 된 것이다.

(8-95)
DMO_Close

```
BOOL DMO_Close(DWORD hOpenContext)
{
        BOOL bRet = TRUE;
        DEBUGMSG(1,(TEXT("DMO: DMO_Close\r\n")));
        return bRet;
}
```

DMO_Close 함수는 이전에 DC 모터 디바이스 드라이버를 열었던 응용프로그램 또는 다른 드라이버가 DC 모터 디바이스 드라이버를 닫고자 CloseHandle()

함수를 호출했을 때 호출되는 함수로서, 반환값이 "TRUE"이면 디바이스 드라이버가 제대로 닫기가 된 것이다.

(8-96)
DMO_Read

```
DWORD DMO_Read(DWORD hOpenContext, LPVOID pBuffer, DWORD Count)
{
        DWORD dwRet = 0;
        // Return number of bytes read.
        return dwRet;
}
```

DMO_Read 함수는 DC 모터 장치에서 데이터를 읽어오고자 응용프로그램 또는 다른 드라이버가 ReadFile() 함수를 호출했을 때 호출되는 함수이다.

(8-97)
DMO_Write

```
DWORD DMO_Write(DWORD hOpenContext, LPCVOID pSourceBytes, DWORD NumberOfBytes)
{
        DWORD dwRet = 0;
        unsigned char Value = 0;

        DEBUGMSG(1,(TEXT("DMO: DMO_Write\r\n")));

        // 응용프로그램에서 값을 얻어옴.
        memcpy (&Value, pSourceBytes, NumberOfBytes);

        // Return number of bytes written.
        return dwRet;
}
```

DMO_Write 함수는 DC 모터에 데이터를 쓰고자 응용프로그램 또는 다른 드라이버가 WriteFile() 함수를 호출했을 때 호출되는 함수로서, memcpy 함수를 이용하여 응용프로그램으로부터 DC 모터 제어신호를 받아온다.

memcpy() 함수는 버퍼 간의 문자열을 복사하기 위한 함수로서, 함수에 대해 살펴보면 다음과 같다.

```
Prototype
void *memcpy(
      void* dest,
      const void* src,
      size_t count
);
```

첫 번째 dest 인자는 복사대상의 메모리 위치를 지정하며, 두 번째 src 인자는 복사소스의 메모리 위치를 지정하고, 세 번째 count 인자는 복사소스의 바이트 단위 크기를 지정한다.

(8-98)
DMO_Seek

```
DWORD DMO_Seek(DWORD hOpenContext, long Amount, DWORD Type)
{
        DWORD dwRet = 0;
        DEBUGMSG(1,(TEXT("DMO: DMO_Seek\r\n")));
        return dwRet;
}
```

DMO_Seek 함수는 응용프로그램 또는 다른 드라이버가 DC 모터 장치의 데이터 포인터를 변경시키고자 SetFilePointer() 함수를 호출했을 때 호출되는 함수이다.

(8-99)
DMO_IOControl

```
BOOL DMO_IOControl(DWORD hOpenContext, DWORD dwCode, PBYTE pBufIn,
                    DWORD dwLenIn, PBYTE pBufOut, DWORD dwLenOut,
                    PDWORD pdwActualOut)
{
      BOOL bStatus = TRUE;
      DEBUGMSG(1,(TEXT("DMO: DMO_IOControl\r\n")));

      switch(dwCode) // 명령을 받아 DC Motor 세팅 및 속도를 처리함.
      {
            case IOCTL_LEFT_FORWARD:
            {
                  motor_mask = 0;
                  mask = 1;
                  Motor_Clock();
                  break;
            }

            case IOCTL_LEFT_REVERSE:
            {
                  motor_mask = 0;
                  mask = 2;
                  Motor_Clock();
                  break;
            }

            case IOCTL_LEFT_STOP:
            {
                  motor_mask = 0;
                  mask = 0;
                  Motor_Clock();
```

```
            break;
        }

        case IOCTL_RIGHT_FORWARD:
        {
            motor_mask = 1;
            mask = 1;
            Motor_Clock();
            break;
        }

        case IOCTL_RIGHT_REVERSE:
        {
            motor_mask = 1;
            mask = 2;
            Motor_Clock();
            break;
        }

        case IOCTL_RIGHT_STOP:
        {
            motor_mask = 1;
            mask = 0;
            Motor_Clock();
            break;
        }

        default:
                bStatus = FALSE;
                break;
    }
    return bStatus;
}
```

DMO_IOControl 함수는 응용프로그램 또는 다른 드라이버가 DeviceIOControl() 함수를 호출할 때 호출되는 함수로서, 대부분의 디바이스 드라이버들은 장치와 통신하는 방법으로 IOControl 함수를 이용한다.

DMO_IOControl 함수를 살펴보면, IOCTL 코드에 따라 DC 모터의 세팅 및 속도를 제어한다.

(8-100) DMO_PowerUp

```
void DMO_PowerUp(DWORD hDeviceContext)
{
    DEBUGMSG(1,(TEXT("DMO: DMO_PowerUp\r\n")));
}
```

DMO_PowerUp 함수는 시스템 작동이 재개될 때 호출되는 함수로서, 전원 관리자가 없는 예전 방식의 디바이스 드라이버라면, 이 함수가 호출되는 것으로 언제 하드웨어에 전원을 공급하고, 이전의 상태로 되돌려 놓아야 하는지 알 수 있다.

(8-101)
DMO_PowerDown

```
void DMO_PowerDown(DWORD hDeviceContext)
{
    DEBUGMSG(1,(TEXT("DMO: DMO_PowerDown\r\n")));
}
```

DMO_PowerDown 함수는 시스템이 중지되기 직전에 호출되는 함수로서, 전원 관리자 인터페이스가 없는 예전 방식의 디바이스 드라이버라면 자신이 제어하는 하드웨어의 전원을 내리고 추후에 복구할 수 있도록 이전의 하드웨어 상태에 대한 정보를 보존해야 한다.

– \WINCE500\PLATFORM\XHyper27xTKU_BSP\src\drivers\IEB\dcmotor 폴더에 dmo.def 파일을 생성한 후 다음과 같이 작성한다.

XXX_Init, XXX_Open 등의 함수를 DLL 외부에서 쉽게 찾을 수 있도록 DEF(Module-Definition File) 파일을 사용하여 각 함수들을 DLL 익스포트 시킨다. 즉 외부에 공개되는 함수를 드라이버명.def 파일에 명시한다.

(8-102)
dmo.def 파일

```
LIBRARY   DMO

EXPORTS   DMO_Init
          DMO_Deinit
          DMO_Open
          DMO_Close
          DMO_Read
          DMO_Write
          DMO_Seek
          DMO_IOControl
          DMO_PowerDown
          DMO_PowerUp
          DMO_DllEntry
```

LIBRARY 항목은 DLL을 생성하기 위한 LINK를 말하며, EXPORTS 항목은 외부에서 쉽게 찾을 수 있도록 외부에 알릴 함수를 설정하는 항목이다.

– \WINCE500\PLATFORM\XHyper27xTKU_BSP\src\drivers\IEB\dcmotor 폴더에 source 파일을 생성한 후 다음과 같이 작성한다.

"sources" 파일에 컴파일을 수행하기 위한 필요한 라이브러리와 소스파일들이 명시한다.

(8–103) source 파일

```
TARGETNAME=dmo
TARGETTYPE=DYNLINK
RELEASETYPE=PLATFORM

TARGETDEFNAME=dmo
DEFFILE=dmo.def
WINCETARGETFILE0=dmo.def

INCLUDES= \
          ..\..\..\inc; \
          ..\..\..\..\..\common\src\inc; \
          ..\..\..\xllp\inc; \

TARGETLIBS= \
          $(_COMMONSDKROOT)\lib\$(_CPUINDPATH)\coredll.lib \

PREPROCESSDEFFILE=1
DLLENTRY=DMO_DllEntry

SOURCES= \
        dmo.cpp \

FILE_VIEW_INCLUDES_FOLDER= \
                         dmo.def \
```

"TARGETNAME=dmo" 항목은 "dmo"라는 파일을 생성하라는 의미이고, "TARGETTYPE=DYNLINK" 항목은 DLL(Dynamic Link Library)의 생성을 의미한다. 두 항목을 붙여서 해석해보면, 만들어질 파일은 "dmo.dll"이라는 것을 의미한다. "RELEASETYPE=PLATFORM" 항목은 "dmo.dll" 파일을 생성할 위치를 지정해 주는 항목으로 PLATFORM가 의미하는 위치는 _RELEASEDIR=$(_TARGETPLATROOT)\target\$(_CPUDIR)이다. 이 위치는 결국 \WINCE500\

PLATFORM\XHyper27xTKU_BSP\target\ARMV4I\retail가 된다.

"DEFFILE"항목은 함수 정의 파일을 지정해 주는 항목이고, "WINCETARGETFILE0" 항목은 현재 디렉터리에서 BUILD.exe가 소스코드를 빌드하기 전에 빌드해야 하는 Nonstandard Target 파일을 지정해 주는 항목이다.

"TARGETLIBS" 항목은 함수 포인터의 정보를 어떤 라이브러리와 매핑을 시킬지 지정해 주는 항목이고, "DLLENTRY" 항목은 DLL라는 확장자를 가진 파일의 시작점을 지정해 주는 항목이고, "SOURCES" 항목은 디바이스 드라이버 모듈을 생성하는데 필요한 소스코드 파일들을 지정하는 항목이다.

- \WINCE500\PLATFORM\XHyper27xTKU_BSP\src\drivers\IEB\dcmotor 폴더에 makefile 파일을 생성한 후 다음과 같이 작성한다.

"makefile" 파일은 "BUILD.exe"를 사용하여 모듈소스를 빌드할 때 필요로 한 빌드정보를 가진 파일로서, 소스파일들을 컴파일하고 빌드하기 위한 정해진 규칙을 명시해 놓은 파일이다.

(8-104)
makefile 파일

```
#
# DO NOT EDIT THIS FILE!!! Edit .\sources. if you want to add a new source
# file to this component. This file merely indirects to the real make file
# that is shared by all the components of Windows CE.
#
!INCLUDE $(_MAKEENVROOT)\makefile.def
```

BUILD.exe가 모듈소스를 빌드할 때 실제로 사용하게 될 makefile인 makefile.def 파일을 적어준다. "$(_MAKEENVROOT)"라는 환경변수는 "\WINCE500\PUBLIC\COMMON\OAK\MISC" 폴더를 의미한다.

- 디바이스 드라이버를 운영체제 이미지에 포함시키기 위해 platform.bib 파일의 MODULES 영역에 dmo.dll 디바이스 드라이버를 추가한다.

추가할 파일	생성될 타깃 위치	압축될 장소	속성
dmo.dll	$(_FLATRELEASEDIR)\dmo.dll	NK	

BIB 파일은 압축할 파일들에 대한 정보와 압축이미지의 속성을 결정한다. 특히 개발자는 platform.bib 파일을 사용하여 특별한 항목을 이미지에 추가할 수 있다. BIB(Binary Image Builder) 파일은 이미지를 생성할 때 어떤 모듈이나 파일을 추가할지를 설정하는 파일로, ROM 이미지를 만들어내는 Romimage.exe 프로그램은 이미지를 생성할 때, BIB 파일을 참조하여 어떤 모듈이나 파일들을 추가할지를 결정한다.

〈표 8-31〉 속성

문 자	설 명
S	시스템 속성
H	숨김 속성
K	커널모드 속성
X	서명된 정보를 가지고 이미지 파일에 압축되도록 함.
L	데이터영역이 연속적인 공간상에서 존재하도록 함.

– platform.reg 파일의 적절한 위치에 다음 코드를 추가한다.

```
;------------------------------------
; DMO
;------------------------------------
[HKEY_LOCAL_MACHINE\Drivers\BuiltIn\DMO]
  "Dll"="dmo.dll"
  "Prefix"="DMO"
  "Index"=dword:1
  "Order"=dword:0
  "Ioctl"=dword:4
```

REG 파일은 타깃보드에서 작동될 운영체제의 레지스트리 파일을 만드는 데 사용되며, 레지스트리 키의 요소와 값에 따라 디바이스의 I/O 포트 주소, DMA, IRQ 설정 등 다양한 정보를 입력 수정할 수 있다.

platform.reg 파일에 추가하는 내용을 살펴보면, "Dll" 항목은 드라이버의 파일 이름을 나타내며, "Prefix" 항목은 드라이버의 접두어를, "Index" 항목은 접두어가 같은 장치를 각각 식별하기 위한 값을 나타낸다. 또한, "Order" 항목은 메모리에 적재되는 순서를 나타내며 '0'이 가장 빠른 순서이며, "Ioctl" 항목은 IO Control 코드를 나타낸다.

8.3.6 CLCD Device Driver

Character LCD 디바이스 드라이버는 앞의 8.2.1장에서 자세히 다루었으므로 8.2.1장을 참고한다.

8.3.7 LED Device Driver

X-Hyper270-TKU 보드에는 8개의 LED들이 있으며, FPGA 어드레스 디코딩에 의해서 8개의 LED들을 접근하여 아래의 그림처럼 데이터버스 하위 8bit를 값을 쓰는 방법으로 쉽게 제어할 수 있다.

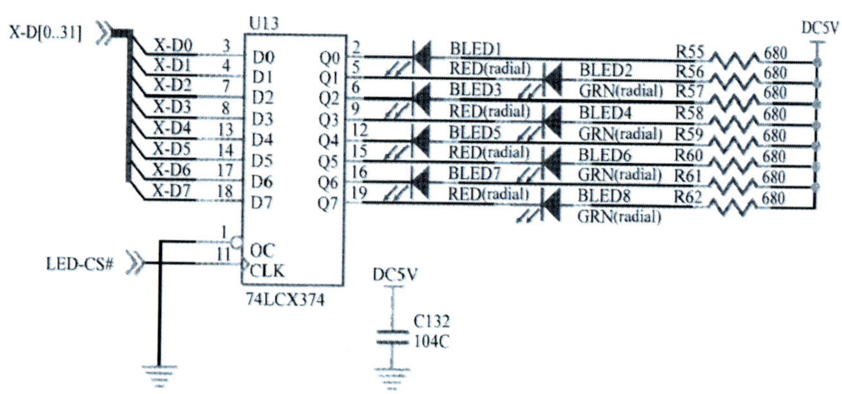

[그림 8-67]
LED 회로 구성도

LED의 물리주소(접근번지)는 0x1240_0000에 할당되어 있고 아래의 표와 같이 Address Table을 구성해서 보면 최상위 6비트(A31~26)가 CS4에 해당하고, 나머지 26비트 중 최상위 6비트(A25~20)가 실질적인 어드레스 디코딩을 위해 사용되고 있다.

〈표 8-32〉
LED Address Table

add	31	30	29	28	27	26	25	24	23	22	21	20	19	18	17	16	15	14	13	12	11	10	9	8	7	6	5	4	3	2	1	0
led	0	0	0	1	0	0	1	0	0	1	0	0	0	0	0	0	0	0	0	0	0	0	0	0	0	0	0	0	0	0	0	0
16진수	1				2				4				0				0				0				0				0			

LED의 물리주소가 주어지면 CS4에 의해 FPGA가 선택되고 FPGA 내부에 있는 어드레스 디코딩 논리 회로에 의해 LED_CS에 클록이 주어져 활성화되고 데이터 값이 LED에 전달된다.

☞ <u>다음은 LED 디바이스 드라이버 소스코드 위주로 기술하였으며, 작성한 디바이스 드라이버를 어떻게 빌드하고 로드되는지, 작성한 파일들이 어떤 역할을 하는지 등 스트림 인터페이스 드라이버에 대해 자세히 알고 싶다면 앞장의 8.2.1 Character LCD 드라이버 제작 부분을 참고하기 바란다.</u>

– \WINCE500\PLATFORM\XHyper27xTKU_BSP\src\drivers\IEB\ 폴더에 작성할 디바이스 드라이버를 저장할 led라는 하위폴더를 생성한다. 생성한 폴더에 led.h 헤더파일을 생성한 후 다음과 같이 소스코드를 작성한다.

(8-105)
led.h 파일

```
#ifndef __LED_H__

#define __LED_H__
#define IOCTL_LED_FUNCTION_SET              (WM_USER + 101)

#endif // __LED_H__
```

윈도우즈 CE는 IOCTL 코드에 대해 사전처리를 거의 하지 않기 때문에 디바이스 드라이버 개발자는 이 코드로 임의의 값을 사용할 수 있다.

WM_USER는 한 윈도우 클래스를 위한 고유의 메시지를 정의하기 위한 상수값으로, 이 범위 이후부터 윈도우 클래스의 사용자 정의 메시지를 만들 수 있다. 이 값은 0x400으로 정의되어 있으며, 보통 "WM_USER + n" 형태로 사용자 정의 메시지를 정의한다. 이때 사용하는 n은 1보다 큰 정수이며, 사용자 정의 메시지 간의 구분을 위해 사용된다. 만약에 여러 개의 사용자 정의 메시지가 필요하다면, WM_USER + 1, WM_USER + 2, WM_USER + 3, ... 등의 형태로 계속 n을 증가시키며 사용자 정의 메시지를 정의할 수 있다.

– \WINCE500\PLATFORM\XHyper27xTKU_BSP\src\drivers\IEB\led 폴더에 led.cpp 파일을 생성한 후 다음과 같이 함수들을 작성한다.

(8-106)
정의 부분

```
// CACHED_TO_UNCACHED_OFFSET
#define CACHED_TO_UNCACHED_OFFSET              0x20000000

#define FPGA_LED_CS0          (0x97500000)
```

```
#define LED_CS                    (*(volatile unsigned char *)\
                                  ( FPGA_LED_CS0 + CACHED_TO_UNCACHED_OFFSET ))

#define LED_SET(x) \
        LED_Value =(x); \
        LED_CS = LED_Value;
```

위의 소스코드는 led.cpp 파일에서 정의 부분으로 물리주소와 매핑된 가상주소를 편리하게 이용하고, 쉽게 알아보도록 정의하였다.

(8-107)
LED_DllEntry

```
BOOL WINAPI LED_DllEntry(HANDLE hinstDLL, DWORD dwReason, LPVOID /* lpvReserved */)
{
        switch(dwReason)
        {
                case DLL_PROCESS_ATTACH:
                     g_hInstance = hinstDLL;
                     DEBUGMSG(1,(TEXT("LED: DLL_PROCESS_ATTACH\r\n")));
                     return TRUE;

                case DLL_PROCESS_DETACH:
                     DEBUGMSG(1,(TEXT("LED: DLL_PROCESS_DETACH\r\n")));
                     break;
        }
        return TRUE;
}
```

LED_DllEntry 함수는 DLL이 로드/언로드될 때, 해당 프로세서에서 새로운 스레드가 생성되거나 파괴될 때 호출되며, 첫 번째 hinstDLL 인자는 DLL 모듈 핸들이며, 두 번째 dwReason 인자는 어떤 이유로 DllEntry 함수가 호출되었는지 알려준다. DLL_PROCESS_ATTACH 는 프로세서가 시작되거나 LoadLibrary가 호출되면서 현재 프로세서의 가상 주소영역에 DLL이 로드되는 것을 나타내며, DLL_PROCESS_DETACH 는 프로세서가 종료되었거나 FreeLibrary가 호출되면서 호출 중인 프로세서의 가상 주소 영역으로부터 DLL이 언로드되는 것을 나타낸다. DllEntry 함수는 되도록 간단하게 작성해 주는 것이 좋으며, 간단한 초기화 작업 이외에 다른 작업을 하도록 작성하게 되면, Windwos CE 로더에서 문제가 발생할 소지가 있다.

(8-108)
LED_Init

```
DWORD LED_Init(DWORD dwContext)
{
	DWORD dwRet = 0;
	DEBUGMSG(1,(TEXT("LED: LED_Init\r\n")));

	// Set return value to non-zero.
	dwRet = 1;
	return dwRet;
}
```

LED_Init 함수는 LED 디바이스 드라이버가 로드될 때 호출되는 드라이버 함수로서, 반환값이 1이면 디바이스 드라이버가 제대로 로드된 것이다.

(8-109)
LED_Deinit

```
BOOL LED_Deinit(DWORD hDeviceContext)
{
	BOOL bRet = TRUE;
	DEBUGMSG(1,(TEXT("LED: LED_Deinit\r\n")));
	return bRet;
}
```

LED_Deinit 함수는 LED 디바이스 드라이버가 언로드될 때 호출되는 함수로서, 반환값이 "TRUE"이면 디바이스 드라이버가 제대로 언로드된 것이다.

(8-110)
LED_Open

```
DWORD LED_Open(DWORD hDeviceContext, DWORD AccessCode, DWORD ShareMode)
{
	DWORD dwRet = 0;
	DEBUGMSG(1,(TEXT("LED: LED_Open\r\n")));

	LED_SET(0xFF);
	dwRet = 1; // Have to make non-zero for this call to succeed.
	return dwRet;
}
```

LED_Open 함수는 응용프로그램 또는 다른 드라이버가 LED 디바이스 드라이버를 열고자 CreateFile() 함수를 호출했을 때 호출되는 함수로서, 반환값이 1이면 FND 디바이스 드라이버가 제대로 열기가 된 것이다.

(8-111)
LED_Close

```
BOOL LED_Close(DWORD hOpenContext)
{
        BOOL bRet = TRUE;
        DEBUGMSG(1,(TEXT("LED: LED_Close\r\n")));
        return bRet;
}
```

LED_Close 함수는 이전에 LED 디바이스 드라이버를 열었던 응용프로그램 또는 다른 드라이버가 LED 디바이스 드라이버를 닫고자 CloseHandle() 함수를 호출했을 때 호출되는 함수로서, 반환값이 "TRUE"이면 디바이스 드라이버가 제대로 닫기가 된 것이다.

(8-112)
LED_Read

```
DWORD LED_Read(DWORD hOpenContext, LPVOID pBuffer, DWORD Count)
{
        DWORD dwRet = 0;
        // Return number of bytes read.
        return dwRet;
}
```

LED_Read 함수는 LED 장치에서 데이터를 읽어오고자 응용프로그램 또는 다른 드라이버가 ReadFile() 함수를 호출했을 때 호출되는 함수이다.

(8-113)
LED_Write

```
DWORD LED_Write(DWORD hOpenContext, LPCVOID pSourceBytes, DWORD NumberOfBytes)
{
        DWORD dwRet = 0;
        unsigned char Value = 0;

        DEBUGMSG(1,(TEXT("LED: LED_Write\r\n")));

        // 응용프로그램에서 값을 얻어옴.
        memcpy (&Value, pSourceBytes, NumberOfBytes);

        LED_SET(Value);  // LED Write

        // Return number of bytes written.
        return dwRet;
}
```

LED_Write 함수는 LED에 데이터를 쓰고자 응용프로그램 또는 다른 드라이버가 WriteFile() 함수를 호출했을 때 호출되는 함수로서, memcpy 함수를 이용하여 응용프로그램으로부터 LED에 표시할 데이터를 받아 LED 주소영역에 넘겨준다.

memcpy() 함수는 버퍼 간의 문자열을 복사하기 위한 함수로서, 함수에 대해 살펴보면 다음과 같다.

```
Prototype
void *memcpy(
      void* dest,
      const void* src,
      size_t count
);
```

첫 번째 dest 인자는 복사대상의 메모리 위치를 지정하며, 두 번째 src 인자는 복사소스의 메모리 위치를 지정하고, 세 번째 count 인자는 복사소스의 바이트 단위 크기를 지정한다.

(8-114)
LED_Seek

```
DWORD LED_Seek(DWORD hOpenContext, long Amount, DWORD Type)
{
        DWORD dwRet = 0;
        DEBUGMSG(1,(TEXT("LED: LED_Seek\r\n")));
        return dwRet;
}
```

LED_Seek 함수는 응용프로그램 또는 다른 드라이버가 LED 장치의 데이터 포인터를 변경시키고자 SetFilePointer() 함수를 호출했을 때 호출되는 함수이다.

(8-115)
LED_IOControl

```
BOOL LED_IOControl(DWORD hOpenContext, DWORD dwCode, PBYTE pBufIn,
                   DWORD dwLenIn, PBYTE pBufOut, DWORD dwLenOut,
                   PDWORD pdwActualOut)
{
      BOOL bStatus = TRUE;
      DEBUGMSG(1,(TEXT("LED: LED_IOControl\r\n")));

      switch(dwCode)
      {
            case IOCTL_LED_FUNCTION_SET:
            {
```

```
			int i;

			for(i = 0 ; i < 10 ; i++)
			{
				LED_SET( led_value[i%2] );
				Sleep(300);
			}
			break;
		}

		default:
			bStatus = FALSE;
			break;
	}
	return bStatus;
}
```

LED_IOControl 함수는 응용프로그램 또는 다른 드라이버가 DeviceIOControl() 함수를 호출할 때 호출되는 함수로서, 대부분의 디바이스 드라이버들은 장치와 통신하는 방법으로 IOControl 함수를 이용한다.

(8-116) LED_PowerUp

```
void LED_PowerUp(DWORD hDeviceContext)
{
	DEBUGMSG(1,(TEXT("LED: LED_PowerUp\r\n")));
}
```

LED_PowerUp 함수는 시스템 작동이 재개될 때 호출되는 함수로서, 전원 관리자가 없는 예전 방식의 디바이스 드라이버라면, 이 함수가 호출되는 것으로 언제 하드웨어에 전원을 공급하고, 이전의 상태로 되돌려 놓아야 하는지 알 수 있다.

(8-117) LED_PowerDown

```
void LED_PowerDown(DWORD hDeviceContext)
{
	DEBUGMSG(1,(TEXT("LED: LED_PowerDown\r\n")));
}
```

LED_PowerDown 함수는 시스템이 중지되기 직전에 호출되는 함수로서, 전원 관리자 인터페이스가 없는 예전 방식의 디바이스 드라이버라면 자신이 제어하는 하드웨어의 전원을 내리고 추후에 복구할 수 있도록 이전의 하드웨어 상태에 대한 정보를 보존해야 한다.

– \WINCE500\PLATFORM\XHyper27xTKU_BSP\src\drivers\IEB\led 폴더에 led.def 파일을 생성한 후 다음과 같이 작성한다.

XXX_Init, XXX_Open 등의 함수를 DLL 외부에서 쉽게 찾을 수 있도록 DEF(Module-Definition File) 파일을 사용하여 각 함수들을 DLL 익스포트 시킨다. 즉 외부에 공개되는 함수를 드라이버명.def 파일에 명시한다.

(8-118)
led.def 파일

```
LIBRARY    LED

EXPORTS    LED_Init
           LED_Deinit
           LED_Open
           LED_Close
           LED_Read
           LED_Write
           LED_Seek
           LED_IOControl
           LED_PowerDown
           LED_PowerUp
           LED_DllEntry
```

LIBRARY 항목은 DLL을 생성하기 위한 LINK를 말하며, EXPORTS 항목은 외부에서 쉽게 찾을 수 있도록 외부에 알릴 함수를 설정하는 항목이다.

– \WINCE500\PLATFORM\XHyper27xTKU_BSP\src\drivers\IEB\led 폴더에 source 파일을 생성한 후 다음과 같이 작성한다.

"sources" 파일에 컴파일을 수행하기 위한 필요한 라이브러리와 소스파일들이 명시한다.

(8-119)
source 파일

```
TARGETNAME=led
TARGETTYPE=DYNLINK
RELEASETYPE=PLATFORM

TARGETDEFNAME=led
DEFFILE=led.def
WINCETARGETFILE0=led.def

INCLUDES= \
            ..\..\..\inc; \
            ..\..\..\..\..\common\src\inc; \
            ..\..\..\xllp\inc; \

TARGETLIBS= \
            $(_COMMONSDKROOT)\lib\$(_CPUINDPATH)\coredll.lib

PREPROCESSDEFFILE=1

DLLENTRY=LED_DllEntry

SOURCES=led.cpp
```

"TARGETNAME=led" 항목은 "led"라는 파일을 생성하라는 의미이고, "TARGETTYPE=DYNLINK" 항목은 DLL(Dynamic Link Library)의 생성을 의미한다. 두 항목을 붙여서 해석해보면, 만들어질 파일은 "led.dll"이라는 것을 의미한다. "RELEASETYPE=PLATFORM" 항목은 "led.dll" 파일을 생성할 위치를 지정해 주는 항목으로 PLATFORM가 의미하는 위치는 _RELEASEDIR=$(_TARGETPLATROOT)\target\$(_CPUDIR)이다. 이 위치는 결국 \WINCE500\PLATFORM\XHyper27xTKU_BSP\target\ARMV4I\retail 가 된다.

"DEFFILE"항목은 함수 정의 파일을 지정해 주는 항목이고, "WINCETARGETFILE0" 항목은 현재 디렉터리에서 BUILD.exe가 소스코드를 빌드하기 전에 빌드해야 하는 Nonstandard Target 파일을 지정해 주는 항목이다.

"TARGETLIBS" 항목은 함수 포인터의 정보를 어떤 라이브러리와 매핑을 시킬지 지정해 주는 항목이고, "DLLENTRY" 항목은 DLL라는 확장자를 가진 파일의 시작점을 지정해 주는 항목이고, "SOURCES" 항목은 디바이스 드라이버 모듈을 생성하는데 필요한 소스코드 파일들을 지정하는 항목이다.

– \WINCE500\PLATFORM\XHyper27xTKU_BSP\src\drivers\IEB\led 폴더에 makefile 파일을 생성한 후 다음과 같이 작성한다.

"makefile" 파일은 "BUILD.exe"를 사용하여 모듈소스를 빌드할 때 필요로 한 빌드정보를 가진 파일로서, 소스파일들을 컴파일하고 빌드하기 위한 정해진 규칙을 명시해 놓은 파일이다.

(8-120) makefile 파일

```
#
# DO NOT EDIT THIS FILE!!! Edit .\sources. if you want to add a new source
# file to this component. This file merely indirects to the real make file
# that is shared by all the components of Windows CE.
#
!INCLUDE $(_MAKEENVROOT)\makefile.def
```

BUILD.exe가 모듈소스를 빌드할 때 실제로 사용하게 될 makefile인 makefile.def 파일을 적어준다. "$(_MAKEENVROOT)"라는 환경변수는 "\WINCE500\PUBLIC\COMMON\OAK\MISC" 폴더를 의미한다.

– 디바이스 드라이버를 운영체제 이미지에 포함시키기 위해 platform.bib 파일의 MODULES 영역에 led.dll 디바이스 드라이버를 추가한다.

추가할 파일	생성될 타깃 위치	압축될 장소	속성
led.dll	$(_FLATRELEASEDIR)\led.dll	NK	

BIB 파일은 압축할 파일들에 대한 정보와 압축이미지의 속성을 결정한다. 특히 개발자는 platform.bib 파일을 사용하여 특별한 항목을 이미지에 추가할 수 있다. BIB(Binary Image Builder) 파일은 이미지를 생성할 때 어떤 모듈이나 파일을 추가할지를 설정하는 파일로, ROM 이미지를 만들어내는 Romimage.exe 프로그램은 이미지를 생성할 때, BIB 파일을 참조하여 어떤 모듈이나 파일들을 추가할지를 결정한다.

〈표 8-33〉 속성

문 자	설 명
S	시스템 속성
H	숨김 속성
K	커널모드 속성
X	서명된 정보를 가지고 이미지 파일에 압축되도록 함.
L	데이터영역이 연속적인 공간상에서 존재하도록 함.

– platform.reg 파일의 적절한 위치에 다음 코드를 추가한다.

```
;-------------------------------------
; LED
;-------------------------------------
[HKEY_LOCAL_MACHINE\Drivers\BuiltIn\LED]
  "Dll"="led.dll"
  "Prefix"="LED"
  "Index"=dword:1
  "Order"=dword:0
  "Ioctl"=dword:4
```

REG 파일은 타깃보드에서 작동될 운영체제의 레지스트리 파일을 만드는 데 사용되며, 레지스트리 키의 요소와 값에 따라 디바이스의 I/O 포트 주소, DMA, IRQ 설정 등 다양한 정보를 입력 수정할 수 있다.

platform.reg 파일에 추가하는 내용을 살펴보면, "Dll" 항목은 드라이버의 파일 이름을 나타내며, "Prefix" 항목은 드라이버의 접두어를, "Index" 항목은 접두어가 같은 장치를 각각 식별하기 위한 값을 나타낸다. 또한, "Order" 항목은 메모리에 적재되는 순서를 나타내며 '0'이 가장 빠른 순서이며, "Ioctl" 항목은 IO Control 코드를 나타낸다.

8.3.8 GPIO Button Device Driver

GPIO(General Purpose Input Output)는 일반적인 용도의 입출력 포트를 의미하며, 구조는 아래의 그림과 같다. 이처럼 복잡한 구조를 갖는 이유는 하나의 입·출력핀에 여러 가지 기능을 부여하기 때문이다. 기본적으로 입력과 출력을 할 수 있으며, 하나의 핀은 GPIO로 사용될 수도 있지만 다른 기능으로도 사용할 수 있다.

인텔 PXA27x 는 121개의 GPIO핀을 가지고 있고 일부 핀은 입출력 기능 이외에 부가적인 기능을 요구하는 경우에 사용할 수 있도록 부가적인 기능으로 사용할 수 있게 되어 있다.

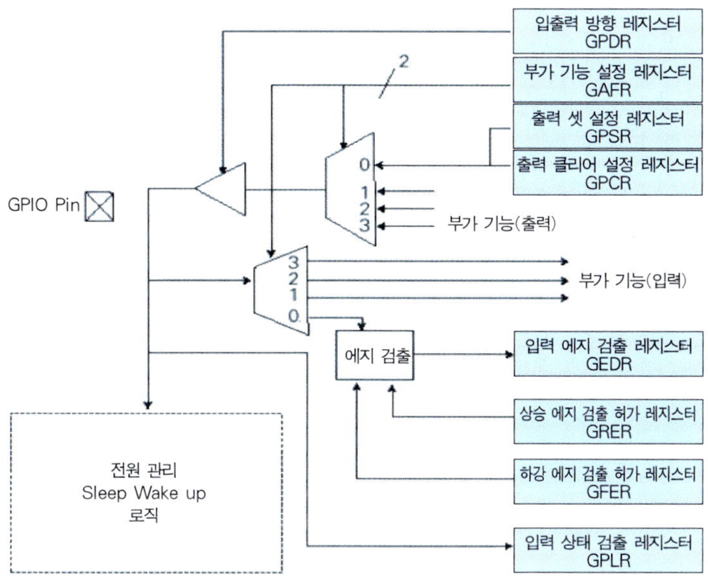

[그림 8-68]
GPIO의 구조

▶ GPIO핀의 기능을 부여하는 레지스터는 다음과 같다.

① 핀의 특성 부여용 레지스터

- GPDR : GPIO 입출력 방향 설정 레지스터(GPIO Pin Direction Register)
- GAFR : GPIO 이외의 기능으로 사용허가 설정 레지스터(GPIO Alternate Function Register)
- GRER : GPIO 입력 상승 에지 검출 허가 레지스터(GPIO Rising Edge Detect Register)
- GFER : GPIO 입력 하강 에지 검출 허가 레지스터(GPIO Falling Edge Detect Register)

② 데이터 출력 및 검출용 레지스터

- GPSR : GPIO 출력 셋 레지스터(GPIO Pin Output Set Register)
- GPCR : GPIO 출력 클리어 레지스터(GPIO Pin Output Clear Register)

제 8 장

- GPLR : GPIO 입력 레벨 검출 레지스터(GPIO Pin Level Register)
- GEDR : GPIO 입력 에지 검출 레지스터(GPIO Edge Detect Status Register)

이 레지스터에 접근하여 GPIO핀을 필요목적에 맞게 기능을 정의하여 사용할 수 있다. 만약 GPDR을 통해 출력으로 프로그램이 된다면, GPIO Pin Output Set Register(GPSR)와 GPIO Pin Output Clear Register(GPCR)에 어떤 값을 넣어서 디바이스에 값을 전달하여 제어할 수 있다. 물론 이와 같은 레지스터들은 핀이 입력이나 출력이건 간에 상관없이 write가 가능하지만, 프로그램된 출력 상태는 핀이 출력으로 설정될 경우에만 효력이 나타난다.

GPIO핀이 입력으로 프로그램될 경우에는 현재의 각 GPIO핀의 상태는 GPIO Pin Level Register(GPLR)를 통해서 읽을 수 있다. 이 레지스터는 출력으로 핀이 설정될 때, 현재 핀의 상태를 확인하기 위해서 언제든지 읽혀질 수 있다. 덧붙여서 GPIO Rising Edge Detect Register(GRER)와 GPIO Falling Edge Detect Register(GFER)를 사용해서 각각의 GPIO핀은 상승에지나 하강에지를 감지하도록 프로그램될 수 있다. 각각의 핀의 감지된 상태는 다시 GPIO Edge Detect Status Register(GEDR)를 읽어서 알 수 있다. 이러한 에지는 인터럽트의 발생을 감지한다거나, PXA270을 Sleep Mode에서 깨어나게 하는 이벤트로 사용할 수 있다. 이러한 목적을 위해서 GPIO Alternate Function Register(GAFR)가 있다. 종합적으로 이야기하자면, GPIO를 위한 제어블록에 들어가는 레지스터는 총 8개가 있으며, 하나는 핀의 상태를 보는데 사용하며, 둘은 핀의 상태를 제어하는데, 핀의 방향을 설정하는데 하나의 핀이, 핀의 에지타입을 설정하는데 2개의 핀과 상태를 보고하기 위한 플래그로 사용하는 하나의 핀, Alternate Function을 나타내기 위해서 다시 하나의 핀을 사용한다. 주의할 점은 GPDR만이 리셋에 의해서 초기화 된다는 점이다. 나머지 핀들은 리셋 후에 값이 결정되지 않으며, 반드시 소프트웨어적으로 초기화를 해주어야 할 것이다.

그리고 이 8개의 GPIO 레지스터는 각각이 물리 주소를 가지고 있고 일반적인 일반 메모리처럼 접근하도록 코드를 구현하여 레지스터 값을 정의할 수 있다.

Physical Address	Name	설 명
0x40E0_0000	GPLR0	GPIO Pin-Level register GPIO〈31:0〉
0x40E0_0004	GPLR1	GPIO Pin-Level register GPIO〈63:32〉
0x40E0_0008	GPLR2	GPIO Pin-Level register GPIO〈95:64〉
0x40E0_000C	GPDR0	GPIO Pin Direction register GPIO〈31:0〉
0x40E0_0010	GPDR1	GPIO Pin Direction register GPIO〈63:32〉
0x40E0_0014	GPDR2	GPIO Pin Direction register GPIO〈95:64〉
0x40E0_0018	GPSR0	GPIO Pin Output Set register GPIO〈31:0〉
0x40E0_001C	GPSR1	GPIO Pin Output Set register GPIO〈63:32〉
0x40E0_0020	GPSR2	GPIO Pin Output Set register GPIO〈95:64〉
0x40E0_0024	GPCR0	GPIO Pin Output Clear register GPIO〈31:0〉
0x40E0_0028	GPCR1	GPIO Pin Output Clear register GPIO〈63:32〉
0x40E0_002C	GPCR2	GPIO Pin Output Clear register GPIO〈95:64〉
0x40E0_0030	GPER0	GPIO Rising-Edge Detect Enable register GPIO〈31:0〉

[그림 8-69] GPIO 레지스터 어드레스 맵(일부분)

X-HYPER270-TKU에는 GPIO 35, 36, 37, 41번이 키버튼에 연결되어 있다. 키버튼을 입력용으로 사용하고, LED가 출력용으로 사용하도록 하였다. GPIO핀을 용도에 맞게 입 · 출력용으로 사용하기 위해서 GPIO 레지스터 값을 정의해 주어야 한다.

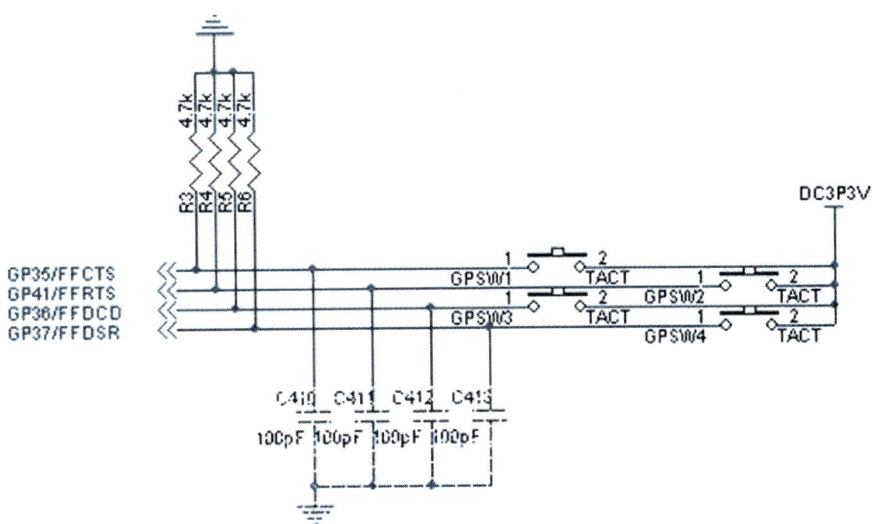

[그림 8-70] GPIO 회로 구성도

☞ 다음은 GPIO 버튼 디바이스 드라이버 소스코드 위주로 기술하였으며, 작성한 디바이스 드라이버를 어떻게 빌드하고 로드되는지, 작성한 파일들이 어떤 역할을 하는지 등 스트림 인터페이스 드라이버에 대해 자세히 알고 싶다면 앞장의 8.2.1 Character LCD 드라이버 제작 부분을 참고하기 바란다.

– \WINCE500\PLATFORM\XHyper27xTKU_BSP\src\drivers\IEB\ 폴더에 작성할 디바이스 드라이버를 저장할 gpbutton라는 하위폴더를 생성한다. 생성한 폴더에 gpbutton.c 파일을 생성한 후 다음과 같이 함수들을 작성한다.

(8-121)
정의 부분

```
// CACHED_TO_UNCACHED_OFFSET
#define CACHED_TO_UNCACHED_OFFSET     0x20000000

#define FPGA_LED_CS0        (0x97500000)
#define LED_CS              (*(volatile unsigned char *)\
                            ( FPGA_LED_CS0 + CACHED_TO_UNCACHED_OFFSET ))

#define LED_SET(x) \
        LED_Value =(x); \
        LED_CS = LED_Value;

UINT32 g_SysIntr_1 = SYSINTR_GP1BTN;
UINT32 g_SysIntr_2 = SYSINTR_GP2BTN;
UINT32 g_SysIntr_3 = SYSINTR_GP3BTN;
UINT32 g_SysIntr_4 = SYSINTR_GP4BTN;

#define GPIO_BIT1_35_GP1BTN   ( XLLP_BIT_3 ) // GPIO 3번 핀
#define GPIO_BIT1_36_GP1BTN   ( XLLP_BIT_4 ) // 인터럽트로 사용할 GPIO핀
#define GPIO_BIT1_37_GP1BTN   ( XLLP_BIT_5 ) // 인터럽트로 사용할 GPIO핀
#define GPIO_BIT1_41_GP1BTN   ( XLLP_BIT_9 ) // GPIO 4번 핀
```

위의 소스코드는 gpbutton.c 파일에서 정의 부분으로 물리주소와 매핑된 가상주소를 편리하게 이용하고, 쉽게 알아보도록 정의하였다.

(8-122)
DllEntry

```
BOOL WINAPI DllEntry(HANDLE hInstDll, DWORD dwReason, LPVOID lpvReserved)
{
  switch (dwReason)
  {
    case DLL_PROCESS_ATTACH:
        DEBUGMSG(1, (TEXT("DllEntry: DLL_PROCESS_ATTACH (PID=x%08x)\r\n"), GetCurrentProcessId()));
        break;

    case DLL_PROCESS_DETACH:
        DEBUGMSG(1, (TEXT("DllEntry: DLL_PROCESS_DETACH (PID=x%08x)\r\n"), GetCurrentProcessId()));
        break;
  }
  return (TRUE);
}
```

DllEntry 함수는 DLL이 로드/언로드될 때, 해당 프로세서에서 새로운 스레드가 생성되거나 파괴될 때 호출되며, 첫 번째 hinstDLL 인자는 DLL 모듈 핸들이며, 두 번째 dwReason 인자는 어떤 이유로 DllEntry 함수가 호출되었는지 알려준다. DLL_PROCESS_ATTACH 는 프로세서가 시작되거나 LoadLibrary가 호출되면서 현재 프로세서의 가상 주소영역에 DLL이 로드되는 것을 나타내며, DLL_PROCESS_DETACH 는 프로세서가 종료되었거나 FreeLibrary가 호출되면서 호출 중인 프로세서의 가상 주소 영역으로부터 DLL이 언로드되는 것을 나타낸다. DllEntry 함수는 되도록 간단하게 작성해 주는 것이 좋으며, 간단한 초기화 작업 이외에 다른 작업을 하도록 작성하게 되면, Windows CE 로더에서 문제가 발생할 소지가 있다.

(8-123)
GPB_Init

```
DWORD GPB_Init(DWORD p1, DWORD p2)
{
        BOOL result;
        DEBUGMSG(1, (TEXT("GPB_Init(x%08x,x%08x):\r\n"), p1, p2));

        if(!GPB_MapAddresses())
        {
            DEBUGMSG(1, (TEXT("GPB_Init: GPB_InitializeAddresses Failed\r\n")));
            goto CleanUp;
        }

        m_pGPIOReg->GPDR1 &= ~(GPIO_BIT1_35_GP1BTN | \
```

```
GPIO_BIT1_36_GP1BTN | GPIO_BIT1_37_GP1BTN | GPIO_BIT1_41_GP1BTN);

m_pGPIOReg->GPCR1 |= (GPIO_BIT1_35_GP1BTN | \
GPIO_BIT1_36_GP1BTN | GPIO_BIT1_37_GP1BTN | GPIO_BIT1_41_GP1BTN);

RETAILMSG(1, (L"GPDR1 (%x) \r\n", m_pGPIOReg->GPDR1));
RETAILMSG(1, (L"GPLR1 (%x) \r\n", m_pGPIOReg->GPLR1));

g_ButtonEvent = CreateEvent(NULL, FALSE, FALSE, NULL);

if(!g_ButtonEvent)
{
    DEBUGMSG(1, (TEXT("GPB_Init: Failed to create Intterupt Event\r\n")));
    goto CleanUp;
}
result = InterruptInitialize(g_SysIntr_1, g_ButtonEvent, NULL, 0);

if(!result)
{
    DEBUGMSG(1, (TEXT("InterruptInitialize()1 failed\r\n")));
    goto CleanUp;
}
result = InterruptInitialize(g_SysIntr_2, g_ButtonEvent, NULL, 0);

if(!result)
{
    DEBUGMSG(1, (TEXT("InterruptInitialize()2 failed\r\n")));
    goto CleanUp;
}
result = InterruptInitialize(g_SysIntr_3, g_ButtonEvent, NULL, 0);

if(!result)
{
    DEBUGMSG(1, (TEXT("InterruptInitialize()3 failed\r\n")));
    goto CleanUp;
}
result = InterruptInitialize(g_SysIntr_4, g_ButtonEvent, NULL, 0);

if(!result)
{
    DEBUGMSG(1, (TEXT("InterruptInitialize()4 failed\r\n")));
    goto CleanUp;
}

g_ButtonThread = \
CreateThread(NULL, 0, (LPTHREAD_START_ROUTINE) ButtonThread, NULL, 0, NULL);
```

```
        if(g_ButtonThread == NULL)
        {
            DEBUGMSG(1, (TEXT("GPB_Init: Failed to create Button Intterupt Thread\r\n")));
            goto CleanUp;
        }

        GPB_PowerUp();

        KernelIoControl(IOCTL_HAL_ENABLE_WAKE, &g_SysIntr_1, sizeof(g_SysIntr_1), NULL, 0, NULL);
        KernelIoControl(IOCTL_HAL_ENABLE_WAKE, &g_SysIntr_2, sizeof(g_SysIntr_2), NULL, 0, NULL);
        KernelIoControl(IOCTL_HAL_ENABLE_WAKE, &g_SysIntr_3, sizeof(g_SysIntr_3), NULL, 0, NULL);
        KernelIoControl(IOCTL_HAL_ENABLE_WAKE, &g_SysIntr_4, sizeof(g_SysIntr_4), NULL, 0, NULL);

        DEBUGMSG(1, (TEXT("GPB_Init: Success\r\n")));
        return(TRUE);

        CleanUp:

        GPB_Deinit(0);
        return (FALSE);
}
```

GPB_Init 함수는 GPIO 버튼 디바이스 드라이버가 로드될 때 호출되는 드라이버 초기화 함수로서, 반환값이 1이면 디바이스 드라이버가 제대로 로드된 것이다.

CreateEvent() 함수는 이벤트 객체를 생성하는 함수이다. 이벤트 객체는 신호/무신호의 두 가지 상태를 가질 수 있는 동기화 객체로서, 이벤트가 발생하였을 때 이를 스레드에 알리는 데 사용한다. CreateEvent() 함수에 대해 살펴보면 다음과 같다.

```
Prototype
HANDLE CreateEvent(
            LPSECURITY_ATTRIBUTES lpEventAttributes,
            BOOL bManualReset,
            BOOL bInitialState,
            LPTSTR lpName
);
```

첫 번째 lpEventAttributes 매개변수는 보안속성 매개변수로 윈도우즈 CE에서는 지원하지 않으므로, "NULL"로 설정한다. 두 번째 bManualReset 매개변수는 수동 재설정 이벤트를 만들 것인지 아니면 신호 직후 무신호 상태로 자동으로 재설정되는 이벤트를 만들 것인지 설정하는 매개변수로, "TRUE"로 설정하면 수동으로 재설정하는 이벤트가 만들어진다. 세 번째 bInitialState 매개변수는 이벤트 객체의 초기 상태를 지정하는 변수로, "TRUE"로 설정하면 신호 상태가 되고 그렇지 않으면 무신호 상태가 된다. 마지막 lpName 매개변수는 이벤트에 이름을 붙일 때 사용하는 문자열 매개변수로, 이름이 붙은 이벤트 객체를 사용하면 한 프로세서가 다른 프로세서에 신호를 보낼 수 있으며, 이름을 붙일 필요가 없다면 "NULL"로 설정한다.

InterruptInitialize() 함수는 커널이 드라이버에게 제공하는 함수로서, 하드웨어 인터럽트를 초기화한다. 이 초기화는 디바이스 드라이버가 이벤트를 등록하고 인터럽트를 가능하게 하는 것을 허용한다. InterruptInitialize() 함수에 대해 살펴보면 다음과 같다.

```
Prototype
BOOL InterruptInitialize(
        DWORD idInt,
        HANDLE hEvent,
        LPVOID pvData,
        DWORD cbData
);
```

첫 번째 idInt 인자는 인터럽트 서비스 스레드(IST)와 관련이 있는 인터럽트 ID를 지정하며, 두 번째 hEvent 인자는 인터럽트가 트리거될 때 신호되는 이벤트를 지정한다. 세 번째 pvData 인자는 OEMInterruptEnable() 함수로 전달되는 데이터 블록의 포인터를 지정하며, 마지막 cbData 인자는 pvData가 가리키는 데이터의 크기를 지정한다.

인터럽트 처리과정을 살펴보면 다음과 같다.

인터럽트 서비스 스레드(IST)는 IST가 사용할 인터럽트 ID와 이벤트를 준비한 다음, 인터럽트 ID와 이벤트를 InterruptInitialize() 함수를 이용하여 커널에 전달하면, 커널은 OAL(OEM Adaptation Layer)의 OEMInterruptEnable() 함수를 호출하여 전달받은 인터럽트 ID가 유효한 ID인지 확인한 후 인터럽트가 발생 가능하도록 설정한다.

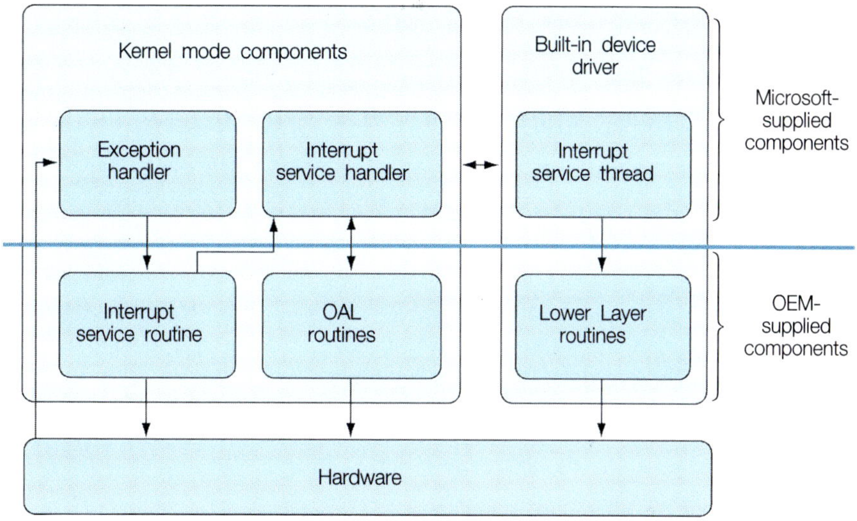

[그림 8-71] 하드웨어 인터럽트 처리과정

그 다음 인터럽트가 발생하게 되면, 커널은 OEM의 ISR(Interrupt Service Routine)을 호출하여 발생한 인터럽트의 ID를 확인한다.

호출된 OEMInterruptHandler() ISR 함수는 해당하는 인터럽트를 금지시킨 후 ID를 커널에 반환하면, 커널이 해당하는 이벤트를 연결시키면 디바이스 드라이버는 해당 하드웨어에 접근하게 된다.

KernelIoControl() 함수는 디바이스 드라이버가 IO 컨트롤 코드를 커널에게 보내고자 사용하는 함수로서, 함수에 대해 살펴보면 다음과 같다.

```
Prototype
BOOL KernelIoControl(
        DWORD dwIoControlCode,
        LPVOID lpInBuf,
        DWORD nInBufSize,
        LPVOID lpOutBuf,
        DWORD nOutBufSize,
        LPDWORD lpBytesReturned
);
```

첫 번째 dwIoControlCode 인자는 OAL IOCTLs을 지원해야만 하는 I/O 컨트롤 코드를 지정하며, 두 번째 lpInBuf 인자는 작업의 실행이 필요한 데이터를 포함하는 버퍼의 포인터를 지정한다. 세 번째 nInBufSize 인자는 lpInBuf가 가리키는 버퍼의 바이트 단위의 크기를 지정하며, 네 번째 lpOutBuf 인자는 출력 데이터를 받는 버퍼의 포인터를 지정한다. 다섯 번째 nOutBufSize 인자는 lpOutBuf가 가리키는 버퍼의 바이트 단위의 크기를 지정하며, 마지막 lpBytesReturned 인자는 lpOutBuf가 가리키는 버퍼에 저장된 데이터의 바이트 단위의 크기를 받는 변수의 포인터를 지정한다.

(8–124)
ButtonThread

```
INT WINAPI ButtonThread(void)
{
    RETAILMSG(1, (L"ButtonThread 1 \r\n"));

    while(g_ButtonEvent != NULL)
    {
        WaitForSingleObject(g_ButtonEvent, INFINITE);

        if(m_pGPIOReg->GPLR1 & GPIO_BIT1_35_GP1BTN)
        {
            unsigned char shift = 0;

            if(Value & 0x80)
            {
                Value = Value << 1;
                shift = 0x01;
                RETAILMSG(1, (L" if Value (%x)\r\n", Value));
                Value |= shift;
            }
            else
                Value = Value << 1;

            LED_SET(Value);
            RETAILMSG(1, (L"SW 1 Value11 (%02x)\r\n", Value));
            keybd_event( VK_HYPHEN, 0, KEYEVENTF_SILENT, 0 );
            InterruptDone(g_SysIntr_1);
        }
        else if(m_pGPIOReg->GPLR1 & GPIO_BIT1_36_GP1BTN)
        {
            if(Value == 0x55)
                Value = 0xAA;
            else if(Value == 0xAA)
                Value = 0x55;
            else
                Value = 0x55;

            LED_SET(Value);
            RETAILMSG(1, (L"SW 3 Value22 (%02x)\r\n", Value));
            keybd_event( 'a', 0, KEYEVENTF_SILENT, 0 );
```

```
            InterruptDone(g_SysIntr_2);
        }
        else if(m_pGPIOReg->GPLR1 & GPIO_BIT1_37_GP1BTN)
        {
            if(Value == 0xFF)
                Value = 0x00;
            else if(Value == 0x00)
                Value = 0xFF;
            else
                Value = 0xFF;

            LED_SET(Value);
            RETAILMSG(1, (L"SW 4 Value33 (%02x)\r\n", Value));
            keybd_event( 'b', 0, KEYEVENTF_SILENT, 0 );
            InterruptDone(g_SysIntr_3);
        }
        else if(m_pGPIOReg->GPLR1 & GPIO_BIT1_41_GP1BTN)
        {
            Value = 0x00;
            LED_SET(Value);
            RETAILMSG(1, (L"SW 2 Value44 (%02x)\r\n", Value));
            keybd_event( 'c', 0, KEYEVENTF_SILENT, 0 );
            InterruptDone(g_SysIntr_4);
        }
        else
        {
            InterruptDone(g_SysIntr_1);
            InterruptDone(g_SysIntr_2);
            InterruptDone(g_SysIntr_3);
            InterruptDone(g_SysIntr_4);
            RETAILMSG(1, (L"GPIO Button Error\r\n"));
        }
    }
    return 0;
}
```

ButtonThread 스레드는 GPIO 버튼이 눌렸을 때 실행되는 이벤트 스레드로서, ButtonThread 스레드의 내용을 살펴보면, 먼저 WaitForSingleObject() 함수를 이용하여 GPIO 버튼 이벤트를 기다린다. 그다음 이벤트 처리가 끝났으면, 인터럽트 처리가 끝났다는 사실을 InterruptDone() 함수를 이용하여 알리고, 이전 처리 상태로 복귀한다.

keybd_event() 함수는 키보드에서 키가 눌러진 것과 같은 효과를 발생하게 하는 함수로서, 함수에 대해 살펴보면 다음과 같다.

```
Prototype
VOID keybd_event(
      BYTE bVk,
      BYTE bScan,
      DWORD dwFlags,
      DWORD dwExtraInfo
);
```

첫 번째 bVk 인자는 시뮬레이션할 키의 가상 키 코드이며, 두 번째 bScan 인자는 하드웨어 스캔 코드를 지정한다. 세 번째 dwFlags 인자를 "KEYEVENTF_KEYUP"로 지정하면 키가 눌렸다가 원상태로 돌아올 때 이벤트를 발생시키고, 지정하지 않으면 키가 눌렸을 때 이벤트를 발생시킨다. 또한, "KEYEVENTF_SILENT"로 인자를 지정하면, 키 누름을 시뮬레이션할 때 키 눌림소리가 나지 않는다. 마지막 dwExtraInfo 인자는 추가적으로 32비트 값을 지정한다.

(8-125) GPB_MapAddresses 함수

```
BOOL GPB_MapAddresses(void)
{
      if(m_pGPIOReg == NULL)
      {
        PHYSICAL_ADDRESS ioPhysicalBase = {BULVERDE_BASE_REG_PA_GPIO,0};
        m_pGPIOReg = \
        (PBULVERDE_GPIO_REG)MmMapIoSpace(ioPhysicalBase, sizeof(BULVERDE_GPIO_REG),FALSE);
      }

      if(!m_pGPIOReg)
      {
        goto CleanUp;
      }

      return TRUE;
      CleanUp:

      DEBUGMSG(1, (TEXT("GPB_InitializeAddresses Failed\r\n")));
      GPB_UnMapAddresses();

      return FALSE;
}
```

MmMapIoSpace() 함수는 장치에 직접 매핑된 가상주소를 제공하는 함수로서, 함수에 대해 살펴보면 다음과 같다.

```
Prototype
PVOID MmMapIoSpace(
        PHYSICAL_ADDRESS PhysicalAddress,
        ULONG NumberOfBytes,
        BOOLEAN CacheEnable
);
```

첫 번째 PhysicalAddress 인자는 매핑을 위한 I/O 범위에서의 물리적 주소의 시작을 지정하며, 두 번째 NumberOfBytes 인자는 매핑할 바이트 단위의 크기를 지정하며, 세 번째 CacheEnable 인자는 캐시영역에 메모리를 할당할 것인가를 지정하는 인자로서, FLASE는 Non-캐시영역을 의미한다.

(8-126)
GPB_Deinit

```
BOOL GPB_Deinit(DWORD p1)
{
    DEBUGMSG(1, (TEXT("GPB_DeInit(x%08x):\r\n"), p1));

    if(g_ButtonEvent)
    {
        SetEvent(g_ButtonEvent);
        CloseHandle(g_ButtonEvent);
    }

    if(g_ButtonThread)
        CloseHandle(g_ButtonThread);

    GPB_UnMapAddresses();
    return (TRUE);
}
/////////////////////////////////////////////////////////////////////////////////////////////////
void GPB_UnMapAddresses(void)
{
    if(m_pGPIOReg)
    {
        MmUnmapIoSpace(m_pGPIOReg,0);
        m_pGPIOReg = NULL;
    }
    return;
}
```

GPB_Deinit 함수는 GPIO 버튼 디바이스 드라이버가 언로드될 때 호출되는 함수로서, 반환값이 "TRUE"이면 디바이스 드라이버가 제대로 언로드된 것이다.

GPB_Deinit 함수 내용에 대해 살펴보면, SetEvent() 함수는 이벤트 객체에 신호를 보내기 위한 함수이고, MmUnmapIoSpace() 함수는 MmMapIoSpace() 함수에 의해 매핑된 주소영역을 해제하는 함수이다. MmUnmapIoSpace() 함수에 대해 살펴보면 다음과 같다.

```
Prototype
VOID MmUnmapIoSpace(
        PVOID BaseAddress,
        ULONG NumberOfBytes
);
```

첫 번째 BaseAddress 인자는 MmMapIoSpace() 함수가 물리적인 페이지들을 매핑했던 가상주소의 포인터를 지정하며, 두 번째 NumberOfBytes 인자는 MmMapIoSpace() 함수가 매핑했던 바이트 단위의 크기를 지정한다.

(8-127) GPB_Open

```
DWORD GPB_Open (DWORD dwData, DWORD dwAccess, DWORD dwShareMode)
{
        DEBUGMSG(1, (TEXT("GPB_Open:\r\n")));
        return(0x12345678);
}
```

GPB_Open 함수는 응용프로그램 또는 다른 드라이버가 GPIO 버튼 디바이스 드라이버를 열고자 CreateFile() 함수를 호출했을 때 호출되는 함수이다.

(8-128) GPB_Close

```
BOOL  GPB_Close(DWORD dwData)
{
        DEBUGMSG(1, (TEXT("GPB_Close:\r\n")));
        return (TRUE);
}
```

GPB_Close 함수는 이전에 GPIO 버튼 디바이스 드라이버를 열었던 응용프로그램 또는 다른 드라이버가 GPIO 버튼 디바이스 드라이버를 닫고자 CloseHandle() 함수를 호출했을 때 호출되는 함수로서, 반환값이 "TRUE"이면 디바이스 드라이버가 제대로 닫기가 된 것이다.

(8-129)
GPB_Read

```
DWORD GPB_Read (DWORD dwData, LPVOID pBuf, DWORD Len)
{
        return (0);
}
```

GPB_Read 함수는 GPIO 버튼에서 데이터를 읽어오고자 응용프로그램 또는 다른 드라이버가 ReadFile() 함수를 호출했을 때 호출되는 함수이다.

(8-130)
GPB_Write

```
DWORD GPB_Write(DWORD dwData, LPCVOID pBuf, DWORD Len)
{
        return (0);
}
```

GPB_Write 함수는 GPIO 버튼에 데이터를 쓰고자 응용프로그램 또는 다른 드라이버가 WriteFile() 함수를 호출했을 때 호출되는 함수이다.

(8-131)
GPB_Seek

```
DWORD GPB_Seek (DWORD dwData, long pos, DWORD type)
{
        return (DWORD)-1;
}
```

GPB_Seek 함수는 응용프로그램 또는 다른 드라이버가 GPIO 버튼 장치의 데이터 포인터를 변경시키고자 SetFilePointer() 함수를 호출했을 때 호출되는 함수이다.

(8-132)
GPB_IOControl

```
BOOL GPB_IOControl(DWORD hOpenContext, DWORD dwCode, PBYTE pBufIn,
                   DWORD dwLenIn, PBYTE pBufOut, DWORD dwLenOut,
                   PDWORD pdwActualOut)
{
      return(FALSE);
}
```

GPB_IOControl 함수는 응용프로그램 또는 다른 드라이버가 DeviceIOControl() 함수를 호출할 때 호출되는 함수로서, 대부분의 디바이스 드라이버들은 장치와 통신하는 방법으로 IOControl 함수를 이용한다.

(8-133)
GPB_PowerUp

```
VOID GPB_PowerUp(VOID)
{
	DEBUGMSG(1, (TEXT("GPB_PowerUp:\r\n")));
	return;
}
```

GPB_PowerUp 함수는 시스템 작동이 재개될 때 호출되는 함수로서, 전원 관리자가 없는 예전 방식의 디바이스 드라이버라면, 이 함수가 호출되는 것으로 언제 하드웨어에 전원을 공급하고, 이전의 상태로 되돌려 놓아야 하는지 알 수 있다.

(8-134)
GPB_PowerDown

```
BOOL GPB_PowerDown(VOID)
{
	DEBUGMSG(1, (TEXT("GPB_PowerDown:\r\n")));
	return(TRUE);
}
```

GPB_PowerDown 함수는 시스템이 중지되기 직전에 호출되는 함수로서, 전원 관리자 인터페이스가 없는 예전 방식의 디바이스 드라이버라면 자신이 제어하는 하드웨어의 전원을 내리고 추후에 복구할 수 있도록 이전의 하드웨어 상태에 대한 정보를 보존해야 한다.

– \WINCE500\PLATFORM\XHyper27xTKU_BSP\src\drivers\IEB\gpbutton 폴더에 gpbutton.def 파일을 생성한 후 다음과 같이 작성한다.

XXX_Init, XXX_Open 등의 함수를 DLL 외부에서 쉽게 찾을 수 있도록 DEF(Module-Definition File) 파일을 사용하여 각 함수들을 DLL 익스포트시킨다. 즉 외부에 공개되는 함수를 드라이버명.def 파일에 명시한다.

(8-135)
gpbutton.def 파일

```
LIBRARY   GPB

EXPORTS   GPB_Init
          GPB_Deinit
          GPB_Open
          GPB_Close
          GPB_Read
          GPB_Write
          GPB_Seek
          GPB_IOControl
          GPB_PowerDown
          GPB_PowerUp
```

LIBRARY 항목은 DLL을 생성하기 위한 LINK를 말하며, EXPORTS 항목은 외부에서 쉽게 찾을 수 있도록 외부에 알릴 함수를 설정하는 항목이다.

– \WINCE500\PLATFORM\XHyper27xTKU_BSP\src\drivers\IEB\gpbutton 폴더에 source 파일을 생성한 후 다음과 같이 작성한다.

"sources" 파일에 컴파일을 수행하기 위한 필요한 라이브러리와 소스파일들이 명시한다.

(8-136)
source 파일

```
TARGETNAME=gpbutton
DEFFILE=gpbutton.def

TARGETTYPE=DYNLINK
RELEASETYPE=PLATFORM

!IF "$(_WINCEOSVER)" >= "501"
DLLENTRY=_DllEntryCRTStartup
!ELSE
DLLENTRY=DllEntry
!ENDIF

TARGETLIBS= \
            $(_COMMONOAKROOT)\lib\$(_CPUINDPATH)\ceddk.lib \
            $(_COMMONSDKROOT)\lib\$(_CPUINDPATH)\coredll.lib \

SOURCES= \
        gpbutton.c
```

"TARGETNAME=gpbutton" 항목은 "gpbutton"라는 파일을 생성하라는 의미이고, "TARGETTYPE=DYNLINK" 항목은 DLL(Dynamic Link Library)의 생성을 의미한다. 두 항목을 붙여서 해석해보면, 만들어질 파일은 "gpbutton.dll"이라는 것을 의미한다. "RELEASETYPE=PLATFORM" 항목은 "gpbutton.dll" 파일을 생성할 위치를 지정해 주는 항목으로 PLATFORM가 의미하는 위치는 _RELEASEDIR=$(_TARGETPLATROOT)\target\$(_CPUDIR)이다. 이 위치는 결국 \WINCE500\PLATFORM\XHyper27xTKU_BSP\target\ARMV4I\retail가 된다.

"DEFFILE"항목은 함수 정의파일을 지정해주는 항목이고, "WINCETARGETFILE0" 항목은 현재 디렉터리에서 BUILD.exe가 소스코드를 빌드하기 전에 빌드해야 하는 Nonstandard Target 파일을 지정해주는 항목이다.

"TARGETLIBS" 항목은 함수 포인터의 정보를 어떤 라이브러리와 매핑을 시킬지 지정해 주는 항목이고, "DLLENTRY" 항목은 DLL라는 확장자를 가진 파일의 시작점을 지정해 주는 항목이고, "SOURCES" 항목은 디바이스 드라이버 모듈을 생성하는데 필요한 소스코드 파일들을 지정하는 항목이다.

– \WINCE500\PLATFORM\XHyper27xTKU_BSP\src\drivers\IEB\fnd 폴더에 makefile 파일을 생성한 후 다음과 같이 작성한다.

"makefile" 파일은 "BUILD.exe"를 사용하여 모듈소스를 빌드할 때 필요로 한 빌드정보를 가진 파일로서, 소스파일들을 컴파일하고 빌드하기 위한 정해진 규칙을 명시해 놓은 파일이다.

(8–137)
makefile 파일

```
#
# DO NOT EDIT THIS FILE!!! Edit .\sources. if you want to add a new source
# file to this component. This file merely indirects to the real make file
# that is shared by all the components of Windows CE.
#
!INCLUDE $(_MAKEENVROOT)\makefile.def
```

BUILD.exe가 모듈소스를 빌드할 때 실제로 사용하게 될 makefile인 makefile.def 파일을 적어준다.

"$(_MAKEENVROOT)"라는 환경변수는 "\WINCE500\PUBLIC\COMMON\OAK\MISC" 폴더를 의미한다.

– 디바이스 드라이버를 운영체제 이미지에 포함시키기 위해 platform.bib 파일의 MODULES 영역에 gpbutton.dll 디바이스 드라이버를 추가한다.

추가할 파일	생성될 타깃 위치	압축될 장소	속성
gpbutton.dll	$(_FLATRELEASEDIR)\gpbutton.dll	NK	

BIB 파일은 압축할 파일들에 대한 정보와 압축이미지의 속성을 결정한다. 특히 개발자는 platform.bib 파일을 사용하여 특별한 항목을 이미지에 추가할 수

있다. BIB(Binary Image Builder) 파일은 이미지를 생성할 때 어떤 모듈이나 파일을 추가할지를 설정하는 파일로, ROM 이미지를 만들어내는 Romimage.exe 프로그램은 이미지를 생성할 때, BIB 파일을 참조하여 어떤 모듈이나 파일들을 추가할지를 결정한다.

〈표 8-34〉 속성

문 자	설 명
S	시스템 속성
H	숨김 속성
K	커널모드 속성
X	서명된 정보를 가지고 이미지 파일에 압축되도록 함.
L	데이터영역이 연속적인 공간상에서 존재하도록 함.

– platform.reg 파일의 적절한 위치에 다음 코드를 추가한다.

```
;---------------------------------------
; GPB
;---------------------------------------
[HKEY_LOCAL_MACHINE\Drivers\BuiltIn\GPB]
  "Dll"="gpbutton.dll"
  "Prefix"="GPB"
  "Index"=dword:1
  "Order"=dword:0
  "Ioctl"=dword:4
```

REG 파일은 타깃보드에서 작동될 운영체제의 레지스트리 파일을 만드는 데 사용되며, 레지스트리 키의 요소와 값에 따라 디바이스의 I/O 포트 주소, DMA, IRQ 설정 등 다양한 정보를 입력 수정할 수 있다.

platform.reg 파일에 추가하는 내용을 살펴보면, "Dll" 항목은 드라이버의 파일 이름을 나타내며, "Prefix" 항목은 드라이버의 접두어를, "Index" 항목은 접두어가 같은 장치를 각각 식별하기 위한 값을 나타낸다. 또한, "Order" 항목은 메모리에 적재되는 순서를 나타내며 '0'이 가장 빠른 순서이며, "Ioctl" 항목은 IO Control 코드를 나타낸다.

제9장
Application 구성

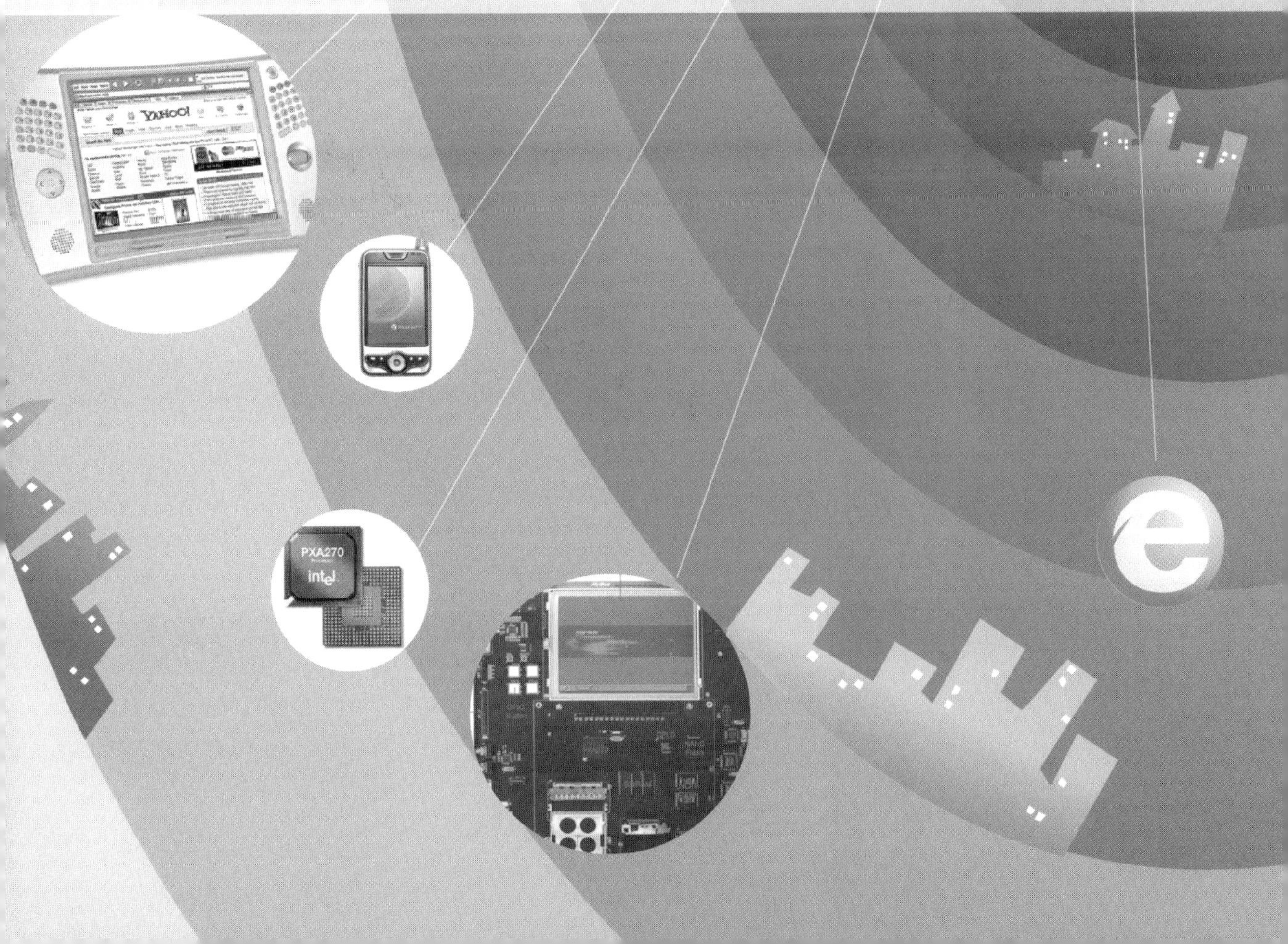

9.1 Windows CE Application

9.1.1 Windows CE Application 제작 툴

응용프로그램 개발자는 Microsoft eMbedded Visual C++ 4.0과 Platform Builder 5.0을 이용하여 Windows CE 5.0에서 동작 가능한 응용프로그램을 개발할 수 있다.

혹시 Microsoft eMbedded Visual C++ 4.0를 처음 실행하게 되면, 다음과 같은 에러 메시지가 나타날 수 있다. 다음 에러 메시지는 SDK가 설치되어있지 않다는 메시지로 응용프로그램을 개발하려면 그 해당 플랫폼의 SDK를 설치해 주어야 한다.

[그림 9-1] SDK 미설치 오류

9.1.2 SDK(Software Development Kit) 제작

SDK(Software Development Kit)는 응용프로그램의 개발을 간편하고 쉽게 하도록 프로그래머에게 유상이나 무상으로 제공되는 개발 도구로서 프로그래머들이 솔루션 개발 시 자사의 응용프로그램 인터페이스(API)를 채택하게 하기 위한 목적으로 대부분 무료로 제공된다. 개발 도구 및 라이브러리, 관련 도큐먼트, 개발 툴 등으로 구성된다.

X-Hyper270-TKU의 응용프로그램을 개발하려면 X-Hyper270-TKU SDK와 eVC(Embedded Visual C++)가 필요하다. SDK는 eVC에서 사용하는 라이브러리들의 집합체로 응용프로그램을 쉽게 개발할 수 있도록 X-Hyper270-TKU의 시스템 환경을 응용프로그램 개발자에게 제공한다.

응용프로그램 개발에 필요한 타깃보드의 SDK는 플랫폼 빌더를 이용하여 생성할 수 있다.

☞ SDK를 생성하려면 어떤 플랫폼의 SDK를 생성할지 결정해야 하므로 SDK 생성을 위한 새로운 플랫폼을 생성한다. 또한 SDK를 생성하려면 반드시 해당 운영체제 이미지가 빌드되어 있어야 한다. 먼저 플랫폼 마법사를 사용하여 플랫폼을 생성하는 방법에 대해 기술하였다.

① 플랫폼 마법사를 실행시키고자 메뉴에서 File ➔ New Platform...를 선택한다.

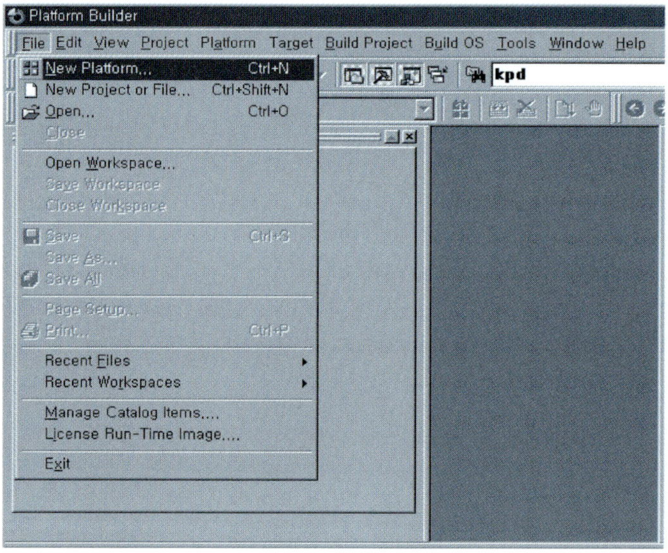

[그림 9-2]
New Platform 선택

② 플랫폼 마법사를 실행시키면 다음과 같은 화면을 확인할 수 있다.

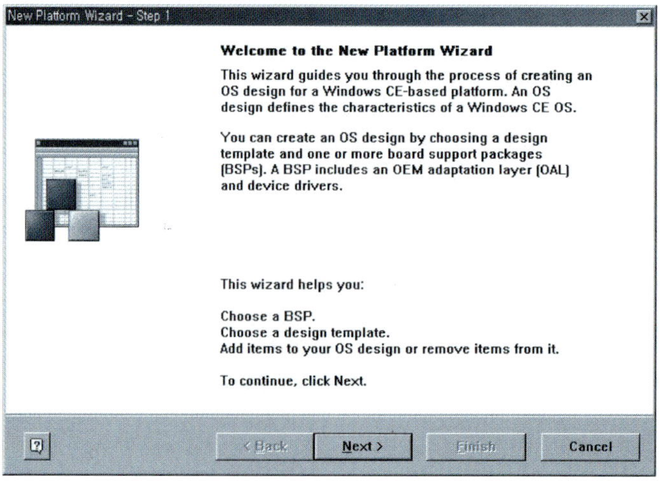

[그림 9-3]
Platform Wizard 실행

③ 생성할 플랫폼의 이름을 지정한다. "XHyper270TKU_SDK"이라고 입력한 후 "Next" 버튼을 누른다.

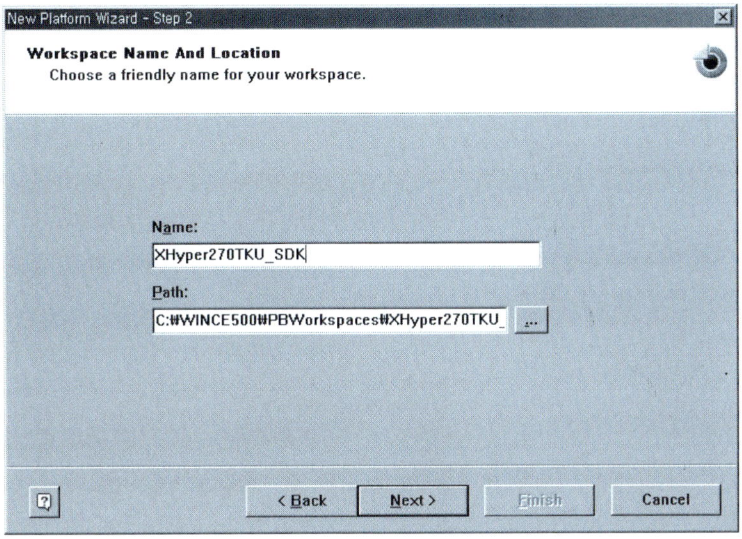

[그림 9-4]
플랫폼명 지정

④ "XHyper27xTKU_BSP:ARMV4I"를 선택한 후 "Next" 버튼을 누른다.

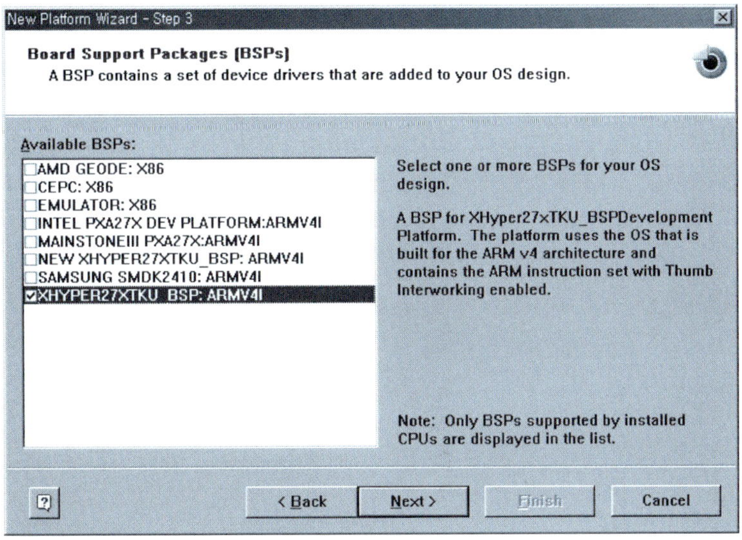

[그림 9-5]
XHyper27xTKU_BSP:ARMV4I 선택

⑤ Mobile 플랫폼을 생성하도록 한다. "Mobile Handheld"를 선택한 후 "Next" 버튼을 누른다.

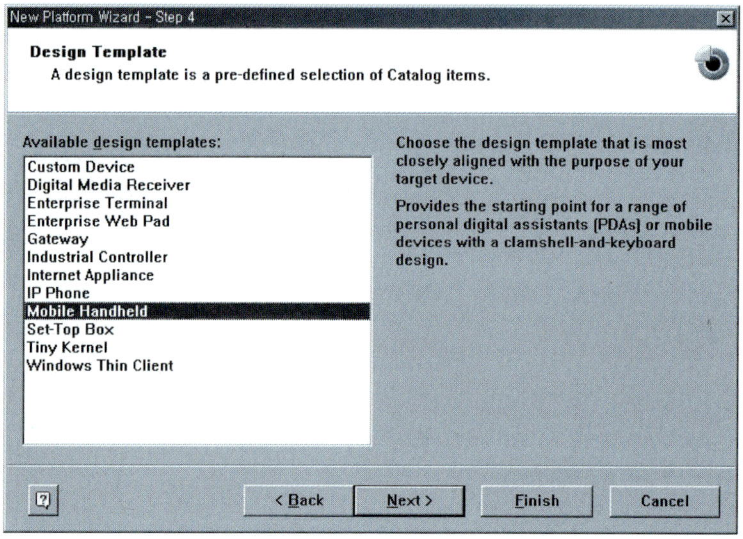

[그림 9-6]
Mobile Handheld 선택

⑥ 플랫폼 형태를 지정하고 나면, 생성할 플랫폼에 제공될 애플리케이션들과 Media 컴포넌트들을 선택할 수 있는 창이 나타난다. 다음과 같이 항목들을 선택한 후 "Next" 버튼을 누른다.

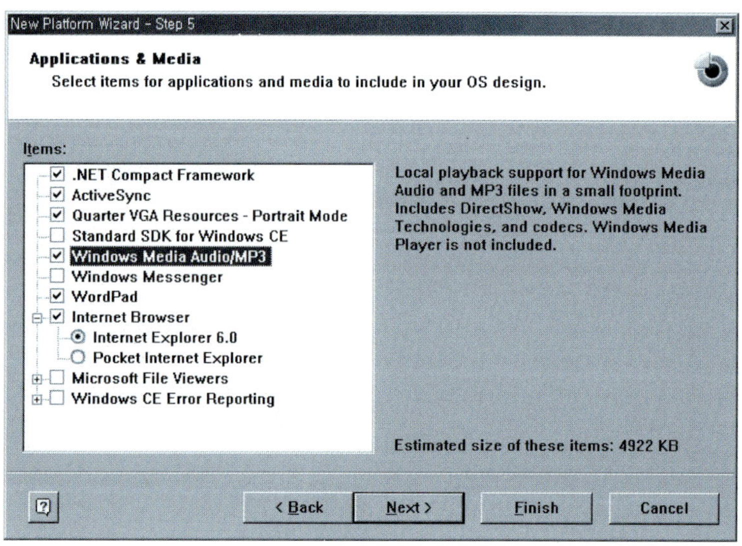

[그림 9-7]
Applications & Media 선택

⑦ 다음은 타깃보드에서 사용할 네트워킹과 통신부분의 구성요소들을 선택하는 창이다. X-Hyper270-TKU에는 "Bluetooth"는 사용하지 않기 때문에 "Bluetooth"는 제외한다.

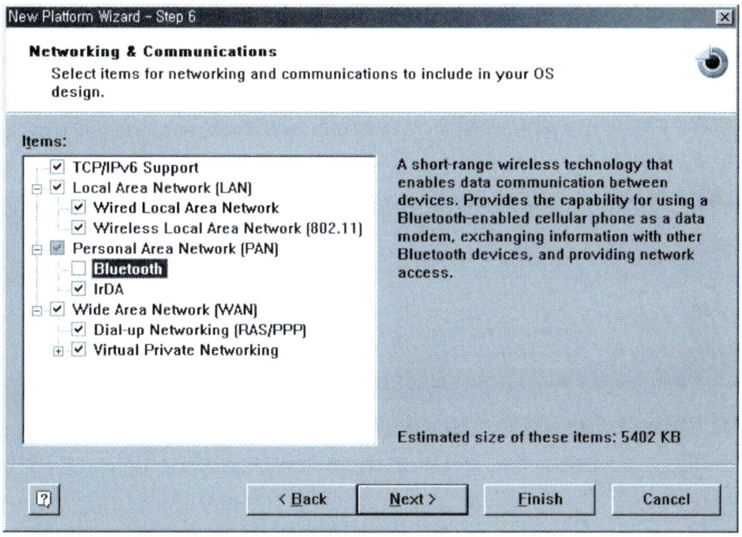

[그림 9-8] Networking & Communications 선택

⑧ 다음은 보완문제를 개발자에게 인지시켜주는 창으로, "Next" 버튼을 누른다.

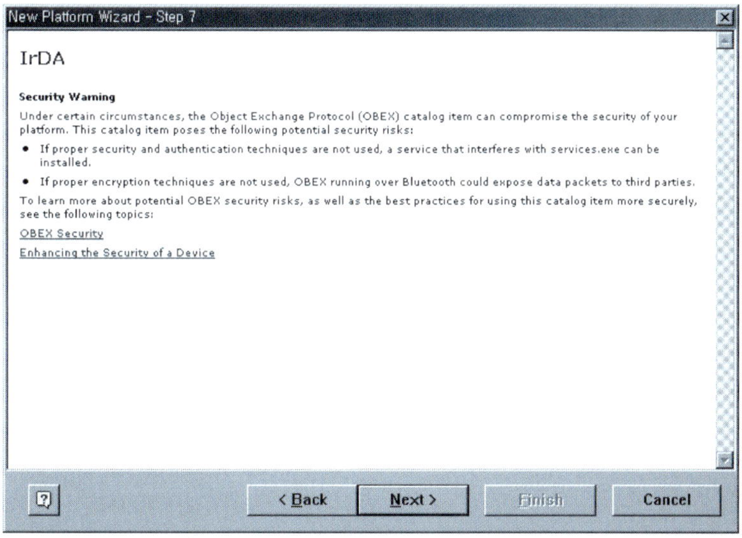

[그림 9-9] Security Warning

⑨ "Finish" 버튼을 눌러 플랫폼 마법사를 끝마치면, 새로운 플랫폼이 생성된다.

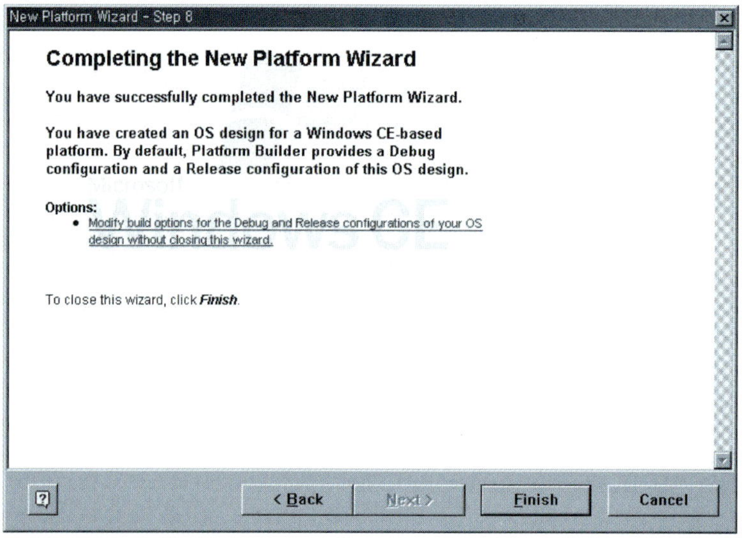

[그림 9-10]
플랫폼 마법사 종료

⑩ 성공적으로 새로운 플랫폼이 생성이 되었다면 플랫폼 빌더의 Workspace 창에 추가된 항목을 볼 수 있다.

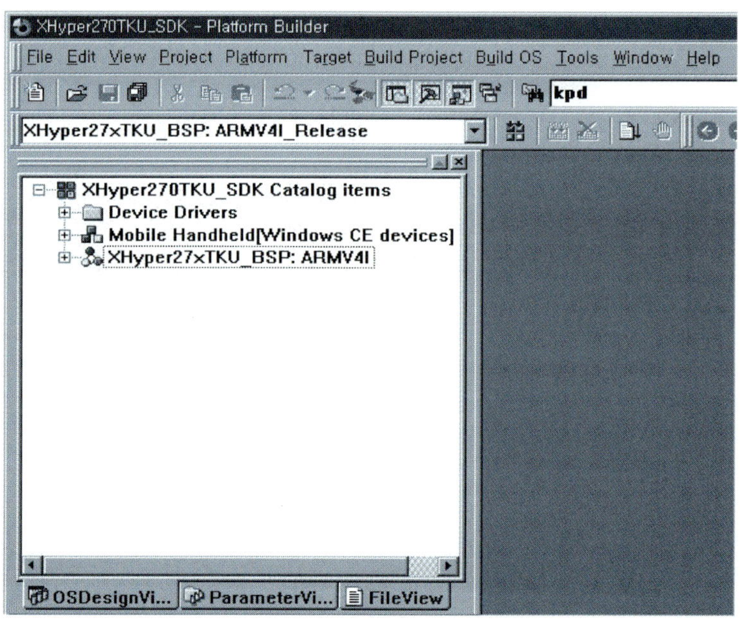

[그림 9-11]
Workspace **항목 확인**

⑪ 응용프로그램을 개발하려면 MFC(Microsoft Foundation Class)이 필요하므로, Catalog 창에서 "Microsoft Foundation Class[MFC]" 구성요소를 추가해 준다.

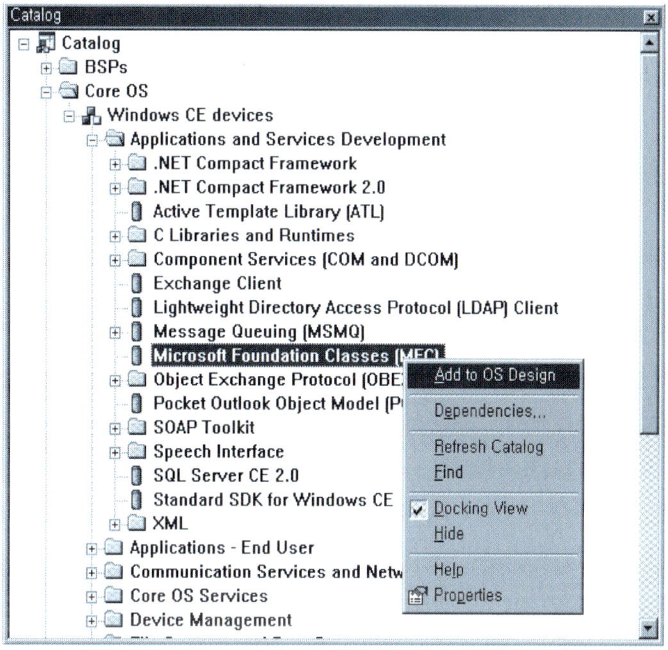

[그림 9-12] MFC 구성요소 추가

▶ MFC(Microsoft Foundation Class)

마이크로소프트사에서 윈도우즈 프로그래밍을 하기 위해 제공하는 기초 클래스들을 말한다. 개발자들은 MFC를 사용하여 간단한 다이얼로그에서부터 MFC에서 제공하는 도큐먼트/뷰 아키텍처를 이용한 프로그램과 액티브X 컨트롤까지 작성할 수 있다. MFC는 C++ 클래스의 객체지향 프로그래밍 기법을 C 기반 프로그래밍 기법인 Win32 API에 적용하여 클래스화한 라이브러리이다.

⑫ Sysgen 진행하기 전에 빌드 옵션을 변경해 주어야 한다. 메뉴에서 Platform ➔ Settings...를 선택한 후 빌드 옵션을 다음과 같이 설정을 변경한다.

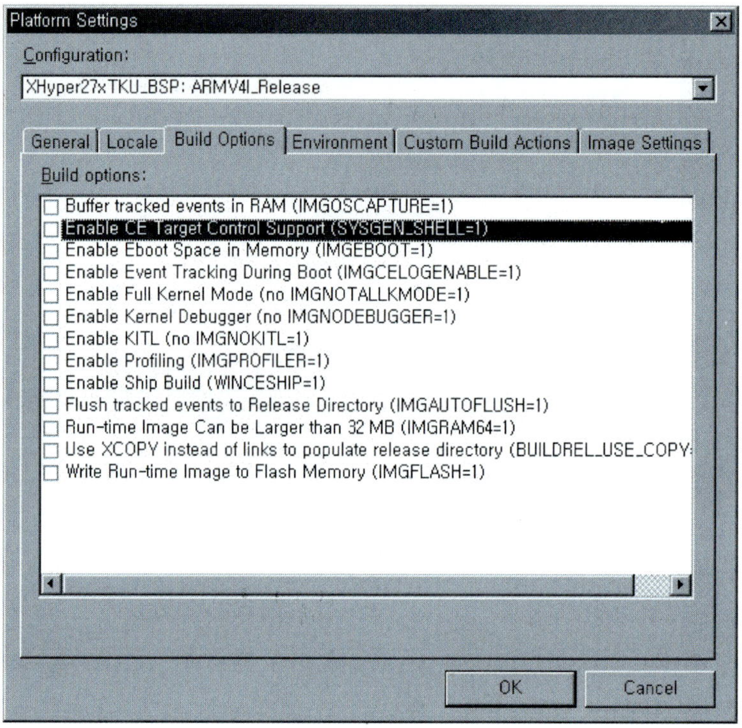

[그림 9-13]
Build Options

⑬ "Copy Files to Release Directory After Build"와 "Make Run-Time Image After Build" 항목을 선택하여 Sysgen를 실행시키는 것만으로 Windows CE 운영체제 이미지가 생성되도록 한다. 메뉴에서 Build OS ➔ "Copy Files to Release Directory After Build"와 "Make Run-Time Image After Build" 항목을 선택한 후 Sysgen를 선택한다.

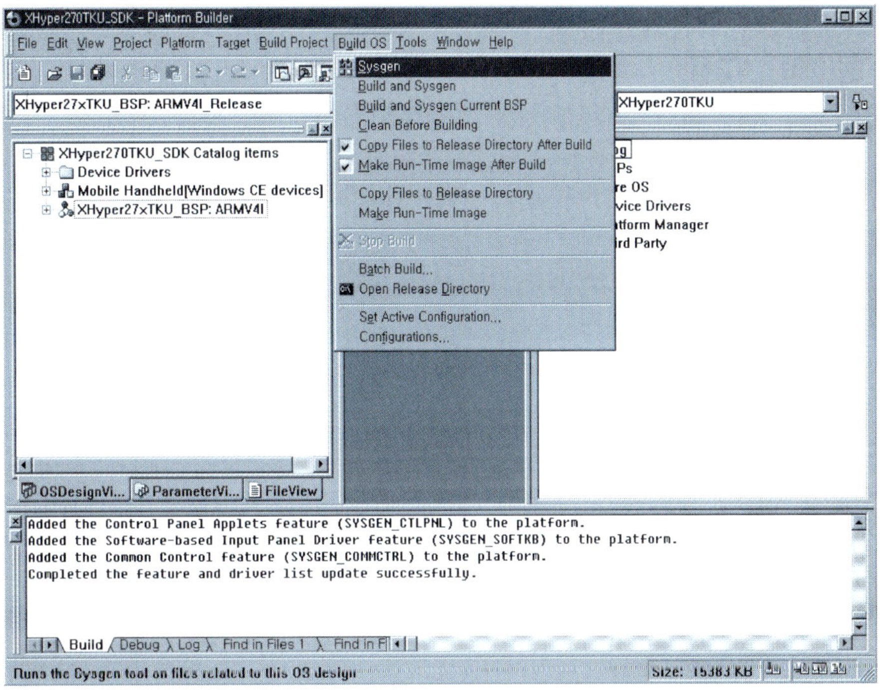

[그림 9-14] Sysgen 실행

☞ 다음은 SDK 마법사를 이용하여 앞에서 생성한 플랫폼의 SDK를 생성하는 방법에 대해 기술하였다.

① SDK 마법사를 실행시키고자 메뉴에서 Platform ➔ SDK ➔ New SDK...를 선택한다.

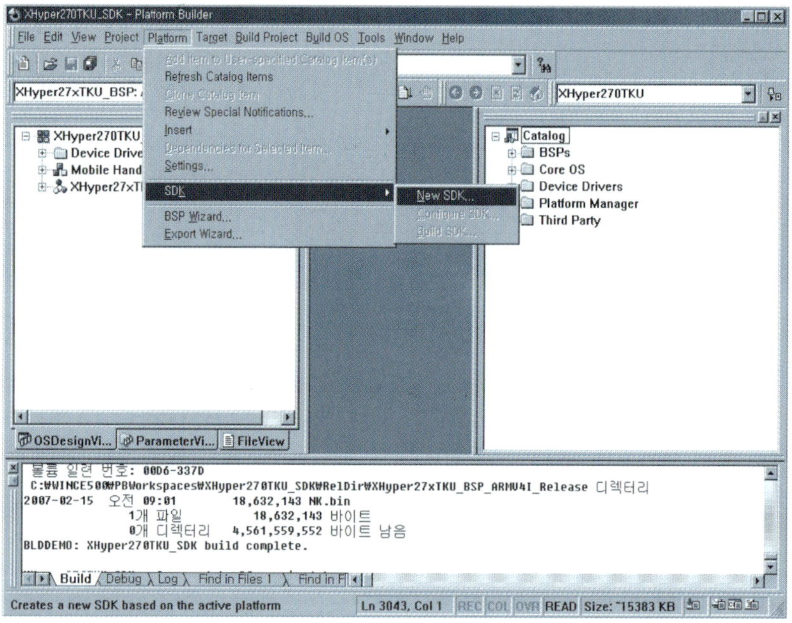

[그림 9-15] New SDK 선택

② SDK 마법사를 실행시키면 다음과 같은 화면을 확인할 수 있다.

[그림 9-16] SDK Wizard 실행

③ 생성할 SDK에 대한 제품 정보를 입력하는 창으로 생성할 MSI(Microsoft Installer) 파일의 이름과 SDK 제조사, 사용하는 언어 등을 입력한다.

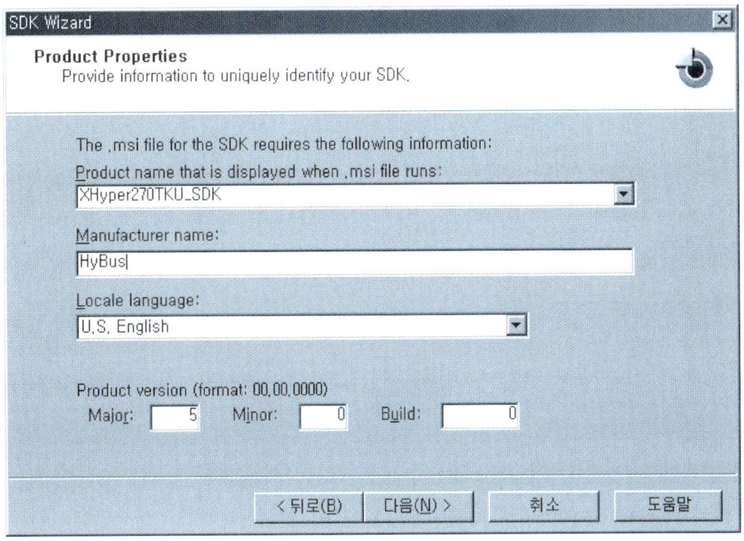

[그림 9-17] SDK에 대한 제품 정보 입력

④ 생성할 SDK가 지원할 개발 언어들을 선택하는 창으로 다음과 같이 항목들을 선택한다.

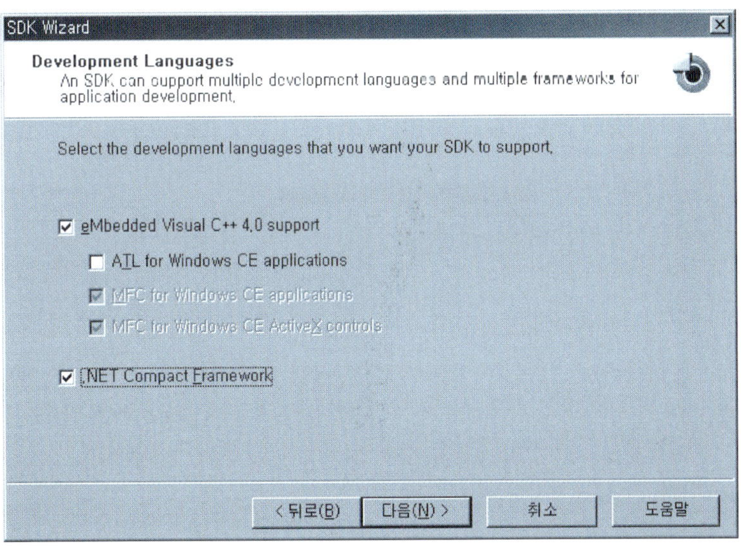

[그림 9-18] 개발 언어 선택

⑤ "Finish" 버튼을 눌러 SDK 마법사를 끝마치면, 새로운 SDK를 생성하기 위한 기본적인 환경설정이 끝난다.

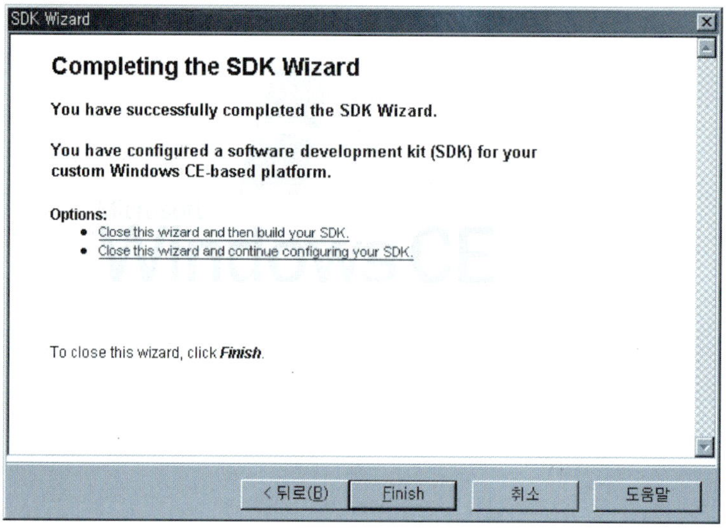

[그림 9-19] SDK Wizard 종료

⑥ 생성할 SDK에 대한 세부적인 환경설정을 위해 메뉴에서 Platform ➔ SDK ➔ Configure SDK...를 선택한다.

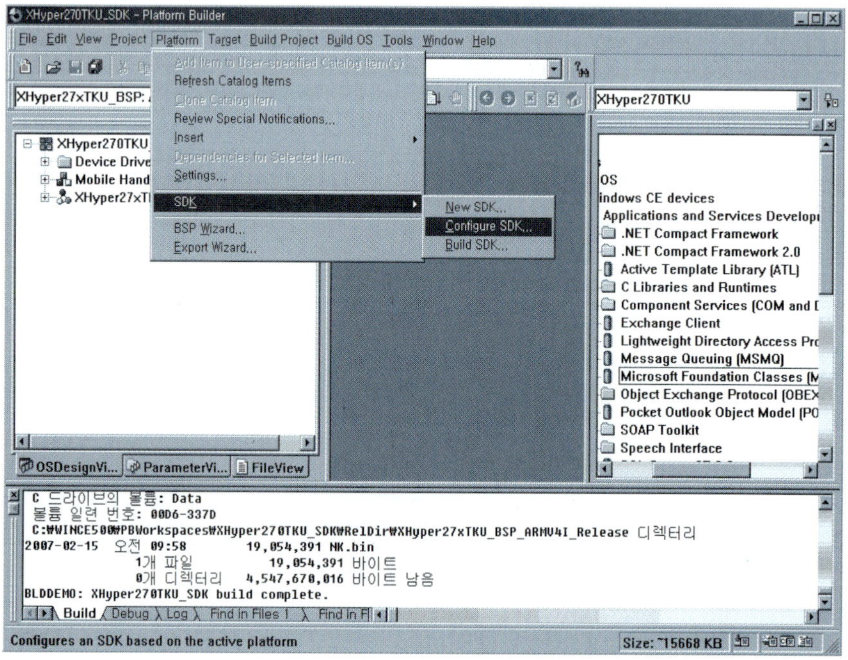

[그림 9-20] Configure SDK 선택

⑦ "CPU" 탭에서 X-Hyper270-TKU에서 사용하고 있는 CPU 타입인 "ARMV4I"를 선택한 후 "확인" 버튼을 누른다.

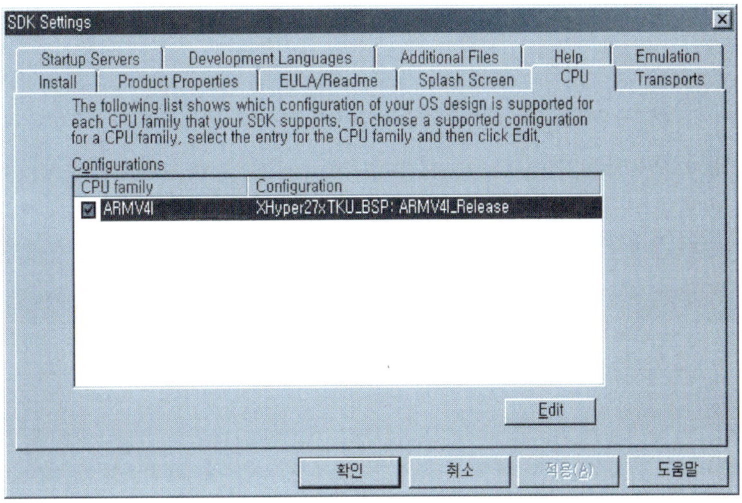

[그림 9-21] 타깃보드의 프로세서 선택

⑧ 앞에서 설정한 환경으로 SDK를 빌드하도록 메뉴에서 Platform ➔ SDK ➔ Build SDK...를 선택한다.

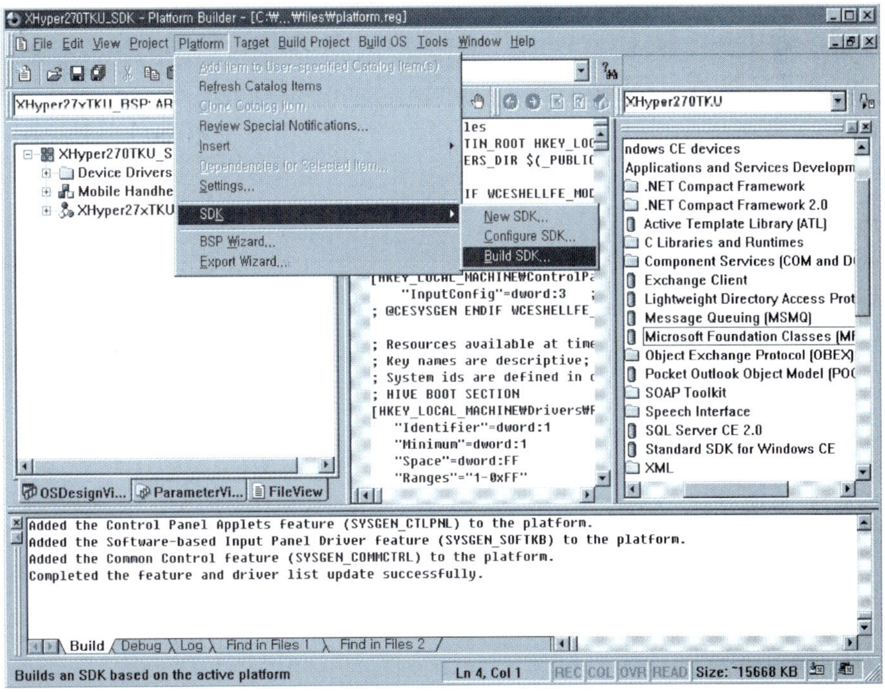

[그림 9-22] Build SDK 선택

⑨ 메뉴에서 "Build SDK..."를 선택하면 자동적으로 빌드가 시작된다.

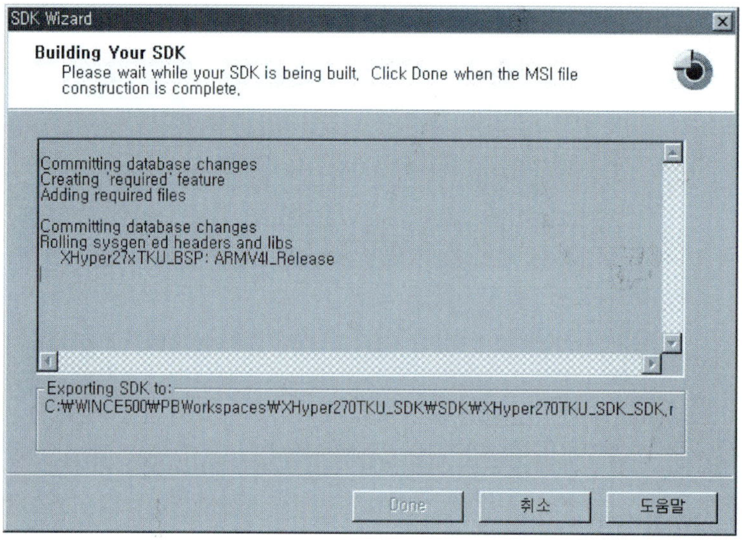

[그림 9-23]
SDK 빌드 진행

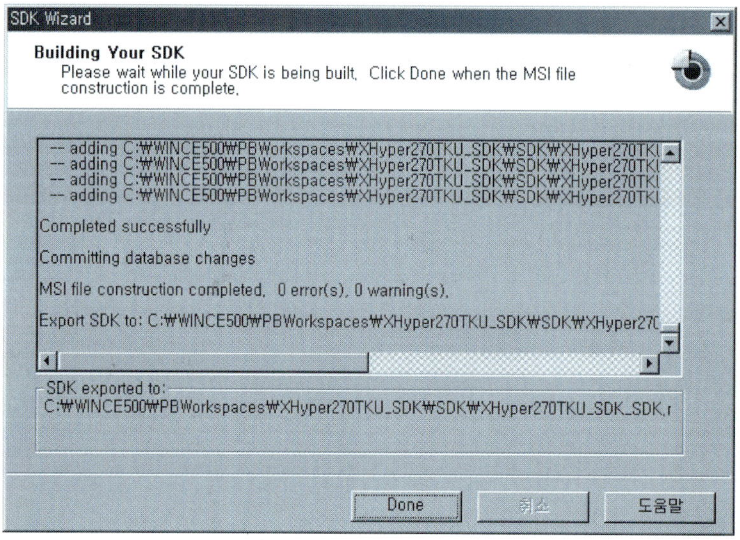

[그림 9-24]
SDK 빌드 완료

⑩ SDK가 정상적으로 생성되었는지 \WINCE500\PBWorkspaces\XHyper270TKU_SDK\SDK 폴더로 이동하여 "XHyper270TKU_SDK_SDK.msi" 파일을 확인한다.

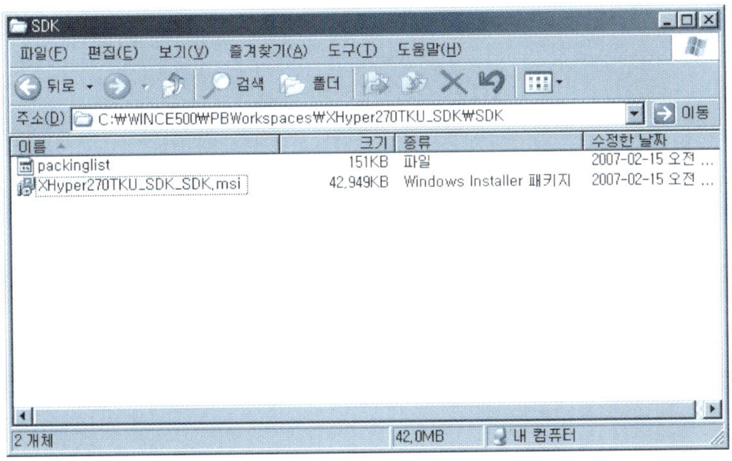

[그림 9-25] SDK 설치파일 생성 확인

9.1.3 SDK(Software Development Kit) 설치

☞ 다음은 생성된 SDK를 설치하는 방법에 대해 기술하였다.

① \WINCE500\PBWorkspaces\XHyper270TKU_SDK\SDK 폴더로 이동한 후 생성된 "XHyper270TKU_SDK_SDK.msi" 파일을 더블 클릭한다.

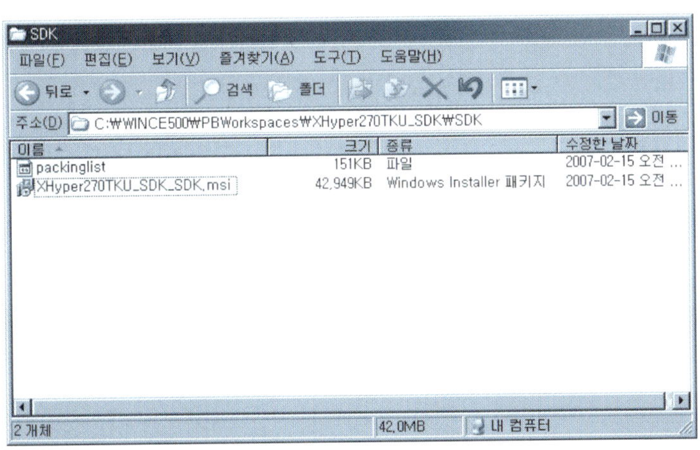

[그림 9-26] SDK 설치파일 실행

제 9 장

② "XHyper270TKU_SDK_SDK.msi" 파일을 실행시키면 다음과 같이 SDK 설치가 시작된다.

[그림 9-27]
SDK 설치 준비

③ "Next"를 눌러 다음 과정을 진행한다.

[그림 9-28]
SDK 설치마법사 시작

④ 라이선스 문서에 동의를 하고 "Next"를 눌러 다음 과정을 진행한다.

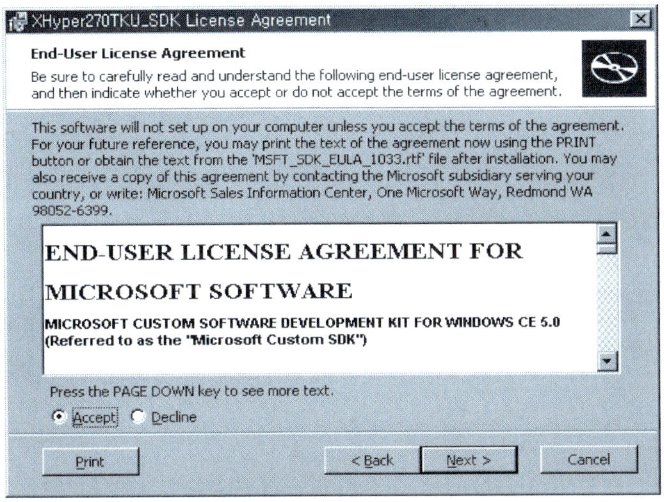

[그림 9-29] 라이선스 문서

⑤ 사용자 정보를 입력한 후 "Next"를 눌러 다음 과정을 진행한다.

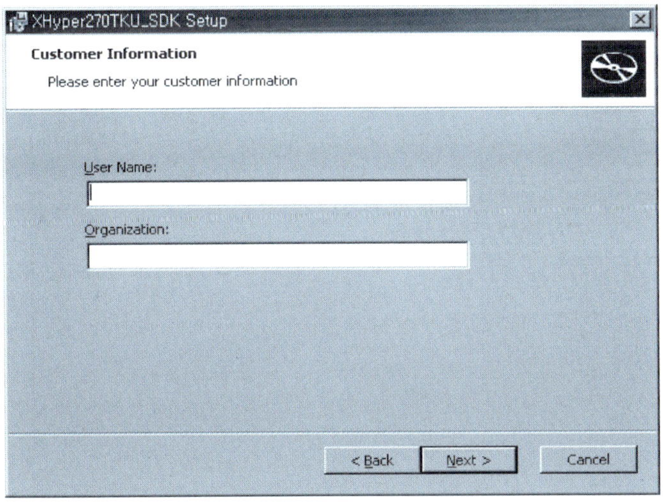

[그림 9-30] 사용자 정보 입력

⑥ 다음은 SDK를 어떠한 형태로 설치할지 선택하는 창으로 "Custom"을 선택한다.

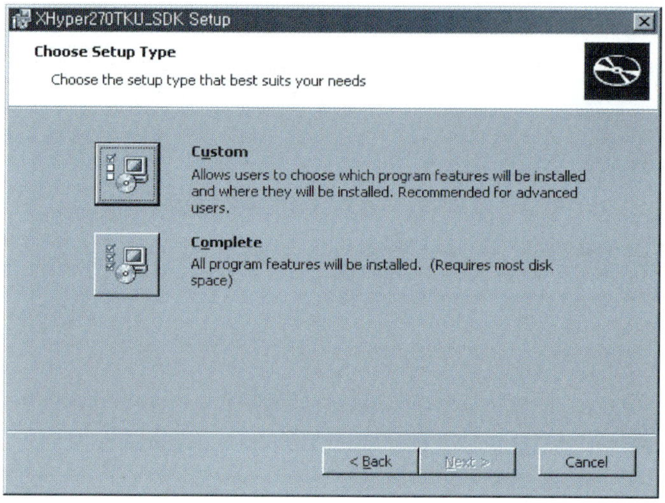

[그림 9-31] Custom Setup 선택

⑦ 설치할 요소들과 설치할 디렉터리를 선택해준다.

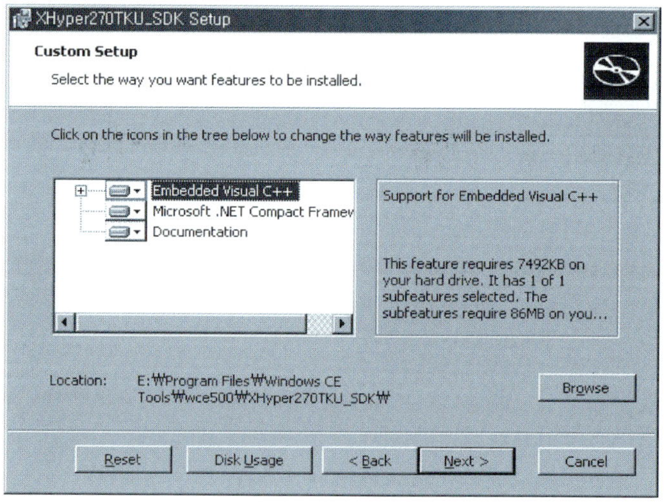

[그림 9-32] Custom Setup

⑧ "Install"을 눌러 SDK를 설치한다.

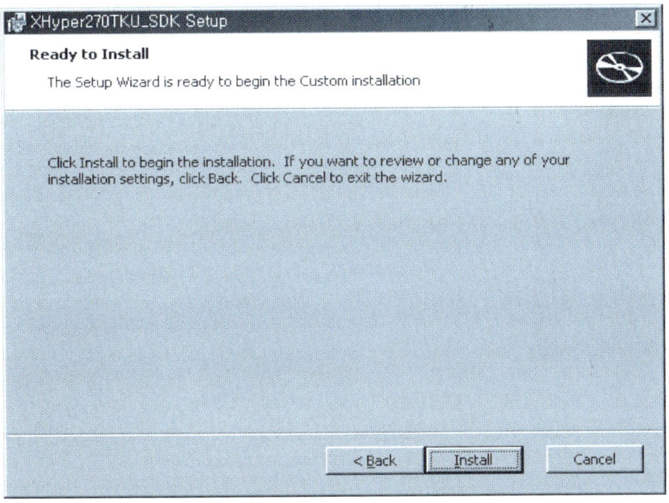

[그림 9-33]
SDK 설치 시작

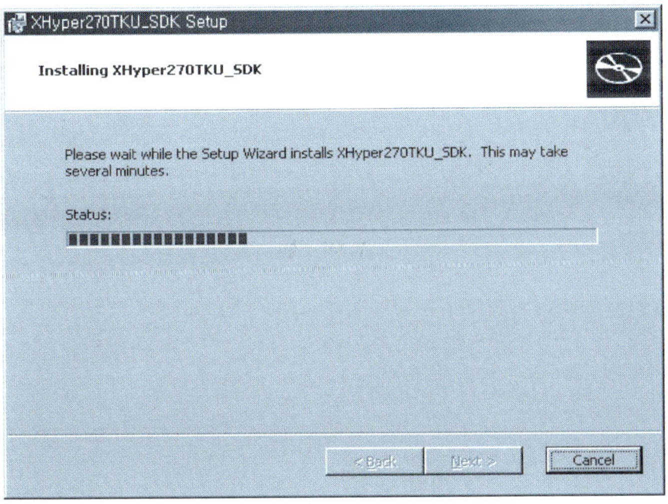

[그림 9-34]
SDK 설치 진행

⑨ 성공적으로 SDK의 설치가 완료되면 아래와 같은 화면을 볼 수 있다. "Finish" 버튼을 눌러 설치를 끝마친다.

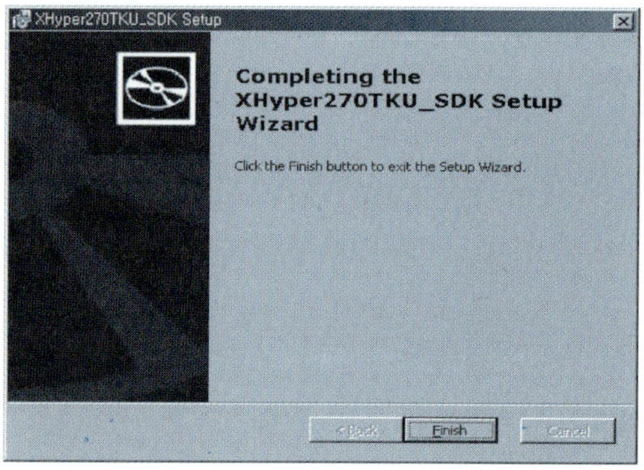

[그림 9-35]
SDK 설치 완료

9.1.4 SDK(Software Development Kit) 설치 확인

☞ SDK가 제대로 설치가 되었다면, eVC를 이용하여 확인해 볼 수 있다. 다음은 SDK가 제대로 설치가 되었는지 확인하는 방법에 대해 기술하였다.

① eVC 프로그램을 실행시킨 후 메뉴에서 Tools ➔ Configure Platform Manager...를 선택한다.

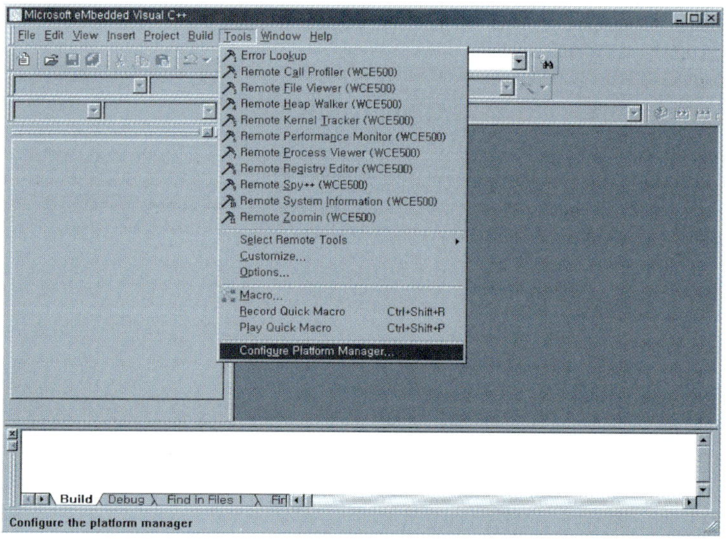

[그림 9-36]
Configure Platform Manager 실행

② Configure Platform Manager를 실행시키면, 다음과 같은 화면을 확인할 수 있다. "XHyper270TKU_SDK Device"라는 항목이 있는지 확인한다.

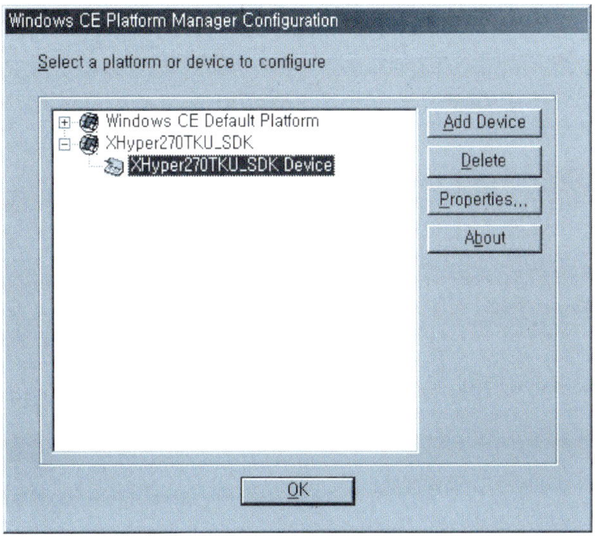

[그림 9-37] Windows CE Platform Manager Configuration

제 9 장

9.2 eMbedded Visual C++ 개발

9.2.1 eVC++에서 프로젝트 생성

☞ 다음은 eVC를 이용하여 X-Hyper270-TKU에서 동작하는 Character LCD 응용프로그램을 작성하는 방법에 대해 기술하였다.

① 먼저 새로운 프로젝트를 생성하기 위해 메뉴에서 File ➔ New...를 선택한다.

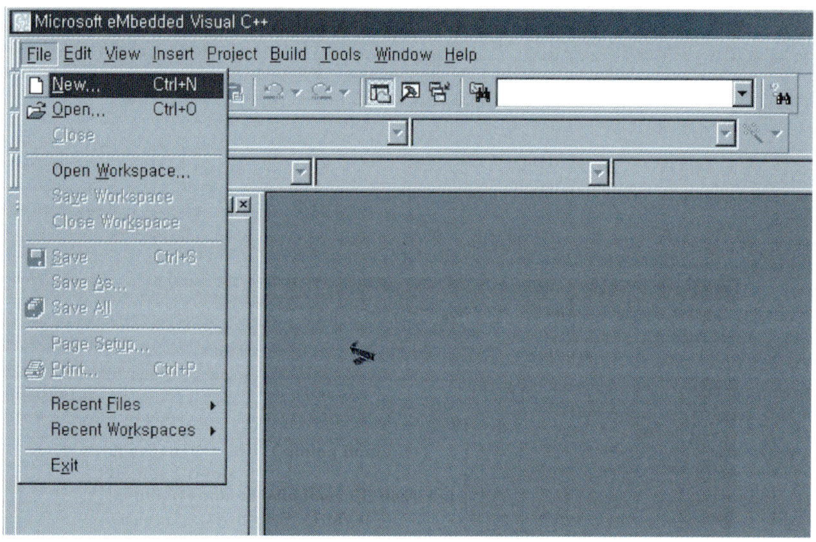

[그림 9-38]
새로운 프로젝트 생성

② 우리가 작성할 응용프로그램은 MFC기반이므로 "WCE MFC AppWizard[exe]"를 선택하고, 프로젝트 이름과 저장할 디렉터리 그리고, 생성될 응용프로그램이 어떤 종류의 CPU를 지원할지 선택한다. 우리가 실습에 이용하고 있는 X-Hyper270-TKU는 ARMV4I 계열의 CPU를 사용하고 있으므로, "ARMV4I"를 선택한 후 "OK" 버튼을 누른다.

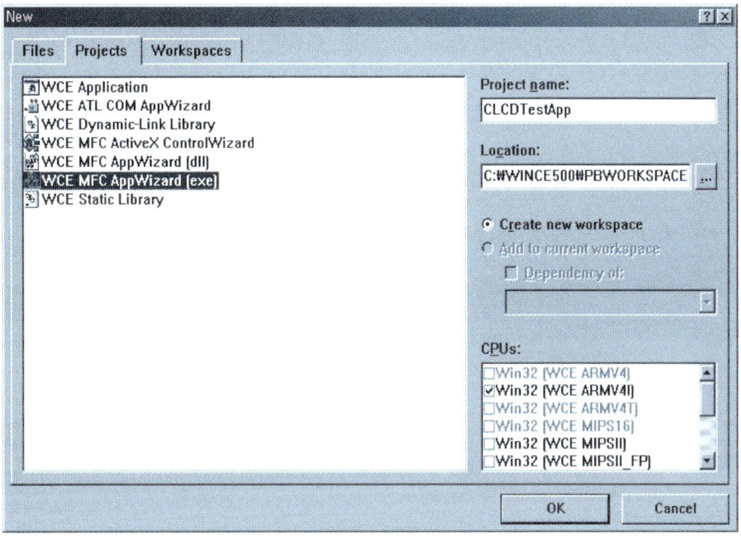

[그림 9-39]
프로젝트 속성 지정

▶ 응용프로그램 마법사(AppWizard)는 일종의 코드 생성기로, 단계별 마법사 페이지를 통하여 설정한 정보를 바탕으로 Windows CE 응용프로그램의 골격코드를 생성한다.

- WCE Application : 표준 Windows CE 응용프로그램용 빈 프로젝트나 "Hello, World" 응용프로그램을 생성한다.
- WCE ATL COM AppWizard : Windows CE COM 객체용 ATL 프로젝트를 생성한다.
- WCE Dynamic-Link Library : 표준 Windows CE의 동적 링크 라이브러리 프로젝트를 생성한다.
- WCE MFC ActiveX ControlWizard : Windows CE ActiveX 컨트롤 제작을 위한 MFC 프로젝트를 생성한다.
- WCE MFC AppWizard[dll] : Windows CE DLL 제작을 위한 MFC 프로젝

트를 생성한다.

- WCE MFC AppWizard[exe] : Windows CE 실행프로그램 제작을 위한 MFC 프로젝트를 생성한다.
- WCE Static Library : 실행파일을 만들 때 실행파일 안에 포함되는 객체, 함수, 데이터를 가진 Windows CE 정적 라이브러리용 프로젝트를 생성한다.

③ 다음은 작성할 프로그램의 형태를 선택하는 창으로, 다음과 같이 "Dialog based"를 선택하고 사용할 언어로 "영어"를 선택을 한 후 "Next" 버튼을 누른다. 작성할 응용프로그램이 한국어를 지원하려면 "한국어"를 선택하면 된다. 하지만, 한국어가 지원되려면 타깃보드에 탑재된 운영체제가 한글과 해당 한글폰트, 라이브러리 등을 지원해 주어야 한다.

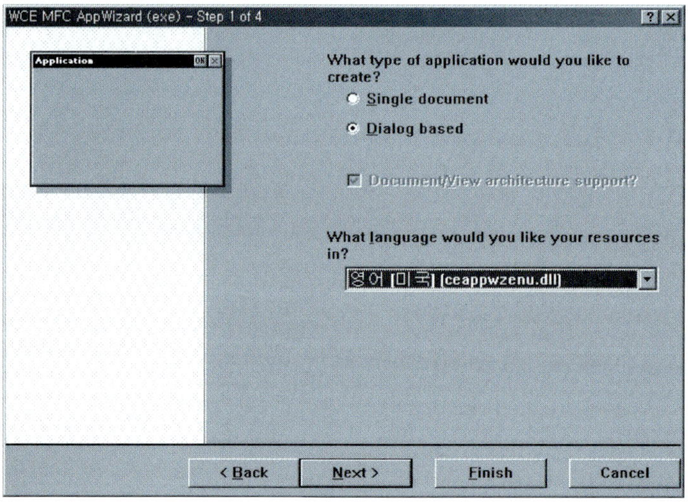

[그림 9-40]
프로그램의 형태 지정

▶ 응용프로그램 유형

- Single document : 현재 작성하던 문서를 감춘 다음에, 메모리에서 작성하던 문서를 삭제하는 과정을 거치지 않고, 바로 새로운 문서를 읽어들인다. 이 방식을 사용하면 속도가 느린 외부 저장장치를 액세스하거나, 새로운 메모리공간을 준비할 필요가 없어서 응답속도가 중요한 기기의 응용프로그램 개발 시 적합하다.
- Dialog based : 이 인터페이스를 가진 응용프로그램은 내부적으로 문서

템플릿을 가지고 있지 않으며, 이 인터페이스는 입력 즉시 반응이 오는 방식의 응용프로그램에 적합하다.

④ 다음은 생성할 응용프로그램에 어떤 요소를 추가할 것인지를 선택하고, 다이얼로그의 이름을 입력하는 창이다. 다음과 같이 선택한 후 "Next" 버튼을 누른다.

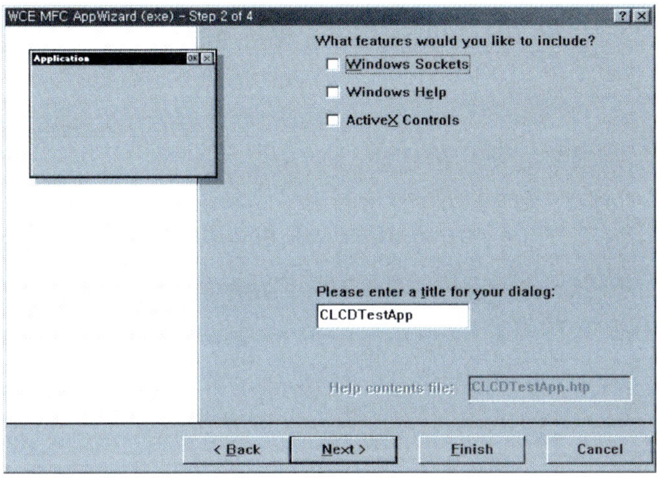

[그림 9-41]
항목 추가 지정

⑤ 다음은 생성되는 소스파일에 주석을 미리 추가할 것인지, MFC 라이브러리를 어떤 방식으로 사용할 것인가를 선택하는 창이다. 다음과 같이 선택한 후 "Next" 버튼을 누른다.

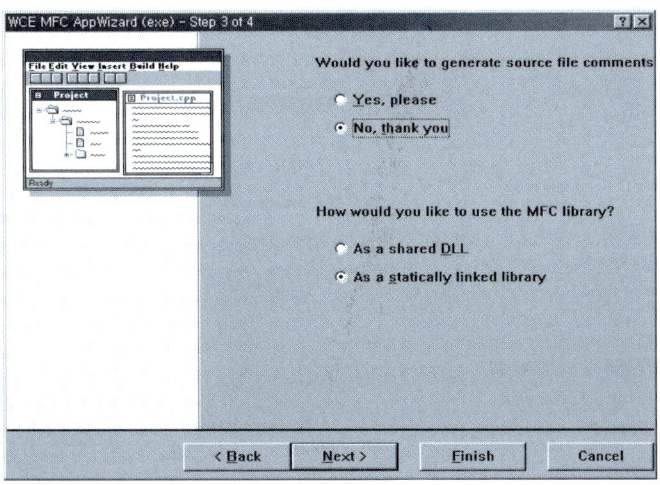

[그림 9-42]
MFC 라이브러리 방식 지정

제 9 장

▶ MFC 라이브러리 형태

- As a shared DLL : 공유 DLL 형태의 MFC 라이브러리를 선택하였다면, 운영체제에 이미 응용프로그램이 사용하는 MFC 라이브러리들이 설치되어 있어야 응용프로그램이 정상적으로 작동한다. 완성된 응용프로그램의 전체적인 크기가 작아지는 장점이 있다.
- As a statically linked library : 정적 라이브러리를 선택하였다면, 응용프로그램이 빌드될 때 필요한 정적 라이브러리를 함께 컴파일하여 해당 프로그램의 코드 내에 포함한다. 완성된 응용프로그램의 전체적인 크기가 커지는 단점이 있지만, 시스템의 라이브러리의 지원 없이 내부 코드만으로 응용프로그램이 작동한다.

⑥ 다음은 프로젝트에서 생성할 클래스에 대한 정보를 개발자가 설정할 수 있는 창으로, Document/View 이중 구조 기반의 프로젝트일 경우 View 클래스의 기반 클래스까지도 변경할 수 있지만, 대화상자 기반의 프로젝트에서는 클래스의 이름만 변경할 수 있다. 다음과 같이 선택한 후 "Finish" 버튼을 누른다.

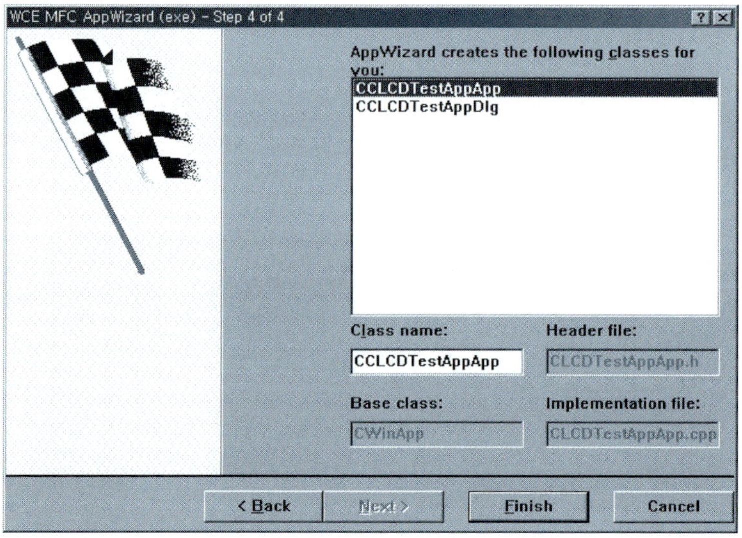

[그림 9-43]
기본 클래스 지정

⑦ 다음은 지원하는 CPU, 생성할 파일의 목적, 부가기능, 프로젝트 디렉터리를 확인할 수 있는 창으로, "OK" 버튼을 누르면 이 설정된 데이터를 가지고 응용프로그램의 소스코드를 생성한다.

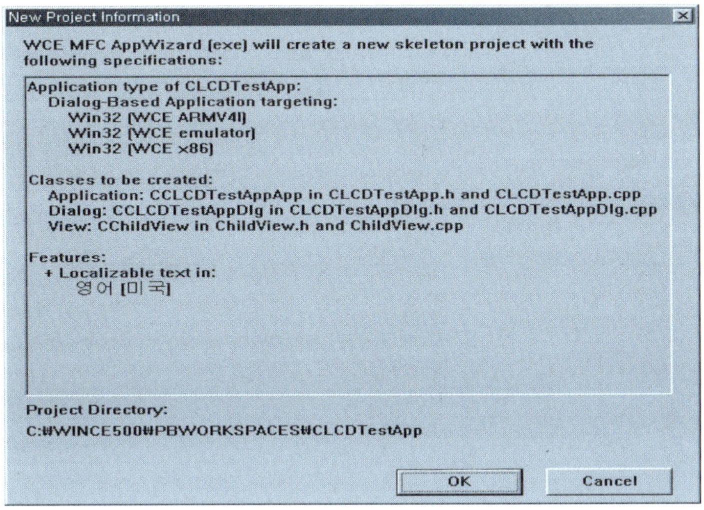

[그림 9-44] 생성될 프로젝트에 대한 정보

⑧ MFC AppWizard를 끝마치면, 다음과 같이 생성된 파일들과 소스코드를 확인할 수 있다.

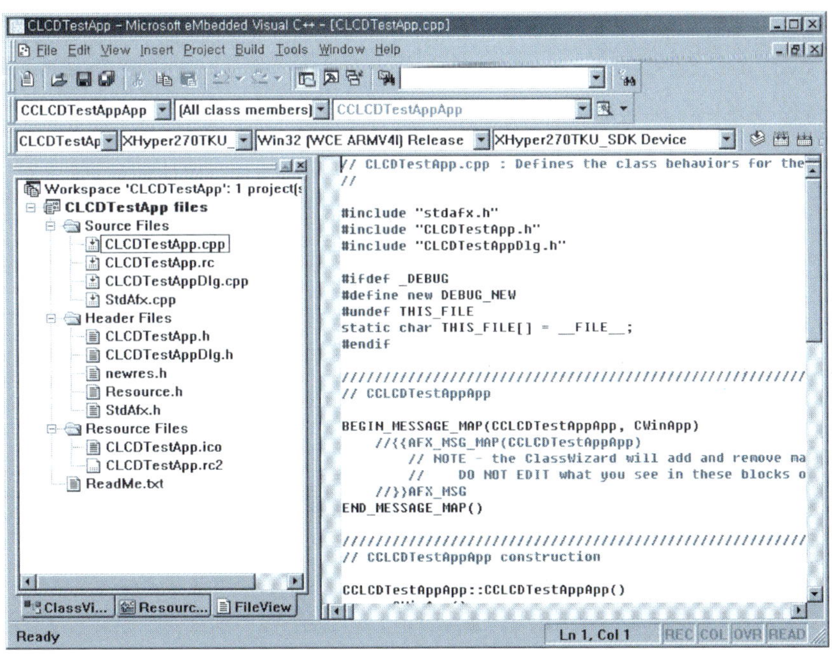

[그림 9-45] 생성된 CLCDTestApp 프로젝트

▶ CLCDTestApp 프로젝트를 구성하고 있는 파일들에 대해 살펴보면 다음과 같다.

〈표 9-1〉 CLCDTestApp 프로젝트를 구성하고 있는 파일들

파일 이름	파일 내용
CLCDTestApp.cpp	CLCDTestApp 클래스 정의 파일로서, 응용프로그램에서 가장 기초가 되는 전역적인 정보들이 포함되어 있다.
CLCDTestApp.rc	리소스 스크립트 파일(Resource Script File)로서, 메뉴, 아이콘, 비트맵, 대화상자 등을 포함하고 있으며, 이 파일은 RC라는 이름의 리소스 컴파일러로 컴파일하여 사용하는데, 이 파일을 컴파일하면 리소스 파일 CLCDTestApp.res 파일이 생성된다.
CLCDTestAppDlg.cpp	CLCDTestAppDlg 클래스 정의 파일로서, 대부분의 대화상자 관련 응용프로그램은 이 파일을 수정하여 기능을 추가한다.
StdAfx.cpp	StdAfx.h 파일을 컴파일하기 위한 소스파일로서, 이 파일을 컴파일하면 CLCDTestApp.pch 파일이 생성되고, 추가적으로 StdAfx.obj 라는 오브젝트 파일이 생성된다. 오브젝트 파일은 링크 시에 CLCDTestApp.pch 파일을 참조한다.
CLCDTestApp.h	CLCDTestApp 클래스 선언 파일
CLCDTestAppDlg.h	CLCDTestAppDlg 클래스 선언 파일
newres.h	리소스 파일에서 읽어들이는 헤더 파일
Resource.h	리소스 헤더 파일(Resource Header File)로서, 리소스에서 자동으로 부여되는 ID를 #define 방식으로 포함하고 있으며, 소스 내부에서 문자형식으로 되어 있는 리소스를 컴파일러가 알 수 있는 숫자형식으로 변경해 주어, 컴파일할 수 있게 해 준다.
CLCDTestApp.ico	아이콘 파일(Icon File)로서, 기본적으로 16색상의 아이콘이 포함되어 있으며, 16x16 크기의 아이콘 리소스와 32x32 크기의 아이콘 리소스가 하나의 파일 안에 같이 들어 있다.
CLCDTestApp.rc2	리소스 에디터로 편집할 수 없는 외부 리소스에 대한 정보를 가지고 있다.

⑨ 다음과 같이 소스코드를 작성한다. 자세한 소스코드는 제공된 CD의 소스코드를 참고한다.

(9-1) CCLCDTestAppApp() 함수 - CLCDTestApp.cpp

```
CCLCDTestAppApp::CCLCDTestAppApp() : CWinApp()
{
        // TODO: add construction code here,
        // Place all significant initialization in InitInstance
}
```

CCLCDTestAppApp() 함수는 CCLCDTestAppApp 클래스의 생성자로서, 이 생성자는 클래스를 생성하는 일 이외에는 아무런 역할도 하지 않는다.

(9-2)
InitInstance() 함수 - CLCDTestApp.cpp

```
BOOL CCLCDTestAppApp::InitInstance()
{
	// Standard initialization
	// If you are not using these features and wish to reduce the size
	//  of your final executable, you should remove from the following
	//  the specific initialization routines you do not need.

	CCLCDTestAppDlg dlg;
	m_pMainWnd = &dlg;
	int nResponse = dlg.DoModal();
	if (nResponse == IDOK)
	{
		// TODO: Place code here to handle when the dialog is
		//  dismissed with OK
	}
	else if (nResponse == IDCANCEL)
	{
		// TODO: Place code here to handle when the dialog is
		//  dismissed with Cancel
	}

	// Since the dialog has been closed, return FALSE so that we exit the
	//  application, rather than start the application's message pump.
	return FALSE;
}
```

InitInstance() 함수는 응용프로그램의 인스턴스를 초기화하는 함수로서, 내부적으로 대화상자 클래스인 CCLCDTestAppDlg 클래스를 정의하고 이 클래스를 응용프로그램의 메인 윈도우를 가리키는 포인터인 m_pMainWnd와 연결하고 있다. MFC가 사용자의 클래스를 조작할 수 있도록 메인 윈도우와 대화상자 클래스를 연결하며, 사용자는 CCLCDTestAppDlg 클래스를 조작하고, 시스템은 m_pMainWnd를 조작한다. 그 다음 대화상자를 DoModal() 함수를 사용하여 호출한다. DoModal() 함수는 대화상자에서 "OK" 버튼을 누를 때 반환하는 "IDOK"와 "Cancel" 버튼을 누를 때 반환하는 "IDCANCEL" 라는 2가지 반환값을 가지고 있다.

(9-3)
CCLCDTestAppDlg() 함수 - CLCDTestAppDlg.cpp

```
CCLCDTestAppDlg::CCLCDTestAppDlg(CWnd* pParent /*=NULL*/)
	: CDialog(CCLCDTestAppDlg::IDD, pParent)
{
	//{{AFX_DATA_INIT(CCLCDTestAppDlg)
	m_strCLCD = _T("");
	//}}AFX_DATA_INIT
	m_hFile = NULL;
	// Note that LoadIcon does not require a subsequent DestroyIcon in Win32
	m_hIcon = AfxGetApp()->LoadIcon(IDR_MAINFRAME);
}
```

CCLCDTestAppDlg() 함수는 CCLCDTestAppDlg 클래스의 생성자이다. AFX_DATA_INIT로 둘러싸인 부분은 ClassWizard를 사용하여 변수를 추가할 경우에 ClassWizard가 자동으로 변수의 초기화 부분을 삽입해 주는 부분이다.

m_hIcon로 시작하는 부분은 대화상자의 아이콘을 설정해 주는 부분으로, m_hIcon 맴버변수는 대화상자의 아이콘을 가리키는 핸들이며, 이 핸들에 IDR_MAINFRAME이라는 ID를 가진 아이콘을 연결해 준다. AfxGetApp() 함수는 응용프로그램의 클래스인 CCLCDTestAppApp()의 포인터를 얻어온다.

(9–4)
DoDataExchange() 함수 - CLCDTestAppDlg.cpp

```
void CCLCDTestAppDlg::DoDataExchange(CDataExchange* pDX)
{
	CDialog::DoDataExchange(pDX);
	//{{AFX_DATA_MAP(CCLCDTestAppDlg)
	DDX_Text(pDX, IDC_EDIT_CLCD, m_strCLCD);
	//}}AFX_DATA_MAP
}
```

DoDataExchange() 함수는 대화상자의 데이터를 교환하기 위한 함수로서, 대화상자에 데이터를 교환할 수 있는 컨트롤을 추가하고, 변수를 연결해 주면 ClassWizard가 알아서 내용을 추가해 준다.

(9–5)
OnInitDialog() 함수 - CLCDTestAppDlg.cpp

```
BOOL CCLCDTestAppDlg::OnInitDialog()
{
	BOOL bOpen;

	CDialog::OnInitDialog();

	// Set the icon for this dialog. The framework does this automatically
	// when the application's main window is not a dialog
	SetIcon(m_hIcon, TRUE);  // Set big icon
	SetIcon(m_hIcon, FALSE);  // Set small icon

	CenterWindow(GetDesktopWindow());  // center to the hpc screen

	// TODO: Add extra initialization here
	bOpen = OpenCLCD();

	return TRUE;  // return TRUE  unless you set the focus to a control
}
```

OnInitDialog() 함수는 대화상자가 생성될 때 발생하는 WM_INITDIALOG 메시지에 대한 핸들러 함수이다. 함수의 내용을 살펴보면, 먼저 CDialog의 CDialog::OnInitDialog() 핸들러를 호출하여 초기화 작업을 한 후, SetIcon() 함수를 이용하여 CCLCDTestAppDlg 생성자에서 읽어들였던 아이콘 리소스를 대화상자의 기본 아이콘으로 설정한다.

CenterWindow() 함수는 생성할 윈도우를 전체화면 중간에 위치시키는 함수이다.

(9–6)
OnBtnSend() 함수 - CLCDTestAppDlg.cpp

```
void CCLCDTestAppDlg::OnBtnSend()
{
    UpdateData();
    WriteCLCD(m_strCLCD);
}
```

OnBtnSend() 함수는 응용프로그램에서 "Send" 버튼을 눌렀을 때 실행되는 함수로서, UpdateData() 함수와 WriteCLCD() 함수를 호출한다. UpdateData() 함수는 대화상자에 종속된 컨트롤의 값을 초기화하거나 데이터를 읽고 저장하는 함수이고, WriteCLCD() 함수는 Character LCD에 데이터를 표시하기 위한 함수이다.

(9–7)
OnBtnHybus() 함수 - CLCDTestAppDlg.cpp

```
void CCLCDTestAppDlg::OnBtnHybus()
{
    CString str = L"Hybus!! Education Board";
    m_strCLCD = str.Left(16);
    m_strCLCD += "\r\n" + str.Mid(16);
    UpdateData(FALSE);
    WriteCLCD(str);
}
```

OnBtnHybus() 함수는 응용프로그램에서 "HyBus Education Board" 버튼을 눌렀을 때 실행되는 함수로서, Character LCD에 "Hybus!! Education Board"라는 문구를 표시한다.

(9-8)
OnBtnWince() 함수 - CLCDTestAppDlg.cpp

```
void CCLCDTestAppDlg::OnBtnWince()
{
    CString str = L"Windows CE 5.0\r\nFPGA Board";
    m_strCLCD = str;
    UpdateData(FALSE);
    WriteCLCD(str);
}
```

OnBtnWince() 함수는 응용프로그램에서 "Windows CE 5.0 FPGA Board" 버튼을 눌렸을 때 실행되는 함수로서, Character LCD에 "Windows CE 5.0 FPGA Board"라는 문구를 표시한다.

(9-9)
OnBtnClear() 함수 - CLCDTestAppDlg.cpp

```
void CCLCDTestAppDlg::OnBtnClear()
{
    CString str = L"";
    m_strCLCD = str;
    UpdateData(FALSE);
    WriteCLCD(str);
}
```

OnBtnClear() 함수는 응용프로그램에서 "CLEAR" 버튼을 눌렸을 때 실행되는 함수로서, Character LCD에 표시되어 있는 문구를 지운다.

(9-10)
OpenCLCD() 함수 - CLCDTestAppDlg.cpp

```
BOOL CCLCDTestAppDlg::OpenCLCD()
{
    m_hFile = CreateFile(TEXT("LCD1:"),              // Open LCD1
                         GENERIC_WRITE,              // Open for writing
                         0,                          // Do not share
                         NULL,                       // No security
                         OPEN_EXISTING,              // Open or create
                         FILE_ATTRIBUTE_NORMAL,      // Normal file
                         NULL);                      // No template file

    if(m_hFile ==(HANDLE)-1)
    {
      ::MessageBox(NULL, _T("Cannot open LCD1:"), _T("2 Line Character LCD"), MB_OK);
      return FALSE;
    }
    return TRUE;
}
```

OpenCLCD() 함수는 Character LCD 디바이스 드라이버를 열기 위해 CreateFile() 함수를 호출한다. CreateFile() 함수는 파일을 새로 만들거나 기존의 파일 또는 장치를 열 때 사용되는 함수로서, 함수에 대해 살펴보면 다음과 같다.

```
Prototype
HANDLE CreateFile(
        LPCTSTR lpFileName,
        DWORD dwDesiredAccess,
        DWORD dwShareMode,
        LPSECURITY_ATTRIBUTES lpSecurityAttributes,
        DWORD dwCreationDispostion,
        DWORD dwFlagsAndAttributes,
        HANDLE hTemplateFile
);
```

첫 번째 lpFileName 매개변수는 새로 만들거나 여는 파일의 이름으로 OpenCLCD() 함수에서는 매개변수로 Character LCD 디바이스 드라이버명인 TEXT("LCD1:")을 지정하였다. 두 번째 dwDesiredAccess 매개변수는 액세스 권한을 나타내며, OpenCLCD() 함수에서는 매개변수로 쓰기 액세스를 요청할 때 사용하는 "GENERIC_WRITE"라는 플래그를 지정하였다. 세 번째 dwShareMode 매개변수는 다른 프로세서에 허가할 수 있는 액세스 권한을 나타내며, OpenCLCD() 함수에서는 '0' 로 지정하여 공유할 수 없도록 하였다. 네 번째 lpSecurityAttributes 매개변수는 윈도우즈 CE에서는 지원하지 않으므로 "NULL"로 설정한다. 다섯 번째 dwCreationDispostion 매개변수는 파일이나 장치를 열거나 새로 만드는 방법을 나타내며, OpenCLCD() 함수에서는 "OPEN_EXISTING" 로 지정하여 기본 장치나 파일을 열도록 하였다. 여섯 번째 dwFlagsAndAttributes 매개변수는 새로 만들어지는 파일의 속성 플래그를 지정하고 세부적인 작업내용을 지시하고자 사용하는 매개변수로, OpenCLCD() 함수에서는 "FILE_ ATTRIBUTE_NORMAL"로 설정하여 디폴트 속성으로 설정하였다. 마지막 hTemplateFile 매개변수는 윈도우즈 CE에서는 지원하지 않으므로 "NULL"로 설정한다.

(9-11)
WriteCLCD() 함수 - CLCDTestAppDlg.cpp

```
void CCLCDTestAppDlg::WriteCLCD(CString str)
{
    str.Remove('\r');

    if(m_hFile)
    {
        DWORD size;
        CHAR buff[33] = {0};

        WideCharToMultiByte(CP_ACP, 0, str, -1, buff, 33, NULL, NULL);
        WriteFile(m_hFile, buff, strlen(buff), &size, NULL);
    }
}
```

WriteCLCD() 함수는 Character LCD에 문자를 표시하고자 WriteFile() 함수를 호출하며, WideCharToMultiByte() 함수를 호출한다. WideCharToMultiByte() 함수는 Unicode 문자열을 다중 바이트 문자열로 변환해 주는 함수이다.

WriteFile() 함수는 파일을 쓰고자 할 때 사용하는 함수로서, 함수에 대해 살펴보면 다음과 같다.

```
Prototype
BOOL WriteFile(
    HANDLE hFile,
    LPCVOID lpBuffer,
    DWORD nNumberOfBytesToWrite,
    LPDWORD lpNumberOfBytesWritten,
    LPOVERLAPPED lpOverlapped
);
```

첫 번째 hFile 매개변수는 열려 있는 파일의 핸들을 지정하며, 두 번째 lpBuffer 매개변수는 파일에 기록할 데이터를 포함하는 버퍼에 대한 포인터를 지정한다. 세 번째 nNumberOfBytesToWrite 매개변수는 파일에 쓰기를 할 바이트 단위의 크기를 지정하며, 네 번째 lpNumberOfBytesWritten 매개변수는 실제로 쓰인 바이트 숫자를 받을 DWORD에 대한 포인터를 지정한다. 마지막 lpOverlapped 매개변수는 윈도우즈 CE에서는 지원하지 않으므로 "NULL"로 설정한다.

(9-12)
CloseCLCD() 함수 - CLCDTestAppDlg.cpp

```
void CCLCDTestAppDlg::CloseCLCD()
{
    CloseHandle(m_hFile);
}
```

CloseCLCD() 함수는 Character LCD 디바이스 드라이버를 닫기 위해 CloseHandle() 함수를 호출한다.

(9-13)
OnClose() 함수 - CLCDTestAppDlg.cpp

```
void CCLCDTestAppDlg::OnClose()
{
    CDialog::OnClose();
}
```

OnClose() 함수는 응용프로그램에서 상단에 있는 "X" 버튼을 눌렀을 때 실행되는 함수로서, 응용프로그램을 종료시킨다.

☞ 다음은 작성한 프로젝트를 빌드하는 방법에 대해 기술하였다. 이번 실습은 미리 작성되어 CD로 제공된 프로젝트를 이용한다. 프로젝트를 빌드하기 위해 CD로 제공된 프로젝트를 하드디스크의 적당한 위치에 복사한다.

① 미리 작성된 프로젝트를 열기 위해 메뉴에서 File ➔ Open Workspace...를 선택한다.

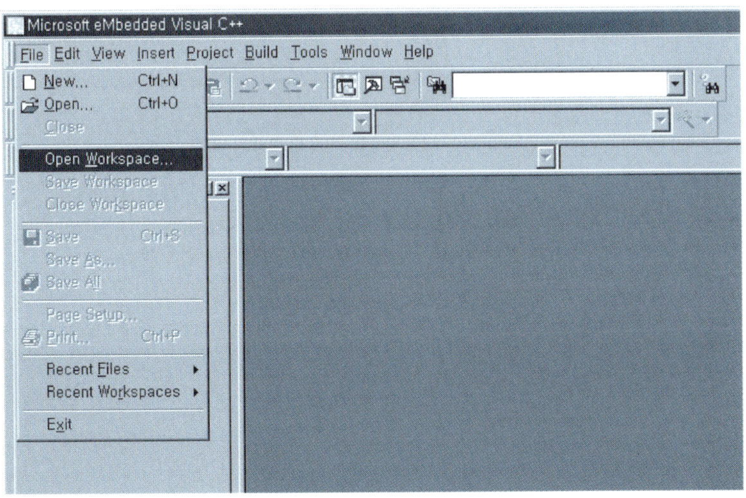

[그림 9-46]
프로젝트 열기

② 해당 디렉터리로 이동한 후, "CLCDTestApp.vcw" 파일을 선택한다.

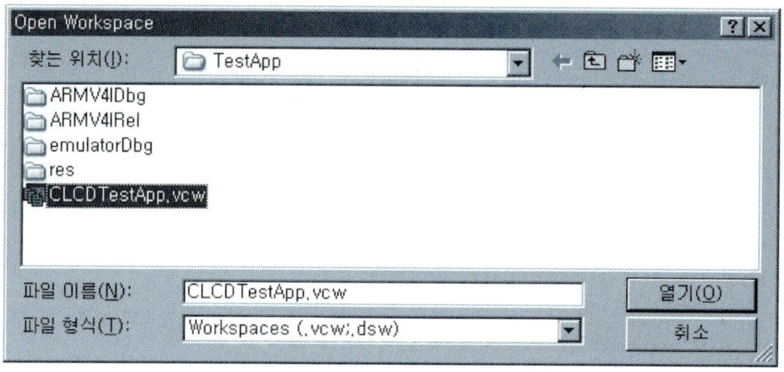

[그림 9-47]
프로젝트 선택

③ 프로젝트를 열면 다음과 같은 화면을 확인할 수 있다.

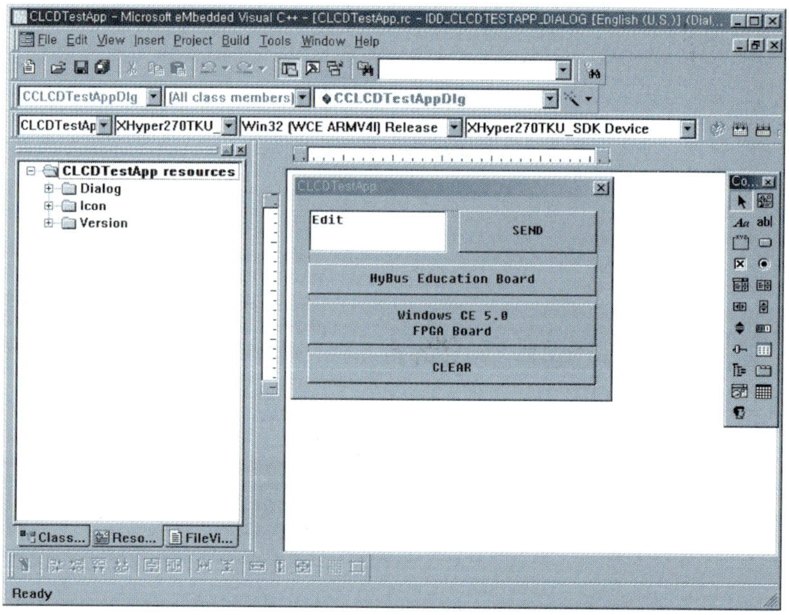

[그림 9-48]
프로젝트 열기 완료

④ 작성한 응용프로그램이 X-Hyper270-TKU에서 작동될 수 있도록 빌드하기 위해 앞에서 설치한 "XHyper270TKU_SDK"를 선택해주어야 한다. 메뉴에서 Build ➔ Set Active Platform...를 선택한다.

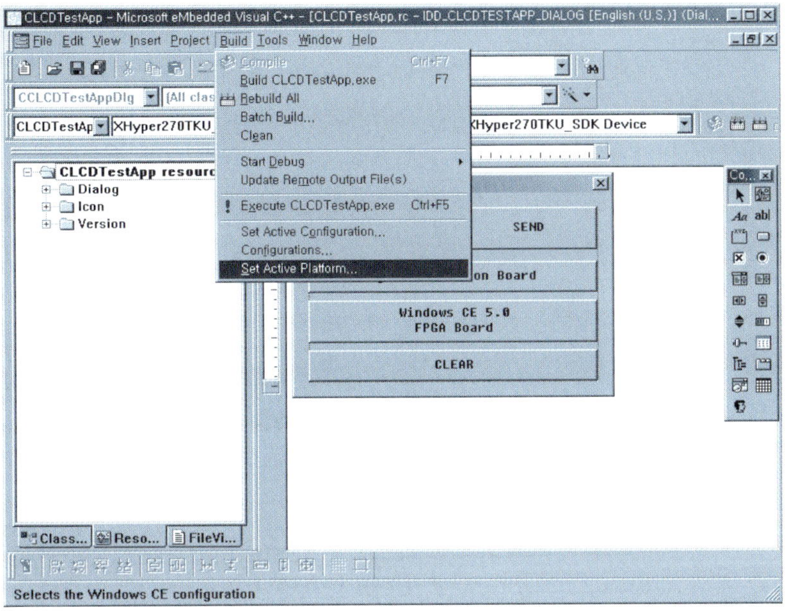

[그림 9-49]
플랫폼 선택

⑤ Set Active Platform에서 앞의 실습에서 설치한 "XHyper270TKU_SDK"를 선택한다.

[그림 9-50]
Set Active Platform

⑥ 다음은 작성한 프로젝트를 Release 모드로 빌드하기 위해 메뉴에서 Build ➔ Set Active Configuration...를 선택한다.

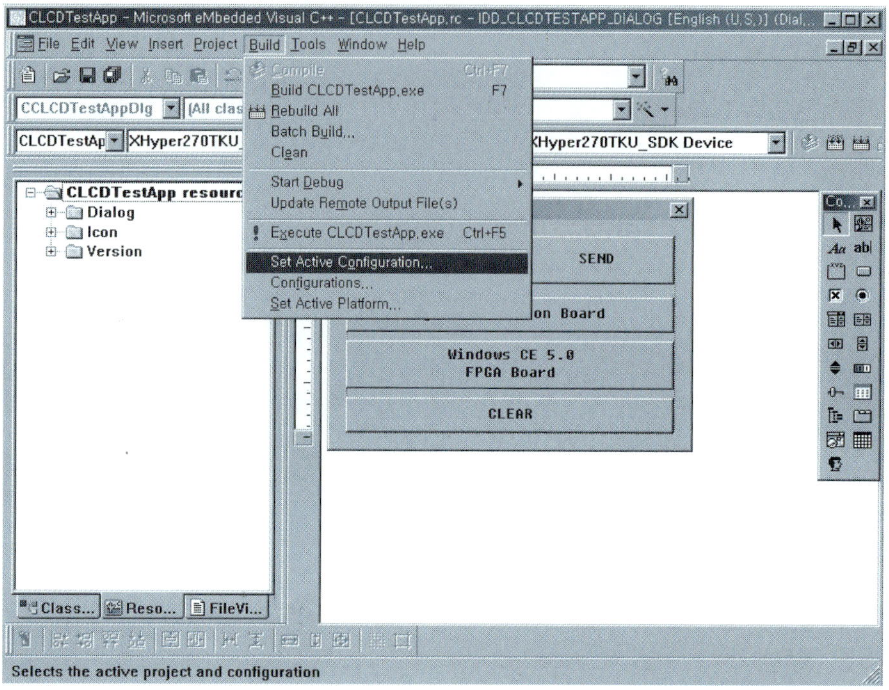

[그림 9-51]
빌드형태 선택

⑦ Set Active Project Configuration에서 "Win32 [WCE ARMV4I] Release"를 선택한다.

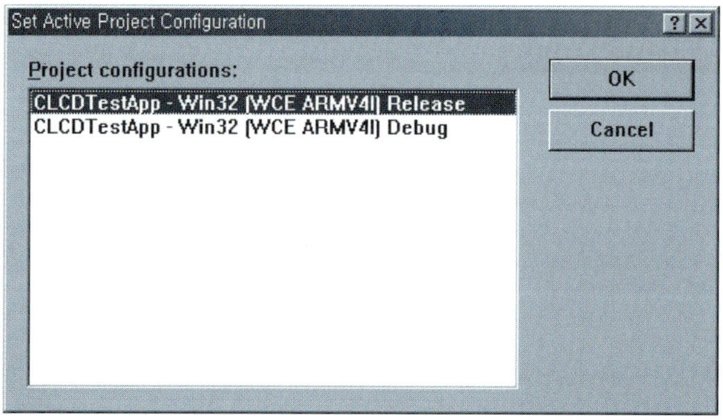

[그림 9-52]
Set Active Project Configuration

⑧ 작성한 프로젝트를 빌드한 후 자동으로 ActiveSync를 이용하여 실행파일이 다운로드 되도록 호스트 컴퓨터의 USB 포트와 타깃보드를 USB 케이블로 연결한 후 메뉴에서 Build ➔ Rebuild All를 선택한다.

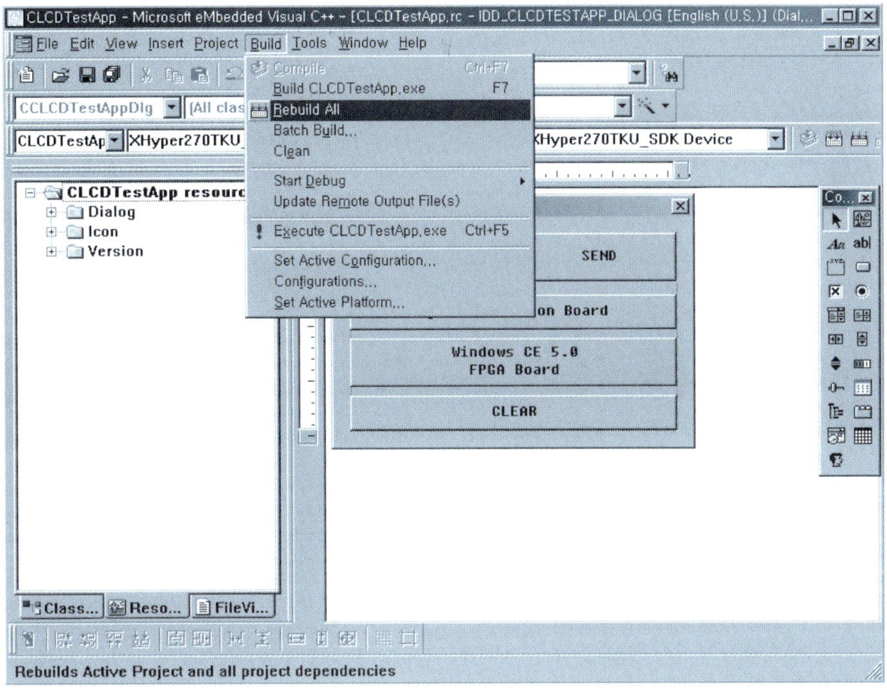

[그림 9-53] 프로젝트 빌드하기

⑨ 빌드가 완료되면 자동으로 ActiveSync 연결을 시도한다.

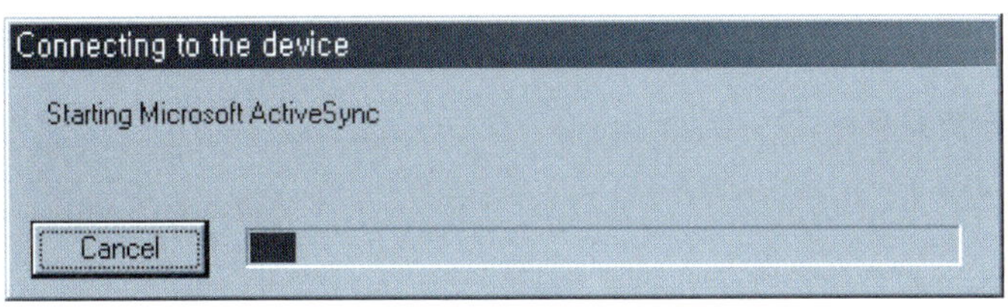

[그림 9-54] 프로젝트 빌드하기

제 9 장

⑩ 타깃보드(X-Hyper270-TKU)를 부팅한 후 바탕화면의 "My Device" 아이콘을 더블클릭한다.

[그림 9-55] 타깃보드에서 Windows CE 실행

⑪ "My Device" 아이콘을 더블클릭하면 다음과 같이 "CLCDTestApp.exe" 파일이 타깃보드에 다운로드 되어 있는 것을 확인할 수 있다.

[그림 9-56] CLCDTestApp.exe 파일 클릭

⑫ "CLCDTestApp.exe" 실행파일을 더블클릭하면 다음과 같이 CLCD 테스트 응용프로그램이 실행된다.

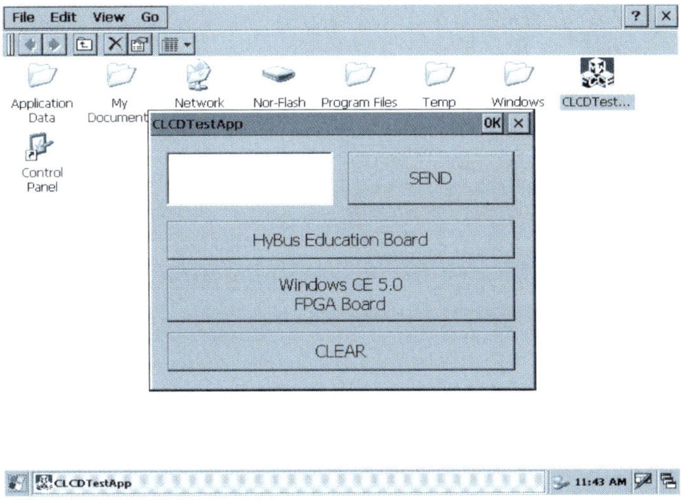

[그림 9-57]
CLCD 테스트
응용프로그램 실행

⑬ eVC++에서 작성한 프로젝트를 빌드한 후 메뉴에서 Build ➔ Execute CLCDTestApp.exe를 선택하면 한 번에 타깃보드에서 CLCD 테스트 응용프로그램을 실행시킬 수 있다.

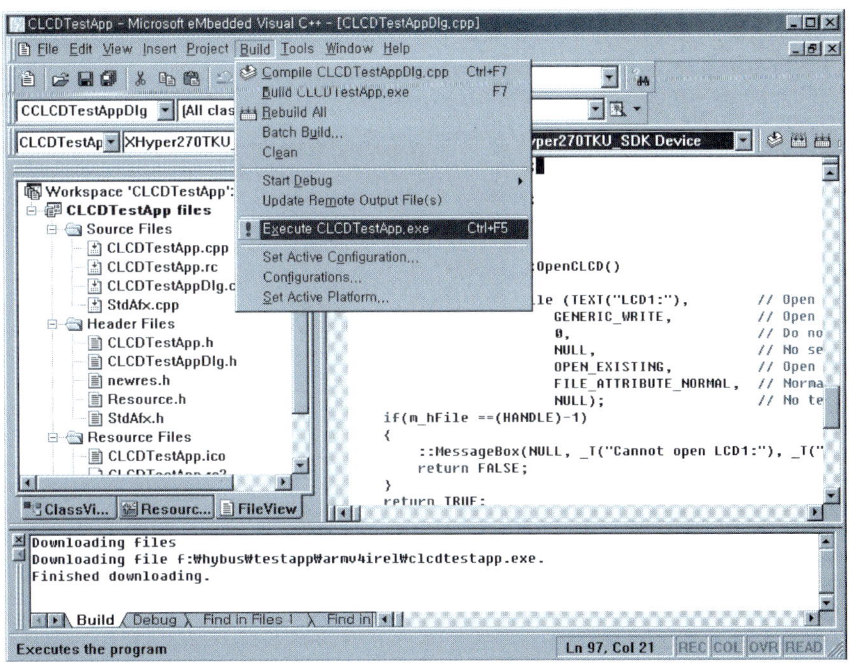

[그림 9-58]
CLCD 테스트
응용프로그램 실행

9.2.2 eVC++ Application과 Emulator

작성한 응용프로그램을 수정할 때마다 계속 타깃보드에 다운로드하면서 디버깅하는 것은 불편한 작업이다. 따라서 작성한 응용프로그램을 호스트 컴퓨터에서 동작하는 Windows CE 5.0 Emulator에 다운로드 하면서 디버깅하는 것이 편리하다. 하지만, 타깃보드의 장치들을 제어하는 응용프로그램은 Emulator를 이용하면 제대로 작동하지 않는다. 그 이유는 Emulator가 지원하는 개발환경에 제한이 있기 때문이다. 호스트 컴퓨터에서 동작하는 Windows CE 5.0 Emulator를 사용하려면 "Windows CE 5.0 Standard Software Development Kit(SDK)"를 설치해야 한다.

☞ **다음은 "Windows CE 5.0 Standard Software Development Kit(SDK)"를 마이크로소프트 웹사이트에서 다운로드 받는 방법에 대해 기술하였다.**

① 먼저 아래의 웹사이트 주소로 접속한 후 "Search" 항목에 "Standard SDK 5.0"이라고 입력한다.

http://www.microsoft.com/downloads/

[그림 9-59] Windows CE 5.0 Standard SDK 다운로드 받기

② 검색된 항목 중에 "Windows CE 5.0 : Standard Software Development Kit (SDK)" 항목을 선택한다.

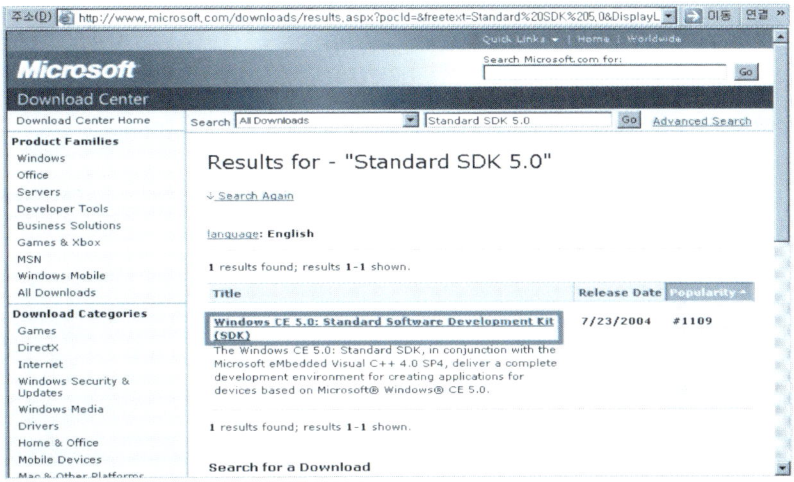

[그림 9-60]
Windows CE 5.0
Standard SDK 항목 선택

③ "Download" 버튼을 눌러 "Windows CE 5.0: Standard Software Development Kit(SDK)"을 다운로드 받도록 한다.

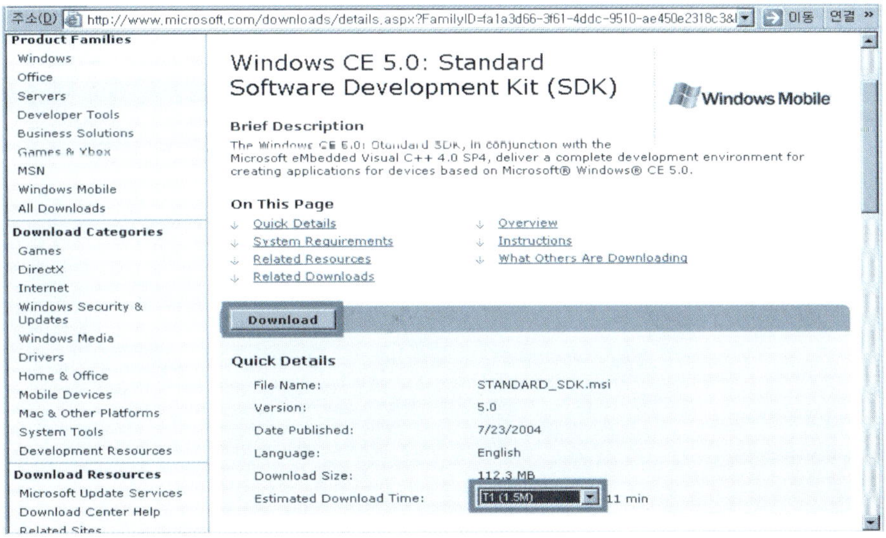

[그림 9-61]
Windows CE 5.0
Standard SDK 다운로드

④ 다운로드 받은 실행파일을 실행시키면 다음과 같이 SDK 설치가 시작된다. "Next"를 눌러 다음 과정을 진행한다.

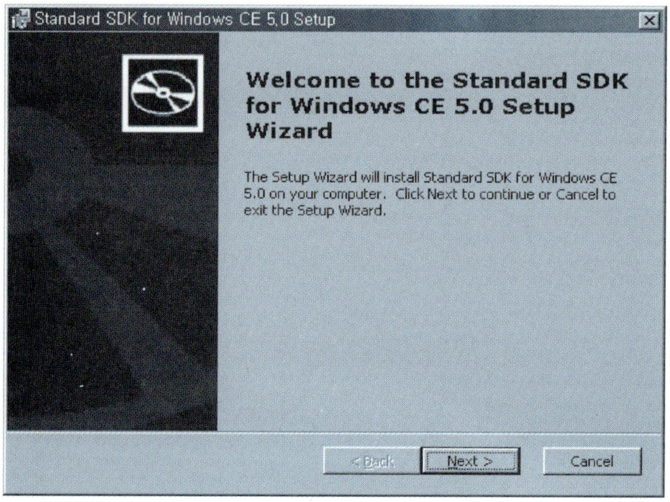

[그림 9-62]
SDK 설치마법사 시작

⑤ 라이선스 문서에 동의를 하고 "Next"를 눌러 다음 과정을 진행한다.

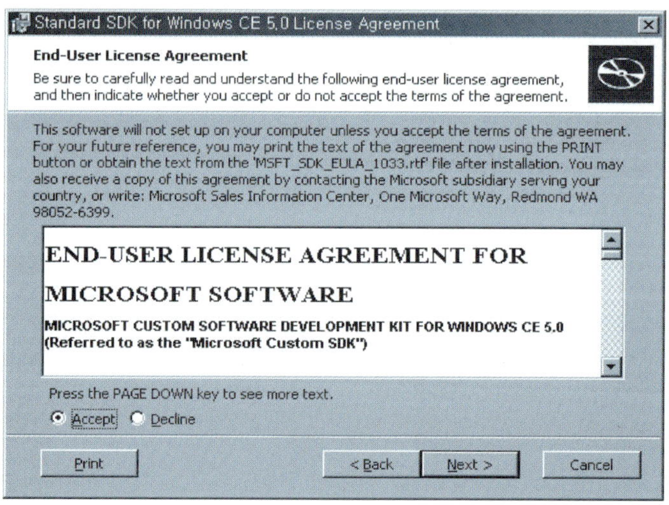

[그림 9-63]
라이선스 문서

⑥ 사용자 정보를 입력한 후 "Next"를 눌러 다음 과정을 진행한다.

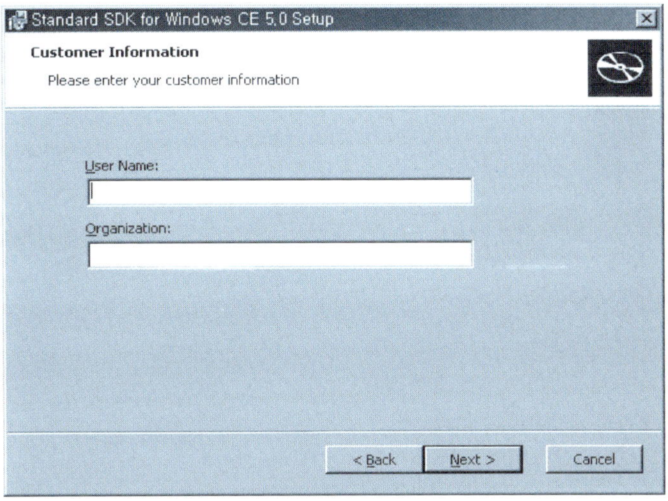

[그림 9-64]
사용자 정보 입력

⑦ 다음은 SDK를 어떠한 형태로 설치할지 선택하는 창으로 "Custom"을 선택한다.

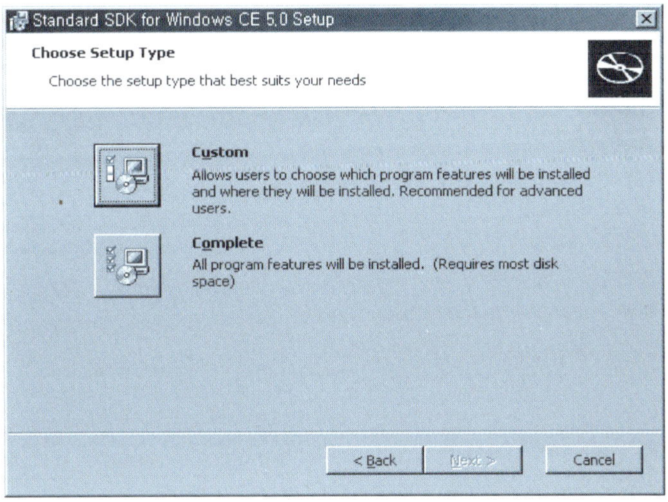

[그림 9-65]
Custom Setup 선택

⑧ 설치할 요소들과 설치할 디렉터리를 선택해준다.

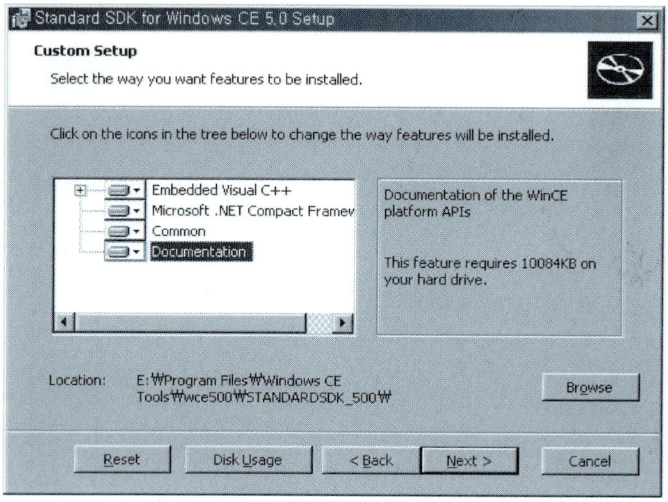

[그림 9-66]
Custom Setup

⑨ "Install"을 눌러 SDK를 설치한다.

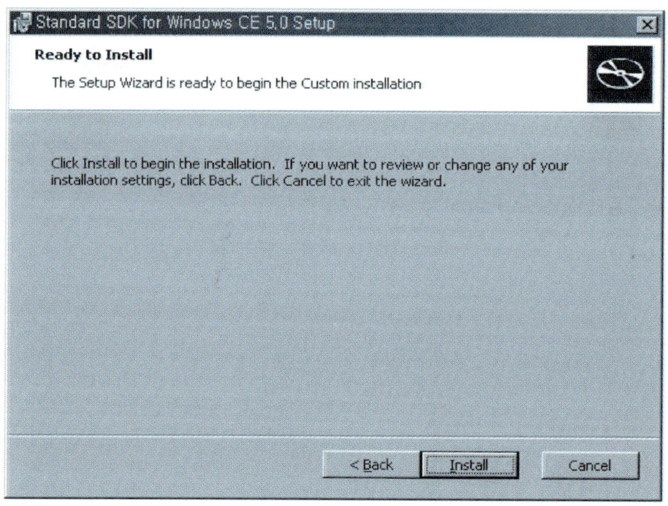

[그림 9-67]
SDK 설치 시작

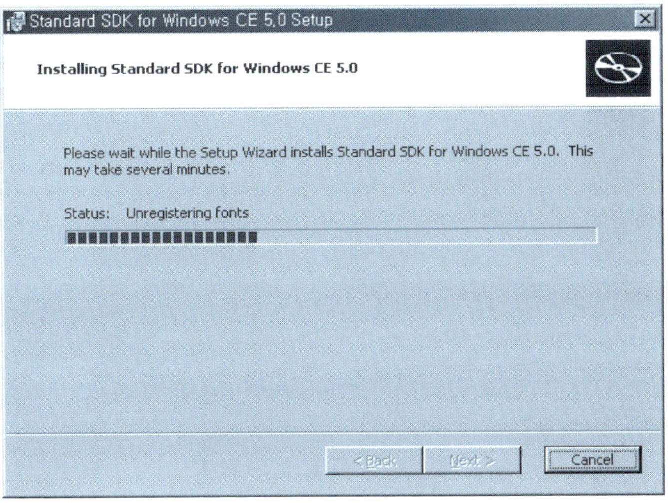

[그림 9-68]
SDK 설치 진행

⑩ 성공적으로 SDK의 설치가 완료되면 아래와 같은 화면을 볼 수 있다. "Finish" 버튼을 눌러 설치를 끝마친다.

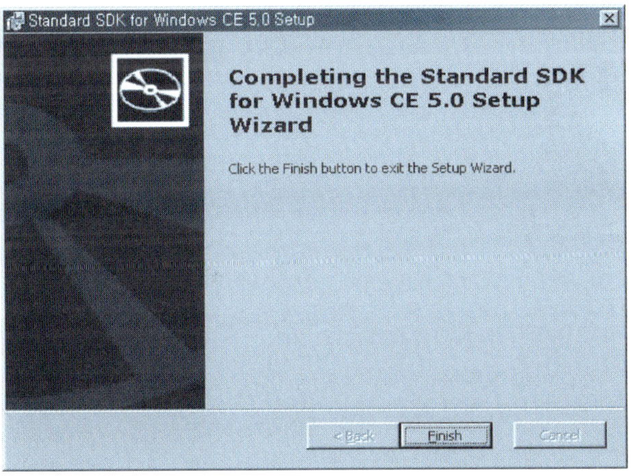

[그림 9-69]
SDK 설치 완료

☞ SDK가 제대로 설치가 되었다면, eVC를 이용하여 확인해 볼 수 있다. 다음은 SDK가 제대로 설치가 되었는지 확인하는 방법에 대해 기술하였다.

① eVC 프로그램을 실행시킨 후 메뉴에서 Tools ➔ Configure Platform Manager...를 선택한다.

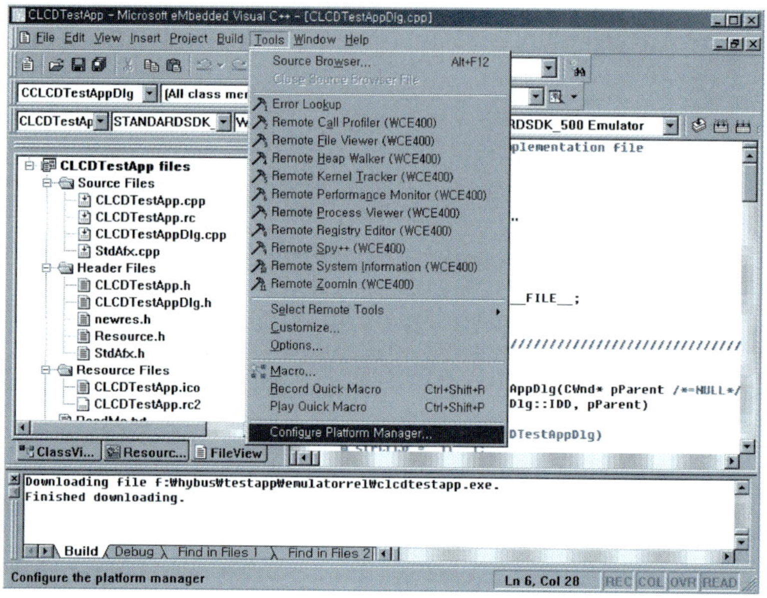

[그림 9-70] Configure Platform Manager 실행

② Configure Platform Manager를 실행시키면, 다음과 같은 화면을 확인할 수 있다. "STANDARDSDK_500 Emulator"라는 항목이 있는지 확인한다.

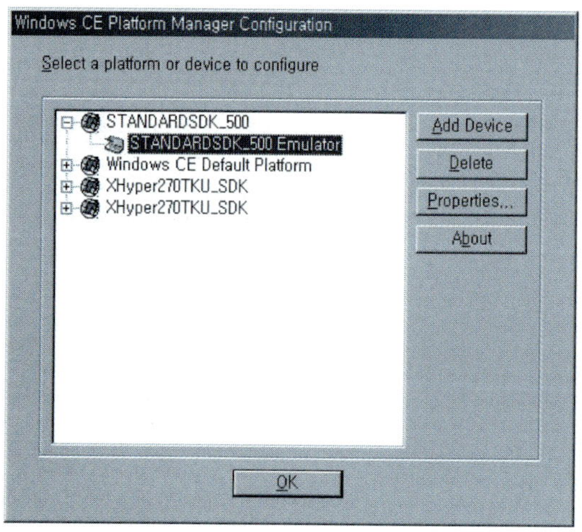

[그림 9-71] Windows CE Platform Manager Configuration

☞ 다음은 작성한 응용프로그램을 Emulator에 다운로드 하는 방법에 대해 기술하였다.

① 작성한 응용프로그램이 Emulator에서 작동될 수 있도록 빌드하기 위해 앞에서 설치한 "STANDARDSDK_500"을 선택해주어야 한다. 메뉴에서 Build ➔ Set Active Platform...를 선택한다.

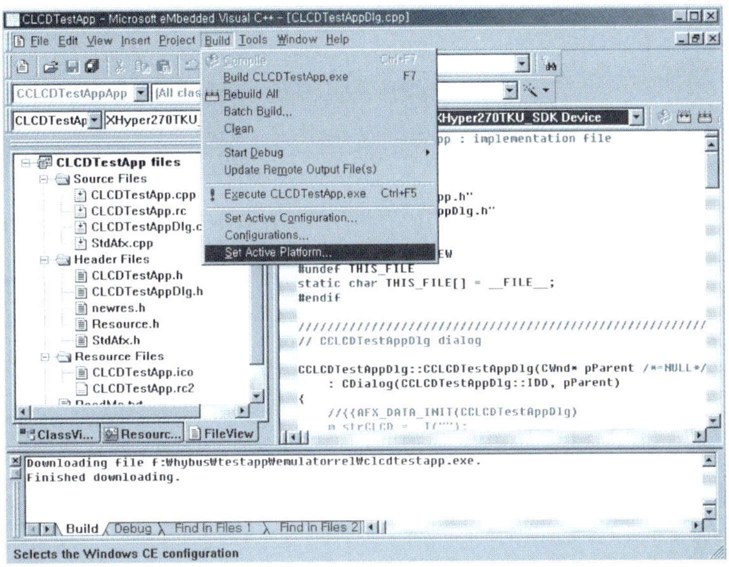

[그림 9-72]
플랫폼 선택

② Set Active Platform에서 앞의 실습에서 설치한 "STANDARDSDK_500"을 선택한다.

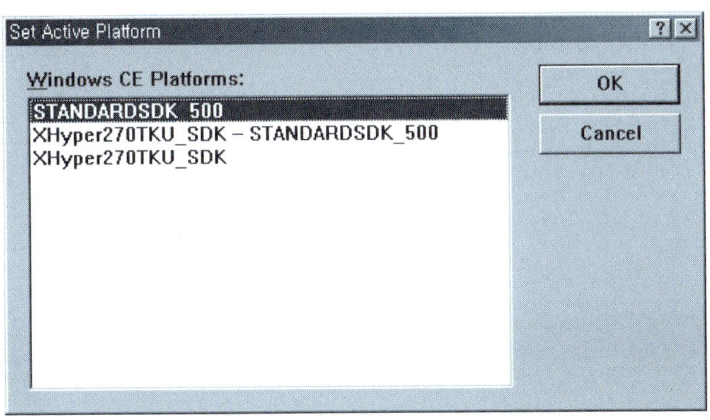

[그림 9-73]
Set Active Platform

③ 다음은 작성한 프로젝트를 Release 모드로 빌드하기 위해 메뉴에서 Build ➔ Set Active Configuration...를 선택한다.

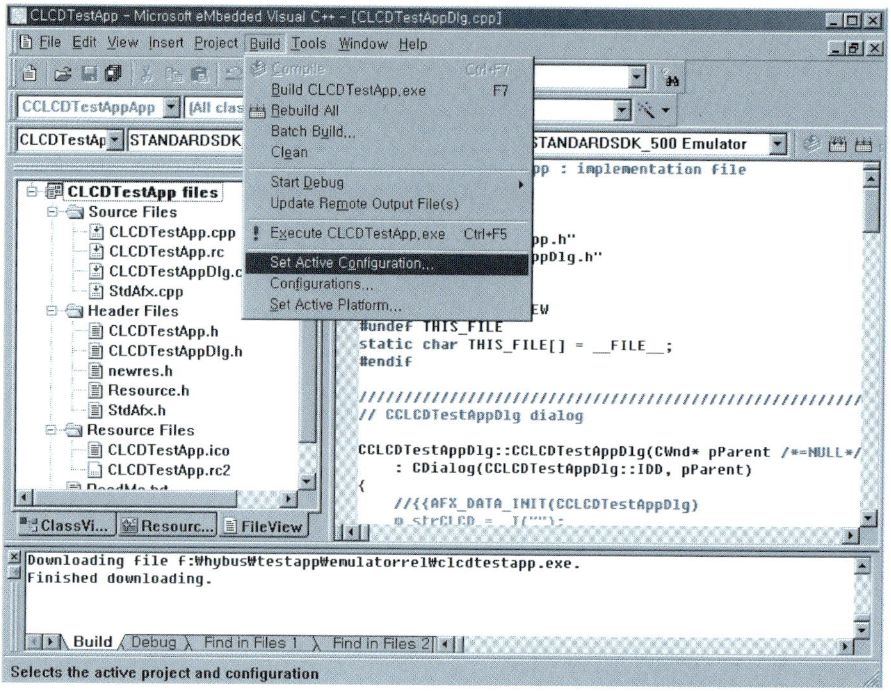

[그림 9-74]
빌드형태 선택

④ Set Active Project Configuration에서 "Win32 [WCE emulator] Release"를 선택한다.

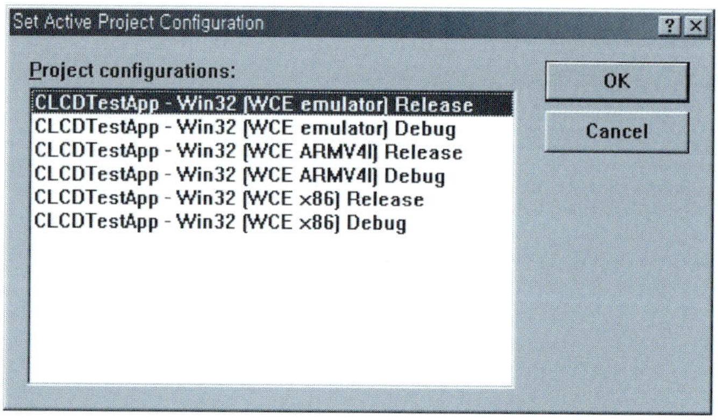

[그림 9-75]
Set Active Project Configuration

⑤ 작성한 프로젝트를 빌드하기 위해 메뉴에서 Build ➔ Build CLCDTestApp.exe를 선택한다.

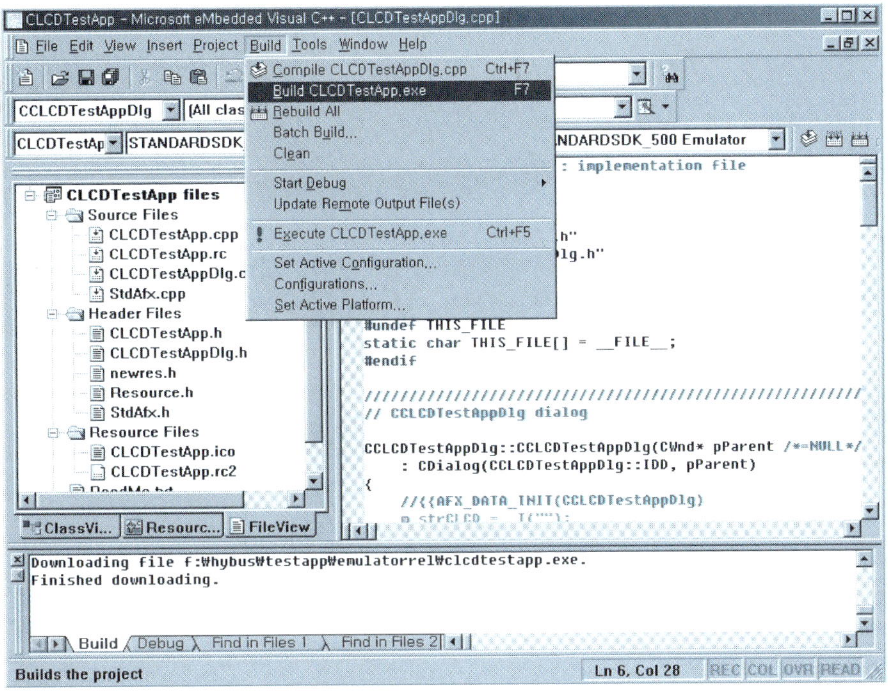

[그림 9-76]
프로젝트 빌드하기

⑥ 빌드가 완료되면 자동으로 Emulator를 구동한다.

[그림 9-77]
Emulator 구동

⑦ 다음과 같이 Emulator가 실행된다.

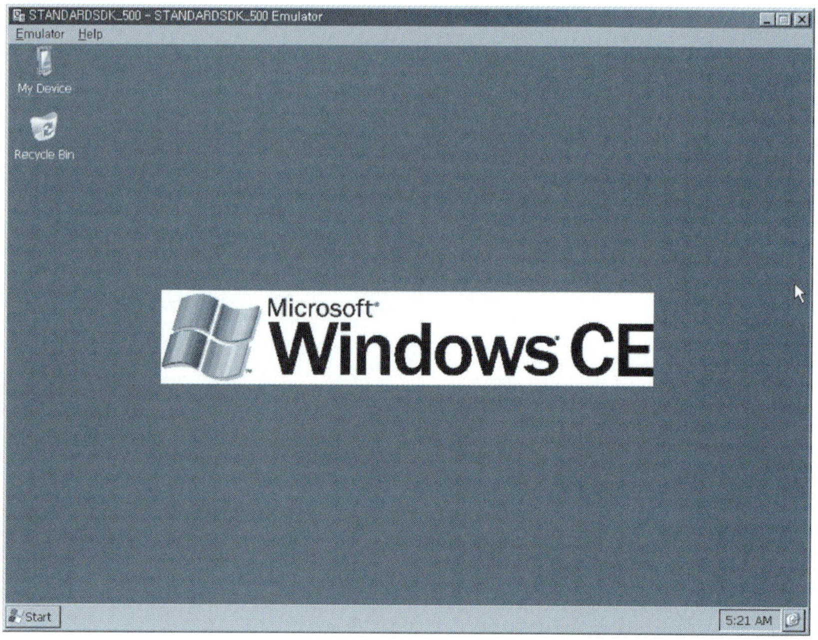

[그림 9-78]
Emulator 실행

⑧ CLCD 테스트 응용프로그램을 Emulator에서 실행시키고자 위해 Build ➔ Execute CLCDTestApp.exe를 선택한다.

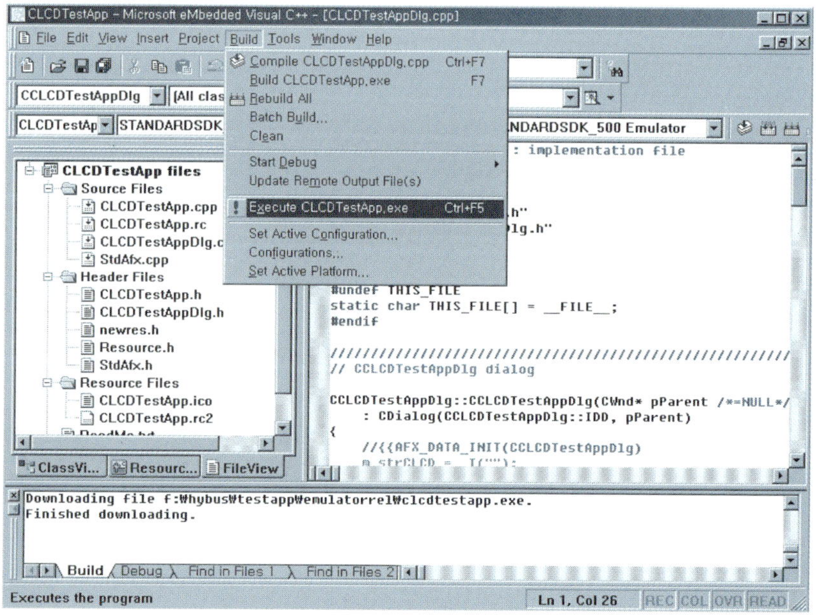

[그림 9-79]
CLCD 테스트 응용프로그램 실행

⑨ 다음과 같이 Emulator에서 CLCD 테스트 응용프로그램이 실행되는 것을 확인할 수 있다.

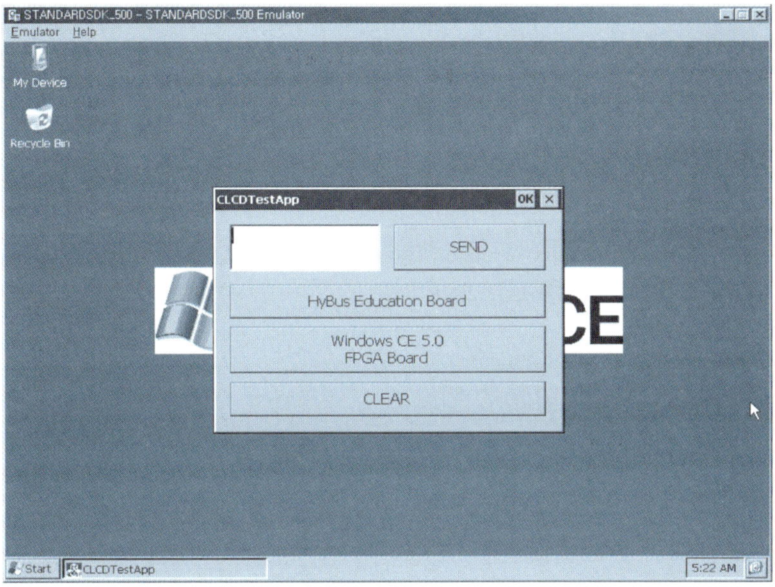

[그림 9-80] CLCD 테스트 응용프로그램 실행

9.3 Platform Builder 개발

9.3.1 플랫폼 빌더(PB)에서 프로젝트 생성

☞ 다음은 플랫폼 빌더(PB)를 이용하여 X-Hyper270-TKU에서 작동될 수 있는 간단한 응용프로그램을 작성하는 방법에 대해 기술하였다.

① 먼저 새로운 프로젝트를 생성하기 위해 메뉴에서 File ➔ New Project or File...를 선택한다. 참고로 프로젝트를 생성하려면 플랫폼이 생성되어 있어야 한다.

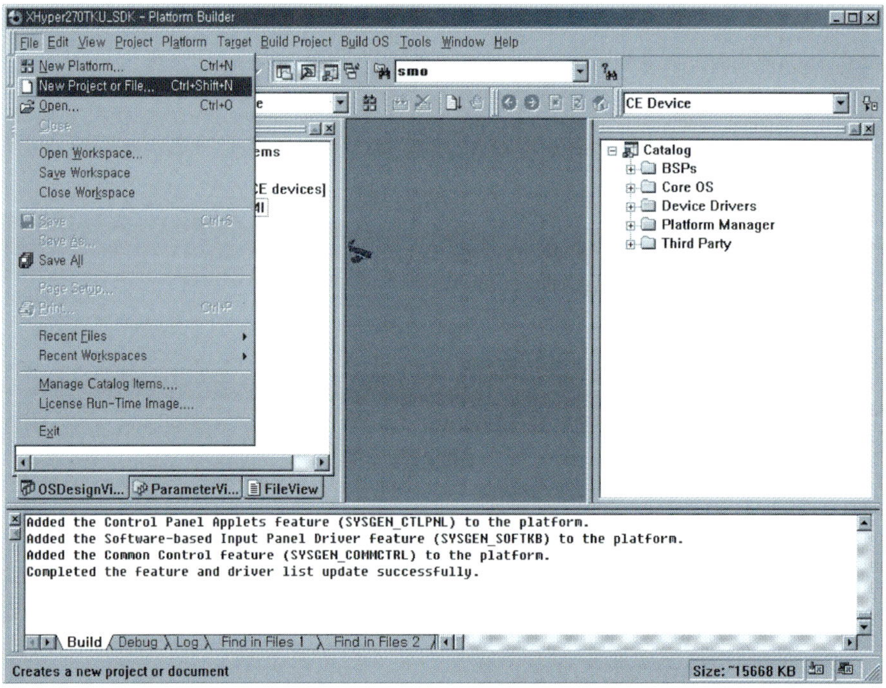

[그림 9-81]
새로운 프로젝트 생성

② 우리가 작성할 프로그램은 애플리케이션이므로 "WCE Application"을 선택하고, 프로젝트 이름과 저장할 디렉터리를 선택한 후 "OK" 버튼을 누른다.

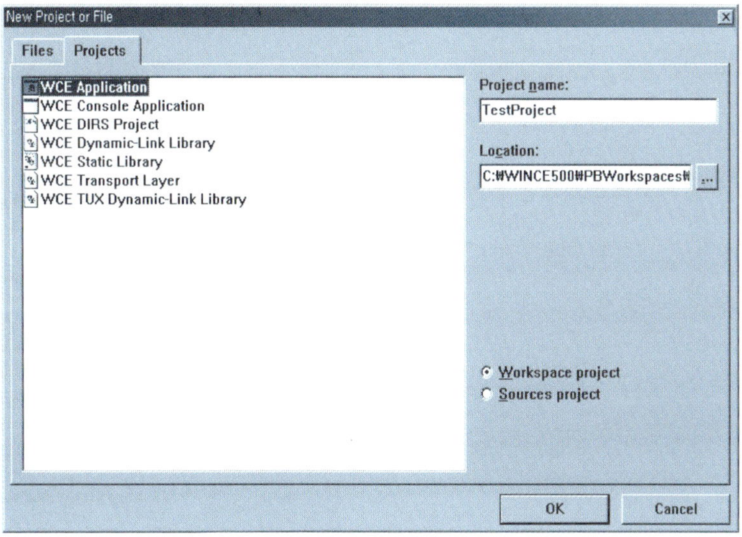

[그림 9-82] 프로젝트 속성 지정

③ "OK" 버튼을 누르면, 생성할 응용프로그램에 관한 정보를 입력하는 창이 나타난다. 입력하고 싶은 정보를 입력한 후 "Next" 버튼을 누른다.

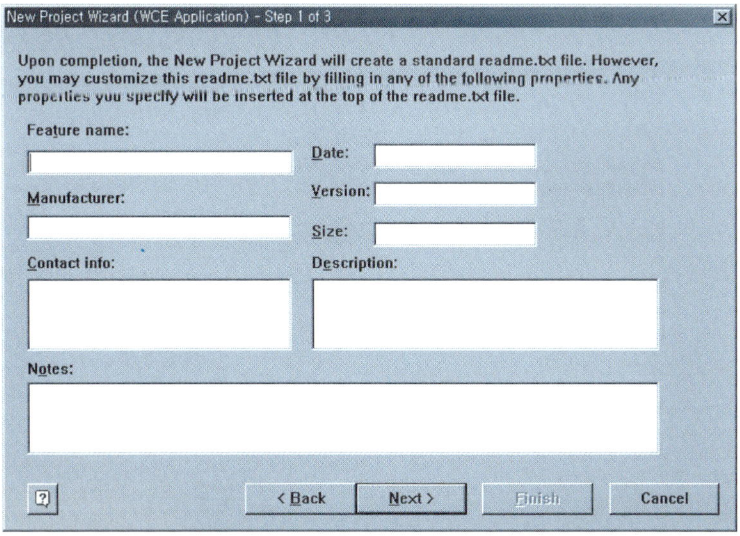

[그림 9-83] 응용프로그램에 관한 정보 입력

④ 다음은 작성할 프로그램의 형태를 선택하는 창으로, 다음과 같이 "A simple Windows CE application"를 선택한 후 "Next" 버튼을 누른다.

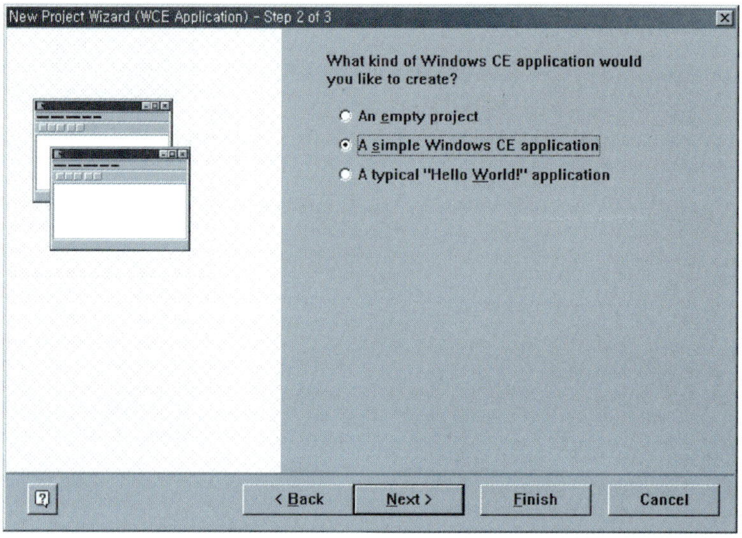

[그림 9-84] 프로그램의 형태 지정

⑤ 다음은 Release 타입을 설정하는 창으로, "LOCAL"을 선택한 후 "Finish" 버튼을 누른다.

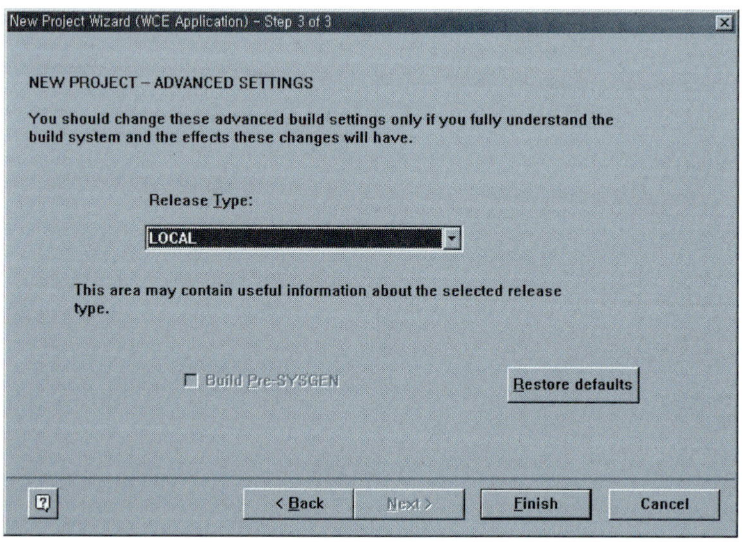

[그림 9-85] Release 타입 선택

⑥ 프로젝트 마법사를 끝마치면 다음과 같이 생성된 파일들과 소스코드를 확인할 수 있다.

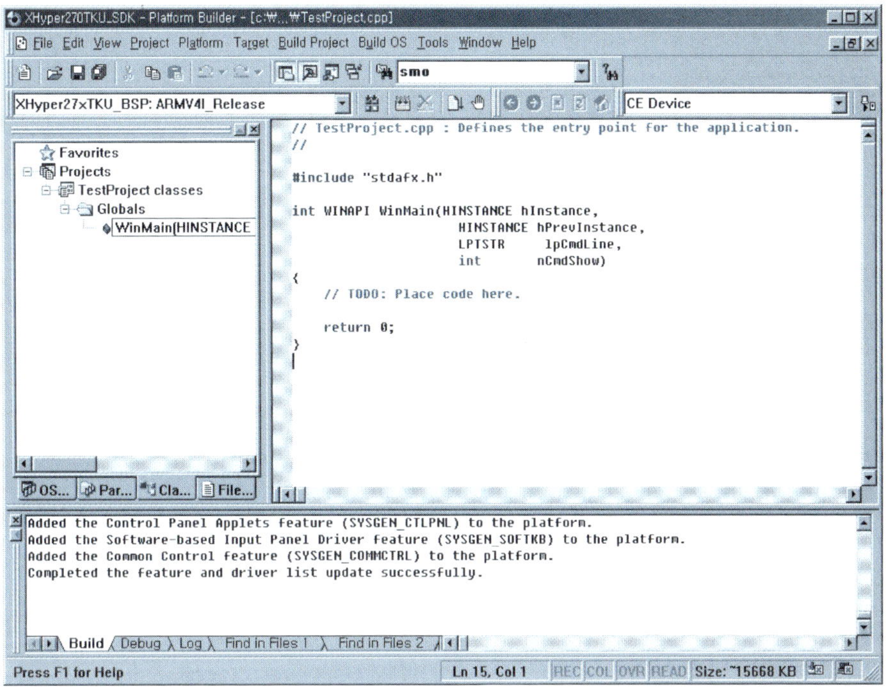

[그림 9-86] 생성된 TestProject 프로젝트

⑦ 메뉴에서 View ➔ Class View를 선택한 후 다시 "WinMain" 함수를 선택한 후 다음과 같이 간단히 응용프로그램을 테스트해 볼 수 있는 소스코드를 추가한다.

```
printf("Test Project !!!\n");
```

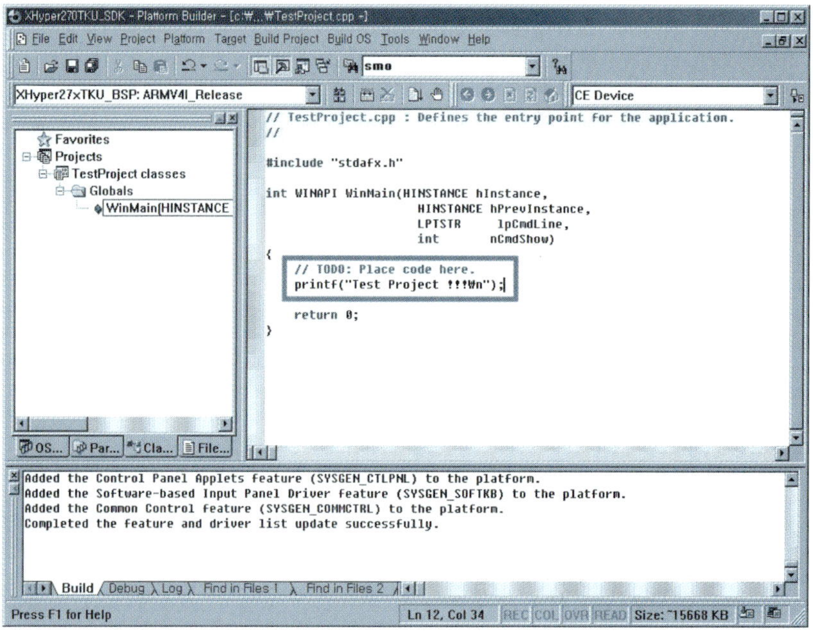

[그림 9-87]
소스코드 추가

⑧ 작성한 프로젝트를 빌드하기 위해 메뉴에서 View ➔ File View를 선택한다. 그다음 작성한 TestProject 프로젝트를 선택한 후 오른쪽 마우스 버튼을 누른 후 팝업창에서 "Open Build Window"를 선택한다.

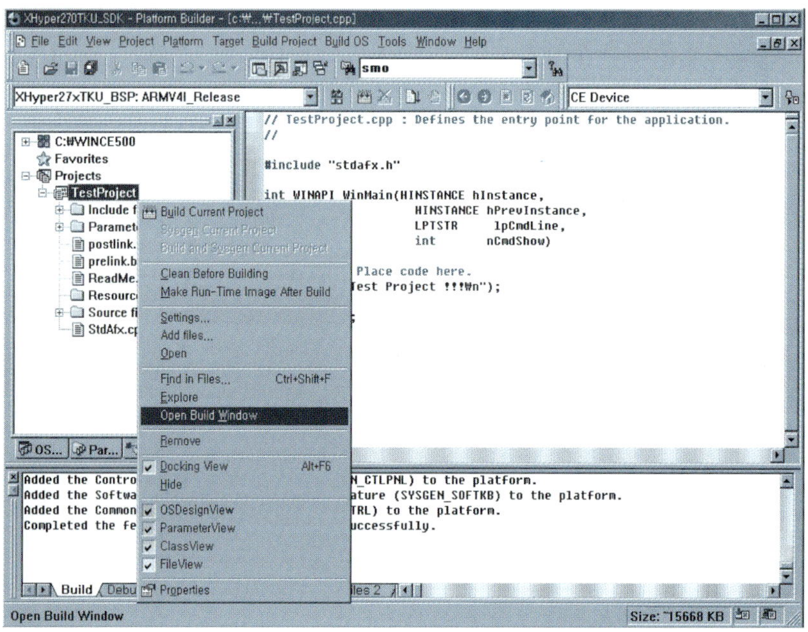

[그림 9-88]
Open Build Window 선택

⑨ 팝업창에서 "Open Build Window"를 선택하게 되면 아래와 같이 명령어창이 나타난다. 작성한 프로젝트를 빌드하기 위해 다음과 같이 명령어를 입력한다.

```
>build -ci
```

[그림 9-89] 작성한 프로젝트 빌드 명령 실행

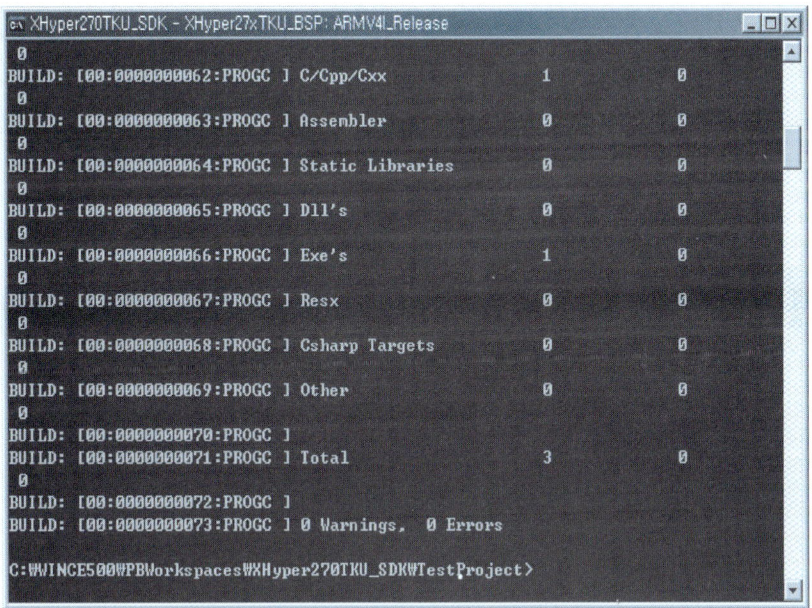

[그림 9-90] 작성한 프로젝트 빌드 완료

⑩ 앞의 실습에서 프로젝트를 생성할 위치를 기본값으로 설정했다면 \WINCE500\PBWorkspaces\XHyper270TKU_SDK\TestProject\obj\ARMV4I\retail 폴더에서 빌드완료된 실행파일을 확인할 수 있다.

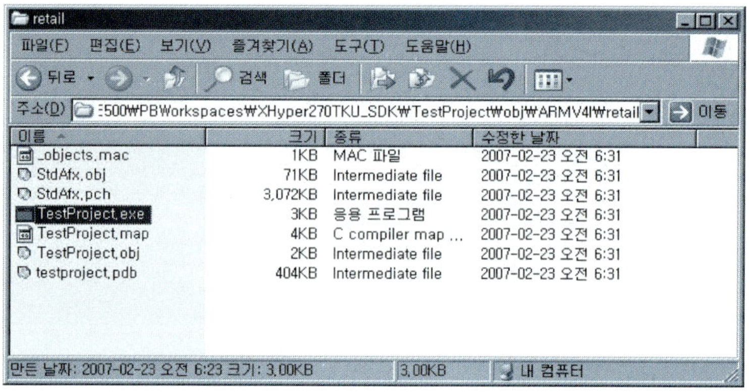

[그림 9-91] TestProject.exe 파일 확인

9.3.2 플랫폼 빌더(PB) Application과 타깃시스템

앞의 실습에서는 작성한 응용프로그램을 ActiveSync를 이용하여 타깃보드에 다운로드 하였다. 이번 실습에서는 ActiveSync를 이용하지 않고 타깃보드에 적재할 Windows CE 운영체제 이미지에 작성한 응용프로그램을 포함시켜 타깃보드에 다운로드 하는 방법에 대해 알아보자.

① 먼저 생성이 된 TestProject.exe 실행파일을 \WINCE500\PLATFORM\XHyper27xTKU_BSP\files 폴더에 복사한다.

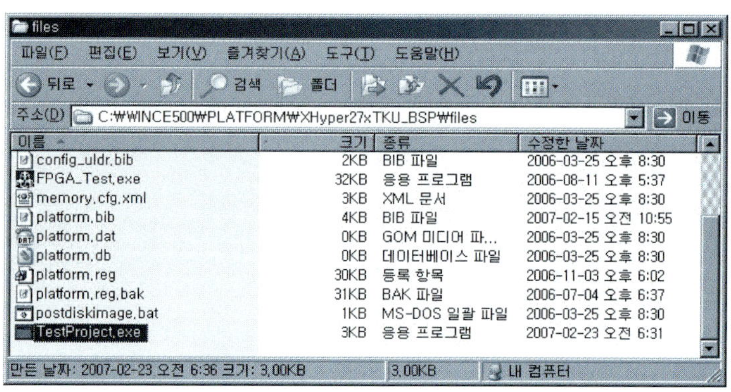

[그림 9-92] TestProject.exe 실행파일 복사

② 메뉴에서 View ➔ Parameter View를 선택한다. 그다음 "platform.bib" 선택한 후 FILES 항목에 다음과 같이 구문을 입력한다.

추가할 파일	생성될 타깃 위치	압축될 장소	속성
TestProject.exe	$(_FLATRELEASEDIR)\TestProject.exe	NK	

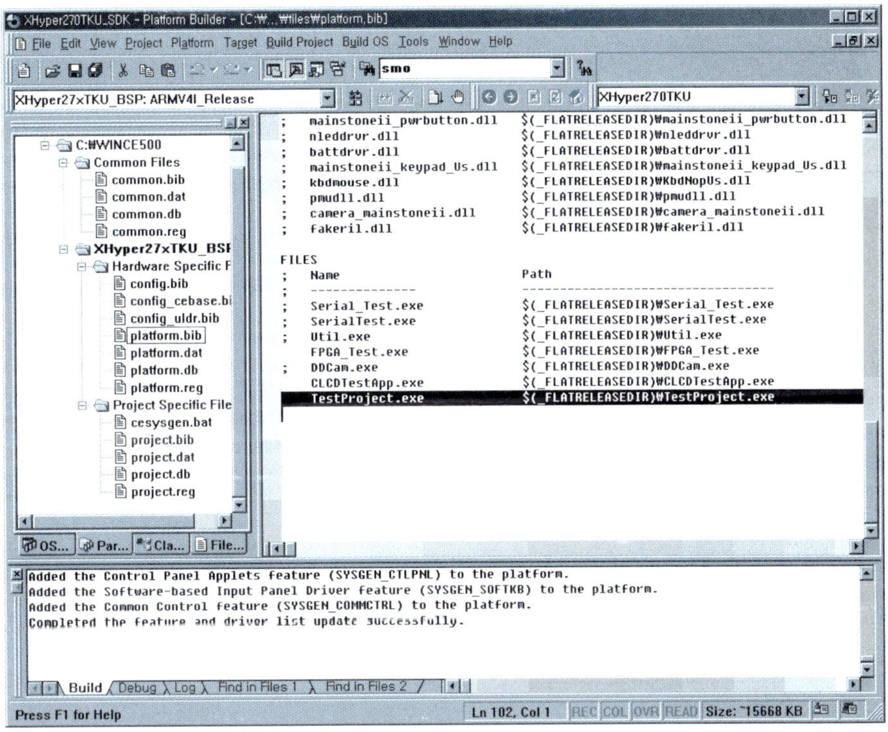

[그림 9-93] platform.bib 파일에 구문 추가

③ Sysgen 진행하기 전에 빌드 옵션을 설정해 주어야 한다. 메뉴에서 Platform ➔ Settings...를 선택한다.

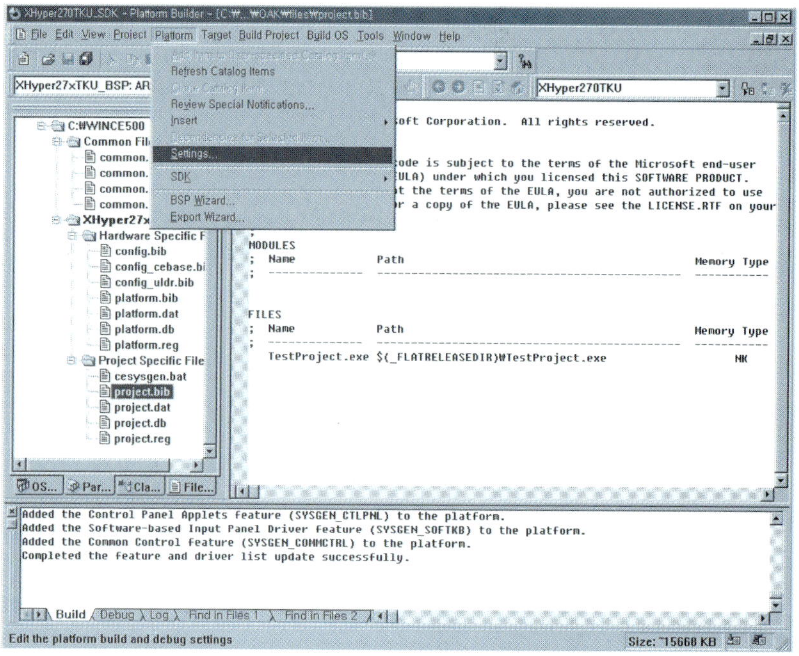

[그림 9-94]
Settings 선택

④ "Build Options" 탭을 선택한 후 다음과 같이 설정해 준다.

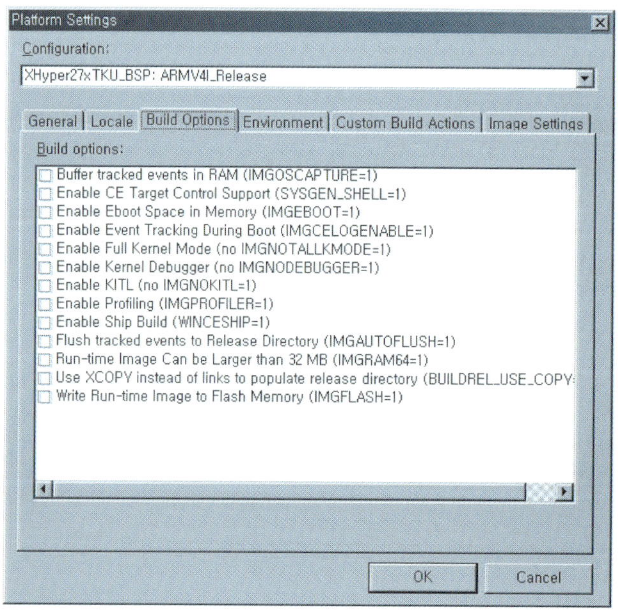

[그림 9-95]
Build Options

⑤ "Copy Files to Release Directory After Build"와 "Make Run-Time Image After Build" 항목을 선택하여 Sysgen를 실행시키는 것만으로 Windows CE 운영체제 이미지가 생성되도록 한다. 메뉴에서 Build OS ➔ "Copy Files to Release Directory After Build"와 "Make Run-Time Image After Build" 항목을 선택한 후 Sysgen를 선택한다.

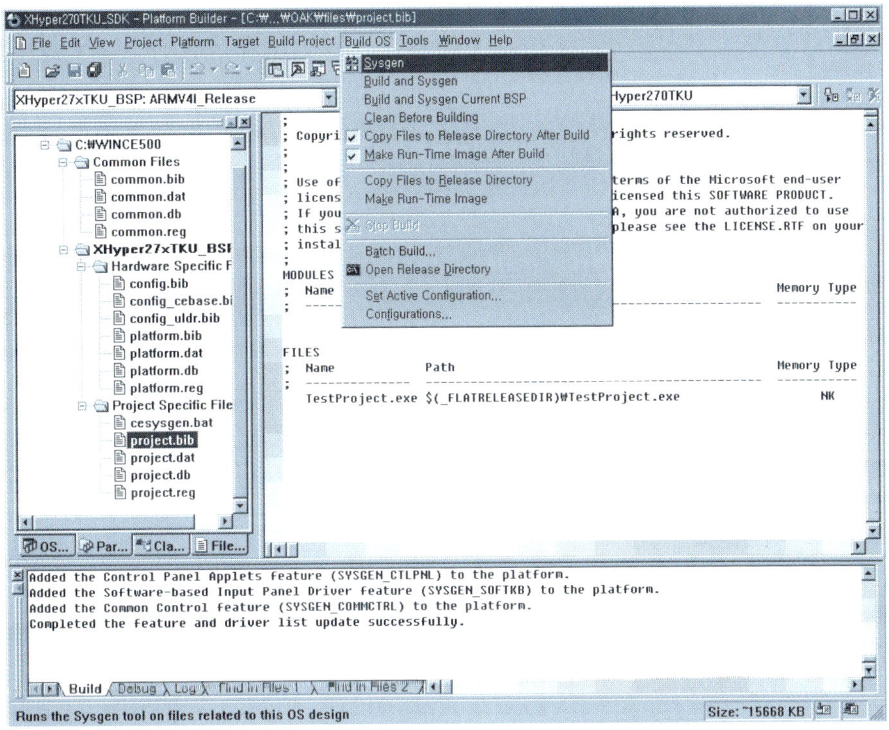

[그림 9-96] Sysgen 실행

⑥ 생성된 Windows CE 운영체제 이미지를 다운로드 한다.

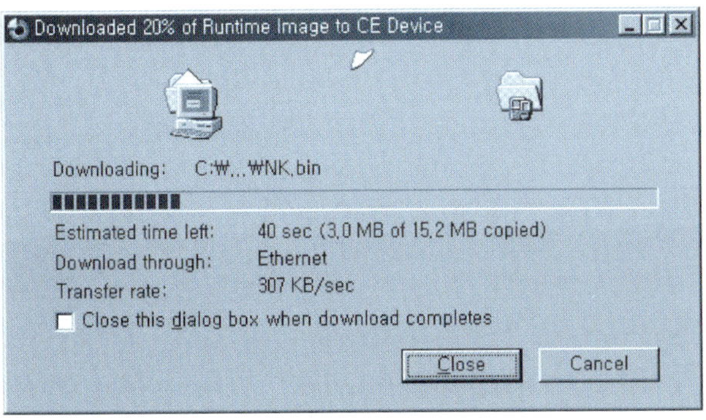

[그림 9-97] NK.bin 파일 다운로드 진행

⑦ 작성한 응용프로그램을 실행시키고자 타깃보드(X-Hyper270-TKU)를 부팅시킨 후 바탕화면의 "My Device" 아이콘을 더블클릭한다.

[그림 9-98]
타깃보드에서 Windows CE 실행

⑧ "Windows" 폴더를 더블클릭 한다.

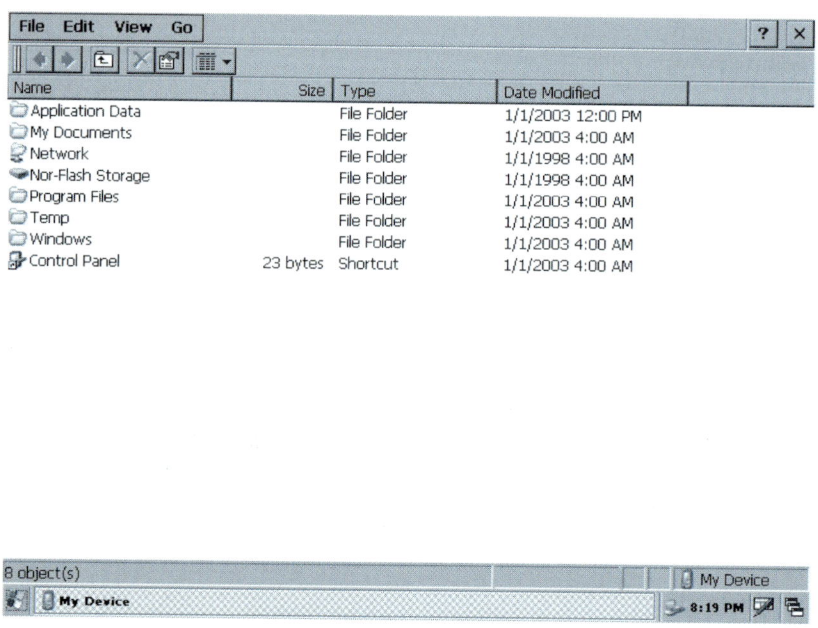

[그림 9-99]
Windows 폴더 더블클릭

⑨ Windows 폴더의 내용을 다음과 같이 확인할 수 있다.

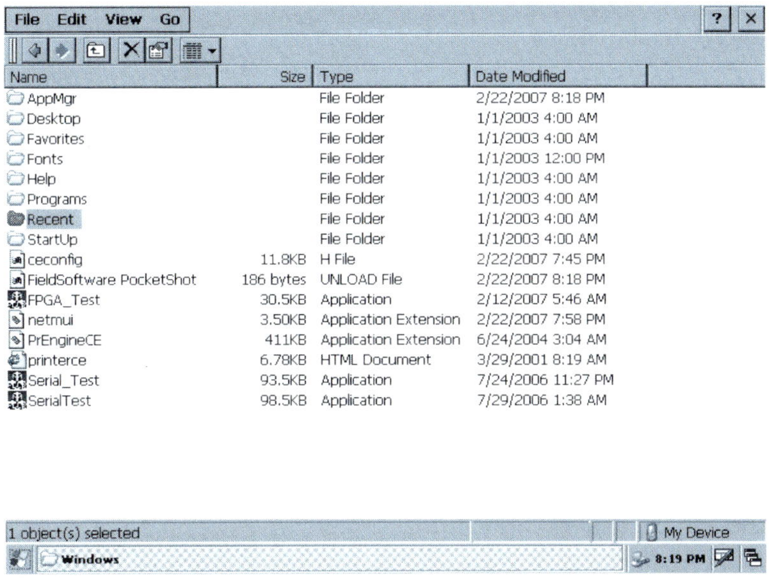

[그림 9-100] Windows 폴더

⑩ Windows CE 운영체제 이미지에 포함시킨 응용프로그램이 제대로 들어 있는지 확인하고자 메뉴에서 View ➔ Options...를 선택한 후 다음과 같이 설정을 변경한다.

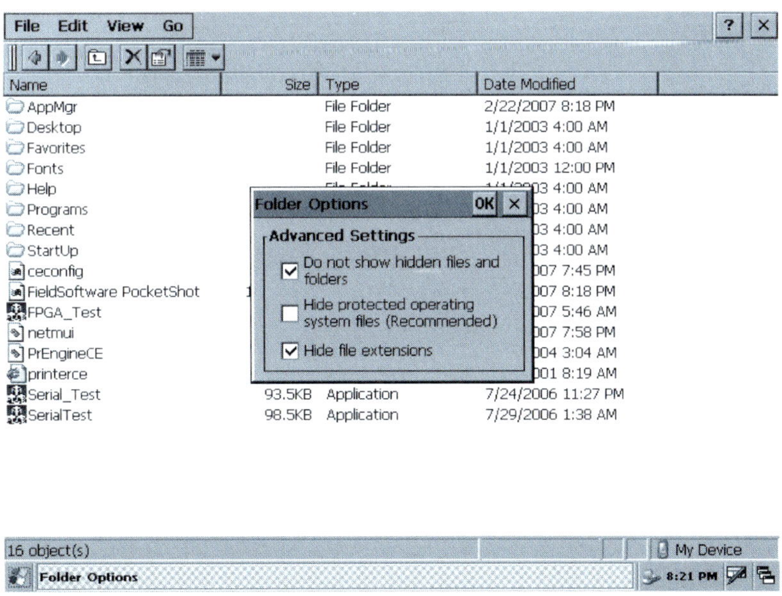

[그림 9-101] Folder Options

⑪ 폴더 옵션을 변경하면 다음과 같이 운영체제 이미지에 포함시킨 "TestProject" 라는 실행파일을 확인할 수 있다.

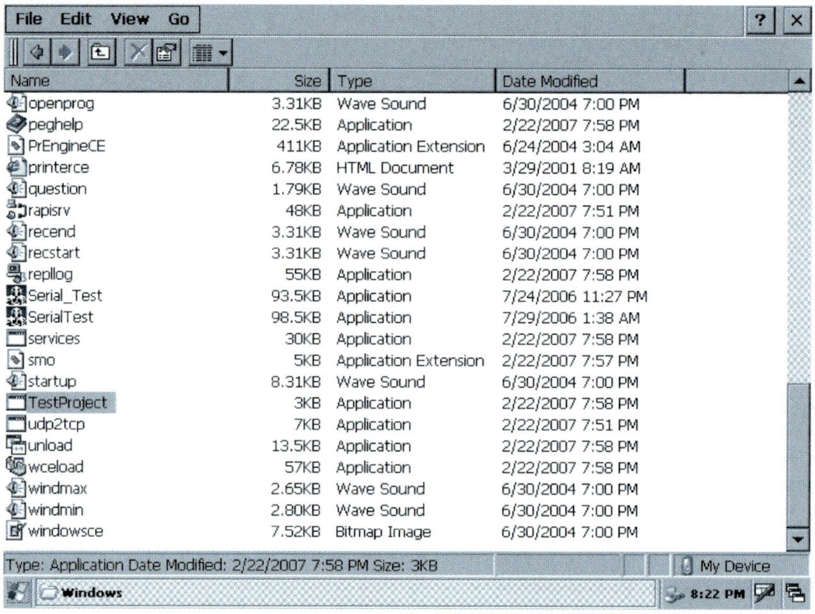

[그림 9-102]
TestProject 파일 확인

⑫ TestProject 실행파일을 더블클릭하면, 타깃보드와 연결된 하이퍼터미널 창에 다음과 같은 출력문을 확인할 수 있다.

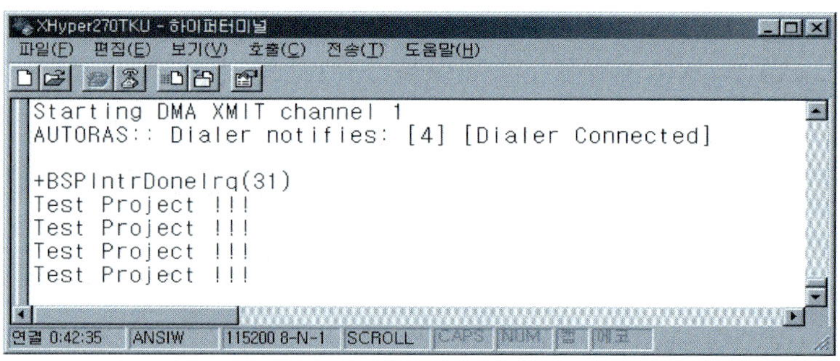

[그림 9-103]
TestProject 파일 실행

1. Pin Description

1.1 CN5 : USB Slave connector

The pin out of USB Slave(4 pin)

〈표 1〉
USB Slave connector

No.	Signal	Description
1	VCC	+5V Supply Voltage (max. 500mA)
2	UDC−	Data −
3	UDC+	Data +
4	GND	Ground

1.2 CN4 : USB 1.1 Host connector

The pin out of USB Slave (4 pin)

〈표 2〉
USB Host connector

No.	Signal	Description
1	VCC	+5V Supply Voltage (max. 500mA)
2	UDC−	Data −
3	UDC+	Data +
4	GND	Ground

1.3 CN1 : USB 2.0 Host connector 2Port

The pin out of USB Slave (4 pin)

〈표 3〉
USB Host connector

No.	Signal	Description
1, 5	VCC	+5V Supply Voltage (max. 500mA)
2, 6	UDC−	Data −
3, 7	UDC+	Data +
4, 8	GND	Ground

1.4 LAN : 10 Base-T Ethernet

The pin out of Ethernet-standard RJ45(12pin)

〈표 4〉 Ethernet

No.	Name	Description
1	TPOP	Twisted-Pair Output Positive Differential outputs to the twisted-pair cable
2	TPON	Twisted-Pair Output Negative Differential outputs to the twisted-pair cable
3	TPIP	Twisted-Pair Input Positive A differential input pair from the twisted-pair cable
4	NC	Not Connect
5	NC	Not Connect
6	TPIN	Twisted-Pair Input Negative A differential input pair from the twisted-pair cable
7	NC	Not Connect
8	NC	Not Connect
9	Link LED	Link LED
10	DC3P3V	+3.3V
11	Lan LED	Lan LED
12	DC3P3V	+3.3V

1.5 J8 : Serial (RS232)

The pin out of Serial (For Debug)

〈표 5〉 Serial (Standard)

No.	Name	Description
2	FFTXD	Standard UART Transmitt (Out)
3	FFRXD	Standard UART Receive (In)
5	GND	Ground
1, 4, 6 7, 8, 9	NC	Not Connect

1.6 J14, J15 : 10/100 Base-T Ethernet

The pin out of Ethernet-standard RJ45(12 pin)

〈표 6〉 Ethernet

No.	Name	Description
1	TPOP	Twisted-Pair Output Positive Differential outputs to the twisted-pair cable
2	TPON	Twisted-Pair Output Negative Differential outputs to the twisted-pair cable
3	TPIP	Twisted-Pair Input Positive A differential input pair from the twisted-pair cable
4	COM11	COM11
5	COM11	COM11
6	TPIN	Twisted-Pair Input Negative A differential input pair from the twisted-pair cable
7	COM12	COM12
8	COM12	COM12
9	Link LED	Link LED
10	DC3P3V	+3.3V
11	Lan LED	Lan LED
12	DC3P3V	+3.3V

1.7 J20 : JTAG connector

The pin out of JTAG connector (6 pin)

〈표 7〉 JTAG connector

No.	Name	Description
1	GND	Ground
2	TMS	Boundary Scan Mode Select
3	TDO	Boundary Scan Data Output
4	TDI	Boundary Scan Data Input
5	TCK	Boundary Scan Clock
6	NTRST	Boundary Reset

1.8 J19 : Ice connector

The pin out of In Circuit Emulator connector (20 pin)

〈표 8〉 ICE connector

No.	Name	Description
1	VTref	Reference Voltage 3.3V
3	X-nTRST	JTAG TAP Reset
5	X-TDI	JTAG Test Data Input
7	X-TMS	JTAG Test Mode Select
9	X-TCK	JTAG Test Clk
13	X-TDO	JTAG Test Data Output Line
15	RESET-CPU	Target System Reset
2, 17, 19	NC	Not Connect
4, 6, 8, 10, 11, 12, 14, 16, 18, 20	GND	Ground

1.9 EAR, MIC : Audio

The Description of Audio Jack

〈표 9〉 Audio

No.	Name	Description
MIC	MIC Jack	AC 97 MIC Jack
EAR	SPK Jack	AC 97 Speaker Jack

1.10 CON2, CON3 : Serial (TTL)

The pin out of Serial

〈표 10〉 Serial (FullFunction)

No.	Name	Description
1	GND	+5V Supply Voltage
2	TXD	Transmitted Data
3	RXD	Received Data
4	RTS	Request To Send
5	CTS	Clear To Send
6	DC3.3V	+3.3V
7	DC5V	+5V
8	NC	Not Connect
9	DCD	Received Line Signal Detect
10	DSR	Data Set Ready
11	DTR	Data Terminal Ready
12	RST	Reset
13	GND	Ground
14	RI	Ring Indicator
15	NC	Not Connect
16	NC	Not Connect
17	NC	Not Connect
18	NC	Not Connect
19	NC	Not Connect
20	NC	Not Connect

1.11 J8, J9 : Serial (RS232)

The pin out of Serial

〈표 11〉
Serial (FullFunction)

No.	Name	Description
1	DCD	Received Line Signal Detect
2	RXD	Received Data
3	TXD	Transmitted Data
4	RTS	Request To Send
5	GND	Signal Ground
6	CTS	Clear To Send
7	DTR	Data Terminal Ready
8	DSR	Data Set Ready
9	RI	Ring Indicator

1.12 CON1 : mini IDE I/F

The pin out of IDE

〈표 12〉
mini IDE I/F

No.	Name	Description
1	Reset	Reset
2	GND	Ground
3	DD7	Data Bus 7
4	DD8	Data Bus 8
5	DD6	Data Bus 6
6	DD9	Data Bus 9
7	DD5	Data Bus 5
8	DD10	Data Bus 10
9	DD4	Data Bus 4
10	DD11	Data Bus 11
11	DD3	Data Bus 3
12	DD12	Data Bus 12
13	DD2	Data Bus 2

No.	Name	Description
14	DD13	Data Bus 13
15	DD1	Data Bus 1
16	DD14	Data Bus 14
17	DD0	Data Bus 0
18	DD15	Data Bus 15
19	GND	Ground
20	NC	Not Connect
21	DMARQ	–
22	GND	Ground
23	DIOW	–
24	GND	Ground
25	DIOR	–
26	GND	Ground
27	IORDY	–
28	PSYNC:CSEL	–
29	DMACK	–
30	GND	Ground
31	INTRQ	–
32	IOCS16	–
33	DA1	Address Bus 1
34	PDIAG	–
35	DA0	Address Bus 0
36	DA2	Address Bus 2
37	CS0	Chip Select 0
38	CS1	Chip Select 1
39	DASP	–
40	GND	Ground
41	+5V	+5V IO/Vcc for logic
42	+5V(Motor)	+5V for Motor
43	GND	Ground
44	TYPE	–

1.13 J12 : CAMARA I/F

The pin out of CAMARA InterFace

〈표 13〉 CAMARA I/F

No.	Name	Description
1	DC3P3V	+3.3V
2	DC3P3V	+3.3V
3	CIF_DD9	Data Line to transmit 9
4	CIF_DD8	Data Line to transmit 8
5	CIF_DD7	Data Line to transmit 7
6	CIF_DD6	Data Line to transmit 6
7	CIF_DD5	Data Line to transmit 5
8	CIF_DD4	Data Line to transmit 4
9	CIF_DD3	Data Line to transmit 3
10	CIF_DD2	Data Line to transmit 2
11	CIF_DD1	Data Line to transmit 1
12	CIF_DD0	Data Line to transmit 0
13	CIF_MCLK	Programmable Output Clock
14	SCL	I2C bus I/F
15	SDA	I2C bus I/F
16	HHSUNV	Line start or alternate synchronization signal
17	HVSYNC	Frame start or alternate synchronization signal
18	RESET	Reset
19	GND	Ground
20	GND	Ground

1.14 P1 : RGB Output I/F

The pin out of RGB Output Interface

〈표 14〉
RGB Output I/F

No.	Name	Description
1	RED	Red Video
2	GREEN	Green Video
3	BLUE	Blue Video
4	GND	Monitor ID Bit 2
5	GND	Ground
6	RGND	Red Ground
7	GGND	Green Ground
8	BGND	Blue Ground
9	GND	Key (No Pin)
10	SGND	Sync Ground
11	GND	Monitor ID Bit 0
12	DDC DATA	Monitor ID Bit 1
13	HSYNC	Horizontal Sync
14	VSYNC	Vertical Sync
15	DDC CLOCK	Monitor ID Bit 3

2. External Pin Description

The pin out of External Interface (200 pin)

〈표 15〉 J1 Connector

No.	Name	Description
1	CD31	Data Bus 31
3	CD30	Data Bus 30
5	CD29	Data Bus 29
7	CD28	Data Bus 28
9	CD27	Data Bus 27
11	CD26	Data Bus 26
13	CD25	Data Bus 25
15	CD24	Data Bus 24
17	CD23	Data Bus 23
19	CD22	Data Bus 22
21	CD21	Data Bus 21
23	CD20	Data Bus 20
25	CD19	Data Bus 19
27	CD18	Data Bus 18
29	CD17	Data Bus 17
31	CD16	Data Bus 16
33	CD15	Data Bus 15
35	CD14	Data Bus 14
37	CD13	Data Bus 13
39	CD12	Data Bus 12
41	CD11	Data Bus 11
43	CD10	Data Bus 10
45	CD9	Data Bus 9
47	CD8	Data Bus 8
49	CD7	Data Bus 7
51	CD6	Data Bus 6
53	CD5	Data Bus 5
55	CD4	Data Bus 4

No.	Name	Description
57	CD3	Data Bus 3
59	CD2	Data Bus 2
61	CD1	Data Bus 1
63	CD0	Data Bus 0
65	GND	Ground
67	CA25	Address Bus 25
69	CA24	Address Bus 24
71	CA23	Address Bus 23
73	CA22	Address Bus 22
75	CA21	Address Bus 21
77	CA20	Address Bus 20
79	GND	Ground
81	GND	Ground
83	DC3P3V	+3.3V
85	DC3P3V	+3.3V
87	GND	Ground
89	GND	Ground
91	GND	Ground
93	GND	Ground
95	GND	Ground
97	DC5V	+5V
99	DC5V	+5V
2	CGP34/FFRXD	FFRXD
4	CGP42/BTRXD	BTRXD
6	CGP39/FFTXD	FFTXD
8	CGP43/BTTXD	GPIO 43
10	CGP35/FFCTS	GPIO 35
12	CGP44/BTCTS	GPIO 44
14	CGP41/FFRTS	GPIO 41
16	CGP45/BTRTS	GPIO 45
18	CGP36/FFDCD	GPIO 36
20	CGP46/STDRXD	STDRXD
22	CGP37/FFDSR	GPIO 37
24	CGP47/STDTXD	STDTXD

No.	Name	Description
26	CGP38/RADIO_SI/TX2	GPIO 38
28	CGP99/RADIO_SFD	GPIO 99
30	CGP40/RADIO_SO/RX2	GPIO 40
32	CGP100/RADIO_SCLK	GPIO 100
34	CUIO	UIO
36	CGP89/RADIO_PKT_INT	GPIO 89
38	CGP88	GPIO 88
40	CGP81/SSPTXD3	SSPTXD3
42	CGP16/ADC_INT	ADC_INT
44	CGP82/SSPRXD3	SSPRXD3
46	CGP40/RADIO_SO/RX2	GPIO 40
48	CGP83/SSPSFRM3	SSPSFRM3
50	CGP26/CIF_PCLK	CIF_PCLK
52	CGP84/SSPSCLK3	SSPSCLK3
54	CGP11/CF-IREQ#	CF-IREQ#
56	CGP18/RDY	RDY
58	CGP12/CF-CD#	CF-CD#
60	CGP101	GPIO 101
62	CGP116/IDE_DACK	IDE_DACK
64	CGP20/DREQ/nSDCS2v	GPIO 20
66	CGP115/IDE_DREQ	IDE_DREQ
68	CGP21/DVAL0/nSDCS3	GPIO 21
70	CGP1	GPIO 1
72	CGP91/NFRNB	NFRNB
74	CGP0	GPIO 0
76	CGP96/RTC-SDA	RTC-SDA
78	CGP9/PCMCIA-IREQ#	PCMCIA-IREQ#
80	GND	Ground
82	GND	Ground
84	DC3P3V	+3.3V
86	DC3PV	+3.3V
88	GND	Ground
90	GND	Ground
92	GND	Ground

No.	Name	Description
94	GND	Ground
96	GND	Ground
98	DC5V	+5V
100	DC5V	+5V

〈표 16〉 J2 Connector

No.	Name	Description
1	CA19	Address Bus 19
3	CA18	Address Bus 18
5	CA17	Address Bus 17
7	CA16	Address Bus 16
9	CA15	Address Bus 15
11	CA14	Address Bus 14
13	CA13	Address Bus 13
15	CA12	Address Bus 12
17	CA11	Address Bus 11
19	CA10	Address Bus 10
21	CA9	Address Bus 9
23	CA8	Address Bus 8
25	CA7	Address Bus 7
27	CA6	Address Bus 6
29	CA5	Address Bus 5
31	CA4	Address Bus 4
33	CA3	Address Bus 3
35	CA2	Address Bus 2
37	CA1	Address Bus 1
39	CA0	Address Bus 0
41	GND	Ground
43	GND	Ground
45	CnBCS1	Chip Select 1
47	CnBCS4	Chip Select 4

No.	Name	Description
49	CnBCS5	Chip Select 5
51	CBRDnWR	RDnWR
53	CBnWE	nWE
55	CBnOE	nOE
57	CGP117/SCL	SCL
59	CGP118/SDA	SDA
61	CGP3/PWR_SCL	GPIO 3
63	CGP4/PWR_SDA	GPIO 4
65	GND	Ground
67	GND	Ground
69	GND	Ground
71	GND	Ground
73	DC3P3V	+3.3V
75	DC3P3V	+3.3V
77	GND	Ground
79	GND	Ground
81	GND	Ground
83	DC5V	+5V
85	DC5V	+5V
87	GND	Ground
89	GND	Ground
91	GND	Ground
93	DC12V	+12V
95	DC12V	+12V
97	DC12V	+12V
99	GND	Ground
2	CGP114/USBC_INT	USBC_INT
4	CEXT_RESET	EXT_RESET
6	CGP13/PCMCIA-CD#	PCMCIA-CD
8	CRESET-OUT	RESET-OUT
10	CGP49/nPWE	nPWE
12	CGP54/nSMSC-INT1	nSMSC-INT1
14	CGP48/nPOE	nPOE

No.	Name	Description
16	CGP53/nSMSC-INT2	nSMSC-INT2
18	CGP79/PSKTSEL	PSKTSEL
20	CGP14/TL16C554_INTA	TL16C554_INTA
22	CGP102/nPCE1	nPCE1
24	CGP19/TL16C554_INTB	TL16C554_INTB
26	CGP57/nIOIS16	nIOIS16
28	CGP22/TL16C554_INTC	TL16C554_INTC
30	CGP56/nPWAIT	nPWAIT
32	CGP85/TL16C554_INTD	TL16C554_INTD
34	CGP55/nPREG	nPREG
36	CGP32/MMCLK	MMCLK
38	CGP78/nPCE2	nPCE2
40	CGP90/SD_WP	SD_WP
42	CGP51/nPIOIW	nPIOIW
44	CGP97/SD_CD	SD_CD
46	CGP50/nPIOIR	nPIOIR
48	CGP92/MSBS	MSBS
50	CGP111/MMCCS1	MMCCS1
52	CGP112/MMCMD	MMCMD
54	CGP110/MMCCS0	MMCCS0
56	GND	Ground
58	GND	Ground
60	GND	Ground
62	GND	Ground
64	GND	Ground
66	GND	Ground
68	GND	Ground
70	GND	Ground
72	GND	Ground
74	DC3P3V	+3.3V
76	DC3P3V	+3.3V
78	GND	Ground
80	GND	Ground

No.	Name	Description
82	GND	Ground
84	DC5V	+5V
86	DC5V	+5V
88	GND	Ground
90	GND	Ground
92	GND	Ground
94	DC12V	+12V
96	DC12V	+12V
98	DC12V	+12V
100	GND	Ground

참고문헌

[1] 김진호, 《입문자를 위한 Windows CE Programming》, 가남사, 2002.

[2] 노영섭 · 김병국, 《모바일프로그래밍과 WINDOWS CE.NET》, 북두출판사, 2006.

[3] 남상엽 · 노성동 · 노태상 · 우종정, 《PXA270을 이용한 임베디드 시스템 구조 및 응용》, 상학당, 2006.

[4] 더글러스 볼링 저 · 노영선 역, 《PROGRAMMING MICROSOFT WINDOWS CE.NET (Third Edition)》, 정보문화사, 2004.

[5] 이봉석 · 류명희, 《Windows CE 실전 가이드》, 에이콘출판사, 2006.

[6] "The Embedded Software Strategic Market Intelligence Program 2002/2003," VDC(Venture Development Corporation), Feb., 2003. May. 2003, http://www.linuxdevices.com/articles/AT7301151332.html.

[7] http://www.jungo.com/windriver.html

[8] http://www.compuware.com/products/driverstudio/default.htm

[9] http://www.microsoft.com/whdc/ddk/winddk.mspx

[10] http://www.iozone.org/

[11] http://www.tux.org/~mayer/linux/bmark.html

[12] http://www.hybus.net

[13] Jonathan Corbet, Alessandro Rubini, Greg Kroah-Hartman 'Linux Device Drivers, Third Edition,' O'Reilly, 2005

찾아보기

저자 약력

■ 남 상 엽

- 공학박사
- 삼성종합기술원 정보시스템연구소 근무
- 모토로라 반도체통신(주) 기술연구소 근무
- (현) 국제대학 정보통신과 교수

■ 홍 원 기

- 공학박사(연세대학교 컴퓨터과학과)
- UC Irvine 박사후 연구원 근무
- LG 전자 디지털미디어연구소 선임연구원 근무
- (현) 대구대학교 정보통신공학부 교수

■ 이 용 규

- 공학석사(한남대학교 전자공학과)
- (현) 하이버스(주) 임베디드사업팀 주임연구원

Windows CE 5.0 설계 및 응용

2007년 5월 10일 1판 1쇄 발행

저 자 남상엽 · 홍원기 · 이용규
발행인 남 승 우

발행처 도서출판 상尙 학學 당堂

서울특별시 동작구 사당3동 220-43
TEL : 02) 595-1692~4
FAX : 02) 595-1394
E-mail : namdoo6@unitel.co.kr
신고 : 2-155호 (1968. 11. 29)

(CD 포함) **정가 28,000원**

ISBN 978-89-85437-66-0 93560

X-Hyper270TKU

메인보드

"학교 교육용 기자재 장비에 적합하도록 특별 설계된 최고 성능의 실습장비"

하이버스(주) 교육지원 사항

- 무상교육 지원
- 실험실습교재 완비 (강의교재, 강의 슬라이드, 실습노트)
- 프로젝트 수업을 위한 가이드 교재 지원 (프로젝트 가이드 제공)

제품 사양

H/W Specification

구분	품 명	내 용
Main Board	CPU	Intel PXA270(520MHz)
	CPLD	Altera Max
	Memory	128MB SDRAM
		32MB Flash ROM
		64MB Nand Flash
	Ethernet	SMSC91C111 10/100MBps 2port
		CS8900A 10MBps 1port
	Display	TFT 6.4" Color LCD
		Touch Screen
	USB	USB Host 2.0 2port(TD242)
		USB Host 1.1 1port
		USB Slave 1port
	Audio	Audio-AC'97(CS4299)
	IDE	Mini IDE Interface
	VGA	VGA Interface
	Camera	CMOS Camera
	RTC/IrDA	RTC / IrDA
	Serial	Debug용 RS232C 1port
		Full Function RS232C 2port
		Full Function TTL 2port
	Interface	PCMCIA 1Slot / CF 1 Slot
		MMC/SD 1 Slot
		내장 Speaker L/R
		Mic, Speaker 1 Jack
		PXA270용 확장 180 pin
	JTAG	Emulator용 20 pin
		Flash write용 6 pin
	Sensor Network	IEEE802.15.4 RF Interface
		(Chipcon CC2420)
	FPGA	12만게이트 FPGA
	Education	DC Motor Controller
		Stepping motor Interface
		Char LCD (2×16)
		7 Segment - 8EA
		TEST LED - 8EA
		GPIO Key - 4EA
		Dot Matrix, ADC/DAC
		Key Matrix (4×4)

S/W Specification

품 명	내 용
O/S	Linux Kernel 2.6.11
	WindowsCE.NET 5.0, ETRI Qplus
Compiler	GNU Tool for ARM
JTAG	Jflash for X-Hyper27x
Bootloader	hybus-boot27x
FileSystem	JFFS2, YAFFS
GUI	TinyX for X-Hyper270TKU
Device Driver	CS8900 Ethernet
	SMSC91C111 Ethernet
	USB 1.1 Host/Slave
	AC'97 codec
	Frame buffer LCD
	Touch Screen
	RTC4513 / IrDA
	PCMCIA /CF
	MMC / SD
	Char LCD / Dot Matrix
	7 Segment / Stepping Motor
	Key Button / ADC DAC Device Driver
	GPIO용 Test Button(입력), LED(출력)
	IDE Controller
Application	CMOS Camera
	VGA Controller
	NFS 구축 S/W
	NAT 구축 S/W
	QT 3.3.3 Porting S/W
	Web Server 구축(Goahead) S/W
	Web Browser 구축(Dillo) S/W
	Char LCD Test Program
	Dot Matrix Test Program
	7 Segment Test Program
	Stepping Moter Test Program
	Key Scan Test Program
	ADC DAC Test program
	USB 카메라 지원 S/W
	USB Keyboard, Mouse 지원 S/W
	MPEG Player Porting S/W
GUI	센서네트워크 장비 연동 GUI
	PMP 개발을 위한 GUI Solution

서울시 구로구 구로3동 212-8번지 대륭포스트타워 1차 701호 • Tel : 02-2082-2400 • Fax : 02-2082-2406 • hybus@hybus.net

제품 구성

PXA27x Processor

PXA27x 프로세서는 휴대용 및 범용 기기에 사용하기에 적합한 소형의 저전력, 고성능의 프로세서이며 다양한 Peripheral이 통합된 Intel Xscale Micro Architecture의 System-on-chip 마이크로프로세서이다.

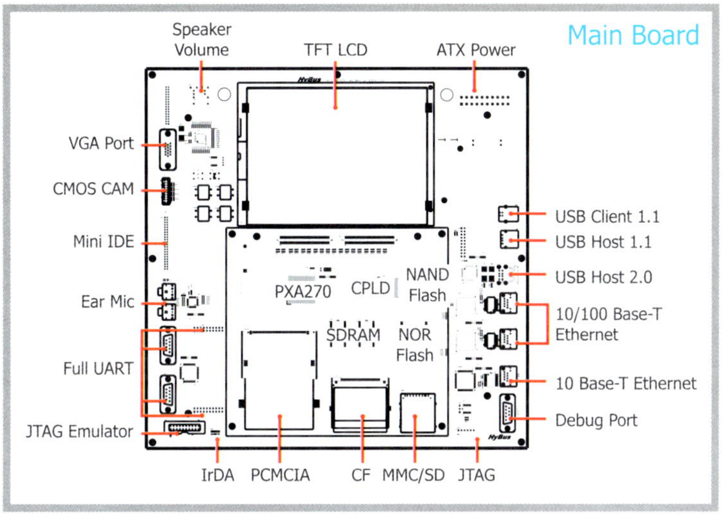

FPGA Board
(140만 게이트)

IEB Board
(기본)

NEW IEB Board 2.0 Revision
- 각각의 디바이스를 Address별로 직접 제어 기능
- 디바이스들을 직접 제어해 봄으로써 디바이스에 대한 정확한 이해가 요구됨 (교육용에 적합)

LPM Module
- 16x16 RGB LED Module Interface 가능
- 각 색상당 9bit 크기의 밝기 조절 가능
- PXA270TKU와 LPM Module간 Interface를 CPLD에서 담당 (사용자가 마음대로 코딩 가능)

교 재

[Embedded Linux 교재]

1. 임베디드 시스템
2. 임베디드 시스템 소프트웨어
3. X-Hyper270-TKU 임베디드 시스템 구성 및 성능
4. 임베디드 리눅스 시스템 개발환경 구축

⋮

8. 임베디드 리눅스 시스템 응용

[Embedded Linux 실습교재]

1. 임베디드 시스템 개요
2. 임베디드시스템 개발환경
3. Cross-complier
4. 리눅스 이미지 퓨징
5. 부트로더 이해하기
6. 커널 이미지 생성

⋮

13. GUI 프로그래밍

[WinCE 5.0 교재]

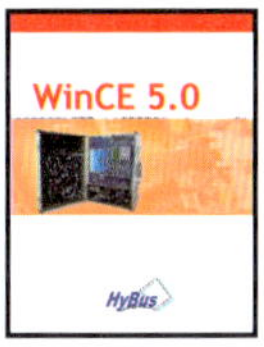

1. Windows CE 개요
2. X-Hyper270TKU 구성
3. 운영체계
4. WinCE 개발환경 구축
5. EBoot 환경 구축
6. Tiny Kernel 환경 구축
7. Handheld Device
8. Device Driver 구성
9. Application 구성

[전자/전기공학과용 교재]

1. ARM overview
2. Embedded Linux Overview
3. 리눅스 시스템 개발환경
4. 하드웨어 회로 설계 방법
5. JTAG 이해 및 Fusing 알고리즘
6. 펌웨어를 이용한 제어
7. 디바이스 드라이버
8. 하드웨어를 이용한 응용 프로그램

[Network Embedded 교재]

1. 리눅스 명령어 설명
2. 네트워크 프로그램의 기본
3. INETD와 네트워크 서비스
4. Socket programming
5. Packet Analysis
6. 유선 LAN 이론

⋮

12. wireless LAN

[강의용 PPT 교재]

1. 임베디드 시스템 개요
2. 임베디드 시스템 하드웨어
3. 임베디드 리눅스 쉘 명령어
4. 크로스컴파일러 설치
5. Host 환경설정
6. FUSING

⋮

12. QT설치 및 Application

제품 블록도

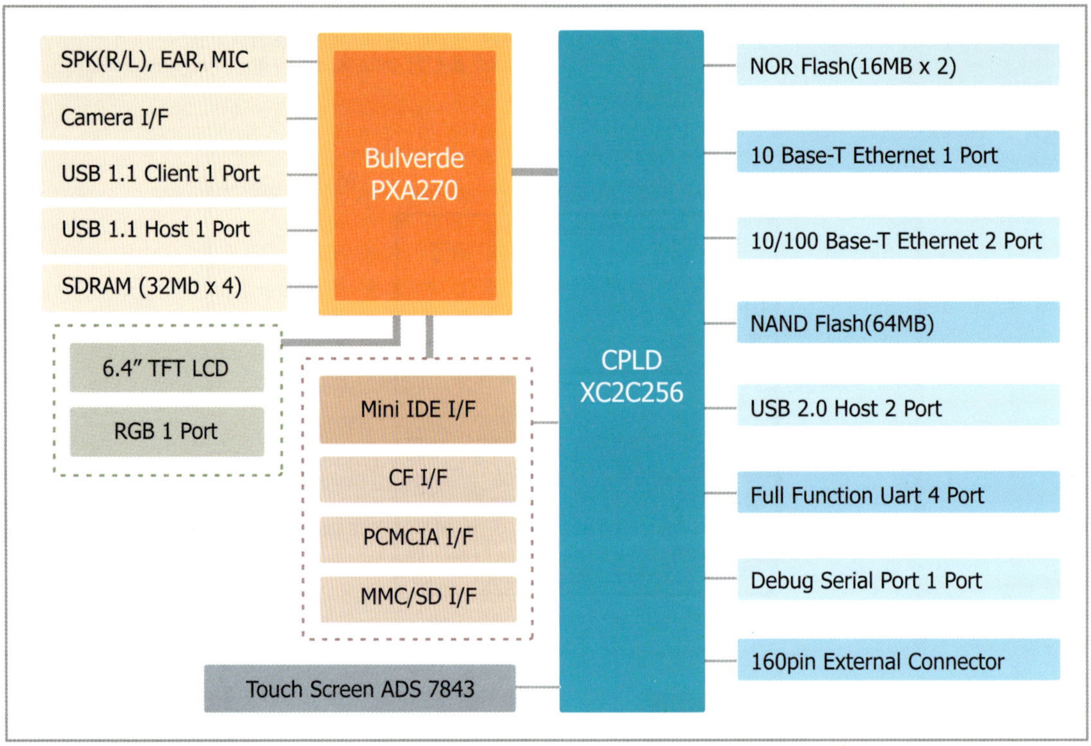

유비쿼터스(응용) 센서 네트워크 시스템 연동 S/W

로그인

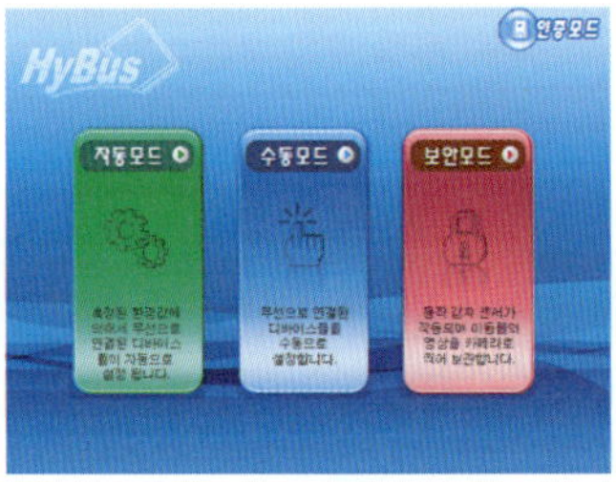

모드선택

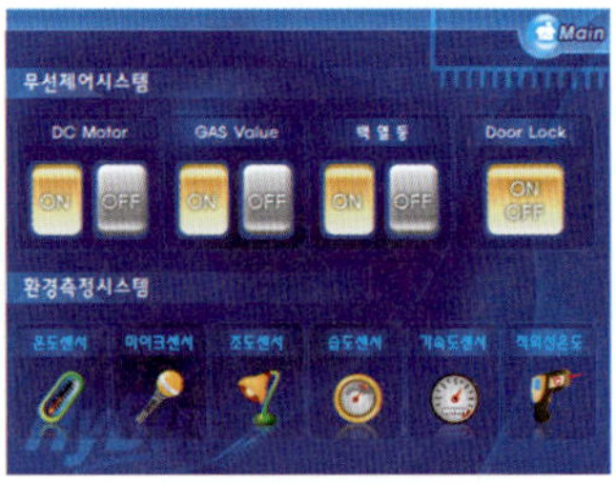

메뉴선택화면

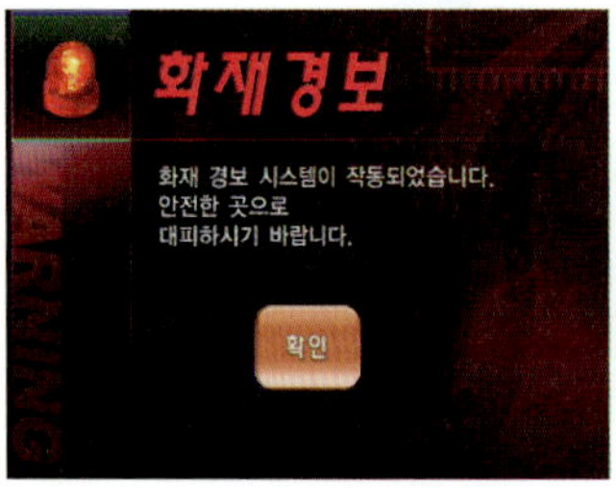

화재경보시스템

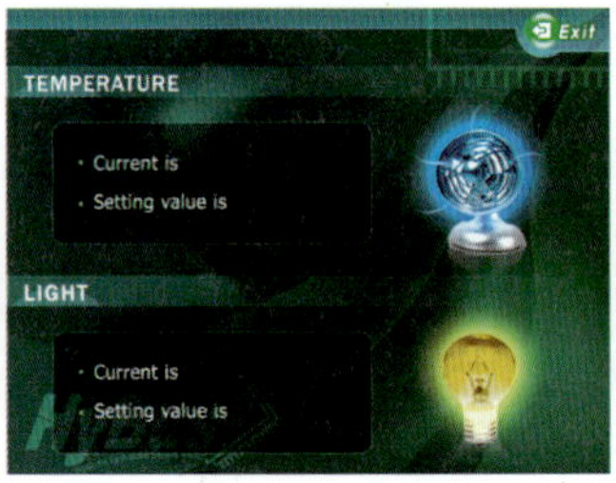

온도센서

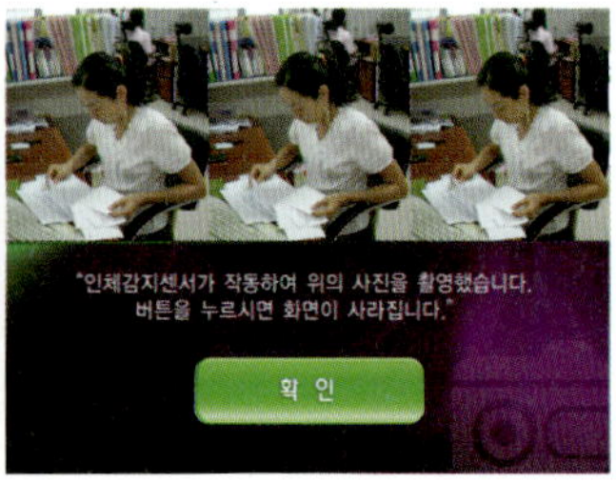

인체감지시스템

Embedded System
고성능 High-End Display Embedded System

Intel XScale PXA270 기반

X-Hyper270WMHD

Intel Graphic Accelator Chip 2700G를 탑재한 고성능 High-End Display Embedded System으로 많은 주변 장치를 가지고 있으며, 특정 기기에서 필요한 Display 부분을 강화한 제품입니다. 따라서 다양한 주변장치, 고해상도(1280x1024)의 디스플레이 부분이 필요한 제품에 적합하도록 설계되었으며, CPU 보드와 Base 보드를 분리하여 제작 되었습니다.

제품 특징

Intel Graphic Accelator Chip 2700G 탑재, CPU & Base 보드 분리하여 설계

- 시스템 버스의 FAN out 현상을 방지하기 위해 2개의 CPLD로 구성
  CPLD의 사용으로 다소 복잡해 질 수 있는 시스템 로직들을 효율적으로 구현
  (시스템 로직을 쉽게 수정 가능)
- 노이즈 제거용 BEAD를 External Connector 양단(BASE Board and CPU Board)에 적용
- 그래픽 가속기인 2700G의 사용으로 고해상도(1280 x 1024)의 LCD 출력 가능. 17" LCD 지원
- CPU Board 부분과 BASE Board 부분으로 나뉘어져 있어, CPU 부분만 사용하여 별도의 추가 확장이 가능
- 의료장비 기기 등에 필요한 다량의 I/O 제공(RS232 Level 3Port, TTL Level 3.3V-4 Port / 5V - 3 Port)

Linux 2.6.xx Kernel / Qplus / WinCE 5.0 완벽 지원

- 그래픽 가속을 위한 2700G드라이버와 외부저장매체 드라이버가 추가 되었습니다.
- Intel PXA270의 partner chip인 2700G는 2D, 3D, 가속, MPEG 디코딩 등을 지원하며, PXA270의 Display controller를 사용하지 않고 Data bus를 통해 1280x1024 해상도를 지원합니다.
- Intel 2700G를 활용한 Display시 드라이버에 포함된 라이브러리를 사용하며, 그 라이브러리를 이용하여 Display 할 수 있게 수정된 Freedesktop Xorg를 Xserver로 사용합니다.
- Xfree 4.4와 마찬가지로 Touch, USB mouse, Keyboard 등을 인식할 수 있게 Freedesktop X도 수정 되었습니다.
- 화면 Display 관련은 Xserver를 통하여 출력되므로 개발자는 별도의 소스 수정없이 Xlib와 gtk 라이브러리를 통해 Display 할 수 있습니다.
- FS453을 이용하여 Analog VGA 출력시 1024x768 해상도를 지원합니다.
- PIO Mode의 IDE 인터페이스를 사용하여 2.5인치 HDD를 Fdisk로 파티션을 나누고 ext2나 3로 포맷하여 사용할 수 있습니다.
- PXA270 CF 인터페이스를 사용하여 CF 저장소를 IDE 방식으로 인식하여 사용할 수 있습니다.
- LVDS 방식의 인터페이스 사용으로 디스플레이 성능이 향상 되었습니다.
- ETRI Qplus ME를 지원합니다.

WinCE 5.0 OS 및 디바이스 드라이버

O/S	WinCE 5.0	
Boot Loader	H/W 초기화 (UART)	FF-UART(115200)
	이미지 다운로드	DM9000(100M Ethernet)
	플래시 제어	GE256L30T Read/Write
	부팅 (램/플래시)	
Device Driver	TFT LCD	17", SXGA, LVDS, 2700G
	USB1.1 Host (PXA270 Internal Func) / USB HUB	USB Storage/Mouse/Keyboard
	NOR Flash File system	Flash write
	USB Slave	ActiveSync(Version 4.x)
	PXA270 내부 UART(FF,BT,STD), 16c554 Extern UART 칩 * 2(8포트)	Serial_Test (Application)
	RTC 4513	시스템 타임과 연동
	Touch Screen Controller(WM9712L)	Calibration로 터치 좌표 보정
	AC'97 CODEC(WM9712L)	사운드 테스트
	MMC / SD	메모리 카드 마운트
	ADC	Single ended 8 channel
	VGA OUT	모니터 출력(XGA)
	CMOS Camera	PXA27x CIF 구현
	Ethernet Device Driver	DM9000(100Mbps)
	Key Matrix	키 스캔 구현
	IDE I/F	2.5" HDD mount
	CF	메모리 카드 마운트
	Knob	2방향 , 1버튼
	LCD BRT	LCD 밝기조절
기타	매뉴얼 작성	유저가이드

제품 사양

H/W Specification

구 분	품 명	내 용
X-Hyper270WMHD CPU Board	CPU	Processor(Intel XScale PXA270 520MHz)
	Graphic ACC	Intel 2700G Graphic Accelerator
	CPLD	Xlinx CPLD
	SDRAM/NOR Flash	64MB SDRAM / Flash ROM
X-Hyper270WMHD Base Board	CPLD	Xlinx CPLD
	MCU	Processor(TI MSP430 16bit Processor)
	Display	TFT 6.4" Wide Color LCD (17" 가능) 1280x1024 지원
	Touch Screen	Touch Screen Controller
	VGA	External VGA Output (1024x768 지원)
	Ethernet	10/100 Base-T – 1 port (DM9000E)
	Audio	WM9712
	UART	RS232C Level 3 port
		5V TTL Level 4 port
		3.3V TTL Level 3 port
	I2C	I2C I/F 1ch
	USB Host/Slave	USB Host 1.1 – 4 Port / USB Slave – 1 Port
	Camera	640 x 480 (Pixel Plus)
	IDE	PIO Mode (2.5" HDD)
	CF/MMC/SD	CF/MMC/SD 1 Slot
	Keypad	6 keys
	Knob	Knob
	ADC	MSP430 Internal ADC 8ch / MCP3208 ADC 8ch
	I/O	Control 용 I/O (20EA)
	RTC	RTC4513
	Speaker	내장 Speaker L/R
	Mic, Speaker	Mic, Speaker 1 Jack
	JTAG	JTAG – emulator용 20 pin / JTAG – Flash write용 6pin
Accessory	Cable Set	Serieal, Ethernet, USB, JTAG Cable
	etc	Manual, Source, Datasheet CD, 고급 Box Case

서울시 구로구 구로3동 212-8번지 대륭포스트타워 1차 701호 • Tel : 02-2082-2400 • Fax : 02-2082-2406 • hybus@hybus.net

Embedded System
센서네트워크 게이트웨이를 위한 이동형 단말기

Intel XScale PXA270 기반

X-Hyper270WN

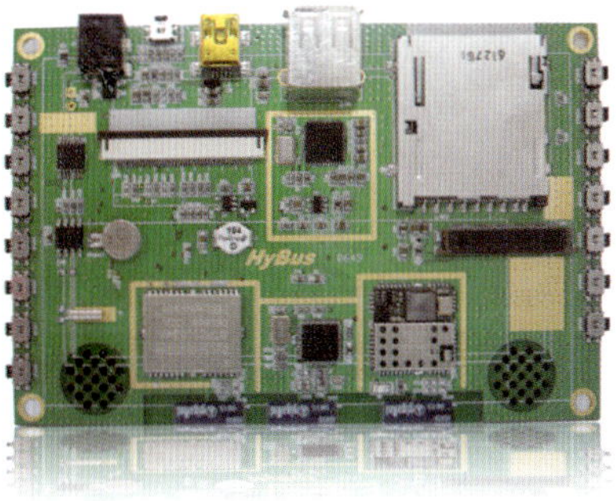

PXA270기반의 Hand Held형
Embedded System

센서네트워크 게이트웨이

제품 특징

무선통신 장치를 위한 강력한 전원 관리 기능

- PMIC 장착
- 각 통신 모듈별 사용 전원 on/off 기능을 회로적으로 설계
- WLAN/Bluetooth/CC2420/USB 관련 절전기능 구현
- LCD BLU 및 LCD 자체 전원공급회로에 절전을 위한 회로 구현 및 제어
- 2A ~ 3A 용량의 Battery를 사용하도록 설계

무선 통신 모듈 장착 (센서 네트워크 시스템의 다양한 게이트웨이 기능)

- WLAN / Bluetooth / CC2420 / Ethernet 기능
- USB 2.0 High Speed 지원되는 Chip 국내 최초 사용(UWB를 위한 기능)
- PXA270 Processor 사용
- 4.3" TFT LCD 사용

구 분	사 양
H/W	PXA270 Processor
	64MB SDRAM
	64MB Flash Memory
	4.3" TFT LCD (Include Touch Screen)
	SD/MMC
	WLAN
	Bluetooth (Master)
	CC2420 IEEE802.15.4
	GPS (EM407)
	AC97
	External RTC
	USB Host 2.0 (TD1120) UWB사용을 고려한 High Speed 지원
	USB Slave
	Power Management (PMIC)
	GPIO Key
	10/100BaseT Ethernet 1port
	Debug Serial 1 port
	JTAG 1 port

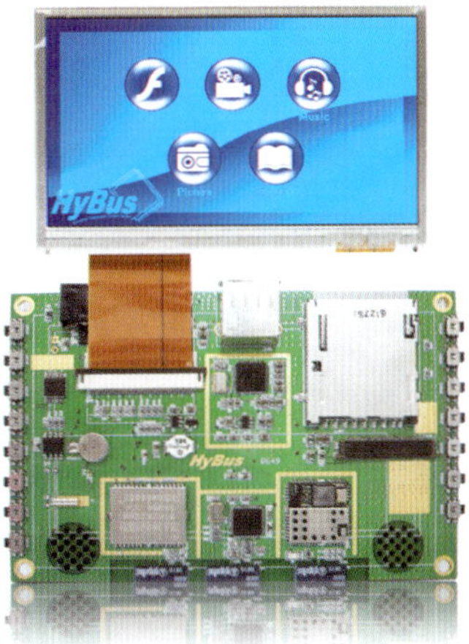

제품 블록도

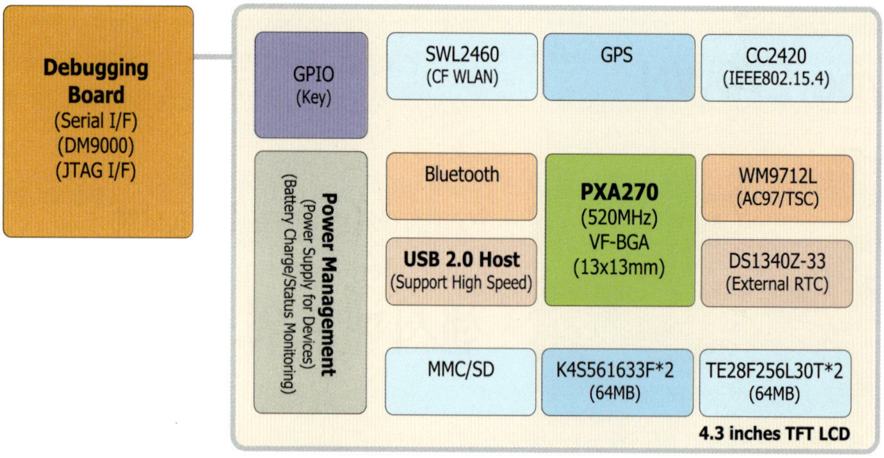
Debugging Board
(Serial I/F)
(DM9000)
(JTAG I/F)
GPIO
(Key)
Power Management
(Power Supply for Devices)
(Battery Charge/Status Monitoring)
SWL2460
(CF WLAN)
GPS
CC2420
(IEEE802.15.4)
Bluetooth
PXA270
(520MHz)
VF-BGA
(13x13mm)
WM9712L
(AC97/TSC)
USB 2.0 Host
(Support High Speed)
DS1340Z-33
(External RTC)
MMC/SD
K4S561633F*2
(64MB)
TE28F256L30T*2
(64MB)
4.3 inches TFT LCD

제품 구성

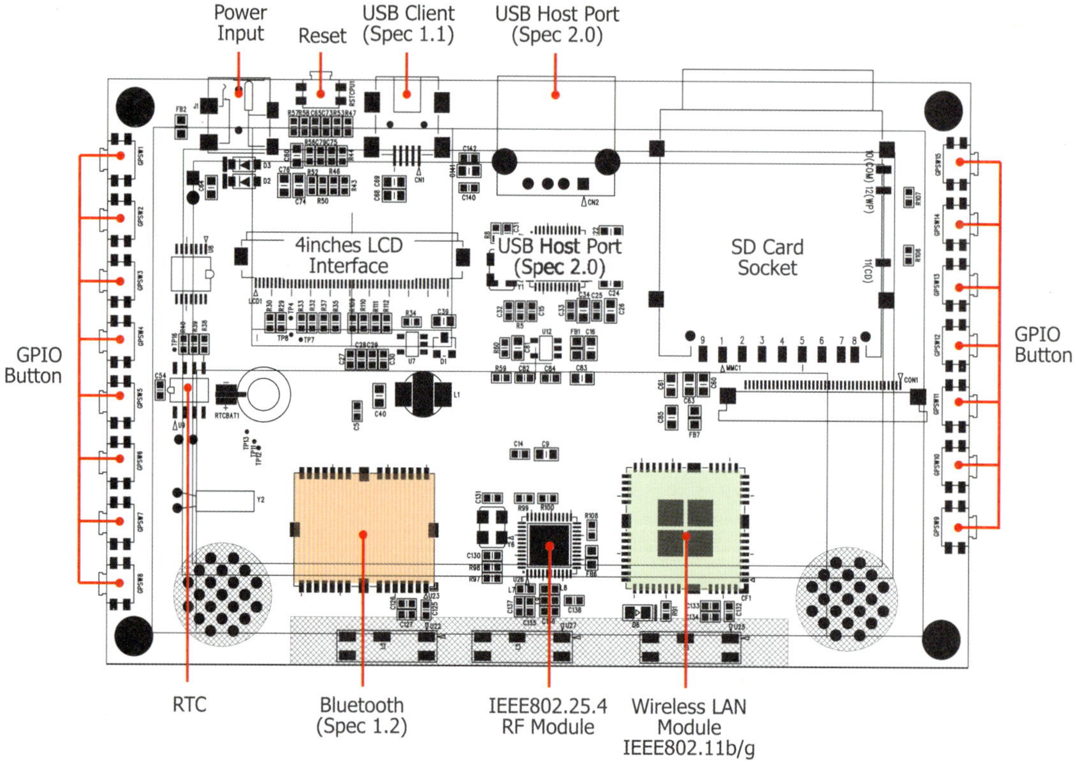
Power Input
Reset
USB Client (Spec 1.1)
USB Host Port (Spec 2.0)
4inches LCD Interface
USB Host Port (Spec 2.0)
SD Card Socket
GPIO Button
GPIO Button
RTC
Bluetooth (Spec 1.2)
IEEE802.25.4 RF Module
Wireless LAN Module IEEE802.11b/g